K.R. Mühlbauer

Zur Lage des Arbeiterkindes im 19. Jahrhundert

Ein sozial- und bildungsgeschichtlicher Beitrag unter besonderer Berücksichtigung der Verhältnisse im Königreich Bayern

Studien und Dokumentationen
zur deutschen Bildungsgeschichte

Herausgegeben von
Christoph Führ und Wolfgang Mitter

Deutsches Institut für
Internationale Pädagogische Forschung

Band 42

K.R. Mühlbauer

Zur Lage des Arbeiterkindes im 19. Jahrhundert

Ein sozial- und bildungsgeschichtlicher Beitrag unter besonderer Berücksichtigung der Verhältnisse im Königreich Bayern

in Kommission bei
Böhlau Verlag Köln Wien 1991

CIP-Kurztitelaufnahme der
Deutschen Bilbiothek

Mühlbauer, Karl Reinhold:
Zur Lage des Arbeiterkindes im 19. Jahrhundert : ein sozial- und bildungsgeschichtlicher Beitrag unter besonderer Berücksichtigung der Verhältnisse im Königreich Bayern / K.R. Mühlbauer. – Köln ; Wien : Böhlau 1991

(Studien und Dokumentationen zur deutschen Bildungsgeschichte; Bd. 42)
ISBN 3-412-01890-2

NE: GT

Copyright © 1991 by Deutsches Institut für Internationale Pädagogische Forschung, Frankfurt a.M.

Ohne schriftliche Genehmigung des Verlages ist es nicht gestattet, das Werk unter Verwendung mechanischer, elektronischer und anderer Systeme in irgendeiner Weise zu verarbeiten und zu verbreiten. Insbesondere vorbehalten sind die Rechte der Vervielfältigung – auch von Teilen des Werkes – auf photomechanischem oder ähnlichem Wege, der tontechnischen Wiedergabe, des Vortrags, der Funk- und Fernsehsendung, der Speicherung in Datenverarbeitungsanlagen, der Übersetzung und der literarischen oder anderweitigen Bearbeitung.

Druck und buchbinderische Verarbeitung:
Deutsches Institut für Internationale Pädagogische Forschung
Frankfurt a.M.

Printed in Germany
ISBN 3-412-01890-2

Vorwort der Herausgeber

Vor 90 Jahren veröffentlichte die schwedische Pädagogin Ellen Key ihr berühmtes Buch „Das Jahrhundert des Kindes". Man kann darüber streiten, ob unser Jahrhundert auch nur entfernt diesem Anspruch gerecht geworden ist. Im 19. Jahrhundert jedenfalls waren in Deutschland Phänomene wie Kinderarbeit, Kindervernachlässigung und Kinderelend noch weit verbreitet. Über ein volles Jahrhundert wurden sie als selbstverständlich hingenommen. Noch das große Werk von K. A. Schmid „Enzyklopädie des gesamten Erziehungs- und Unterrichtswesens" (Gotha 1862) kennt in seinem Band 3 das Stichwort „Kinderarbeit" nicht. Erst 1885 stellte die Hamburger Lehrerschaft erste Erhebungen darüber an. Auch sie wurden zunächst kaum beachtet. Dies änderte sich in den neunziger Jahren. Es kam zu einer breiten öffentlichen Diskussion. Am 30. März 1903 wurde dann das Reichsgesetz zur Regelung der gewerblichen Kinderarbeit verabschiedet. Schon in der zweiten Auflage von W. Reins „Enzyklopädischem Handbuch der Pädagogik" (Bd.4, Langensalza 1906) umfaßt der Artikel „Kinderarbeit" 45 Seiten. Er beginnt mit den Worten: „Beschäftigung gehört zu den vorzüglichsten Erziehungsmitteln; Lohnarbeit oder Erwerbstätigkeit schulpflichtiger Kinder, das stellt sich mehr und mehr heraus, wirken in 99 von 100 Fällen dem Erziehungszweck entgegen, und darum bekämpft die deutsche Lehrerschaft sie prinzipiell" (S. 821). Diese entschiedene Haltung verdient auch heute noch Anerkennung.

Am Beispiel Bayerns geht Karl Reinhold Mühlbauer in seiner Münchner Habilitationsschrift der Lage des Arbeiterkindes im 19. Jahrhundert in Vorschule, Schule, Fabrik und Gewerbe nach, wobei es ihm vor allem auf die Erfassung der tatsächlichen Verhältnisse ankommt. So umfassend wie hier ist Kinderarbeit als soziales und pädagogisches Problem in politischem und kirchengeschichtlichem Zusammenhang bisher nicht untersucht worden. Der Verfasser stützt sich auf eine breite Literatur und Archivmaterial aus bayerischen Staatsarchiven, kirchlichen Archiven und dem Münchner Stadtarchiv. Die Herausgeber haben Mühlbauers Studie zur Lage der Arbeiterkinder gern in ihre bildungsgeschichtliche Reihe aufgenommen. Sie leistet einen Beitrag zur historischen Sozialisationsforschung, zur Sozialgeschichte der Schule und zur bayerischen Landesgeschichte.

Frankfurt am Main, im November 1990

Christoph Führ   Wolfgang Mitter

Inhalt

Vorwort		XI
Einleitung		1
1	Klärung der Begriffe Kind, Arbeiterkind, Kinderarbeit	16
2	Öffentliche Kleinkindererziehung im 19.Jahrhundert	26
2.1	Motive für die Entstehung von Kleinkinderschulen und -bewahranstalten	26
2.2	Die Anfänge in Deutschland	34
2.3	Die zahlenmäßige Entwicklung	43
2.4	Formen und Träger	48
2.5	Öffentliche Kleinkindererziehung in Bayern	55
2.5.1	Die Entwicklung in der ersten Hälfte des 19.Jahrhunderts	55
2.5.2	Die Entwicklung in der zweiten Hälfte des 19.Jahrhunderts	63
2.5.3	Maßnahmen des Staates und der Kirche	69
2.5.4	Soziale Herkunft und Betreuung der Kinder	78
2.6	Zusammenfassung	91
3	Das niedere Schulwesen als Ort der Sozialisation des Arbeiterkindes	94
3.1	Die Schule im Übergang von einzelterritorialen Einrichtungen zur allgemeinen Pflichtvolksschule	94
3.1.1	Kurbayerische schulpolitische Bestrebungen	94
3.1.2	Schulwirklichkeit in der Zeit vor der Montgelas-Ära (1799-1817)	104
3.2	Die Einführung der allgemeinen Unterrichtspflicht; die Neukonzeption der Lehrerbildung und der Lehrpläne	109
3.2.1	Verstaatlichung des Schulwesens und Verschärfung der Schulpflicht	109
3.2.2	Neubestimmung der Werktags- und Einführung der Sonn- und Feiertagsschule	113
3.2.3	Die neue Lehrerbildung	118
3.2.4	Der neue Lehrplan	125
3.2.5	Weitere schulorganisatorische Änderungen	130
3.2.6	Revision des Lehrplans von 1804 durch F.I.Niethammer	135

3.3	Die Entwicklung des Volksschulwesens von 1825 bis 1871	141
3.4	Die Kluft zwischen gesetzlicher Schulpflicht und ihrer Verwirklichung besonders in der Zeit des Vormärz	144
3.5	Zusammenfassung	165
4	Kinderarbeit im vorindustriellen und industriellen Großbetrieb	168
4.1	Von der Manufaktur zur Fabrik	168
4.2	Kinderarbeit in Manufakturen und (Proto-)Fabriken vom ausgehenden 18. Jahrhundert bis zum ersten Kinderschutzgesetz	175
4.2.1	Die großgewerbliche Entwicklung in Bayern	175
4.2.2	Der Anteil von Kindern in Manufakturen und Protofabriken	184
4.2.3	Arbeitsverhältnisse der Kinder	194
4.2.4	Die gewandelten Arbeitsbedingungen in den Fabriken	203
4.3	Die Entstehung des ersten Kinderschutzgesetzes	214
4.3.1	Die Entwicklung in Preußen	214
4.3.2	Die Entwicklung in Bayern	226
4.4	Die Zeit bis zur zweiten Kinderschutzverordnung (1840-1854)	238
4.4.1	Die sozialen und wirtschaftlichen Verhältnisse in den 1840er Jahren	238
4.4.2	Der Anteil der Kinder in Fabriken nach der Gewerbestatistik von 1847	243
4.4.3	Zweite Erhebung und Verordnung über die Verwendung von Kindern in Fabriken	249
4.5	Die Unzulänglichkeit der staatlichen Maßnahmen und ihre Folgen	257
4.6	Tendenzen im letzten Drittel des 19. Jahrhunderts	267
4.6.1	Die Entfaltung der Wirtschaft	267
4.6.2	Zur sozialen Lage der Fabrikarbeiterschaft	270
4.6.3	Sozialpolitische Maßnahmen und soziales Bewußtsein	278
4.6.4	Die Reichsgewerbeordnung (1873)	282
4.6.5	Erhebung über Kinderarbeit in Fabriken von 1874/75	283
4.7	Die Fabrikinspektion	291
4.7.1	Der gesetzliche Rahmen	291
4.7.2	Hindernisse in der Durchführung	297
4.7.3	Quantitative und qualitative Auswertung der Jahresberichte	309

4.7.4	Auswirkungen bisheriger Verordnungen und der Erlaß des allgemeinen Kinderschutzgesetzes von 1903	326
4.8	Zusammenfassung	336

Abschließende Bemerkungen	340
Quellenverzeichnis	342
Literaturverzeichnis	348
Namensregister	371
Schlagwortverzeichnis	377

Vorwort

Die vorliegende Arbeit verdankt ihre Entstehung dem Umstand, daß zu meinem Lehrangebot für Studentinnen und Studenten des Magister- und Promotionsstudienganges Pädagogik auch Veranstaltungen über Geschichte der Pädagogik gehören. U.a. lehrte ich die historische Entwicklung pädagogischer Institutionen, las über Geschichte der Erziehung und Bildung und hielt Seminare über Klassiker der Pädagogik. Ausgeklammert blieb das eigentliche „Objekt" dieser Disziplinen, das Kind, um dessentwillen doch schließlich die Institutionen wie Kindergarten und Schule errichtet wurden, und auf das sich Erziehungs- und Bildungstheorien letztlich beziehen.

Als ich daran ging, mich mit dem Kind und seiner konkreten Lebenswelt zu befassen, in der Absicht, gewissermaßen das Sujet der Pädagogik historisch zu durchleuchten, stießen diese Bemühungen auf großes Interesse bei den Studierenden. Dieses Interesse bestätigte mich in dem Vorhaben, Pädagogik-Geschichte gleichsam „von unten" anzugehen, und ermutigte mich, in der eingeschlagenen Richtung weiterzuarbeiten. Mit der vorliegenden Arbeit wird ein erster Teil dieser Studien veröffentlicht. Ich danke allen, die dazu auf verschiedenste Weise beigetragen haben.

Mein erster Dank gilt Herrn Univ.-Prof.Dr.Dr.H.Tschamler, der meine Untersuchungen mit großem Interesse begleitete und mich zu deren Ausarbeitung als Habilitationsschrift ermutigte. Den Staats-, Stadt- und Diözesan-Archiven danke ich für die Bereitschaft, mir jederzeit Zugang zu den Archiv-Akten ermöglicht zu haben. Bei der Beschaffung des Archiv-Materials erwiesen sich Dipl.-Soz.G.Dressel, Dipl.-Soz.K.Köck und Dr.phil.R.Prochno als besonders kooperativ. Ich hoffe, sie denken an diese Zeit ebenso gern zurück wie ich. Besten Dank! Herrn Dr.Chr.Führ danke ich für sein Entgegenkommen, diese Arbeit in die Reihe der „Studien und Dokumentationen zur Deutschen Bildungsgeschichte" aufgenommen zu haben. Als stille, aber schier unersetzbare Helferin zeigte sich Frau D.Wulf, die in unermüdlichem Eifer das umfangreiche Manuskript ins Reine schrieb und die Korrekturen besorgte. Auch ihr gehört mein aufrichtiger Dank. Nicht zuletzt danke ich meiner Frau, daß sie mit soviel Verständnis und Geduld meine Arbeit begleitete.

Die vorliegende Publikation ist die gekürzte Fassung meiner von der Fakultät 11 für Psychologie und Pädagogik an der Ludwig-Maximilians-Universität München angenommenen Habilitationsschrift.

München, November 1989

Einleitung

Interessenschwerpunkt

Diese Untersuchung ist im weiten Sinn ein Beitrag zur historischen Erforschung der Lebenswelt des Kindes. Dabei ist das Interesse auf die Kindheit des 19.Jahrhunderts gerichtet unter besonderer Berücksichtigung der Verhältnisse im Königreich Bayern. Eine weitere Eingrenzung des Themas wird durch die Bezugnahme auf jene Kinder vorgenommen, deren Eltern als Arbeiter in Fabriken und Kleinbetrieben, als Taglöhner und Landarbeiter, als Hilfspersonal im Dienstleistungs- und Kleinstgewerbe tätig waren, also auf das Kind der „unteren Klassen", wie man damals jene soziale Schicht nannte, die auf Grund ihres Einkommens und ihrer sozialen Stellung zu der unteren Gruppe der Gesellschaft zählte.

Die Erforschung der Kindheit hat noch keine lange Tradition. Aber seitdem das Kind aus historischer Sicht betrachtet wurde, erkannte man sehr bald, daß Kindheit nicht nur ein anthropologisches, sondern auch ein durch und durch gesellschaftliches Phänomen ist. Das heißt, wie ein Kind seine Kindheit erfährt und wie lange ihm der rechtliche und soziale Zustand der Kindheit zugebilligt wird, hängt von zwei grundlegenden Bedingungen ab. Einmal davon, wie in einer Gesellschaft oder gesellschaftlichen Gruppe Kindsein definiert wird, und zum andern von den materiellen Voraussetzungen, die es den Eltern gestatten, dem Kind einen langen Schonraum einzuräumen, oder auch nicht. So haben Kinder ihr Kindsein anders erlebt, je nachdem, ob sie z.B. Kinder von Adeligen, Bürgern und Bauern oder von Fabrikarbeitern, Taglöhnern und Gütlern waren, ob sie in der Stadt unter beengten Wohnverhältnissen ihre Kindheit verbrachten, oder auf dem Land. Auch die von Kultur zu Kultur verschiedenen Vorstellungen darüber, wie das Kind erzogen und welche(s) Ziel(e) dabei verfolgt werden soll(en), definieren den Lebensraum „Kindheit".

Die Erkenntnis, daß Kindheit aus der Einbindung in ihre konkreten und historisch bedingten „Umwelten" gesehen werden muß, daß die materiellen, sozialen, kulturellen Voraussetzungen, die Zugehörigkeit zu einer bestimmten sozialen Schicht und „Klasse", die Lebensform des Kindes erheblich mitbestimmen, macht es notwendig, dem sozialen Kontext des Kindes als Determinante seiner Entwicklung und Lebenswelt verstärkte Aufmerksamkeit zu schenken. Gerade für die Geschichte der Pädagogik, die ja u.a. die Theorien der Erziehung des Kindes bedenkt, ist diese Sichtweise von besonderem Interesse.

So versteht sich die vorliegende Untersuchung als ein im engeren Sinn sozial- und bildungsgeschichtlicher Beitrag zu der Frage, wie Lebenswelt und Zukunftschancen jener Bevölkerungsgruppe des 19.Jahrhunderts aussahen, die auf Grund ihres Alters und ihrer sozialen Stellung zu den sozial schwachen und den am meisten abhängigen Gliedern einer Gesellschaft zählte: der Gruppe der Arbeiterkinder. Die Erforschung eines solchen, an der konkreten Situation und Lage des Kindes der Arbeiter-"Klasse" orientierten Problembereichs ist, gemessen an den zentralen sozialhistorischen und erziehungswissenschaftlichen Fragestellungen, eher ein randständiges, wenngleich nicht weniger interessantes und aufregendes Thema, kommt doch darin jene kleine, unscheinbare, alltägliche Welt des Kindes aus der Perspektive des Betroffenen selbst zum Vorschein, die wir sonst, um es verkürzt zu sagen, nur in Form sozial- oder schulpolitischer Entscheidungen, institutionalisierter Organisationsformen, theoretischer Entwürfe etc., also in mehr oder weniger abstrakt-objektivierter Form zu Gesicht bekommen.

Forschungen, die sich mit den Lebensbedingungen und lebensweltlichen Gegebenheiten bestimmter Gruppen einer Gesellschaft befassen, pflegen ihren Gegenstand mit dem Begriff „Lage" zu umschreiben. Es gibt eine umfangreiche Literatur über die „Lage" der Arbeiter, angefangen von F.Engels Arbeit über die „Lage der arbeitenden Klassen in England" (1844) bis hin zu J.Kuczynskis 36 Bände umfassenden Werk über „Die Geschichte der Lage der Arbeiter unter dem Kapitalismus" (1960ff.).

In Analogie zu derartigen Studien richtet sich das Forschungsinteresse dieser Arbeit auf die „Lage" des Arbeiterkindes, wobei „Lage" in Anlehnung an W.Conzes (1979, S.15) Definition das Insgesamt der Lebensverhältnisse und -bedingungen im Familien-, Ausbildungs-, Arbeits- und Wohnbereich, sowie im Geflecht außerfamiliärer Bindungen bedeuten soll. Im einzelnen sind damit sowohl die äußeren Bedingungen und Lebensumstände angesprochen, die die Handlungsspielräume der einzelnen Mitglieder einer Familie, ihre Entfaltungs- und Gesellungsmöglichkeiten, den Lebensstandard und die sozialen Aufstiegschancen, sowie den Raum intimer familiärer Beziehungen bestimmen, als auch die inneren Entwicklungen bzw. das Gesamt der Elemente, die zu einem bestimmten Zeitpunkt die „Lage" eines Kindes ausmachen. Die Art der Arbeitsverrichtungen, die Aufteilung der Arbeitszeit, die Länge des Arbeitstages und die Höhe des Arbeitslohnes eines oder auch beider Elternteile spielen dabei eine ebenso wichtige Rolle wie der Druck der existentiellen Situation, der sich mit jedem neuen Familienmitglied noch verstärkt und die Eltern zwingt, ihre Kinder so früh wie möglich in die Daseinssicherung und damit in den Prozeß der Erwerbstätigkeit mit einzubeziehen. Nicht weniger bedeutsam für die Erfassung der Merkmale der Lage eines Kindes ist die Analyse der Wohnverhältnisse, die sich auf die Beschaffenheit und Größe des zur Verfügung stehenden Wohnraums ebenso zu erstrecken hat wie auf die Wohnlage, die hygienischen Verhältnisse und die Zahl der einen Wohnraum beanspruchenden Personen. Von besonderem Gewicht für die Einschätzung der konkreten Lage ist schließlich die Aufdeckung der einem Kinde eröffneten bzw. vorenthaltenen Möglichkeiten, durch Schule und Ausbildung seine Berufs- und Aufstiegschancen zu verbessern oder zu vereiteln.

Die Analyse der einzelnen Lagebedingungen wird zu zeigen haben, daß es für die Entfaltungsmöglichkeiten eines Kindes einen erheblichen Unterschied bedeutet, ob es schon zu einem frühen Zeitpunkt in einen straff organisierten Arbeitsprozeß eingebunden wird und Tätigkeiten zu verrichten hat, die denen Erwachsener ähnlich sind, oder ob ihm ein Schonraum für seine Entwicklung zugebilligt wird. Sie wird ferner darzustellen haben, daß es einen gravierenden Unterschied ausmacht, ob ein Kind auf Grund der außerhäuslichen Erwerbstätigkeit seiner Eltern sei es in die Wohnung eingesperrt und allein gelassen, sei es bei Pflegepersonen oder in Bewahranstalten untergebracht, seine Kindheit zu verbringen hat, oder ob es diese Lebensphase in der Umgebung einer von Existenznot entlasteten Familie erleben darf. Nicht weniger wichtig für die Charakterisierung der Lage eines Kindes ist die Tatsache, ob ihm eine gediegene Ausbildung eröffnet, oder ob ihm auf Grund eines niedrigen Ausbildungsniveaus oder gar eines an einen zehn- bis zwölfstündigen Arbeitstag angehängten Unterrichts ein nur minimaler Kenntnisstand vermittelt wird.

Auch wenn hier nicht alle eben genannten „Lage"-Faktoren behandelt werden können, so wird doch wenigstens in einigen Bereichen die lebensweltliche Situation des Unterschichtenkindes, wenn auch vorwiegend begrenzt auf den Raum Bayern, jedoch nicht unter völliger Ausblendung der Verhältnisse anderer deutscher Staaten, beleuchtet werden.

Nach Auffassung K.Tenfeldes und G.A.Ritters muß eine „Lageanalyse" begleitet sein von einer „Strukturanalyse", die neben anderem die politischen Entwicklungen, technologisch-organisatorischen Innovationen und das Bevölkerungswachstum aufzeigt, die die einzelnen „Lageelemente" bestimmen (1981, S.57).

In der vorliegenden Arbeit wurde diesem Postulat dadurch zu entsprechen versucht, daß die gesetzgeberischen Maßnahmen und die ihnen vorausliegenden politischen Entscheidungsprozesse, die Stimmen einflußreicher gesellschaftlicher Gruppen, die technischen und wirtschaftlichen Entwicklungen und Gegebenheiten insoweit bedacht wurden, als sie das Phänomen und Ausmaß der Kinderarbeit sowie die Einrichtungen Kindergarten und Schule verständlich machen.

Mit dem Versuch, Zielvorstellungen und Wirklichkeit einander gegenüberzustellen, soll der Gefahr vorgegriffen werden, Absichtserklärungen und gesetzgeberische Maßnahmen bereits als Realsituation anzusehen. Im Aufspüren der verdeckten Wert-, Einstellungs- und Verhaltensmuster, die leitmotivisch das konkrete Verhalten beeinflußt haben, sollen schließlich die möglichen Hintergründe herausgearbeitet werden, die zu der vorgefundenen Lage des Arbeiterkindes führten. Erst auf der Folie solcher motivationalen Werthaltungen gewinnen historische Untersuchungen auch Bedeutung für moderne Fragestellungen.

Plan und Aufbau der Arbeit

Es wird versucht, möglichst umfassend über die Lage des Arbeiterkindes im 19. Jahrhundert zu informieren, wobei die Eingrenzung des Themas auf „Arbeiterkinder" bei genauerem Hinsehen weniger eine Einschränkung als vielmehr eine Ausgrenzung einiger Minderheiten bedeutet. Der weitaus größte Anteil der Bevölkerung Bayerns im 19. Jahrhundert gehörte nämlich im weiteren Sinne des Wortes zu der Gruppe der Arbeiter (vgl. S.18-23). Das Arbeiterkind war in aller Regel auch das arbeitende Kind, das zur Daseinssicherung der Familie schon im Kindesalter seinen Beitrag zu leisten hatte. Und das arbeitende Kind stammte in aller Regel aus Familien der Gesellschaftsschicht der Arbeiter, wo es, wenigstens vorübergehend, einen Faktor finanzieller Belastung darstellte, den es durch Erwerbstätigkeit auszugleichen hatte. Arbeiterkind und Kinderarbeit bedeuten daher mehr oder weniger zwei Seiten ein und derselben Medaille.

Aus der Intention, über diesen Sachverhalt eingehend zu informieren, ergibt sich auch der Aufbau der Arbeit. Es gilt, das Kind in seiner sozialen und materiellen Lebenswelt aufzusuchen, seine Bildungs- und beruflichen Aufstiegschancen zu ermitteln, die familiären Verhältnisse des Kindes zu beleuchten und seine Erwerbstätigkeit zu erforschen. Innerhalb der Darstellung der Kinderarbeit sind die konkreten Bedingungen aufzuzeigen, unter denen sich diese Tätigkeit vollzieht: Beschäftigungszeiten, Arbeitsdauer, Arbeitslohn, Arbeitsplatz, Art der Verrichtung, Folgen der Kinderarbeit in gesundheitlicher, seelischer, geistiger und sozialer Hinsicht. Einen breiten Raum nimmt auch die Darstellung der staatlichen Maßnahmen ein, die einen allmählichen, über ein Jahrhundert währenden Prozeß der Einschränkung der Kinderarbeit bis hin zum völligen Verbot bewirkten.

Um zu einer objektiven Einschätzung und Beurteilung der Kinderarbeit zu gelangen, ist es wichtig, auch den Gründen nachzugehen, die den Prozeß der Abschaffung der Kinderarbeit verzögerten und selbst staatliche Verbote unwirksam werden ließen. Dabei wird sich zeigen, daß die gesetzliche Verankerung der Kinderarbeit ebenso eine Rolle spielte wie die Interessen der Unternehmer, die prekäre Haushaltslage der Arbeiterfamilien und die ideologische Vorstellung vom sittlichen und erzieherischen Wert der Arbeit. Es soll aber auch nicht übersehen werden, wie sehr die modernen Entwicklungsbestrebungen in Technik, Industrie und Wirtschaft Kinderarbeit zwar zunächst begünstigten, dann aber erheblich dazu beitrugen, sie zumindest in bestimmten Branchen überflüssig zu machen. Daß dabei jedoch keine Abschaffung, sondern nur eine Verschiebung der Kinderarbeit auf andere Erwerbszweige erfolgte, ist das besondere Charakteristikum der Kinderarbeit im 19.Jahrhundert.

Obgleich nicht alle Aspekte der sozialen Lage des Arbeiterkindes hier abgehandelt werden konnten, so war es doch durch Konzentration auf die drei zentralen, bereits als „klassisch" geltenden Sozialisationsbereiche: Kindergarten, Schule, „Beruf"[1] möglich, wesentliche Bestimmungsfaktoren der Lage des Kindes zu erörtern. Dabei richtete sich das Augenmerk vor allem auf die Frage, welche Bedeutung politische und administrative Entscheidungen in den genannten Bereichen für die konkrete Situation und die Zukunftsperspektive der betroffenen Kinder hatten. Ferner ging es darum, aufzuzeigen, welche Auswirkungen auf das Selbst- und Weltbild der Arbeiterkinder sich aus den faktischen Bedingungen ergaben, unter denen sie ihre Kindheit und Jugend erfuhren.

---

1   Gemeint ist hier die regelmäßige Lohnerwerbstätigkeit der Kinder in Protofabriken, Fabriken und den Fabriken gleichgestellten Gewerben.

Zur Quellenlage

Für die Erforschung von Quellen wurden das Bayerische Hauptstaatsarchiv, die Staats- und Diözesanarchive Bayerns, einschließlich Speyer, und das Archiv der Evangelischen Landeskirche in Nürnberg, jedoch ausgenommen die Diözesanarchive Eichstätt und Augsburg[2], benützt. Ferner wurde in den Stadtarchiven München und Augsburg, im Archiv der Industrie- und Handelskammer und des Deutschen Museums in München, im Archiv des Bayerischen Landtags und des Pädagogischen Instituts der Stadt München recherchiert. Verwehrt blieb, trotz persönlicher Vermittlungsversuche Dritter, der Zugang zu einzelnen Fabrikarchiven, obwohl gerade hier wertvolle Hinweise auf die Kinderarbeit in Fabriken zu erwarten gewesen wären.

Es versteht sich, daß die Ergiebigkeit der einzelnen Archive in bezug auf unsere Fragestellung aus diversen Gründen sehr unterschiedlich ausfiel. Verschiedene Diözesen befanden sich zum Zeitpunkt der Recherchen dabei, die Pfarrarchive aufzulösen und die Bestände zentral zu erfassen. Andere Archive hatten durch Kriegsereignisse z.T. erhebliche Verluste erlitten: Akten sind verbrannt oder gingen auf Grund von Auslagerungen verloren. So fehlen zum Beispiel im Bayerischen Hauptstaatsarchiv die in den Repertoriensammlungen noch vermerkten Aktennummern MK2 1416 „Der Unterricht in den Fabriken beschäftigter schulpflichtiger Kinder 1838-1862" und MK2 1417, die den Zeitraum von 1867-1903 umfaßte. Mitunter waren auch Archivbestände noch nicht vollständig erfaßt oder nicht in gewünschter Weise greifbar.

Neben solchen Behinderungen sind auch noch andere Schwierigkeiten in Betracht zu ziehen. Denn selbst wenn der Schriftverkehr aus dem staatlichen Bereich an die zuständigen Staatsarchive weitergeleitet wurde, traten „durch unerlaubte Kassation bei den Behörden und durch Verständnislosigkeit für wirtschaftliche Fragestellungen bei den die Akten aussondernden Archivaren früherer Generationen erhebliche Verluste in dem schon geringen Bestand wirtschaftsgeschichtlicher Überlieferung des 19. Jhs." ein (J.Kermann 1976, S.315). Am ausschlaggebendsten für eine dürftige Quellenüberlieferung ist aber die Tatsache zu werten, „daß der Staat bis in die 1870er Jahre im wirtschaftlichen Bereich nur bedingt und im sozialen Bereich so gut wie gar nicht in die Zusammenhänge von Industrialisierung und sozialen Fragen eingegriffen hat" (J.Kermann 1976, S.315).

---

2 Augsburg deshalb nicht, weil nach Auskunft der Archivdirektion die für unser Thema evtl. in Frage kommenden Bestände noch auf die Pfarrarchive verteilt sind.

Angesichts dieser Quellenlage gestaltete sich die Materialsuche zwar beschwerlich, jedoch nicht ergebnislos, so daß sich aus den vielen „Mosaiksteinen" ein wenigstens grobes Bild der Lage des Arbeiterkindes des 19. Jahrhunderts gewinnen ließ.

Da sich die Untersuchung auf ganz Bayern erstreckt, mußten die Recherchen auf zwei staatliche Verwaltungsebenen beschränkt werden, sollte nicht eine kaum mehr zu bewältigende Stoffülle bzw. eine eher verwirrende als Aufschluß gebende Anhäufung von Einzelfakten riskiert werden: auf den wechselseitigen Schriftverkehr zwischen den Staatsministerien, insbesondere dem Innenministerium, und den einzelnen Bezirksregierungen, sowie auf den Schriftverkehr zwischen den Regierungen und den Bezirksämtern bzw. Stadtmagistraten.

Eine wichtige Informationsquelle bildete ferner die zeitgenössische Literatur des ausgehenden 19. und beginnenden 20.Jahrhunderts, in der das Bemühen zum Ausdruck kommt, die praktischen Probleme zu bewältigen, die für die Lebensverhältnisse der minderbemittelten Familien charakteristisch sind.

Nicht zuletzt gewähren auch die sozialstatistischen Erhebungen, wie sie seit Ende der 1870er Jahre von öffentlichen Körperschaften und amtlicher Seite durchgeführt wurden, einen wertvollen Einblick in die sozialen und wirtschaftlichen Verhältnisse der Arbeiterschaft. Eine Sonderstellung innerhalb des statistischen Materials nehmen die Berichte der staatlichen Fabrikinspektoren ein, die für Bayern seit 1879 in ununterbrochener Folge vorliegen.

Bezüglich der amtlichen bayerischen Statistik ist freilich noch zu erwähnen, daß sie – abgesehen von der Montgelas-Statistik (1807-14) – erst um die Mitte des 19. Jahrhunderts einsetzte, und daß man für die Jahre und Jahrzehnte davor immer nur auf zufällige, kaum noch vergleichbare Zahlen angewiesen ist. Dennoch besteht bei aller Lückenhaftigkeit des Materials und Unvollständigkeit der Quellenlage die, wenn auch begrenzte, Möglichkeit, die Lebenswelt des Kindes dieser Zeit annähernd zu erfassen.

Zum Stand der Erforschung der Lage des Arbeiterkindes

Nach K.Tenfelde und G.A.Ritter begann „die öffentliche und wissenschaftliche Auseinandersetzung mit den durch die Entstehung der modernen Industriearbeiterschaft aufgeworfenen Problemen" mit den Anfängen der Arbeiterbewegung (1981, S.39). Während die vormärzliche Pauperismusliteratur die mit dem Bevölkerungswachstum, den Agrarreformen, der Gewerbegesetzgebung und der Fabrikindustrie verbundenen Probleme beschreibt (vgl. C.Jantke und D.Hilger (Hrsg.) 1965), widmete sich die historische Schule der Nationalökonomie seit den 1870er Jahren dem breiten Feld der negativen Auswirkungen der Industrialisierung (H.Winkel 1977). In zahlreichen Schriften des „Vereins für Sozialpolitik" wird seit den 1870er und 80er Jahren in sozialkritischer und -reformerischer Absicht umfassendes statistisches und sozialwissenschaftliches Material über die Lage der Arbeiterschaft vorgelegt. Aufschlußreich sind auch die früheren Enquêten über Frauen- und Kinderarbeit, die seit der Mitte der 70er Jahre von den Regierungen der deutschen Bundesstaaten durchgeführt wurden. Die zahlreichen, bereits im 19.Jahrhundert und zu Beginn des 20.Jahrhunderts erschienenen Veröffentlichungen zur Geschichte der Arbeiterschaft veranlassen K.Tenfelde und G.A.Ritter zu dem Urteil:

„Der Umfang und die Schwerpunkte des solcherart teils aus gewerkschaftlichen und sozialdemokratischen Kreisen, teils im Rahmen der konfessionellen, besonders der katholischen Sozialkritik, der linksbürgerlichen Autorenkreise und Organisationen und schließlich der universitären Wissenschaft vor allem nach der Jahrhundertwende entstandenen Schrifttums über die Lage der Arbeiterschaft lassen sich einstweilen kaum übersehen" (1981, S.43).

Der Strom dieser Veröffentlichungen ist in der Kriegs- und Nachkriegszeit sichtlich verebbt und erreichte auch nach 1945 nicht mehr seine alte Form. An die Stelle der die wirtschafts-und sozialhistorischen Aspekte integrierenden nationalökonomischen Forschungstradition trat die Erforschung mikrosozialer Prozesse und sektoraler Probleme. Insgesamt bietet die jüngste Entwicklung der Sozialgeschichte das Bild einer in verschiedene Bereiche – Technik- und Bevölkerungsgeschichte, Stadt- und Regionalgeschichte, Unternehmens-, Betriebs- und Wirtschaftsgeschichte – aufgegliederten Wissenschaft, die zahlreiche, teils hochgradig verfeinerte Forschungsansätze aufzuweisen vermag (K.Tenfelde und G.A.Ritter (Hrsg.) 1981, S.54).

Was für die Forschungstradition hinsichtlich der Geschichte der Arbeiterschaft gesagt wurde, kann für die sozialhistorische Erforschung des Kindes in gleicher Weise nicht behauptet werden. In der Zeit vor dem I.Weltkrieg und auch noch lange danach finden wir so gut wie keine Studie, die es versuchte, Kindheit in ihrer historischen Genese und in ihrem systematischen Zusammenhang darzustellen.

Erst seit den 70er Jahren unseres Jahrhunderts stieg die Zahl der Veröffentlichungen auf diesem Gebiet (vgl. J.W.Milden 1977; U.Herrmann, S.Renftle, L.Roth 1980; G.L.Soliday 1980), ausgelöst durch Ph.Ariès „L'enfant et la vie familiale sous l'ancien régime" (1960), in deutscher Übersetzung: „Geschichte der Kindheit" (1980), sprunghaft an. Jüngste Sammelbesprechungen (T.v.Trotha 1983, S.243-252; A. und H.Lüdtke 1985, S.23-30; S.37-44) bestätigen den neuen Trend. Unter Verwendung bislang selten benutzten Quellenmaterials, Autobiographien (vgl. D.Baacke und Th.Schulze 1985; E.Dittrich und J.Dittrich-Jacobi 1984; W.Fuchs 1980; J.Henningsen 1983), erfragter Geschichte („oral history") (vgl. L.Niethammer 1980; L.M.Starr 1980), volkskundlicher Quellen (vgl. I.Weber-Kellermann 1974; 1979; 1983), hofft man, eine Lücke in der bisherigen Sozialgeschichtsforschung schließen zu können. Eine „Geschichte von unten" (vgl. H.Ch.Ehalt (Hrsg.) 1984) soll die bis heute immer noch dominierende „Geschichte von oben" wenn nicht ablösen, so doch entscheidend ergänzen.

Sucht man allerdings innerhalb dieser Literaturgattung nach Studien über die konkrete Lage der Kinder und Familien der am unteren Ende der Gesellschaft sich befindenden „Arbeiterklasse", so ist das Ergebnis insofern enttäuschend, als nur wenig Literatur auf diesem Gebiet vorhanden ist. Die von D.Dowe zusammengestellte „Bibliographie zur Geschichte der deutschen Arbeiterbewegung, sozialistischen und kommunistischen Bewegung von den Anfängen bis 1863 unter Berücksichtigung der politischen, wirtschaftlichen und sozialen Rahmenbedingungen" (Archiv für Sozialgeschichte, Beiheft 5/1981) führt unter dem Stichwort „Frauen- und Kinderarbeit" lediglich 22 Titel auf, von denen sich ganze 16 auf Kinderarbeit bzw. die Lage des arbeitenden Kindes beziehen.

Auch die „Bibliographie zur Geschichte der Kindheit, Jugend und Familie" (U.Herrmann, S.Renftle, L.Roth 1980) gibt zwar zum Themenbereich „Kinderarbeit, Arbeiterkinder" fast 40 Titel an, wovon jedoch 15 entweder über einen anderen Zeitraum als den des 19.Jahrhunderts berichten oder die Verhältnisse von außerdeutschen Staaten beschreiben.

Es ist hier nicht der Ort, die Gründe für diesen „historical lack" zu untersuchen. Tatsache ist, daß offensichtlich weder von der erziehungswissenschaftlichen noch von der sozialhistorisch orientierten Geschichtsforschung die Lage des Arbeiterkindes als forschungsrelevanter Gegenstand gewertet wurde.

Wendet man sich der Forschungslage im einzelnen zu, so zeichnet sich in etwa folgender Stand ab. Bereits 1981 hat G.K.Anton in seiner „Geschichte der preußischen Fabrikgesetzgebung" anhand amtlicher Quellen den langwierigen und von unwägbaren Zufällen begleiteten Weg beschrieben, der zum ersten „Regulativ über die Beschäftigung jugendlicher Arbeiter in Fabriken" von 1839 führte. Diese Untersuchung diente lange Zeit als Grundlage späterer Arbeiten. Dabei konnte freilich nicht ausbleiben, daß G.K.Antons Interpretation, insbesondere seine Sympathie für Kultusminister v.Altenstein und seine ablehnende Einstellung gegenüber Innenminister v.Schuckmann, ebenfalls mit übernommen wurden. Erst A.H.G.Meyer stellte in seiner Arbeit „Schule und Kinderarbeit" (1971) erstmals die Frage, ob es tatsächlich als erwiesen gelten könne, in v.Altenstein den eigentlichen Beförderer einer ersten gesetzlichen Regelung der Kinderarbeit zu sehen, wie es immer wieder behauptet wird (S.16). Nun muß man allerdings G.K.Anton zugute halten, daß ihm ein wichtiges, erst 1958 der Öffentlichkeit zugänglich gewordenes Dokument unbekannt war: Die Umfrage des Staatskanzlers Fürst von Hardenberg an die Oberpräsidenten in Breslau, Berlin, Magdeburg, Münster, Köln und Koblenz vom 5.September 1817. Erst in Kenntnis dieser Umfrage, der Hintergründe, die zu ihr führten und der weiteren Verhandlungen, die nach Rücklauf der Antwortschreiben der Regierungspräsidenten erfolgten, vermag man heute zu einer die historische Sachlage besser einschätzenden Interpretation zu gelangen.

Um die Jahrhundertwende erschien eine Anzahl von Publikationen, die schon im Titel und mehr noch in der Diktion die Absicht der Autoren erkennen lassen. Man kann sie als Appell- oder Kampfschriften bezeichnen, deren Intention auf umfassende Maßnahmen des Kinder- und Jugendschutzes insbesondere im Bereich der gewerblichen bzw. erwerbsmäßigen Kinderarbeit abzielt. Zu ihnen zählen u.a. die Arbeiten von O.Janke: „Die Schäden der gewerblichen und landwirtschaftlichen Kinderarbeit für die Jugenderziehung" (1897), E.A.Dodd: „Die Wirkung des gesetzlichen Schutzes auf die Lage der jugendlichen Fabrikarbeiter Deutschlands" (1897), W.Niczky: „Die Entwicklung des gesetzlichen Schutzes der gewerblich tätigen Kinder und jugendlichen Arbeiter in Deutschland" (1905), J.Deutsch: „Die Kinderarbeit und ihre Bekämpfung" (1907) – eine preisgekrönte Arbeit der Universität Zürich –, K.Duncker: „Die Kinderarbeit und ihre Bekämpfung" (1906; 2.Aufl. 1910), ferner die zahlreichen Schriften des Volksschullehrers, Sozialpolitikers und Mitinitiators des deutschen Kinderschutzgesetzes vom 30.März 1903 K.Agahd, von denen nur einige genannt seien: „Die Erwerbsthätigkeit schulpflichtiger Kinder" (1897), „Kinderarbeit und Gesetz gegen die Ausnutzung kindlicher Arbeitskraft in Deutschland" (1902), „Gewerbliche Kinderarbeit in Erziehungsanstalten" (1905), „Jugendwohl und Jugendrecht" (1907), ferner von A.Lauer: „Gewerblicher Kinderschutz" (1908), O.Wehn: „Die Bekämpfung schädlicher Erwerbsarbeit von Kindern als Problem der Fürsorge" (1925) und schließlich von E.Beermann: „Kinderarbeit und Kinderschutz" (1934).

Diesen Arbeiten, denen noch etliche Artikel in Handbüchern und Zeitschriften (W.Abelsdorff 1912, K.Agahd 1906, Ammon 1909, J.Eichholz 1902, A.Klöcker-Münster 1904, K.Strunz 1899) hinzuzufügen wären, ist ein Doppeltes gemeinsam. Zum einen wird der Begriff „Kinderarbeit" nicht mehr nur auf die Fabrikarbeit, sondern auf alle gewerblich bzw. um Lohn verrichtete Arbeit bezogen. Zum anderen können sie sich auf statistisches Material stützen, insbesondere auf die Berufs- und Gewerbezählung von 1895, sowie auf die Reichsenquête über den Umfang der Kinderarbeit in gewerblichen Betrieben von 1898 und die Reichsenquête über den Umfang der Lohnarbeit der Kinder in Landwirtschaft und häuslichen Diensten von 1904. Auf diese Weise wurde es möglich, ein annähernd realistisches Bild über das tatsächliche Ausmaß der Kinderarbeit um die Wende des 20.Jahrhunderts zu gewinnen. Da aber bei den genannten Arbeiten weitgehend auf Archivstudien verzichtet und in erster Linie eine Verbesserung des Kinderschutzes ins Auge gefaßt wird, kommen sie hinsichtlich einer Aufklärung der Kinderarbeit im 19.Jahrhundert nicht über die Erkenntnisse G.K.Antons hinaus.

Dies änderte sich erst, als nach dem Zweiten Weltkrieg einige interessante Arbeiten zum Thema Kinderarbeit und Schule bzw. zur Lage des arbeitenden Kindes erschienen. Hier ist zunächst die von R.Alt ausgewählte und erläuterte Textsammlung „Kinderausbeutung und Fabrikschulen in der Frühzeit des industriellen Kapitalismus" (1958) zu nennen. Neben Berichten über die Lage der arbeitenden Klasse in England und Frankreich zitiert R.Alt verschiedene Artikel aus zeitgenössischen Lehrerzeitungen des Jahres 1827, sowie Visitationsberichte des Jahres 1846 über Fabrikschulen. Darüber hinaus werden zwei Gutachten der Oberpräsidenten von Köln (1818) und Berlin (1819) abgedruckt, wobei es sich um Antwortschreiben auf die Umfrage des Staatskanzlers Fürst von Hardenberg vom 5.September 1817 handelt, die hier unseres Wissens erstmals der Öffentlichkeit vorgestellt werden. R.Alt entnimmt sie den von „Wally Schulze zusammengestellten und kommentierten Akten zur Vorgeschichte des 'Regulativs über die Beschäftigung jugendlicher Arbeiter in Fabriken'" (vgl. R.Alt 1958, S.150). Weshalb er nur zwei der insgesamt sechs Berichte der Oberpräsidenten und auch das Hardenberg-Schreiben selbst nicht abdruckt, bleibt unerfindlich.

Es ist das Verdienst J.Kuczynskis und seiner Mitarbeiter (R.Hoppe und H.Waldmann), den Wortlaut dieser Umfrage und die Rückantworten der Regierungspräsidenten im Band 8 (1960) seiner „Geschichte der Lage der Arbeiter unter dem Kapitalismus" (36 Bände) wiedergegeben zu haben. J.Kuczynski war es auch, der in seiner eben zitierten vielbändigen „Geschichte der Lage der Arbeiter" einen eigenen Band (19) der Geschichte der Lage des arbeitenden Kindes in Deutschland von 1700 bis zur Gegenwart (1968) gewidmet hat. R.Hoppe besorgte im Band 20 die Dokumente zu dieser Studie (1969). Es ist keine Übertreibung, wenn man die Studie J.Kuczynskis, insbesondere Band 8, 19 und 20, als die bis dahin umfassendste und hinsichtlich der mitgeteilten Quellen bemerkenswerteste Arbeit auf diesem Gebiet bezeichnet. Es ist aber ebensowenig übertrieben, wenn man seine Auswahl der Texte als tendenziös und die Darstellung der Lage des arbeitenden Kindes als einseitig marxistisch ideologische Geschichtsschreibung bezeichnet.

Zu Beginn der 70er Jahre sind zwei Arbeiten erschienen, die sich um die Aufklärung des Zusammenhangs von Kinderarbeit und Elementarbildung bemühen. A.H.G.Meyer gibt seiner Schrift „Schule und Kinderarbeit" (1971) den Untertitel: „Das Verhältnis von Schul- und Sozialpolitik in der Entwicklung der preußischen Volksschule zu Beginn des 19.Jahrhunderts", um deutlich zu machen, daß er den Werdegang der Volksschule als von sozialen und wirtschaftlichen Entwicklungen abhängig betrachtet.

Ähnlich sieht es auch K.L.Hartmann in seinem Beitrag „Schule und 'Fabrikgeschäft'. Zum historischen Zusammenhang von Kinderarbeit, Kinderschutzgesetz und allgemeiner Elementarbildung" (1974). Da K.L.Hartmann seine Argumentation weitgehend auf die von A.H.G.Meyer, R.Alt, G.K.Anton und J.Kuczynski zitierten Quellen stützt, trägt er zum Kenntnisstand nichts wesentlich Neues bei.

Eine hilfreiche Sammlung wichtiger Dokumente legt hingegen S.Quandt (1978) zum Thema „Kinderarbeit und Kinderschutz in Deutschland 1783-1976" vor. Der Vorteil dieser Textsammlung liegt vor allem darin, daß bisher unbekannte Dokumente wiedergegeben, einige Deutungshilfen angeboten, die süddeutschen Territorien mit berücksichtigt und auch Belege über die landwirtschaftliche Kinderarbeit mitgeteilt werden.

Einen für die Erforschung der Kinderarbeit im 19.Jahrhundert äußerst hilfreichen Beitrag leisten einige Zeitschriftenaufsätze, von denen besonders hervorzuheben sind: „Die Fabrikarbeit von Kindern im 19.Jahrhundert. Ein Problem der Technikgeschichte" von K.-H.Ludwig (1965), „Kinderarbeit im 19.Jahrhundert. Ihre wirtschaftlichen und sozialen Auswirkungen" von W.Feldenkirchen (1981) und „Kinderarbeit in Deutschland in Manufaktur und Protofabrik (1750-1850)" von A.Herzig (1983).

Wichtige Hinweise auf die Lage des Arbeiterkindes bieten auch einige wertvolle Regionalstudien. So hat bereits 1906 W.Feld eine Studie über „Die Kinder der in Fabriken arbeitenden Frauen und ihre Verpflegung mit besonderer Berücksichtigung der Crimmitschauer Arbeiterinnen" vorgelegt. 1913 erschien eine Dissertation von W.Bierer mit dem Thema: „Die hausindustrielle Kinderarbeit im Kreise Sonneberg". R.Friderici schrieb 1962 einen Beitrag zur „Kinderarbeit in kurhessischen Fabriken und Bergbaubetrieben (1841-1866)". Und M.Hilbert berichtete 1963 unter Bezugnahme auf Akten des Stadtarchivs Glauchau über „Kinderarbeit im Industriebezirk Glauchau" im 19.Jahrhundert. Eine Auswertung interessanten Materials bietet die Studie von L.Adolphs: „Industrielle Kinderarbeit im 19.Jahrhundert unter Berücksichtigung des Duisburger Raumes" (1972). Zu erwähnen sind schließlich auch H.Christmanns „Bemerkungen zur Frage der Kinderarbeit in der württembergischen Gewerbeindustrie in der zweiten Hälfte des 19.Jahrhunderts" (1977).

Diese gewiß nicht vollständige Auflistung wissenschaftlicher Studien wird in jüngster Zeit um einige Publikationen autobiographischer Lebenserinnerungen von Arbeitern bereichert.

Als Standardwerke dürfen die beiden Bände „Proletarische Lebensläufe. Autobiographische Dokumente zur Entstehung der zweiten Kultur in Deutschland" (1974/75) bezeichnet werden, die W.Emmerich herausgegeben hat. Eine Auswahl von Arbeiterlebenserinnerungen hat 1976 auch U.Münchow unter dem Titel „Arbeiter über ihr Leben" besorgt. Beide Textsammlungen aber berühren nur zu einem Teil die Kindheit von Arbeitern. Der von I.Hardach-Pinke und G.Hardach herausgegebene Sammelband „Deutsche Kindheiten. Autobiographische Zeugnisse 1700-1900" (1978) hingegen zeigt ausschließlich die Phase der Kindheit, wenngleich nur in beschränktem Umfang die der Arbeiter. Demgegenüber hat B.Schonig Auszüge aus vier Arbeiterautobiographien unter dem Titel „Arbeiterkindheit. Kindheit und Schulzeit in Arbeiterlebenserinnerungen" (1979) herausgebracht.

Auf der Basis solcher biographischer Zeugnisse versuchen I.Hardach-Pinke den „Kinderalltag" (1981) von zwei Jahrhunderten (1700-1900) und vor allem M.Flecken die Lebenswelt der „Arbeiterkinder im 19. Jahrhundert" (1981) zu beschreiben.

Die Vorteile und Grenzen solchen Quellenmaterials liegen auf der Hand. Lebenserinnerungen als Grundlage historischer Forschung besitzen zweifellos den Vorzug, daß sie gleichsam den subjektiven Anteil objektiver Geschichtsprozesse widerspiegeln. Sie geben Aufschluß darüber, wie gesellschaftliche Produktions- und Lebensbedingungen, wirtschaftliche und arbeitstechnische Entwicklungen, sozialstrukturelle Veränderungen und Umschichtungen von denen erlebt und gedeutet wurden, die die unmittelbar Betroffenen solcher Lebensumstände waren. Hier wird nicht von Dritten über den Lebensalltag berichtet, sondern die Betroffenen berichten über sich selbst. Damit sind freilich auch die Grenzen dieser Quellen angesprochen; denn erst auf dem Hintergrund von und im Zusammenhang mit objektiven Daten können das subjektive Erleben verständlich gemacht und die objektive Realität wiedergegeben werden. Ein anderes Problem ist, ob Arbeiter, die in der Lage sind, ihre eigene Biographie druckreif darzustellen, repräsentativ für das Gros der Arbeiterschaft sind. Darüber hinaus leidet der Rückblick eines Autors auf die eigene Kindheit oft nicht nur unter Gedächtnislücken, sondern auch unter Perspektivenverzerrungen. Ferner ist zu betonen, daß autobiographische Zeugnisse kaum Aussagen über die staatspolitischen Hintergründe, die gesamtgesellschaftlichen Entwicklungen, die technischen und wirtschaftlichen Veränderungen einer Zeit erlauben.

Inzwischen sind weitere Regional- und Bereichsstudien erschienen, die die Erforschung der Arbeiterkindheit des 19.Jahrhunderts in wesentlichen Punkten bereichern. Zu erwähnen sind H.Rosenbaum: „Formen der Familie" (1982), W.H.Hubbard: „Familiengeschichte" (1983), K.R.Mühlbauer: „Forschungsbericht: Lohnarbeit von Kindern in Industrie, Gewerbe und Landwirtschaft in Bayern im 19.Jahrhundert" (1985b), U.Herrmann: „Familie, Kindheit, Jugend" (1987), G.Friederich: „Das niedere Schulwesen" (1987), G.Erning, K.Neumann, J.Reyer (Hrsg.): „Geschichte des Kindergartens", Bd.I: „Entstehung und Entwicklung der öffentlichen Kleinkindererziehung in Deutschland von den Anfängen bis zur Gegenwart"; Bd.II: „Institutionelle Apekte, systematische Perspektiven, Entwicklungsverläufe" (1987).

Fast alle genannten Arbeiten leiden unter dem Mangel, daß sie die Lage des Arbeiterkindes vorwiegend auf der Grundlage preußischer Quellen beschreiben, wodurch das Geschichtsbild möglicherweise in eine Schieflage gerät. Der einseitige Rekurs auf preußische Daten hängt u.a. mit der dürftigen Literatur über außerpreußische Gebiete zusammen. So konnten nur zwei Arbeiten gefunden werden, die sich auf bayerische Verhältnisse beziehen. Da ist zum einen die schon 1913 erschienene Dissertation von H.Kündig zur „Geschichte der bayerischen Arbeiterschutzgesetzgebung", in der unter Bezugnahme auf amtliche Quellen der Weg bis zum ersten bayerischen Kinderschutzgesetz rekonstruiert und dessen Weiterentwicklung kurz dargestellt wird. Erst ein gutes halbes Jahrhundert später griff J.Kermann 1976 das Thema erneut auf. „Vorschriften zur Einschränkung der industriellen Kinderarbeit in Bayern und ihre Handhabung in der Pfalz. Ein Beitrag zur Entwicklung der bayerischen Arbeiterschutzgesetzgebung im 19.Jahrhundert" lautet der Titel seiner Untersuchung. Studien jüngerer Art zu diesem Thema liegen meines Wissens nicht vor.

1 Klärung der Begriffe Kind, Arbeiterkind, Kinderarbeit

Kind

In der Rechtssprache bezeichnet „Kind" sowohl ein Abstammungsverhältnis, ohne Rücksicht auf das Lebensalter, als auch einen bestimmten Abschnitt im Leben eines Menschen (Kindheit). Seit dem 19.Jahrhundert wird dem altersspezifischen Kindesbegriff der Vorzug gegeben. In diesem Sinne wird dann vom „Recht des Kindes" unter Bezugnahme auf die Person des Kindes gesprochen, im Gegensatz zu den „Rechten des Kindes" in juristischer Hinsicht. In der Gegenüberstellung von „Eltern –Kind" schließlich verschmilzt die Altersbezeichnung mit dem Abstammungsverhältnis. Kind ist dann die der elterlichen Gewalt gegenüberstehende Person (D.Schwab 1978, Sp.717).

Unter dem Einfluß des römischen Rechts, das Kinder unter sieben Jahren für im juristischen Sinne handlungsunfähig und Minderjährige vom siebten Jahr an für beschränkt handlungsfähig erklärte, lassen die Strafgesetzbücher des 19.Jahrhunderts die Zurechnungsfähigkeit des Heranwachsenden relativ früh eintreten. Noch Ende des Jahrhunderts werden Kinder einem modifizierten Erwachsenenstrafrecht unterworfen (vgl. StGB von 1871, §§ 55-57).

De jure blieb also die Phase der Kindheit im 19.Jahrhundert auf einen kurzen Lebensabschnitt begrenzt. In diesem Sinne unterschied das Allgemeine Landrecht für die Preußischen Staaten von 1794 (ALR) zwischen der Gruppe der Kinder i.e.S. und der der Unmündigen, wobei auch das Unmündigkeitsalter bereits mit dem 14.Lebensjahr endigte:

„Wenn von den Rechten der Menschen, in Beziehung auf ihr Alter, die Rede ist, so heißen Kinder diejenigen, welche das siebente, und Unmündige, welche das vierzehnte Jahr noch nicht zurückgelegt haben" (ALR I 1, § 25).

Auch das erste Kinderschutzgesetz in Deutschland, das „Regulativ über die Beschäftigung jugendlicher Arbeiter in Fabriken" von 1839, spricht lediglich davon, daß vor zurückgelegtem neunten Lebensjahr niemand in einer Fabrik regelmäßig beschäftigt werden darf und daß „junge Leute" unter sechzehn Jahren nicht länger als zehn Stunden am Tag arbeiten dürfen (§ 1 und § 3, Gesetz-Sammlung für die Kgl.Preußischen Staaten, Berlin 1839, Nr.12). Der Gesetzgeber geht offensichtlich davon aus, daß mit Abschluß des neunten Lebensjahres Kindheit i.e.S. beendigt ist.

Erst allmählich gewann der Gedanke einer verlängerten Kindheit an Boden, wobei das 14. Lebensjahr eine gewisse Zäsur darstellte. Die Annahme von der mit diesem Alter erreichten Pubertät spielte dabei eine wichtige Rolle (vgl. Pandektenrecht, B.Windscheid 1900, § 54, S.206). So verfügte das Allgemeine Landrecht, daß Mädchen nicht vor vollendetem 14. und „Mannspersonen" nicht vor dem 18.Lebensjahr heiraten sollen (ALR II 1,1 § 37). Ebenso sind Eltern zur Verpflegung unehelicher Kinder nur bis zum 14.Lebensjahr verpflichtet (ALR II 2, § 633). Dem Sohn wird das Recht eingeräumt, ab Vollendung des 14. Lebensjahres seine „künftige Lebensart" selbst zu bestimmen (ALR II 2, §§ 109-113).

Zur Verlängerung der Kindheit trug, wenn auch nur langsam, die Ausbreitung des öffentlichen Schulwesens bei. „Mit der Durchsetzung der staatlichen Volksschule im 19.Jahrhundert", so meint S.Quandt, „entstand erst (...) die heute so selbstverständliche und prägnante Sozialform und -norm 'späte Kindheit' oder 'Schulkindheit', der wir uns in der Regel bei der Betrachtung und Bewertung der 'Kinder'-Arbeit bedienen" (1978, S.10)[1].

In Bayern vollzog sich diese Entwicklung noch langsamer. Der „Codex Maximilianeus Bavaricus Civilis, oder: Baierisches Landrecht" von 1759 macht zwar keine Angaben über die Dauer der Kindheit – man hielt sich offenbar an die römische Rechtspraxis[2] -, bei der Festsetzung des Mindestalters zur Eheschließung aber heißt es: „Das Alter hindert die Ehe, wenn das Weibs-Bild noch nicht 12, oder das Manns-Bild noch nicht 14 Jahre erfüllet hat" (BL I 6, § 10). Damit war an eine Übergangszeit zwischen Kind- und Erwachsensein, zumindest vom Gesetzgeber her, nicht gedacht. Auch die Einführung der allgemeinen Schulpflicht in Bayern

---

1   Im Süvernschen Unterrichtsgesetzentwurf von 1819 heißt es im § 34: „Das Alter der Kinder, in welchem ihre Eltern und häuslichen Vorgesetzten (zu denen auch Fabrikanten, Handwerker und Herrschaften, welche Kinder innerhalb dieses Alters in Dienst nehmen, zu rechnen sind) angehalten werden können, ihnen einen geordneten allgemeinen Unterricht zu gewähren, soll in der Regel anheben mit dem anfangenden siebten und sich endigen mit dem vollendeten vierzehnten Lebensjahre" (G.Giese 1961, S.102).

2   Vgl. B.Windscheid: „Das römische Recht ist in Deutschland zur Geltung gelangt nicht durch einen Act der Gesetzgebung, sondern auf dem Wege des Gewohnheitsrechts, und zwar näher, nicht durch die Übung des Volkes, sondern durch die Übung der Juristen, welche das römische Recht ihren Rechtssprüchen und Rechtsgutachten zu Grunde legten." „Das römische Recht war gegenüber dem einheimischen Recht nach Form und Inhalt so sehr das vollkommenere, daß es (...) als *das* Recht erschien" (1900, S.2 f.).

verlängerte die Kindheit nur geringfügig. Die allgemeine Verordnung „das Schulwesen betreffend" vom 23.Dezember 1802 setzte den Besuch der Werktagsschule auf das sechste bis zwölfte Lebensjahr fest (K.Weber Bd.1, S.58). So wundert es auch nicht, daß das erste bayerische Kinderschutzgesetz „die Verwendung der werktagsschulpflichtigen Jugend in Fabriken betreffend" von 1840 zwar eine regelmäßige Beschäftigung in Fabriken vor dem neunten Lebensjahr verbot, in der Zeit zwischen dem neunten und zwölften Lebensjahr aber eine Arbeitszeit bis zu zehn Stunden pro Tag erlaubte (Reg.Bl.f.d.Königr.Bayern Nr.5, 1840, Art.I und III).

Der frühzeitige Eintritt in die Erwachsenenwelt war für die Kinder der unteren Sozialschicht bis ins Ende des 19.Jahrhunderts die Regel. Wie lange der Prozeß einer die physische und psychische Entwicklung berücksichtigenden Ausweitung der Kindes-und Jugendzeit dauerte, läßt sich besonders deutlich am Vorgang der Rechtsprechung ablesen. D.Schwab meint:

„Die Einführung einer auf die Erziehungsziele ausgerichteten, die Phase zwischen Kindheit und Reife in ihrer Eigenart berücksichtigenden Jugendgerichtsbarkeit ist (...) erst eine Errungenschaft unseres Jahrhunderts, das, generell gesprochen, das Kind nicht als verkleinertes Abbild des Erwachsenen, sondern in seiner Andersartigkeit zu begreifen gelernt hat" (1978, Sp.724).

Eine feste Altersgrenze für das Ende des Kindesalters kennt das 19.Jahrhundert nicht. In der zeitgenössischen Literatur aber und teilweise auch in statistischen Angaben werden Heranwachsende bis zum 14.Lebensjahr als „Kinder" bezeichnet.

Arbeiterkind

Der Begriff „Arbeiterkind" bedarf insofern einer näheren Erläuterung, als das Wort selbst nicht erkennen läßt, welche Bevölkerungsgruppe damit genau bezeichnet werden soll. Sind die Kinder der Land- und/oder Fabrikarbeiter gemeint? Gehören zur Gruppe der „Arbeiter" auch die Selbständigen, wie Handwerker, Geschäftsleute, Händler, oder nur die abhängig Beschäftigten? Sind auch die im Dienstleistungsgewerbe Tätigen als „Arbeiter" zu bezeichnen? Oder wird „Arbeiter" primär gar nicht als berufs-, sondern standesbezogener Begriff verwendet, etwa als Bezeichnung für jemanden, der zum „Pöbel", zur sozialen Unterschicht, zur „niedern Klasse" gehört?

In der zweiten Hälfte des 18.Jahrhunderts etwa kam, wohl in Anlehnung an den Sprachgebrauch in England und Frankreich, die Wortverbindung von „Arbeiter" und „Klasse" auf, so daß man von nun an nicht nur von der Klasse der Wohlhabenden, sondern auch von der arbeitenden (Volks-) Klasse sprach (W.Conze 1972, S.218)[3]. Joseph v. Sonnenfels z.B. unterschied in seinen „Grundsätzen der Polizey, Handlung und Finanz" (1776) zwischen der „Klasse der Geldbesitzer" und der „Klasse der Arbeiter". Dieser Einteilung lag die Vorstellung von einer von den Besitzenden abgehobenen sozialen Unterschicht zugrunde.

In dem Maße, in dem zu den altgewohnten sozialen Einstufungen neue Berufsgruppen hinzutraten, „vor allem die in 'Etablissements' (Manufakturen und Fabriken) arbeitenden Menschen, die weder Gesinde noch Taglöhner noch Handwerksgesellen im traditionellen Verstande waren" (W.Conze 1972, S.219), wuchs das Bedürfnis nach differenzierenden Bezeichnungen. So teilte z.B. J.H.Jung in seiner „Grundlehre der Staatswirthschaft" von 1792 die Arbeiter („Professionisten") in zwei Gruppen ein, in die der „Lohnarbeiter" und die der „commerzierenden oder handelnden Arbeiter" (S. 485 ff.; zit. nach W.Conze 1972). Seit 1800 etwa verwandte man die Bezeichnung „Fabrikarbeiter"[4], um den qualifizierten Facharbeiter in Fabriken von dem im Handwerk arbeitenden Gesellen und vom ungelernten Handarbeiter abzugrenzen. Gleichwohl ermöglichte auch diese Bezeichnung keine exakte berufliche Differenzierung, zumal zum einen die Definition „Fabrik" lange umstritten blieb und zum andern Handwerksgesellen und Fabrikarbeiter im Zuge der fortschreitenden industriell-mechanisierten Arbeit zusammenrückten, um sich von der größeren Masse der Arbeiter-Unterschicht, ab 1830 etwa „Proletariat" genannt, abzuheben.

Um die Mitte des 19.Jahrhunderts fand eine allmähliche Einengung des bis dahin alle möglichen Berufe umfassenden Begriffs „Arbeiter" statt. Dieser meinte nun in erster Linie den Fabrik-, Industrie- oder gewerblichen Arbeiter. Im Nürnberger Anzeiger vom 30.3.1865 (Nr.89) schreibt der Gothaer Arbeiterverein:

„'Arbeiter' seien im allgemeinen genommen alle diejenigen, die im Dienste anderer von ihrer Hände Arbeit leben (...) eigentlich oder speziell genommen (...) nur Gesellen, Gehilfen, Fabrikarbeiter; dann aber auch noch solche kleine, arme

---

[3] Für die folgenden Ausführungen siehe W.Conze 1972, S.218-223.
[4] In Art.415 des „Strafgesetzbuchs für das Königreich Baiern" ist von „(...) Handwerksgesellen oder Fabrikarbeiter(n) verschiedener Meister oder Fabriken" die Rede (1813, S.160).

Meister, die im Dienste eines andern Meisters stehen" (zit. nach W.Conze 1972, S.222).

1868 glaubte die Züricher „Unabhängige" feststellen zu können, daß der Begriff „Arbeiter" im sozialpolitischen Sinne einer der „klarsten" und „schärfsten" Begriffe sei, die es gibt: „Man versteht darunter eine Person, welche ihren Arbeitsertrag gegen Lohn einem anderen (dem Unternehmer oder Kapitalisten) überläßt" (zit. nach W.Conze 1972, S.223, Anm.34).

Trotz solcher Definitionsversuche blieb der Begriff „Arbeiter" noch lange unscharf.[5] Die Gewerbeordnung des Norddeutschen Bundes von 1869 nennt unter dem Oberbegriff „Gewerbe" stets „Gehilfen", „Gesellen oder Arbeiter" bzw. „Fabrikarbeiter". In der Reichsgewerbeordnung von 1871 wurde schließlich „Arbeiter" definiert als „ein gegen Lohn auf Grund eines Arbeitsvertrages abhängig (meist körperlich) Arbeitender" (W.Conze 1972, S.223). Dazu gehörten in erster Linie die in der Industrie beschäftigten Fach-, Hilfs- und ungelernten Arbeiter, die Gehilfen in Klein-und Handwerksbetrieben, die Gesellen und Lehrlinge. Offen blieb aber, ob auch das Gesinde und die Dienstboten zu den „Arbeitern" gehörten. In der Statistik jedenfalls erschienen sie nicht als solche.

Da der Begriff „Arbeiterkind" mehr auf die soziale Einstufung eines bestimmten Berufsstandes abzielt als auf eine genaue Festlegung einzelner Berufsabteilungen, ist es in diesem Zusammenhang von Interesse, den sozialen „Ort" zu bestimmen, den die „Arbeiter" innerhalb der Gesellschaft des 19.Jahrhunderts einnahmen. Einen wichtigen Hinweis darauf liefert das wissenschaftliche und amtliche Schrifttum des 19.Jahrhunderts. Sowohl die historische Schule der Nationalökonomie (vgl. K.Tenfelde und G.A.Ritter (Hrsg.) 1981, S.39) als auch die amtlichen Statistiken der 80er und 90er Jahre und deren sozialkritische Auswertungen (vgl. Schriften des Vereins für Sozialpolitik) sprechen ausnahmslos von der „unteren" bzw. „minderbemittelten Klasse", wenn sie den im Vergleich zur Bürgerschicht als sozial schwach eingestuften Personenkreis der Arbeiter im Auge haben. Als „Klasse" aber verstehen wir im Sinne M.Webers eine Personengruppe, deren gemeinsame Lebenschancen durch Besitzverhältnisse und Erwerbsmöglichkeiten ursächlich bedingt sind.

---

5 Noch 1863 wird in der Zeitschrift des Statistischen Bureaus des Kgl. Sächsischen Ministeriums des Innern darüber geklagt, daß die Klasse der Handarbeiter nicht exakt zu bestimmen sei (zit. bei W.Conze 1972, S.222).

„Es ist die allerelementarste ökonomische Tatsache, daß die Art, wie die Verfügung über sachlichen *Besitz* innerhalb einer sich auf dem Markt zum Zweck des Tauschs begegnenden und konkurrierenden Menschenvielheit verteilt ist, schon für sich allein spezifische Lebenschancen schafft." „'Besitz' und 'Besitzlosigkeit' sind daher die Grundkategorien aller Klassenlagen" (M.Weber 1964, S.679).

Der Klassenbegriff enthält somit, im Gegensatz zum Begriff der „sozialen Schicht", immer auch eine Aussage über die Entstehungs-und Wirkungszusammenhänge sozialer Ungleichheit. Es sind die Merkmale des Güterbesitzes und der Einkommensmöglichkeiten, die im Verständnis der „Klasse" die Beziehungen der Menschen weitgehend determinieren. So bestimmt die Klassenlage das von Menschen erfahrbare Familienleben ebenso wie die Chancen im Erziehungswesen, in der Berufs- und Arbeitswelt, in der medizinischen Versorgung, im Wohnungs- und Ernährungswesen, kurz, in allen individuellen und sozialen Daseinsformen des Menschen (G.Hartfiel 1978, S.56).

Wenn nun die Arbeiter zur unteren Klasse innerhalb der Gesellschaft des 19.Jahrhunderts gerechnet werden, dann ist damit nicht nur eine klare Aussage über deren soziale Einschätzung, sondern auch über deren tatsächlich vorhandene Lebenschancen gemacht.

Dies bestätigen die amtlichen Erklärungen für die ersten vom „Kaiserlichen Statistischen Reichsamt" durchgeführten Berufs- und Gewerbezählungen der Jahre 1882 und 1895, die für die Erhebung folgende Unterscheidung vorsahen:

„a) *Selbständige*, auch *leitende Beamte* und sonstige *Geschäftsleiter*. Dazu gehören: Eigenthümer, Inhaber, Besitzer, Mitinhaber oder Mitbesitzer (Kompagnons), Pächter, Erbpächter, Handwerksmeister, Unternehmer, Direktoren, Administratoren; auch die Hausgewerbetreibenden sind hierher gezählt, die in der eigenen Wohnung im Auftrag und für Rechnung eines fremden Geschäfts arbeiten.
b) *Angestellte*, nicht leitende Beamte, überhaupt das wissenschaftliche, technische oder kaufmännische gebildete Verwaltungs- und Aufsichts-, sowie das Rechnungs- und Bureaupersonal, Prokuristen, Disponenten, Buchhalter, Rechnungsprüfer, Geschäfts- und Handlungsreisende sowie die im Betriebe beschäftigten Rechner und Schreiber.
c) *Arbeiter*. Dahin sind gerechnet alle nicht in den bei a) und b) bezeichneten Stellungen beschäftigten Erwerbsthätigen des betreffenden Berufszweiges, wie Gehülfen, Lehrlinge, Fabrik-, Lohn- und Tagearbeiter, einschließlich der in der Landwirtschaft oder dem Gewerbe des Familienhauptes thätigen Familienangehörigen und Dienenden" (Statistik des Deutschen Reiches, Neue Folgen, Bd.11, S.98; zit. nach G.Hartfiel 1978, S.89).

Nach der amtlichen Statistik also wird eine Gliederung der Gesellschaft unter dem Merkmal der sozialen Stellung im Beruf vorgenommen und nach beruflicher „Selbständigkeit" und „Abhängigkeit" unterschieden. Unter den beruflich Abhängigen aber wird noch einmal differenziert. Die „Arbeiter" werden von den „Angestellten" abgesondert und getrennt gezählt. Deutlicher ist ihre soziale Geringschätzung nicht zu dokumentieren. „Besitz, Eigentum, ökonomische Verfügungsgewalt, Arbeit 'auf eigene Rechnung' sowie die für die Abwicklung von Geschäften notwendigen kaufmännischen Fertigkeiten und Kenntnisse, das war als Merkmal für eine besondere 'gehobene' Stellung in der (Wirtschafts-) Gesellschaft erwähnenswert. Arbeiter-Dasein war soziale Residualkategorie" (G.Hartfiel 1978, S.87).

Wie hoch jedoch der Anteil der abhängigen Lohnarbeiter an der Gesamtzahl der Erwerbspersonen war, zeigt die Erhebung von 1882. Danach waren im Deutschen Reich:
Selbständige: 25,6%
Mithelfende Familienangehörige: 10,0%
Beamte: 3,1%
Angestellte: 3,0%
Arbeiter: 57,4%
(aus K.M.Bolte, M.Brater, S.Kudera 1974, S.10).

Von den Kindern dieser Arbeiter im eben dargelegten Sinn ist die Rede, wenn von „Arbeiterkindern" gesprochen wird. Dabei ist davon auszugehen, daß die Lebensverhältnisse der Arbeiter auch die ihrer Kinder bestimmten. Dies gilt in doppelter Hinsicht: Zum einen waren die Aufstiegschancen dieser Kinder auf Grund des niedrigen Familienbudgets äußerst gering. Zusätzliche Ausbildungsmöglichkeiten, die die Berufsaussichten der Kinder wesentlich erhöht hätten, waren nicht nur im geringen Umfang vorhanden, sondern auch mit hohen Kosten verbunden. Schulgeldfreiheit gab es nicht! Zum andern mußten diese Kinder schon in jungen Jahren am Erwerbsleben der Erwachsenen teilnehmen. Damit überlagerten sich zwei für die Zukunftschancen der Arbeiterkinder nachteilige Prozesse: Die soziale und wirtschaftliche Minderstellung der Arbeiter wirkte sich chancenmindernd auf deren Kinder aus, und die frühzeitige Erwerbstätigkeit der Arbeiterkinder hinderte sie, vorhandene Bildungsmöglichkeiten wahrzunehmen. Eine Benachteiligung der Benachteiligten!

Auf der anderen Seite wird man auch gewisse „Vorteile" nicht übersehen dürfen. Die auf Grund der finanziellen Lage der Familienhaushalte erzwungene Partizipation der Kinder und Jugendlichen am Erwerbsleben bewirkte nicht zuletzt auch ein Gefühl wirtschaftlicher Unabhängigkeit und steigerte das Selbstwertgefühl und Selbstbewußtsein dieser Kinder. Während ferner die Kindheit und Jugend der Heranwachsenden aus höher- und mittelständischen Familien unter der doppelten Kontrolle von Elternhaus und Schule standen, genossen die Kinder der Arbeiter bereits früh eine relativ hohe Selbständigkeit. Forderte schließlich die Finanzknappheit des Arbeiterhaushalts zu einem Leben in äußerster Anspruchslosigkeit heraus, so erwuchsen daraus zugleich auch die an den Arbeitern so geschätzten und sie auszeichnenden Tugenden von Sparsamkeit und Fleiß (U. Herrmann 1984, S. 21 f.).

Trotz solcher hervorzuhebender Effekte sollte freilich der qualitative Unterschied zwischen der Lebenswelt der Arbeiterkinder und der der Bürgerkinder nicht verharmlost werden. Er lag vor allem darin, daß das Leben des Arbeiterkindes ohne große Perspektive und Alternative war.

Kinderarbeit

Obwohl es heute noch weitgehend an Studien fehlt, „die die Kindheit in allen ihren historischen Erscheinungsformen und sachlichen Teilbereichen problematisieren und sowohl zum familiären wie allgemeinen sozialen Wandel mit ihren privaten und öffentlichen, wirtschaftlichen wie arbeitsorganisatorischen Ausformungen systematisch in Beziehung setzen" (H.J. Teuteberg und A. Bernhard 1978, S. 177), hat die Kinderarbeit weit häufiger Interesse in der Forschung gefunden. Das heißt nun aber nicht, daß die Geschichte der Kinderarbeit schon in ihrer ganzen Entwicklung und nach allen Gesichtspunkten hin erforscht ist.

Die Literatur, die sich dieses Gegenstandes annahm, behandelte ihn zum überwiegenden Teil unter dem Aspekt der industriellen Kinderarbeit, so daß der Eindruck entstehen mußte, Kinderarbeit sei identisch mit Fabrikkinderarbeit, und diese wieder sei eine Folge der industriellen Revolution des 19. Jahrhunderts. Demgegenüber betonen H.J. Teuteberg und A. Bernhard mit Recht:

„Nichts ist falscher als die frühere These, die Fabriken hätten erstmals die Kinderarbeit eingeführt. Diese waren lediglich der Anlaß, auf ein jahrtausendealtes Problem aufmerksam zu machen und erstmals entsprechende gesetzliche Maßnahmen einzuleiten" (1978, S. 179).

Indem die historische Forschung sich vorwiegend mit der Fabrikarbeit von Kindern im 19. Jahrhundert befaßte, hat sie den Blick auf das „jahrtausendealte" und auf alle Erwerbszweige sich erstreckende Problem der Kinderarbeit eher verstellt als geöffnet.

„Noch bis in die letzten Jahrzehnte des 19.Jahrhunderts", schreibt S.Quandt, „erschien der Öffentlichkeit der industrielle Kinderschutz als das eigentliche und brennende Problem; die Frage der hausgewerblichen Kinderarbeit geriet in eine Grauzone weitgehender Latenz und wurde erst in den 90er Jahren durch die zweite Kinderschutzbewegung erneut und nun in vollem Umfang in die öffentliche Diskussion eingebracht" (1978, S.8).

Versteht man unter Kinderarbeit in Anlehnung an S.Quandt „die zumindest periodisch regelmäßige un- und angelernte Erwerbstätigkeit Untervierzehnjähriger bzw. Volksschulpflichtiger, die außerhalb eines ordnungsgemäßen Lehrverhältnisses stattfindet" (1978, S.9), oder auch innerhalb eines solchen, dann hat es Kinderarbeit schon längst vor dem 19.Jahrhundert gegeben. Nach unserem Verständnis von Kinderarbeit umfaßt diese, im Gegensatz zu S.Quandt, der diese auf die Erwerbstätigkeit außerhalb eines Lehrverhältnisses eingeschränkt wissen will, auch die regelmäßige Beschäftigung innerhalb eines solchen Verhältnisses, sofern sie von Kindern ausgeübt wird. Denn es macht u.E. keinen Unterschied, ob ein Zwölf- bis Vierzehnjähriger[6] mit oder ohne Lehrvertrag arbeitet. Wir stimmen damit eher mit der Definition E.Beermanns überein:

„Kinderarbeit ist jede gewerbliche körperliche Arbeit, sowie jede sonstige Betätigung, die aus Erwerbsgründen jeglicher Art durch Personen unter 14 Jahren (Kinder) ausgeführt wird.
(...)
Die körperliche Arbeit ist aber nur insofern als unter den Begriff Kinderarbeit fallend anzusehen, als sie im gewerblichen Betriebe ausgeführt oder ausserhalb der Betriebe aus Erwerbsgründen vorgenommen wird. Gleichgültig ist, ob es sich um Arbeit im Elternhaus für Dritte oder für die Erziehungsberechtigten handelt, oder ob das Feld der Tätigkeit in einem fremden Betriebe liegt. Auch ist belanglos, ob das Kind zu seinem Unterhalt arbeitet oder ob dritte Personen, z.B. seine Eltern, den Erlös aus der Tätigkeit in Anspruch nehmen" (1934, S.1).

Erst ein weit gefaßter Begriff von Kinderarbeit macht den vollen Umfang des Problems sichtbar und bestätigt die von W.Abelsdorff im „Handwörterbuch der sozialen Hygiene" getroffene Feststellung:

„Wir sprechen von 'Kulturstaaten', und doch kommt in allen diesen in größerem oder geringerem Umfange Kinderarbeit – nicht Kinderbeschäftigung, lediglich

---

6 Das Eintrittsalter in ein Lehrverhältnis schwankte je nach Berufsart oder Handwerks- bzw. Zunftvorschriften.

als geringe Hilfeleistung im elterlichen Hause – nein, Arbeit schulpflichtiger Kinder gegen (meist arg geringen) Lohn, eigentliche Erwerbsarbeit vor" (1912, S.591).

Am weitesten verbreitet und am längsten geduldet war Kinderarbeit im Bereich der Landwirtschaft, wo Kinder beim Einbringen der Ernte, beim Anbau von Gemüse, Rüben und Kartoffeln, zu Stallarbeiten und ganz besonders zum Viehhüten verwendet wurden. Kinder arbeiteten im Handwerk, in der Heimindustrie, in Manufakturen und Fabriken, im Bergbau und im Baugewerbe. Wir finden sie ferner als Gehilfen in Handel und Verkehr, in Gast- und Schankwirtschaften, als Dienstpersonal bei fremden „Herrschaften", als Botengänger und Laufburschen. Wo immer sich Erwerbsmöglichkeiten anboten, zu deren Wahrnehmung man Kinder für geeignet hielt, wurden sie eingesetzt. Da Kinderarbeit nur in Unterschichtenfamilien anzutreffen ist, dürfte die Ursache in den Existenzbedingungen dieser Familien zu suchen sein. Unter dem Druck wirtschaftlicher Zwänge erschien Kinderarbeit als einzig möglicher Ausweg.

2 Öffentliche Kleinkindererziehung im 19. Jahrhundert

Eine Studie, die sich mit der Lage der Arbeiterkinder im 19. Jahrhundert befaßt, muß insbesondere die Lebenswelt dieser Kinder erforschen. Worin besteht die Lebenswelt eines Kindes? Was sind ihre Indikatoren? Mit Sicherheit gehören neben anderen auch jene Institutionen dazu, die eigens für diese Kinder errichtet worden sind und in denen sie einen Teil ihrer Kindheit verbrachten: die Kindergärten oder Kleinkinderbewahranstalten, wie sie damals genannt wurden. Aus den Motiven, die zu ihrer Errichtung führten, läßt sich sowohl die Bewußtseinslage der damaligen Öffentlichkeit den Kindern gegenüber rekonstruieren als auch Einblick in die Realsituation dieser Kinder gewinnen. Warum waren solche Einrichtungen überhaupt nötig? Welche Ziele verfolgten ihre Gründer? Wer hatte Interesse an diesen Institutionen? Für wen waren sie gedacht? Wie sah der Alltag in diesen Anstalten aus? Wer waren die Betreuer, wie die Organisationsformen? Die Beantwortung dieser und ähnlicher Fragen führt mitten hinein in den Lebensalltag eines Kindes und hilft zu einem besseren Verständnis seiner konkreten Lebensbedingungen und -erfahrungen.

2.1 Motive für die Entstehung von Kleinkinderschulen und -bewahranstalten

Aus motivgeschichtlicher Perspektive ist mit gutem Grund darauf hinzuweisen, daß in den Bildungskonzeptionen des 17. Jahrhunderts bereits die ersten Grundzüge einer neben der Familie stattfindenden Gemeinschaftserziehung vorschulpflichtiger Kinder entworfen worden sind (E. Hoffmann 1971, S. 11). So sieht bereits J. A. Comenius in seiner „Pampaedia" eine „halböffentliche Schule" für Kinder „vom 4. bis zum 6. Lebensjahr" vor, in der sie sich „daran gewöhnen sollen, miteinander umzugehen, zu spielen, zu singen, zu reden, gute Sitten und die Frömmigkeit zu pflegen und die Sinne und das Gedächtnis, noch ohne Lesen und Schreiben, zu üben" (1960, S. 275)[1]. Unter der Aufsicht „ehrenhafter Frauen" sollen in deren Häusern „Zusammenkünfte von Kindern aus der Nachbarschaft eingerichtet werden", um auf diese Weise die Kleinen auf die öffentliche Schule vorzubereiten. Da die Kinder gerade mit den „Anfangsgründen des Lernens besonders viel Mühe" haben, soll man ihnen

---

1 Zur Entstehungsgeschichte der „Pampaedia" s. Ausgabe 1960, S. 490-497.

die „Herbheit" dieser Arbeit dadurch „versüßen", daß man diese „in ein Spiel verwandelt" (1960, S.275).

Ähnliche „unmaßgebliche" Gedanken äußert auch der Jenaer Mathematikprofessor und Alumnatsdirektor E.Weigel über die Einrichtung von Kinderschulen. „Sobald die Kinder laufen und lallen können", meint er, „sollen sie in die Kinderschul geschickt werden". Eine „allgemeine Magd" soll die Kinder in einer „helle(n) Stube", die von der „gemeinen Schul weit abgesondert und fein geraum sey", betreuen. Sie erhalte „dreyfachen Lohn" und verbringe den ganzen Tag, „außer Speiß- und Schlaffzeiten", bei den Kindern. Das Spiel betrachtet er als die dem Kind angemessene „Thätigkeit". Darum ist es das Beste für die Kleinen, „wenn sie etwas Liebliches zu thun bekommen und ihr Geist, der niemals ruhet..., mit Lust und Freud zur Weißheit wohl beschäftigt wird". Unnützes Spielzeug „sampt den Narreteydingen" lehnt er ab. Statt dessen konstruiert er ein „Lauf-Wägelein", einen „Haußschwang" (eine Art Schaukel) und ein „Zelter-Pferd" (eine Art Roller?). Ferner schlägt er als Beschäftigungsmittel vor: „Ausschneiden und auf Papier kleben, Formen und Modellieren von Häußern, Brücken, Mühlen, Gärten und dergleichen, daß man eine Gasse, ein Dorff und was noch mehr zur Lust davon zusammensetzen, kleine Docken als auffrichtsame, haußhaltige Personen durchspatziren und, was sie thun, durch kluge Kinderwärterinnen sprechen lassen könnte." So würde der Verstand „im Spielen besser erbaut werden" und die Kinder kämen mit einem Entwicklungsstand zur „Trivialschule", der dem von Neunjährigen entspräche (E.Weigel 1681 und 1684; zit. nach H.Schlee 1968, S.80-83).

Diesen frühen Entwürfen einer außerfamiliären Vorschulerziehung folgte im 18.Jahrhundert eine breit angelegte Volksaufklärungs- und Pädagogisierungsbewegung, die ihren Reform- und Gestaltungswillen auf nahezu alle Lebensbereiche, insbesondere aber auf den des Kindes und der Familie, richtete. „In diesem Zeitraum", so urteilt J.Reyer, „wurden zwei Fragen konzeptionell entschieden: die Frage nach der Bedeutung und die Frage nach dem sozialen Ort der frühen Kindheit" (1983, S.108). Die Kindheit gewann ihre Bedeutung dadurch, daß die ersten Lebensjahre eines Menschen als besonders sensible Entwicklungsphase erkannt und als eine für die Persönlichkeitsentwicklung folgenreiche Lernphase gewertet wurden. Gleichzeitig mit dieser Erkenntnis wurde die Vorstellung entwickelt, daß allein die Familie den einzigartigen und unersetzbaren Lebensraum des Kindes bildet, innerhalb dessen der Mutter-Kind-Beziehung als einem „heiligen" und „natürlichen" Band (J.G.Schmidlin 1835, S.12) zentrale Bedeutung zukommt. Kindheit, so kann man wohl sagen, wurde im 18.Jahrhundert in einem doppelten Sinn interpretiert: als besonders bildsame Entwicklungsphase und als ein in den Gefühls- und Schonraum der Familie eingebetteter, der mütterlichen Obhut anvertrauter Lebensbereich. Während die erste Sinndeutung zu einem Leitmotiv für die Entstehung der öffentlichen Kleinkindererziehung wurde, da man ja schon der frühen Kindheit alle pädagogisch erdenkliche Aufmerksamkeit und Förderung zukommen lassen mußte, steht die zweite Deutungsvariante jeder Art von außerfamiliärer Kleinkindererziehung hemmend im Wege.

Die Einsicht in die Bedeutung der frühen Kindheit als besonders sensibler Entwicklungsphase erhält von verschiedenen wissenschaftlichen Disziplinen des 18.Jahrhunderts eine theoretische Absicherung. J.Locke hatte bereits 1693 die Vorstellung von eingeborenen Ideen verworfen und die Seele mit einem unbeschriebenen Blatt (tabula rasa) verglichen, auf dem erst die Erfahrung ihre sinnlichen Eindrücke hinterläßt. Die Wahrnehmung gibt der Seele allen Stoff. Daher kommt den ersten Wahrnehmungen in früher Kindheit hoher Erkenntniswert zu. Ein halbes Jahrhundert später formuliert J.-J.Rousseau in Fortsetzung dieses Gedankens seine revolutionäre These von der in sich guten Natur des Menschen, die durch die Kultur der Gesellschaft verdorben, durch vernünftige Erziehung aber in jedem einzelnen Menschen der Möglichkeit nach zurückgewonnen wird. Darum muß die Erziehung bereits mit der Geburt des Kindes beginnen, sich am Gang der Natur und nicht an vorgegebenen Zielen orientieren und alle schädigenden Einflüsse der Gesellschaft verhindern (Emil oder über die Erziehung 1762).

Auch das medizinische und der Medizin nahestehende Schrifttum dieser Zeit, das den Begriff der „physischen Erziehung" einführt (L.Kunze 1971, S.6), wird nicht müde, alle „unnatürliche" Ernährung und Pflege der Säuglinge und Kleinkinder anzuprangern, die vitalen Lebensbedürfnisse des Kleinkindes hervorzukehren und der schwangeren Mutter „einen unausbleiblichen Einfluß auf den Unsichtbaren, den sie unterm Herzen trägt" (Chr.A.Struve 1803, S.35; abgedr. bei J.Reyer 1983, S.112) zuzuschreiben.

In noch stärkerem Maße als die Medizin hat die Psychologie oder „Erfahrungsseelenkunde", wie sie damals genannt wurde (S.Jaeger und J.Staeuble 1978), zur wachsenden Einsicht in die Bedeutung der frühen Kindheit beigetragen. Dies gelang ihr nicht zuletzt dadurch, daß sie gezielte „Beobachtungen über die Entwickelung der Seelenfähigkeiten bei Kindern" (D.Tiedemann 1787) anstellte und diese in wissenschaftlichen und halbwissenschaftlichen Schriften der interessierten Öffentlichkeit mitteilte.

Im Kreis der Philanthropisten, repräsentiert durch J.B.Basedow, Chr.G.Salzmann, J.H.Campe, E.Chr.Trapp, F.E.von Rochow und andere Autoren, erreicht schließlich der medizinisch-psychologisch-pädagogische Ertrag dieses Jahrhunderts seine erste relativ geschlossene Form und seine Umsetzung in praktische Regeln zur Verbesserung der häuslichen und öffentlichen Erziehung. Natürliche Entwicklung der Kräfte und Fähigkeiten des Kindes ist eines der Leitmotive dieser Pädagogik. „Selbstthätigkeit" von frühester Kindheit an und „anschauende Erkenntniß" ein anderes (J.H.Campe 1785, II, S.57 und 62). Darum begeht „die Erziehung einen großen Fehler, wenn sie nicht für die Erwerbung dieser Kenntnisse sorgt". Dies könnte sie aber um so eher, „weil die Natur ihr dabei mit dem Beschäftigungstriebe der Kinder an die Hand gehen würde" (J.H.G.Heusinger 1797; abgedr. bei J.Prüfer 1913, S.98). Auch soll sie von dem Grundsatz abrücken, „sich bloß mit der Entwicklung des Verstandes und der Vernunft abzugeben", vielmehr mache sie gewissermaßen das „zur Hauptsache (...), was man gewöhnlich Spielereien nennt" (J.H.G.Heusinger 1797; abgedr. bei J.Prüfer 1913, S.80).

P.Villaume plädiert für die Errichtung öffentlicher Spielplätze für kleine Kinder:

„In jeder Stadt, in jedem Viertel der großen Städte, wird ein freier, geräumiger Platz sein, der so verzäunt sein muß, daß die Kinder vor Pferden und Wagen und allenfalls auch vor Hunden, wenn man will, sicher sind. Die kleinen Kinder beiderlei Geschlechts versammeln sich hier (...). Ein Verordneter des Staates führt hier die Aufsicht, um allen Schaden und alle Unordnung zu verhüten."

P.Villaume begründet seinen Vorschlag u.a. mit dem Hinweis auf die Kinder armer Eltern:

„Die armen Leute schicken ihre Kinder früher in die Schulen, nur um sie loszuwerden; und man kann ihnen daraus keinen Vorwurf machen, weil sie so eng und so elend wohnen (...). Durch unsere Spielplätze haben wir nunmehr dem Übel abgeholfen" (P.Villaume 1793; abgedr. bei M.Krecker 1971, S.62 f.).

J.Ch.F.GuthsMuths schließlich rät, dem Kinde „allerley Werkzeuge" zu schenken:

„Ein Grabscheid, eine Schaufel, ein Rechen, zugespitzte Pfähle, allerley Holzwerk, Klötzchen, Breterchen, Stangen, ein Hammer, eine Hacke, ein Schlägel, ein Wagen, Schlitten, Schiebkarren u.dergl. nur wohlfeil, nur von Holz, aber im Größenverhältnisse zum Kinde, das sind die unermeßlichen Schätze für eure Kleinen" (1806; abgedr. bei M.Krecker 1971, S.66).

Die Reihe der Vorschläge, die aus dem engeren und weiteren Kreis der Philanthropisten kommt, und die auf eine vernünftige und das heißt zugleich nützliche Erziehung in früher Kindheit abzielt, unterstreicht die Notwendigkeit einer „Erzieh- und Behandelart der kleinen Geschöpfe" durch eine „zum Erziehen und Belehren vorzüglich geschickte Person" (Ch.H.Wolke 1805; abgedr. bei G.Erning (Hrsg.) 1976, S.20). So ist es nur folgerichtig, wenn der Ruf nach einer „Bewahr- und Vorbereitungsanstalt" wiederholt geäußert und entsprechende Pläne dafür entworfen werden.

Ch.H.Wolke hat einen solchen Plan und Vorschlag zu einer „Bewahr- und Vorbereitungsanstalt für junge Kinder beiderlei Geschlechts während drei bis vier Jahre vor ihrem Eintritt in die Schule" (1805) vorgelegt[2]. Darin fordert er für jedes Dorf und jede Stadt eine Anstalt für Kinder ab dem dritten Lebensjahr. Unter der Leitung einer „Bewahrin", die von „munterer Gemüthart" sein soll, „vernünftig urtheilen" und Kenntnisse „von der Natur des Kindes, von Lehr- und Erziehmethoden" besitzen soll, „leben die Bewahrlinge in einem heitern, geräumigen (...) Spielzimmer", das mit allerlei Spielgeräten, Anschauungstafeln und Werkzeug ausgestattet ist. Nach dem fünften Lebensjahr empfangen die Kinder „den Ehrennamen Leringe und kommen zum ersten Mal in das Denklehrzimmer". Dort werden sie von „Belehrpersonen" durch Rechen-, Schreib- und Gedächtnisübungen auf die Schule vorbereitet (Ch.H.Wolke 1805; abgedr. bei G.Erning (Hrsg.) 1976, S.18-21).

Die Hinweise machen eines deutlich: Schon lange bevor die erste Kleinkinderbewahranstalt errichtet wurde, waren Idee und Gestalt der öffentlichen Kleinkindererziehung in ihren Grundzügen bereits entworfen. Daß sie trotzdem nicht verwirklicht wurden, sieht man von einigen Aus-

---

2   Hier taucht der Begriff „Bewahranstalt" zum ersten Mal auf, wenngleich noch nicht in der später üblichen Bedeutung: „Kleinkinder-Bewahranstalten sind Versammlungs- und Aufenthaltsörter, in welchen Kinder von zwey bis fünf Jahren in Abwesenheit ihrer Aeltern körperlich und geistig überwacht, ihre körperlichen Kräfte und geistigen Anlagen angeregt, und sie zur weiteren religiös-moralischen und geistigen Ausbildung für die Volksschulen und das Leben vorbereitet werden" (L.Chimani 1832; abgedr. bei E.Dammann und H.Prüser (Hrsg.) 1981, S.28).
    J.Fölsing und C.F.Lauckhard fassen den Begriff noch enger: „In den 'Kleinkinderbewahr-Anstalten' werden die Kinder der armen Taglöhner und Fabrikarbeiter (...) aufgenommen (...). Ihr Zweck ist: ganz arme, verlassene Kinder, die ohne Aufsicht den Tag über umherirren (...), von der Straße wegzuschaffen und ihnen in der Anstalt eine freundliche Zufluchtstätte zu gewähren" (1848; abgedr. bei E.Dammann und H.Prüser (Hrsg.) 1981, S.28f.).

nahmen bzw. Vorformen ab[3], dürfte seinen Grund u.a. in dem bereits erwähnten zweiten Deutungsmuster der Kindheit haben, das ebenfalls im 18.Jahrhundert entworfen wurde und als „Familialisierung" (J.Reyer 1983, S.165) der Kindheit bezeichnet werden kann. Kind und Mutter wurden als soziale Einheit, Elternhaus und Familie als der „natürliche" Lebens- und Erziehungsraum des Kindes gesehen. Damit war allen gegenläufigen Tendenzen ein moralisch wirksamer Riegel vorgeschoben, der auch dann noch als ein deutlich spürbares Hindernis wirkte, als die Errichtung von Bewahranstalten schon längst im Gange war. C.C.G.Zerrener, selbst ein Befürworter der öffentlichen Kleinkindererziehung, sei stellvertretend für viele zitiert:

„Ich komme jetzt zu einem Bedenken (...), daß durch die ganz ungewohnte Pflege und zärtliche Fürsorge, Freundlichkeit und Liebe, welche die Kleinen in der Anstalt finden, die Liebe gegen die Eltern geschwächt wird und immer mehr erkaltet, daß das heiligste aller Bande, das der Kindesliebe, lockerer wird, daß das Kind entfremdet, viel zu früh entfremdet wird dem Vaterhause und dem Schoße der Mutter, und so der häusliche und Familiensinn, der die Grundlage alles häuslichen und Familienglückes ist, schon in den zarten Kinderherzen ertödtet wird" (1839; abgedr. bei G.Erning (Hrsg.) 1976, S.86).

Es bedurfte eines äußeren Anstoßes, der die bestehenden Bedenken zwar nicht auflösen, wohl aber außer Kraft setzen konnte. Dieser Anstoß kam in Form eines massiven sozialen Drucks seitens der Arbeiterfamilien und der Armenbevölkerung, die mit wachsender Industrialisierung im 19.Jahrhundert vermehrt in die Fabriken drängten bzw. außerhäuslicher Erwerbstätigkeit nachgingen. Damit aber stieg die leibliche und seelische Gefährdung der noch nicht schulpflichtigen Kinder dieser Familien. Aus diesem Grunde wurde die Errichtung von Bewahranstalten für Kinder zu einem „unerläßlich notwendige(n) Bedürfnis" (F.A.W.Die-

---

3 E.Hoffmann berichtet, daß am Ende des 18.Jahrhunderts überall in Europa Vorformen von Kleinkindererziehungsanstalten anzutreffen waren, deren Ursprung sich nicht mehr auffinden läßt. Es gab „Strickschulen" in Deutschland, in denen die Kinder auch mit den Anfangsgründen des Lesens, Rechnens und Schreibens vertraut gemacht wurden. J.W.v.Goethe besuchte zusammen mit seinen Geschwistern eine solche Schule. In J.Grabners „Briefe(n) über die Vereinigten Niederlande" (1792) wird von „Spielschulen" berichtet, in denen zwanzig und mehr Kinder von gleichem Alter und Stande von Witwen und bejahrten Frauen mit kleinen Beschäftigungen unterhalten wurden. Die Schweiz kennt „Töcketli"-(Puppen) und „Titti"- (kleines Kind) „Schulen". „Aufsichtsschulen" gab es in Dänemark, „guarderies" und „salles d'asile" in Frankreich, „scuole delle fanciulle" in Italien, „dames schools" in England (1971, S.12).

sterweg 1835; abgedr. bei G.Erning (Hrsg.) 1976, S.48) und zu einer „die theuersten Interessen des Menschen, des Bürgers und des Vaterlandes stark berührende(n) Angelegenheit" (C.C.G.Zerrenner 1839; abgedr. bei G.Erning (Hrsg.) 1976, S.81). Deutlich geht dies aus der Begründung Th.Fliedners für die Errichtung der evangelischen Kleinkinderschule zu Düsseldorf hervor:

„Wir haben niemals verkannt, daß die Kinder in ihrem zarten Alter am besten in dem häuslichen Kreis von den Eltern erzogen werden, wenn diese, namentlich die Mutter, die hinreichende Zeit, die rechte Liebe und Weisheit zu ihrer Erziehung hat. Aber in hiesiger Stadt gibt es, wie an andern größeren Orten, eine Menge Eltern, die durch ihren Broterwerb, durch Fabrik- und andere Arbeit den größten Teil des Tages außer dem Haus zubringen müssen oder durch strenge Berufsarbeit im Haus von der Pflege und Beaufsichtigung ihrer Kinder abgezogen werden, sodaß diese die meiste Zeit sich selbst überlassen bleiben. Zum Teil werden sie eingesperrt, wo sie gedankenlos in dumpfer Luft hinbrüten oder durch Klettern auf Stühle und Bänke, durch Feuer, Messer und dergl. sich oft beschädigen, sodaß Leib und Seele, statt gepflegt und entwickelt zu werden, von früh auf welkt und verkümmert. Ein anderer Teil dieser unbeaufsichtigten Kinder bringt die meiste Zeit auf den Gassen zu, wo ihr Ohr, Mund und Herz schon jetzt mit Schlechtigkeiten aller Art vertraut wird, denen sie ewig sollten fremd bleiben, und wo der Grund zu einer Roheit, Zügellosigkeit, Faulheit, Unreinlichkeit und Unsittlichkeit gelegt wird, die alle edleren Keime, oft für das ganze Leben, vergiftet.
Werden sie aber auch von älteren Geschwistern bewacht, so sind diese meist selbst noch in einem so jungen Alter, daß sie sie nur sehr unvollkommen, oft gar nicht vor nachteiligen Einflüssen bewahren können, im Gegenteil durch böses Beispiel nicht selten die eignen Fehler noch einimpfen.
Hierzu kommt, daß diese älteren Geschwister gewöhnlich durch die Beaufsichtigung der jüngeren für sich selbst großen Schaden leiden, indem sie dadurch vom Schulbesuch abgehalten werden.
Endlich gibt es aller Orten nicht wenige Eltern, die, wenn sie auch Zeit zur Erziehung ihrer Kinder haben, doch nicht die Weisheit besitzen, sie recht zu erziehen, sondern sie mit Unverstand verziehen, durch übertriebene Weichheit oder Härte, (...).
Wir könnten die erwähnte Verwahrlosung, Verkrüppelung und Verwilderung eines großen Teils der Kinderwelt mit noch viel schwärzeren Farben aus der Wirklichkeit schildern, wenn es dessen bedürfte. (...)
(...)
Da ist es heilige Pflicht jedes Bürgers, jedes Christen, diesem Unheil, soviel an ihm ist, hemmend entgegen zu treten, und soll es gründlich geschehen, an der Wurzel, also an der zarten Kindheit zu beginnen.
Ohnehin können wir den einen Teil der Eltern nicht von ihrem Broterwerb weg in die Kinderstube hinabziehen und dem anderen Teil nicht die Erziehungsweisheit einimpfen. Aber wir können uns ihrer verwahrlosten Kindlein annehmen und sie

erziehen helfen zu einem besseren Geschlecht und dadurch die Eltern mit den Kindern segnen" (1836; abgedr. bei G.Erning (Hrsg.) 1976, S.54 f.).

Die Sorge um die „Verwahrlosung, Verkrüppelung und Verwilderung" der Kinder jener Eltern, die als Arbeiter oder Taglöhner um des Broterwerbs willen außer Haus arbeiten gehen, oder die zu arm sind, „um das Nöthige auf ihre Kinder verwenden zu können" (J.G.Wirth 1838, S.4), wird zu einem weiteren Hauptmotiv für die Errichtung von Kleinkinderbewahranstalten.

Es ist kennzeichnend, vor allem für die erste Hälfte des 19.Jahrhunderts, daß, wo immer Gründe aufgeführt werden, die der Rechtfertigung einer Bewahranstalt dienen, wir einem der genannten Motive, meist sogar beiden, begegnen: dem Motiv der frühen Förderung der Kindheit als einer für den Heranwachsenden bedeutsamen Entwicklungsphase und dem Motiv der Fürsorge für jene Kinder, denen die Eltern nicht die notwendige Sorge und Obhut zuteil werden lassen können. Mit den Worten der Zeitgenossen lauten die Argumente so:

„Es kommt also auf die früheste Erziehung der Kinder so unendlich viel an; (...) das eigene wahre Wohlergehen, ja das Glück der ganzen menschlichen Gesellschaft steht damit in der engsten und unzertrennlichen Verbindung. (...) Sehr wichtig und höchst nothwendig ist daher eine Vorschule oder Kleinkinderschule, worin die zarten Kinder vom zweiten bis zum sechsten Jahre aufgenommen, gepflegt, erzogen, gebildet und unterrichtet werden" (C.John 1830; abgedr. bei E.Dammann und H.Prüser (Hrsg.) 1981, S.38).

„Sollen in Zukunft gesunde, kräftige, an Leib und Seele tüchtige Menschen aus den unteren Klassen hervorgehen, so errichtet Kleinkinderschulen, wo die Kleinen vor der Einsamkeit der dumpfen, verschlossenen und verlassenen Wohnstube bewahrt bleiben (...). Schützt sie vor den tausend Gefahren, die den vernachlässigten Kleinen drohen, welche ihre leichtsinnigen, auswärts beschäftigten, Eltern frei umhergehen lassen" (J.Fölsing und C.F.Lauckhard 1848; abgedr. bei M.Krecker 1971, S.150).

War das Motiv der Frühförderung vorwiegend pädagogischer Natur, so entsprang das der Bewahrung und Versorgung der Kinder in erster Linie einem fürsorgerischen Anliegen. Dieses hatte zwar seine Wurzeln in der bis ins Mittelalter zurückreichenden Armen- und Almosenpflege, erlangte aber seine unmittelbare Aktualität durch die im 19.Jahrhundert entstehenden und vielfältige sozial-caritative Aufgaben wahrnehmenden Wohltätigkeitsvereine (vgl. Ch.Sachße und F.Tennstedt 1980, S.222-224).

2.2 Die Anfänge in Deutschland

Sieht man von den in Deutschland vereinzelt existierenden sog. Warte- oder Spielschulen ab, wie sie auch J.W.v.Goethe in der Zeit zwischen 1752-1755 besuchte (Kleinkinderfürsorge 1917, S.74; F.D.Hemmer 1967, S.12), dann zählt die von Fürstin Pauline zu Lippe-Detmold 1802 errichtete „Aufbewahrungsanstalt" für Säuglinge und Kinder bis zu vier Jahren zu den ersten Einrichtungen der öffentlichen Kleinkindererziehung in Deutschland. Die früh verwitwete Fürstin hatte schon 1801 zur Bekämpfung des Elends ihres Landes die Detmoldsche Pflegeanstalt gegründet, die ein Kranken-, Waisen-, freiwilliges Arbeitshaus und eine Erwerbsschule für Mädchen umfaßte. Dieser Wohlfahrtsorganisation fügte sie 1802 eine Kleinkinderbewahranstalt hinzu, die, wie J.Gehring feststellt, „als die erste deutsche Kleinkinderschule bezeichnet werden kann" (1929, S.36). Sie war zunächst für die Kinder der im Arbeitshaus beschäftigten Mütter bestimmt. Aber auch jenen Kindern sollte die Anstalt zugute kommen, deren Mütter in den Sommermonaten mit Feldarbeit beschäftigt und an der Versorgung ihrer Kinder verhindert waren. Von Johanni bis zum 31.Oktober war die Anstalt täglich von morgens sechs bis abends acht Uhr geöffnet. Die Kinder, deren Anzahl 20 nicht überstieg, wurden von Wärterinnen, erwachsene Mädchen aus der Erwerbsschule und dem Waisenhaus, morgens gewaschen und gekämmt, tagsüber betreut, mit allerlei Arten von Kinderspielen und -liedern beschäftigt und mit Milch, Weißbrot, Suppe und Gemüse beköstigt. Die Wärterinnen, je eine für fünf Kinder, unterstanden zwölf gebildeten Damen, die sich abwechslungsweise in die Aufsicht und Leitung teilten. Ein Tagebuch wurde geführt, Unterricht in Kinderpflege erteilt und das ganze Unternehmen von der Fürstin überwacht und finanziert[4].
Der Anstoß zur Errichtung dieser Anstalt kam aus Paris. In einem der „gelesensten" französischen Journale erfuhr die Fürstin, wie sie in ihrem „Vorschlag, eine Pariser Mode nach Detmold zu verpflanzen?"[5] berichtet, Josephine Buonaparte habe mit mehreren Hofdamen in den Vierteln von Paris die Errichtung von Sälen übernommen, „wo die zarten Kleinen armer, mit auswärtiger Arbeit beschäftigter Mütter einstweilen genährt,

---

4 Vgl. A.Krücke 1813; J.Piderit 1871; C.Meyer 1901; J.Gehring 1929, S.36-41.
5 Das noch vorhandene Manuskript, so berichtet J.Gehring (1929, S.37, Anm.2), ist nicht datiert. Vermutlich handelt es sich um ein Zirkular an die Detmoldschen Damen. 1803 wurde der Vorschlag der Fürstin in den „Beiträgen zur Beförderung der Volksbildung", hrsg. v. L.F.A.v.Cöllen (Frankfurt/M. 1803, 4.Stück S.23 ff.), veröffentlicht. Der Wortlaut des Schreibens ist bei J.Gehring (1929, S.37-39) und bei E.Hoffmann (1971, S.86-88) abgedruckt. Das französische Journal, auf das sich die Fürstin in ihrem „Vorschlag" bezieht, ist nicht mehr aufzufinden.

verpflegt, versorgt werden". Diesem Beispiel folgend, wandte sich die Fürstin an die Damen ihrer Stadt mit der Bitte, sie in der „Übertragung jener Pariser Sitte" zu unterstützen. Der nachfolgende Text verdeutlicht ihre Beweggründe:

„Wie manches bedrängte Weib wäre ihrer persönlichsten Sorgen entlastet, könnte den Ihrigen durch fleißige Arbeit und unermüdete Geschäftigkeit zu weiterem Emporkommen recht viel sein, wenn die Pflege ihrer Kinder bis zum vierten und fünften Jahre es nicht hinderte; wie manche muß die Kleinen verlassen und lebt nun im Kampf zwischen Brotsorgen und der Angst, wie es ihren armen Kindern ergehen wird, während sie fern ist. Wie manche bis dahin ziemlich bemittelte, beginnt zu verarmen, sobald der Himmel ihre Ehe reichlich segnet, und betrachtet dann das schönste Geschenk Gottes, gesunde zahlreiche Nachkommenschaft, als Bürde, als Unglück" („Vorschlag ..." 1803).

In diesem Aufruf werden zugleich die für die damaligen Unterschichtenhaushalte typischen „Lage"-Merkmale beschrieben: Mehrkindfamilien, deren Haushaltslage auf Grund geringen Einkommens ohnehin stark angespannt war, gerieten im Falle konjunkturbedingter Einkommensverluste allzu leicht unter die Grenze des Existenzminimums. Um solchen existenzgefährdenden Notlagen zu begegnen, sahen sie sich zu einer zusätzlichen Erwerbstätigkeit durch die Frau genötigt. Dabei liefen sie Gefahr, ihre „heilige Elternpflicht" zu vernachlässigen. Aber während hierfür durch irgendwelche Notlösungen noch Abhilfe geschaffen oder Ausgleichsmöglichkeiten gefunden werden konnten, wurde im Falle des Familiennachwuchses ihre Situation besonders prekär: Nicht nur fiel die Frau als „Zweitverdienerin" aus, sondern jeder Neuankömmling wurde, noch ehe er den Haushalt durch eigene Erwerbstätigkeit entlasten konnte, zu einer zusätzlichen Belastung des Familienbudgets. Kinderreichtum bedeutete damit für Unterschichtenfamilien einen Faktor „sekundärer Armut" (H.Medick 1981, S.84). Diese Erkenntnis taucht bei Gründungen von Bewahranstalten noch häufig als Motiv auf.

Obwohl die Detmoldsche Aufbewahrungsanstalt „bald von vielen Freunden philanthropischer und wohltätiger Bestrebungen besucht und in Augenschein genommen" (J.Piderit 1871, S.6) wurde, blieben Gründungen ähnlicher Art vorerst aus.

Bemerkenswert jedoch ist die „Allgemeine Schulordnung für die Herzogthümer Schleswig und Holstein vom 24. August 1814", die die „Bürgerschulen" in Aufsichts-, Elementar- und Hauptschulen gliedert und in die Aufsichtsschulen auf freiwilliger Basis Kinder unter sechs Jahren aufgenommen wissen will, wenn die „Geschäfte der Eltern" sie „an der Aufsicht über die Kinder" verhindern. Besondere Beachtung verdient §38 dieser Verordnung, der nicht nur einen vollständigen Beschäftigungskatalog enthält, wie er uns in ähnlicher Form später noch häufig begegnen wird, sondern auch die Methode des Belehrens („unvermerkt") und Übens („beiläufig") anspricht.

„Obgleich die Aufsichtsschulen nicht so sehr zum Unterricht, als zur Aufsicht über die kleinsten Kinder bestimmt sind, so werden doch die Kinder auch schon in diesen Anstalten unvermerkt belehrt, mit den Buchstaben bekannt gemacht, zum Zählen angeleitet und im Aufmerken auf die äußeren Gegenstände und beiläufig im Vergleichen und Unterscheiden geübt und durch leichte moralische und religiöse Erzählungen und Denksprüche, vorzüglich aus der Bibel, frühzeitig auf den Unterschied von Gutem und Bösem aufmerksam gemacht"[6].

Neben der Allgemeinen Schulordnung von Schleswig-Holstein ist die Verordnung des Kurfürsten Wilhelm II. von Hessen-Kassel aus dem Jahre 1825 eine der frühesten behördlichen Erlasse über Kinderbewahranstalten. Dort heißt es unter anderem:

„Alle Kinder der Landleute, Taglöhner und Handwerker, welche nicht mehr Säuglinge, aber noch unter sechs Jahren alt sind, und deren Eltern oder diejenigen, welche deren Stelle vertreten, durch ihre Beschäftigung außer dem Hause genöthigt werden, sie zu verlassen, ohne in der Lage zu seyn und die Mittel zu besitzen, für die angemessene Aufsicht Sorge zu tragen, sollen von den Monaten Mai bis October einschließlich, während der Arbeitszeit von Morgens 6 bis Abends 6 Uhr, der Obhut der Stadträthe oder Ortsvorgesetzten anvertraut werden" (Verordnung 1825; abgedr. bei J.G.Wirth 1840, S.174 und G.Erning (Hrsg.) 1976, S.26).

Als Unterkunft der Kinder sind die öffentliche Armenanstalt, Privathäuser oder Gebäude, die der Kommune gehören, vorgesehen. Die Aufsicht wird einem „ältern und geschäftslosen Bewohner, besonders weiblichen Geschlechts", übertragen. Die Kinder müssen am Morgen zur Anstalt gebracht und abends dort wieder abgeholt werden. Die entstehenden Kosten hat die Gemeinde oder ein wohltätiger Verein zu übernehmen.

Ob und in welchem Umfang die staatlichen Verordnungen zu Neugründungen von Bewahranstalten führten, ist auf Grund der spärlichen Quellenlage nicht ersichtlich. Aber auch dort, wo solche Anstalten durch behördliche Befürwortung oder aus privater Initiative ins Leben gerufen wurden, wie etwa die um 1812 von einem gewissen Herrn Gedicke in

---

6 Die „Allgemeine Schulordnung" ist mit ihren einschlägigen §§31, 32 und 38 bei J.Gehring 1929, S.48 und G.Erning (Hrsg.) 1976, S.25 abgedruckt.

Leipzig (J.Gehring 1929, S.42) oder die am 3.August 1819 von Friedrich Wadzeck in Berlin gegründete Kleinkinderbewahranstalt (M.Krecker 1965/66, S.46-48), handelt es sich um Einrichtungen von oft nur begrenzter lokaler Bedeutung.

„Kurze Eröffnungsankündigungen in Tageszeitungen und Journalen sowie gelegentliche Berichte in Reisebeschreibungen sind häufig die einzigen Quellen, die noch von einzelnen Anstalten Nachricht geben, ohne daß heute noch zu überprüfen ist, in wie vielen Fällen es bei Absichtserklärungen blieb oder von welcher Dauer und Entwicklung diese frühen Gründungen waren" (G.Erning 1980, S.174).

So spärlich wie die Nachrichten über Anstaltsgründungen, so dürftig sind auch die Mitteilungen über die Beschäftigungsart der Kinder. Man wird aber nicht fehlgehen in der Annahme, daß, wie G.Erning (1980, S.174 f.) zu Recht vermutet, Stillsitzen, Ruhigsein und Auswendiglernen frommer Sprüche der Hauptinhalt, ein abgeschlossener Raum, ein Spielplatz, ein bißchen Beschäftigungsmaterial und eine Aufsichtsperson die „Grundausstattung" der Verwahranstalten waren. Der Ratschlag F.X.Gutbrods, der zwar zum Zeitpunkt der Veröffentlichung längst überholt, für die Frühphase der öffentlichen Kleinkindererziehung aber sicher die Regel war, charakterisiert die Situation aufs Beste:

„Zum Schlusse gestatte ich mir, noch ein kleines Recept hier beizufügen. Nimm die Kinder deines Ortes in dem Alter von 3-6 Jahren; führe sie in ein Pfründestübchen, oder in ein leerstehendes Benefiziatenhaus oder in was immer für eine passende Lokalität; setze ihnen als Wärterin eine ältere Person vor, welche darauf achtet, daß sich die Kinder nicht gegenseitig wehe thun und welche im Stande ist, religiöse Geschichten zu erzählen und in Geduld auszuharren bei den Kleinen; bezahle aus deiner eigenen Tasche die Ausgaben des ersten Monates und laß die Eltern deiner Pfleglinge die Wärterin mit Eier, Schmalz, Butter, Brod, Mehl etc. bezahlen; sieh' selbst alle Tage nach, ob nichts Unordentliches vorkommt und die Anstalt ist gegründet" (1884, S.141).

Die biedere Manier, das Geschäft der Kleinkinderbetreuung Personen zu überlassen, die zwar hoch motiviert und guten Willens, keineswegs aber dafür ausgebildet waren, nimmt F.A.W.Diesterweg zum Anlaß herber Kritik:

„Das zweite, unerläßlich notwendige Bedürfnis (für eine Kleinkinderschule – erg. v. Verf.) ist ein pädagogisch-gebildeter Vorsteher.
Viele Leute meinen, eines solchen Mannes könne man entbehren, und fromme Gesinnungen in gewisser religiöser Richtung reichten zur Verwaltung eines so schweren Berufes hin. Aber man täusche sich nicht! Denn um eine große Anzahl

ganz kleiner Kinder zweckmäßig und bildend zu beschäftigen, dazu gehört eine höchst selten vorkommende pädagogische Gewandtheit – Hingebung, Aufopferungsfähigkeit und anderes versteht sich außerdem von selbst. Ein sogenannter frommer Handwerksmann: Bruder Bäcker oder Bruder Schneider und dergleichen, weiß in der Regel mit den Kindern nichts weiter anzufangen, als sie mit Vor- und Nachsprechen, mit Auswendiglernen von Gebeten, Liedern und Bibelsprüchen oder mit Buchstabieren usw. zu beschäftigen, kurz, sie zu unterrichten. Sie machen aus der Kleinkinderbewahranstalt eine Schule, und was für eine? (...) nur dummreife Arroganz und Ignoranz kann unter solchen Umständen von einer 'Wohltat' sprechen, welche den Unmündigen zuteil würde" (1835; abgedr. bei G.Erning (Hrsg.) 1976, S.48 f.).

Lassen sich für das erste Viertel des 19.Jahrhunderts lediglich einige tastende Versuche der sozialen Fürsorge für Kinder armer Tagelöhner, Landarbeiter, Arbeiter in Kleinbetrieben u.ä. registrieren, die, die Detmolder Anstalt ausgenommen, pädagogisch höchst unzulänglich und sozialpolitisch wirkungslos blieben, so ändert sich die Lage in den folgenden Jahrzehnten grundlegend.

Ein Grund lag in dem, was man gemeinhin als erste Industrialisierungsphase mit ihren Begleit- und Folgeerscheinungen im Wirtschafts- und sozialpolitischen Sektor zu nennen pflegt. Der in England schon im ausgehenden 18.Jahrhundert beginnende, über Frankreich und Belgien sich fortsetzende Übergang von handarbeitsorientierter zu maschineller Fertigungsweise kam in den deutschen Territorien im zweiten Viertel des 19.Jahrhunderts voll in Gang. Das Zusammentreffen und -wirken von technischen Neuerungen, wie Mechanisierung der Antriebskräfte und Arbeitsvorgänge, Strukturwandlungen im Bereich des Gewerbes und einzelner Gewerbezweige, der Verschuldung der Landwirtschaft trotz steigender Produktivität (F.-W.Henning 1979, S.111-192) mit deutlich steigenden Bevölkerungszahlen seit den 30er Jahren, einem Überangebot von ungelernten und handwerksmäßig ausgebildeten Arbeitskräften, dessen Folge Arbeitslosigkeit war, einer schlechten Einkommenslage breiter Bevölkerungsschichten, dem Anstieg der in die Städte, ins Gewerbe und die Industrie drängenden Landbevölkerung, schufen eine Situation, die den Prozeß der Pauperisierung und Proletarisierung beschleunigte. Obwohl die Mehrzahl der in Handwerk und Industrie Beschäftigten, so resümieren Ch.Sachße und F.Tennstedt (1980, S.191), nur ein Einkommen erzielen konnte, welches das Existenzminimum nicht oder nur knapp erreichte, drängten immer mehr Menschen ins Gewerbe. Zwischen 1800 und 1846 z.B. stieg die Bevölkerung um etwa 45%, die der gewerblich Tätigen dagegen um 80%. Die Folge war, daß zwischen 1830 und 1850 die Handarbeiter und Tagelöhner sich zur zahlenmäßig stärksten Abteilung des städtischen Proletariats entwickelten (Ch.Sachße und F.Tennstedt 1980, S.191 und 193).

Daß von diesem Prozeß die Familien mit kleinen Kindern am stärksten betroffen waren, bedarf keiner besonderen Hervorhebung. Ihnen in Form von Kleinkinderbewahranstalten Hilfe angedeihen zu lassen, wurde als dringendes Erfordernis und als Herausforderung an das soziale Gewissen empfunden.

So schloß man sich ab den 30er und 40er Jahren zu Vereinen[7] zusammen, um in Wahrnehmung sozialer Verantwortung die Gründung und Trägerschaft von Anstalten der Kleinkindererziehung zu übernehmen (B.Zwerger 1980, S.50-74). Während Staat und Kommunen dabei nur eine untergeordnete Rolle spielten, sahen Bürger und Mitglieder höherer Stände sich verpflichtet, durch Privatwohltätigkeit und freiwillige Übernahme sozialer Dienste den Kindern armer Eltern zu helfen. Über die Zusammensetzung dieser Vereine berichtet M.Krecker:

„Der größte Teil der führenden Vereinsmitglieder entstammte dem besitzenden Bürgertum, dem liberal gesinnten Adel und der bürgerlichen Intelligenz. In allen Vereinen nahm die Mitarbeit der Frauen aus diesen Kreisen einen bedeutenden Platz ein, wenn es sich nicht überhaupt um Frauenvereine handelte, die nur durch einige Lehrer, einen Arzt, den zuständigen Pfarrer und meist durch einen Beamten der kommunalen Verwaltung in der Geschäftsführung und Organisation unterstützt wurden" (1965/66, S.83).

Ein weiterer Grund für die in den 30er Jahren sich abzeichnenden Änderungen im Bereich der außerfamiliären Kleinkindererziehung ist in der Veröffentlichung eines Buches zu suchen, das als das umfangreichste und in sich geschlossenste Werk anzusehen ist, das bis dahin in Europa über

---

7 Daß gerade die Organisationsform des Vereins gewählt wurde, hängt mit der allgemeinen Entwicklung des Vereinswesens zusammen. Der Verein entfaltete sich im 19.Jahrhundert zu der typischen Gesellungsform, in der die Bürger unterschiedlicher Herkunft sich zu gemeinsamen Aktivitäten zusammenschlossen. Th.Nipperdey meint: „1845, 80 Jahre nach der Gründung der Hamburger Patriotischen Gesellschaft, im Jahre der Gründung des ersten katholischen Gesellenvereins in Elberfeld, sind die Vereine nicht mehr zu zählen, das ganze bürgerliche Leben ist mit einem Netz von Vereinsbildungen überzogen. Es ist eine 'Zeit der Vereine'" (1976, S.176). Während aber der ältere Vereinstyp noch eher auf Bildung und Geselligkeit ausgerichtet war, führte die Verschärfung der sozialen Frage und die öffentliche Anteilnahme an den sozialen Problemen des Landes zur Gründung gerade auch solcher Vereine, die sich um das Wohl der arbeitenden Klasse und insbesondere das Wohl der Kinder dieser Klasse annahmen.

Kleinkinderschulen erschienen war. 1826 trat der Wiener Kaufmann Joseph Wertheimer mit seiner durch Anmerkungen und Zusätze erweiterten Übersetzung der 3. Auflage von Samuel Wilderspins Schrift „Über die frühzeitige Erziehung der Kinder und die englischen Klein-Kinder-Schulen"[8] an die Öffentlichkeit. Er wollte damit, wie er im Vorwort ausführt, „die Wichtigkeit der Klein-Kinder-Schulen darstellen, und zugleich dem künftigen Klein-Kinder-Lehrer einen brauchbaren Leitfaden an die Hand geben" (S.IV). Daß ihm dies ganz offensichtlich gelungen ist, geht aus einem „Circular-Rescript des Königl. Ministeriums der Geistlichen, Unterrichts- und Medicinal-Angelegenheiten an sämmtliche Königliche Regierungen, die Einrichtung von Klein-Kinder-Schulen betreffend" von 1827 deutlich hervor:

„Der Vorsteher der Londoner Klein-Kinder-Schulen, S. Wilderspin, hat über diese Schulen und die frühzeitige Erziehung der Kinder eine Schrift herausgegeben, welche seit 1823 die dritte Auflage erlebt hat, und von Joseph Wertheimer in Wien 1826 ins Deutsche übersetzt ist. Das Ministerium beauftragt die Königl. Regierung, zur Verbreitung oder Empfehlung dieser wichtigen Schrift, welche nicht nur durch ihre trefflichen pädagogischen Winke für die Behandlung und den Unterricht der Kinder vielen Lehrern nutzbar werden, sondern auch Menschenfreunde, Communal-Behörden, Schul-Inspektoren usw. veranlassen kann, in ihren Orten ähnliche Klein-Kinder-Schulen anzulegen, auf jede zweckdienliche Weise hinzuwirken. Zugleich kann das Ministerium der Königl. Regierung nicht dringend genug empfehlen, auch in dem dortigen Regierungs-Bezirke auf die baldige Errichtung solcher Klein-Kinder-Schulen Bedacht zu nehmen, da sie dem Übel der Verwilderung der Kinder der Armen im Ursprunge begegnen, und jedenfalls sicherer und erfolgreicher wirken werden, als die zur Versittlichung verwahrloster Kinder an einigen Orten begründeten wohltätigen Anstalten es ihrer Natur nach vermögen. Über den Erfolg der desfallsigen Bemühungen der Königl. Regierung sieht das Ministerium nach Verlaufe eines Jahres einem ausführlichen Berichte entgegen" (abgedr. bei E. Dammann und H. Prüser (Hrsg.) 1981, S.17).

---

8 Der volle Titel des Buches lautet: „Ueber die frühzeitige Erziehung der Kinder und die englischen Klein-Kinder-Schulen, oder Bemerkungen über die Wichtigkeit, die kleinen Kinder der Armen im Alter von anderthalb bis sieben Jahren zu erziehen, nebst einer Darstellung der Spitalfielder Klein-Kinder-Schule und des daselbst eingeführten Erziehungssystems, von S. Wilderspin, Vorsteher der Londner Central-Klein-Kinder-Schule und reisendem Lehrer für die Gesellschaft der Klein-Kinder-Schulen (...) Aus dem Englischen nach der dritten Auflage, mit Benützung der neuesten Schriften von W. Wilson, Brown, Mayo u.a., und mit Anmerkungen und Zusätzen versehen von Joseph Wertheimer".
Das Interesse der englischen Öffentlichkeit an S. Wilderspins erstmals 1823 erschienenen Schrift war so groß, daß 1826 bereits die dritte Auflage in Druck gehen konnte. Auch auf dem Festland war die Nachfrage nach J. Wertheimers Übersetzung äußerst rege, so daß 1828 eine zweite, sehr verbesserte und vermehrte Auflage folgen konnte.

Erster öffentlicher
JAHRESBERICHT
über die
Kleinkinder - Bewahranstalt
des
Frauen-Vereins
zu
LANDAU IN DER PFALZ.
1838.

Wer ein solches Kind
in meinem Namen
aufnimmt,
der nimmt mich auf.

Buchdruckerei von J. Baur in Landau.

S.Wilderspins Schrift beeinflußte auch dann noch nachhaltig die Auseinandersetzung um die rechte Methode der Kleinkindererziehung, als man sich längst, nicht zuletzt unter dem Einfluß F.Fröbels, gegen eine Verschulung vorschulpflichtiger Kinder entschieden hatte.

S.Wilderspin, so berichtet J.Gehring (1929, S.59), wurde 1821 von dem Londoner Seidenfabrikanten J.Wilson für die Leitung der zweiten Kinderschule im Londoner Bezirk Spitalfields gewonnen. J.Wilson war Mitglied eines Komitees, das sich zur Aufgabe machte, eine Kleinkinderschule nach dem Vorbild der seit 1816 im schottischen New Lannark bestehenden und nach den Plänen des Sozialreformers Richard Owen gegründeten Schule für Kinder ab dem zweiten Lebensjahr zu errichten. Auf Wunsch der in diesen Jahren gegründeten „Infant school society" sollte die Spitalfielder Kleinkinderschule als Musteranstalt weiterer Schulgründungen dienen und S.Wilderspin zum Vorsteher der Londoner Zentral-Kleinkinderschule ernannt und mit der Ausbildung der Kleinkinderlehrer betraut werden. Auf Betreiben der „Infant school society" wurde ganz England innerhalb kurzer Zeit mit Kleinkinderschulen versorgt, sodaß man 1826 bereits 60 (S.Wilderspin 1828, S.6) und im Jahre 1863 immerhin 1957 solcher Anstalten (J.Gehring 1929, S.63, Anm.1) zählte.

Das Problem, für diese auch das Wohlwollen der staatlichen Obrigkeit zu gewinnen, stellte sich um so weniger, als S.Wilderspin die Kleinkinderschule als Institution der „Armenerziehung" (1828, S.31) verstand, deren Aufgabe er darin sah, die „Kinder der Armen" den „Gefahren und Versuchungen" zu entziehen (1828, S.30), ihre „Seelenkräfte viel frühzeitiger zu entwickeln, als man es bisher für möglich hielt" (1828, S.10), und sie rechtzeitig daran zu gewöhnen, „sich mit jeder Lage zufrieden zu geben" (1828, S.13). Unter diesen Voraussetzungen ist die Kleinkinderschule, wie er sagt, „weit entfernt (...), der gesellschaftlichen Ordnung zuwider(zu)laufen" (1828, S.13). Sie ist vielmehr in der Lage, die gesellschaftliche Eintracht zu sichern, denn

„die Armen werden mit ihrem Zustande zufrieden seyn, wenn sie finden werden, daß ihnen edlere Freuden, als die Befriedigung ihrer thierischen Triebe offen stehen (...). So wird gegenseitiges Wohlwollen, das Band der gesellschaftlichen Eintracht, unter allen Klassen bestehen, indem Einer dem Andern die Achtung zollen wird, die ihm vermöge der Stellung gebührt, welche die Vorsehung für gut fand, ihm zu verleihen" (S.Wilderspin 1828, S.14).

Ausgerichtet auf diese Aufgaben und vorwiegend darauf bedacht, die Kinder Zucht, Ordnung und anständiges Betragen zu lehren, gleichen die englischen Kleinkinderschulen, in denen bis zu 220 Kinder von einem Lehrer unterrichtet wurden (S.Wilderspin 1828, S.18), in Aussehen und Organisationsform (1828, S.51-54; S.58-61) eher militärischen Exerzier- als kindlichen Spielstuben. Unter straffer Führung und durch ältere Kinder, „Monitoren", unterstützt, wurden die Kleinen veranlaßt, unter rhythmischen Bewegungen von Händen und Füßen Lektionen vorzutragen und Rechentabellen aufzusagen (1828, S.59).

Mit einer derart schulmäßigen Ausrichtung dieser Anstalten, die allenfalls noch dadurch verständlich erscheint, daß im damaligen England eine allgemeine Schulpflicht fehlte (J.Gehring 1929, S.57) und folglich für viele Kinder ärmerer Bevölkerungsschichten die „Infant School" zur einzigen Chance für den Erwerb elementarer Kenntnisse wurde, und mit der vorbehaltlosen Anerkennung der bestehenden sozialen Ordnung fand die Kleinkinderschule auch bei den Gegnern jeglicher Volks- und Armenerziehung Anerkennung.

Es ist schwer zu entscheiden, ob in Deutschland mehr das Bekanntwerden der Wilderspinschen Schrift in der Übersetzung J.Wertheimers oder die „Zusätze" J.Wertheimers, die immerhin knapp 300 Seiten umfassen, den Abbau von Vorbehalten gegen Einrichtungen der öffentlichen Kleinkindererziehung vorangetrieben haben. Doch ist zu vermuten, daß vor allem die von S.Wilderspin und J.Wertheimer geteilte Auffassung, daß Armenerziehung der Sicherheit des Staates diene, das Interesse der deutschen Regierungen weckte. „Die innere Sicherheit des Staates muß also gewinnen", schreibt J.Wertheimer in seinem ersten Zusatz, „wenn diese ihr so gefährlichen Übel durch eine vernünftige Volkserziehung im Keime erstickt werden." Zu den verderblichen Übeln zählt er Elend, Armut, Müßiggang und Diebstahl; denn die „Ungleichheit des Reichthums" reizt, „und je thierischer und unerzogener der Mensch, um so gewisser verfällt er auf (...) Gewalt und List" (S.Wilderspin 1828, S.145 und 143). Darum sei die frühzeitige Erziehung, wie sie in den Kleinkinderschulen geschieht, der sicherste Weg, die Kinder der Armen „zum menschlichen und bürgerlichen Berufe vor(zu)bereiten" (S.Wilderspin 1828, S.405):

„Jeder, auch der Geringste, sittlich und verständig erzogen, und in Stand gesetzt, sich seinen Unterhalt zu erwerben, wird weder Neigung noch Anregung finden, gegen die Sicherheit des Staates etwas zu unternehmen; vielmehr wird er es als Pflicht betrachten, und in seinem eigenen Interesse finden, zum Schutze desselben aus allen seinen Kräften mitzuwirken" (S.Wilderspin 1828, S.145).

Damit waren nicht nur die Gründe ausgesprochen, die eine Armenerziehung aus staatspolitischen Erwägungen heraus als notwendig erscheinen ließen, sondern es war auch der Weg aufgezeigt, auf dem diese am wirkungsvollsten zu erreichen sei. Noch blind für die wahren Wurzeln der Armut vieler Staatsbürger und aus Furcht, in der fortschreitenden Verelendung der „untern Klassen" einen Herd sozialer Unruhe und eine Gefährdung der bestehenden gesellschaftlichen Ordnung entstehen zu sehen, suchte der Staat „dem Übel der Verwilderung der Kinder der Armen", wie es im oben zitierten Rescript des Königl.Ministeriums vom 24.Juni 1827 heißt, nicht durch Änderung der ökonomischen Bedingungen, sondern durch frühzeitige Zucht der Kleinkinder zu begegnen.

Dadurch war die Richtung vorgezeichnet, in der sich die Diskussion um die öffentliche Kleinkindererziehung in Deutschland in den nächsten Jahrzehnten bewegen sollte. Nicht ein Konkurrenzunternehmen zum staatlich verfügten und gesetzlich verankerten Elementarunterricht sollten die Kleinkindererziehungsanstalten sein, sondern eine Einrichtung, die vorrangig der Erweckung frommen Sinns und der Einübung bürgerlichen Wohlverhaltens diente. Trotz der deutlich erkennbaren politischen Absicht einer auf „Sitte und Ordnung"[9] zielenden, der „sittlichen Roheit der niedrigen Volksklassen"[10] entgegensteuernden Erziehung darf nicht übersehen werden, daß bei der Errichtung von Kleinkinderschulen von Anfang an auch pädagogische Motive eine Rolle spielten.

2.3 Die zahlenmäßige Entwicklung

In den folgenden Jahren ist ein deutliches Anwachsen der Einrichtungen für öffentliche Kleinkindererziehung in Deutschland zu verzeichnen. Wenn auch nicht gerade von einem „Siegeszug durch die Lande" (J.Gehring 1929, S.69) gesprochen werden kann, so weist die Zahl der Neugründungen doch auf eine rasche Entwicklung hin. M.Krecker (1965/66, S.81-84) und J.Reyer (1983, S.19-25) haben auf der Grundlage zeitgenössischer Berichte und statistischer Angaben interessantes, wenngleich wegen der dürftigen Quellenlage nur unvollständiges Zahlenmaterial zusammengetragen. Den Ermittlungen M.Kreckers zufolge entstanden in Deutschland im Zeitraum zwischen 1825 und 1848 310 Anstalten. Davon

---

9 Verordnung der Königl.Regierung zu Liegnitz vom 5.Juli 1848; abgedr. bei E.Dammann und H.Prüser (Hrsg.) 1981, S.19 f.
10 Circular-Verfügung an sämmtliche Königl.Oberpräsidenten vom 15.Februar 1844; abgedr. bei E.Dammann und H.Prüser (Hrsg.) 1981, S.18.

waren zwischen 1825 und 1830 18, zwischen 1831 und 1835 65, zwischen 1836 und 1840 137 (!) und zwischen 1841 und 1848 90 errichtet worden. M.Krecker und J.Reyer vermuten aber, daß die tatsächliche Anzahl erheblich höher gewesen sein dürfte, da man nach den „Mittheilungen des statistischen Bureau's in Berlin" im Königreich Preußen im Jahre 1851 382 solche Einrichtungen zählte. In diesen 382 Anstalten wurden insgesamt 25 630 Kinder betreut, eine Anzahl, die nach den Berechnungen des Referenten des „Statistischen Bureau's" nur einen Bruchteil des tatsächlichen Bedarfs (= 445 821) ausmachte. Dieser wurde wie folgt berechnet: Von den 1 840 604 Kindern im Alter von zwei bis fünf Jahren gehörten nach Auskunft des Referenten 70% „den ärmsten Volksklassen" an (= 1 288 423) und davon wieder 445 821 der städtischen Bevölkerung:

„Es verhält sich im Preußischen Staat die städtische Bevölkerung zur ländlichen wie 100:189. Rechnet man von den 1,288,423 nur die Kinder der städtischen Bevölkerung, so wären nach jenem Verhältnis in Kleinkinder-Bewahranstalten zu versorgen 445,821, von denen 25,630 Kinder, die bereits in solchen Anstalten sich befinden, den 17ten bis 18ten Theil ausmachen" (Mittheilungen des statistischen Bureau's in Berlin, Berlin 1852, Nr.1, S.11; zit. nach J.Reyer 1983, S.23).

Nach Mitteilungen von Fr.W.Andreä (1852, S.9) gab es 1852 in Preußen 500 Anstalten, wobei allerdings anzunehmen ist, daß es sich hier um eine Schätzung handelt.

Relativ zuverlässig dürften die Angaben für das Königreich Württemberg sein. Hier existierte seit 1817 eine „Zentralleitung des Wohltätigkeitsvereins", dem seit 1829 der „Verein für Kinderpflegen" angehörte (J.Gehring 1929, S.72 ff.). Von der „Zentralleitung" wurden alle neugegründeten Anstalten laufend registriert, so daß man bis 1848 bereits 73 „Kinderpflegen" erfaßt hatte. Nach J.F.Bofinger (1865, S.79) stieg ihre Zahl bis zum Jahre 1855 auf 155 an. Sie verteilten sich auf 149 Orte und betreuten 10 191 Kinder.

Für die zweite Hälfte des 19.Jahrhunderts hat B.Zwerger folgende Zahlen ermittelt:

„Bewahranstalten (Kleinkinderschulen) und Kindergärten im Deutschen Reich 1890/92

	Bewahranstalten (Kleinkinderschulen)	Kindergärten
Preußen	518	165
Hamburg		
Lübeck	32	43
Bremen		
Sachsen	51	61
Thüringen	65	14
Bayern	293	75
Württemberg	300	3
Baden	406	2
Elsaß-Lothringen	862	--
Übrige Staaten	40	14
Insgesamt	2.567	377"

(1980, S.62).

Daraus geht hervor, daß am Ende des Jahrhunderts die Zahl der Kindergärten noch verhältnismäßig gering war.

Setzt man B.Zwergers statistischen Angaben die Daten J.Hübeners (1888, S.325 f.) gegenüber, von denen wir allerdings weder die Quelle noch die genaue zeitliche Datierung wissen – J.Hübener sagt lediglich, daß sie sich „auf die neueste Zeit" beziehen –, dann ergibt sich hinsichtlich des Bestands von Kleinkinderschulen[11] in der zweiten Hälfte des 19.Jahrhunderts folgendes Bild:

---

11 J.Hübener, der den Fröbelschen Kindergarten bewußt von der „christlichen Kleinkinderschule" abgrenzt, macht über die Anzahl der Kindergärten keine Angaben.

Land	Zahl der Anstalten	betreute Kinder
Preußen	718	43 180
Sachsen	118	ca 5 500
Mecklenburg-Schwerin	22	ca 1 940
Mecklenburg-Strelitz	9	ca 360
Freie Städte	34	ca 3 400
Thüringen	15	ca 750
Anhalt	24	ca 1 200
Übrige nordd.Länder	ca 10	ca 500
Bayern	249	20 197
Württemberg	288	23 877
Baden	ca 200	ca 10 000
Hessen-Darmstadt	ca 40	ca 2 000
Elsaß-Lothringen	443	38 718
Gesamt[12]	2 170	151 622

Der Überblick über die zahlenmäßige Entwicklung der Kleinkindererziehungsanstalten vermittelt nur ein ungefähres Bild. Die vorhandenen quantitativen Daten sind zu ungenau und lückenhaft, als daß sie einen klaren Einblick in Gesamtzahl, Versorgungsquote und Bedarf erlaubten. Dennoch hat B.Zwerger den Versuch „gewagt", einige Durchschnittswerte zu errechnen (1980, S.74-84). Ausgehend von rund 7500 Vorschuleinrichtungen im Deutschen Reich um das Jahr 1914, wie sie vom „Zentralinstitut für Erziehung und Unterricht" errechnet wurden, mit einer durchschnittlichen Anstaltsfrequenz von 70 Kindern, betrug die Gesamtzahl der Kleinkinder in Vorschuleinrichtungen rund 525 000. Dies bedeutet eine durchschnittliche Versorgungsquote bei insgesamt 7 753 620 Kleinkindern (die Zahl stammt ebenfalls vom oben erwähnten „Zentralinstitut") um 1910 von maximal 6,8%. Allerdings sei diese Angabe entschieden zu hoch, meint B.Zwerger (1980, S.77). Sechs bis fünf Prozent dürften der Realität näher kommen.

Dem Bedarf an vorschulischen Einrichtungen sucht die Autorin mit Hilfe des Begriffs „Fürsorgebedürftigkeit" näherzukommen. Nach G.Tugendreich ist fürsorgebedürftig „jedes Kind, dem die Eltern eine hygienischen

---

[12] Bei J.Hübener lauten die Gesamtzahlen aus unerfindlichen Gründen anders: Zahl der Anstalten 2 209; Zahl der Kinder 155 062.

und pädagogischen Mindestanforderungen entsprechende Aufzucht aus eigenen Mitteln nicht gewähren können" (1919, S.3). Da die Erfüllung dieser Anforderungen in den allermeisten Fällen nicht eingelöst werden kann, wenn die Mutter berufstätig ist, hängt der Bedarf an Einrichtungen der Versorgung kleiner Kinder nicht zuletzt von der Zahl erwerbstätiger Frauen mit Kindern im Vorschulalter ab. Wenngleich darüber kein unmittelbares Zahlenmaterial vorliegt, läßt sich der Bedarf an vorschulischen Einrichtungen doch annäherungsweise aus den Angaben über die Anzahl in Betrieben beschäftigter Frauen ermitteln. Die folgende Tabelle zeigt den Familienstand erwerbstätiger Frauen im Deutschen Reich von 1907, aufgeteilt nach Wirtschaftsbereichen.

„Wirtschaftsbereich	Gesamtzahl erwerbstätiger Frauen (1000)	davon verheiratet absolut (1000)	%
Landwirtschaft	4599	2013	43.8
Industrie	2104	448	21.3
Handel und Verkehr	931	263	28.2
Öffentliche Dienste und freie Berufe	288	32	11.1
Lohnarbeit wechselnder Art, persönliche Dienste	321	53	16.5
Bei der Herrschaft lebende Dienstboten	1249	9	0.7"

(B.Zwerger 1980, S.79).

Nach Erhebungen der Gewerbeaufsichtsbeamten aus dem Jahre 1899 „waren unter 798 400 erwachsenen Fabrikarbeiterinnen 229 384 (oder 28,7%) Ehefrauen und Witwen" (B.Zwerger 1980, S.79). Dieser Prozentsatz kann für einzelne Regionen weit höher liegen. In den Regierungsbezirken Liegnitz, Breslau, Frankfurt/Oder z.B. betrug er 40% und mehr. Der hohe Anteil an verheirateten, verwitweten und geschiedenen Arbeiterinnen in gewerblichen Betrieben läßt in Ermangelung direkter Bedarfsrechnungen wenigstens die Möglichkeit zu, „Notstandsziffern" zu errechnen, wenn man folgende Verhältniszahlen zusammenzieht: den jeweiligen Anteil der Kleinkinder an der Gesamtbevölkerung sowie den Anteil der berufstätigen Frauen an der Gesamtzahl der weiblichen Bevölkerung über vierzehn. Aufgrund solcher Berechnungen konnten Schätzungen vorgenommen werden, die eine große Lücke zwischen Versorgung und Bedarf aufwiesen. Einer auf Stichproben beruhenden Schätzung für das Jahr 1910 zufolge war in Berlin nur ein Drittel des tatsächlichen Bedarfs abgedeckt. Für das Reichsgebiet wurde die Zahl der aufsichtsbedürftigen Kinder um 1914 auf zweieinhalb Millionen geschätzt. G.Tugendreich, der den Begriff der Aufsichtsbedürftigkeit relativ weit faßt, kommt für das Jahr 1912 auf fünfeinhalb Millionen (B.Zwerger 1980, S.80 f.). Mögen die Angaben auch sehr vage sein, so lassen sie doch erkennen, daß trotz steigender Zahlen von Einrichtungen der öffentlichen Kleinkindererziehung der Bedarf nur bis zu einem geringen Prozentsatz gedeckt werden konnte. Darüber hinaus aber zeigen solche Bedarfsrechnungen, wie sie bereits 1852 vom „Statistischen Bureau" Preußens angestellt wurden, auch noch ein anderes: Solange die staatliche Obrigkeit auf Bedarfsdeckung fixiert blieb, suchte sie lediglich die Folgen der Armut unter den Arbeiterfamilien zu bekämpfen, ohne zu erkennen oder erkennen zu wollen, daß deren Ursachen in den ökonomischen Lebensbedingungen dieser Bevölkerungsgruppe lagen.

2.4 Formen und Träger

Es kennzeichnet die konzeptionelle Unsicherheit der institutionell organisierten Kleinkindererziehung, daß man sich zwar in der allgemeinen Aufgabenstellung im großen und ganzen einig, in der konkreten Aufgabenbewältigung aber uneins war. Das Verwirrspiel der verschiedenen Bezeichnungen und Formen vorschulischer Einrichtungen war groß. J.Fölsing und C.F.Lauckhard zählen 1848 bereits neun verschiedene Einrichtungsformen[13], was sie zu dem Appell veranlaßt, den Streit „um die langen oder kurzen, um die unbeholfenen oder schönklingenden Namen" aufzugeben – „auf den Namen kommt es (...) nicht an" – und vor allen Dingen daran zu denken, „wie die Kinder in den Anstalten behandelt werden müssen, wenn jene einflußreichen Zwecke erreicht werden sollen". Nicht um „schöntönende Namen" gehe es also, sondern um die Erfüllung einer Aufgabe, und diese finde in dem Wort „Kleinkinderschule" ihren besten Ausdruck. Daher gebühre ihr der Vorzug:

---

13 „Kleinkinderbewahr-Anstalten", „Kleinkinderpflege-Anstalten", „Kleinkinderbeschäftigungs-Anstalten", „Warteschulen", „Bewahrschulen", „Kleinkinderschulen", „Kindergärten", „Vorschulen", „Spielschulen" (1848, S.10 ff.; abgedr. bei G.Erning (Hrsg.) 1976, S.101). In Württemberg wurden die Anstalten „Kinderpflegen" oder auch „Kleinkinderanstalten" genannt (J.F.Bofinger 1865; J.Gehring 1929, S.78).

„Wir stimmen deßhalb für den Namen 'Kleinkinderschule', weil das Wort Alles so ziemlich in sich schließt, was die Sache bedeuten will, und weil man, ohne weiteres Nachfragen, sogleich leichter versteht, was mit dem Namen gesagt sein soll":
„1) die Entwicklung der geistigen Fähigkeiten und
 2) die Erziehung, Wartung und Pflege des ganzen inwendigen Menschen"
(J.Fölsing und C.F.Lauckhard 1848, S.10 ff.; abgedr. bei G.Erning (Hrsg.) 1976, S.101-107).

In der zweiten Hälfte des 19.Jahrhunderts kommen weitere Bezeichnungen hinzu, die teilweise mit der Ausdifferenzierung des Kindergartens im Zusammenhang stehen[14]. Da aber die Grenzlinien zwischen den einzelnen Einrichtungen sehr unscharf verlaufen, ist, wie J.Reyer richtig bemerkt, die Verschiedenartigkeit der Bezeichnungen nur ein unsicherer Indikator für die Verschiedenartigkeit der Einrichtungsart (1983, S.18). Auch die zeitgenössischen terminologischen Klärungsversuche tragen zu einer eindeutigen Erfassung der jeweiligen Organisations- und Beschäftigungsform nur wenig bei. Wenn z.B. die Zeitschrift „Kindergarten" schreibt:

„Die Idee des Kindergartens ist nicht die der Bewahranstalt, die als solche nichts weiter will, als daß sie Kinder, die sich selbst überlassen, verwahrlosen würden, aufnehme; sie ist auch nicht die der Kleinkinderschule, die von dem Gedanken ausgeht, daß schon die früheste Jugend religiös beeinflußt werden muß, und wo die Eltern nicht christliche Gesinnung haben, ihren Kindern einen Ersatz geben will. Der Kindergarten ist nicht eine soziale Einrichtung, wie die Bewahranstalt, ebensowenig ein Unternehmen der inneren Mission, wie die Kleinkinderschule, sondern er ist eine pädagogische Veranstaltung" (44 (1903) S.55),

dann ist dieser Aussage ein Zitat eines Zeitgenossen entgegenzuhalten, „daß die christliche Kleinkinderschule (...) von der Fröbelschen Lehrweise gelernt hat" (J.Hübener 1888, S.273). Nicht jede Einrichtung, die sich „Kindergarten" nannte, arbeitete auch nach Fröbels Konzept. Auf keinen Fall ist zutreffend, daß nur in den Kindergärten die Kinder nach einer pädagogischen Konzeption erzogen wurden, während sie in allen anderen Einrichtungen nur vor körperlichen und geistigen Schäden „bewahrt" wurden (J.Reyer 1983, S.18).

Ganz eindeutig beweist dies das pädagogisch-didaktische Konzept, das J.G.Wirth für die Augsburger „Kleinkinderbewahranstalt" entworfen

---

14 „Christliche Kindergärten", „Volkskindergärten", „Bürgerkindergärten", „Familienkindergärten", „Fichte-Kindergärten", „Levana-Kindergärten", „Fröbel-Kindergärten" (J.Fölsing 1880, S.6; B.Zwerger 1980, S.47), „christliche Kleinkinderschulen", „Oberlinschulen", „Kinderheime" (E.Pappenheim, E.Vogelgesang, O.Janke 1893, S.3).

hat (1838). Auch eine Identifikation des Terminus Bewahranstalt mit der später solchen Einrichtungen zugeschriebenen Negativfunktion, bei der nur an bestimmte Gruppen der Sozialskala gedacht wird, ist zu Beginn des 19.Jahrhunderts nicht feststellbar (B.Zwerger 1980, S.49).

Ist einerseits Vorsicht geboten, von der Bezeichnung auf die Organisations- und Beschäftigungsform der Einrichtung zu schließen, so ist andererseits doch festzuhalten, daß noch während der ersten Hälfte des 19.Jahrhunderts sich drei Grundtypen der öffentlichen Kleinkindererziehung herausgebildet haben: die Bewahranstalt, als die älteste Form, die Kleinkinderschule, und schließlich der Kindergarten, als der jüngste Typ.

Als Gründer der Kleinkinderbewahranstalt gilt Pfarrer J.F.Oberlin aus dem elsässischen Steintal, der um 1770 die ersten Anstalten für Kinder im Vorschulalter errichtete und die Kinder von „guten Mädchen"[15] unter der Leitung seiner Mitarbeiterin Luise Scheppler beaufsichtigen und in Französisch und im Stricken unterweisen ließ (vgl. J.Hübener 1888; J.Gehring 1929; H.Schuffenhauer 1969). In Deutschland dürften die ersten Einrichtungen dieser Art die bereits erwähnte „Aufbewahrungsanstalt" für Säuglinge und Kinder der Fürstin Pauline von Lippe-Detmold von 1802, die Kleinkinderbewahranstalt in Leipzig von 1812 und die 1819 von Friedrich Wadzek in Berlin errichtete „Verwahrschule" gewesen sein.

Eine der ersten unmittelbar am Vorbild der englischen Infant School orientierten deutschen Kleinkinderschulen war die 1835 von Th.Fliedner mit Unterstützung des Regierungspräsidenten in Düsseldorf gegründete Kleinkinderschule[16]. Anders aber als S.Wilderspin wollte Th.Fliedner die Kinder von einer weiblichen Lehrperson unterrichtet wissen, weshalb er 1836 im neu errichteten Diakonissenhaus in Kaiserswerth mit der Ausbildung von Kleinkinderschullehrerinnen begann (E.Hoffmann 1971, S.31). In der Folgezeit gewann die Kleinkinderschule vor allem im nord- und mitteldeutschen Raum, nicht zuletzt unter maßgeblicher Betei-

---

15 In einer Dankadresse an den Nationalconvent Frankreichs schreibt J.F.Oberlin: „Es sind ungefähr siebenundzwanzig Jahre, seitdem ich für acht Dörfer und Weiler acht Lehrerinnen aufstellte. Diese guten Mädchen, die meine Frau und ich unterrichteten, belehrten ihre jungen Zöglinge mittels Figuren aus der Geschichte oder dem Thier- und Pflanzenreich, auf welche ich die Namen auf Französisch (...) geschrieben hatte. (...) Um ihre Hände zu gleicher Zeit zu beschäftigen, lehrten sie die Kinder Stricken, welches damals in jener Gegend noch unbekannt war. Hierauf machten sie denselben Vergnügen durch (...) Spiele (...)" (abgedr. bei G.Erning (Hrsg.) 1976, S.11 ff.).

16 Pfarrer Th.Fliedner hatte auf Kollektenreisen in England 1824 und 1832 S.Wilderspin und seine Kleinkinderschulen in Spitalfields und Schottland kennengelernt (M.Krekker 1965/66, S.69-74).

ligung des Freiherrn Adolf v.Bissing-Beerberg, der diese als Zweig der Inneren Mission ausbaute, erhebliche Bedeutung (B.Zwerger 1980, S.42f.).

Aber die Tendenz einer Verschulung auf der einen und einer konfessionellen Ausrichtung der Kleinkindererziehung auf der anderen Seite führte zeitweilig zu einer z.t. sehr polemisch geführten Gegenbewegung. In Bayern wird bereits Ende der 30er Jahre alles verboten, was den Einrichtungen den Charakter einer Schule geben könnte. J.Fölsing, der 1843 in Darmstadt die erste „Kleinkinderschule für Kinder höherer Stände" und eine Ausbildungsstätte für Kleinkinderschullehrerinnen errichtet hatte, lehnt ausdrücklich eine konfessionelle Ausbildung der Erzieherinnen ab (E.Hoffmann 1971, S.31). Auch in den liberal gesonnenen Fröbelkreisen wollte man von einer religiös ausgerichteten Erziehung nichts wissen. Es waren nicht zuletzt die weltanschaulichen Differenzen zwischen der christlichen Kleinkinderschule und der Kindergartenbewegung, die bis weit in die 80er Jahre eine Annäherung der vorschulischen Einrichtungsformen verhinderten.

Der dritte und jüngste Typus vorschulischer Erziehungseinrichtungen war schließlich der, welcher allen Einrichtungen dieser Art den bleibenden Namen gab, der Kindergarten. Ist der Name „Kindergarten" auch keine Erfindung F.Fröbels[17], so bleibt diese Bezeichnung doch zu Recht mit seinem Namen verbunden. F.Fröbel hat als erster für seine „Kindergarten" genannte Einrichtung ein pädagogisch durchdachtes und anthropologisch fundiertes Konzept entworfen, das alle bisherigen Bemühungen als vorläufig und unvollständig auswies.

Nachdem F.Fröbel 1826 bereits sein Hauptwerk, „Die Menschenerziehung", geschrieben hatte, gründete er 1839 in Blankenburg eine „Anstalt zur Pflege des Beschäftigungstriebes der Kindheit und Jugend", ein kaufmännisches Unternehmen, das die von ihm entworfenen „Spielgaben" herstellte und vertrieb (J.Prüfer 1923, S.88-104). 1840 rief er die Frauenwelt auf, sich zu einem Verein zusammenzuschließen, um sein Erzie-

---

17 Die Bezeichnung „Kindergarten" lag insofern nahe, als schon Jahre zuvor der Begriff „Garten" im Umfeld von Bewahranstalten auftauchte. So verwendete das Brockhaus-Lexikon von 1833 diesen Begriff (B.Zwerger 1980, S.214, Anm.76). Gräfin Therese von Brunszvik nannte ihre 1828 in Ungarn gegründete Bewahranstalt „Angyalkeit", d.h. Engelsgarten (P.Benes 1932, S.66). Anläßlich der Eröffnung der zweiten Kleinkinderbewahranstalt in Augsburg 1835 rief ihr Leiter J.G.Wirth bei der Eröffnungsrede den Anwesenden zu: „Diese Anstalt ist ein Garten ..." (1838, S.XXXV). F.Fröbel selbst hatte mit diesem nicht eine Einrichtung für Drei-bis Sechsjährige gemeint, „sondern eine tragende Bewegung des pädagogischen Interesses und der elterlichen Einsicht", mit den Kindern zusammen „den Weg zur Lebenseinigung zu beschreiten" (E.Hoffmann 1971, S.35).

hungswerk, Erzieher und Erzieherinnen in der ersten Kinderführung zu unterweisen, finanziell zu unterstützen. Das Projekt, „Allgemeiner Deutscher Kindergarten" genannt, scheiterte. Mehr Glück hatte er mit seinen zuerst 1839 in Dresden und später auch anderswo gegründeten „Spiel- und Beschäftigungsanstalt(en)", die seit Ende 1840 „Kindergarten" genannt wurden.

F.Fröbels Wunsch war, „daß bald in allen Städten und Dörfern Kindergärten neben Schule und Kirche entstehen würden, in denen alle Kinder im Vorschulalter der Gemeinde gepflegt und betreut werden sollten; zugleich sollten diese Kindergärten für alle Frauen und Mädchen des Ortes Stätten der Anschauung und Belehrung sein, um schließlich so die Familien selbst zu Kindergärten werden zu lassen" (B.Zwerger 1980, S.45).

Man zählte 1848 bereits 16 Anstalten, als 1851 durch ein ministerielles Verbot alle Kindergärten aufgelöst wurden[18]. 1860, acht Jahre nach F.Fröbels Tod (1852), hob die Regierung das Verbot auf. Im selben Jahr noch wurden in Berlin die ersten Kindergärten errichtet. Auf Betreiben von Bertha v.Marenholtz-Bülow wurden neben den Kindergärten für Kinder „bemittelter Eltern" ab 1863 auch solche für „Kinder der Armen" gegründet. Ziel dieser „Volkskindergärten" war,

„(...) zu den sämmtlichen Beschäftigungen der anderen Kindergärten noch häusliche Arbeitsübungen hinzuzufügen und einen demnächstigen Erwerb zu berücksichtigen, ohne die Arbeitskräfte des Kindes irgendwie zu mißbrauchen (...)" (B.v.Marenholtz-Bülow 1875, S.42; zit. nach B.Zwerger 1980, S.46).

In den 70er Jahren fanden noch weitere Gründungen mit unterschiedlichen Bezeichnungen statt. In verschiedenen Städten wurden Fröbel- und Kindergartenvereine gegründet. So 1868 der Münchner Kindergartenverein, auf dessen Betreiben 1870 das erste Kindergärtnerinnenseminar in München unter Leitung von Dr.Illing errichtet wurde (E.Hoffmann 1971, S.43).

Trotz einer allmählichen pädagogisch-didaktischen und organisatorischen Annäherung zwischen Kindergarten und christlicher Kleinkinderschule blieb das gegenseitige Mißtrauen noch groß. Die Ursache dieser Entwicklung lag vor allem in der meist konfessionell ausgerichteten Trägerschaft der (christlichen) Kleinkinderschule im Gegensatz zu den vor-

---

18 Das Verbot bezog sich auf eine von einem Neffen F.Fröbels veröffentlichte Schrift mit dem Titel „Weibliche Hochschulen und Kindergärten". Das Ministerium glaubte, darin Tendenzen einer atheistischen und sozialistischen Erziehung zu erkennen und verbot kurzerhand die Kindergärten (W.Grossmann 1974, S.38).

wiegend liberalen und „religiös indifferenten" Trägern des Kindergartens.

Ein Blick auf einige statistische Daten zeigt folgendes Bild. Von den 1912/1916 in Preußen erfaßten vorschulischen Einrichtungen waren allein 59,9 Prozent in konfessioneller Trägerschaft, davon 10 in jüdischer, 1371 in evangelischer und 1513 in katholischer (Kleinkinderfürsorge 1917, S.127-129; zit. nach B.Zwerger 1980, S.52). Einer 1899 vom Zentralausschuß für Innere Mission veröffentlichten Statistik zufolge befanden sich 2700 Kleinkinderschulen in der Hand der Inneren Mission (Statistik der Inneren Mission 1899, S.6; zit. nach B.Zwerger 1980, S.54).

Ähnlich sieht es mit der Trägerschaft der katholischen Kleinkinderfürsorge aus, wie die nachfolgende Graphik zeigt.

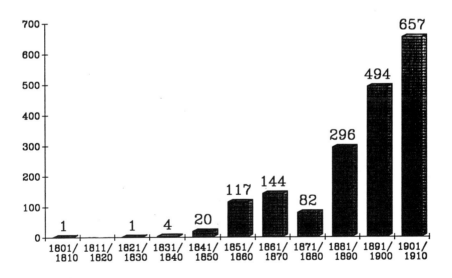

(B.Zwerger 1980, S.55).

Vor allem ab 1885, nach Beendigung des Kulturkampfs, wurden zahlreiche Anstalten von katholischen Frauenorden übernommen, so daß nach einer Erhebung des Zentralverbandes katholischer Kinderhorte Deutschlands aus dem Jahre 1915 von den insgesamt 1 610 Bewahranstalten und 29 Kindergärten lediglich an die 50 nicht von Ordensschwestern geleitet wurden (Kleinkinderfürsorge 1917, S.184; zit. nach B.Zwerger 1980, S.56). Zu Beginn des 20.Jahrhunderts teilte sich etwa ein Dutzend katholischer Frauenkongregationen[19] mit rund 32 800 Mitgliedern in die Arbeitsgebiete Schule, Kranken- und Kleinkinderpflege (M.Heimbücher 1907, S.62). Zwar waren die Ordensniederlassungen in den seltensten Fällen auch Träger der vorschulischen Einrichtungen. Doch verweist die äußerst häufig erfolgende Übernahme der Kleinkinderbetreuung durch katholische Ordensschwestern auf die enge Verzahnung zwischen konfessionell gebundenen Trägervereinen und kirchlichem Betreuungspersonal. Auch auf evangelischer Seite widmeten sich verschiedene Mutterhäuser der Betreuung von Kleinkinderpflegestationen.

Den evangelischen und katholischen Trägervereinen steht – sieht man einmal von dem zahlenmäßig erheblich geringeren Anteil von Anstalten ab, deren Träger interkonfessionelle Vereine (z.B. Frauenvereine des Roten Kreuzes), politische Gemeinden, Privatpersonen, Fabrikanstalten waren – seit 1874 der Deutsche Fröbelverband gegenüber, der nach einer Erhebung im Deutschen Reich in den Jahren 1890/92 insgesamt 377 Kindergärten betrieb (B.Zwerger 1980, S.62).

Man geht kaum fehl in der Annahme, daß in den weltanschaulichen Unterschieden der Trägervereine und in der konfessionellen Bindung des Betreuungspersonals das Haupthindernis für gemeinsame Richtlinien aller, das ganze Vorschulwesen umfassenden Aufgabenbereiche (Organisationsform, pädagogische Zielsetzung, Ausbildung der Erzieher) zu suchen ist. Erst auf der Reichsschulkonferenz von 1920 konnte eine grundsätzliche Übereinstimmung zwischen den Vertretern der katholischen und evangelischen Kinderpflege und des Fröbelverbandes erzielt werden. In neun Leitsätzen, die sie der Reichsregierung als Grundlage für eine gesetzliche Regelung überreichten, faßten sie ihre Meinung zusam-

---

19 Nach W.Liese (1914, S.68 ff.) sind es vor allem folgende katholische Genossenschaften: Vinzentinerinnen, Franziskanerinnen, Augustinerinnen, Borromäerinnen, Elisabethinerinnen, Heilandsschwestern, Josephs- und Marienschwestern, Vorsehungsschwestern, Arme Schulschwestern und verschiedene Schulorden.

men[20]. Damit hatte sich der Name „Kindergarten" für alle Einrichtungen der Kleinkinderpflege durchgesetzt. Die öffentliche Kleinkindererziehung galt nicht mehr bloß als „Notbehelf", sondern als „wertvolle Ergänzung zur Familienerziehung" und als notwendige Einrichtung für die Eltern, die an der „Ausübung ihrer Erziehungspflicht" verhindert waren. Am Prinzip der Freiwilligkeit des Besuchs wurde festgehalten und die pädagogische Ausbildung der Erzieherinnen zur Pflicht erklärt.

2.5 Öffentliche Kleinkindererziehung in Bayern

2.5.1 Die Entwicklung in der ersten Hälfte des 19.Jahrhunderts

Wie in anderen deutschen Territorien registrieren wir auch in Bayern ab den 1830er Jahren eine rege Gründungstätigkeit von Kleinkinderbewahranstalten und -schulen, die, wie aus einem „Aufruf" von 1831[21] deutlich hervorgeht, im engen Zusammenhang mit der zunehmenden Erwerbstätigkeit der Mütter und der daraus folgenden Verwahrlosung der Kinder, sowie mit der Verbreitung der Infant-School-Idee durch J.Wertheimer steht.

---

20   „1. Recht und Pflicht der Erziehung der Kinder im vorschulpflichtigen Alter liegt grundsätzlich bei der Familie.
2. Der Kindergarten ist seinem Wesen und seiner Bestimmung nach eine wertvolle Ergänzung der Familienerziehung.
3. Für Eltern, die ihre Kinder in den Kindergarten schicken wollen, muß die Möglichkeit dazu geboten werden. Eine Verpflichtung zum Besuch des Kindergartens ist abzulehnen.
4. Soweit die freie Wohlfahrtspflege dem Bedürfnis nach Kindergärten nicht ausreichend zu entsprechen vermag, haben Staat und Gemeinde Kindergärten einzurichten.
5. Die Leiterin eines Kindergartens und die in ihm tätigen Erzieherinnen müssen entsprechend ausgebildet sein. (...)
6. Einrichtungen der freien Wohlfahrtspflege sind den öffentlichen Einrichtungen grundsätzlich gleichzuachten (...).
7. Die Überwachung der Kindergärten übt der Staat aus. (...)
8. Wo die Erziehungsberechtigten aus wirtschaftlichen und geistig-sittlichen Gründen in der Ausübung ihrer Erziehungspflicht dauernd behindert sind, so daß dadurch die sittliche, geistige und körperliche Entwicklung des Kindes gefährdet ist, muß der Besuch eines Kindergartens verbindlich gemacht werden. (...)
9. Kinder, die ihrem Alter nach schulpflichtig, nach ihrer körperlichen oder geistigen Entwicklung aber noch nicht schulfähig sind, sollen nach Möglichkeit einer besonderen Vorklasse zugeführt werden (...)." (abgedr. bei J.Gehring 1929, S.183 f.).
21   „Einige Worte über Kleinkinderschulen. Ein Aufruf zur Förderung solcher Einrichtungen", Nürnberg 1.Mai 1831; abgedr. bei E.Dammann und H.Prüser (Hrsg.) 1981, S.39-41. Hier wird einerseits mit Nachdruck auf die „ärmere Volksklasse in den Städten" hingewiesen, die ihrem täglichen Broterwerb meist außer Hause „in Fabriken und Werkstätten, in Feld- und Hausarbeit für Andere", also in sog. „Tagewerksarbeit" nachgeht, und dabei ihre kleinen Kinder vernachlässigt, andererseits auf die „Gesellschaft edler Menschenfreunde in England" aufmerksam gemacht, die durch Kinderasyle der „Verwahrlosung" vorbeugt, und auf das „in teutscher Übersetzung erschienene Werk von Wilderspin", das die preußische Regierung „zur Beherzigung und Vertheilung empfohlen" hat.

Den Anfang machte Burgfarrnbach bei Fürth, wo nach den „Mittheilungen" von J.G.Wirth (1840, S.82) „im Jahre 1830 die erste Bewahranstalt im Königreiche Bayern (...) durch das gräfl. Pückler-Limpurgische Condominat" errichtet worden ist. 1831 folgte Nürnberg mit einer Anstalt für 130 Kinder im ehemaligen Katharinenkloster[22]. Zur selben Zeit wurde in der Nürnberger Vorstadt Wöhrd (1832) eine Kleinkinderschule für 90, in Ansbach (1832) für 100 und in Schwabach (1833) für 120 Kinder errichtet (F.X.Gutbrod 1884, S.136 f.). Bald reichten aber, vor allem in der „industriell – und daher notgedrungen auch sozial – weiter fortgeschrittenen Stadt Nürnberg" (A.Panzer 1918, S.3) die vorhandenen Anstalten nicht mehr aus, so daß dort in den folgenden Jahren weitere errichtet werden mußten. So 1836 in der Pfarrei St.Lorenz für 110, 1840 in St.Jakob für 90, 1852 in St.Peter für 65, 1853 in St.Johann ebenfalls für 65 und 1852 in Gostenhof für 100, später (1882) noch eine für 150 Kinder.

In München, das damals 78 000 Einwohner zählte, gab der regierende König Ludwig I. höchst persönlich den Anstoß. Unter seinem Kabinettssekretär K.Geheimrat J.H.v.Kreutzer versammelte er einen Kreis edler Männer, um über die Errichtung vorschulischer Anstalten zu beraten. A.Panzer schildert jenen denkwürdigen Anfang:

„Es war im Juni des Jahres 1833, als ein kleiner Kreis edler und gesellschaftlich hervorragender Männer in München sich versammelte, um über die Mittel und Wege zu beraten, wie für den Schutz jener armen Kinder gesorgt werden könne, deren Eltern gezwungen sind, Arbeit und Brot den ganzen Tag über oder doch während des größten Teiles des Tages außerhalb des Hauses zu suchen, so daß die Kinder sich selbst überlassen und allen Gefahren der Straße ausgesetzt sind. Kein Geringerer als der weitblickende, auf allen Gebieten für das Wohl seines Volkes gleich tätige und daher wahrhaft große König Ludwig I. hatte zu jener Versammlung die Anregung gegeben. Dies drückte sich schon darin aus, daß der Kabinettssekretär des Königs, K.Geheimrat Johann Heinrich v.Kreutzer, die Versammlung berief und den erschienenen Herren die Willensmeinung des Monarchen kundgab" (A.Panzer 1918, S.3).

Der weitere Bericht A.Panzers bestätigt den für die Mehrzahl der Kleinkinderschulen festzustellenden typischen Gründungsverlauf: Die Initiative geht in der Regel von angesehenen Bürgern einer Stadt, vom Adel oder der Geistlichkeit aus. Ein Verein wird gegründet, dem die Initiatoren vorstehen. Statuten werden erstellt, die die Aufgaben des Vereins und der Anstalt festlegen. Mit einem Spendenaufruf wird an die Wohltätigkeit der Bürger appelliert. Eine Wohnung oder ein Haus werden ange-

---

22 „Aufruf" 1831; Quelle: E.Dammann und H.Prüser (Hrsg.) 1981, S.41.

mietet oder gekauft. Die Leitung des Hauses wird einer vertrauenswürdigen Person, meist ohne spezielle Ausbildung, oder, wie vor allem später, einem klösterlichen Orden, übertragen. Diese typische Verlaufsform läßt sich besonders anschaulich am Fall München aufzeigen, zumal sie auch quellenmäßig relativ gut dokumentiert ist (A.Panzer 1918, S.3 ff.).

Zu den Initiatoren zählten außer dem Kabinettssekretär der K.Hofrat und Professor Berks, der Regierungsrat Polizeidirektor Ritter v.Menz, Ministerialrat Dr.Faber, Domkapitular Max Puzzer, Schulinspektor Priester Sax, der K.Rat und Kammerfourier Fr.Eichheim. Diese Herren gründeten im Juni 1833 den „Verein für die Kleinkinderbewahranstalten in München". In 15 Punkten, „Allgemeine Bestimmungen" genannt, faßte man Zweck und Organisationsform zusammen. Am 17.September 1833 erfolgte deren Bewilligung durch das Staatsministerium des Innern, nicht ohne den Vereinsvorstand des „Allerhöchsten Wohlgefallens" zu versichern. Der König gab dem Genehmigungsbescheid noch einen persönlichen Wunsch mit auf den Weg, den er sechs Jahre später auch gesetzlich verankern ließ:

„Seine Königliche Majestät lassen Allerhöchst ihre Willensmeinung noch näher dahin eröffnen, daß in der zu errichtenden Anstalt noch gar kein Unterricht, sondern bloß Erziehung zum Gehorsam, zur Frömmigkeit, zur Reinlichkeit etc. stattfinden, auch keine eigentliche Arbeit, sondern jugendlicher Frohsinn vorherrschen soll. Zählen mögen die Kinder gelegentlich lernen, aber nicht rechnen ..." (zit. bei A.Panzer 1918, S.4).

Am 31.Oktober 1833 richtete der Vorstand einen Aufruf an die Öffentlichkeit mit der Bitte, „dieses gute Werk durch Wort und That" zu unterstützen[23]. Der König selbst ging mit gutem Beispiel voran, indem er 1000 fl. spendete. Sein Bruder Prinz Karl und die Kurfürstin Maria Leopoldine sicherten einen jährlichen Beitrag von 100 fl. zu. Die Spendenbereitschaft unter der Bevölkerung war groß. 25 Bäckermeister und 20 Metzger fanden sich bereit, die Anstalten mit Brot und Würsten unentgeltlich zu beliefern. Nachdem mit einem Gesamtjahresbeitrag von 1700 fl. zu rechnen war, wurde am 2.April 1834 in einem von der Kreisregierung des Isarkreises zur Verfügung gestellten Raum der polytechnischen Schule neben dem Isartortheater die erste Kleinkinderschule Münchens für 120 Kinder eröffnet. Zum Vorsteher ernannte man Elementarlehrer Brand. Eine Pflegerin und eine Gehilfin sollten ihn bei der Aufsicht der Kinder unterstützen.

---

23 Öffentliche Anzeige des Ausschusses für die Kinderbewahr-Anstalt zu München 1833. Einzelblattdruck.

Bedarf und Nachfrage waren groß. Noch im gleichen Jahr mußte bzw. konnte man am 8.Juli vor dem Karlstor an der Schützenstraße, am 25.August an der Theresienstr.7 und am 15.Oktober im Lehel, Pfarrstr.2, eine Kleinkinderschule errichten[24]. Wie aus einem Rechenschaftsbericht über das Jahr 1835 hervorgeht, nahmen „mehr als 400 Kinder an der Wohlthat der Bewahrung theil"[25]. 1840 besuchten über 500 Kinder die Anstalten[26].

Die Errichtung von vier Anstalten innerhalb eines Jahres war nicht zuletzt durch die Gründung eines „Frauenverein(s) für Kleinkinder-Bewahr-Anstalten" im März 1834 möglich geworden. Unter maßgeblicher Beteiligung der in München weilenden ungarischen Gräfin Therese Brunszvik, einer im Kleinkinderschulwesen erfahrenen Frau[27], wurde der Verein zur Förderung vorschulischer Erziehungseinrichtungen ins Leben gerufen. Die Gräfinnen Giech und Montgelas, sowie die Baronin Freiburg übernahmen die Leitung, wobei sie schon nach kürzester Zeit an die 400 Mitglieder zählen konnten (P.Benes 1932, S.106 f.). Das Beispiel machte Schule. Im selben Jahr noch (1834) wurde vom neu gegründeten Haidhausener Frauenverein eine Anstalt für 120 Kinder, 1837 vom Frauenverein der Vorstadt Au, an dessen Zustandekommen ebenfalls die Gräfin Therese beteiligt war (P.Benes 1932, S.112 ff.), eine für 120 (obere Au) und eine für 100 Kinder (untere Au) errichtet. 1843 folgte Giesing mit einer Anstalt für 200 und 1850 das Kloster der armen Schulschwestern am Anger für 100 Kinder (F.X.Gutbrod 1884, S.132).

Die überraschend schnelle Entwicklung Münchens hatte ihre Parallele in anderen Städten[28] Bayerns. Allein zwischen 1834 und 1840 wurden Kleinkinderschulen gegründet in Bayreuth (1834), Aschaffenburg (1835), Würzburg (1836), Schweinfurt, Erlangen, Fürth (alle drei 1837), Hof, Landau i.Pf. (beide 1838), Bamberg, Neustadt i.Pf., Amberg (alle drei 1839), Straubing und Dürckheim i.Pf. (beide 1840), um nur etliche zu nennen (F.X.Gutbrod 1884, S.131-140; J.Hübener 1888, S.154-165).

---

24 Chronik des Vereines für die Kleinkinderbewahranstalten in München links der Isar (E.V.) anläßlich des 100jährigen Jubiläums von J.Stadler. München 1933, S.4 f.
25 Bekanntmachung, Zustand und die Jahres-Rechnung der Kleinkinder-Bewahr-Anstalt in München während des Zeitraumes vom 1.Januar bis 31.Dezember 1835 betreffend. München 1836. Einzelblattdruck.
26 Bekanntmachung, den Stand und die Rechnung für die Kleinkinder-Bewahr-Anstalten zu München im Jahre 1840 betreffend. München 1841. Einzelblattdruck.
27 Sie hatte bereits 1829 in Budapest eine Kleinkinderschule gegründet und hatte zu J.Wertheimer enge Beziehungen (P.Benes 1932).
28 Eine Durchsicht der Bayerischen Archivinventare ergibt, daß Kleinkinderbewahranstalten während der ersten Hälfte des 19.Jahrhunderts nur in Städten errichtet worden sind.

Während die genannten Neugründungen durchwegs von Vereinen oder privaten Trägern vorgenommen wurden, bildet die Gründung der Augsburger Kleinkinderbewahranstalt eine Ausnahme. Hier handelt es sich um die erste und auf längere Zeit einzige rein kommunale Gründung, bei der auch „der Gedanke einer restriktiven Armenerziehung nur anfänglich eine maßgebliche Rolle spielte und schon sehr früh das Konzept in Richtung auf eine nach pädagogischen Motiven sich ausrichtende Erziehungsanstalt erweitert wurde" (G.Erning 1980, S.179 f.). Der Umstand, daß vom ersten Tag der Gründungsgeschichte an Gemeindebevollmächtigte der Stadt Augsburg[29] mit der Planung, Finanzierung, Beaufsichtigung der Kleinkinderbewahranstalt befaßt waren, bedeutet für den Historiker einen Glücksfall von besonderem Rang. Denn da sich alle Vorgänge auf kommunaler Ebene abspielten, liegt umfangreiches Aktenmaterial über Sitzungsprotokolle, Gutachten und Repliken vor, die auch die „Schwierigkeiten einer Gründungsphase mit ihren Widerständen, Parteiungen, Interessenlagen und auch machtvollen Schüben eines neuen, öffentlichen Interesses an Fragen der Kleinkindererziehung bis in teilweise kleinste und entlegenste Details" in fast lückenloser Dichte vor Augen führen (G.Erning 1980, S.180)[30].

Am 31.Juli 1832 richtete die kgl.Regierung des Oberdonaukreises folgendes Schreiben an den Magistrat der Kreishauptstadt Augsburg:

„Der Wunsch zur Errichtung von sogenannten Kleinkinderschulen in Augsburg ist schon vielseitig in Anregung gebracht worden. Es erscheint allerdings als sehr wünschenswert, daß ein so wohlthätiges Institut auch in hiesiger Stadt, wo so viele arme Kinder verwahrlost und sich selbst überlassen sind und nicht selten dem Bettel auf öffentlichen Straßen nachhängen, in Bälde ins Leben trete. Der Magistrat wird daher aufgefordert, gemeinschaftlich mit der k.Lokal-Schulkommission, und nöthigen Falls mit dem Armenpflegschaftsrathe diesen wichtigen Gegenstand in Berathung zu ziehen, und hierüber insbesondere über die Art der Organisation dieser Anstalt, über die hiezu erforderlichen und disponiblen Mittel, über die hiezu zu wählenden Lokalitäten und zu verwendenden Lehrer gutachtliche Vorschläge zu erstatten."[31]

---

29   Die Gemeindeverwaltung setzte sich aus zwei Kammern zusammen: dem Magistrat mit zwei Bürgermeistern, vier rechtskundigen Räten, einem technischen Baurat, einem Stadtkämmerer und zwölf bürgerlichen Räten auf der einen und dem Kollegium der Gemeindebevollmächtigten mit 36 Bürgerschaftsvertretern auf der anderen Seite (W.Zorn 1972, S.149).
30   G.Erning hat in seiner äußerst gründlichen Untersuchung über „Johann Georg Wirth und die Augsburger Bewahranstalten" (1980) die wichtigsten Archivquellen zusammengetragen und bearbeitet, so daß wir uns in den folgenden Ausführungen auf seine Darstellung stützen und seine Archivangaben übernehmen.
31   StadtA Augsburg, Fach 100 CA$_1$ (Kleinkinderschulen. Errichtung 1831/32), Produkt 1.

Die Stadtdekane und Bezirksschulinspektoren Blum und Geuder wurden daraufhin mit der Ausarbeitung eines Vorschlags beauftragt, den der Magistrat (1.Kammer) am 18.Januar 1833 mit dem Zusatz billigte, daß die Öffnungszeiten der zu errichtenden Anstalt den Arbeitsstunden der Taglöhner anzupassen seien. Die Kosten sollten aus der Stadtkasse beglichen und der am evangelischen Armenkinderhaus als Knabenaufseher tätige Unterlehrer Johann Georg Wirth mit der Erziehung der Kinder betraut werden (J.G.Wirth 1838, S.XVII). Im Juli 1833 waren die Einzelplanungen weitgehend abgeschlossen, als die Gemeindebevollmächtigten (2.Kammer) mit 23 zu 3 Stimmen die Errichtung einer Kleinkinderschule aus folgenden Gründen ablehnten: mangelnde Notwendigkeit, Entfremdung der Kinder von ihren Eltern, Fehlbestand des städtischen Fiskus, nicht die Kommunalverwaltung ist für „derartige Dinge" zuständig, sondern die caritative Almosenpflege (G.Erning 1980, S.185). Da die kgl.Kreisregierung auf eine Errichtung drängte und die Gemeindebevollmächtigten die projektierte Kleinkinderschule nur schwer zu verhindern vermochten, änderten sie ihre Taktik: Sie kürzten die veranschlagten Kosten und setzten durch, daß die Kleinkinderschule nur als Versuch für ein Jahr zu gelten habe (G.Erning 1980, S.186). In der insgeheimen Hoffnung, die Anstalt fände ohnehin nur geringen Zuspruch, votierten sie gegen die Anstellung eines Lehrers und für eine Aufseherin, da die Erfahrung zeige, daß Kinder dieses Alters einer weiblichen Person weit mehr Anhänglichkeit entgegenbrächten als einer männlichen. Deshalb sei es auch unbegreiflich,

„wie ein Mann sich sollte so tief herablassen können, Kinder von 3 bis 6 Jahren mit passenden Spielen oder in Unterweisung einiger leichter Handarbeiten zu unterhalten (...)"[32].

Nachdem auch zwei Magistratsräte in einem Sondervotum für die Anstellung einer weitaus kostengünstigeren Erzieherin plädierten, konnte der Streit nur mehr durch die kgl.Regierung entschieden werden, die den Lehrer J.G.Wirth, eine ältere Frau als Kinderwärterin und zwei Kindermädchen anstellte (G.Erning 1980, S.188).

Am 26.Juni 1834 wurde im Augsburger Intelligenzblatt die geplante Eröffnung der „Kleinkinderschule oder Bewahr-Anstalt" für Drei- bis Sechsjährige bekanntgegeben[33] und am 16.Juli mit 59 Kindern im Hause Lit. C Nr.68 (= beim Pfaffenkeller 6) eröffnet (J.G.Wirth 1838,

---

32 StadtA Augsburg, Fach 100 CA_1, Produkt 42.
33 Intelligenz-Blatt und wöchentlicher Anzeiger von Augsburg, Jg.1834, S.339.

S.XXII). Zwar mehrte sich die Zahl der Pfleglinge mit jedem Tag, aber sie kamen eher aus dem Kreis der Honoratioren und des städtischen Kleinbürgertums als aus der Arbeiterklasse. Es bedurfte mehrerer Aufrufe und Kanzelverlesungen, um die Zielgruppe der Taglöhner und Arbeiter zu erreichen. J.G.Wirth nennt als Grund für die Zurückhaltung u.a. den „Stolz, der viele Eltern beherrscht, vermöge welchem sie es sich zur Schande anrechnen, ihre Kinder der Bewahranstalt zu übergeben"[34]. Diese Bemerkung ist nach G.Erning ein unmißverständlicher Hinweis, daß Armut und Armsein mehr und mehr als „Nachweis selbstverschuldeter Unfähigkeit, sich selbst versorgen zu können, gewertet wurde" (1980, S.190). Nach verschiedenen Anstrengungen, die Anstalt bekannt zu machen, wuchs die Nachfrage entgegen den Hoffnungen der Gemeindebevollmächtigten ersichtlich: Am 6.August waren bereits 182 am 22.August 193 und im September 210 Kinder angemeldet[35].

Die rege Zunahme der Anmeldungen durch die Augsburger Bevölkerung – Augsburg zählte damals 38 000 Einwohner (J.Graßmann 1894, S.10) – regte bereits 1834 Überlegungen zu weiteren Gründungen an. Nach dem Münchner Vorbild wurde ein „Frauenverein zur Beförderung der Zwecke der Klein-Kinder-Bewahranstalten Augsburgs" gegründet, an dessen Zustandekommen wiederum Therese Brunszvik erheblichen Anteil hatte. Die Bereitwilligkeit ihres Mitwirkens war umso größer, als sie mit Augsburgs Adel persönliche Beziehungen verbanden (P.Benes 1932, S.117) und sie von J.G.Wirths pädagogischem Geschick tief beeindruckt war: „Herr Wirth ward ein genialer, erfinderischer Lehrer, wie Wilderspin in England" (zit. bei P.Benes 1932, S.118)[36]. Bereits im November 1834 zählte der Verein 221 Mitglieder, dem Titl.Freifrau von Schäzler, geb. von Frölich, Freifrau von Schäzler, geb. von Löweneck, Freifrau von Perglas, geb. Gräfin v.Sandizell, Frl.Louise Kremer, Tochter des 2.Bürgermeisters der Stadt Augsburg, Madame Sander, geb. Freiin von Lotzbeck, Madame Forster, geb. Freiin von Eichthal, Frau Dekan Geuder, Frau Rath Hederer und Madame Gelb vorstanden (J.G.Wirth 1838, S.XXVI und XXVIII). Nachdem sogar so ehrenvolle Herren wie Bischof Ignatz Albert v.Riegg dem Verein beitraten und die finanziellen Zuweisungen sich als sehr günstig erwiesen (J.G.Wirth 1838, S.XXIXf.), konnte der Verein schon am 15.Juni 1835 eine zweite Bewahranstalt im

---

34 StadtA Augsburg, Fach 100 CA$_1$, Produkt 113.
35 StadtA Augsburg, Fach 100 CA$_1$, Produkt 88 und 90.
36 Wie weit für das Engagement der Gräfin auch Beziehungen zwischen J.Wertheimer, den sie sehr schätzte, und dessen aus Augsburg stammender Frau Henriette geb. Ullmann, Tochter des Augsburger Bankiers Ullmann, eine Rolle spielten, ist unbekannt (vgl. G.Erning 1980, S.192).

Hause Lit. B Nr. 126 (= Armenhausgasse 9) unter Leitung des Lehrers Karl Wurst und am 3.September desselben Jahres eine dritte im Hause Lit. H Nr.33 (= Bei der Jakobskirche 5) unter Leitung der Lehrerin Therese Dausch errichten. J.G.Wirth erhielt die Oberaufsicht über alle drei Anstalten (G.Erning 1980, S.192). Am 11.Mai 1836 übernahm Ihre Majestät, die regierende Königin Therese von Bayern, das Protektorat über den Frauenverein, nachdem sie, wie aus einem persönlichen Schreiben an Gräfin Louise von Ysenburg hervorgeht, „von der innern Gestaltung dieses für die Erziehung der Jugend unter den ärmeren Klassen der Bewohner Augsburgs gewiß segensreichen Instituts mit vielem Interesse Kenntniß genommen" hatte (abgedr. bei J.G.Wirth 1838, S.XLV). Mit dieser königlichen Würdigung wurde dem Verein nicht nur höchste Anerkennung zuteil, sondern es wurden damit auch kommunale Eingriffe aus finanzpolitischen Rücksichten erschwert. Nachdem dem Augsburger Frauenverein im selben Jahr noch nahezu die gesamten Vollmachten übertragen wurden, war er von dieser Zeit an faktisch der verantwortliche Träger der Augsburger Bewahranstalten (G.Erning 1980, S.193).

Die weitere zahlenmäßige Entwicklung der Kleinkinderschulen in Bayern während der ersten Hälfte des 19.Jahrhunderts sei hier nur mehr andeutungsweise skizziert. Nach einer Zusammenstellung von M.Krekker (1965/66, S.82) entstanden bis 1848 in Bayern 56 Bewahranstalten. G.Müller zählt für das Berichtsjahr 1850/51 61 und für 1851/52 77 Einrichtungen der öffentlichen Kleinkindererziehung (1964, S.53 und 96). J.Hübener weiß zu berichten, daß man 1852 in Bayern bereits 919 Anstalten zählte, die von insgesamt 6796 Kindern besucht wurden. 21 Anstalten waren allein über den mittelfränkischen Raum verteilt (1888, S.160). Eindeutig zu niedrig dürfte die von F.X.Gutbrod mitgeteilte Zahl von 46 Anstalten sein, die zwischen 1831 und 1850 in Bayern errichtet worden seien (1884, S.131-140).

Exakte Zahlen lassen sich für die erste Jahrhunderthälfte kaum ermitteln. Dennoch steht außer Zweifel, daß mit dem steigenden Bedarf und der wachsenden Erkenntnis des Nutzens dieser Anstalten bei Bevölkerung und Behörden die Einrichtungen der Kleinkindererziehung großen Zuspruch und rasche Verbreitung fanden. Begünstigt wird diese Entwicklung durch das Interesse des Königs Ludwig I., der schon anfangs der 30er Jahre „sein allerhöchstes Wohlgefallen"[37] über die Errichtung dieser Anstalten zum Ausdruck brachte. Auch die bayerische Staatsregierung

---

37 Öffentliche Anzeige des Ausschusses für die Kinderbewahr-Anstalt zu München vom 31.Oktober 1833. Einzelblattdruck.

ließ keinen Zweifel darüber aufkommen, daß sie den wohltuenden „Einfluß, welchen die allmählich sich vermehrenden Kleinkinder-Bewahranstalten unverkennbar auf die häusliche und öffentliche Erziehung gewinnen" anerkannte und gewillt war, „ihre Errichtung und Erhaltung (...) allenthalben zu befördern, wo sich das Bedürfniß für sie kund gibt"[38].

2.5.2 Die Entwicklung in der zweiten Hälfte des 19.Jahrhunderts

In der zweiten Hälfte des Jahrhunderts hält die rasche Verbreitung der Kleinkindererziehungsanstalten in ungebrochener Stärke an. Zwischen 1852 und 1862 hat sich nach Angaben von J.Hübener die Zahl der Einrichtungen verdoppelt: „Es gibt circa 200 Anstalten mit 13 576 Kindern" (1888, S.160). 1867 existieren in Bayern – wenn die Angaben J.Hübeners stimmen – 237 Kleinkinderschulen, davon je 41 in Oberbayern und Mittelfranken, 38 in Unterfranken, je 31 in der Pfalz und in Schwaben, 21 in Niederbayern, 20 in der Oberpfalz und 14 in Oberfranken. Nach einem geringfügigen zahlenmäßigen Rückgang im Jahre 1870 beträgt die Zahl der Einrichtungen im Jahre 1871 227, mit einer Gesamtzahl der betreuten Kinder von 21 678 (1888, S.160)[39]. Eine nach amtlichen Angaben zusammengestellte Statistik über private und öffentliche Wohltätigkeitsanstalten des Zeitraums 1871-1880 ergibt folgendes Bild:

Zeit	Zahl der Kleinkinderbewahranstalten
1871	199
1876	219
1880	251

(Th.Laves 1884, S.590).

Diesen Berechnungen zufolge ist die von F.X.Gutbrod mitgeteilte Zusammenstellung, die für das Jahr 1884 183 Anstalten mit insgesamt 16 224

---

38 Ministerieller Erlaß vom 17.Oktober 1839 (Döllinger Bd.24, S.588 f.).
39 E.Schmidt gibt folgende Auflistung über die „Kleinkinderbewahrungsanstalten" in Bayern für die Jahre
    1847/48:   55
    1861/62: 210
    1870:   197
    1875:   215
    1880:   251
    (Beiträge zur Statistik Bayerns, Heft 238, S.18).

Kindern ergibt, eindeutig zu niedrig (1884, S.131-140). Exakte Angaben sind dem Bericht des IX.Sonderkomitees der Deutschen Frauen-Abteilung bei der Weltausstellung in Chicago 1893 zu entnehmen. Danach betrug die Gesamtzahl der Kleinkinderbewahranstalten in Bayern im Schuljahr 1884/85 293. In ihnen wurden 25 119 Kinder von 608 Personen betreut. 167 Anstalten standen unter geistlicher, 126 unter weltlicher Leitung. Die folgende Tabelle gibt einen Überblick über die Verteilung auf die einzelnen Regierungsbezirke, die Stadt- bzw. Landgebiete und über den prozentuellen Anteil auf 100 000 Einwohner:

Im	Absolute Zahlen			Prozentzahlen			Auf je 100 000 Einw.		
Regierungs-bezirke	In den Städten	auf dem Lande	gesamt	in den Städten	auf dem Lande	gesamt	in den Städten	auf dem Lande	gesamt
Pfalz	17	38	55	16,5	20,0	18,8	13,0	7,0	8,1
Oberbayern	24	43	67	23,3	22,6	22,9	8,8	6,3	7,0
Mittelfranken	22	23	45	21,4	12,1	15,3	11,4	5,1	7,0
Unterfranken	7	50	57	6,8	26,3	19,4	8,5	9,2	9,1
Oberfranken	10	4	14	9,7	2,1	4,8	13,8	0,8	2,4
Schwaben	14	11	25	13,6	5,8	8,5	11,3	2,2	3,9
Oberpfalz	2	9	11	1,9	4,8	3,8	4,1	1,9	2,1
Niederbayern	7	12	19	6,8	6,3	6,5	13,6	2,0	2,9
Sa.	103	190	293	--	--	--	10,9	4,4	5,6

(E.Pappenheim, E.Vogelgesang, O.Janke 1893, S.225).

Demgegenüber erscheinen die von F.X.Bährlehner gemachten Angaben, wonach 1920 an die sieben klösterliche Orden rund 500 Kleinkinderbewahranstalten mit ca 45 000 Kindern betreut haben sollen (1927, S.124), recht zweifelhaft.

In der zweiten Hälfte des 19.Jahrhunderts wird die öffentliche Kleinkindererziehung um eine weitere Variante sozialpädagogischer Betreuung bereichert: den Kindergarten. Aber anders als die seit der Jahrhundertmitte auch von der Amtskirche propagierte und geförderte „christliche Kleinkinderschule" schien die Kindergartenbewegung anfangs eher Argwohn hervorzurufen.

Nachdem sich in mehreren Städten Deutschlands Vereine zur Förderung Fröbelscher Kindergärten gebildet hatten, „bereitete sich (auch – erg. v. Verf.) in maßgebenden Kreisen Münchens ganz allmählich ein neuer Geist vor", schreibt der ehem. Magistratsrat A. Panzer mehr anklagend als klagend in seiner Geschichte des Vereins für Kleinkinderbewahranstalten (1918, S.8). Er spielt damit auf den im März 1868 gegründeten „Verein zur Gründung und Förderung Fröbelscher Kindergärten" an, von dem er mit neidvollem Bedauern berichtet, daß ihm „weitaus größere(n) Förderung seitens der Gemeindevertretung" zuteil geworden sei als dem mit „väterlicher Sorgfalt" um die „Kinder der ärmeren Bevölkerung" bemühten „Verein für die Kleinkinderbewahranstalten Münchens" (1918, S.8). Die zurückhaltende bis mißbilligende Einstellung konservativer Kreise gegenüber der Kindergartenbewegung kommt unmißverständlich in A. Panzers Klage zum Ausdruck:

„(...) die neue Weltanschauung fand auch in der nunmehrigen Stadtverwaltung Münchens festen Boden, und so kam es, daß die neuen Kindergärten des Fröbel-Vereins sich immer mehr ausbreiteten, so zwar, daß von nun an in allen neu gebauten Schulhäusern der Stadt Kindergärten nach Fröbelschem System eröffnet wurden, welchen die Stadtgemeinde kostenlos die nötigen Räume samt freier Beheizung und Beleuchtung zur Verfügung stellte, während unser Verein[40] seitdem jeglicher Geldunterstützung seitens der Gemeinde entbehrte und froh sein mußte, daß es ihm (...) gelang, seine drei Kinderbewahranstalten (...) in Betrieb zu erhalten" (1918, S.11 f.).

Diesem Bericht ist allerdings entgegenzuhalten, daß man sich gerade bei konfessionell gebundenen Trägern gegenüber Beiträgen aus öffentlicher Hand sehr zurückhaltend verhielt, da man befürchtete, dadurch allzu leicht in Abhängigkeit des Staates oder der Kommune zu geraten. Ein ungefähres Bild über die Höhe und Verteilung der Einnahmen vermittelt der Bericht des IX. Sonderkomitees der Deutschen Frauen-Abteilung bei der Weltausstellung in Chicago 1893: Im Jahre 1890 unterhielt der Münchner Kindergartenverein neun Einrichtungen, die von 872 Kindern besucht wurden. Der Gesamtaufwand betrug 18 400 Mark.

„Noch nicht die Hälfte der Ausgaben wurde durch die Schulgeldbeiträge der Kinder gedeckt; der Rest wurde durch Beiträge der Vereinsmitglieder, durch jährliche Zuschüsse des Stadtmagistrats, durch Wohltätigkeitsspenden, durch Veran-

---

40   Gemeint ist der „Verein für Kleinkinderbewahranstalten in München links der Isar".

staltungen von Festen, Konzerten u.s.w. beschafft" (E.Pappenheim, E.Vogelgesang, O.Janke 1893, S.222).[41]

Mit der Konstituierung des „Münchner Kindergarten-Vereins" im Jahre 1868 begann die Kindergartenbewegung auch in Bayern Fuß zu fassen. Der Verein, der sich zur Aufgabe stellte

„a) Gründung und Förderung von Kindergärten nach Fröbelschem System,
b) Unterhaltung und Leitung der von ihm ins Leben gerufenen Kindergärten,
c) Heranbildung von Erzieherinnen und Kindergärtnerinnen"
(E.Pappenheim, E.Vogelgesang, O.Janke 1893, S.222),

konnte bis Mitte des Jahres 1868 schon drei, bis Ende des Jahres 1869 fünf und bis 1890 neun Kindergärten unterhalten.[42] Von den 828 zwei- bis sechsjährigen Kindern, die im Jahre 1886 diese Anstalten besuchten, gehörten rund 3/4 der mittleren und höheren sozialen Schicht an.[43] Damit bestätigt sich auch für Bayern, was schon ganz allgemein an Kindergärten kritisiert wurde: sie seien längst zu einer „Standes- und Luxusschule" ausgeartet (vgl. B.Zwerger 1980, S.205, Anm.20).[44]

Ungeachtet dieser Kritik und der reservierten Einstellung verschiedener Verbände, fand die Idee der Fröbelschen Kindergartenerziehung immer weitere Verbreitung. Amtlichen Angaben zufolge gab es im Schuljahr 1884/85 in Bayern 75 Kindergärten, so daß Bayern im Vergleich zu anderen Ländern die zweithöchste Anzahl aller Kindergärten besaß (vgl. oben, Tabelle, S.45). 50 von ihnen waren in privater, 25 in öffentlicher

---

41 In seinem Bericht über die Kindergartenanstalten Münchens von 1871/72 schreibt L.Illing:
„Se.Maj. König Ludwig II. haben den Verein schon mehrmals mit namhaften Summen allergnädigst zu unterstützen geruht. Der hohe Landrath von Oberbayern und der hochlöbliche Stadtmagistrat Münchens gewähren eine jährliche Unterstützung von je 200 fl." (1872, S.4).
Damit kann eigentlich von einer Bevorzugung des Kindergartens durch die Stadt kaum gesprochen werden!
42 Vgl. dazu auch die „Statistik der Fröbel'schen Kindergärten in München seit ihrer Gründung bis auf die Gegenwart". In: Unterhaltungs-Blatt der Neuesten Nachrichten vom 5.September 1872, S.860-864.
43 Im einzelnen verteilte sich die Herkunft der Kinder auf folgende Berufszweige:
„a. Beamte, Offiziere, Gelehrte, Künstler, Lehrer und Rentiers 200 Kinder;
b. selbständige Kauf- und Handelsleute, Fabrikanten, Gastwirte und sonstige Gewerbetreibende 464 Kinder;
c. niedere Bedienstete, Boten, Kaufmanns-Gehilfen, Militärs ohne Offizier-Rang u.s.w. 185 Kinder;
d. Gewerbe- und Fabrik-Gehilfen, Arbeiter u.s.w. 55 Kinder".
(E.Pappenheim, E.Vogelgesang, O.Janke 1893, S.222).
44 Hierzu muß allerdings einschränkend bemerkt werden, daß es sich bei mindestens sieben der genannten Kindergärten um sog. „Bürger-Kindergärten" handelte (L.Illing 1872, S.3 f.).

Hand. 62 standen unter weltlicher, 13 unter geistlicher Leitung. Auf die einzelnen Regierungsbezirke verteilt befanden sich in der Pfalz 35, in Oberbayern 12, in Mittelfranken 10, in Unterfranken 5, in Oberfranken und Schwaben je 4, in der Oberpfalz 3 und in Niederbayern 2. 39 von ihnen waren in Städten, 36 auf dem Lande angesiedelt. Insgesamt besuchten 4983 Kinder, die von 113 Personen betreut wurden, einen Kindergarten (E.Pappenheim, E.Vogelgesang, O.Janke 1893, S.220 f.). Allein in München befanden sich im Jahre 1915 neben 22 privaten und zwei städtischen Kleinkinderbewahranstalten bzw. -schulen neun private und 31 städtische Kindergärten (K.Weipert 1915, S.7-15).

Von den oben gemachten Angaben leicht abweichende Zahlen über Kleinkinderbewahranstalten und Kindergärten finden sich im Heft XXVII der Beiträge zur Statistik des Königreichs Bayern 1873 und 1875.

Fragt man nach den Ursachen, die den hohen Bedarf an sozialer Versorgung der Kleinkinder in der zweiten Hälfte des 19.Jahrhunderts so beträchtlich ansteigen ließen, dann liefern uns einige Daten über die Berufstätigkeit von Frauen und Müttern in dieser Zeit wichtige Hinweise. Gemäß der Reichsenquête von 1874/75 betrug der Anteil der verheirateten Frauen an der Gesamtzahl der in Fabriken beschäftigten Arbeiterinnen in Bayern 31,1%. 1895 waren es 20,9%. Und nach der Erhebung von 1899 betrug ihr Anteil 35,1% (E.Plössl 1983, S.166)[45]. Amtliche Zahlen über den Familienstand weiblicher Beschäftigter in der Industrie vermitteln folgendes Bild:

im Jahr	insgesamt	ledig	verheiratet	verwitwet/ geschieden
1871	16 261	13 130	2 454	677
1874/75	18 655	12 955	5 800	---
1882	50 353	37 447	9 916	2 990
1895	90 067	65 561	18 826	5 680
1907	132 462	86 417	37 476	8 569

(E.Plössl 1983, S.165).

---

45 Über die Ursachen der zahlenmäßigen Schwankungen innerhalb eines Zeitraums weniger Jahre soll hier nicht diskutiert werden. Sie können auch auf die Erhebung selbst zurückzuführen sein.

Eine weitere Differenzierung nach Altersgruppen ergibt für die 20- bis 40jährigen Arbeiterinnen in Bayern folgendes Bild:

Alter der Arbeiterinnen	1882	im Jahre 1895	1907
von 20 bis unter 30 Jahre	16 327	30 567	44 057
von 30 bis unter 40 Jahre	7 713	12 889	22 428.

Nach Familienstand gegliedert ergibt sich für das Jahr 1895 folgendes Profil:

Altersgruppe	ledig	in %	verheiratet	in %	verwitwet/ geschieden	in %
von 20 bis unter 30 Jahre	23 869	78,1	6 335	20,7	363	1,2
von 30 bis unter 40 Jahre	5 048	39,4	6 619	51,4	1 186	9,2

(E.Plössl 1983, S.165 und 167).

Da wir in der Gruppe der 20- bis 40jährigen verheirateten und verwitweten bzw. geschiedenen Arbeiterinnen den größten Anteil der Mütter mit vorschulpflichtigen Kindern im Alter von zwei bis sechs Jahren vermuten dürfen, so vermitteln die genannten Angaben wenigstens eine gewisse Vorstellung von der Anzahl der Familien, für die die Einrichtungen der Vorschulerziehung eine echte Entlastung bedeutete. Dabei verschweigen die Zahlen, daß ein nicht unerheblicher Anteil von Frauen in nichtindustriellen Berufszweigen und in der Landwirtschaft beschäftigt war[46].

Bildete einerseits die Institution der Vorschulerziehung besonders für berufstätige Eltern ein wohltätiges „Surrogat der häuslichen Erziehung"[47], so wurde andererseits erst auf Grund dieser Einrichtung Frauenarbeit auch für diejenigen moralisch vertretbar, die um der Pflege und Erziehung ihrer Kinder willen auf den bitter notwendigen Zuerwerb hätten verzichten müssen. So gesehen kam die Expansion der Industrie mit ihrem vermehrten Arbeitsplatzangebot und ihrem gesteigerten Bedarf an

---

46 Erst 1907 überholten Industrie, Handel und Verkehr mit einem Beschäftigungsanteil von 44,9% an der Gesamtbevölkerung Bayerns den Agrarsektor mit einem Beschäftigungsanteil von 40,3% (H.v.Rehlingen und Haltenberg 1911, S.42).
47 Bayerische Annalen Nro.84, 1834, S.671.

weiblichen Arbeitskräften nicht zuletzt der Frau zugute, der sich damit, unabhängig von allen Benachteiligungen, die Chance einer geregelten Erwerbsmöglichkeit bot. Es gab Industrie- und Gewerbezweige, in denen der Anteil der Frauen an der Arbeiterschaft zum Teil über 50% lag. Vor allem in Mittel- und Großbetrieben war der Prozentsatz der un- und angelernten Lohnarbeiterinnen hoch (vgl. E.Plössl 1983, S.142-154).

Daß unter diesen Bedingungen der Bedarf an Kleinkinderbewahranstalten stieg, vor allem in Städten mit hohem Industrieaufkommen, ist selbstverständlich. Darüber hinaus wird die Nachfrage nach Einrichtungen der sozialpädagogischen Versorgung vorschulpflichtiger Kinder zum Indikator für den Bedarf eines zusätzlichen Einkommens für die Familie. Nach den Gründen ihrer Berufsarbeit befragt, nannten Frauen in einer Erhebung von 1899 fast ausschließlich familienbezogene (vgl. E.Plössl 1983, S.177 f.).

2.5.3 Maßnahmen des Staates und der Kirche

Ähnlich wie die preußische Regierung durch eine Kabinettsordre vom 10.Juni 1834 und die fünf Jahre später (31.Dezember 1839) erlassene Ministerialinstruktion zur „Ausführung der Allerh. Kabinettsordre" schon relativ früh die Errichtung, Ausstattung und Betreuung vorschulischer Einrichtungen gesetzlich regelte (vgl. J.Reyer 1983, S.42; E.Dammann und H.Prüser (Hrsg.) 1981, S.17 f.), so griff auch die Landesregierung Bayerns schon zu einem verhältnismäßig frühen Zeitpunkt zu staatlichen Maßnahmen, um die „Errichtung und Beaufsichtigung der Kleinkinder-Bewahranstalten" nach den Vorstellungen der Regierung gesetzlich zu regeln. In einer Ministerialentschließung vom 4.November 1839 werden in 18 Paragraphen die Hauptgesichtspunkte zusammengefaßt, nach welchen bei der Gründung und Betreuung dieser Anstalten „künftig zu verfahren ist"[48]. Diese bayerische „Urvorschrift für Kindergärten" ist nicht nur deshalb besonders bemerkenswert, weil in ihr Linien sichtbar werden, „die bis zum heute geltenden Gesetz führen und in ihm sowie seinen Durchführungsverordnungen Aufnahme gefunden haben"[49], sondern auch weil in ihr die sozialpädagogischen Intentionen, aber auch die sozialpolitischen Befürchtungen des Staates gleichermaßen zum Ausdruck kommen. Die leitenden Überlegungen waren dabei folgende:

---

48 „Allgemeine Bestimmungen die Errichtung und Beaufsichtigung der Kleinkinderbewahranstalten betreffend" (4.November 1839), Döllinger Bd.24, S.588-592; im folgenden zitiert: Allgemeine Bestimmungen 1839.
49 H.Maier: Rede anläßlich der 10jährigen Geltung des Bayerischen Kindergartengesetzes vom 1.1.1973, gehalten am 18.5.1983 (ungedr. Mskr.).

1. Kleinkinderbewahranstalten haben als Privatinstitute zu gelten. Aufsicht, Leitung, Anstellung des Personals sind ausschließlich Angelegenheit des „Unternehmers" (Trägers). Dem Staat obliegt lediglich die Überwachung, die durch die Polizei- und Schulbehörde erfolgt.
2. Besuchszwang wird abgelehnt. Eintritt und Austritt sollen „frei und ungezwungen seyn".
3. Das Betreuungspersonal bedarf keiner besonderen Ausbildung. „Es genügt vielmehr vollständig, wenn dergleichen Leute das gegründete Zeugniß eines frommen Sinnes, eines unbescholtenen Rufes und eines tadellosen Wandels für sich haben", wenn sie „heitern Gemüthes" sind und „Liebe zu Kindern haben".
4. Strengstens untersagt wird die „Ertheilung eines eigentlichen Unterrichtes". Die Einrichtung soll sich nicht „Kleinkinderschule", das Betreuungspersonal nicht „Lehrer" nennen. „Die Kinder sollen weder lesen noch schreiben lernen, weder mit Rechnen noch mit sonst einem für die Schule gehörigen Lehrgegenstand anhaltend beschäftigt werden." Die Erziehung ziele auf die „freie und naturgemäße Entfaltung des kindlichen Gemüthes". Ihre Methode sei das „Spielen", aber nicht „Tändeln", die „leichte Beschäftigung", jedoch nicht „Müssiggang", die Vorbereitung „auf die Benützung der öffentlichen Schule", aber so, daß „der Schule nicht vorgegriffen" werde.
Die Verordnung bestimmt sogar noch die Lerninhalte: Erzählen und Nacherzählen „erbauliche(r) Geschichten", Betrachtung „bedeutungsvolle(r) Bilder", Einprägen „inhaltsreiche(r) Denksprüche und (...) Liederverse", Verrichtung „leichte(r) Handarbeiten".
5. Die soziale Herkunft der Kinder gebietet, alles zu vermeiden, was „die Pfleglinge schwächt und verweichlicht, den Hang zum Wohlleben hervorruft und Bedürfnisse erzeugt, die in den späteren Lebensjahren nicht mehr befriedigt werden können, und im Entbehrungsfalle leicht eine Quelle der Unzufriedenheit und des Unfriedens eröffnen dürften". Pfleger und Leiter der Anstalten mögen „wohl bedenken", daß die meisten dieser Kinder für einen Stand erzogen werden sollen, der einen „kräftigen (...) Körper", „Liebe zu anstrengender Arbeit" und „Beschränkung seiner Bedürfnisse" nötig hat. Die „große Aufgabe" der Kleinkinder-Bewahranstalt ist nur dann „als gelöst zu betrachten", wenn neben anderen kindlichen Tugenden vor allem „Ordnung und Pünktlichkeit, Dienstfertigkeit und Mäßigung, Dankbarkeit und Liebe, strenger Gehorsam und Freude an nützlicher Tätigkeit (...) zur andern Natur werden".

Man mag auf der einen Seite das Augenmaß des Gesetzgebers begrüßen, dem es schon in seiner ersten, die öffentliche Kleinkindererziehung regelnden Verordnung gelang, deutliche pädagogische Akzente zu setzen und damit allen Versuchen eine klare Absage zu erteilen, die Kleinkinderbewahranstalt nach englischem Vorbild zu einer Institution schulisch organisierten Lernens zu verfremden. Es entsprach weder dem Willen des Königs, der schon 1833 die Gründer der ersten Münchner Kleinkinderbewahranstalt wissen ließ: „Zählen mögen die Kinder gelegentlich lernen, aber nicht rechnen" (A.Panzer 1918, S.4), noch der Intention des Gesetzgebers, in den erwähnten Anstalten Unterricht erteilen zu lassen. Vielmehr sollte man den Kindern Aufenthalt und Pflege in einer Weise angedeihen lassen, „wie solche von verständigen und gewissenhaften Eltern (...) gewährt zu werden pflege" (Allgemeine Bestimmungen 1839, Abs.2). Auf der anderen Seite kommt in der Verordnung auch die Sorge, ja Angst, der Obrigkeit zum Vorschein, die Einrichtungen der Kleinkindererziehung könnten den Kindern bessere Lebensverhältnisse anbieten, als dies die Eltern auf Grund der beschränkten Einkommens- und Wohnverhältnisse vermöchten. Darum wird mit Nachdruck betont, nicht über den Stand hinaus zu erziehen, für den die Kinder bestimmt sind. Sonst würden „Bedürfnisse erzeugt, die in den späteren Lebensjahren nicht mehr befriedigt werden können". Und dies wiederum könnte zur Quelle persönlicher „Unzufriedenheit" und sozialen „Unfriedens" werden.

Die Argumentation, die sich der bayerische Gesetzgeber für seine allgemeinen Verordnungen zueigen machte und die auch von namhaften Vertretern der öffentlichen Kleinkindererziehung geteilt wurde[50], wird erst voll verständlich, wenn man sie auf dem Hintergrund der „Vorwürfe" und „Befürchtungen" betrachtet, die „gegen das Institut der Bewahranstalten" (J.G.Wirth 1840, S.2) vorgetragen wurden. In seiner Einleitung zu den „Mittheilungen über Kleinkinderbewahranstalten" hat J.G.Wirth die Einwendungen der Gegner in sechs Thesen zusammengefaßt:

„1. Es ist Pflicht der Eltern, die Kinder, die sie erzeugen, auch selbst zu erziehen. Von dieser Verpflichtung darf man sie nicht entbinden, sonst leistet man elterlicher Trägheit und menschlichem Leichtsinne Vorschub."
„2. Man erziehe die Kinder aus den untern Volksklassen über ihren Stand und lege dadurch den Keim zur Unzufriedenheit und Ungenügsamkeit."
„3. Die Bewahranstalt entfremdet die Herzen der Kinder den Eltern. Die mütterliche Erziehung ist weit besser!"
„4. Die Kinder lernen einander allerlei Untugenden ab."

---

50 Vgl. J.Fölsing: „Die Arten der Schulen, Kleinkinderschulen für niedere und höhere Stände sind nothwendig, weil sie in der Natur begründet sind" (1880, S.15).

„5. Man strenge die Kinder zu frühe an."
„6. Die Bewahranstalt sey keine besondere Zierde unserer Zeit."
(1840, S.2-6).

Den Einwänden stellt J.G.Wirth die Vorteile gegenüber. Diese sind aus dem Grunde besonders erwähnenswert, weil sie ganz auf der Linie des gesetzgeberischen Maßnahmenkatalogs liegen:

„1. Die Kinder genießen einen bessern Schutz vor Gefahren aller Art (...)."
„2. Die Entwicklung ihrer geistigen und körperlichen Kräfte gedeiht weit besser."
„3. Die Bewahranstalt sichert jüngern und ältern Geschwistern, selbst den Eltern die wichtigsten Vortheile. Den jüngern Geschwistern: da ihre Eltern weit mehr Zeit und Sorgfalt auf ihre Pflege verwenden (...); für die ältern Geschwister, indem diese ungehindert, also oft ohne ihre kleinern Brüder und Schwestern pflegen zu müssen, die Schule besuchen können (...); für die Eltern etc., da diese ungehindert ihrem Berufe nachgehen können, mancher Sorge des Herzens überhoben bleiben (...)." Darüber hinaus „dienen die Anstalten den Eltern als 'Prototyp', wie man Kinder dieses Alters erziehen könne, – müsse!"
„4. Die Bewahranstalten wirken wohlthätig für die öffentlichen Schulen, für den Staat und für die Kirche."
(1840, S.6-8).

Zur Sicherung dieser Vorzüge waren die „Allgemeinen Bestimmungen" gedacht. Um den Eigencharakter der Anstalten zu unterstreichen, verbot der Gesetzgeber die Verwendung des Begriffs „Kleinkinderschule". Doch diese Bezeichnung hatte sich längst so stark eingebürgert, daß sie auf Verordnungsweg nicht mehr zu verdrängen war. Schließlich gab die Regierung ihren Widerstand auf, drängte aber um so nachhaltiger darauf, den schulischen Charakter dieser Anstalten mit allen Mitteln zu verhindern. In einem Schreiben des Ministeriums des Innern vom 12.Juni 1846 werden die kgl.Regierungen angemahnt, die Einhaltung der Bestimmungen von 1839 „sorgfältig zu überwachen" und „einreißenden Mißbräuchen" gehörig entgegenzuwirken:

„(...) Indessen liegen doch auch Anzeichen vor, daß noch nicht überall die wahre Aufgabe der Kleinkinderbewahranstalten gehörig erkannt, vielmehr immer noch an einigen Orten, der bestimmtesten Vorschrift entgegen, den kleinen Kindern schon förmlicher Unterricht gegeben, die Geisteskraft derselben dadurch zu sehr und allzufrühe angestrengt, die freie Entwicklung gehemmt und die jugendliche Fröhlichkeit verkümmert wird.
(...)
Ein hauptsächliches Augenmerk ist darauf zu verwenden (...), daß der Unterricht im Lesen, Schreiben und Rechnen unbedingt verboten, die Benützung

schwarzer Schiefertafeln und die der Sandtische aber nur bei gehöriger Vorsicht gestattet werde" (Döllinger Bd.24, S.593)[51].

König Ludwigs I. liberale Gesinnung kam auch in einer ministeriellen Entschließung vom 23.August 1847 zum Ausdruck, derzufolge von einer gesetzlich verordneten Trennung der Kinder nach Konfessionen Abstand genommen wird. Zwar solle man darauf achten, daß

„die den einzelnen Konfessionen eigenthümliche(n) (...) Gebräuche nicht gleichgiltig behandelt werden",

aber man möge auch sehen,

„daß Niemanden angemuthet werde, an Gebeten oder religiösen Gebräuchen Antheil zu nehmen, welche mit den Grundsätzen seiner Kirche nicht vereinbar sind. (...) Übertreibungen aller Art (sollen) fern gehalten werden" (Döllinger Bd.24, S.594).

Das Interesse des Staates an der Förderung der Kleinkinderbewahranstalten hielt auch unter König Max II. an. In Anerkennung der

„wohlthätigen Wirkungen, welche zweckmässig eingerichtete und geleitete derartige Anstalten auf das geistige und leibliche Wohl der aufgenommenen Kinder äussern"[52],

wollte der König die Verbreitung der Einrichtungen auch auf dem Lande fördern. Deshalb erließ „auf Befehl Seiner Majestät des Königs" das Staatsministerium des Innern am 23.Februar 1852 eine Anordnung an sämtliche Regierungen, Kammern des Innern,

„die Errichtung von Kleinkinderbewahranstalten nicht blos in Städten, sondern auch auf dem platten Lande (...) in Anregung zu bringen und zu fördern".

---

51 In einem Bericht aus Bayreuth an das kgl. Ministerium des Innern vom 19.April 1846 – Anlaß und Schreiber des Berichts konnten nicht ermittelt werden – heißt es bezüglich der Beschäftigungsweise von Kleinkindern u.a.:
„Von den eingeführten körperlichen Beschäftigungsweisen erscheint uns das Nachzeichnen von Linien und Figuren, von Zahlen und Buchstaben dem Sehvermögen der Kleinen nicht zuträglich zu seyn, um so mehr, als dießes in der Regel auf glänzend schwarzen Schiefertafeln geschieht" (StA Bamberg, Bestand K 3 / D II^a, Nr.346).
52 Anordnung, „Die Kleinkinderbewahranstalten, insbesondere deren Verbreitung in die Landgemeinden, betreffend" vom 22.Februar 1852 (Döllinger Bd.24, S.594 f.; im folgenden zitiert: Anordnung 1852).

Denn auch in vielen Landgemeinden obwalte dasselbe Bedürfnis, daß

„gar viele Eltern (...) durch ihre Berufs-Arbeit gezwungen sind, den Tag über vom Hause abwesend zu sein und ihre Kinder daselbst ohne alle (...) Aufsicht zurückzulassen" (Anordnung 1852).

Um dem Wunsch des Königs größeren Nachdruck zu verleihen, wandten sich einzelne Regierungen auch an die Kirche mit der Bitte, in dieser Angelegenheit ihren Einfluß geltend zu machen. Offenbar mangelte es auf dem Lande an der Bereitschaft zu „thätiger Mithilfe der Gemeinde resp. der Gutsherrschaft" (W.Löbe 1873, S.7) bei der Errichtung von Kleinkinderbewahranstalten, so daß es erst eines oberhirtlichen Wortes bedurfte, um die „sociale Frage auf dem platten Lande"[53] wirksam angehen zu können. So richtete am 31.März 1853 die Regierung von Niederbayern ein Gesuch an das Ordinariat Passau, das neben der Mitteilung des königlichen Befehls die Bitte enthielt:

„(...) und erlauben uns hiermit auch an jenseitige sehr verehrliche oberhirtliche Stelle das ergebene Ansuchen zu richten, die Pfarrgeistlichkeit zur Beihilfe und Unterstützung der äußeren Behörde in dieser Sache gütigst anweisen zu wollen"[54].

Die Kirche, vertreten durch ihre Seelsorgsgeistlichen, hat sich zwar von Anfang an maßgeblich an der Errichtung von Kleinkinderbewahranstalten beteiligt. F.X.Gutbrod nennt namentlich 58 Pfarrer, Stadtpfarrer, Geistliche Räte und Dekane, die an der Gründung dieser Anstalten mitgewirkt oder deren Errichtung initiiert haben (1884, S.131-140). Die Kirchenleitungen aber haben sich in dieser Hinsicht wesentlich abwartender verhalten, ausgenommen die Diözesen Passau und Speyer. Bereits wenige Wochen nach Eingang des kgl. Schreibens erließ das bischöfliche Ordinariat Passau ein Generale vom 22.April 1853, in dem die Geistlichen zur tatkräftigen Mithilfe aufgefordert werden:

„Wir beauftragen demnach unsern gesammten Seelsorgsklerus, diesen soeben angedeuteten Mißständen[55] seine fortwährende Aufmerksamkeit zuzuwenden, namentlich in der Schule und bei jeder Gelegenheit die Kinder zur Reinlichkeit anzuhalten, möglichst zur Errichtung und Verbreitung von Kinderbewahr-Anstalten mitzuwirken, die sich überall, wo sie zweckmäßig eingerichtet und geleitet werden, bezüglich des geistigen und leiblichen Wohles der in denselben aufge-

---

53 So lautet der Buchtitel von F.Knauer (1873), wenngleich er diese Frage in erster Linie unter arbeitgeberischem Gesichtspunkt behandelte.
54 AB Passau, Bestand 9738.
55 Gemeint ist die Vernachlässigung bzw. Verwahrlosung der Kinder, deren Eltern außerstande sind, sich um die Pflege und Aufsicht gebührend zu kümmern.

nommenen Kinder äußerst wohlthätig wirkend erweisen" (zit. nach F.X.Gutbrod 1884, S.11 f.).

„Der Erfolg blieb nicht aus", schreibt J.Gehring, „besonders in Oberbayern entstanden zahlreiche Anstalten" (1929, S.84). Auch die evangelische Kirche überließ die Verbreitung der Kleinkinderschulen nicht mehr bloß der Initiative Einzelner. „Mit der Bildung des 'Vereins für weibliche Diakonie und der Errichtung der Diakonissenanstalt in Neuendettelsau' (1854) trat ein Wendepunkt ein" (J.Gehring 1929, S.84).

Anders gestaltete sich die Zusammenarbeit zwischen Regierung und Amtskirche in der Rheinpfalz. Hier setzte sich das Ordinariat bereits 1847 mit der Regierung in Verbindung, um Informationen über die staatlichen Maßnahmen hinsichtlich der öffentlichen Kleinkindererziehung einzuholen[56]. Am 24.Januar 1848 übermittelt die kgl. bayerische Regierung der Pfalz, Kammer des Innern, dem bischöflichen Ordinariat einen Bericht über Unglücksfälle, die durch mangelnde Aufsicht der Kinder verursacht worden sind. Dabei versäumt sie nicht, anzumerken, daß sie durchaus bereit sei,

„dessen gefällige Mitwirkung durch geeignete Verfügung an die Geistlichkeit des Bisthums Speyer ergebenst in Anspruch"

zu nehmen[57]. Am 21.Februar 1848 übermittelt Generalvikar Foliot allen Geistlichen der Diözese den Entschluß der Regierung, in den Gemeinden des Kreises „die Errichtung von Kleinkinderbewahranstalten oder wenigstens von Aufsichtsstuben zu verfügen". Gleichzeitig bekundet er den oberhirtlichen Willen:

„(...) dürfen wir mit Zuversicht von dem werkthätigen Eifer für die christliche Pflege und Bildung der Jugend von den sämmtlichen Herrn Pfarrern und Pfarrverwesern eine gesegnete Betheiligung an diesem Werke erwarten"[58].

Vorausgegangen war dem Schreiben des Generalvikars an den Klerus eine Aufforderung der kgl.Regierung „an sämmtliche kgl. Landkommissariate der Pfalz" vom 14.Januar 1848, die Unglücksfälle von Kindern

---

56   Schreiben des Ordinariats vom 12.2.1847. (AB Speyer, Best.: Bischöfliches Ordinariat, Älteres Archiv, Kindergärten).

57   Schreiben an das bischöfliche Ordinariat zu Speyer vom 24.Januar 1848. (AB Speyer, Best.: Bischöfliches Ordinariat, Älteres Archiv, Kindergärten).

58   Sammlung der Verordnungen und Ausschreiben für die Seelsorger des Bisthums Speyer, 3.Heft, S.431 (AB Speyer, Best.: Bischöfliches Ordinariat, Älteres Archiv, Kindergärten).

„1. durch Ermahnung und Warnung den Aeltern oder
2. durch überwachende Betheiligung oder
3. durch Kleinkinderbewahrungs-Anstalten oder endlich
4. durch Aufsichts-Stuben"[59]

zu verhindern. Die Erläuterungen der einzelnen Maßnahmen verdeutlichen die Entschlossenheit der Regierung, alle in irgendeiner Weise mit der Erziehung befaßten Instanzen und alle aus ihrer Sicht wirksamen Mittel einzusetzen, um der Verwahrlosung der Kinder zu begegnen[60]. Freilich zeigt sich auch hier, wie schon mehrfach erwähnt, das bekannte gesellschaftspolitische Denkmuster, das die Verantwortlichen des Staates nur auf die Folgen und Symptome, nicht aber auf die Ursachen der Kindervernachlässigung achten läßt. Als Ergebnis der behördlichen Überlegungen wird der Errichtung von Kleinkinderbewahranstalten der Vorzug gegeben:

„Demgemäß ergeht an die k.Landkommissariate der Auftrag, zum Vollzug gegenwärtiger Entschließung resp. zur Anbahnung entsprechender (...) Einrichtungen ihrerseits das Erforderliche an die Bürgermeisterämter und Lokalarmenpflegschaftsräthe zu erlassen, und dieser Angelegenheit fortan (...) ihre Fürsorge zu widmen" (Entschließung 1848).

Damit wurde erstmals auf dem Weg einer Regierungsanordnung die Errichtung von Kleinkinderbewahranstalten behördlich befohlen. Auf Landesebene geschah dies erst 1852, so daß die Regierung der Pfalz hier eine gewisse Vorreiterrolle spielte.

Die Unterstützung der staatlichen Bemühungen um die öffentliche Kleinkindererziehung durch die Diözesanleitung war in der Pfalz bereits Tradition geworden. So nimmt es nicht wunder, daß sich das bischöfliche Ordinariat Speyer am 20.März 1854 an seinen Klerus mit der Aufforderung wandte, an der Behebung der Ursachen des schlechten Gesundheitszustandes der Landbevölkerung im allgemeinen und der „Verbreitung der Kleinkinder-Bewahranstalten auf dem platten Lande" im besonderen tat-

---

[59] Entschließung, die „Unglücksfälle durch mangelhafte Aufsicht auf Kinder betreffend", vom 14.Januar 1848 (AB Speyer, Best.: Bischöfliches Ordinariat, Älteres Archiv, Kindergärten; im folgenden zitiert: Entschließung 1848).
[60] Nähere Ausführungen zu den einzelnen Maßnahmen:
„Ermahnung und Warnung der Aeltern sind zunächst der Kirche vorbehalten (...).
Dagegen ist die überwachende Betheiligung zunächst Sache der Armenpflege (...).
Das wirksamste Mittel zur Verhütung von Unglücksfällen durch mangelhafte Aufsicht auf Kinder ist immerhin die Errichtung von Kleinkinder-Bewahrungs-Anstalten (...).
In Gemeinden, worin die Errichtung von Klein-Kinderbewahranstalten nicht ausführbar erscheint, ist einiger Ersatz durch Bereithaltung einer Aufsichtsstube möglich (...)" (Entschließung 1848).

kräftig mitzuwirken. Zwar wird in dem Schreiben betont, daß die Durchsetzung der „Allgemeinen Weisungen" des Staates nicht eine Angelegenheit der „heilige(n) Kirche" sei. Aber auf Grund der „enge(n) Berührung" von „leibliche(m) Bedürfniß mit dem geistlichen Wohle" habe die Kirche „ihre Diener zu jeder Zeit auf die Sorgfalt für die Nöthen des Menschen in allen Beziehungen angewiesen"[61]:

„Demzufolge finden die Pfarrgeistlichen in den betreffenden Anordnungen abermal einen neuen Beweggrund, die Wirksamkeit ihres seelsorgerlichen Amtes zu bethätigen. Und indem die oberhirtliche Stelle dieselben auf die betreffenden Veranstaltungen hinweist, hegt sie die Erwartung, daß die Seelsorger bei gegebener Veranlassung (…) ihre Parochianen auf die ertheilten Anordnungen[62] aufmerksam machen (…) und endlich allenfallsige Bedürfnisse, Schwierigkeiten und Hindernisse, welche sie in der Gemeinde wahrnehmen, dem Königlichen Landcommissariate zur Anzeige bringen werden" (Bischöfliches Schreiben von 1854).

Staat und Kirche waren sich in der Einschätzung der Situation und in der Wahl der Mittel grundsätzlich einig: über den Weg der Errichtung von Kleinkinderbewahranstalten können die Familien der in den Fabriken und im Gewerbe, in der Landwirtschaft und in der Hausindustrie beschäftigten Arbeiter wirksam entlastet und die Kinder vor körperlichen und seelischen Schäden bewahrt werden.

An der Richtigkeit dieser Auffassung wurde auch für den Rest des 19.Jahrhunderts festgehalten, so daß man keine Veranlassung sah, die geltenden Verordnungen außer Kraft zu setzen. Erst 1910 werden „mit Allerhöchster Ermächtigung" die in der Ministerialentschließung vom 4.November 1839 erlassenen Bestimmungen zugunsten „neue(r) allgemeine(r) Bestimmungen über Errichtung und Betrieb von Kleinkinderbewahranstalten" aufgehoben[63]. Jedoch enthalten auch diese Verordnungen keine wesentlichen Änderungen hinsichtlich der Grundintentionen

---

61 Schreiben des bischöflichen Ordinariats vom 20.März 1854 „den Gesundheitszustand auf dem Lande betreffend" (Sammlung der Verordnungen und Ausschreiben für die Seelsorger des Bisthums Speyer, 4.Heft, AB Speyer, Best.: Bischöfliches Ordinariat, Älteres Archiv, Kindergärten; im folgenden zitiert: Bischöfliches Schreiben 1854).
62 Gemeint sind die von der Regierung am 10.März 1853 ergangenen Verordnungen: „Sorgfalt zur Hebung der materiellen und sittlichen Nothstände", „Vollzug der (…) Verbreitung der Kleinkinder-Bewahranstalten auf dem platten Lande", „Förderung des Schulbesuches", Einschreiten gegen die „medizinische Pfuscherei der Quacksalber", und andere Gesundheitsvorschriften (mitgeteilt im genannten bischöflichen Schreiben von 1854).
63 Ministerialblatt für Kirchen- und Schul-Angelegenheiten im Königreich Bayern, hrsg. vom kgl.Staatsministerium des Innern für Kirchen- und Schulangelegenheiten, Nr.40, München 1910 (im folgenden zitiert: Bekanntmachung des Ministeriums des Innern 1910).

des Gesetzgebers. Das Begleitschreiben des Innenministeriums macht ausdrücklich darauf aufmerksam, daß die „neuen Bestimmungen in der Hauptsache die Form einer Anleitung und Unterweisung" besitzen, nicht aber neue Vorschriften enthalten:

„Ausdrückliche Gebote sind nur insoweit vorgesehen, als es zur Sicherung eines sachgemäßen und geordneten Betriebes der Anstalten erforderlich erscheint. Die Aufsichtsbehörden (... haben zu) beachten, daß es sich um freiwillig errichtete und betriebene Anstalten handelt, die den örtlichen Verhältnissen sich anpassen und mit den verfügbaren Mitteln auskommen müssen" (Bekanntmachung des Ministeriums des Innern von 1910).

Die staatlichen und z.T. auch die kirchlichen Maßnahmen blieben weitgehend auf Empfehlung, Genehmigung und Kontrolle der Kleinkinderbewahranstalten beschränkt. Im übrigen war die öffentliche Kleinkindererziehung in erster Linie eine Veranstaltung der Privatwohltätigkeit des Bürgertums, das sich in der Form der caritativ motivierten Sozialfürsorge ein Instrument schuf,

1. die Massen der Besitzlosen zu einer Lebensführung zu erziehen, „die sich mit dem bescheidet, was man ihr zuweist" (J. Reyer 1983, S. 150);
2. die als selbstverschuldet angesehene Armut der Unterschichtenhaushalte durch Almosen zu lindern und dadurch „die dem Pauper und seinen Kindern dargebrachte Wohltat mit jener Ansinnung von Dankbarkeit zu verbinden, die so typisch für die Privatwohltätigkeit des 19. Jahrhunderts ist" (J. Reyer 1983, S. 152);
3. die Klassengegensätze zu entschärfen und damit die Furcht vor sozialem Unfrieden zu reduzieren.

2.5.4 Soziale Herkunft und Betreuung der Kinder

Soziale Herkunft

Die öffentlichen Einrichtungen der Kleinkindererziehung waren in ihrer großen Mehrzahl für Kinder der sozialen Unterschicht bestimmt und wurden auch in erster Linie von diesen besucht. Was J. Fölsing 1880 über die Kleinkinderschule in Darmstadt schrieb, gilt auch für die Kleinkinderbewahranstalten und -schulen Bayerns:

„Die Eltern unserer Kinder sind Tagelöhner, Steindrucker, Schriftsetzer, Zimmergesellen, Schuhmacher, Knopfmacher, Weißbinder, Fabrikarbeiter, Kutscher und Fuhrleute, Holzmacher, Eisenbahnarbeiter, Lohndiener, Laufmädchen, Näherinnen, Wäscherinnen, Dienstmägde, Wittwen, Militärs und ähnliche Leute. Im Ganzen gehören die Eltern zu der niederen, ja zum Theil zu der ärmsten Volksklasse" (S.14)[64].

Etwas anders sieht die soziale Herkunft der Kinder der ersten Kleinkinderbewahranstalt in Augsburg aus. J.G.Wirth berichtet, daß von den 59 Kindern, die am 16.Juli 1834, dem Tag der Eröffnung der Anstalt, eingeschrieben waren, je eines einen Buchdrucker, Buchhändler, Goldschlager, Hucker, Instrumentenmacher, Kaufmann, Kutscher, Lehrer, Lithographen, Maler, Mechanikus, Metzger, Milchmann, Nadler, Oberleutnant, Porteur, Privatier, Professor, Schlosser, Schafwollspinner, Tapezierer, Theaterbeleuchtungsdienersgehilfen, Wagner, Waschanstaltsinhaber, Wachtmeister zum Vater und eines eine Leichensagerin zur Mutter hatte. Von je zwei Kindern war der Vater Diurnist, Hufschmied, Käufler, Schuhmacher und Zimmermann. Den Beruf eines Webers, Maurers, Pflästerers und Taglöhners übten die Väter von jeweils drei Kindern aus. Von vier Kindern war der Vater Fabrikarbeiter und von weiteren vieren die Mutter ledig (1838, S.XXII).

Bei dieser Mitteilung fällt der hohe Anteil der Handwerker und der im Dienstleistungsgewerbe Tätigen auf. Selbst Kinder aus dem gehobenen Mittelstand befanden sich unter den Pfleglingen. Dies entsprach keineswegs der Intention der Gründer, die, wie aus einer Bekanntmachung vom 26.Juni 1834 hervorgeht, in der „Kleinkinderschule oder Bewahranstalt" eine Einrichtung für Kinder „besonders aus der Klasse armer und solcher Eltern, deren Gewerbe sie der Aufsicht und Erziehung der Kleinen entzieht" (J.G.Wirth 1838, S.XX), sehen wollten. Trotzdem erfolgte die Nachfrage offenbar nur zum geringeren Teil aus den sozial schwächeren Schichten:

„Mit jedem Tage vermehrte sich die Zahl der Pfleglinge, welche aus allen Ständen, namentlich aber aus den bessern, der Anstalt übergeben wurden" (J.G.Wirth 1838, S.XXV).

Die kgl.Kreisregierung befürchtete eine Verfremdung des ursprünglichen Anliegens. Und um alle Zweifel an ihren Absichten auszuräumen, richtete sie am 31.Juli 1834 ein Schreiben an den Stadtmagistrat, dieser möge die Distriktsvorstände auffordern, „die in ihren Distrikten wohnenden Armen auf die Wohlthat der neuen Anstalt aufmerksam zu machen"

---

64 Nach einer Aufstellung von M.Krecker befanden sich in der Darmstädter Kleinkinderschule im Jahre 1846 178 Kinder, von denen 65 Kinder von Handwerkern, 2 von Fabrikarbeitern, 12 von Fuhrleuten, 5 von Militärs, 7 von Witwen und 8 von unverheirateten Müttern waren (1965/66, S.61).

(J.G.Wirth 1838, S.XXV). Der Magistrat gab das Anliegen der Regierung nicht nur an die Distriktsvorsteher, sondern auch an die „Herren Pfarrer" weiter, „dieselben möchten, Kraft ihres Amtes, von der Kanzel aus, Worte der Belehrung und Aufmunterung an das Publikum richten" (J.G.Wirth 1838, S.XXV).

Dieser Vorgang verdeutlicht, daß die Zielgruppe der öffentlichen Kleinkindererziehung gemäß der Intention ihrer Träger vorwiegend, wenn auch nicht ausschließlich, die Gruppe der sozial Schwachen war. Das bestätigen auch die Statuten, die Jahres- und Rechenschaftsberichte der verschiedenen Trägervereine, die offiziellen Verlautbarungen der staatlichen und kirchlichen Behörden und nicht zuletzt auch die Organisationsform und Beitragsregelungen der einzelnen Anstalten.

Die kgl.Regierung der Pfalz erließ auf den ersten öffentlichen „Jahresbericht über die Kleinkinder-Bewahranstalt des Frauen-Vereins zu Landau in der Pfalz" von 1838 ein Reskript, in dem es u.a. heißt, man könne nicht umhin, einer Stadt Glück zu wünschen, in der ein Verein „aus christlicher Liebe und Barmherzigkeit sich auch der fremden Hülflosigkeit annehmend" eine Anstalt gründete, deren Zweck es sei, „armen Eltern ihr Fortkommen zu erleichtern (...)"[65].

Dem ersten „Jahresbericht über die Kleinkinder-Bewahranstalt des Frauenvereins zu Neustadt a.d.Haardt" von 1841 ist der Aufruf vorangestellt:

„Darum errichtet Kleinkinderbewahranstalten, worin die Kinder armer und solcher Eltern, welche ihre Zeit und Mühe zur Herbeischaffung der Nahrung für die Familie verwenden müssen, ohne im Stande zu sein der Erziehung ihrer Nachkommen auch nur wenige Augenblicke im Tage widmen zu können, vor sich selbst geschützt und bewahret werden (...)"[66].

Der Berichterstatter des „Dreiundzwanzigsten Jahres-Berichts über die Kleinkinder-Bewahr-Anstalt zu Hof in Oberfranken" von 1860/61 verabsäumt nicht, gleich in der Einleitung darauf hinzuweisen, daß von den 93 Kindern zwei Drittel kostenlos verpflegt und während der Wintermonate „wiederum die ärmsten Kinder" über Mittag verköstigt wurden[67]. Paragraph drei der „Statuten des Kleinkinderschulvereins zu Gunzenhausen" (1881) sieht vor:

---

65 Abgedruckt in dem genannten Jahresbericht von 1838, S.4 (AB Speyer, Best.: Bischöfliches Ordinariat, Älteres Archiv, Kindergärten).
66 AB Speyer, Best.: Bischöfliches Ordinariat, Älteres Archiv, Kindergärten.
67 Lk.A. Nürnberg, Sign.OK 11 2093.

Die Kleinkinderschule „bietet sich insbesondere Familien aus der arbeitenden Bevölkerung, in welchen die Kinder den Tag über viel sich selbst überlassen sind, zur Aufnahme derselben an, um als Bewahranstalt sie gegen leibliche und geistliche Gefahren nach Kräften zu schützen"[68].

Ähnlich heißt es in den „zur Errichtung einer Kleinkinderschule in Ansbach" im Intelligenzblatt des Rezatkreises mitgeteilten Vorschlägen:

„Nothwendig erscheinen Kleinkinderschulen namentlich für diejenige Einwohnerklasse, die, um ihr Brod zu verdienen, häufig, ja in der Regel den ganzen Tag hindurch vom Hause abwesend seyn muß und die Mittel durchaus nicht besitzt, ihren Kindern eine ordentliche, leitende Aufsicht zu bestellen" (abgedruckt bei J.G.Wirth 1840, S.14).

Den Absichtserklärungen entsprach in aller Regel auch die Wirklichkeit. So berichtet J.G.Wirth von der eben erwähnten Ansbacher Kleinkinderschule:

„Auch stieg die Zahl der Kinder von 82 bis auf 156, unter denen sich 104 wirklich arme Kinder befanden. Diesen wurde das monatliche Schulgeld erlassen und jedem ein Morgen- und Vesperbrod gereicht" (1840, S.13).

Da die Trägervereine normalerweise auf einen finanziellen Beitrag der Eltern, insbesondere der besser verdienenden, nicht verzichten wollten, erhob man Kost- und Pflegegelder. Freiplätze gab es nur für die allerärmsten Kinder. In Ansbach z.b. betrug das Kostgeld drei Kreuzer pro Tag. Jedes weitere Kind einer Familie zahlte zwei Kreuzer. Kinder ohne Verpflegung hatten täglich einen Kreuzer zu entrichten (J.G.Wirth 1840, S.21). In der Kleinkinderbewahranstalt zu Speyer war der Pflegesatz auf drei, für Geschwister auf zwei Kreuzer pro Woche festgelegt[69]. In München bezahlte man vier Kreuzer pro Tag, ein vergleichsweise hoher Betrag. Es wird aber eingeräumt,

„Personen, welche diese Ausgaben erweislich nicht zu bestreiten vermögen, können theilweisen Nachlaß ansprechen"[70].

---

68 Lk.A. Nürnberg, Sign.OK 11 2093.
69 Statuten für die Errichtung einer Kleinkinder-Bewahranstalt und einer Arbeits-Erziehungs-Anstalt für arme junge Mädchen in der Stadt Speyer, genehmigt durch Regierungs-Beschluß vom 10.Juni 1842 (AB Speyer, Best.: Bischöfliches Ordinariat, Älteres Archiv, Kindergärten).
70 Allgemeine Bestimmungen der Kinderbewahranstalt zu München von 1833 (StadtA München, Best.: Schulamt, Nr.175, Errichtung einer Bewahr- und Beschäftigungsanstalt).

Bemerkenswert ist der nachfolgende Passus, weil er sich anhört, als wollte man durch Erhebung von Verpflegungsbeiträgen dem verbreiteten Vorurteil entgegenwirken, durch öffentliche Erziehungseinrichtungen werde „elterlicher Trägheit und menschlichem Leichtsinne Vorschub" geleistet (J.G.Wirth 1840, S.2):

„Gänzliche Befreiung von der Entrichtung des Verpflegungsgeldes darf nur im äußersten Notfalle bewilliget werden, da es der Eltern heilige Pflicht ist, täglich etwas von ihrem Erwerbe für den Unterhalt und die Pflege ihrer Kinder zu verwenden".

Angesichts der unterschiedlichen sozialen Herkunft der Kinder –in Augsburg befand sich sogar ein Professorenkind unter den Schützlingen – erwog der Augsburger Stadtmagistrat zunächst eine Staffelung der Verpflegungskosten von einem bis zu zwölf Kreuzer pro Woche, je nach Vermögenslage der Eltern[71]. Von einer gänzlichen Befreiung riet der Magistrat ab. Wenigstens einen Kreuzer sollten und könnten auch die Ärmsten beisteuern. J.G.Wirth nennt auch die Gründe:

„Es wurde dabei die Ansicht entwickelt, daß man die Eltern der Verbindlichkeit, für ihre Kinder wenigstens etwas zu thun, nicht entheben könne; denn man befürchtete, einige der betreffenden Eltern möchten aus der ihnen durch die neue Anstalt zugehenden Wohlthat Mißbrauch machen" (1838, S.XIX).

Aber die „Ausmittelung" der Vermögensverhältnisse schien zu einem Problem zu geraten. Daher verständigte man sich auf einen einfacheren Modus. Die „Vorschriften für Eltern, deren Kinder die Bewahranstalten in Augsburg besuchen" von 1838 bestimmen:

„Für Kinder, deren Eltern nicht ganz arm sind, wird für ein Kind wöchentlich 6 kr., für zwei Kinder, aus einer Familie, wöchentlich 8 kr. entrichtet."
„Für Kinder vermöglicher Eltern, wird und zwar für ein Kind ein wöchentliches Aufsichtsgeld von 8 kr., für zwei Kinder, aus einer Familie, ein solches von 15 kr. entrichtet" (Einzelblattdruck, Augsburg 1838).

---

71 „Die Ausmittelung, welcher Klasse die betheiligten Eltern zuzutheilen seyen", schreibt J.G.Wirth, „machte man zur Aufgabe der Herren Bezirksinspektoren und des Lehrers Wirth. Es wurde dabei besonders zur Aufgabe gemacht, zu ermitteln, ob sich die Eltern im Genusse einer Unterstützung befinden, wie viele Kinder ihrer Erziehung übergeben, welche Nahrungsquellen ihnen geöffnet seyen u.dgl." (1838, S.XIX).

Neben der Höhe der Verpflegungsgelder – sie machten in der Regel nur einen Bruchteil des tatsächlichen Bedarfs aus[72] – waren auch die Öffnungszeiten, der Tagesablauf, die Beschäftigungsweise, die räumliche und personelle Ausstattung der Einrichtungen auf die sozialen, wirtschaftlichen und arbeitszeitlichen Verhältnisse der dem Arbeiterstand angehörenden Familien abgestimmt. Auch wenn die Kleinkindererziehungsanstalten, wie wir wissen, ebenso „allen denjenigen Familien, welche (...) nicht auf Lohnerwerb angewiesen" waren[73], offenstanden, so dürften sie doch mehrheitlich von Kindern der „arbeitenden Bevölkerung"[74] besucht worden sein.

Einrichtungen, die ausschließlich Kindern besser verdienender Eltern vorbehalten waren, gab es in Bayern vor Errichtung Fröbelscher Kindergärten nicht. Erst nachdem im Jahre 1868 der „Verein zur Förderung und Gründung Fröbel'scher Kindergärten" in München ins Leben gerufen und im Jahre 1872 sieben solcher Einrichtungen für insgesamt 300 Kinder errichtet worden waren (L.Illing 1872, S.3 f.), erfolgte eine Trennung von Anstalten für Bürgerkinder – „Bürger-Kindergärten" – und für Kinder vorwiegend armer Eltern – Kleinkinderschulen und -bewahranstalten. Ein deutliches Bild über die soziale Herkunft der Kindergartenkinder vermittelt der bereits zitierte Bericht über das Jahr 1886 (s.S.66, Anm.43), wonach

„(...) über 3/4 aller Zöglinge der Kindergärten den besseren und mittleren Ständen (...) entstammen, während aus den niederen Schichten des Volkes eine verhältnismäßig geringe Zahl von Kindern sich der Wohltat einer guten Kindergarten-Erziehung zu erfreuen hat" (E.Pappenheim, E.Vogelgesang, O.Janke 1893, S.223)[75].

Entsprechend hoch waren auch die zu entrichtenden Beiträge. In München, Fürth, Nürnberg, Würzburg und Landau i.Pf. hatten die Kinder

---

72 In den Augsburger Anstalten gingen z.B. 451 fl. durch „Aufsichts-und Kostgelder der Kinder" ein, während die Ausgaben 2498 fl. betrugen (J.G.Wirth 1838, S.LII). Nach dem Rechenschaftsbericht des Frauenvereins zu Neustadt a.d.Haardt vom Jahre 1840/41 stehen dem „Betrag der Kreuzerzahlungen von Seiten der aufgenommenen Kinder: 34 fl." insgesamt 951 fl. Ausgaben gegenüber (AB Speyer, Best.: Bischöfliches Ordinariat, Älteres Archiv, Kindergärten).
73 Statuten des Kleinkinderschulvereins zu Gunzenhausen 1881 (Lk.A. Nürnberg, Sign.OK 11 2093).
74 Statuten des Kleinkinderschulvereins zu Gunzenhausen 1881 (Lk.A. Nürnberg, Sign.OK 11 2093).
75 Dabei dürften die Kinder aus den sozialen Unterschichten nur in den sog. „Volkskindergärten" anzutreffen gewesen sein, die der Münchner Kindergartenverein ab 1872 errichtete (vgl. L.Illing 1872, S.3).

monatlich zwei bis fünf Reichsmark zu bezahlen (E.Pappenheim, E.Vogelgesang, O.Janke 1893, S.221).

Betreuung der Kinder

Entsprechend der wöchentlichen Arbeitszeit der werktätigen Bevölkerung blieben die Bewahranstalten von Montag bis einschließlich Samstag geöffnet. Die Kinder konnten in den Sommermonaten ab sechs Uhr früh, mitunter sogar ab fünf Uhr[76], in den Wintermonaten ab sieben Uhr in die Anstalt gebracht werden. Spätestens um neun sollten alle versammelt sein. Auf Sauberkeit wurde großer Wert gelegt. Deshalb sind die Kinder, so will es die Augsburger Satzung, „reinlich gekleidet und gewaschen, dann ordentlich gekämmt und mit einem Sacktuch versehen in die Anstalt zu schicken" (abgedr. bei J.G.Wirth 1838, S.46). Andernfalls haben die Eltern „die Ausweisung ihrer Kinder zu gewärtigen"[77]. Für ihren Aufenthalt erhalten die Kinder

„zum Anstalts-Gebrauche einen leinenen Schurz, der Brust und Unterleib bedeckt"[78],
oder
„ein Überhemd mit daran geheftetem Nastuch, welches sie abends beim Nachhausegehen wieder ablegen"[79].

Nachdem die Kinder also versammelt, „mit Handschlag" begrüßt und die „Mäntel, Hüte, Hauben, Esswaren" von zwei größeren Kindern „an den dazu bestimmten Platz gebracht" worden sind, wird „mit der Glocke (...) das Zeichen zum Beginne gegeben" (F.X.Gutbrod 1884, S.84).[80] Mit Gebet und Gesang wird der Anfang gemacht. Dann folgen kleinere Übungen, meist religiöser Art, wie etwa Gebete, Liedertexte und Verse lernen und aufsagen. Gegen zehn Uhr wird das „Frühbrod" gereicht: trokkenes Brot und Wasser. Anschließend „wird eine Übung vorgenommen,

---

76 Vgl.:"Die Anstalt wird täglich Morgens eröffnet;
    a)während der Monate November bis Februar einschließlich, um 7 Uhr;
    b)während der Monate März, April, September und Oktober, um 6 Uhr;
    c)während der Monate May bis August um 5 Uhr"
    (Statuten der Kleinkinderbewahranstalt zu Speyer von 1842) (AB Speyer, Best.: Bischöfliches Ordinariat, Älteres Archiv, Kindergärten).
77 Statuten der Kleinkinderbewahranstalt zu Speyer von 1842 (AB Speyer, Best.: Bischöfliches Ordinariat, Älteres Archiv, Kindergärten).
78 Statuten für die Bewahranstalt in Bamberg, abgedr. bei J.G.Wirth 1840, S.31.
79 Statuten der Kleinkinderbewahranstalt zu Speyer von 1842 (AB Speyer, Best.: Bischöfliches Ordinariat, Älteres Archiv, Kindergärten).
80 Die folgenden Ausführungen beziehen sich auf den Beschäftigungsplan nach J.G.Wirth (1838, S.276 f.) und F.X.Gutbrod (1884, S.84).

Aus der vorjährigen Internationalen Kunstausstellung in München: Das Vesperbrot in einem Kindergarten. Nach dem Gemälde von E. v. Liphart-Brunningen. Photographieverlag der Photogr. Union in München.

welche mehr unterhaltender, als ernster Natur ist" (J.G.Wirth 1838, S.276), z.B. Bewegungsspiele, „Gruppier"- und Meßübungen und Spiele mit Gesang. Um zwölf Uhr ist Essenszeit. Nun geht ein Teil der Kinder zum Essen nach Hause und kehrt erst gegen zwei Uhr nachmittags oder auch gar nicht mehr zur Anstalt zurück. Den übrigen Kindern wird eine warme Mahlzeit gereicht. Sie besteht aus einer Suppe und einem Stückchen schwarzen Brot (J.G.Wirth 1838, S.47). Die Vielfalt an Suppengerichten war groß. Es gab

„Brodknödel-, Eyer-, Flädchen-, Fleischknödel-, Gebähte-, Gebrannte-, Gersten-, geschnittene Nudel-, Gries-, Grieskönödel-, Kartoffel-, Leberspatzen-, Leberknödel-, Mehlspatzen-, Milchgries-, Reis-, Schwarzbrod-, Weißbrod-Suppe" (J.G.Wirth 1838, S.37).

Fleisch wurde „äußerst wenig" gereicht, „weil das den Kindern, erwiesener Massen, nicht zuträglich ist"[81]. Dann teilte man die Suppe aus, „auf irdenen Tellern". Zum Schluß erst gab man die Löffel, um ein gemeinsames Beginnen zu ermöglichen (J.G.Wirth 1838, S.38). War das Essen beendet, sprach man ein Dankgebet, wusch Hände und Mund, kämmte die Haare, lüftete das Zimmer und wischte „mit nassem Hadernlumpen de(r)n Boden und die Tische" (sic!) ab (F.X.Gutbrod 1884, S.84). Da nach J.G.Wirth „die Kleinen von Haus aus gewöhnet sind, besonders Nachmittags, ein Stündchen zu schlafen und es nicht gerathen seyn möchte, ihnen diese Wohlthat zu entziehen", schlug er vor, sie in eine „Bettlade für mehrere Kinder und diese mit Strohsäcken und Kopfkissen, gefüllt mit Heu, Stroh oder Spreu versehen", zu legen (1838, S.13 f.). Den „Luxus" eines Schlafzimmers mit Bettladen konnte sich aber nicht jede Anstalt leisten. Darum meint F.X.Gutbrod, daß es ja auch einfacher gehe: Die Kleinen „legen ihr rechtes Ärmchen auf den Tisch und das Köpfchen darauf" (1884, S.84).

Sind gegen zwei Uhr alle Kinder wieder versammelt, findet Anschauungsunterricht anhand von Bildern aus dem Tier- und Pflanzenreich statt. Daran schließen sich Handarbeitsübungen an: Zupfen leinener und seidener Fleckchen, Sortieren, Klöppeln, Stricken, Tütchenmachen, Strohflechten, Bandweben u.ä. (vgl. J.G.Wirth 1838, S.236-262). Um vier Uhr gibt es „Vesperbrod": Wasser und Brot „und wenn das Obst wohlfeil ist, ein wenig gut gereiftes Obst dazu"[82]. Spiele beschließen den Tag. Da das „kindliche Verlangen, spielen zu wollen", in diesem Alter sehr stark

---

81 Statuten für die Kleinkinderbewahranstalt in Ansbach, abgedr. bei J.G.Wirth 1838, S.21.
82 Statuten der Ansbacher Bewahranstalt, abgedr. bei J.G.Wirth 1840, S.21.

ist, soll die Bewahranstalt „den Sinn für das Spielen nur noch mehr beleben, sogar die sämmtlichen Übungen mehr spielender als ernster Natur erscheinen lassen". Auf keinen Fall aber solle man „glauben, die Kinder seyen unterhalten worden, wenn man sich selbst unterhalten fühlte; (...) denn es ist ein sehr großer Unterschied zwischen: sich mit Kindern unterhalten und: Kinder zu unterhalten" (J.G.Wirth 1838, S.265 und 272).

Mit Einbruch der Dämmerung, am Sonnabend schon um 16 Uhr, wird die Anstalt geschlossen (J.G.Wirth 1838, S.31 f.).

Verschiedene Feste des Jahres geben Anlaß zum Feiern: Geburts- und Namenstage, kirchliche Feste, Weihnachten und die Entlassung der Kinder. Zwei Tage vor Unterrichtsbeginn in der Volksschule „fand eine feierliche Entlassung der Kinder (...) statt". Dabei erhielten die Kinder ein Zeugnis, in dem für den künftigen Lehrer vermerkt war, „welche Eigenschaften das Kind an und in sich trägt, so wie, welche Aufmerksamkeit die Eltern der Sache der Erziehung schenken" (J.G.Wirth 1838, S.42 ff.).

Obwohl Gesetzgeber und Trägervereine den Charakter einer Schule vermieden wissen wollten, nahmen Organisationsform der Anstalten und Beschäftigungsweise der Kinder nicht selten die Form schulähnlicher Verhaltensabläufe an. Ob es sich um die Aushändigung eines „Entlassungs-Zeugnisses" oder um die „täglich zweimal" durchgeführte Anwesenheitskontrolle der Kinder handelte (J.G.Wirth 1838, S.40), ob bei den von J.G.Wirth (1838) aufgelisteten 21 Übungen deutlich die anleitende und belehrende Funktion des „Kleinkinderlehrers" in den Vordergrund rückt oder allein schon die große Zahl der anwesenden Kinder eine gewisse disziplinierende und kommandohafte Haltung des Leiters erforderlich machten, unverkennbar kommt in solchen Maßnahmen eine unterrichtsähnliche Planung der Erziehung zum Vorschein. Sie wird nur durch das Fehlen strenger Leistungsbewertungen und durch das Bestreben gemildert, bei allen Beschäftigungen mehr auf die Freude der Kinder als auf den Ernst der Aufgabe zu achten (G.Erning 1980, S.206). Trotz alledem muß man solchen Bestrebungen zugute halten, daß die Institution der öffentlichen Kleinkindererziehung weder über bewährte Erfahrungen auf diesem Gebiet noch über brauchbare Vorbilder verfügte. Die gutgemeinte Intention des Gesetzgebers, den Kindern nur die Art von Pflege angedeihen zu lassen, die ihnen auch in der Familie zuteil wurde (vgl. Allgemeine Bestimmungen 1839), mußte in dem Augenblick undurchführbar erscheinen, da 70 bis 100 oder noch mehr Kinder in einem einzigen Raum untergebracht werden mußten.

Die Überlegung, wie und womit die so zusammengefaßten Kindergruppen nun eigentlich zu beschäftigen und zu unterhalten seien, führte fast zwangsläufig zu einer Anlehnung der Beschäftigungsweise an schulnahe Unterrichtsformen, weil die Schule in der Bewältigung ähnlicher Situationen bereits seit langem erfolgreich war. Hinzu kam die allgemeine Auffassung, daß mit der Errichtung von Kleinkinderbewahranstalten auch die Aufgabe der Hinführung der Kinder zu schulisch organisierten Lernvorgängen verbunden sei. Wie anders sollte man sich die Erweckung und Vermittlung von „Tugenden des kindlichen Alters" wie „Aufrichtigkeit und Offenheit, Schamhaftigkeit und Reinlichkeit, Ordnung und Pünktlichkeit, Dienstfertigkeit und Mäßigung, Dankbarkeit und Liebe, strenge(r)m Gehorsam und Freude an nützlicher Thätigkeit" (Allgemeine Bestimmungen 1839) vorstellen, als durch Formen des Unterrichts. Gleichwohl fehlte es nicht an ernsthaften Bemühungen, zu kindgemäßen Formen des Umgangs und zu entsprechenden, dem Erfahrungshorizont des Kindes angemessenen „Lehrgegenständen" zu gelangen. F. Fröbel nimmt in diesem Bemühen einen hervorragenden Platz im 19. Jahrhundert ein. J.G. Wirth von Augsburg war darin ein würdiger, wenn auch nicht ebenbürtiger, Vorläufer.

Kleinkinderbewahranstalten nahmen in der Regel Kinder ab dem dritten, manchmal auch schon ab dem zweiten bis sechsten Lebensjahr auf. Die Kinder mußten gesund, geimpft und „im Gehen so weit vorgerückt seyn, daß keine besondere Pflege in Anspruch genommen wird"[83]. Sie wurden weder nach Geschlecht[84] noch nach Konfessionen[85] getrennt. In einer Ministerialentschließung des kgl. Ministeriums des Innern von 1910 heißt es noch:

„In die Anstalten sollten nur Kinder aufgenommen werden, welche geistig und körperlich soweit entwickelt sind, daß sie einer besonderen Pflege nicht mehr bedürfen. Im allgemeinen empfiehlt es sich, nur Kinder aufzunehmen, welche das dritte Lebensjahr vollendet haben oder wenigstens bald vollenden werden; wo örtliche Bedürfnisse es erheischen, kann jedoch mit der Begrenzung der Aufnahmefähigkeit bis zum vollendeten zweiten Lebensjahr herabgegangen werden"[86].

---

83 Statuten von Augsburg, abgedr. bei J.G. Wirth 1838, S. 44.
84 E. Pappenheim, E. Vogelgesang und O. Janke berichten, daß von allen 293 Kleinkinderbewahranstalten Bayerns im Jahre 1884/85 nur eine einzige für Knaben und drei für Mädchen allein bestimmt waren (1893, S. 224).
85 Vgl. Ministerialentschließung vom 23. August 1847: „Die Kinder nach Confessionen zu scheiden, ist nicht nöthig" (Bay HStA MInn 52828).
86 Bekanntmachung des Ministeriums des Innern 1910 (s. S. 77, Anm. 63).

Die durchschnittliche Besucherfrequenz einer Kleinkinderbewahranstalt lag zwischen 70 und 100 Kindern. Nach der eben erwähnten Ministerialentschließung von 1910 darf „die Zahl der einer Aufsichtsperson zugewiesenen Kinder (...) nicht über 50-60 betragen" und auch in Ausnahmefällen 80 nicht überschreiten. F.X.Gutbrods Mitteilungen zufolge wurden von den insgesamt 46 Anstalten, die nach seiner Aufzählung in den Jahren 1832 bis 1850 in Bayern errichtet worden sind, 11 Anstalten von ca 70, 21 von 100 bis 180, sechs von 200 und mehr Kindern besucht (1884, S.131-140). Aus den von E.Pappenheim, E.Vogelgesang und O.Janke mitgeteilten Zahlen aus dem Jahre 1884/85 läßt sich eine durchschnittliche Besucherzahl von 85,7 Kindern je Anstalt errechnen (1893, S.224).

Will man sich ein möglichst konkretes Bild über die tatsächliche Situation der Einrichtungen verschaffen, muß man die Besuchszahlen zu der räumlichen und personellen Ausstattung in Beziehung setzen. Das sieht dann z.b. so aus, daß in Augsburg 1839/40 122 Kinder in der oberen Stadt von einer Leiterin namens Dausch, in der unteren Stadt 103 Kinder von dem Leiter, Herrn Wurst, und 137 Kinder in der Jakobs-Vorstadt von J.G.Wirth, lediglich unterstützt durch die „Wartfrauen" Aumüller, v.Lachenmaier und Brunnhölzl, betreut wurden[87]. Ähnlich war die Situation in Nürnberg (J.G.Wirth 1840, S.248 f.) und München (A.Panzer 1918, S.5). Daß es sich bei den genannten Beispielen durchaus um Normalfälle handelte, geht zum einen aus dem Bericht des Sonderkomitees auf der Chicagoer Weltausstellung hervor, demzufolge in Bayern „an jeder Anstalt eine oder zwei Aufsichtspersonen vorhanden (sind), ausnahmsweise drei und vier" (E.Pappenheim, E.Vogelgesang, O.Janke 1893, S.224), zum anderen aus den erwähnten „Allgemeinen Bestimmungen" von 1910, die zu Beginn des 20.Jahrhunderts noch für 50 bis 60 Kinder, in Ausnahmefällen sogar bis 80, eine einzige Aufsichtsperson vorsahen. Neben finanziellen Rücksichten mag für diesen Zustand auch die Unkenntnis über die eigengesetzlichen Strukturprobleme von Großgruppen verantwortlich zu machen sein, so daß der geringe Einsatz von Betreuungspersonal nicht ohne weiteres als Mißachtung kleinkindlicher Bedürfnisse gewertet werden darf. Die desolate Betreuungssituation der Kinder dürfte ohnehin durch die wenigstens zeitweise Anwesenheit von „Besuchsda-

---

[87] „Sechster Rechenschafts-Bericht des Frauen-Vereins zur Beförderung der Zwecke der Kleinkinderbewahranstalten in der Kreishauptstadt Augsburg für 1839/40" (StA Neuburg, RA 18127).

men"[88] bzw. von „Töchter(n) armer Eltern (...), welche sich durch ihr sittliches Betragen empfehlen"[89], gemildert worden sein.

Die räumlichen Verhältnisse waren von beängstigender Enge. Vor allem in den Jahreszeiten, die einen Aufenthalt im Freien nicht gestatteten, blieb der freie Bewegungsraum der Kinder aufs äußerste beschränkt. Die von der Ministerialentschließung 1910 für Kleinkinderbewahranstalten geforderten Raumbemessungen und -beschaffenheit muten im Vergleich zu Beschreibungen älterer Anstalten luxuriös an:

„Die Aufenthaltsräume sollen hell, luftig, mit entsprechenden Heiz-, Ventilations- und, wenn nötig, Beleuchtungsvorrichtungen ausgestattet und tunlichst so groß sein, daß neben den Einrichtungsgegenständen (Tischen, Bänken u.s.w.) noch genügend Raum für Bewegungsspiele und sonstige freie Bewegung der Kinder verbleibt."
„Bei oder in nächster Nähe jeder Anstalt soll, wenn irgend tunlich, ein ausreichend großer, umfriedigter, auch genügend Schatten bietender Spielplatz (Garten) vorhanden sein"[90].

Die von J.G.Wirth als „ein vorzüglicher Wunsch" formulierten Abmessungen sehen so aus:

„Angenommen, es besuchen eine Bewahranstalt 100 Kinder, welche außer dem gewöhnlichen Aufenthalte auch bei Spielen und Übungen auf dieses Zimmer angewiesen sind, so muß dafür gesorgt werden, daß dasselbe, wo möglich, einen Raum von 1000 bis 1200 Quadratfuß biete, um außer der Anbringung der nöthigen Bänke, Tische, Gestelle etc. auch noch einen freien Platz zu besondern Übungen zu gewinnen" (1838, S.8 f.).

Da ein bayerischer Quadratfuß umgerechnet 0,085182 Quadratmeter mißt (W.Zorn 1962, S.94), bedeutete ein Raum von 1000 Quadratfuß für 100 Kinder eine Fläche von rund 85 m^2! Die von J.G.Wirth in Vorschlag gebrachten Ausmessungen mußten in den meisten Fällen „Wunsch" bleiben. Zwar fordert J.G.Wirth neben dem Aufenthalts- auch noch ein Speise-, Spiel- und Schlafzimmer, eine Küche und einige Kammern (1838, S.8), aber soweit diese nicht ohnehin dem Personal reserviert blieben,

---

88   „Sechster Rechenschafts-Bericht des Frauen-Vereins zur Beförderung der Zwecke der Kleinkinderbewahranstalten in der Kreishauptstadt Augsburg für 1839/40" (StA Neuburg, RA 18127).
89   „Allgemeine Bestimmungen die Kinderbewahr-Anstalt zu München betreffend" 1833 (StadtA München, Best.: Schulamt, Nr.175, Errichtung einer Bewahr- und Beschäftigungsanstalt).
90   „Ministerialblatt für Kirchen- und Schul-Angelegenheiten im Königreich Bayern", Nr.40, 1910.

wurden solche Erwartungen nicht einmal in Augsburg erfüllt. In seinen Vorschlägen über die „Organisation der Kleinkinderbewahranstalten auf dem Lande" geht J.G.Wirth von erheblich realistischeren Vorstellungen aus, obwohl man doch annehmen sollte, auf dem Lande wesentlich günstigere Voraussetzungen anzutreffen als in der Stadt:

„Sind die zu Gebote stehenden Mittel von geringem Umfange, so möge ein mäßig großes Aufenthaltszimmer den Kindern als Spiel-, Speise- und Schlafzimmer dienen. Anstatt einen geräumigen Garten zu benützen, genüge ein kleiner, freier Platz in der Nähe der Lokalitäten der Bewahranstalt. In dessen Ermangelung führe man die Kleinen hie und da (...) spazieren. (...) so werden sie sich doch recht wohl fühlen und ihre Geschäftigkeit auf die Einsammlung von Blumen, Gräsern, Steinchen, Schneckenhäusern, Papierchen, Laub etc. richten und dadurch auf mannigfache Weise in Bewegung kommen" (1838, S.III).

Und wenn es schon nicht möglich sein sollte, so meint J.G.Wirth weiter, ein leerstehendes Gemeinde-, Amt- oder Armenhaus zu erwerben, so könnte doch vielleicht eine Frau in ihrem eigenen Hause so viel Platz finden, „etwa 30 oder 40 Kinder unterzubringen" (1838, S.III f.).

Dem Raumangebot der Kleinkinderbewahranstalten entsprach auch die Raumausstattung: ein Podium mit Tisch und Stuhl für den Leiter, Gestelle mit Fächern für die mitgebrachten Eßwaren und mancherlei Gegenstände der Kinder, Bänke, so lang, daß zwölf Kinder darauf Platz finden, so breit, daß sie nicht umkippen, so hoch, daß die Füße der Kinder den Boden berühren konnten, Tische und ein Sandkasten zum Spielen, ein Lavoir, das so niedrig angebracht war, daß die Kinder selbst es zu benutzen vermochten, Wandbilder und eine große schwarze Tafel (J.G.Wirth 1838, S.9-12).

Die räumliche Ausstattung war nicht nur aus finanziellen Rücksichten auf das Notwendigste beschränkt. Auch ideologische Motive spielten eine erhebliche Rolle, galt es doch, alles „sorgfältig" zu vermeiden, „was nachtheilig auf den Gesundheitszustand einwirkt (...), die Pfleglinge schwächt und verweichlicht, den Hang zum Wohlleben hervorruft" (Allgemeine Bestimmungen 1839). Trotz der kärglichen Ausstattung und bedrängenden Enge verloren die Bewahranstalten ihren „Kinderstuben"-Charakter nicht. Man darf J.G.Wirth glauben, wenn er sagt, daß die Kleinkinderbewahranstalten „weder Schulen, noch Einsperrungs-Anstalten" sind, sondern „Asyle für die Kindheit", ein Ort, „das kindliche Leben und Treiben (...) zu entfalten und so dem Kinde die Kindheit angenehm, nützlich, unvergeßlich zu machen" (1838, S.XXXIV). Gewiß verharrten sie in ihren Organisations- und Betreuungsformen innerhalb der Denk- und Verhaltensmuster ihrer Zeit, wirkte die Tradition der Arbeits-und Erziehungshäuser ebenso in sie hinein wie die der schulnahen Formen des Unterrichts. Aber trotz aller Schwächen, Unzulänglichkeiten und Notbehelfe bedeutete die öffentliche Kleinkindererziehung neben einer sozialpolitisch wirksamen Hilfsmaßnahme für die Kinder der niederen Klassen auch einen ersten konkreten Versuch, die frühe Phase der Kindheit pädagogisch wirksam zu fördern.

2.6 Zusammenfassung

Die Errichtung von öffentlichen Einrichtungen der Kleinkindererziehung ist, von unbedeutenden Vorläufern abgesehen, eine Errungenschaft des 19.Jahrhunderts. Anstalten dieser Art stellen insofern ein Novum in der Geschichte der Familienerziehung dar, als mit ihnen erstmals die Funktion der Kleinkindererziehung aus dem intimen Rahmen der Familie ausgegliedert und an außerfamiliäre Institutionen abgetreten wurde. Der in der modernen Familiensoziologie vielfach konstatierte Funktionsverlust bzw. Funktionswandel der Familie läßt sich am Beispiel der Entstehung von Kleinkinderbewahranstalten konkret nachvollziehen.

Es konnte nicht ausbleiben, daß mit diesem einmaligen Vorgang erhebliche Probleme verbunden waren. Die zahlreichen, in den Absichtserklärungen von Anstaltsgründungen wiederkehrenden Legitimationsversuche sind ein Beleg dafür. Hatte sich erst im 18.Jahrhundert die Überzeugung von der Bedeutsamkeit der frühkindlichen Entwicklungsphase und ihrer nur im Schonraum der Familie gewährleisteten notwendigen Förderung durchgesetzt, so mußte die Übernahme der Erziehungsaufgaben für Zwei- bis Sechsjährige durch öffentliche Einrichtungen auf erhebliche Bedenken stoßen. Von daher erklärt sich auch, daß der Anstoß zur Institutionalisierung frühkindlicher Erziehung nicht aus pädagogischen Erwägungen erfolgte. Vielmehr waren die drückenden wirtschaftlichen und sozialen Verhältnisse, die besonders die unteren Schichten der Bevölkerung zu spüren bekamen, an ihrem Zustandekommen maßgeblich beteiligt.

Die durch existentielle Not erzwungene außerhäusliche Erwerbstätigkeit vieler Mütter und die drohende Verwahrlosung ihrer noch nicht schulpflichtigen Kinder wurden vom wohlhabenden Bürgertum als Herausforderung an das eigene Gewissen empfunden. In der Organisationsform privater Wohltätigkeitsvereine, in denen sich besonders Frauen engagierten, nahmen vermögende Bürger die öffentliche Erziehung dieser

Kinder in die eigene Hand. Der Staat war lediglich darum bemüht, Vorkehrungen für die Organisationsstruktur und die Formulierung inhaltlicher Zielsetzungen zu treffen. Seine vorrangige Intention bestand darin, zu verhindern, daß die vorherrschende Sozialstruktur durch Einrichtungen dieser Art in Bewegung geraten könnte. Daher sicherte er sich von Anfang an das Aufsichtsrecht und drängte darauf, daß die Kinder „nicht über den Stand hinaus" erzogen, daß die erst jüngst eingeführte allgemeine Schulpflicht in keiner Weise unterlaufen, und daß in diesen Einrichtungen vor allem „Liebe zur Arbeit", „Beschränkung der Bedürfnisse" und „Zufriedenheit" gefördert wurden. Diesem Anliegen hatte auch das Betreuungspersonal zu entsprechen: Keine gesonderte Ausbildung, keine Gleichstellung mit dem Lehrer sollten angestrebt, sondern „tadelloser Lebenswandel", „heiteres Gemüt" und „Liebe zum Kind" sollten als Persönlichkeitsmerkmale nachgewiesen werden.

Mit der staatlich sanktionierten Funktionsbeschreibung der frühkindlichen Erziehungseinrichtungen erklärten sich auch die Kirchen einverstanden. Obwohl sie sich an der Trägerschaft kaum beteiligten, suchten sie über das Erziehungspersonal, das sich zu einem großen Teil aus Ordensfrauen rekrutierte, Einfluß auf die Entwicklung der betreuten Kinder zu gewinnen. Staat und Kirche sahen die Wahrnehmung ihrer Aufgaben in bezug auf die öffentliche Kleinkindererziehung darin erfüllt, daß sie die Wohltätigkeitsvereine ideell und materiell unterstützten, deren Tätigkeit kontrollierten und auf die Organisationsform bzw. Erziehungsziele dieser Einrichtungen Einfluß nahmen.

Gemessen am Bedarf, blieb die Anzahl der Erziehungseinrichtungen weit hinter der erforderlichen Höhe zurück. Trotz enormer Anstrengungen und steil ansteigender Zahlen erreichte die Versorgungsquote noch am Ende des Jahrhunderts kaum mehr als sechs Prozent. Dies erlaubt einen Rückschluß auf die Lage der Arbeiterkinder: Bei kaum einer Anstaltsgründung bzw. der Gründung eines Trägervereins fehlt der Hinweis auf die unerträgliche Situation der Kinder, um deretwillen man sich zur Errichtung bzw. Übernahme der Trägerschaft einer Bewahranstalt veranlaßt sah. Entweder würden die Kinder in die Wohnung eingesperrt bzw. von ihren Geschwistern unzulänglich beaufsichtigt werden, so wurde argumentiert, oder aber sie seien, während die Eltern dem Broterwerb nachgingen, der Straße und dem Bettel überlassen. Was geschah aber mit den Kindern, die keinen Platz in einer öffentlichen Bewahranstalt fanden? Bestand für sie nicht jener als unhaltbar angeprangerte Zustand weiter? Und selbst die, die das Glück hatten, aufgenommen zu werden, stießen in aller Regel auf überaus unzureichende Bedingungen: überlange

Aufenthaltszeiten, bedrängende räumliche Enge, geringe Bewegungs- und Beschäftigungsmöglichkeiten, pädagogisch unqualifiziertes und zahlenmäßig unzureichendes Betreuungspersonal. Da aber eine Alternative nicht vorhanden und der Staat nicht bemüht war, das Übel an der Wurzel statt an den Symptomen zu bekämpfen, blieb die Unterbringung von Arbeiterkindern in Kleinkinderbewahranstalten, -schulen und Kindergärten nur einem kleinen Teil vorbehalten. Eine Änderung dieser Situation war erst mit steigenden Löhnen, mit dem vehementen Ausbau vorschulischer Einrichtungen und mit deren zunehmender Pädagogisierung zu erwarten. Dies aber wurde im 19.Jahrhundert nur ansatzweise erreicht.

3 Das niedere Schulwesen als Ort der Sozialisation des Arbeiterkindes

Neben Familie und Beruf gehört die Schule zu den bedeutsamsten Sozialisationsinstanzen im Leben eines Menschen. Schule als gesellschaftlich institutionalisierter Lernort erfüllt nicht nur die für die Reproduktion der Gesellschaft wichtige Funktion beruflicher Qualifikation, sondern leistet auch einen wesentlichen Beitrag zur Integration der nachwachsenden Generation in die jeweils bestehende sozio-kulturelle Landschaft. Über den Weg von Zeugnissen und Schulabschlüssen eröffnet sie darüber hinaus Chancen für den beruflichen und sozialen Aufstieg.

Stellt man in Rechnung, daß der Einfluß der Schule auf die Heranwachsenden heute in der Regel mehr als zehn Jahre dauert, und daß in diesen Zeitraum eine entscheidende Phase des Aufbaus der Persönlichkeit fällt, so bedarf es keiner weiteren Begründung, weshalb gerade der Schule für die Erfassung der kindlichen Lebens- und Alltagswelt hohe Bedeutung zukommt. Es gilt allerdings zu bedenken, daß eine Schule, die die genannten Aufgaben und Funktionen hätte erfüllen können, um 1800 noch nicht existierte.

3.1 Die Schule im Übergang von einzelterritorialen Einrichtungen zur allgemeinen Pflichtvolksschule

3.1.1 Kurbayerische schulpolitische Bestrebungen

Auch wenn man für gewöhnlich den Beginn der allgemeinen Volksschule in Bayern auf das Jahr 1802 festlegt, so sollte doch nicht übersehen werden, daß es die Volksschule im herzoglichen Bayern sowie in den geistlichen und weltlichen Territorien und den Reichsstädten Schwabens und Frankens bereits seit dem Mittelalter gab (W.K.Blessing 1974, S.487), wenngleich sie nur einen geringen Teil der Bevölkerung erfaßte. Zum einen handelte es sich um Handwerks- und Kaufmannsschulen, die, wie die Nürnberger Schreib- und Rechenschule des 15.Jahrhunderts, vorwiegend von Söhnen der Patrizier besucht und in denen neben Lesen und Schreiben auch „teutsche Practick", d.h. kaufmännisches Rechnen und Buchführung gelehrt wurden (R.Endres 1983, S.149), zum andern um

Einrichtungen, in denen, wie Luther es vorsah[1], ein bis zwei Stunden Unterricht, vornehmlich in Christenlehre und Bibel, stattfand.

Für viele Orte Bayerns galt, was in den Visitationsberichten aus der Zeit um 1560[2] festgehalten und in den Regesten zur Ortsschulgeschichte der Erzdiözese München und Freising (H.Held Bd.2 1926 und Bd.3 1928) nachzulesen ist, daß sie „nie khain Schuel alda gehabt" haben. Wo bei H.Held von Pfarr- und Trivialschulen die Rede ist. bzw. ein „Schuelmaister" oder „Ludimagister" erwähnt wird, umfaßte der Unterricht außer den Anfangsgründen im Lesen, Schreiben und Rechnen meist nicht viel mehr als das Einüben einiger Gebete und Kirchenlieder und die Einführung der Kinder in die Sakramente der Kirche[3]. Das niedere Schulwesen, so urteilt Sander, hielt sich im Zeitalter der Reformation in bescheidenen Grenzen:

„Bis ans Ende dieser Zeit und weit darüber hinaus hallt Luthers Klage über das Darniederliegen des Schulwesens, namentlich der sogenannten deutschen Schulen, wieder" (1902, S.33).

In München, das um 1560 rund 15 000 Einwohner zählte, wurden 630 Schüler von deutschen Schulmeistern unterrichtet (H.Held Bd.1 1926, S.191).

Auch wenn die Annahme, zur Zeit Luthers habe nur eine dünne Minderheit von etwa 5% der deutschen Bevölkerung lesen können, in den Städten mögen es etwa 10% gewesen sein, so nicht haltbar ist, wie R.Endres

---

1 „Meine Meinung ist, daß man die Knaben des Tages eine Stunde oder zwei lasse zu solcher Schule gehen, und nichtsdestoweniger die andere Zeit im Hause schaffen (...).
Also kann ein Maidlein ja so viel Zeit haben, daß es des Tages eine Stunde zur Schule gehe, und dennoch seines Geschäftes im Hause wohl warte" (1524, abgedr. in: Martin Luther, Pädagogische Schriften, bes. von H.Lorenzen, Paderborn 1957, S.79).
2 Im Jahre 1560 wurde in der Diözese Freising eine Visitation des Klerus und der Pfarreien vorgenommen. Die dabei erstellten Protokolle sind in sechs Folianten gesammelt und befinden sich im Ordinariats-Archiv des Erzbistums München – Freising.
3 So heißt es, neben anderen, ähnlichen Berichten, im Visitationsbericht vom 23.9.1560 der Stadtpfarrei Heilig-Geist in München:
„Sigmund Fuß von München, Teutscher Schulmaister daselbst 6.Jar Schuelhalter gewesen. hat 44 knaben und Megdlen lernet sy lesen schreiben und Rechnen. Alle Freytag Müessen Sy betthen das Vatter unser. Avemaria Den glauben. Die Zechen Gebott, Und lernet Sy sonst khan Catechismum (...). Mit den Fasten und Beichten ist er vleissig zu unterweisen die kinder. Zu osterlicher Zeit unterweist er sy Zu der Beicht und Communion" (abgedr. bei H.Held Bd.3 1928, S.150).
Ähnlich lautet der Visitationsbericht über die Pfarrschule Bad Reichenhall von 1558:
„Hans Eykstetter Teutscher Schulhalter, Hat bey 14 Kinder in der Schuel, leret Sy lesen, schreyben, und raiten, auf der Lini, Sing Ye Zu Zeiten das Pangue lingua, den glauben, media vita, und das Pater noster, List Inen khainen Catesimum, dann Er sey Ine zu schwär" (abgedr. bei H.Held Bd.2 1926, S.155).

nachgewiesen hat (1983, S.144), dürfte der Grad der Alphabetisierung gerade bei den gesellschaftlich niederen Ständen doch sehr gering gewesen sein. Dies änderte sich auch im 17.Jahrhundert nur geringfügig. Die Schulordnungen der bayerischen Kurfürsten Maximilians I. von 1616, Ferdinand Marias von 1659 und Max Emmanuels von 1681[4] lassen zwar ein deutliches Bemühen der Obrigkeit um Förderung der allgemeinen Schulpflicht erkennen (A.Spörl 1977, S.27-31)[5], doch es fehlten überall Schulen und Lehrer, so daß an einen Ausbau besonders der ländlichen Elementarschulen nicht zu denken war (E.Spranger 1949, S.21).

Erst im späten 18.Jahrhundert unternahmen aufgeklärte Regenten und Gelehrte den Versuch, „die allgemeinbildenden Schulen organisatorisch, finanziell und pädagogisch zu verbessern und die Schulpflichtigkeit aller Kinder durchzusetzen" (W.K.Blessing 1974, S.487). Man spricht von einer ersten Phase bayerischer Schulreform (1770-1800)[6], in der der süddeutsche Philanthropismus die bestimmende pädagogische Kraft darstellte, die Gelehrten H.Braun, J.A. von Ickstatt und J.I. von Felbiger die geistigen Ideen lieferten und Kurfürst Maximilian III. Josef der um Volksbildung bemühte Förderer war.

Parallel zur großen pädagogischen Reformbewegung des 18.Jahrhunderts im gesamten deutschsprachigen Raum[7] vollzog sich in Bayern unter

---

4   Für den gleichen Zeitraum sind die Schulordnungen von Weimar (1619) und Gotha (1642) zu erwähnen, von denen letztere als „Schulmethodus" des Herzogs Ernst des Frommen weithin bekannt und zum Vorbild anderer Schulordnungen geworden ist (E.Spranger 1949, S.20).

5   Ähnliche Versuche gab es in Bayern zwar schon 1548 (Schulordnung Herzog Wilhelms IV.) und 1569 („Schulordnung des Fürstenthumb Obern und Niedern Bayernlands" von Herzog Albrecht V.) (J.Gebele 1896, S.4 und 7), aber „solche staatlichen Schulordnungen –zunächst noch als Teile von Kirchenordnungen gefaßt – zielten vielfach primär auf Abwehr jeder Glaubensabweichung" (A.Reble 1975, S.950). Dasselbe gilt auch für die Einrichtung der staatlichen Behörde des „Geistlichen Rats", die seit 1573 die oberste Schulaufsicht wahrnahm (A.Reble 1975, S.950).
    Die Schulordnung von 1569 ist in Auszügen abgedruckt in: J.Heigenmooser 1912, S.69-72.

6   Zur Einteilung der schulischen Reform- und Aufbauphasen vgl. A.Reble 1975, S.950f.; K.E.Maier 1967, S.23; A.Spörl 1977, S.67; H.Held Bd.1 1926, S.197 und 229.

7   Erinnert sei an die großen pädagogischen Reformer und Philanthropisten J.B.Basedow (1724-1790), der 1771 in Dessau zusammen mit Ch.H.Wolke das „Philanthropin" als Musterschule gegründet hat, an Ch.G.Salzmann (1744-1811) und seine Erziehungsanstalt in Schnepfental, an J.H.Campe (1746-1818) mit seiner 16 Bände umfassenden „Allgemeine(n) Revision des gesamten Schul- und Erziehungswesens" (1785-1791), an F.E.von Rochow (1734-1805), den Reformer des Landschulwesens und Gründer der Musterschule in Reckahn, der auch den Namen „Volksschule" erstmals geprägt hat (vgl. F.E.von Rochow: Vom Nationalcharakter durch Volksschulen. Brandenburg und Leipzig 1779, abgedr. in: F.E.von Rochows sämtl.päd.Schriften, hrsg. von F.Jonas und F.Wienecke, Bd.I, Berlin 1907, S.313-348) und nicht zuletzt an J.I.von Felbiger (1724-1788), den großen Schulreformer Österreichs unter Maria Theresia. Er wird zusammen mit H.Braun (1732-1792) als Repräsentant des süddeutschen Philanthropismus bezeichnet (K.E.Maier 1967, S.25).

dem aufgeklärten Kurfürsten Max III. Josef die erste Phase der Reform des Bildungswesens. An ihrem Zustandekommen hatte der Benediktiner H.Braun, Mitglied der Bayerischen Akademie der Wissenschaften und der obersten Schulbehörde („Geistlicher Rat"), sowie späterer kurfürstlicher Schulkommissär[8], entscheidenden Anteil. Bereits 1768 schrieb er „Von der Wichtigkeit einer guten Einrichtung im deutschen Schulwesen"[9] und nannte darin die Erziehung zum „rechtschaffene(n) Bürger", zum „vernünftige(n) Menschen" und zum „gute(n) Christen" als Ziele der Bildung. Auf Geheiß des Kurfürsten legte er am 3.September 1770 einen „Plan der neuen Schuleinrichtung in Bayern"[10] vor, dem am 5.Februar 1771 ein kurfürstliches Schulmandat (G.K.Mayr Bd.2 1784, S.831-834) folgte. Darin heißt es:

„Da nun die leidige Erfahrung zeigt, daß (…) Manche Aeltern eine sehr geringe Sorge tragen, und sich wenig bekümmern, wie ihre Kinder aufwachsen, ob sie im katholischen Christenthume, im Lesen, Schreiben, Rechnen, und andern Stükken genugsam unterrichtet sind, wodurch sie mit der Zeit nützliche Staatsglieder werden, und ihr Brod gewinnen können, woraus dann Unwissenheit, Müßiggang, und aller böser Lebenswandel entspringt; so gebiethen Wir hiemit, mit aller Schärfe, daß alle Aeltern, wer sie immer sind (Standespersonen allein ausgenommen, die sich von Amts und Charakters wegen eigene Haushofmeister halten können) ihre Kinder ohne Ausnahm in die öffentlichen Schulen schicken. Die bemittelten Aeltern bezahlen das ohnehin sehr geringe Schulgeld. Die unbemittelten aber haben sich bey jedes Orts Obrigkeit und Schulkommißion zu melden, welche dann die Verfügung treffen wird, daß ihre Kinder in die Schule jedes Orts ausgetheilt, und unentgeltlich unterrichtet werden" (G.K.Mayr Bd.2, 1784, S.831).

Damit wurde die in Norddeutschland bereits bestehende allgemeine Schulpflicht auch in Kurbayern für verbindlich erklärt, wenngleich ihre Verwirklichung noch Jahrzehnte dauern sollte. H.Brauns Schulplan, der

---

8   Literatur zu H.Braun s.: H.Held Bd.1 1926, S.191 f.; K.E.Maier 1967, S.26, Anm.22; A.Reble 1975, S.951 f.
9   So lautet der Titel seiner Akademierede (vgl. J.Heigenmooser 1912, S.134; die Rede ist abgedr. in: A.Spörl 1977, Anhang I).
10 Der vollständige Text lautet: „Plan der neuen Schuleinrichtung in Bayern, nebst einem Unterrichte für Schullehrer, wie sie dem Churfürstlichen gnädigsten Befehle gemäß in den deutschen Schulen lehren und was sie für Eigenschaften haben sollen" (abgedr. in: A.Bock (Hrsg.) 1916a; A.Spörl 1977, Anhang II; s.auch J.Heigenmooser 1912, S.140-152).

in enger Anlehnung an J.I.von Felbigers Schulordnung von 1764[11] entstanden ist, sah für die Trivialschulen drei „untere" und drei „obere" Klassen[12] vor, wobei er jeder der sechs Klassen einen einzigen, nur für diese Klasse bestimmten Lerninhalt[13] zuordnete. Durch die Verbindung von „Fächern" und „Klassen", meint G.Bögl, sei zum erstenmal eine systematische „Lehrordnung" aufgestellt worden, die den herkömmlichen „Schlendrian" im „deutschen" Schulwesen zu überwinden suchte (1929, S.13). H.Braun wußte aber auch, daß der beste Lehrplan nichts nützt, wenn ihn der Lehrer nicht anzuwenden vermag. Darum verpflichtete die Braunsche Schulordnung die Lehrer,

„daß sie sich, so viel nach ihren Kräften, Alter und Umständen möglich ist, (...) die gute Lehr- und Schreibart bekannt machen" (VIII),
„zuvor allhier bey Unserem geistlichen Rathe (...) examiniert" werden (V),
„die Lehr- und Unterrichtungsart praktisch gesehen und auszuüben (...) gelernet haben", wobei „die Schule bey Unserem Kollegiatstifte ad divam Virginem allhier die Haupt- und Musterschule in der Unterrichtsart seyn" soll (VII) (A.Bock (Hrsg.) 1916a).

---

11 J.I.von Felbiger war Abt des Augustiner-Chorherren-Stifts von Sagan in Schlesien. Im Auftrag Friedrichs II. sollte er das gesamte katholische Volksschulwesen Schlesiens reformieren. 1764 entstand die „Sagansche Schulordnung", 1765 das Generallandschul-Reglement für die Römischkatholischen in Schlesien und Glatz. 1774 berief ihn Maria Theresia nach Wien, um die „deutschen" Schulen Österreichs zu reformieren. Seine Schulreform blieb bis zum Ende des 18.Jahrhunderts ein Vorbild für viele: So wurden Reformen im Felbigerschen Sinne in Bayern durchgeführt außer Kurbayern (1770), in Würzburg (1774 und 1781), Bamberg (1776), Freising (1782), Eichstätt (1785) (K.E.Maier 1967, S.25 f.; G.Bögl 1929, S.11 f.; A.Bock 1912, S.160-170).
12 J.Gebele bezweifelt allerdings, ob es sich bei den von H.Braun genannten „Klassen" um Jahrgangsklassen handelte (1896, S.45).
13 Im §I des Braunschen Schulplans (1770) heißt es:
„Die Klassen selbst sollen also eingetheilet werden:
Die unteren Klassen
I. Klasse. Hier lerne man Buchstaben kennen, und aussprechen.
II. Klasse. Lesen, und die ersten Regeln der Sprachkunst begreifen, auch anfangen, zu schreiben.
III. Klasse. Förmliche Schriften machen, und die Regeln der Schönschreibekunst verstehen.
Die oberen Klassen
IV. Klasse. Werden die Regeln der deutschen Sprachkunst systematisch gelernet.
V. Klasse. Die Rechenkunst.
VI. Klasse. Anfangsgründe zur deutschen Briefkunst.
Der Unterricht in der Kristenlehre läuft durch alle Klassen mit"
(A.Bock (Hrsg.) 1916a).

Als Vorbereitungslektüre sollten zwei von H.Braun verfaßte Lehrbücher[14] dienen.

Die Idee der „Muster"- oder „Normalschule"[15], an der die künftigen Elementarlehrer „im Stile des Hospitierens, Anlernens und Praktizierens" (A.Reble 1975, S.953) ausgebildet werden sollten, war ein Gedanke, den H.Braun von den Philanthropisten übernommen hatte und der zur Gründung einer solchen Übungsschule (1770) in der Haupt- und Residenzstadt München führte (H.Held Bd.1 1926, S.212).

H.Brauns Bemühungen um den Auf- und Ausbau des niederen Schulwesens in Bayern, seine Vorschläge zur Verbesserung und Pflege der deutschen Sprache schon auf Elementarschulebene, seine fortschrittlichen Pläne für eine einheitliche, systematische Lehrmethode, sein Drängen auf eine gründlichere Ausbildung und bessere Bezahlung der Lehrer (J.Heigenmooser 1912, S.132-152) brachten ihm die Gegnerschaft des konservativen Lagers ein. Hinzu kamen ein unfähiger Verwaltungsapparat und die mangelnde Autorität des Kurfürsten, die eine zügige Verwirklichung der Reformpläne nur schleppend vorankommen ließen (K.E.Maier 1967, S.28 f.). 1773 schied H.Braun aus der Verwaltung aus[16]. Im selben Jahr wurde der Jesuitenorden verboten. Gleichzeitig erhielten die Reformbemühungen neuen Auftrieb durch den ehemaligen Erzieher des Kurprinzen Max Josef und Direktor der Universität in Ingolstadt, Freiherr J.A.von Ickstatt[17]. In seinen Akademischen Reden von 1770[18] und 1774[19] legte er einen umfassenden Plan für ein einheitliches Schulsystem für ganz Bayern vor. Anlaß war die beschämende Rückstän-

---

14 a) „Unterricht für Schullehrer, wie sie, dem gnädigsten Befehle gemäß, hinfür in den Trivialschulen lehren, und was sie für Eigenschaften haben müssen"
   b) „Orthographisches Handbuch, wodurch man sich nach den Regeln der Sprachkunst in allen Fällen leicht helfen kann"
   (H.Braun 1770a, §VI; hrsg. von A.Bock 1916a).
15 Der Begriff „Normalschule" wurde unterschiedlich verwendet. Er kann sowohl die Übungs- und Beispielschule bezeichnen als auch die gewöhnliche Elementar- bzw. Trivialschule.
16 Er kehrte jedoch 1777 wieder zurück, um mit der Direktion des gesamten Schulwesens betraut zu werden.
17 Literatur zu J.A.von Ickstatt siehe: J.Heigenmooser 1912, S.153; A.Reble 1975, S.952, Anm.2.
18 „Von dem Einfluß des Nationalfleißes und der Arbeitsamkeit der Unterthanen auf die Glückseligkeit der Staaten" (in Auszügen abgedr. in: A.Bock (Hrsg.) 1916b, S.36 f.).
19 „Von der stufenmäßigen Einrichtung der niederen und höheren Landschulen in Rücksicht auf die churbaierischen Lande" anläßlich des Geburtstags des Kurfürsten gehalten (abgedr. in: A.Bock (Hrsg.) 1916b, S.11-35).

digkeit der katholischen Schulen gegenüber den protestantischen[20], deren Ursache er in der „höchstschädliche(n)" Vernachlässigung des niederen und höheren Schulwesens durch die „Landesregenten" erblickte (Rede 1774; A.Bock (Hrsg.) 1916b, S.16). Darum forderte er, daß jeder Landesfürst in seinem Gemeinwesen Anstalten errichte,

„wodurch die Bürger und Einwohner von der untersten bis zur höchsten Klasse hinlänglichen Unterricht erlangen mögen"
(Rede 1774; A.Bock (Hrsg.) 1916b, S.18).

Die standesgemäße Unterweisung aller Untertanen sollte durch vier aufeinander aufbauende Schulformen erreicht werden: durch die dreiklassige Dorf- oder Marktschule, die vierklassige deutsche Realschule, das fünfklassige lateinische Gymnasium und die Hochschule. Der Besuch einer Dorf- oder Marktschule sollte für jeden Sechs- bis Siebenjährigen bis zu seinem 12.Lebensjahr Pflicht sein. Ein von J.A. von Ickstatt präzise ausgearbeiteter Lehrplan legte die Lehrinhalte fest[21]. „Zum Studieren

---

20 „Der Unterschied ist so merklich, daß wenn Reisende daselbst (in Bayern – erg.v.Verf.) nach dem Besuch einer katholischen eine nächst anliegende protestantische hohe Schule betreten, es denselben vorkömmt, als hätten sie in einer Stunde eine Reise von 200 teutschen Meilen zurückgelegt, oder vierhundert Jahre gelebt" (Rede 1774; A.Bock (Hrsg.) 1916b, S.13).

21 PLAN DER DORF- UND LANDSCHULEN
vom siebenten bis gegen das zwölfte Jahr der Landkinder

Erster und zweiter Jahrgang	Dritter und vierter Jahrgang
Gegenstände der ersten Klasse	Gegenstände der zwoten Klasse
1. Lernen die Kinder das Lesen und Schreiben	1. Schön schreiben nach gut gestochenen Vorschriften.
2. Die Grundsätze der christkathol. Religion aus einem kleinen Katechismus für die Landsleute.	2. Wird in der Pflichtenlehre fortgefahren.
	3. Erklärt man ihnen Katechismus.
3. Kurz gefaßte Lehren der Pflichten gegen Gott, Regenten, Aeltern, geistlichen und weltlichen Obrigkeiten, gegen das Gemeinwesen, den Nächsten und zu sich selbst	4. Die fünf Species der Rechenkunst.
	5. Die Naturgeschichte in soweit selbe für Landsleute nöthig sind.
	6. Lernen sie landesübliche, auch benachbarter Länder Messereyen von allen Gattungen kennen.
4. Das Zählen, Zahlen schreiben und aussprechen	
5. Bringt man ihnen einige Kenntnisse von Linien, Flächen und Körpern bey.	7. Das Vornehmste, Wahre und Falsche in den Kalendern.
Gegenstände der dritten Klasse	
1. Die Fortsetzung des historischen Katechismus von Fleury.	vom Gestirne, von Kometen und Lufterscheinungen – jedoch mit der Erklärung des Falschen u. Erdichteten, um den Kindern den Ungrund und Abscheu vor allem Aberglauben einzuflössen.
2. Der fernere Unterricht im Schreiben.	
3. Die nothwendigsten Hauptstücke und Grundregeln der Landwirthschaft.	
	6. Kurze Gründe von Längen, Breiten und Flächen ausmessen.
4. Die Regel De tri aus der Rechenkunst.	7. Aufsätze von gemeinen Briefen, Bescheinigungen, Konto, Obligationen und Quittungen.
5. Etwas aus der Naturlehre von Sonn- und Mondfinsternissen,	

Wenn frühe eine heilige Messe gelesen wird, wohnen die Kinder derselben bey (A.Bock (Hrsg.) 1916b, S.39).

werden Bauernkinder gar nicht zugelassen", es sei denn, „einige von bemittelten Aeltern" besitzen „vorzügliche Gemüthsgaben" (Rede 1774; A.Bock (Hrsg.) 1916b, S.20).

J.A.von Ickstatts Vorstellungen und die von H.Braun 1774 vorgelegten „Gedanken über die Erziehung und den öffentlichen Unterricht in Trivial-, Real- und lateinischen Schulen" (vgl. J.Heigenmooser 1912, S.135) veranlaßten die Schulplan-Kommission, einen neuen Lehrplan einzuführen, der eine „Einförmigkeit" des gesamten Bildungswesens anstrebte:

„Ein Einheitslehrplan sollte das bisher halb wild gewachsene deutsche und das in überlebter Tradition erstarrte lateinische sowie das neue realistische Schulwesen zusammenfassen und in *einer* Richtung weiterführen" (G.Bögl 1929, S.17).

In Konsequenz dieses Vorhabens mußte auf jeder Schulstufe der ganze Lehrinhalt, wenngleich in abgestufter Form, dargeboten werden:
– Christentum und Sittenlehre
– Sprachen
– historische Wissenschaften
– philosophische Wissenschaften.
Und dies für die Trivial- und Realschule ebenso wie für die Gymnasien (A.Bock (Hrsg.) 1916b). Diese hochgesteckte Zielsetzung, die allerdings für die Trivialschulen nur die Grundsätze der religiösen und sittlichen Pflichten, deutsch Buchstabieren, Lesen und Schreiben, den kleinen Katechismus und die Anfangsgründe zum Rechnen für Kinder auf dem Lande und in der Stadt umfaßte, entsprach zwar einem „allgemein gefühlten Bedürfnisse" nach „Erweiterung der Volksbildung", mußte aber „gerade in ihrer wesentlichen Neuerung unerfüllbar bleiben" (G.Bögl 1929, S.19).

Unter dem neuen Kurfürsten Karl Theodor (seit 1777) gewannen die „reaktionsfreundlichen Tendenzen mehr und mehr Raum" (K.E.Maier 1967, S.31). Zwar suchte die anfängliche Schulpolitik Karl Theodors den Grundsätzen seines Vorgängers treu zu bleiben. Die neu erlassene „Churfürstliche Schulordnung für die bürgerliche Erziehung der Stadt- und Landschulen" von 1778 hatte die bisherige Schulordnung „aufs neue bestätigt, und allen Ernstes, selbst unter Bedrohung nachdrücklicher Strafen, zu vollziehen anbefohlen", sowie die „Policeyobrigkeiten" zur Überwachung der getroffenen „Maaßregeln" angewiesen (§ 20 der Schulverordnung 1778; A.Bock (Hrsg.) 1916c). Auch schrieb die 1778er Verordnung vor,

„in jeder churfürstlichen Regierungsstadt unter Aufsicht und Anordnung der churfürstlich gymnasischen Direction und des dazu gehörigen literarischen Personals eine Musterschule" zu errichten, „in welcher nicht nur dieser gemeinnützige Plan am ehesten und besten vollzogen, sondern wohin auch nach und nach alle Schullehrer von jedem Rentamte zum Unterrichte kommen, die Lehrart praktisch darinn sehen, und wenigst etliche Tage unter Aufsicht und Gegenwart des Rectors praktisch lehren, und Proben ihrer Fähigkeit geben können" (§ 23 der Schulverordnung 1778; A.Bock (Hrsg.) 1916c).

Selbst wenn der Versuch, die Ausbildung der Elementarlehrer durch Hospitieren und Praktizieren weiter zu entwickeln und in jeder Regierungsstadt, ähnlich wie in München (seit 1770), eine „Muster- oder Normalschule" (§ 2 der Schulverordnung von 1778; A.Bock (Hrsg.) 1916c) zu errichten, nicht zur Durchführung kam, war schon das Vorhaben bemerkenswert (A.Reble 1975, S.953).

Hervorzuheben ist schließlich noch, daß mit allem Nachdruck die Erfüllung der Schulpflicht gefordert, gewerbliche Kinderarbeit vor Abschluß der Elementarschule untersagt und die Einführung der Sonn- und Feiertagsschule erneut[22] angeordnet wurde. Aber schon bald nach Bekanntmachung der neuen Schulverordnung begann sich jener „lähmende(n) Druck" auszubreiten, der „das gesamte geistige Leben Bayerns" gegen Ende des 18.Jahrhunderts belastete, und unter dem „eine fortschrittliche Schulreform nicht gedeihen" konnte (K.E.Maier 1967, S.31)[23]. 1781 schied H.Braun endgültig aus dem amtlichen Schulleben aus. 1785 wurde der langjährige Leiter der Münchner „Haupt- und Musterschule", L.Fronhofer, entlassen[24]. Gar manche bedeutende Persönlichkeit Bayerns fand in der Universitätsstadt Salzburg, „wo günstige Umstände schon seit längerem und ohne ängstliche Bevormundung ein reformfreu-

---

22 Bereits das Generalmandat vom 5.Februar 1771 verfügte: „Da aber oft ein gut unterrichtetes Kind, bey seinen Lehrjahren in der Handthierung, das Erlernte leicht wieder vergißt; so gebiethen Wir gnädigst, daß bey willkührlicher Strafe ihrer Meister, sich die Lehrbuben in ihren Pfarren nach der geschehenen Eintheilung mit ihren vorigen Schullehrern in den Kirchen bey den Christenlehren nicht nur allein stellen, sondern auch wöchentlich einmal auf eine von des Orts Obrigkeit bestimmte kurze Zeit, sich in den Schulen einfinden, damit sie im Lesen, Schreiben und Rechnen vollkommen hergestellt werden" (G.K.Mayr Bd.2 1784, S.832).
23 Weitere Ausführungen in: A.Kammergruber: Die schulpolitischen Maßnahmen in Bayern unter Karl Theodor. Diss. München 1923.
24 L.Fronhofer, der gebürtige Ingolstädter, wurde nach dem Studium von Philosophie und Recht 1769 Hauptlehrer an der Schule zu Unserer Lieben Frau in München. Ab 1770, seit Erhebung dieser Schule zur Haupt- und Musterschule, war er Examinator sämtlicher Schullehrer Kurbayerns. 1779 wurde er Hofratssekretär und Mitglied der Akademie. Als Mitglied des Illuminatenordens schied er 1785 aus dem Dienst (vgl. L.Muggenthaler: Ludwig Fronhofer, ein bayerischer Schulmann und Akademiker des 18.Jahrhunderts. In: Jahrbuch für Münchner Geschichte, Jg. 1888, S.363-470; die obigen Angaben aus: J.Heigenmooser 1912, S.170, Anm.1).

diges Schaffen ermöglicht hatten", eine „vielverheißende Zuflucht" (G.Bögl 1929, S.26). J.Wismayr, der spätere Schuldirektionsrat, die späteren Kreisschulräte B.Michl und F.J.Müller, die Pädagogen J.P.Harl und F.I.Thanner und viele andere namhafte Gelehrte zählten zu ihnen (vgl. G.Bögl 1929, S.26-33).

Viele Schulmänner schlossen sich dem Illuminatenorden[25] an, was die Regierung Karl Theodors veranlaßte, gegen diesen Geheimbund vorzugehen und die Aufklärung im ganzen zu verdächtigen (G.Bögl 1929, S.21). „Die Schulangelegenheit kam nicht zur Ruhe" schreibt H.Held. „Zahllose Einzelerlasse, die äußerlich nicht zusammenfanden, innerlich auseinanderstrebten, gingen über Stadt und Land" (Bd.1 1926, S.219 und S.217). Am 3.Januar 1795 erließ der Kurfürst erneut eine Generalverordnung, die nicht nur „durch öffentlichen Druck (...) auf gewöhnliche Weise (...) kund gemacht, sondern von allen Pfarrern jährlich zweymal (...) von der Kanzel laut, und vernehmlich abgelesen werden soll(t)e" (G.K.Mayr Bd.5 1797, S.310-313; hier S.313). Die Verordnung verpflichtete alle Kinder „von 7 bis 14 Jahren" zum Besuch des „öffentlichen deutschen Schul-Unterrichts" und zur „sonntägigen öffentlichen Christenlehre", drängte auf Einhaltung des Generalmandats von 1771 und machte die Erteilung einer „Heyrath(s)-Erlaubniß", die „Aufdingung, oder Freysprechung bey einem Handwerke", die „Antretung eines Anwesens" vom Zeugnis des Pfarrers abhängig, das die „fleißige Besuchung der Christenlehren und Schulen" und die „erforderlichen Kenntnisse in dem Christenthume, und für das bürgerliche Leben" bestätigte.

Während der Klerus diese Verordnung allgemein begrüßte (H.Held Bd.1 1926, S.220), wurde sie von den fortschrittlich gesinnten Zeitgenossen als Rückschritt empfunden. „Die Zeit", so urteilt G.Bögl, „war für ein mutiges Weiterführen des Volksbildungsgedankens nicht geeignet" (1929, S.21). Mit dem Tode Karl Theodors (1799) endete die erste Periode schulischer Reformpolitik in Bayern, die gegen Ende der 1780er und 90er Jahre sogar bei den Anhängern einer nur gemäßigten Aufklärung „von Enttäuschung und Resignation" (K.E.Maier 1967, S.31) begleitet war.

---

25 Ein im Jahre 1776 in Ingolstadt von Adam Weishaupt gestifteter Geheimbund.

3.1.2 Schulwirklichkeit in der Zeit vor der Montgelas-Ära (1799-1817)

Dem vielversprechenden Beginn einer durchgreifenden Reform hauptsächlich im Bereich des niederen Schulwesens stand eine in jeder Hinsicht enttäuschende Schulwirklichkeit gegenüber. „Eine schwerfällige und auf der unteren Ebene oft sehr lässige Verwaltung, Kompetenzstreitigkeiten zwischen ihr und den Kirchen, weltanschaulich bedingte Konflikte um das Erziehungsziel und der Mangel an qualifizierten Lehrern hemmten die Durchführung dieser Reformen" (W.K.Blessing 1974, S.487). Zeitgenössische Aussagen zeichnen ein düsteres Bild. In der vom Kanonikus von U.L.Frau in München L.v. Westenrieder herausgegebenen Zeitschrift „Baierische Beyträge zur schönen und nützlichen Litteratur" von 1779 heißt es:

„Nun ist Unwissenheit das allgemeine Erbtheil unserer Landleute; der große gesellschaftliche Trieb, der uns mit dem ganzen Vaterland aufs engste verbindet, ist unbekannt; es ist ein Werk der Erziehung, und es war von jeher bey uns ein Locus communis, daß der Bauer müsse weder lesen noch schreiben können. Der Landschulen sind durchgehends zu wenig. Es giebt ganze Pflegegerichte, wo kaum eine oder die andere Schule zu finden ist, so wie es ganze Dorfschaften giebt, wo kaum einer lesen oder gar schreiben kann" (zit. bei R.Schenda 1970, S.446).

Derselbe L.v.Westenrieder schrieb 1781 in seinem „Fragment über Nationalerziehung":

„In Preußen und Sachsen kann jedermann lesen. Der Bauer weiß Gellerts Fabeln auswendig, das Kind singt Weißens Lieder; der Bauer ist dort imstande, die Landesverordnung, deren Kanzleisprache der unsere unmöglich begreifen kann, sich zu erklären. Bei uns können ganze Dörfer nicht lesen. Kein Buch mit einer guten Moral! Kein Buch nur mit den ersten Kenntnissen der Landwirtschaft oder mit den ersten Gesundheitsregeln! – Das ende, wer da kann! Mir vergehen die Worte vor Kummer!" (zit. bei G.Bögl 1929, S.20).

Trotz H.Brauns neuen Schulplans von 1770 und trotz kurfürstlichen Schulmandats von 1771 blieb, von „allgemeinen Ermahnungen an die Eltern, die Kinder ja recht fleißig in die Schule zu schicken", abgesehen, die Schulwirklichkeit im wesentlichen unverändert, wie J.Gebele klagt. „Im großen und ganzen", so fährt er fort, „geschah auch nach 1770 in dieser Hinsicht nichts, was eine Besserung der Verhältnisse herbeizuführen geeigenschaftet gewesen wäre. Die Einführung eines wirklichen Schulzwanges blieb dem 19.Jahrhundert vorbehalten" (1896, S.50). R.Schenda dürfte mit seiner Schätzung durchaus recht haben, wenn er davon ausgeht, daß um 1770 in Mitteleuropa nur 15% der Bevölkerung über sechs Jahre lesen konnte (1970, S.444).

Demgegenüber hören sich die von J. Gebele gemachten Angaben geradezu günstig an, wobei allerdings zu bedenken ist, daß seine auf München bezogenen Zahlen keine Extrapolation auf die Landgebiete Bayerns erlauben[26]:

Zahl der tatsächlichen Werktagsschüler in München von 1782–1801 bei einem Stand von rund 4000 Schulpflichtigen:

Jahr:	1782	1783	1784	1785	1786	1787	1788	1789	1790	1791
Schüler:	1577	1602	1901	1880	1870	1938	1819	1866	1975	2036

Jahr:	1792	1793	1794	1795	1796	1797	1798	1799	1800	1801
Schüler:	2092	2122	2133	2149	2270	2299	2275	2203	1951	2278

(J.Gebele 1896, Anhang IV, S.XIX; S.57, Anm.1)[27].

Das würde bedeuten, daß um die Jahrhundertwende nur etwa die Hälfte aller schulpflichtigen Kinder Münchens eine Schule besuchte. Dieser noch relativ positive Eindruck wird aber durch eine Mitteilung des Geistlichen Rats an die Oberlandesregierung vom 23. Februar 1793 dahin korrigiert, daß hier von 6000 Münchener schulpflichtigen Kindern die Rede ist, von denen nur 2000 am Unterricht teilnahmen (zit. bei M.Rieder 1968, S.60).

Die Erfolglosigkeit der Reformbemühungen ist auf verschiedene Ursachen zurückzuführen. Viele Eltern waren einfach nicht in der Lage, das Schulgeld für ihre Kinder zu bezahlen. In ihrem Bericht an den Landesherrn vom 16. März 1771 klagte die oberste Schulbehörde Bayerns:

„Es haben sich freilich schon viele Eltern gemeldet, in Ermangelung aber eines Schulfonds haben wir in diesem Stücke noch nichts erhebliches anfangen können."

---

26 „Die gesamtschulischen Verhältnisse der Landeshauptstadt, ihre geschichtliche Entwicklung, die verhältnismäßige Schulfreundlichkeit der Bevölkerung, mehr noch aber das qualitativ mehr als mittelmäßige Lehrpersonal, war nicht einmal denen anderer Städte (z.b. Nürnberg) vergleichbar" (G.Bögl 1929, S.71).
27 Die Zahlen stimmen weitgehend, wenn auch nicht exakt, mit den nach Angaben des Münchener Stadtarchivs (Schulamt 1349) von F.Sonnenberger zusammengestellten Zahlen über den „Schülerstand der deutschen Schulen, Mädchenschulen und kombinierten deutschen und lateinischen Schulen" überein (1984, S.54 f.).

Daher bat die Behörde den Kurfürsten, er wolle

„zu dieser so nöthig als heilsamen Sache aus Höchstdero Chatouille einen gnädigst beliebigen Beytrag zur Schul-Cassa anbefehlen" (zit. bei J.Gebele 1896, S.51).

Aber auch von den Kindern, denen das Schulgeld erlassen wurde, gingen nur wenige zur Schule. Aus einem Bericht vom 17.Juli 1773 geht hervor, daß „oft kaum der halbe Theil sich in der Schule befinde" (zit. bei J.Gebele 1896, S.51). Noch 1800 bemerkt Schulinspektor Eberl:

„Überhaupt ist es eine gegründete Klage, daß die Eltern ihre Kinder so schlecht zur Schule anhalten, so daß es Kinder gibt, welche nach Auszug der Sittentabellen[28] hundert und hundertfünfzigmal die Schule versäumen und auf die Frage des Lehrers zur Entschuldigung anbringen, daß sie von den Eltern wären zu Hause behalten worden" (zit. bei J.Gebele 1896, S.51, Anm.2).

Für das Fernbleiben vom Unterricht gab es natürlich triftige Gründe: die Eltern waren auf die Mitarbeit ihrer Kinder angewiesen.

Weitere Gründe für das Versagen der Schulreform müssen in den Schulzuständen und in der mangelhaften Ausbildung der Lehrer gesucht werden.

Oberschulkommissar Baader in München berichtet über den Schulbezirk Schrobenhausen 1804:

„Man darf annehmen, daß es zwei Dritteln der Schulhäuser am nötigen Raum fehlt. Der Bau der sämtlichen älteren Schulhäuser war nicht auf den Besuch der sämtlichen schulfähigen Kinder berechnet, sondern nur auf jene Kinder, die nach ihrem und ihrer Eltern Belieben kommen wollten. Auch sind viele Schulhäuser eigentümliche Häuser der Schullehrer, d.i. Bauernhäuser und Bauernstuben von der schlechtesten Gattung" (abgedr. in: J.Heigenmooser 1912, S.188 f.).

Noch drastischer klingt der Bericht des Inspektors Fränzl an das Oberschulkommissariat Straubing von 1804:

„Zu Kirchdorf sah ich in einem sehr engen Wohnzimmer des Schullehrers, das kaum 20 Kinder faßt, eine Kindswiege, einen Sudkessel und elf Schulkinder beisammen, die zusammen kein normalmäßiges Schulbuch, keine Schreibtafel, keine Schultabelle, sondern allerlei sehr alte Schartecken und Legenden vor sich hatten" (abgedr. in: J.Heigenmooser 1912, S.188).

---

28 Gemeint sind die Schulversäumnislisten.

Zu Recht klagt daher J.M.Steiner, Organisator des Münchner Volksschulwesens, zu Beginn des 19.Jahrhunderts:

„Wenn man aber den Schüler zu täglichem Fleiße verbinden will, es ihm zur Schuld anschreibt, wenn er zu spät zur Schule kommt oder gar wegbleibt: so soll man ihm auch in den Schulen einen Ort verschaffen, an dem ihm nicht ekeln, in dem er nicht des Winters erstarren, im Sommer aber verschmachten muß. Soll er eine gute Hand schreiben lernen, so gebe man ihm doch auch eine Bank, worauf er ein Quartblatt[29] ausbreiten, und in der Bank so viel Raum, daß er sich zum Schreiben ordentlich anschicken könne" (zit. nach J.Gebele 1896, S.53 f.).

Um dem Lehrermangel abzuhelfen, bediente man sich in vielen Stadt-, Markt- und Dorfschulen sog. „Adstanten", d.h. Schulgehilfen, die vom Schullehrer angestellt und bezahlt wurden. Inspektor Mayer in Essing berichtet:

„Ein junger, der Trivialschule mit harter Mühe entlaufener Bursche widmet sich dem Schulwesen, um etwa desto leichter dem Soldatenstande zu entgehen. Da er ein wenig lesen, schreiben, auf der Geige streichen oder auf der Orgel klimpern gelernt hat, verdingt er sich im 14. oder 15.Jahr als Adstant bei einem Schullehrer gegen 10 oder 15 fl. jährlichen Gehalt und eine dürftige Kost. Er macht nun, wie es sein Dienstkontrakt mit sich bringt, Mesnerverrichtungen in der Kirche und läßt in der Schule die Kinder aufsagen. Nebenbei muß er die widerlichsten und beschwerlichsten Arbeiten verrichten z.B. Küchengeschirre scheuern, Stubenböden fegen, Schuhe putzen, Holz spalten, den Viehstall reinigen, Streu sammeln, Dreschen etc. (...) Bei solchen Arbeiten bleibt einem jungen Menschen manchmal die ganze Woche keine Stunde übrig, daß er sich im Schulamt, seinem künftigen Berufe, ausbilden könnte" (abgedr. in: J.Heigenmooser 1912, S.189).

Nicht nur Schulgehilfen, auch die Schullehrer selbst waren mit außerschulischen Tätigkeiten mehr befaßt als mit Unterricht, der auf dem Lande ohnehin nur vom Michaelitag (29.September) bis Ende April dauerte[30]. Der Landrichter von Münsterer schreibt 1800:

„Gegenwärtig sind die meisten Schullehrer bloße Mesner und Handwerker, als Weber, Schneider, Schuster, Hafner, die selbst kaum recht lesen und noch schlechter schreiben, rechnen aber fast gar nicht können, vom Schulhalten außer dem wenigen Quatembergeld gar nichts oder nur etliche Gulden Gratifikation bei einer Kirche haben – sohin von ihrer Profession oder dem Feldbau leben müssen" (abgedr. in: J.Heigenmooser 1912, S.190).

---

29 Die Schiefertafeln kamen erst zu Beginn des 19.Jahrhunderts in Gebrauch (J.Gebele 1903, S.29).
30 Kurfürstliche Entschließung vom 23.August 1788 (zit. bei J.Gebele 1896, S.52).

Es lag nicht an den Lehrern selbst, daß ihr Ruf und ihre Wertschätzung so gering waren. Denn:

„Zu keinem Stande glaubte man bisher weniger Vorbereitung nothwendig zu haben, als zu diesem; kein Stand war bisher mehr der Geringschätzung ausgesetzt, als dieser; keiner hatte mehr mit Nahrungssorgen zu kämpfen; Niemanden blieb weniger Zeit übrig zur Selbstbildung als den Lehrern in Landschulen. Ihr Loos ist heut zu Tage noch sehr traurig, man hält sie gemeiniglich für die niedrigsten, entbehrlichsten Leute unter dem Landvolke, zu denen man die Kinder, die noch zu keiner Arbeit taugen, nur so lange zu schicken hat, als es keine Eicheln zu sammeln, keine Aehren zu lesen, kein Vieh zu hüten giebt. Müheselig mußten sie oft ihre Schulgebühren einbringen. Jeden Arbeiter auf dem Felde oder in einer Werkstätte hielt man seines Lohnes würdiger, und bezahlte ihn auch reichlicher und lieber, als den Schulmeister. Er war gezwungen, seine Zuflucht zu einer Handarbeit zu nehmen. Woher sollten sie nun die nöthigen Kenntnisse, woher die unentbehrlichen Fertigkeiten nehmen, um die Jugend zweckmäßig auszubilden? (...) Wer also sonst kein Unterkommen fand; wer des muthwilligen Spiels seines traurigen Schicksals überdrüßig war, nahm seine Zuflucht in eine Dorfschule, und arbeitete und lehrte, was, und wie er nur immer konnte und mochte. Dabey war freylich Niemand schlimmer daran, als die liebe Jugend; sie wuchs in ihrer Unmündigkeit heran, und blieb oft ihr ganzes Leben hindurch unmündig. Jeder Ausbruch einer jugendlichen Lebhaftigkeit ärgerte jene des Lebens überdrüßige Männer oft so sehr, daß sie nicht selten voll Eifer die Ruthe oder den Stock ergriffen; anstatt eine kindische Fröhlichkeit mit väterlichem Ernste und mit Güte zu mäßigen, und zu leiten"[31].

Diese Zeugnisse, die sich durch andere ergänzen ließen (vgl. A.Fickel 1984, S.88-103), dürften genügen, um ein Bild vom allgemeinen Zustand des niederen Schulwesens um 1800 zu gewinnen.

Um den Schulbesuch attraktiver zu machen und „die Eitelkeit der Kinder und mehr noch die der Eltern zu reizen" (J.Gebele 1896, S.52), wurden seit 1772 am Ende eines jeden Schuljahres öffentliche Prüfungen mit Preisverteilungen abgehalten. Für gutes Lesen, Rechnen, Vortragen, schön Schreiben gab es Bücher, „Preiß-Zeugnisse" oder Medaillen, wie sie z.B. Kurfürst Max III. Josef vom berühmten Medailleur Schega hat in Silber anfertigen lassen (J.Gebele 1896, S.52).

Doch dies alles fruchtete wenig, so lange es am Verständnis und an der Bereitschaft der Eltern fehlte, ihren Kindern durch die Teilnahme am Unter-

---

31 Aus der „Rede bei Eröffnung der Vorlesungen für künftige Schullehrer"; abgedr. in: Nachrichten aus dem deutschen Schulwesen in Baiern, 1.Jg.1803, S.40-52; hier S.49f.; auszugsweise in: J.Heigenmooser 1912, S.196-200.

richt eine Bildungschance zu eröffnen. Noch einmal soll J.M.Steiner zu Wort kommen:

„Diese Art Eltern sehen ihre Kinder als Eigenthum an, von dem sie auf die ihnen vortheilhafteste Weise willkürlichen Gebrauch machen konnten. Sie glauben, berechtigt zu sein, die Kinder zur Bezahlung der Wiege, darin sie lagen, und der Mühe, sie gehen gelehrt zu haben, in den kürzesten Fristen anhalten zu dürfen, ihnen die Verbindlichkeit auflegen zu müssen, daß sie, wenn sie den Löffel selbst zu führen wissen, auch die Ladung desselben sich durch Arbeit erkaufen. Solchen Eltern ist die Zeit, welche ihr Kind in der Schule zubringt, verlorene Zeit und Nachtheil in ihrer Wirtschaft. Bey jeder Gelegenheit, die ihr häusliches Interesse zu fordern scheint, entziehen sie das Kind der Schule. Daher erhält es nur zerstückelten und unterbrochenen Unterricht, selbst diesen nur kurze Zeit; denn eben da, wo bei einem zunehmenden Körperbau auch der Geist sich zu entwickeln anfängt, ruft die elterliche Eigennützig- und Dürftigkeit die Kinder von der Schule zu häuslichen Diensten ab" (Schulrede 1799; abgedr. in: J.Gebele 1903, S.34).

Eine Änderung sollte erst unter der neuen Regentschaft des Kurfürsten Max IV. Josef, dem späteren König Max I. von Bayern, erfolgen.

3.2 Die Einführung der allgemeinen Unterrichtspflicht; die Neukonzeption der Lehrerbildung und der Lehrpläne

Schon sehr bald nach Übernahme der Regierungsgeschäfte begann der Kurfürst eine durchgreifende Reform des gesamten Unterrichtswesens, so daß die Jahre zwischen 1800 und 1810 zu den bedeutendsten der bayerischen Schulgeschichte zählen. Zu den Neuerungen gehörten vor allem die Gründung der modernen Volksschule, die Reorganisation der Schulaufsicht, die Einführung der seminaristischen Lehrerbildung, die Neufassung des Volks- und Mittelschullehrplans, die gesetzliche Verankerung der Sonn- und Feiertagsschule sowie die Einführung der Arbeitsschule (G.Bögl 1929, S.26). Es schien, als ob in kurzer Frist nachgeholt werden sollte, „was die letzten Jahrzehnte versäumt hatten" (K.E.Maier 1967, S.32).

3.2.1 Verstaatlichung des Schulwesens und Verschärfung der Schulpflicht

Zu den ersten Maßnahmen gehörte die Neuorganisation der obersten Schulbehörde. Am 6.Oktober 1802 löste der Minister Graf von Montgelas die seit 1573 existierende „Geistliche Rats- und Schuldeputation" auf und übertrug die oberste Schulaufsicht dem neu errichteten „General-

Schul- und Studien-Direktorium". Aus ihm wurde 1805 das dem Ministerium des Innern zugeordnete „Geheime Schul- und Studienbureau" und 1808 die „Sektion für die öffentlichen Unterrichts- und Erziehungsanstalten" (A.Reble 1975, S.954). Ihm waren die Oberschulkommissäre als Aufsichtsorgane der einzelnen Landesdirektionen untergeordnet (M.Doeberl 1912, S.5; G.Bögl 1929, S.22)[32]. Im Gegensatz zum Geistlichen Rat, der eine „'res mixta' zwischen Staat und Kirche" (G.Bögl 1929, S.22) darstellte, sollte das neue Generalschuldirektorium eine rein staatliche Einrichtung sein, dessen Mitglieder einzig auf Grund ihres „sittliche(n) Charakter(s), ihre(r) Kenntnisse und Erfahrungen, – und nicht" mit Rücksicht „auf ihren Stand oder ihre kirchliche Confessionen"[33] ernannt werden sollten.

Wie ernst es die Regierung Max IV. Josef mit der Verstaatlichung und Entkonfessionalisierung des Schulwesens meinte, zeigt die kurfürstliche Entschließung vom 26.November 1804[34]. Dort heißt es u.a.:

Nach den „liberalen Grundsätzen Unserer Regierung" haben wir verordnet, „daß, soviel geschehen könne, das Schulwesen in der ganzen Provinz ohne Rücksicht auf eine Glaubens-Confession nach einem gleichförmigen zweckmäßigen Plane eingerichtet werden solle".
Ferner wird daran erinnert, „daß Wir die Schulen nicht als religiöse Institute betrachten und sie auch nicht als solche behandeln lassen, hiernach werden Wir der Hierarchie auf dieselbe keinen Einfluß gestatten, und alle Folgerungen, die aus dem katholischen Systeme abgeleitet werden wollen, sind auf Unsere Unterrichtsanstalten nicht anwendbar. – Wir erkennen keine katholische Lehrmethode sowie keine protestantische, sondern wir werden nur derjenigen Unsern Beyfall geben, welche (...) die zweckmäßigste wird gefunden werden".
„Nach richtigen Begriffen sind die bürgerlichen Schulen nicht als eine kirchliche, sondern als eine wichtige Polizeyanstalt[35] zu betrachten, nur insoweit, als Reli-

---

32 Zum Vorstand des Generaldirektoriums wurde J.Freiherr von Frauenberg ernannt. Weitere Mitglieder waren die Direktionsräte J.M.Steiner, Rektor der deutschen Schulen Münchens, J.Schuhbauer, Professor zu Passau, und Pfarrer Holzmann von Fraunberg. Ab 1803 wurde das Direktorium um zwei weitere Direktionsräte erweitert: J.Wismayr und J.Mühlbauer, den bisherigen Direktoriumssekretär (vgl. G.Bögl 1929, S.22-24). Mit diesen Männern, übrigens alle katholische Geistliche, hoffte Graf von Montgelas zu erreichen, was die kurfürstliche Kabinettsordre vom 23.September 1802 verfügt hatte, daß nämlich die Leitung des Schulwesens „wegen seiner Wichtigkeit und seinem Umfang eigene Männer erfordere, welche die nötigen theoretischen und praktischen Kenntnisse darin besitzen, da eine unausgesetzte Aufsicht darüber bestehen muß, wenn es unseren landesfürstlichen Erwartungen mit fruchtbarem Erfolg entsprechen solle" (zit. nach M.Doeberl 1912, S.1, Anm.1).
33 „Kurfürstliche Entschließung an die Generalkommissäre in Franken und Schwaben, die Leitung des protestantischen Schulwesens betreffend" vom 26.November 1804; abgedr. in: M.Doeberl 1912, S.40-44.
34 siehe Anm.33.
35 Damit soll vor allem die Tatsache betont werden, daß der Staat allein die Kontrolle über die Schulen obliegt.

gionsunterricht darin zugleich ertheilet wird, haben sie eine Beziehung auf Kirchenwesen und Religionsmeinung"[36].

Deutlicher und unmißverständlicher konnte die Regierung ihren Willen nicht zum Ausdruck bringen, die Schule als ausschließliche Domäne des Staates zu betrachten. J.Neukum sieht in der Schulpolitik der Montgelas-Zeit den zentralistisch-administrativen Versuch, mit dem gesamten Unterrichtswesen auch die Volksschule als Baustein für den organisatorischen Neuaufbau des Staates mit einzubeziehen. Auf diese Weise sollten alle Ansprüche der Kirche auf Einfluß und Bevormundung der Schule unterbunden und die Unterordnung aller privaten und gesellschaftlichen Interessen unter die vorrangigen Ziele und Zwecke der Staatsraison vollzogen werden. Damit sei aber auch der endgültige Bruch mit den eigenständig gewachsenen und in mancherlei Hinsicht sogar überlegenen Schulformen der Vergangenheit erfolgt (1969, S.17 f.). An dieser Bewertung mag richtig sein, daß im Eifer der Erneuerung und in der raschen Folge der Erlasse die für jede Bildungsreform unerläßliche Behutsamkeit außer acht gelassen wurde. Doch darf nicht übersehen werden, daß ein energisches Durchgreifen seitens des Staates vor allem im Bereich des niederen Schulwesens schon deshalb dringend geboten erschien, weil die Bildung des „gemeinen" Volkes bisher nur schleppend vorankam, – eine Entwicklung, an der die Regierung auf Grund ihrer anfänglichen Zurückhaltung nicht ganz unschuldig war[37].

---

36 Auf protestantische Interessen nahm die Entschließung nur insofern Rücksicht, als für die konfessionell gemischten Gebiete Frankens und Schwabens neben einem katholischen auch ein evangelischer Oberschulkommissär ernannt wurde. Im übrigen aber verpflichtete man die beiden Konfessionen auf gegenseitige Toleranz und auf den Abbau der „feindlichen Gesinnungen" (s. Anm.33).

37 In einem auf den 3.Dezember 1799 datierten Antwortschreiben auf einen vom geheimen Ministerial-Department in geistlichen Sachen erstatteten Bericht heißt es: „Den Vorschlag, daß (...) von Uns eine geschärfte Verordnung erlassen werden solle, nach welcher alle schulfähige Kinder ohne Ausnahme in die öffentlichen Schulen geschicket werden sollen, können Wir Unsere gnädigste Genehmigung so gerade zu, und ohne wesentliche Beschränkungen niemals ertheilen. Zwar ist der Grund eines gleichförmigen Unterrichtes, welcher dadurch erhalten würde, und des erweckten Nacheifers für diesen Vorschlag sehr empfehlend, allein er wird durch weit wichtigere Betrachtungen entkräftet. a) Der Mangel an einer geräumigen gesunden Schulstube, welcher besonders bey den meisten deutschen Stadtschullehrern eintritt, läßt eine Vermehrung der Schulgehenden noch nicht wünschen (...). b) Es läßt sich ferner nicht läugnen, daß die zarte Jugend bey dem Besuche der öffentlichen Schulen physischen und moralischen Gefahren ausgesetzt ist (...). Ein nicht zu rechtfertigender Druck der Eigenmacht, und ein Mißbrauch der Uns anvertrauten Regierungs-Gewalt wäre es, wenn Wir jeden Familien-Vater ohne Unterschied anhalten wollten, seine zartesten Sprossen einer gefährlichen Bahne zu überlassen, die er ohne Nachtheil des Zweckes vermeiden, und auf welcher ihm der Staat nicht für alles bürgen kann, was bey wohlhabenden die häusliche Erziehung zu gewähren im Stande ist" (G.K.Mayr Bd.1, Neue Folge, 1800, S.305-307; hier S.306).

Hatte die Regentschaft noch 1799 erhebliche Bedenken gegen einen allgemeinverpflichtenden Schulbesuch aller schulfähigen Kinder erhoben, so fand sie sich einige Jahre später unter Berufung auf „die christliche, moralische und nützlich standmäßige Bildung der Jugend, als eine der vorzüglichsten Regentenpflichten" zum Erlaß folgender Anordnungen bereit[38]. Danach wurde bestimmt, daß

1. "allenthalben alle schulfähigen (...) Kinder vom 6ten bis wenigstens ins vollstreckte 12te Jahr ihres Alters die Schule besuchen sollen";
2. der Unterricht ganzjährig stattfinden solle, ausgenommen die Zeit der Ernte von Mitte Juli bis 8. September;
3. pro Schulkind ein wöchentliches Schulgeld von zwei Kreuzern zu entrichten sei;
4. bei Unterrichtsversäumnissen ein Bußgeld von doppelter Höhe des Schulgeldes durch die Polizei eingetrieben werden solle;
5. während der Sommermonate die Unterrichtszeit auf vier Stunden pro Tag zu verkürzen sei;
6. zur Ermittlung der genauen Anzahl der schulfähigen Kinder auf die Pfarrbücher Bezug genommen werden solle;
7. durch den Lehrer Schulversäumnislisten angelegt und diese der Polizei ausgehändigt werden;
8. ein Kind erst nach vollendetem 12. Lebensjahr und nach abgelegter öffentlicher Prüfung aus der Schule entlassen werden dürfe;
9. beim Eintritt in die Erwerbstätigkeit, bei Verheiratung und bei Übernahme eines Gutes oder Hauses den Behörden der Schulentlaßschein vorzulegen bzw. davon die Gewährung einer entsprechenden Bewilligung abhängig zu machen sei (K. Weber Bd. 1, S. 58 f.).

Durch diese Verordnung sollte der desolate Zustand der allgemeinen Volksbildung, der auch den wirtschaftlichen Fortschritt hemmte, beendigt und das Haupthindernis für einen einheitlichen Kenntnis- und Informationsstand als Voraussetzung einer einheitlichen Einstellung der Bevölkerung zu der Frage der wirtschaftlichen, gesellschaftlichen und politischen Ordnung beseitigt werden. Der damit eingeleitete einschneidende Wandel in Bildung und Gesinnung betraf vor allem die unteren Bevölkerungsschichten, die noch weitgehend von der agrarisch-kleingewerblichen Lebensform geprägt und an kirchlichen Leitvorstellungen orientiert waren. Die auf alle Bevölkerungsschichten ausgerichteten Bildungsbestrebungen des Staates hatten eine deutliche Zurückdrängung des Ein-

---

38 Verordnung vom 23.12.1802 das Schulwesen betr.; K. Weber Bd. 1, S. 58-60; Döllinger Bd. 9, S. 987-996.

flusses der Kirche zur Folge, ohne daß diese jedoch ihre Schlüsselposition auf schulischem Sektor verlor. Indem ihr nämlich die Rolle der geistlichen Schulaufsicht zugedacht war, verfügte sie über ein wirksames Instrument der Kontrolle über das gesamte Volksschulwesen und erhielt ein gewichtiges Mitspracherecht bei der Bestimmung der Unterrichtsinhalte (vgl. W.K.Blessing 1974, S.491).

Die Anordnung eines Nachweises eines Schulentlaßzeugnisses für bestimmte Geschäftsvorgänge wurde auch in das Ansässigmachungsgesetz vom 11.September 1825 mit aufgenommen und blieb bis zum Jahre 1868 in Kraft (K.Weber Bd.1, S.59, Anm.). Ein härteres Druckmittel für die Durchsetzung der allgemeinen Schulpflicht hätte die Regierung kaum ersinnen können, als daß sie die Genehmigung zur Ausübung eines Gewerbes, die Erlaubnis zur Eheschließung (!), die Bewilligung zum Grunderwerb und später auch die Zustimmung zur Ansässigmachung von der Vorlage eines Schulentlaßscheins abhängig machte. Diese Maßnahme dokumentierte einerseits den Willen der Regierung, mit der Durchsetzung der Schulpflicht ernst zu machen und damit auch den Nichtprivilegierten neue Bildungschancen zu eröffnen, sie machte andererseits aber auch deutlich, daß besonders für diejenigen, die auf Grund äußerer Umstände die Bildungsangebote nicht nutzen konnten, neue Chancenungleichheiten entstanden. Dies betraf in erster Linie die Kinder mittelloser Eltern, die, anstatt in die Schule, zur Arbeit geschickt wurden.

Man pflegt das Jahr 1802 als Beginn der allgemeinen Schulpflicht in Bayern zu bezeichnen (vgl. u.a. J.Heigenmooser 1912, S.277). Dies ist zwar insofern gerechtfertigt, als in der Verordnung vom 23.12.1802 die Pflichtschule mit dem ganzen Gewicht obrigkeitlicher Autorität und Macht durchgesetzt und bei Zuwiderhandeln strafrechtlich verfolgt bzw. zu einem einschneidenden Hindernis bei späteren Rechtsgeschäften erklärt wurde. Im übrigen aber wies bereits das kurfürstliche Schulmandat von 1771 „mit aller Schärfe" darauf hin, „daß alle Aeltern (…) ihre Kinder ohne Ausnahme in die öffentlichen Schulen schicken" sollen (G.K.Mayr Bd.2 1784, S.831). Auch die Verordnung von 1795 hatte bei Verletzung des Schulmandats mit einschneidenden Strafen gedroht (G.K.Mayr Bd.5 1797, S.313).

*3.2.2 Neubestimmung der Werktags- und Einführung der
       Sonn- und Feiertagsschule*

Nachdem eine einheitliche Schulaufsichtsbehörde geschaffen und die allgemeine Schulpflicht unter Ankündigung folgenschwerer Zwangsmittel gesetzlich verordnet worden war, erfolgten in den darauffolgenden Jahren weitere entscheidende schulpolitische Maßnahmen. Am 11.Januar 1803 erging ein „Aufruf" des General-Schul- und Studien-Direktoriums „an alle Geistliche Baierns, der obern Pfalz und des Herzogthums Neuburg, die den hohen Beruf ihres Standes kennen, fühlen und lieben", in dem die „Volks-Religionslehrer" (!) zu „kräftiger Mitwirkung in Schulen" aufgefordert wurden. Im einzelnen wurde verlangt:

„1. So oft es möglich, besuchet die Schule und belebet sie. Geist und Kraft gehe aus euch in den Schullehrer über. Euer heiteres, freundliches Wesen öffne jeder guten Lehre die Herzen der Schüler.
2. Vertheilet den Lehrstoff mit Rücksicht auf Inhalt, Alter und Schulzeit; haltet auf treue Anwendung der Schulstunden.
3. Durch sorgfältige Uebung und Bildung des Gefühles von Recht und Pflicht, werde die Saat der Religion und Tugend vorbereitet.
4. Einen Theil des Unterrichtes, nämlich die Verstandesübungen und die Unterweisung in der christlichen Religion, übernehmet selbst.
5. Sorget, daß die für die bürgerliche und sittliche Kultur so wohlthätigen Hilfsmittel, das Lesen, Schreiben und Rechnen, durch schlechte Methoden den Schülern nicht zur Last gemacht werden.
6. Nicht beym Gesange und Gebethe allein, bey jeder schicklichen Gelegenheit sollen moralisch-religiöse Gedanken, Empfindungen und Vorsätze geweckt werden. Lasset auch deßwegen die Jugend nicht Eine ihr unverständliche Zeile lesen oder lernen.
7. Richtige Begriffe über die für jeden Erden- und Staatsbürger wichtigsten Gegenstände sollen stuffenweise mittels guter Lehrbücher mitgetheilt werden.
8. Wachet endlich, daß die Schuljugend human behandelt, ihren Fehlern vorgebeugt, durch ungerechte Strafen nicht mißhandelt und verzogen werde"[39].

Bereits im August 1803 ließ die Regierung durch das General-Schul- und Studien-Direktorium „an die Ober-Schul-Commissariate, Landgerichte, Hofmarksgerichte, Magistrate und Schul-Inspectoren" „Allgemeine Grundsätze" übermitteln, „nach welchen bei öffentlichen Erziehungs- und Lehranstalten zu Werke gegangen werden soll" (Döllinger Bd.9, S.993-996; hier S.993). Darin wurden die Schulen definiert als „öffentliche(n) Unterrichts-Anstalten", durch die die Jugendlichen befähigt werden, die „allgemeine" und „besondere Bestimmung" des Menschen zu erreichen: „reine Sittlichkeit" und „Brauchbarkeit" für die „bürgerliche Gesellschaft" (Abs.1-3). Zur Sittlichkeit soll erzogen werden durch „Erweckung des moralischen Gefühls" und „durch die Lehre der Religion" (Abs.7), zur Brauchbarkeit durch „intellektuelle(n) und technische(n)

---

39 Nachrichten von dem deutschen Schulwesen in Baiern, 1.Jg.1803, S.175-181; hier S.179.

Oberdonau-Kreis

Schul-District *Lindau*   Local Schul Inspections-Bezirk *Aeschach*

Entlassungs-Schein
aus der Werktags-Schule.

Nachdem *Johañes Morell*, geboren zu *Aeschach* kgl. Land-Gericht *Lindau* am *6ten März 1818*, die Werktagsschule zu *Aeschach* vom *6ten Jahr 1824* bis zum *13ten Jahr 1831* mit rühmlichem Fleiße besucht, der in der Abhaltung der vorgeschriebenen Schuljahressumme nachgefolgt, und die halbjährige Prüfung in der Werktagsschule mit *gänzlich* entsprechendem Erfolge bestanden, auch bewiesen hat, daß derselbe die in der Werktagsschule zu erlernenden Kenntnisse vollkommen inne hat, so daß ihm die Entlassung mit dem Werktagsschule geschehen beizulassen werden kann, so wird demselben die Entlassung aus der Werktagsschule unter dem Vorbehalte des unabänderlichen Besuches der Sonn- und Feiertagsschule hiermit feierlich unter Zuerkennung folgender angenommenen Qualifikationsnoten erteilt.

Geistesgaben	sehr gut	Rechtschreiben	gut
Sittlichkeit	fleißig	Kopf und schriftliches Rechnen	gut
Schulfleiß	thätig	Raumen	mittelmäßig
Politisches Lehrzweige	rühmlich	Naturkundliche Artikel u. Weltkunde	hinlänglich
Religions-Kenntnisse	sehr gut	Gemeinnützige Kenntnisse	gut
Lesen	gut	Gedächtnis Übungen	genügend
Schönschreiben	sehr gut		

Gegeben *Aeschach* den *24ten May 1831*.

Friedrich Gabriel Maurer, Lehrer

Gesehen
den 2ten Juni 1831
der k. Districts-Schul-Inspektor
Pfr. Heuer

Gesehen
den 1ten Juni 1831
der k. Lokal-Schul-Inspektor
Aürig, Pfarrer

Ausbildung" (Abs.5). Diese sind nach dem Grad des künftigen Standes verschieden: der bürgerliche Stand erfordert eine höhere Ausbildung als der Bauer, und der Gelehrte eine höhere als der Bürger (Abs.12). Daher muß es nach der Verschiedenheit der Stände auch verschiedene Schulen und unterschiedliche Unterrichtsanforderungen geben (Abs.15)[40].

Sowohl die allgemeine als auch die besondere Bestimmung des Menschen „scheint es zu fordern, ihn auch industriös zu bilden, d.h. ihm Arbeitsamkeit und die Fähigkeit, mit Verstande zu arbeiten, eigen zu machen" (Abs.18). Der Gedanke der gesellschaftlichen Brauchbarkeit, der schon seit dem 17. und 18.Jahrhundert die Erziehungsvorstellungen aufgeklärter Pädagogen beherrschte (vgl. H.Blankertz 1981) und in der industriösen Bildung seine konkrete Gestalt erhielt, fand hier eine verspätete Aufnahme in die allgemeinen Aufgabenbestimmungen der Erziehungsanstalten. Begründet wird die industriöse Erziehung mit dem Hinweis, daß gar mancher Mensch „durch drückende Armuth" in eine prekäre Lage geraten könne, der vorzubeugen dadurch möglich sei, daß er „als Kind schon an Arbeitsamkeit gewöhnt, und zugleich (...) jede zugemessene Stunde des Lebens gut und ökonomisch zu benützen" gelehrt werde (Abs.18).

Kinderarbeit, längst als Tugend des Fleißes (industria) anerkannt und aus dem Verfügungsrecht der Eltern über die Kinder abgeleitet, hat damit auch ihre schulrechtliche Verankerung gefunden. Daraus aber erwuchs, wie sich später noch zeigen wird, ein anhaltender Konflikt zwischen der Einhaltung bzw. Durchsetzung der Schulpflicht und der Verwendung von Kindern zur Erwerbstätigkeit, – ein Konflikt, der den Staat zu immer neuen Kompromissen zwang. Vorerst jedoch hat man diese Seite einer Erziehung zur Arbeit noch nicht gesehen. Vielmehr leitete man aus ihr die Einführung der „Arbeitsschulen", auch „Industrieschulen" genannt, ab, weil es gut sei, „daß Jeder lerne, den Vorzug zu schätzen, sich selbst den nothwendigen Unterhalt erwerben zu können, und Je-

---

40 In diesem Punkte bestanden zwischen J.Freiherr von Frauenberg, Vorstand des General-Schul-Direktoriums, und J.Wismayr, dem Verfasser des neuen Mittelschulplans, unterschiedliche Auffassungen. Während von Frauenberg ein an den politischen Ständen orientiertes dreigliedriges Schulsystem favorisierte, hatte J.Wismayr, in Anlehnung an E.Günther, im Prinzip die Einheitsschule im Auge. Zwar orientierte sich sein Lehrplan auch an wirtschaftlichen, nicht politischen, Ständen (produzierender, fabrizierender, kommerzierender, schützender, dienender, regierender Stand), aber diese Berufsgruppen waren für ihn durch ihre auf das Gemeinwohl gerichtete Gesinnung letztlich gleich. Aus ihrer Orientierung an der Gesamtheit des Volkes leitete J.Wismayr den Aufbau des Schulwesens ab: aller spezifischen Berufsbildung muß eine grundlegende, gleichsam „zwischenständische Allgemeinbildung" vorausgehen (G.Bögl 1929, S.74 ff.).

nen gehörig zu achten, der durch Arbeitsamkeit und Kunstfleiß sich einen Wohlstand zu verschaffen versteht" („Allgemeine Grundsätze" (1803), Abs.19).

Aus der stufenweisen Entwicklung der Fähigkeiten schließlich wurde eine Ausweitung der Schulpflicht abgeleitet. Sie sollte durch Errichtung von Sonn- und Feiertagsschulen erfolgen, die besonders „für jene Stände nothwendig (sind), welche schon früh aus den Lehrschulen austreten, und zur Arbeit angehalten werden" („Allgemeine Grundsätze" (1803), Abs.21).

Schon im darauffolgenden Monat, am 12.September 1803, verordnete der Kurfürst,

„daß in allen Städten und Märkten und in allen Pfarrdörfern Sonntagsschulen errichtet, und an allen Sonn- und gebothenen Feyertagen (die Aerndtezeit ausgenommen) gehalten werden sollen"[41].

Zum Besuch der Sonn- und Feiertagsschule waren alle Knaben und Mädchen vom 12. bis zum 18.Lebensjahr unter Androhung ähnlicher Strafen verpflichtet, wie sie auch für Werktagsschüler[42] galten. Als Unterrichtsstoff waren vor allem „Religions- und Moral-Unterricht, das Schriftlesen, und Rechnen, besonders im Kopfe", vorgesehen. Die „Geschicklichkeit der Lehrenden" sollte bewirken, „daß auch jeder Schüler oder Schülerinn, die schon das fünfzehnte Jahr erreicht haben, und doch nicht lesen und schreiben können, sich ohne Widerwillen dem Unterrichte in diesen Gegenständen unterziehen" (Verordnung vom 12.September 1803, Abs.X; K.Weber Bd.1, S.73).

Der Sonntagsschulpflicht mußten alle Jugendlichen genügen, die keine weiterführenden Schulen besuchten: Lehrlinge, Handwerksgesellen, alle in der Landwirtschaft, Hausindustrie, im Gewerbe oder sonstwo Beschäftigten. Später fielen auch die jugendlichen Fabrikarbeiter unter diese Verordnung, die es um so härter traf, als sie wegen der langen Arbeitszeiten[43] und der häufigen Nachtarbeit einer Erholungspause am Sonntag desto dringender bedurft hätten.

---

41 „Verordnung vom 12.September 1803, die Sonn- und Feiertags-Schulen betreffend" (K.Weber Bd.1, S.71-73; hier S.71).
42 In der Verordnung, die Sonn- und Feiertagsschulen betr., findet sich zum erstenmal die Unterscheidung von Sonn- und Werktagsschülern (K.Weber Bd.1, S.72, Abs.III).
43 Eine Arbeitsdauer von 14 und mehr Stunden am Tag und 8-10 Stunden am Samstag war durchaus die Regel (vgl. das Kapitel Kinderarbeit in Fabriken).

Die ursprünglich gut gemeinte Idee der Regierung, das Wohl der niederen Klassen dadurch zu fördern, daß sie durch eine verlängerte Schulbildung „immer brauchbarer und nützlicher – und Religion und Moral (...) immer christlich besser (...) werden"[44], mußte spätestens mit dem Aufkommen der industriellen Beschäftigungsweise in eine Benachteiligung der Fabrikarbeiterjugend umschlagen. Denn während den Kindern der Bürger die Sonntagsruhe zur Rekreation diente, hatten die Söhne und Töchter der Arbeiter an diesem Tag ihre Schulpflicht zu erfüllen[45].

Erst in der Ministerialentschließung vom 9.Juli 1856 wurde die Schulpflicht für die Werktagsschüler bis zum 13.Lebensjahr verlängert und die der Sonn- und Feiertagsschüler auf das vollendete 16.Lebensjahr verkürzt. Der Besuch „des sonn- und feiertäglichen Religionsunterrichts (Christenlehre)" blieb aber „bis zu dem bei der betreffenden Confession üblichen Zeitpunkte" Pflicht[46]. Erst 1864, als die Entlassung aus der Sonn- und Feiertagsschule an eine Schlußprüfung geknüpft wurde, sollte auch die Christenlehre mit dem 16.Lebensjahr enden[47].

Mit dem Wandel der Arbeits- und Lebensverhältnisse durch fortschreitende Industrialisierung und Technisierung nahm die ursprüngliche Form der Sonn- und Feiertagsschule zunehmend anachronistische Züge an: Je mehr einerseits die Kirche auf Einhaltung der Christenlehre drängte und darin durch den Staat bereitwillige Unterstützung fand, desto stärker suchten die Jugendlichen sich dieser Pflicht, die sie als Bevormundung und ungerechtfertigte Beschneidung ihrer im Berufsleben schon längst erreichten Selbständigkeit empfanden, zu entziehen (vgl. K.Mühlbauer 1985b, S.282-298). Je länger andererseits der Staat die Sonn- und Feiertagsschule *nur* als Ergänzung und Fortsetzung der Lerninhalte der *Werktags*schule verstand, um so weiter entfernte sich diese Schulform von den wachsenden Bedürfnissen und Anforderungen des Gewerbes und der Industrie. Eine anhaltend hohe Zahl von Schulversäumnissen war die Folge (vgl. W.G.Demmel 1978, S.114-117). Erst zwischen 1870 und 1880 wurde in Bayern die Sonn- und Feiertagsschule durch die gewerbliche Fortbildungsschule ersetzt (W.G.Demmel 1978, S.119).

---

44 Abs.VI der Verordnung vom 12.September 1803 (K.Weber Bd.1, S.73).
45 Nur wenige von ihnen dürften sich in der bevorzugten Lage befunden haben, eine Real- oder Lateinschule besuchen zu können.
46 „Ministerialentschließung vom 9.Juli 1856, die Werktags- und Feiertagsschulpflicht der Jugend betreffend" (K.Weber Bd.4, S.764 f.).
47 „Allerhöchste Verordnung vom 31.Dezember 1864, die Sonn- und Feiertagsschulpflicht der Jugend betreffend" (K.Weber Bd.6, S.397-399).

3.2.3 Die neue Lehrerbildung

Die Reform im schulorganisatorischen Bereich wurde durch weitere Maßnahmen, die vornehmlich der Hebung und Verbesserung des Unterrichts dienten, ergänzt. Es konnte, schreibt J.Gebele, „dem wachsamen Auge der um das Blühen und Gedeihen der Lehranstalten so ängstlich besorgten Oberbehörde nicht entgehen, daß das wichtigste Glied, ja der Mittelpunkt aller Schulverbesserungen, fehle: gründlich gebildete Lehrkräfte" (1896, S.167). Deshalb ordnete eine kurfürstliche Resolution vom 3.Januar 1803 „öffentliche Vorlesungen aus den nothwendigen Lehrgegenständen für Präparanden und Schulkandidaten"[48] an, die am 7.März desselben Jahres vom neu ernannten Leiter des ersten Schullehrer-Seminars in Müchen, Prof.M.Weichselbaumer, mit einer weithin beachteten Rede[49] eröffnet worden sind. Damit wurde vom bisherigen Ausbildungsmodus der „Anlern-Kurzkurse an den Musterschulen" (A.Reble 1975, S.956) bzw. der Selbstinstruktion endgültig Abschied genommen und das bereits in der Theologenausbildung bewährte Modell des auf einen zweijährigen Lehrgang[50] angelegten Lehrerseminars eingeführt. So versuchte die Regierung, um „einer gründlichen Verbesserung der Volksschulen"[51] willen, die Ausbildung der Elementarschullehrer auf ein solides Fundament zu stellen und jenen Zustand zu beenden, den M.Weichselbaumer in folgender Weise umschrieb:

„Tausende fanden ihn (den Weg – erg. v. Verf.) nicht; ahndeten nicht einmal seine Existenz, und waren doch Lehrer, und lehrten, ohne zu wissen, wen, was, und wie sie lehrten; sie wußten selbst das nicht, was sie wollten, oder was sie thaten. Sie wurden (...) die Quälgeister ihrer Schüler, die sich ihres herben Jugendunterrichtes gewöhnlich bis ins späteste Alter mit Furcht und Zittern erinnerten. Viele Volksschulen waren, leider ! bisher öffentliche Erstickungs-Maschinen der zarten Blüthe des gesunden Menschenverstandes" („Rede" 1803, S.40; S.42).

W.K.Blessing beschreibt die Situation des durchschnittlichen Landschullehrers um 1800 trefflich, wenn er berichtet, daß Männer Schulmeister

---

48 Nachrichten von dem deutschen Schulwesen in Baiern, 1.Jg.1803, S.33 (im folgenden als „Nachrichten" zitiert).
49 „Rede bei Eröffnung der Vorlesungen für künftige Schullehrer"; abgedr. in: Nachrichten, 1.Jg.1803, S.40-52.
50 „Allerhöchste Verordnung die Einrichtung der Schullehrer-Seminarien und die Bildung der Volksschullehrer überhaupt betreffend" vom 11.Juni 1809; abgedr. in: Nachrichten, 7.Jg.1809, S.89 f.
    Der Verordnung ist beigefügt das „Allgemeine Regulativ für die Ordnung der Schullehrer-Seminarien" vom 11.Juni 1809 (S.91-124); im folgenden als „Allgemeines Regulativ" zitiert. §30 setzt die Unterrichtsdauer auf zwei Jahre fest.
51 „Allerhöchste Verordnung" vom 11.Juni 1809, S.89; siehe Anm.50.

wurden, die durch Unfähigkeit in ihrem erlernten Beruf scheiterten, oder die ihr Gewerbe nicht ernähren konnte. „Ein ehemaliger Kutscher, ein invalider Soldat oder ein abgearbeiteter Tagelöhner wurden von der Gemeinde (...) für den Winter als Lehrer gedingt" (1974, S.493).

Triste Zustände dieser Art, wie sie besonders in Dorf- und Marktschulen anzutreffen waren, sollten durch Institutionalisierung der Lehrerbildung und Errichtung von Lehrerseminaren beseitigt werden. War erst der künftige Lehrer aus dem kleinräumigen Lebens- und Arbeitsbereich befreit, in dem der Schulmeister alten Stils gefangen war (vgl. W.K.Blessing 1974, S.520), und auf das Leitbild eines bescheidenen, frommen und zufriedenen Staatsbürgers und Vorbilds seiner Schüler eingeschworen[52], der neben Wissensbildung auch Liebe zum Vaterland und besonders die Tugend kritikloser Anerkennung der vorgefundenen politischen, gesellschaftlichen und geistlichen Autoritäten besaß, dann konnte man von ihm in Erfüllung seiner unterrichtlichen Aufgaben neben allgemeiner Volksbildung auch die Erziehung der Jugend zu guten, nützlichen und sozial zufriedenen Bürgern erwarten.

Mit seiner Aufgabe der „christliche(n), moralische(n) und nützlich standmäßige(n) Bildung der Jugend"[53] vertrugen sich auch keinerlei entwürdigende Nebenbeschäftigungen. Außer dem niederen Kirchendienst, der Gemeindeschreiberei und der Bestellung von Gemeinde- und Kirchengründen war ihm jede Art von Beschäftigung, die sein Einkommen hätte aufbessern können, untersagt: Bierausschank, Betrieb eines Kramladens, ein Handwerk, Kanzleidienste bei Advokaten oder Notaren, die Vertretung einer Prozeßpartei vor dem Landgericht, die Tätigkeit eines Hochzeitsladers oder Leichenbitters, das Aufspielen in Wirtshäusern und zum Tanz u.a.m. Auch die Annahme von Geschenken der Eltern seiner Schüler oder das Sammeln von Naturalien wurde als Verstoß gegen die Lehrerwürde verboten (W.K.Blessing 1974, S.519 f.).

Um solche Verhaltensmuster frühzeitig zu verinnerlichen, mußte ihre Einübung schon während der Ausbildungszeit begonnen werden. Statuten wie die für „Präparanden und Schulkandidaten" des Schullehrerseminars zu München vom 17.Februar 1803[54] belegen den hohen Anspruch,

---

52 Nach W.K.Blessing bildeten Frömmigkeit und Tugend, Unterordnung und Patriotismus die Grundhaltungen, die vom seminaristisch ausgebildeten Lehrer erwartet und ihm mit Hilfe eines Netzes von Normen und Kontrollen abverlangt wurden (1974, S. 496-518).
53 Verordnung Kurfürst Max IV. Josef vom 23.12.1802.
54 Abgedr. in: Nachrichten, 1.Jg.1803, S.33-37.

der an die Lehramtsanwärter gestellt wurde. Sie schrieben vor, daß jeder Seminarist einen „untadelhaften" Lebenswandel „durch Zeugnisse" nachweisen (S.34, Abs.I), sich „fleißig bey allen wöchentlichen und täglichen Vorlesungen (...) einfinden" (S.35, Abs.IV), alle drei Monate sich „eine(r) sowohl wissenschaftliche(n) als moralische(n) Prüfung in Gegenwart eines kurfürstl. Schul-Direktions-Rathes" (S.35, Abs.VI) unterziehen und „so lange dem Unterrichte in dieser Lehranstalt beywohnen" müsse, „bis er als hinlänglich befähigt durch die geeignete Behörde erkannt seyn wird" (S.35, Abs.VII). Ferner wurde erwartet, daß die Schulkandidaten sich eines Umgangs „mit gesitteten und etwas mehr gebildeten Menschen" (S.36 f., Abs.XII) befleißen und „durch ein ordentliches, sittlich gutes Betragen zur Zufriedenheit aller Vorgesetzten auszeichnen" (S.36, Abs.XI). Ein vom „Schulen- und Studien-General-Direktor" Freiherr von Frauenberg vorgeschriebener Plan bestimmte Inhalt und Anzahl der Vorlesungen[55]. Alle Vierteljahr und am Ende jedes Lehrgangs fanden Prüfungen statt, wobei „die unfähigen Seminaristen (...) schon im ersten Jahre nach der (...) Prüfung verabschiedet" wurden (Nachrichten, 5.Jg. 1807, S.76). Die Auslese war streng, wie eine Tabelle zeigt:

Seminaristen

im Jahre	aufgenommen	befördert	ausgetreten	zurückgeblieben
1803	68	30	10	28
1804	125*	50	22	43
1805	117	55	22	40
1806	86	33	14	39
1807	53**	14	12	28

* 115
** 54 = Berichtigung durch Verf.
(Nachrichten, 5.Jg.1807, S.77 und 6.Jg.1808, S.33).

---

55 Der Plan sah in etwa folgende Einteilung vor:
   Unterrichtstage: Montag mit Sonntag (!);
   Unterrichtszeiten: Werktags von 3–6 Uhr, sonntags von 6 Uhr früh – 4 Uhr nachmittags;
   Unterrichtsinhalte
   – Theoretische Fächer: Anthropologie, Diätetik, Naturgeschichte, Experimentalphysik, Kosmologie, Rechtslehre, Pädagogik, Methodik;
   – praktische Fächer: Sprach-, Schreib-, Aufsatz-, Natur- und Religionslehre, Vokal- und Instrumentalmusik, Baumzucht und Gartenbau.
(Nachrichten, 1.Jg.1803, S.37-39).

Es sollten ja auch nur „die vorzüglich tüchtigen Schulamtskandidaten (...) den Ortsschulvorständen zur Beförderung (...) bekannt gemacht" werden (Nachrichten, 5.Jg.1807, S.76).

Am gründlichsten ließ sich die Vorbereitung der Schulamtskandidaten auf ihr Lehramt und ihre sittliche Lebensführung in einem Schullehrerseminar überwachen. So wurden in der ersten Hälfte des 19.Jahrhunderts in den einzelnen Regierungsbezirken Lehrerseminare errichtet: 1804 in München (1812 nach Freising verlegt), 1807 in Amberg (1824 nach Straubing), 1807 in Innsbruck (damals bayrisch), 1813 in Nürnberg (1824 nach Altdorf), 1818 in Kaiserslautern, 1824 in Dillingen (1841 nach Lauingen), 1835 in Eichstätt, 1839 in Speyer und 1843 in Schwabach. In Würzburg und Bamberg bestanden Lehrerseminare bereits seit 1770 bzw. 1791 (W.K.Blessing 1974, S.521, Anm.127).[56]

Mit der Verbreitung der Lehrerseminare wuchs aber zugleich das Bedürfnis, die Lehrerbildung zu vereinheitlichen und einen für alle Seminare gemeinsam verbindlichen Lehrplan zu erstellen, der dem Leistungsvermögen und den Aufgaben der künftigen Volksschullehrer angepaßt sein sollte. Am 11.Juni 1809 wurde durch Allerhöchste Verordnung ein „Allgemeines Regulativ für die Ordnung der Schullehrer-Seminarien und die Bildung der Volksschullehrer überhaupt" erlassen, das die Lehrerausbildung für ganz Bayern regelte und Inhalt und Methode neu bestimmte. Der Plan bevorzugte im Gegensatz zu der von Freiherrn von Frauenberg für das Münchener Lehrerseminar 1803 genehmigten Studienordnung eine berufs- und praxisnahe Ausbildung der Lehrer. Die Praxis sollte vor der Theorie, die Einweihung „in das Geheimniß der Unterrichts-Kunst" vor der Vermittlung „theoretische(r) Regeln" stehen (Allgemeines Regulativ 1809, S.109). Denn

„es ist schwerlich darauf zu rechnen, daß jemals die Präparanden in ihrer Mehrzahl reif genug seyn werden, einer Theorie der Didaktik oder Methodik mit der nöthigen Einsicht folgen, und davon eine sichere Anwendung in der Praxis machen zu können" (Allgemeines Regulativ 1809, S.109).

Hinter diesen Bestrebungen stand das Bemühen G.F.Freiherr von Zentners, der seit 1807 das „Geheime Schul- und Studienbureau" leitete[57],

---

56 Zu den Angaben vgl. auch J.Heigenmooser 1912, S.277 f.; A.Reble 1975, S. 956, Anm.3; Nachrichten, 5.Jg.1807, S.161; Nachrichten, 7.Jg.1809, S.90.
57 Vgl. F.Dobmann: Georg Friedrich Freiherr von Zentner als bayerischer Staatsmann in den Jahren 1799-1821. Kallmünz 1962.

eine Synthese zwischen der „innere(n) Veredlung" der Bürger und den beruflichen Erfordernissen der arbeitenden Bevölkerung herzustellen.

„Denn taugt der Lehrer nicht viel, was will man von den Schülern erwarten? Der Bauer, der Bürger soll zwar kein Gelehrter werden, er hat also auch keinen gelehrten Schullehrer nöthig. Aber mit der Verbeßerung des äußerlichen und bürgerlichen Zustandes muß die innere Veredlung durch eine beßere Erziehung nothwendig gleichen Schritt halten, wenn im Ganzen etwas wahrhaft Gedeihliches zu Stande gebracht werden soll" (Nachrichten, 6.Jg.1807, S.73).

Das „Allgemeine Regulativ" der Volksschullehrerbildung stellt zusammen mit dem noch zu besprechenden neuen Lehrplan für Grundschulen gewissermaßen die Aufgipfelung der staatlichen Bemühungen dar, eine Verbesserung des Volksschulunterrichts herbeizuführen, und damit wenigstens eine Annäherung an mehr Bildungs- und Chancengerechtigkeit für die sozial Schwachen zu erreichen. Nur über einen gediegenen Unterricht durch ein solide geschultes Lehrpersonal konnten langfristig die Voraussetzungen geschaffen werden, die eine allmähliche Veränderung der sozialen Lage des Arbeiterkindes erhoffen ließen. Es ist unverkennbar, daß das „Allgemeine Regulativ" dieses Ziel im Auge hatte und mit aller Konsequenz verfolgte.

Darum soll der „Seminariums-Unterricht der Präparanden durchaus als Muster" für den „von ihnen in der Folge zu ertheilenden Unterricht in der Volksschule" dienen (§ 28)[58]. Die Lehrgegenstände sollen so behandelt werden, „wie sie auch mit den Schülern der Volksschulen zu behandeln sind" (§ 24): daß sie zur „lebendigen Anschauung" (§ 27) gebracht und „nach allen ihren Verhältnissen möglichst vollständig" erfaßt werden (§ 28). „Mit Eifer ist darauf zu dringen, daß der Unterricht für die untern Volksklassen von dem geisttödtenden Mechanismus (...) endlich befreyt werde" (§ 29). Aber nicht weniger sorgfältig ist „darauf zu sehen, daß nicht unberufene (...) Präparanden verleitet werden, aus Neuerungsdünkel Verwirrung in den Volks-Unterricht zu bringen" (§ 29).

Die von den Schulkandidaten anzueignenden Kenntnisse sollen nach dem Willen der Regierung ein möglichst ausgewogenes Verhältnis von lebenspraktischem und der „höheren Vervollkommnung" (§ 23) dienendem Wissen darstellen. „Verwirrende(n) und aufblähende(n) Vielwisserey" ist ebenso zu vermeiden, wie umgekehrt „nur das allgemein Wissenswürdige" der Gegenstände zu fördern ist (§ 21).

---

58 Die folgenden Angaben beziehen sich auf die einzelnen Paragraphen des „Allgemeinen Regulativs".

In drei Bereiche hat sich der gesamte Wissens- und Kenntnisstoff der Schulkandidaten zu gliedern:

- den Bereich von Kenntnissen, der in den Volksschulen zu vermitteln und anzuwenden ist: Lesen, Schreiben, Rechnen, Christenlehre (§ 18), Singen, Zeichnen und „angemessene Behandlung der Kinder" oder die „Kunst des Unterrichtens und Erziehens" (§ 19);
- den Bereich von Lehrgegenständen, der der Bildung des Lehrers dient, da die „Volksschullehrer sich von dem ungebildeten Haufen des Volkes sowohl durch einen größeren Umfang von Kenntnissen, als auch durch eine vorurteilsfreye Denkart auszeichnen sollen" (§ 20): Geschichte, Geografie, Geometrie, Naturkunde, Technologie (§ 21) und „die landwirtschaftlichen Kenntnisse der 1) Gartenkunde, 2) Obstkultur, 3) Bienenzucht etc.; in wiefern die Volksschullehrer auch in diesem Kreise der allgemeinen Kultur mitwirken sollen, veraltete Vorurtheile in dieser Art von Geschäften, insbesondere unter dem Landvolke, durch ein besseres Beyspiel verdrängen, und bewährten richtigen Einsichten Eingang verschaffen zu helfen" (§ 22);
- den Bereich von Fertigkeiten, die dem Lehrer für „anderweitige (...) Geschäfte" nützlich sind: „Orgel-Spielen", „Singkunst", „Gerichtsschreiberey" (§ 23).

Allem Wissen voran müssen zwei Voraussetzungen erfüllt sein: einwandfreies sittliches Betragen[59] und jugendliches Alter[60].

Zur Erreichung und Durchsetzung dieser Ziele wurde 1836[61] für alle Schullehrerseminare eine einheitliche Hausordnung erlassen. Sie bestimmte den Zeitpunkt des Aufstehens (im Sommer um 4.30, im Winter um 5 Uhr) und Schlafengehens (um 21 Uhr) ebenso wie die Lehr-, Übungs- und Erholungsstunden, ordnete Art und Menge der Mahlzeiten an, schrieb die Kleidung der Schullehrlinge vor, verbot Karten-, Würfel- und Geldspiele und untersagte den Besuch von Wirtshäusern, wie überhaupt der Verkehr mit der Außenwelt aufs äußerste reduziert war. Reli-

---

59   Wozu u.a. das Verbot des Besuchs von Wirtshäusern und öffentlichen Gärten (§8), die Überwachung der Präparanden durch Polizeibehörden (§9) und der gewissenhafte Besuch des Gottesdienstes (§5) gehört.
60   Überraschend ist die Möglichkeit des frühen Eintritts in das Seminar. Es heißt, der Aspirant möge „bereits das 15.Lebensjahr erreicht" haben (Abs.I, §1); und: Wenn die Aufnahmeprüfung „zweymal fruchtlos wiederholt" worden ist, sei „der Adspirant, besonders wenn er das 18.Lebensjahr bereits zurückgelegt hat, ganz abzuweisen" (Abs.I, §6).
61   Döllinger Bd.9, S.1210; Beilage VIII. Über die Normierung und Regulierung der Seminaristenausbildung s. W.K.Blessing 1974, S.520-529.

giöse Übungen begleiteten den Tagesablauf. Sie trugen mit dazu bei, den Lehrernachwuchs von Anfang an auf seine späteren Aufgaben im niederen Kirchendienst vorzubereiten. Wollte der Seminarist nicht Gefahr laufen, seine berufliche Zukunft aufs Spiel zu setzen, blieb ihm keine andere Wahl, als sich die geforderten Verhaltensmuster zueigen zu machen und, freiwillig oder nicht, sich in dienstfertiger Gefügigkeit dem obrigkeitlichen Willen zu fügen.

Der Sinn solcher Maßnahmen läßt sich unschwer aus den allgemeinen Zielsetzungen erkennen, die der Staat an die Einführung der allgemeinen Schulpflicht knüpfte. Die niederen und mittleren Gesellschaftsschichten sollten auf die Erfordernisse eines modernen Staatswesens durch Aneignung elementarer Kenntnisse und Fähigkeiten vorbereitet und auf die in England und Frankreich sich bereits ankündigenden industriellen Veränderungen eingestimmt werden. Gleichzeitig wurde mit größter Sorgfalt darauf geachtet, daß, ganz im Sinne der alteuropäischen Gesellschaftsordnung, die herrschenden Autoritäten kritiklos anerkannt und die vorgegebenen sozialen Ordnungen fügsam respektiert wurden. Dazu bedurfte es eines durch geistige und sittliche Bildung sich auszeichnenden Lehrerstandes, der alle vom einzelnen Bürger erwarteten Tugenden und Verhaltensweisen in vorbildlicher Weise praktizierte. Seine Ausbildungs- und Vorbereitungszeit, die durch ein engmaschiges und weitreichendes Netz täglicher Kontrollen die Einübung solcher Verhaltensmuster sicherte, diente hierfür als geeignetes Instrument.

Damit der Lehrer sich ausschließlich dem „edelsten und vorzüglichsten Geschäfte"[62] der Erziehung der heranwachsenden Jugend widmen konnte, sollte er auch als Staatsdiener eine staatlich abgesicherte regelmäßige Besoldung erhalten. In einer Ministerialentschließung vom 12.10.1832 wurde das jährliche Gehalt für Lehrer in Städten 1.Klasse (mehr als 2000 Familien) auf 400 fl., in Städten 2.Klasse (zwischen 2000 und 500) auf 300 fl., in Städten und Märkten 3.Klasse (unter 500) auf 250 fl., in Landgemeinden auf 200 fl. und für einen Lehrergehilfen auf 150 fl. festgelegt (Döllinger Bd.9, S.1171 ff.)[63]. Sein Einkommen und seine Funktion als Staatsdiener machten den Volksschullehrer zwar finanziell unabhängig von berufsfremden Tätigkeiten eines Schulmeisters alten Schlags, doch da er weder einen Anspruch auf definitive Anstellung und Pension besaß noch der geistlichen Schulaufsicht durch den Ortspfarrer und der Ver-

---

62 Eröffnungsrede M.Weichselbaumers 1803; in: Nachrichten, 1.Jg.1803, S.46.
63 Als Vergleichseinkommen seien erwähnt: Landrichter: 1100 fl., Ministerialkanzlisten: 600 fl., Kassendiener, Briefträger, Landgerichtsdiener: 500-550 fl., katholische Pfarrer: 600 fl. (W.Zorn 1969, S.611-631).

pflichtung zu niederen Kirchendiensten enthoben war, stand er im öffentlichen Dienst auf niederster Stufe.[64] Seiner rechtlichen und finanziellen Minderstellung entsprach im allgemeinen ein sehr bescheidener Lebensstandard. „Zwar bedrängte kaum einen Lehrer mehr das Hungerleben und die soziale Unsicherheit vieler Winkelschulmeister des 18.Jahrhunderts, und die Fälle, daß Lehrer in den Ferien Taglöhnerarbeit, etwa beim Kanalbau, annahmen, wurden selten. Aber das Einkommen reichte durchschnittlich doch nur dazu, dem Lehrer und seiner oft zahlreichen Familie das Existenzminimum zu sichern" (W.K.Blessing 1974, S.509).

Obwohl die Verhältnisse des durchschnittlichen Volksschullehrers, sowie die rechtlichen und materiellen Bedingungen, unter denen sich seine privaten und öffentlichen Geschäfte vollzogen, ihm nur geringen Handlungsspielraum für eine unabhängige, selbstbestimmte berufliche und persönliche Lebensgestaltung boten, darf sein Einfluß auf den Großteil der agrarischen und kleingewerblichen Gesellschaft nicht unterschätzt werden. Die Erziehung und Bildung der heranwachsenden Jugend war seit Einführung der allgemeinen Pflichtvolksschule nicht mehr ausschließlicher oder vorwiegender Aufgabenbereich von Elternhaus und Kirche, sondern wurde erstmals für die Mehrheit der Bevölkerung auch zu einer öffentlichen Angelegenheit. Der Lehrer avancierte zu einem „Sozialisationsagent" ersten Ranges, indem er als Wissensträger und -vermittler, aber auch als „frommer und tugendhafter Patriot" (W.K.Blessing 1974, S.564) auf die Wissens- und Meinungsbildung der nachwachsenden Generation und über die Schulstube hinaus auch auf Nachbarschaft und Gemeinde direkten Einfluß nahm. Auch wenn sein Sozialprestige im Vergleich zum Ortspfarrer und anderen staatlich Bediensteten bis weit in die zweite Hälfte des 19.Jahrhunderts gering und seine persönliche wie karrieremäßige Entfaltungsmöglichkeit infolge seiner Unterordnung unter Kirche und Gemeinde äußerst bescheiden war, so wuchs er doch allmählich auf Grund seines Wissens und seiner Sachkompetenz zu einem ebenbürtigen, bisweilen auch überlegenen Glied in der Gemeindehierarchie heran.

3.2.4 Der neue Lehrplan

Wie die Lehrerbildung dem Unterricht in Volksschulen eine höhere, nicht zuletzt den Bedürfnissen des Staates zugute kommende Qualität

---

64 Auch in seinem äußeren Erscheinungsbild blieb ihm eine Gleichstellung mit den höheren Beamten versagt. Ein Bittgesuch Münchner Lehrer von 1810, wie alle „Individuen, die in Königsdiensten stehen, durch Uniform ausgezeichnet" zu werden, wurde abgelehnt (J.Gebele 1903, S.62).

verleihen sollte, so war auch an die Einführung des neuen Lehrplans[65], mit dessen Ausarbeitung der Schuldirektionsrat J.Wismayr beauftragt worden war, die Erwartung geknüpft, den Unterricht auf ein nach Inhalt und Methode solides Fundament zu stellen. Am 3.Mai 1804 kündigte das Generalschuldirektorium im Regierungsblatt das Erscheinen des „neuen Lehrplans für die kurbayerischen Elementarschulen nebst einer Skizze desselben" an[66]. Das Direktorium tat dies in der für damalige Gepflogenheiten völlig ungewöhnlichen Erwartung,

„daß so mancher vaterländische Pädagoge es sich zum Vergnügen rechnen werde, Materialien, Beiträge oder förmliche Entwürfe zu dem (...) Unterrichtsplan (...) zu liefern und dadurch die (...) Verfasser (...) zu unterstützen"[67].

Ob Reaktionen darauf erfolgten, ist unbekannt. Doch schon am 7. bzw. 12.September 1804 erfolgte für die altbayerischen Stammlande sowie für Schwaben und Franken die Genehmigung des Lehrplans, dem im selben Jahr noch die von J.Wismayr verfaßte „Instruction für die Lehrer in den Stadt- und Landschulen"[68] folgte.

Der Lehrplan gliedert den gesamten Unterrichtsstoff in folgende sechs Lehrgegenstände:

I. Gott:
   – Religions- und Tugendlehre

II. Mensch:
   – Leib (Gesundheits-, Anstands-, Gymnastikregeln)
   – Seele (Empfinden, Denken, Wollen)
   – Menschengeschichte (biblische Völker, antike Völker, Vaterlandsgeschichte)

III. Natur:
   – Naturgeschichte (Tier, Pflanzen, Materialien)
   – Naturlehre (Luft, Feuer, Wasser, Erde)
   – Erdbeschreibung (Geographie, Klima, Himmelsrichtungen)

---

65 Über das Zustandekommen und die Mitgestalter des Lehrplans, sowie über dessen geistige Mentoren, den schlesischen Schulmann K.E.Günther und den Schweizer Pädagogen J.H.Pestalozzi siehe G.Bögl 1929, S.33-63; vgl. auch A.Spörl 1977, S.122-151, der sich aber weitgehend an G.Bögl orientiert.
66 G.Bögl 1929, S.36.
67 Geh.Rats-Akten. Deutsches Schulwesen. Fach II, Nr.1; zit. nach G.Bögl 1929, S.36.
68 Lehrplan und Instruktion sind mit Einleitung und Anmerkungen von A.Bock 1917 herausgegeben worden; im folgenden zit. mit „Lehrplan" bzw. „Instruktion".

IV. Kunst:
   – handwerkliche und künstlerische Erzeugnisse

V. Sprache:
   – Sprechen, Lesen, Schreiben, Sprachlehre

VI. Zahl und Maß:
   – Rechnen, Messen, Zeichnen

(Lehrplan, hrsg. von A.Bock 1917, S.11-21).

Da J.Wismayr die Unterrichtsgegenstände als organische Einheit des die gesamte Wirklichkeit umfassenden Wissensstoffes verstanden haben wollte, mußte auch in jeder Klasse (die Volksschule bestand aus drei Klassen zu je zwei Jahrgängen), wenngleich auf die jeweilige Altersstufe der Kinder abgestimmt, der ganze Unterrichtsstoff vermittelt werden. Die zeitliche Dauer für die Behandlung eines einzelnen Gegenstandes sollte, „außer wenn mit demselben zugleich das Abwechselnde praktischer Übungen verbunden werden kann", nicht länger als eine „halbe Stunde" in Anspruch nehmen (Instruktion, Abs. 22, hrsg. von A.Bock 1917, S.30)[69].

Besondere Beachtung verdient die von J.Wismayr mitgelieferte „Instruktion" (hrsg. von A.Bock 1917, S.22-46), die eine Reihe bemerkenswerter didaktischer Hinweise enthielt[70]. Diese sind zwar an sich nicht neu, da sie

---

69 Für die einzelnen Unterrichtsgegenstände pro Woche waren folgende Stundenzahlen vorgesehen:
    Gott 4, Mensch 3, Natur 4, Kunst 3, Sprache 6, Zahl und Maß 4. Das sind insgesamt 24 Std., teils volle, teils halbe (Instruktion, Abs.22, hrsg. von A.Bock 1917, S.29 f.).
70 Der Lehrer soll u.a. folgende Regeln beachten:
    - Alles Lernen muß auf Wissen ausgerichtet sein, und dieses soll „innigstes Eigenthum" (Abs.16) werden.
    - Zuviel Wissensstoff auf einmal vermittelt, erzeugt „Eckel der Überladung", zuwenig „Eckel der Nüchternheit" (Abs.17).
    - Nichts soll zur Unzeit gelernt werden: „Das Zufrüh erzeugt (...) verworrenes Wissen; das Zuspät hat (...) die Folge, daß unrichtige (...) Vorstellungen und Begriffe die Stelle der wahren (...) einnehmen" (Abs.18).
    - Lernfortschritte werden erreicht, wenn „nicht nur Eines nach dem Andern, sondern auch Eines aus dem Andern" erfolgt (Abs.19).
    - Als Grundsatz für das Lerntempo soll gelten: „Nicht Einen Schritt weiter, bis der Fuß bei dem vorhergehenden vesten Grund gefaßt hat!" (Abs.20).
    - Ziel des Unterrichts muß sein die „frühe Gewöhnung, alles Wissen sogleich praktisch zu machen" (Abs.21).
    - Alle Unterrichtsgegenstände müssen geschlechtsspezifisch differenziert werden, nach der natürlichen und bürgerlichen Bestimmung des Knaben, der zum Staatsbürger, Haus- und Familienvater, des Mädchens, das zur Magd, Hausfrau, Eheweib, Mutter und Erzieherin bestimmt ist (Abs.23).

aus einem Fundus bewährten pädagogischen Wissens stammen. Neu daran ist aber, daß sie in eine amtliche Instruktion für Volksschullehrer aufgenommen und zur Anwendung empfohlen wurden.

Zwei Bildungsauffassungen überschneiden sich im Volksschullehrplan von 1804: die Idee einer enzyklopädischen und die einer elementaren Bildung. Während die eine über den aufsteigenden und absteigenden Weg (von der Natur über den Menschen zu Gott und von Gott über den Menschen zur Natur) (vgl. G.Bögl 1929, S.49) „die Summe des menschlichen Wissens (...) das 1) Wissensnötige, 2) das Wissenswürdige, 3) das Wissenschaftliche, 4) das Gelehrte"[71] der Jugend vermitteln wollte, suchte die andere über den Weg des Elementaren und der Grundelemente die Bildung des Volkes zu erreichen. „Bildung 'von oben'" nennt G.Bögl die Lehrweise des enzyklopädischen Bildungsideals, die glaube, den Schüler gleichsam „mit einem Schwunge ins Ziel setzen zu können", wogegen er die Elementarbildung als „Bildung 'von unten'" bezeichnet, die „den Lernenden an den Ausgangspunkt" stelle und ihn „den Weg zum Ziele selber gehen" läßt (1929, S.57). Beide Auffassungen hatten schon damals ihre Tradition in der Geschichte der Erziehung und Bildung. Ihre jüngsten Vertreter fanden sie im Falle der enzyklopädischen Bildung unter den Aufklärungspädagogen des Philanthropismus, im Falle der Elementarbildung bei J.H.Pestalozzi. Die 1801 von J.H.Pestalozzi erstmals formulierten Elementarmittel des Unterrichts „Schall" (= Tonlehre, Wort- bzw. Namenlehre, Sprachlehre), „Form" (= Meßkunst, Zeichnungskunst, Schreibkunst) und „Zahl" (= Rechenkunst)[72] fanden denn auch uneingeschränkt Eingang in den Lehrplan für bayerische Volksschulen.

Aber gerade weil der Lehrplan eine Synthese zwischen beiden Bildungsauffassungen suchte: Bildung als Gestaltung des Menschen durch „den Umkreis Alles menschlichen Wissens" (Instruktion, hrsg. von A.Bock 1917, S.23) und Bildung als Selbstgestaltung aus elementaren Anfangsgründen, ohne sie tatsächlich leisten zu können, blieb er ein janusköpfiges Gebilde. Einerseits verlangte er,

„von *allen* nothwendigen Kenntnissen und Fertigkeiten, die für das gemeine bürgerliche und gesellschaftliche Leben von vorzüglicher Wichtigkeit sind, schon in den Volks-Schulen einen so sicheren und dauerhaften Grund zu legen, daß in der

---

71 K.E.Günther: „Aussichten zur Festsetzung des Elementarunterrichts in den Bürger- und Gelehrtenschulen" 1790, §7; zit. nach G.Bögl 1929, S.48.
Dieser Gedanke wird auch in der „Instruktion" wieder aufgegriffen: „Gott, Mensch, Natur, Kunst, Sprache, Zahl und Maaß, umfassen den Umkreis Alles menschlichen Wissens" (Abs.9; hrsg. von A.Bock 1917, S.23).
72 J.H.Pestalozzi: Wie Gertrud ihre Kinder lehrt. Sämtl. Werke Bd.13, S.252-304.

Folge (...) mit Zuversicht darauf fortgebauet werden kann" (Instruktion, Abs.6; hrsg. von A.Bock 1917, S.23).

Andererseits forderte er, allein das Nützliche zum Kriterium der Stoffauswahl zu verwenden:

„Nur das *allgemein* Brauchbare, das in *jedem* Stande Anwendbare darf und soll in den Volks-Schulen (...) gelehrt werden" (Instruktion, Abs.5; hrsg. von A.Bock 1917, S.22).

Ferner wurde, ganz im Sinne vorausplanender und vorgebender Erziehung, verlangt,

daß jeder Lehrer den „auf die ganze Masse des Lehrstoffes und auf die Dauer der Lehr- oder Schuljahre, so wie auf das zarte Alter (...) der Kinder berechnete(r)n (...) *Lehrplan*" genau zu befolgen habe (Instruktion, Abs.7; hrsg. von A.Bock 1917, S.23).

Gleichzeitig verwiesen die „Allgemeine(n) Vorschriften und Grundsätze" der Instruktion auf die seit J.J.Rousseau bekannte und durch J.H.Pestalozzi erprobte „Lehrart der Natur", der zufolge aller Unterricht auf dem „kürzesten", „einfachsten", „ungekünsteltsten" Weg und „immer vom Leichtesten und Fasslichsten zu dem Schwereren" fortschreiten müsse (hrsg. von A.Bock 1917, S.22).

So schwankte der Lehrplan zwischen Anpassung an die Tendenz der Zeit, alle Lebensverhältnisse restlos durchrationalisieren zu wollen, wie „die oft lächerlich anmutende Lehrplanarithmetik gewisser Philanthropisten" zeigte (G.Bögl 1929, S.70), und der Einsicht, daß allein schon die Rücksicht auf die unterschiedlichen Bedürfnisse der Stadt- und Landschulen eine bis ins Einzelne gehende Planung verbiete (vgl. Instruktion, Abs.10, 11 und 22). „Zur Entschuldigung", schreibt G.Bögl, „mag man annehmen, daß hier auch die Pädagogik in weitem Umfange ein Opfer der Politik wurde. Bildung bedarf der Freiheit; die Synthese zu finden zwischen Freiheit und einem nicht minder nötigen Maß von Gleichheit (...), war der Lehrplangebung von 1804 versagt" (1929, S.71). Aus grundsätzlichen Erwägungen heraus kritisierte ein namhafter Pädagoge jener Zeit die Absichten der Regierungen, Erziehungsangelegenheiten durch Lehrpläne regeln zu wollen.

„Ich gestehe", schreibt J.F.Herbart im 2.Buch seiner „Allgemeinen Pädagogik", über die Lehrpläne, „keine reine Freude zu empfinden, wenn STAATEN sich der Erziehungsangelegenheiten auf eine Weise annehmen, als ob sie es SICH, ihrer Regierung und Wachsamkeit, zutrauten, das zu vermögen, was doch allein die

Talente, die Treue, der Fleiß, das Genie, die Virtuosität der *Einzelnen* erringen, – durch ihre FREYE Bewegung beschaffen, und durch ihr BEYSPIEL verbreiten können; und wobey den Regierungen nur übrig bleibt, die Hindernisse zu entfernen, die Bahnen zu ebnen, Gelegenheiten vorzurüsten, und Aufmunterungen zu ertheilen; –immer noch ein großes und sehr ehrwürdiges Verdienst um die Menschheit" (1806, S.84).

Jenseits dieser Kritik aber muß festgehalten werden, daß J.Wismayr mit seinem Lehrplan „den besten Gewinn des 18.Jahrhunderts zu retten versucht" hat (G.Bögl 1929, S.87). Zwar mußte er sich wegen seines Utilitaritätsprinzips vor allem von seinem späteren Kollegen, Zentralschulrat F.I.Niethammer, schwere Vorwürfe und schließlich eine Änderung des Lehrplans samt Instruktionen gefallen lassen. Aber es scheint, daß gerade das beharrliche Festhalten J.Wismayrs am Prinzip der Brauchbarkeit und Anwendbarkeit des Wissens mehr zur schulischen Ausbildung der Landkinder beigetragen hat als F.I.Niethammer mit der von ihm propagierten Humanitätsidee.

3.2.5 *Weitere schulorganisatorische Änderungen*

Wenngleich die Erhebung Bayerns zum Königreich am 1.Januar 1806 nur wenig Einfluß auf die Schulpolitik der Regierung hatte, so ist die Zeit bis zum Ausgang der Aufklärungsepoche in Bayern gegen Ende des ersten Jahrzehnts doch von weiteren Reformmaßnahmen und -vorhaben, aber auch von Auseinandersetzungen in schulpolitischen und -pädagogischen Fragen bestimmt.

Gemäß der im § 19 der „Allgemeinen Grundsätze" vom 3.August 1803 gemachten Ankündigung, „daß überall Arbeitsschulen für Knaben und Mädchen angelegt, und mit den Lehrschulen in Verbindung gebracht werden" sollten (Döllinger Bd.9, S.995), forderte das General-Schul-Direktorium am 24.Februar 1804 die Landgerichte auf, „die räumlichen, personellen, finanziellen und wirtschaftlichen Möglichkeiten für deren Einrichtung zu erkunden" (A.Reble 1975, S.956)[73]. Denn wenngleich schon „manches Gute" in dieser Hinsicht geschehen sei, so bleibe doch „noch sehr Vieles, ja fast Alles zu thun übrig" (Sammlung 1844, S.31). Zweck der Arbeitsschulen für Mädchen sollte sein, sie „das so sehr auf dem Lan-

---

73 Schreiben des Schulen- und Studien-Direktors Freiherr von Frauenberg vom 24.Februar 1804; abgedr. in: Sammlung der das deutsche Schulwesen betreffenden allerhöchsten Gesetze, Verordnungen und Vollzugs-Vorschriften, im Regierungsbezirke der Oberpfalz und von Regensburg, die Jahre 1800 bis 1843 umfassend, Sulzbach 1844, S.31-33; im folgenden zitiert: „Sammlung 1844".

de vernachlässigte" Nähen, Spinnen, Stricken, Versorgen der Wäsche, sowie Gemüse- und Kräuterbau zu lehren. Die Knaben sollten Gartenbau, Spinnen, Stricken, Flechten, Schnitzen und die Herstellung einfacher Werkzeuge lernen (Sammlung 1844, S.32). Auch wenn diese Pläne nicht überall verwirklicht wurden, so zeigen sie doch, daß die staatliche Schulpolitik eine enge Verbindung von Schule und Arbeitserziehung suchte.

Mit Errichtung des Königtums gingen Aufsicht und Leitung des Schul- und Erziehungswesens an das Ministerium des Innern über, das diese Aufgabe durch die neue Zentralbehörde, „Sektion für öffentliche Unterrichts- und Erziehungs-Anstalten" genannt, wahrnehmen ließ. Durch das „Organische Edikt" vom 15.September 1808 wurde die Schulaufsicht von der obersten bis zur untersten Ebene durch ein straff organisiertes und nach Kompetenzen klar geschiedenes Überwachungssystem neu geregelt (K.Weber Bd.1, S.219-236). Für jeden Regierungsbezirk wurde als oberstes Aufsichtsorgan das „General-Kreis-Commissariat" errichtet, dessen unmittelbare „Hilfsorgane" in bezug auf das Volksschulwesen die „Distrikts-Schul-Inspektoren" waren. Sie wiederum bildeten die übergeordnete Behörde der Lokalschulinspektionen, die auf dem Lande aus Pfarrer und Gemeindevorsteher, in Städten aus Pfarrer, Polizeidirektor und Bürgermeister bestanden. Auf diese Weise schuf man ein enges Netz der Verwaltung, Aufsicht und Kontrolle, in das nicht nur jeder einzelne Lehrer, sondern auch jedes Kind eingefangen war. Allein das Erscheinen des Inspektors in der Schule war Respekt einflößend und mußte im Schüler den Eindruck einer außergewöhnlichen Teilnahme staatlicher Obrigkeit am Schulgehen hinterlassen[74]. Es mag wenige öffentliche Einrichtungen gegeben haben, die einem gleich engen Überwachungssystem unterworfen waren wie die Schule.

Die Aufgabenverteilung der Distriktsschulinspektoren verdeutlicht, in welchem Maße dem Staat daran lag, die Schule sowohl als staatliche Institution als auch als Instrument zur Realisierung seiner politischen Interessen zu sehen. Daß diese Verwaltungs- und Aufsichtsfunktionen meist

---

74 Bei Ausübung seiner „öffentlichen Amts-Funktionen" trug der Distriktsschulinspektor „eine eigene Uniform von dunkelblauem Tuche mit gleichfarbigem Unterfutter und einem liegenden Kragen von veilchenblauem Sammt, der (...) ein Zoll breit in mattem Golde gestickt ist (...). Die Ärmelaufschläge und Taschenklappen sind ungestickt von dunkelblauem Tuche; die vergoldeten Knöpfe mit dem gekrönten Löwen bezeichnet: die goldene Hutschlinge und Quasten ohne Buiollons und ohne eingemischte fäbige Seide; dann die Kokarde nach Vorschrift" (Ministerielle Bekanntmachung vom 3.September 1809, „die Uniform und das Amtssiegel der königl. Distrikts-Schul-Inspektoren betr."; abgedr. in: Nachrichten, 7.Jg.1809, S.137 f.).

nicht von staatlichen, sondern von kirchlichen Amtsträgern wahrgenommen wurden, „erklärt und versteht sich einzig aus der Not der damaligen Verhältnisse" (P.Schramm 1911, S.16). Weder verfügte der Staat über genügend geeignete Personen, die dieses Amt ausüben konnten, noch sah er sich imstande, eigene Beamte dafür zu bezahlen[75]. Zu den besonderen Aufgaben des Distriktsschulinspektors gehörte, daß er wenigstens einmal im Jahr jede Schule seines Distrikts, der meist mit dem Bezirk eines Landgerichts oder einer Stadt identisch war, visitierte und dabei besonders

„auf den Zustand des Schulhauses und des Lehrzimmers; auf moralische Eigenschaften, Fähigkeiten und Fleiß des Lehrers; auf Schulbesuch, Sitten und Fortgang der Kinder; auf den eingeführten Lektions- und Studienplan; auf Lehrgegenstände und Behandlung derselben; auf Beobachtung der Schulgesetze und dergleichen mehr" achtete (Amtsinstruktion von 1808 § 9; K.Weber Bd.1, S.225).

Über seine Beobachtungen hatte er zusammen mit evtl. Veränderungsvorschlägen dem General-Kreis-Commissariat Bericht zu erstatten, wie er seinerseits die Berichte der Lokalschulinspektionen einzuholen hatte. Auf diese Weise konnte die zentrale Schulbehörde sicher sein, ihre Anordnungen genau und pünktlich erfüllt zu wissen und über die Schulzustände auf dem Lande bestens informiert zu sein.

Information und Kontrolle, das waren auch die Beweggründe, die die Staatsregierung zu der am 10.Mai 1810 erlassenen Schulsprengelverordnung veranlaßten. Wurden bisher Pfarr- und Schulsprengel als identische Gebietseinheiten betrachtet, so verordnete die Ministerialentschließung vom 10.Mai 1810, daß „der Schulsprengel einer Ortschaft (...) durch die Gränze des Gemeindegebietes" bestimmt werde, „und alle innerhalb der Gränze einer Gemeinde wohnenden Schulkinder" zum Besuch der Gemeindeschule „ohne Unterschied der Confession" verpflichtet seien[76]. Nur in Ausnahmefällen konnten, um „auch hierinn die Gewissen nicht zu beschweren und die individuelle Überzeugung zu schonen"[77], Kinder auch eine benachbarte Schule ihrer Konfession besuchen.

---

75 § 9 der Amtsinstruktion für Distriktsschulinspektoren vom 15.9.1808 sah lediglich eine Begleichung der Auslagen für Visitationsreisen „durch mäßige Diäten" vor (K.Weber Bd.1, S.225).
76 Verordnung, „die rücksichtlich der Confessions-Verhältnisse bestimmte Schulsprengel-Pflichtigkeit betreffend", vom 10.Mai 1810; abgedr. in: Nachrichten, 8.Jg.1810, S.81-83.
77 Verordnung, „die rücksichtlich der Confessions-Verhältnisse bestimmte Schulsprengel-Pflichtigkeit betreffend", vom 10.Mai 1810; abgedr. in: Nachrichten, 8.Jg.1810, S.82.

133

Ziel dieser Verordnung war nicht, wie man hätte vermuten können, die Durchsetzung der konfessionell gemischten Gemeinschaftsschule, „sondern ausgesprochenermaßen die Sicherung eines geregelten Schulbesuches und die Erleichterung der Schulaufsicht" (M.Doeberl 1912, S.12), wie aus einem Vortrag F.I.Niethammers vom 6.Januar 1815 hervorgeht. Darin heißt es:

Der Verordnung vom 10.Mai 1810 lag „hauptsächlich die Ansicht zu Grunde (...), daß der pünktliche Schulbesuch am sichersten von der Local-Schulinspektion jedes Orts bewacht, und durch diese Aufsicht am leichtesten verhindert werden könne, daß nicht einzelne Ältern, unter dem Vorwand, vermöge ihrer Confessions-Eigenschaft zu einer andern Schule zu gehören, ihre Kinder überhaupt keine Schule besuchen lassen"[78].

Die Durchführung der Schulsprengelverordnung scheiterte jedoch zum einen an organisatorischen Schwierigkeiten der Gemeindeverfassung, zum andern aber auch an der „ablehnenden Haltung der Bevölkerung, deren Anschauungen, Neigungen und Gewohnheiten mit der Konfessionsschule förmlich verwachsen waren" (M.Doeberl 1912, S.13).

Gleichzeitig aber machte sich auch in Regierungskreisen eine gewandelte Auffassung bemerkbar, die nicht mehr vom Geist einer lückenlosen Staatskontrolle und einer aufgeklärt liberalen Volksbildung bestimmt war, sondern sich historisch gewachsenen Strukturen und konfessionell geprägten Anschauungen gegenüber aufgeschlossen zeigte. Das aus dem Geist eines religiös gefärbten Idealismus kommende Bildungsdenken war aufs engste mit dem Namen F.I.Niethammers verbunden, der am 28.Februar 1807 als protestantischer Zentralschulrat neben C.Sch.R.Hobmann und J.Wismayr in das Geheime Schul- und Studienbureau berufen wurde. Er war es auch, der in dem bereits erwähnten Vortrag in der Studiensektion vom 6.Januar 1815 die Überzeugung äußerte,

„daß die Aufsicht über den moralischen und religiösen Zustand der Familien überhaupt, und in Verbindung damit auch die Aufsicht über den nöthigen Schulunterricht der Kinder, unstreitig am vollständigsten und sichersten von dem Pfarrer und Seelsorger der eigenen Confession eines Jeden geführt werde" (abgedr. in: M. Doeberl 1912, S.46).

Am 22.Januar 1815 wurde durch königliche Verordnung die Ministerialentschließung vom 10.Mai 1810 aufgehoben und der Pfarrsprengel er-

---

78 Der Vortrag ist abgedruckt in M.Doeberl 1912, S.44-51; hier S.44.

neut zum Schulsprengel erklärt[79]. Damit war die Regierung nicht nur indirekt zum Prinzip der Konfessionsschule zurückgekehrt, sondern auch theoretisch wie praktisch von dem in der kurfürstlichen Entschließung vom 24.November 1804 ausgesprochenen Grundsatz abgerückt, wonach die Schulen nicht nach Konfessionen getrennt werden sollten.

Eine Änderung erfolgte erst wieder durch die Verordnung vom 29.August 1873, als für die Schulsprengelbildung erneut der politische Gemeindeverband zugrundegelegt wurde. Diesmal jedoch nicht mehr mit Rücksicht auf Erleichterung der Schulaufsicht und eine bessere Überwachung der Schulpflicht, sondern aus Gründen einer zweckmäßigeren Schulorganisation und finanzieller Entlastung der Gemeinden. Mit einem Widerstand gegen konfessionell gemischte Volksschulen war um so weniger zu rechnen, als sich auch in der Öffentlichkeit, nicht zuletzt bedingt durch die Propaganda des 1861 gegründeten Bayerischen Lehrervereins, freiere schulpolitische Anschauungen durchzusetzen begannen (M.Doeberl 1912, S.18f.).

Gegen Ende des ersten Jahrzehnts neigte sich die Aufklärung auch in Bayern, die in J.Wismayr einen so eifrigen Verfechter und in seinem Lehrplan einen so deutlichen Ausdruck gefunden hatte, ihrem Ausgang zu. Hatte im Norden Deutschlands um 1800 der Philanthropismus durch die neuhumanistischen Schulreformer J.M.Gesner, J.A.Ernesti und Ch.G.Heyne bereits an Wirksamkeit verloren, konnte die Aufklärung in Bayern unter dem Schutz der Regierung noch einen späten Sieg erringen (H.Loewe 1917, S.32). Aber in der Auseinandersetzung um die Neuordnung des Unterrichtswesens, die sich vorwiegend zwischen J.Wismayr und F.I.Niethammer abspielte (vgl. G.Bögl 1929, S.91-103), spiegelte sich die einsetzende Abkehr von den pädagogischen Aufklärungstendenzen wider.

---

79 Wörtlich heißt es: „Nachdem die Verordnungen, welche wegen Regulirung der Schulsprengel-Pflichtigkeit unterm 10.Mai 1810 und 4.September 1813 ergangen sind, in der Anwendung mancherlei Anstände gefunden (...) haben, ist beschlossen worden, diese Verhältnisse (...) in ihrem ganzen Umfange zu bestimmen."
„Der Schulsprengel wird in der Regel durch den Pfarrsprengel bestimmt, und erstreckt sich wie dieser letztere (...) auf alle einzelnen zu einer Pfarrei gehörigen Ortschaften und (...) Konfessionsverwandten Familien, die in einem der benachbarten Pfarrsprengel einer andern Konfession wohnhaft sind" (Döllinger Bd.9, S.1294).

3.2.6 Revision des Lehrplans von 1804 durch F.I.Niethammer

Mit der Ernennung des Würzburger Theologieprofessors F.I.Niethammer zum Zentralschulrat im bayerischen Innenministerium im Jahre 1807 war der Auftrag verbunden, die von J.Wismayr 1804 erstellten Lehrpläne für die Volks- und Realschulen Bayerns „im neuen Geiste" zu revidieren (E.Hojer 1965, S.42). Anlaß war die z.T. heftige Kritik[80] am didaktischen und pädagogischen Konzept der Lehrpläne, die „in den Augen vieler (ein) Fiasko" waren (G.Bögl 1929, S.95). Ein Schreiben G.F.von Zentners, des neuen Leiters der Sektion für das öffentliche Unterrichtswesen, vom 10.Juli 1807 unterstreicht die geänderten Vorstellungen der Regierung[81].

F.I.Niethammer begann seinen Reformauftrag mit einer Grundsatzdiskussion über das philanthropistische und humanistische Bildungsdenken. Er „kam nicht um zu korrigieren", urteilt G.Bögl, „er begann von neuem" (1929, S.95). 1808 veröffentlichte er sein der „Königinn Caroline von Baiern" gewidmetes pädagogisches Hauptwerk, „Der Streit des Philanthropinismus und Humanismus in der Theorie des Erziehungs-Unterrichts unsrer Zeit"[82]. In ihm wollte er „seine Bildungslehre gegen die Tendenzen des Wismayrschen Lehrplans verteidigen und damit zugleich ein 'öffentliches Dokument' für seine eigene Schulreform entwerfen" (E.Hojer 1965, S.43). Dabei griff er bewußt auf die Grundsätze der ganz „ältere(n) Pädagogik" zurück, „deren Grundcharakter es immer war, mehr für die Humanität als für die Animalität des Zöglings zu sorgen, und die ihre Forderungen gegen die moderne überwiegende Bildung zur Animalität noch immer, obgleich nur als minderzählige Opposition, fortsetzt" (1808, S.8). Trotz seiner „Überzeugung von der Notwendigkeit einer all-

---

80 Schon unmittelbar nach Bekanntwerden der Lehrpläne setzte eine sowohl zustimmende als auch ablehnende Kritik ein, die sich allerdings mehr auf den Realschul- als auf den Voksschullehrplan J.Wismayrs bezog (vgl. H.Loewe 1917, S.27-32). Mit Rücksicht auf die „Vorschläge und Wünsche der Oberschulkommissariate, Rektoren und Professoren" sah sich die Regierung bereits am 12.November 1805 veranlaßt, einen „Nachtrag zum Lehrplane für die churpfalzbaierischen Mittelschulen" zu erlassen (abgedr. in: G.Lurz (Hrsg.) Bd.2 1908, S.556-560; hier S.556).

81 Am 10.Juli 1807 schrieb G.F.von Zentner über die geplante Änderung des Lehrplans: „Der Plan läßt sich so unmittelbar, als man versucht hatte, auf die Menschen unserer Staatsverfassung nicht anwenden. Der neue Plan soll mehr den Bedürfnissen der Wirklichkeit angepaßt werden, und deshalb wurde die Einteilung der Schulen selbst nach verschiedenen Bedürfnissen umzuändern beschlossen, die sich in den verschiedenen Ständen der Staatsbürger zeigen" (zit. nach E.Hojer 1965, S.43, der sich seinerseits auf M.Schwarzmaiers Dissertation „F.I.Niethammer, ein bayerischer Schulreformator", München 1937, bezieht, weil die Dokumente nach Auskunft der Staatsarchive Münchens nicht mehr auffindbar sind).

82 Das Werk ist neu herausgegeben von W.Hillebrecht 1968 (= Bd.29 „Kleine Pädagogische Texte", hrsg. von M.Fischer u.a.).

gemeinen Reform des Erziehungsunterrichts überhaupt" (1808, S.6), zielt seine Abhandlung nicht auf eine gänzliche Verwerfung des philanthropistischen Systems, wenn er etwa davon spricht, „beiden Systemen volle Gerechtigkeit widerfahren zu lassen" (1808, S.36). Dies war ihm schon aus inneren Gründen versagt, da er ja von der „zweifachen Bestimmung des Menschen" (1808, S.90) ausging und daraus eine gleichrangige Behandlung der „materiellen" und „geistigen Gegenstände" des Unterrichts, der „Realien" und „Idealien" (1808, S.171), ableitete. Wohl aber kritisierte er „das Mangelhafte der herrschenden Methode" und der „Unterrichtstheorie" (1808, S.7) und vor allem „die herrschende Denkart des Zeitalters im Ganzen" (1808, S.5). Statt sich des „bessern Geistes der Humanität" zu erinnern (1808, S.34), hatte „der Erdgeist seine verderbliche Herrschaft unter uns begonnen" (1808, S.17), wurde „der Trieb nach Geld und Gewinn durch die Einträglichkeit der materiellen Productionen aller Art immer mehr gereizt" (1808, S.17), war „die Forderung realer Nützlichkeit (...) an der Tagesordnung" (1808, S.15), wurde „die Religion zu gemeinem Moralismus, das Christentum zum Eudämonismus, die Theologie zum Naturalismus, die Philosophie zum (...) Materialismus, die Weltweisheit zur Erdweisheit, die Wissenschaft zur Plusmacherei erniedrigt" (1808, S.17 f.). Von diesem Geist wurde auch der „Erziehungsunterricht" erfaßt: Statt „die Forderung der allgemeinen Bildung" als „die Hauptaufgabe der Schule" zu begreifen (1808, S.19), wurde „auf materielle Kenntnisse das Hauptgewicht gelegt, und die Uebung geistiger Lehrgegenstände hintangesetzt" (1808, S.20).

Solche Töne waren in der Tat neu. Seine Kritik des gegenwärtigen, von „dem aufgeregten Interesse für die Außenwelt und den Gewinn" (1808, S.19) bestimmten Unterrichtswesens mündet ein in eine allgemeine Kulturkritik seiner Zeit, aus der nur ein neues und zugleich höheres Bewußtsein herausführen konnte.

Neu war aber auch, daß er nicht nur weltanschauliche Gründe für die „Entgeistung der Nation" (1808, S.18) verantwortlich machte, sondern in klarer Erkenntnis der geschichtlichen Situation auch den Regierenden selbst[83] ein erhebliches Maß an Schuld zuwies:

„Da (...) die Verfassung des neu geschaffenen Reiches zugleich von allen Seiten die Bedürfnisse vermehrt, die Lasten erhöht, die Nothwendigkeit schnellen Erwerbes vergrößert, und die Unterthanen gezwungen hatte, alle ihre Kräfte für

---

83 F.I.Niethammer nennt namentlich Friedrich den Großen (1808, S.15), „um", wie E.Hojer urteilt, „seinen Reformvorschlägen in Bayern zu einer günstigen Aufnahme zu verhelfen" (1965, S.49).

ihre Subsistenz anzustrengen; da zu eben diesem Zwecke auch die Kinder früher zur Arbeit angehalten werden mußten und alles in Amt und Brod zu kommen eilte: da mußte nicht nur die Schulzeit abgekürzt, sondern auch unmittelbar für Erwerbszweck und Brodwissenschaft verwendet werden; da kamen die Realien zur Tagesordnung in den Schulen, da mußte vor allem andern auf materielle Kenntnisse das Hauptgewicht gelegt, und die Uebung geistiger Lehrgegenstände hintangesetzt werden" (1808, S.20).

Unter solchen Voraussetzungen ließ der von F.I.Niethammer zu revidierende Lehrplan höchst beachtenswerte Neuerungen erwarten. Noch im selben Jahre 1808 legte er seinen Reformentwurf dem Ministerium vor, das ihn nach Prüfung durch eine Sachverständigenkommission am 3.November 1808 genehmigte und unter dem Titel „Allgemeines Normativ der Einrichtung der öffentlichen Unterrichtsanstalten in dem Königreiche" veröffentlichte[84]. Was F.I.Niethammer hierin für den äußeren und inneren Aufbau der Volksschule – und nur diese steht hier zur Beurteilung an – vortrug, ist, gemessen an seinen Ausführungen zu den „höhern Bildungsschulen", enttäuschend:

„Die öffentlichen Unterrichtsanstalten des Königreiches", so heißt es dort, „sind in zwei Haupt Classen abgetheilt:
A. *Allgemeine Bildungsschulen*, *Volksschulen*, welche die jedem Menschen unerläßliche Bildung zur Aufgabe haben;
B. *Besondere Bildungsschulen*, *Studienanstalten*, welche theils eine gelehrte, theils überhaupt eine höhere als die blos allgemeine Bildung zum Zweck haben."
„Die *Volksschulen*, deren Schüler auch in die höheren Bildungsschulen übergehen können, theilen sich
1. in Rücksicht der Ortsverhältnisse
    in
    a) Stadtschulen,
    b) Landschulen, welche letztern, je nachdem sie entweder einer Ortschaft allein, oder mehrern zugleich angehören, entweder *Ortsschulen*, oder *Communalschulen* sind.
2. in Rücksicht des Geschlechts, in
    a) Knabenschulen,
    b) Mädchenschulen
3. in Rücksicht des Gegenstandes, in
    a) Bildungsschulen,
    b) Arbeitsschulen
4. in Rücksicht der Zeit, in
    a) Werktagsschulen,
    b) Sonn- und Feiertagsschulen"
(§1 und §2).

---

84 Abgedr. in: G.Lurz (Hrsg.) Bd.2 1908, S.561-584; in: W.Hillebrecht 1968, S.46-67.

Eine nähere Präzisierung des Lehrplans wurde am 28.Januar 1809 in Form einer „Instruction für die Districts- und Local-Schulinspektoren zu nöthiger Leitung und Berathung der Volksschullehrer", die ebenfalls aus der Feder F.I.Niethammers stammte, gleichsam nachgereicht[85]. Dort heißt es in Abt.A, Abs.1:

„Die *Volksschulen* sind von den Studienanstalten ganz zu trennen, und hören auf, im strengen Sinne des Wortes *Elementarschulen* zu seyn."

Die Abkoppelung der Volksschule von den Studienanstalten[86], die J.Wismayr dadurch verhinderte, daß er die Volksschule als Elementarschule für alle Kinder, auch für diejenigen, die auf weiterführende Schulen gehen wollten, konzipiert hatte, brachte die endgültige Trennung zwischen allgemeinen Bildungsschulen (= Volksschulen) und besonderen Bildungsschulen (= Studienanstalten) (vgl. W.Hillebrecht 1968, S.10). Zwar konnte ein Übergang von der Volks- zur Studienschule für diejenigen Schüler stattfinden, die „sich durch Anlagen und Fleiß auszeichnen und eben darum ein schnelleres Nachholen der Studien-Elemente hoffen lassen" (Instruktion 1809, Abt.B, Abs.1, c), aber in didaktischer und schulorganisatorischer Hinsicht bildete die Volksschule einen eigenständigen Schultyp als Werktags-, Feiertags- und Arbeitsschule.

Begründet wurde diese Trennung
erstens mit dem Hinweis, daß die Volksschulen ihre „Lehrlinge" in viel kürzerer Zeit in den Beruf entlassen als die Studienanstalten, und daß daher Lehrgegenstände und Lehrmethode ganz anders zu handhaben sind als dies „für einen Studienschüler erforderlich und gedeihlich ist". Sollten aber „die Volksschulen zum Elementarunterricht für die Studienschulen dienen, so kann dieß letztere nicht ohne Nachtheil für den eigenthümlichen Zweck jener wichtigen Bildungsanstalten für das Volk geschehen" (Instruktion 1809, Abt.B, Abs.1);

---

85   Sie ist teilweise abgedruckt in G.Lurz (Hrsg.) Bd.2 1908, S.584-596 und W.Hillebrecht 1968, S.68-78; ferner in A.Bock (Hrsg.) 1917, S.60-77, sowie Döllinger Bd.9, S.1381-1397; bei den letzteren nach der 2.Aufl. von 1811. Vgl. auch A.Bock (Hrsg.) 1917, S.116 und G.Bögl 1929, S.129.

86   Die Studienanstalten gliederten sich nach F.I.Niethammers Lehrplan in Primärschulen (vom 8.-12.Lebensjahr), Sekundärschulen (= Progymnasien und Realschulen für 12- bis 14-Jährige) und Studieninstitute (= Gymnasialinstitute und Realinstitute für 14- bis 18-Jährige) (vgl. Schema bei E.Hojer 1965, S.135).

zweitens, weil

„die Erfahrung und die höhere Beobachtung der nichtidealisierten Wirklichkeit lehrt, daß das Volk eines solchen Gehobenwerdens nicht fähig ist und unter dem Druck der Zeit, der Verfassung, der Dürftigkeit auch so leicht nicht fähig sein werde"[87];

drittens, weil in der Gesellschaft unterschiedliche Klassen von Staatsbürgern existieren, von denen die eine „bloß negativ bestimmt (wird) als die Classe derjenigen Individuen, die von dem Schicksal weder innerlich noch äußerlich vorzüglich begünstiget sind". Für diese „muß sich der Erziehungsunterricht auf die (...) sogenannte nothwendige Menschenbildung (...) beschränken, und sich damit begnügen, die intellectuelle Thätigkeit der Lehrlinge nur zu wecken und soweit auszubilden, daß sie zum lebendigen Bewußtsein der Vernunft (...) gelangen" (1808, S.338).

Ihnen steht „die Zahl der glücklichen, von der Gottheit mit äußern Mitteln und inneren Kräften begünstigten Staatsbürger(n) (gegenüber), denen es eben durch diese Vorzüge vergönnt ist, das Ideal der freien Menschenbildung anzustreben". Sie bilden und bewahren „den Kern der Cultur einer Nation" (1808, S.193).

Nun bedeutete es gewiß keinen Nachteil für die Volksschule, daß sie, wie G.Bögl formuliert, durch die Trennung von der Studienschule „das Schielen und Sich-Richten nach der gelehrten Schule allmählich aufgab und (...) unabhängig von ihrer älteren Schwester zu einer Bildungsanstalt" eigener Prägung geworden ist (1929, S.131). Die Problematik des F.I.Niethammerschen Lehrplans lag vielmehr darin, die Gabelung zu früh angesetzt und damit einem mehrfach gegliederten Bildungswesen den Boden entzogen zu haben (vgl. E.Hojer 1965, S.142 und G.Bögl 1929, S.131). Seine Reform krankte letztlich daran, daß sein Herz nicht der Volks-, sondern der Gelehrtenschule gehörte (G.Bögl 1929, S.131). Ihm aber zu unterstellen, er habe „die beiden Teile der Nation durch eine tiefe Kluft getrennt", indem er „dem einfachen, mit der Hand arbeitenden Volke" den Verzicht auf Ausbildung der Menschenwürde zumutete und das volle Menschentum „zum Monopol der wenigen Glücklichen" machte (G.Bögl 1929, S.131), scheint angesichts seines anthropologisch begründeten, ganzheitlich angelegten und als Grundrecht jedes Individuums verstandenen Bildungsbegriffs nicht gerechtfertigt:

---

87 F.I.Niethammer: „Bemerkungen zu einer Revision des Lehrplans für die königlichbairischen Mittelschulen" vom 16.Juni 1808 (Geh.Reg., Akt: Lehrpläne; zit. nach G.Bögl 1929, S.129. Die Akten sind nicht mehr auffindbar!).

„Die Bildung", so sagt er in seiner pädagogischen Hauptschrift (1808), „kömmt ja nicht allein aus Wissen; ihre Quelle strömt aus jeder individuellen Thätigkeit des Geistes, wie verschieden sie auch sey, sobald sie nur in ihrer ganzen Kraft, und mit sich selbst harmonisch sich entwickelt" (S.153).

Darum gibt es auch nicht nur einen, sondern „mancherlei" Wege, die zur Bildung führen, und daher sollen auch „die verschiedenen Individuen (...) die verschiedenen Wege gehen" (1808, S.153). „Die berufen sind, das Feld des Wissens anzubauen (...), mögen ihr Leben dem Wissen weihen"; wen die Bestimmung „zu einer andern Arbeit ruft", der hat „in einem andern Kreis" zu wirken. Aber „daß sie diesen *ganz* (Hervorhebung durch Verf.) erfüllen, darinn ruht ihre eigene Bildung und ihr Beitrag zu der allgemeinen Bildung" (1808, S.153).

Die Regierung verhielt sich zunächst äußerst zurückhaltend. F.I.Niethammers „Allgemeines Normativ" wurde nicht gedruckt, sondern nur lithographisch vervielfältigt (E.Hojer 1965, S.134 und S.147). Erst am 3.Mai 1811 erschien die Neuausgabe des Lehrplans[88], der in seinen ersten beiden Hauptabteilungen von J.Wismayr, in seinen letzten beiden von F.I.Niethammer stammte und damit ein getreues Spiegelbild der Auseinandersetzungen der letzten drei Jahre um die Konzeption der Volksschule war. Dennoch gelang es F.I.Niethammer, der Gestaltung der bayerischen Volksschule für die folgenden fünf Jahrzehnte ihr Gepräge und ihre theoretische Begründung zu geben. Seine grundlegenden Prinzipien lassen sich zusammenfassen in der These: Den „nothwendigen Lehrgegenständen" gebührt der Vorrang vor den „gemeinnützlichen", Allgemeinbildung rangiert vor Berufsbildung. Gedächtnisübungen müssen durch solche Inhalte erfolgen, die es „werth sind, in ihrer ganzen Eigenthümlichkeit ins Gedächtnis aufgefaßt und in der Seele bewahrt zu werden". Verstandesübungen dürfen nicht zu „mechanische(m) und gedankenlose(m) Lernen" verkommen, sondern müssen in sich bereits „Übung des Denkens, des Begreifens und Urtheilens" sein (Lehrplan 1811, Vierte Hauptabteilung; hier A.Bock (Hrsg.) 1917, S.69-76).

Aber mit dieser abstrakten Formulierung und intellektualistischen Ausrichtung vermochte die Lehrerschaft in ihrer praktischen Schularbeit wenig anzufangen. Das Unvermögen der Praktiker, verbunden mit dem „Streben nach Minimalisierung der Volksbildung" (A.Reble 1975,

---

88 Der volle Titel lautete: „Lehrplan für die Volks-Schulen in Baiern. Nebst einer dazu gehörigen Instruktion für Lehrer und Lehrerinnen. Zweite Auflage mit näheren Bestimmungen der Lehrordnung". Er ist abgedr. in: Döllinger Bd.9, S.1344-1397; in: Nachrichten von dem deutschen Schulwesen im Königreiche Baiern, 9.Jg.1911, S.113-167; in: A.Bock (Hrsg.) 1917, S.11-77.

S.964) und Forcierung der höheren Bildung, bewirkte, daß die reformerischen Impulse der ersten Jahre nach 1800 zu erlahmen begannen.

Auf das Schicksal des Lehrplans für die Studienanstalten und diese selbst braucht hier nicht näher eingegangen zu werden (vgl. dazu E.Hojer 1965, S.154-161; A.Reble 1975, S.960-964). Nur soviel sei erwähnt, daß die Regierung bereits 1816 das F.I.Niethammersche Konzept praktisch fallen ließ und die Realinstitute, sie bestanden nur in Augsburg und Nürnberg, auflöste. Während die Gymnasien sich großer Beliebtheit erfreuten, tastete sich die Volksschule kümmerlich weiter (G.Bögl 1929, S.154).

3.3 Die Entwicklung des Volksschulwesens von 1825 bis 1871

Die weitere Ausgestaltung des Volksschulwesens verlief in den folgenden Jahrzehnten weit weniger dramatisch als dies in den ersten zwanzig Jahren des 19.Jahrhunderts der Fall war. Das soll nicht heißen, daß eine Auseinandersetzung um Reformen und Veränderungen in dieser Zeit nicht stattgefunden habe oder daß Verbesserungen gänzlich ausgeblieben seien. Aber sie erfolgten eher im Gymnasial- und Hochschul- als im Elementarschulwesen[89]. Die Schulpolitik, wie sie namentlich unter Ludwig I. betrieben wurde, erscheint eher als eine Periode des Stillstands und der ausgebliebenen Impulse. Man stand der Schule als Institution der Aufklärung und Bildung skeptisch, ja argwöhnisch gegenüber und verhielt sich deshalb gegenüber Forderungen, die mehr Bildung für das Volk verlangten, ablehnend (F.Sonnenberger 1983, S.180). A.Reble spricht sogar von einer „restriktiven" Bildungspolitik, deren Tendenzen darauf hinausliefen, „den 'patriarchalischen' Sinn und Untertanengeist zu festigen" (1975, S.964). G.Bögl bezeichnet die Schulpolitik der 30er und 40er Jahre als „unerfreulichen Rückschritt" (1929, S.211). J.Neukum nennt den schulpolitischen Kurs des Staates zwischen 1832 und 1848 „konservativ-reaktionär" (1969, S.91).

In Anbetracht der tatsächlichen schulischen Verhältnisse, wie wir sie im nächsten Abschnitt noch aufzeigen werden, und angesichts der hohen Staatsverschuldung, die Bayern um 1825 in die Nähe des Staatsbankrotts gebracht hatte und folglich keine mit hohen Finanzierungskosten verbundenen Schulreformen zuließ, ist allerdings eher der Gesamtbewertung

---

89 Deshalb können wir uns für die folgenden Ausführungen auf die wesentlichsten schulpolitischen Maßnahmen beschränken. Wir beziehen uns dabei besonders auf: G.Bögl 1929, S.155-229; K.E.Maier 1967, S.61-117; J.Neukum 1969, S.84-162; A.Reble 1975, S.964-978; A.Spörl 1977, S.211-288; F.Sonnenberger 1983, S.168-183.

G.Sonnenbergers zuzustimmen: „Die Ansicht, wonach das Ausbleiben einer Expansion im Volksschulwesen zwangsläufig zu Stagnation, ja zu einem Rückschritt in der Schulentwicklung führte", ist „keinesfalls gesichert". „Gerade angesichts der (...) schlechten Rahmenbedingungen für die Volksschule (...) muß man sich im Gegenteil sogar fragen, ob ein 'Weniger' für die Schule nicht in Wirklichkeit ein 'Mehr' bedeutete" (1983, S.180).

Wie sah die Entwicklung im einzelnen aus? Während die Abgeordnetenkammer[90] vor allem mit ihrem liberalen Flügel auf weitere Reformen drängte (vgl. J.Neukum 1969, S.57-83), war der König mehr darauf bedacht, „den bösen Geist der Zeit" zu bannen und die seminaristische Lehrerbildung wieder abzuschaffen (K.E.Maier 1967, S.66 f.)[91]. Auf Drängen des Landtags, die Volksschule mehr als bisher an der beruflichen Praxis zu orientieren, wurden schließlich doch zwischen 1833 und 1836 lehrplanmäßige und schulorganisatorische Reformen in die Wege geleitet[92]. Am 4.April 1836 legte das Ministerium einen reformierten Lehrplan vor, der aber, „wenn man das Wort (Lehrplan) hier überhaupt anwenden will" (G.Bögl 1929, S.209; siehe auch S.192 f. und S.208), nur unbedeutende Änderungen brachte.

Das Lehrerbildungsregulativ vom 31.Januar 1836 (Döllinger Bd.9, S.1187) gliederte die Gesamtausbildung der Lehrer in eine dreijährige Vorbildung, zweijährige Seminarausbildung und eine daran sich anschließende dreijährige Fortbildung. Es regelte, ganz im Sinne der angestrebten Praxisorientierung der Volksschule, die schulpraktische Ausbildung sehr sorgfältig, „hielt aber die persönliche Bildung der Lehrer näher am Volksschulniveau und betonte besonders die Aufgabe, bei den Seminaristen 'Treue gegen den König, Liebe zum Thron und Vaterland zu befestigen und sie gegen Verirrungen jeder Art sicher zu stellen'" (A.Reble 1975, S.965). Die „vielberufene Erziehungsaufgabe der Volksschule" (K.E.Maier 1967, S.68) sollte auch den Lehrern schon möglichst früh ins Bewußtsein gebracht werden. Aber man wollte sie nicht als eigenverant-

---

90 Seit 1818 besaß Bayern als zweites deutsches Land eine Verfassung und eine Volksvertretung (K.E.Maier 1967, S.66).
91 Daß es nicht so weit kam und eher eine gedämpftere, jedoch durchwegs konservative Schulpolitik betrieben wurde, ist dem Einfluß des liberal-konservativen Innenministers Fürst von Oettingen-Wallerstein und des persönlichen Ratgebers Ludwigs I. J.M.Sailer zu danken (K.E.Maier 1967, S.67).
92 Entschließungen vom 16.Februar 1833 über die Errichtung dreiklassiger Gewerbeschulen und darauf aufbauender dreiklassiger Polytechnischer Schulen in München, Augsburg, Nürnberg (Ges.Bl.f.d.Königr.Bayern, München 1833, Sp.177; zit. nach A.Spörl 1977, S.223) und vom 4.April 1836 über technische Lehranstalten (Döllinger Bd.9, S.1569).

worteten Erziehungsauftrag verstanden wissen, sondern als „biedere Untertanengesinnung", die in der Erziehung zum Gehorsam das wahre „Volksglück" sah[93].

Um dem Schul- und Erziehungswesen größeres Gewicht zu verleihen, wurde 1847 ein eigenes „Ministerium des Innern für Kirchen- und Schulangelegenheiten" errichtet. König Max II., ohnehin sozialen Fragen zugewandter als sein Vater, verlängerte am 9.Juli 1856 die Werktagsschulpflicht von bisher sechs auf sieben Jahre (K.Weber Bd.4, S.764f.). Damit wurde auch die seit 26.Februar 1838 geltende Regelung (K.Weber Bd.3, S.231), wonach katholische Kinder nach dem zwölften, protestantische aber nach der Konfirmation, also nach dem dreizehnten Lebensjahr aus der Werktagsschule ausschieden, vereinheitlicht.

Das Jahr 1848 blieb nicht ohne Auswirkung auf die pädagogische Welt. Der pädagogische Schriftsteller, Schulpolitiker und Seminarleiter A.Diesterweg wurde zum geistigen Führer einer neuerwachten, selbstbewußten Lehrerschaft auch in Bayern. „Unter dem Motto 'Mehr Brot, mehr Licht!' kämpften die Volksschullehrer um die Verbesserung ihrer Standeslage" (K.E.Maier 1967, S.70). Nicht zuletzt auf Druck des Bayerischen Volksschullehrervereins, der 1861 gegründet wurde, fand sich die Regierung bereit, im sog. „Schulbedarfsgesetz" vom 10.November 1861 die finanzielle Lage der Lehrer zu verbessern[94]. Weniger erfolgreich war die Lehrerschaft mit ihrer 1863 dem Kultusministerium überreichten Denkschrift „zu einem allergnädigst zu erlassenden vollständigen Gesetze für die Volksschulen Bayerns"[95], die den vier Jahre später vorgelegten Regierungsentwurf erheblich mitbestimmte. Daß aber dieser Entwurf in der Kammer der Reichsräte, der er zur Beratung vorlag, 1869 scheiterte, lag weniger an der Opposition der Konservativen, als vielmehr daran, daß er im „Streit um den konfessionellen Charakter der Volksschule" unterging (A.Reble 1975, S.997). Mit dem Scheitern des allgemeinen Volksschulgesetzes scheiterte auch die Reform des Lehrplans, so daß trotz erheblich veränderter Umstände der seit 1811 rechtsgültige Lehrplan F.I.Niethammers weiterhin gültig blieb und seine förmliche Aufhebung erst durch die „Lehrordnung für die bayerischen Volksschulen" vom 15.Dezember 1926 erfolgte (G.Bögl 1929, S.155). Erst gegen Ende des

---

93 Aus einem Kabinettsschreiben Ludwigs I. vom Jahre 1833; zit. nach K.E.Maier 1967, S.68; Zitate ebda.
94 Über die Auswirkungen dieses Gesetzes auf die wirtschaftliche Versorgung der Lehrer vgl. K.E.Maier 1967, S.80 f.
95 Bayerischer Volksschullehrerverein. Zur Reform des bayerischen Volksschulwesens. Denkschrift. Ansbach 1864; zit. nach K.E.Maier 1967, S.83 und S.162.

Jahrhunderts fand eine allmähliche Konsolidierung der Volksschule statt, nachdem sie in den ersten zwanzig Jahren des 19.Jahrhunderts eine so stürmische Entwicklung, dann aber nur mehr geringe Fortschritte erfahren hatte.

3.4 Die Kluft zwischen gesetzlicher Schulpflicht und ihrer Verwirklichung besonders in der Zeit des Vormärz

Die gesetzliche Einschärfung der allgemeinen Schulpflicht, die über Distrikts- und Lokalschulinspektoren erfolgende ständige Schulaufsicht und -kontrolle, die Abhaltung öffentlicher Schulprüfungen und Preisverleihungen, die Verhängung von Bußgeldern bei schuldbaren Schulversäumnissen und schließlich die rigorosen Sanktionen bei fehlendem Nachweis der absolvierten Werktags- und Feiertagsschule sorgten dafür, daß der Schulunterricht weit häufiger und regelmäßiger besucht wurde als dies bisher der Fall gewesen war[96]. Doch auch die angedrohten Strafmaßnahmen reichten offensichtlich nicht aus, die verordnete Schulpflicht lücken- und ausnahmslos durchzusetzen:

„Man klagt fast allgemein über Nachlässigkeit im Schulbesuche" und man sucht diese „häufig durch die weite Entfernung der Schulen, durch die Armuth der Ältern und durch die daraus entstehende Unentbehrlichkeit der Kinder zur Arbeit zu entschuldigen, und es läßt sich nicht läugnen, daß diese Hindernisse sich hier und dort vorfinden" (Nachrichten, 8.Jg.1810, S.60 f.).

Die wiederholten Aufrufe der Regierung an Eltern und schulische Aufsichtsbehörden[97] verdeutlichen die Schwierigkeiten, mit denen der Staat in der Verwirklichung seiner Schulgesetze und -erlasse zu kämpfen hatte. Dabei dürfen die Gründe dieser Schwierigkeiten nicht etwa in der mangelnden Autorität des Staates gesehen werden, sieht man einmal von der Gleichgültigkeit mancher Landgerichte ab (vgl. H.Held Bd.1 1926, S.264 f.). Juristisch betrachtet ergab sich bereits ein erhebliches Hindernis aus dem angestammten und vom Staat garantierten Recht der Eltern, über die Verwendung ihrer Kinder frei befinden und, wo die materielle

---

96 „Wer sich die Mühe nicht gereuen läßt", heißt es in den „Nachrichten von dem deutschen Schulwesen" (4.Jg.1806, S.123), „das alte Schulwesen mit dem neuern in eine Vergleichung zu setzen, und darüber unparteyisch zu urteilen, der wird nicht ohne Vergnügen das stuffenweise Fortschreiten vom Mangelhaften zum Guten, und vom Guten zum Bessern bemerken."

97 So wird z.B. in der Ministerialentschließung vom 25.Juli 1810 den Distrikts- und Lokalschulinspektoren „auf's neue (...) eingeschärft, daß auf der Forderung des öffentlichen Schulbesuches auf's Strengste zu halten, und durchaus nicht zu gestatten sey, daß irgendein schulpflichtiges Kind sich der Schule entziehe" (K.Weber Bd.1, S.328).

Lage es erforderte, sie zum Broterwerb jederzeit heranziehen zu können. Diese Sachlage zwang den Gesetzgeber immer wieder zu Kompromissen, die aber in der Regel zu Lasten der Kinder erfolgten. Unter Berücksichtigung der Interessen des Staates und der Wünsche der Eltern, jedoch ohne Rücksichtnahme auf die Bedürfnisse der Kinder, beharrten die in der Folgezeit erlassenen Verordnungen einerseits auf der strikten Einhaltung der Schulpflicht, räumten andererseits aber gleichzeitig die Möglichkeit ein, Kinder zur Arbeit zu verwenden. Damit gerieten die Schulkinder zwischen die Räder zweier, für sie selbst lebenswichtiger Interessen. Die Schule vermittelte ihnen Ausbildungs-, die Arbeit Überlebenschancen. Da aber schon aus technisch-praktischen Gründen beide Ziele kaum gleichzeitig erreichbar waren, fiel in der Regel der Schulbesuch der Arbeit zum Opfer. So erklärt sich, warum das leidige Problem der Schulversäumnisse sich bis ans Ende des 19.Jahrhunderts fortschleppte.

Bereits die Schulpflichtverordnung vom 22.Dezember 1802 machte für die Sommerzeit das Zugeständnis:

„damit in diesen Sommermonaten die Kinder dennoch ihren Eltern zur nöthigen Arbeit brauchbar seyen, so soll die Schule um 6 Uhr anfangen und um 8 Uhr geendet werden".

Und nun folgt die interessante Begründung:

„dadurch erachten Wir auf die eine oder andere Art die doppelte Absicht der Bestimmung der Landjugend, Arbeit und nöthige Bildung, genüglich zu verbinden" (K.Weber Bd.1, S.59).

Die Durchführung eines zweistündigen Unterrichts in den Sommermonaten erwies sich, wie den Jahresberichten der Distriktsschulinspektoren für das Schuljahr 1808/09 zu entnehmen ist, als illusorisch. Nicht nur die Schulkinder, auch die Schullehrer waren während dieser Zeit auf dem Feld beschäftigt. Die oberste Schulbehörde klagte, daß „der öffentliche Unterricht am meisten leidet, wenn er (...) immer wieder auf ein volles halbes Jahr unterbrochen wird". Das Ministerium des Innern sah sich erneut zu folgender Entschließung veranlaßt:

„Auf dem Lande (...) dringt freilich die Noth, die älteren Schüler den Aeltern zur Unterstützung in ihren Feldarbeiten zu überlassen, und auch den Schullehrern selbst zur Bestellung ihres Feldes einige Erleichterung zu geben. Dazu aber ist nicht erforderlich, die Schulen für den ganzen Sommer völlig aufzugeben, vielmehr wird für jenen Zweck hinreichend gesorgt, wenn die Sommerschulen so eingerichtet werden, daß sie den größeren Theil des Tages zur Arbeit frei lassen. Es werden deshalb für die Sommerschulen (...) nachstehende Bestimmungen festgesetzt (...): 1) Alle Schulferien (...) sind auf das Sommer-Halbjahr zu verlegen (...). 2) Diese Ferienzeit ist so anzuordnen, daß (...) der größte Theil derselben auf den Zeitraum verlegt wird, wo (...) die Aeltern die Beihilfe ihrer Kinder am meisten bedürfen (...). 4) Die Sommerschule ist täglich Morgens von 6 - 8 Uhr zu halten, wo dann die Aeltern ihre Kinder doch beinahe den ganzen Tag zu ihrer Beihilfe gebrauchen können"[98].

Die der Verordnung beigefügte Begründung spiegelt die Einstellung des Staates zu Schule und Arbeit deutlich wider: Auf der einen Seite der entschlossene Wille der Regierung, an der Schulpflicht und damit an der konsequenten Volksbildung unter allen Umständen festzuhalten; auf der anderen Seite die für den ärmeren Teil der Bevölkerung, wozu ohnehin die meisten zählten, als notwendig erachtete Kinderarbeit, durch die der regelmäßige Schulbesuch ganz oder anfallsweise in Frage gestellt war. Der von der staatlichen Obrigkeit getroffenen Entscheidung fielen letztendlich die berechtigten Interessen und Ansprüche des Kindes zum Opfer. Die Eltern beanspruchten das Kind zur Arbeit, die Behörden verpflichteten es zur Schule. Was sollte aber aus einem Unterricht Gedeihliches hervorgehen, wenn der restliche Tag mit harter Arbeit ausgefüllt war?

An der grundsätzlichen Einstellung des Staates zu Schule und Arbeit änderte sich auch dann nichts, als die Verwendung von Kindern zur Erwerbstätigkeit längst andere, d.h. erheblich belastendere und schädliche Dimensionen angenommen hatte. Während man von der landwirtschaftlichen Kinderarbeit immerhin noch behaupten konnte, daß sie unregelmäßig erfolge und durch den natürlichen Tagesrhythmus entsprechende Phasen der Erholung gönne, war dies mit dem Aufkommen der fabrikmäßigen Kinderarbeit nicht mehr der Fall. Dennoch hielt der Staat an seinen Prinzipien fest. Er war sich sicher, mit dem Instrument der allgemeinen Schulpflicht die Kinderarbeit regulieren und innerhalb zumutbarer Grenzen halten zu können. Wie sehr er sich darin täuschte, werden die späteren Ausführungen zeigen[99].

---

98 „Ministerialentschließung vom 25.Juli 1810, die für das Schuljahr 1808/09 über das Schul- und Studienwesen erstatteten allgemeinen Jahresberichte betreffend" (K.Weber Bd.1, S.325-334; hier S.328).
99 Hier sei nur ein kleines Beispiel angeführt. H.Held berichtet über den Schulbesuch in Kolbermoor: „Nachdem im Januar 1863 die Spinnerei mit 278 Beschäftigten eröffnet worden ist, besuchen von den 57 katholischen und 10 protestantischen schulpflichtigen Kindern, aus denen 40 der Werktagsschule angehören, im ganzen nahezu 40 keine Schule"! (Bd.2 1926, S.61).

Hier sei noch auf ein weiteres Beispiel aus dem frühen 19.Jahrhundert zum Verhalten des Staates gegenüber Schulpflicht und Kinderarbeit verwiesen. Es handelt sich um eine Verfügung des Staatsministeriums des Innern an sämtliche Generalkommissariate, „die Bestimmungen über das Verdingen schulpflichtiger Kinder betreffend", vom 5.Juni 1813 (Döllinger Bd.9, S.1463-1464). Darin heißt es:

„In Erwägung, daß manche Orte ihrer Lage wegen den Bewohnern im Sommer weder hinlängliche Beschäftigung noch Nahrung gewähren, so daß sie beide an andern Orten suchen müssen, und darum sogar ihre schulpflichtigen Kinder verdingen (...)", wurde beschlossen, „daß es
1) zwar ferner gestattet sein soll, die Schulkinder sowohl in ihrem Orte selbst, als auch außer dem Bezirke ihrer Gemeindeschule zu verdingen. Allein
2) die Schule ist von denselben da, wo sie sind, ebenso, wie in ihrem Wohnorte, in den festgesetzten Stunden zu besuchen, und es hat jeder Dienstherr die Verbindlichkeit sogleich mit zu übernehmen, das gedungene Kind die wenigen Stunden, welche der Sommerschulbesuch (...) fordert, in die Schule zu schicken". Gemäß dem Generalreskript vom 25.Juli 1810 solle der Schulbesuch so geregelt werden, „daß die Schulkinder auf dem Lande überhaupt dadurch nicht gehindert sind, zur Beihilfe in Feld- und Hausarbeiten soviel möglich benützt zu werden" (Döllinger Bd.1, S.1463).

Trotz solcher obrigkeitlicher „Zugeständnisse", die in Wirklichkeit nicht eine Erleichterung für das Kind, sondern eine Erleichterung für dessen Verwendung zum Arbeitseinsatz bedeuteten, klaffte die Schere zwischen Gesetz und Wirklichkeit weit auseinander. Quantitative Angaben[100] aus jener Zeit zeigen, daß ein konsequenter, regelmäßiger Schulbesuch aller schulpflichtigen Kinder noch lange nicht durchsetzbar war.

Der Versuch, sich ein zahlenmäßiges Bild über den tatsächlichen Schulbesuch zu machen, muß sich leider mit einer dünnen Quellenlage begnügen (s. Anm.100), so daß die Einschätzung der Gesamtsituation sich nur auf punktuelle Einzelergebnisse stützen kann. Eine wichtige Hilfe bieten dabei die von H.Held zusammengestellten und in zwei Bänden edierten „Regesten zur Ortsschulgeschichte der Erzdiözese München und Freising" (1926 und 1928), aus denen F.Sonnenberger eine tabellarische Auf-

---

100 Quantitative Angaben aus jener Zeit könnten wesentlich dazu beitragen, die tatsächlichen Schulverhältnisse von damals besser einschätzen zu können. Aber leider setzt die amtliche Statistik in Bayern erst um die Mitte des 19.Jahrhunderts ein, und auch die schulstatistischen Daten vor 1870 entbehren der gewünschten Zuverlässigkeit. Ein äußerst bedauerlicher Umstand macht die Quellenlage noch zusätzlich schwierig, weil eingehende statistische Untersuchungen über den Schulbesuch derzeit nicht mehr auffindbar und nach Auskunft des Bayerischen Hauptstaatsarchivs wahrscheinlich im Zweiten Weltkrieg vernichtet worden sind (vgl. F.Sonnenberger 1984, S.46).

listung über den tatsächlichen Schulbesuch in einigen Dekanaten in den Jahren 1803/04 zusammengestellt hat.

Tabelle über den Volksschulbesuch in einzelnen Orten der Erzdiözese München und Freising für die Jahre 1803/04 (nach H.Held Bd.2 und 3, 1926 und 1928; zit nach F.Sonnenberger 1984, S. 97 f.)

	Schulpflichtige	Schulbesuchende	Verhältnis in Prozent
Dekanat Abens:			
Schule Oberhaindlfing (1803)	19	9	47%
Pfarrschule Zolling	98	46 (im Sommer)	47%
Dekanat Altomünster:			
Pfarrschule Indersdorf (1804)			+/- 100%
Dekanat Berchtesgaden: mit den Schulorten Berchtesgaden, Schellenberg und Ramsau (1803)	900	140	16%
Dekanat Dorfen:			
Pfarrschule St.Wolfgang 1804	149	117 (im Winter und Sommer)	78%
Dekanat Ebersberg:			
Pfarrschule Emmering (1803)	94	54	57%
Pfarrschule Aßling (1804)	108	16 (im Winter)	15%
Pfarrschule Altenburg-Moosach (1804)	21	16	76%
Dekanat Gars:			
Pfarrschule Aschau (1804)	74	60	81%
Pfarrschule Mittergars (1804)	35	26	74%

Dekanat Rottenbuch:			
Pfarrschule Peiting (1804)	181	115 (im Winter)	63%
Dekanat Scheyarn:			
Pfarrschule Reichertshausen (1804)	27	21	78%
Dekanat Schloßberg:			
Pfarrschule Neubeuern (1804)	95	93	98%
Expositurschule Zeisering (1804)	36	12	33%
Dekanat Tegernsee:			
Filialschule Föching (1803)	48	40	83%
Dekanat Tölz:			
Pfarrschule Lenggries (1804)	154	97	63%
Pfarrschule Tölz (1803)	214	174	81%
(1804)	(214)	(210)	(98%)
Dekanat Traunstein:			
Pfarrschule Niederachen (1804)	109	70	64%
Pfarrschule Reit (1805)	61	47	77%
Pfarrschule Ruhpolding (1804)	150	22	15%
Pfarrschule Vachendorf (1804)			50%
Dekanat Wasserburg:			
Pfarrschule Edling (1804)			17%.

Die von H. Held mitgeteilten, wenngleich mit äußerster Vorsicht zu verwendenden Daten[101] lassen auf einen durchschnittlichen Schulbesuch in Oberbayern in der Zeit kurz nach Einsetzen der durchgreifenden Schulreformen zwischen 60 und 70 Prozent schließen. Eine wichtige Ergänzung dazu findet sich in einer „Übersicht der Elementarschulen in Oberbayern", wie sie in den „Nachrichten von dem deutschen Schulwesen in den königlich-baierischen Staaten" (4.Jg.1806, S.97) für das Jahr 1805 enthalten sind. Danach gab es in den 21 oberbayerischen Landgerichten 26 873

---

101 Zum einen handelt es sich nur um einen äußerst geringen Ausschnitt aus insgesamt rund 500 Pfarrschulen in 45 Dekanaten. Zum andern wurden die Schulpflichtigen nach den Pfarrmatrikeln erfaßt und nicht nach ihrer tatsächlichen Schuleinschreibung.

schulfähige Kinder, von denen 22 640 die Schule besuchten, 4233 nicht. Das ergibt einen Prozentsatz von über 80%. F.Sonnenberger folgert daraus, daß schon bald nach 1800 mehr als zwei Drittel der Schulpflichtigen in Oberbayern die Winterschule, die Sommerschule entsprechend weniger, besucht haben (1984, S.52).

Aus Niederbayern ist uns für dasselbe Berichtsjahr 1805 bekannt, daß sich in den 12 Landgerichten Straubings 29 142 und in den 9 Landgerichten Landshuts 17 272 schulpflichtige Kinder befanden, von denen in Straubing 13 579 und in Landshut 14 314 die Schule besuchten, 6563 bzw. 2958 aber nicht (Nachrichten, 4.Jg.1806, S.89 f.).

Zehn bis fünfzehn Jahre später vermitteln die Regestensammlungen von H.Held (Bd.2 und 3, 1926 und 1928) aus einzelnen Pfarrschulen der Erzdiözese München und Freising folgendes Bild:

Dekanat	Schulort	Jahr	Schul-pflichtige	Schul-besuchende
Baumburg	Stain	1815	70	40
	Waldhausen	1815	54	33 (im Winter) 29 (im Sommer)
Teisendorf	Högelwerth	1811	54	36
	Salzburg-hofen	1812	42	40
Tölz	Gaissach	1816	99	60 (im Winter) 24 (im Sommer)
	Lenggries	1812	197	113
St.Veit	Stephans-kirchen	1819	53	47 (im Winter) 40 (im Sommer)

| Weihen-stephan | Kranzberg | 1815 | ? | im Sommer niemand; im Winter die Hälfte. |

Genauere Angaben über den Schulbesuch lassen sich aus den Jahresberichten der Distrikts- bzw. Lokalschulinspektoren des Isarkreises[102] gewinnen, von denen allerdings der größte Teil im Zweiten Weltkrieg vernichtet wurde (F.Sonnenberger 1984, S.52). Der Jahresbericht von 1816 gibt für den gesamten Isarkreis ohne die Landeshauptstadt München die Zahl der Schulpflichtigen mit 40 003 an, wovon 35 592 im Winter die Schule besuchten[103]. Dies entsprach einem Schulbesuch von ca 89%. Im Sommer waren es 10% weniger. Das Landgericht Mühldorf zählte im Schuljahr 1812/13 1303 schulpflichtige Kinder. Davon haben im Winter 1207 und im Sommer 1048 die Schule besucht (Nachrichten, 11.Jg.1813, S.20). Auch über den Unterdonaukreis, der in etwa den Regierungsbezirk Niederbayerns umfaßte, und über den Salzachkreis, zu dem damals das österreichische Gebiet Salzburgs und die Gebiete um Berchtesgaden und östlich von Traunstein gehörten, besitzen wir einige Zahlen. So bemerkt das Generalkommissariat des Unterdonaukreises am 3.April 1813, „daß im verflossenen Jahr unter 33 309 schulpflichtigen Kindern (...) nur 2425 den Unterricht ganz vernachlässigten, sohin der Schulbesuch bedeutend zugenommen habe, indem im Jahre 1810/11 unter 33 594 (Schul-)pflichtigen 4488 abgingen"[104]. Vom Salzachkreis liegt die Nachricht vor, daß dort im Jahre 1813 390 Volksschulen existierten und 35 962 schulpflichtige Kinder im vorherigen Schuljahr gezählt wurden, „wovon 30 321 die Winterschule, 28 066 die Sommerschule besuchten" (Nachrichten, 11.Jg.1813, S.87).
Der Anstieg des Schulbesuchs machte zwar erfreuliche Fortschritte, doch dauerte es gut zwei Jahrzehnte, ehe die Besucherzahlen einen Anteil von 90% erreichten, wobei die Sommerschulen aber immer schlechter abschnitten als die Winterschulen. Dem Jahresbericht der Regierung des Isarkreise für das Schuljahr 1821/22 zufolge (F.Sonnenberger 1984, S.52) besuchten von 55 314 schulpflichtigen Kindern 49 135 (= 89%) die Winterschule und 46 161 (= 83%) die Sommerschule[105]. Schon im darauf folgenden Jahr wurden von 55 942 Schulpflichtigen 52 534 (= 94%) Win-

---

102 Seit 1808 wurden die 15 bayerischen Landkreise nach Flüssen benannt. Erst 1837 erfolgte eine Neuordnung und Umbenennung.
103 Bay HStA, MInn 19542/I.
104 Intelligenzblatt des Unterdonaukreises 1813, S.135; zit. nach H.Buchinger 1984, S.75.
105 Bay HStA, MInn 19542/II.

terschüler und 50 490 (= 90%) Sommerschüler gezählt[106]. Der Anteil der Winterschüler (57 676) steigerte sich im Schuljahr 1826/27 noch einmal auf rund 98% von insgesamt 58 834 Schulpflichtigen[107].

Für die Zeit bis zur Jahrhundertmitte hat F.Sonnenberger aus den Angaben der „Beiträge zur Statistik des Königreichs Bayern" für die Jahre 1835/36 und 1851/52 über den Schülerstand der oberbayerischen Volksschulen sowie über die Größe der Altersgruppen von 1 bis 14 Jahren[108] den prozentuellen Anteil der Schulbesuchenden an den Schulpflichtigen errechnet. Unter Heranziehung der schon oben genannten Prozentzahlen gelangt er zu folgender Tabelle:

Schulbesuchende im prozentualen Verhältnis zu den Schulpflichtigen – Oberbayern 1803-1851

1803/04	1805	1816	1821	1822	1826	1835	1851
60-70%	84%	89%	89%	94%	98%	97%	99%

(F.Sonnenberger 1984, S.53)[109].

Schwieriger, weil unübersichtlicher und komplexer, gestaltet sich die Analyse des Schulbesuchs in München. Die städtischen Lebensverhältnisse und die größere Fluktuation der Einwohner verhinderten die Ermittlung exakter Zahlenangaben. Dies war wohl auch der Grund, weshalb die Jahresberichte der Regierung des Isarkreises die Schulbesuchsentwicklung in der Haupt- und Residenzstadt München immer ausgeklammert haben. Erst ab Mitte des 19.Jahrhunderts liegen vergleichbare Zahlen vor (F.Sonnenberger 1984, S.53).

Nach Angaben des Statistischen Amts der Stadt München zählte die Haupt- und Residenzstadt im Jahre 1850 6375 Volksschüler bei einem Stand der Altersgruppe der Sechs- bis Zwölfjährigen von 7446. Daraus er-

---

106 Bay HStA, MInn 19542/III.
107 Bay HStA, MInn 19542/V.
108 Beiträge zur Statistik des Königreichs Bayern, hrsg. vom Königlichen Statistischen Bureau, Heft 13, 1865 und Heft 14, 1866.
109 Auf Grund des vorhandenen Zahlenmaterials über alle Regierungsbezirke Bayerns wäre eine Errechnung des prozentualen Verhältnisses zwischen Schulbesuchenden und Schulpflichtigen auch für die übrigen Regierungsbezirke innerhalb des Zeitraums zwischen 1835 und 1852 ohne weiteres möglich. Doch wie schon die Angaben über den Salzach- und Unterdonaukreis zeigten, bewegen sich die Verhältniszahlen in etwa auf gleichem Niveau, so daß kaum noch zusätzliche Erkenntnisse zu gewinnen sind.

rechnet sich ein tatsächlicher Schulbesuch von rund 86%[110], was aber speziell für München nur als Annäherungswert betrachtet werden darf, da man davon auszugehen hat, daß rund 10% der Schulpflichtigen einen anderen Unterricht besuchten[111]. Weniger günstig als im unmittelbaren Stadtgebiet entwickelte sich der Schulbesuch in den Münchner Vororten. Hier liegen für das Schuljahr 1819/20 die Prozentzahlen zwischen 88,6 bzw. 83,5 (Winterschule) und 58,2 bzw. 67,9 (Sommerschule)[112].

Abgesehen von gewissen regionalen (Stadt-Land-Gefälle) und saisonalen (Winter-Sommer-Schule) Schwankungen bieten die Zahlen über den Schulbesuch werktagsschulpflichtiger Kinder ein überraschend positives Ergebnis. Dies darf jedoch nicht zu dem Urteil verleiten, zu Beginn des letzten Drittels des 19.Jahrhunderts sei die gesetzliche Schulpflicht in Bayern vollständig erfüllt worden. Als Kriterium für die tatsächliche Ableistung der Schulpflicht können nicht die absoluten Einschulungszahlen dienen. Hier ist der Unsicherheitsfaktor viel zu groß[113], als daß sich daraus ein eindeutiges Bild über die wirklichen Schulverhältnisse gewinnen ließe. Wesentlich entscheidender für die Einschätzung der Schulbesuchsentwicklung ist die Frage nach der Regelmäßigkeit des Schulbesuchs bzw. nach den Schulversäumnissen. Allein schon aus den zahlreichen, bis ins 20.Jahrhundert hinein anhaltenden amtlichen und halbamtlichen Klagen ist zu schließen, daß gerade darin das eigentliche Kernproblem der Schulpflicht lag.

Seit Erlaß der allerhöchsten Verordnung vom 23.Dezember 1802 (K.Weber Bd.1, S.58 ff.) waren die Lehrer verpflichtet, sog. Schulversäumnislisten über jedes einzelne Schulkind zu führen und diese monatlich den Lokalschulinspektoren auszuhändigen. Bei säumigem Schulbesuch hatten

---

110 Die Zahlen hat F.Sonnenberger (1984, S.53) aus Angaben des Statistischen Jahrbuchs München 1928, S.267 und Nachweisungen des Stadtarchivs München, Best.: Schulamt Nr.2229 und 2298 errechnet.
111 Vgl. Beiträge zur Statistik des Königreichs Bayern, H.27/II (1873), S.CXL; zit. nach F.Sonnenberger 1984, S.53.
112 Die Münchner Vororte gehörten damals zu den Landgerichten München I (Schwabing, Thalkirchen, Pasing, Untersendling, Aubing, Allach, Feldmoching, Ludwigsfeld, Fürstenried, Planeck, Schleißheim) und München II (Aschheim, Baumkirchen, Brunnthal, Putzbrunn, Grünwald, Haidhausen, Ismaning, Oberföhring, Obergiesing, Oberhaching, Perlach, Taufkirchen, Unterhaching, Au). Die Zahlen 88,6% und 58,2% beziehen sich auf Landkreis I (Bay HStA, MInn 19542/II, Jahresbericht der Regierung des Isarkreises für das Schuljahr 1819/20; zit. nach F.Sonnenberger 1984, S.57 f.).
113 Als einschränkende Faktoren sind zu nennen: der geringe Schulbesuch in den Sommermonaten bei ohnehin nur zweistündiger Unterrichtspflicht, Mängel der Schulorganisation, unregelmäßiges Schulaustrittsalter, z.T. schon vor vollendetem 12.Lebensjahr, die zahlreich noch eingehaltenen abgewürdigten Feiertage (F.Sonnenberger 1984, S.58 f.).

die Inspektoren die Eltern „anfangs nachdrücklich (zu) ermahnen und (zu) warnen, dann aber, wenn die Warnung fruchtlos geblieben ist, die Strafe eintreten (zu) lassen, deren Beitreibung durch den Gemeinde-Vorstand geschehen soll"[114]. Offensichtlich vermochten aber weder Strafandrohungen noch Strafverhängungen[115] das Problem der Schulversäumnisse zu lösen, zumal nur wenige „es sich ernstlich angelegen seyn" ließen, „dem Übel nach Kräften entgegenzuarbeiten" (Nachrichten, 8.Jg.1810, S.60). Die Regierung sah sich deshalb wiederholt veranlaßt, einzuschärfen,

„daß auf der Forderung des öffentlichen Schulbesuchs strenge zu halten und durchaus nie zu gestatten sei, daß irgend ein schulpflichtiges Kind sich der Schule entziehe" (Döllinger Bd.9, S.1450)[116].

Nachdem aber auch Ermahnungen von höchster Stelle nichts fruchteten, wurden im Art.58 des Polizeistrafgesetzbuches für Bayern (26.Dezember 1871) noch drastischere Maßnahmen verfügt[117].

Jedoch auch diese krankten, wie alle vorausgegangenen Verordnungen und Strafandrohungen, an der höchst unglücklichen Unterscheidung zwischen „entschuldbaren" und „unentschuldbaren" Schulversäumnissen, wodurch jede staatliche Einschärfung des Schulbesuchs unterlaufen werden konnte. Wieder einmal stand die unentschlossene, alten Denkmustern nachhängende Haltung des Staates, der in der Kinderarbeit etwas durchaus Natürliches und Notwendiges, keineswegs aber etwas Schädli-

---

114 Ministerialentschließung vom 25.Juli 1810 (K.Weber Bd.1, S.328).
115 Zur „Beförderung des hier und da noch sehr vernachläßigten Schulbesuchs" verordnete das Ministerium des Innern am 7.April 1809, „daß sämmtliche Distrikts- und Local-Schulinspectoren auf die den Eltern schulpflichtiger Kinder vom weltlichen Gerichte aufzutragende Entrichtung von zwei Kreuzer Strafgeld für jede ohne rechtmäßige Ursache versäumte Schule ernstlich zu dringen haben. Diese Strafgelder gehören jedem Localschulfond zur Anschaffung von Schul- und Preisebüchern für fleißige arme Kinder, sowie zur Bestreitung des Schulgeldes für diese. Obige Strafe ist rücksichtlich jener Kinder, welche mehrere Wochen und Monate sich dem Schulbesuche entziehen, dadurch zu verschärfen, daß denselben ihre Entlassung aus der Schule verhältnißmäßig um so später zugestanden wird" („Ministerialentschließung vom 7.April 1809, die Communication zwischen Districts- und Local-Schulinspectionen betreffend"; Döllinger Bd.9, S.1449 f.).
116 Vgl. auch Schreiben des Staatsministeriums des Innern vom 7.Juli 1823 (Döllinger Bd.9, S.1027 f.) und vom 19.September 1825 (Döllinger Bd.9, S.1028-1030).
117 „Mit Haft bis zu acht Tagen oder an Geld bis zu fünfzehn Thalern werden auf Anzeige der Schulbehörde Eltern, Pflegeeltern, Vormünder, Dienst- und Lehrherrn gestraft, welche ohne genügende Entschuldigung unterlassen, ihre schulpflichtigen Kinder, Pflegekinder, Mündel, Dienstboten oder Lehrlinge zum Schulbesuche anzuhalten, ungeachtet sie von der Ortsschulbehörde wegen schuldhafter Schulversäumnisse auf Grund der bestehenden Schulordnung mit Geld gestraft und zugleich vor weiteren Schulversäumnissen verwarnt worden sind" (K.Weber Bd.9, S.207).

ches sah, einer durchgreifenden Änderung des Schulbesuchs entgegen. Denn neben Krankheit, schlechter Witterung und ungangbaren Wegen sah der Gesetzgeber in der „Unentbehrlichkeit des Schulpflichtigen zu häuslichen oder landwirtschaftlichen Dienstleistungen in Notlagen" (E.Stingl 1905, S.579 f.) einen entschuldbaren Grund, von der Schule fern zu bleiben. Kein Wunder, daß die Eintragungen in die Schulversäumnislisten unentwegt hoch blieben!

Ein Blick auf die statistisch erfaßten Zahlen der Schulversäumnisse von Werktagsschülern kann das bestätigen. Nach den Jahresberichten der Distrikts-Schul-Inspektionen des Regenkreises (Oberpfalz) für das Schuljahr 1823/24 wurden folgende Versäumnisse gezählt:

Distrikt Pfaffenberg II: 19 999 Schulversäumnisse;

Distrikt Abensberg II: 3698 strafbare und 3166 nicht strafbare Versäumnisse bei einer Zahl von 524 Werktags- und 406 Feiertagsschülern;

Distrikt Kehlheim I: 4993 strafbare und 12 824 schuldlose Versäumnisse (Döllinger Bd.9, S.1028)[118].

Für dasselbe Berichtsjahr meldet die Regierung des Rezatkreises (Mittelfranken):

„Da in manchen Distrikten die Schulversäumnisse mehr zu- als abnehmen, so daß sie z.B. in dem Distrikte N. die Zahl von 30 000 überstiegen, so (ist) (...) gegen die saumseligen Eltern (...) strenge zu verfahren" (Döllinger Bd.9, S.1453).

Eine amtliche Angabe aus der Zeit von 1837/38 liegt uns von der Volksschule zu Thalheim (Schuldistrikt Erding) vor.

---

118 Vgl. auch einige Zahlen des Berichtsjahres 1822/23 (Döllinger Bd.9, S.1456). Zur besseren Einschätzung der Schulversäumnisangaben sei angemerkt, daß der Regenkreis im Jahre 1836 46 419 werktagsschulpflichtige Schüler hatte („Verhältnis-Zahlen zur Statistik der teutschen Schulen 1836"; StA Würzburg, Best.: Statistische Sammlung, Nr.669).

Werktagsschule	Versäumnisse		Bemerkungen
	entschuldbare	schuldbare	
a) Knaben	450	48	Der Gemeinde
b) Mädchen	420	46	selbst ist Belobung
c) Zusammen	870	94	wegen des fleißigen Schul-Besuches zu ertheilen
(Döllinger Bd.24, S.332).			

In München besuchten 1838/39 knapp 5500 Schüler die Werktagsschule. Schulversäumnisse wurden in derselben Zeit rund 70 000 gezählt, so daß auf jeden Schüler durchschnittlich 12,7 Versäumnisfälle kamen[119]. An der Schönfeldschule in München traten im Schuljahr 1837/38 insgesamt 20 385 Versäumnisse auf, wovon 3931 unentschuldigt waren[120]. Das sind im ganzen 19%, also ein Fünftel aller Versäumnisse. Dies besserte sich erst im Laufe der folgenden Jahrzehnte. Im Schuljahr 1896/97 wurden an Münchner Volksschulen 86 113 Schulversäumnisse registriert, bei einer Schülerzahl von 39 500. Auf jeden Schüler entfielen also im Durchschnitt 2,2 Versäumnisse im Jahr. Davon waren 1921 unentschuldigt; das sind 0,05 Fälle pro Schüler und Jahr[121]. Im Vergleich dazu seien noch einige Zahlen des Regierungsbezirks Schwaben genannt, ohne die Angaben jedes einzelnen Bezirksamts gesondert aufzuführen. Im Berichtsjahr 1871/72 befanden sich in Schwaben 71 188 Werktags- und 25 713 Feiertagsschüler, im ganzen 96 901. Für denselben Zeitraum waren 459 328 entschuldigte und 63 735 unentschuldigte Schulversäumnisse registriert worden[122], so daß auf jeden Schüler pro Jahr im Durchschnitt 5,4 versäumte Schultage fielen, wovon 0,65 unentschuldigt waren.

Die Zahlen bestätigen die von E.Spranger angesprochene „Kluft zwischen Verordnung und tatsächlichem Befund" (1949, S.55) der Volksschulpflicht und zeigen, wie hartnäckig und langwierig der Kampf um die vollständige Realisierung des regelmäßigen Unterrichtsbesuchs anhielt.

---

119 StadtA München, Best.: Schulamt, Nr. 2239, Regierung des Isarkreises an die Lokalschulkommission München vom 2.4.1840; zit. nach F.Sonnenberger 1984, S.60.
120 StadtA München, Best.; Schulamt, Nr.2239, Regierung des Isarkreises an die Lokalschulkommission München, 1838; zit. nach F.Sonnenberger 1984, S.60.
121 Statistisches Jahrbuch der Stadt München, hrsg. vom Statistischen Amt der Stadt München. München 1928, S.260 und S.265 f.; zit. nach F.Sonnenberger 1984, S.60.
122 Beiträge zur Statistik des Königreichs Bayern, Heft XXVII. München 1873 und 1875, S.322 f.

Dafür war eine ganze Reihe von Gründen verantwortlich. An erster Stelle stand die Armut der Eltern und als Folge davon die Kinderarbeit: „Viele Kinder (werden) durch Bettelei und Viehhüten von der Schule abgehalten", klagt 1823 die Regierung des Regenkreises (Döllinger Bd.9, S.1024). „Um überleben zu können", müssen „Taglöhnerkinder (...) auf ein benachbartes Dorf Brot- und Mehlsammeln gehen", berichtet H.Held von einer Schule in Freising (Bd.2 1926, S.405). Ursache „höchst dürftiger Schulbildung" ist, daß Eltern „ihre Sprößlinge lieber auf den Bettel, oder auf die Kegelbahn zum Herausgeben der Kugel und zum Aufsetzen der Kegel, als in die Schule schicken", oder daß sie „für die Zucht und Mast ihrer Schafe und Schweine mehr Interesse haben, als für die geistige Ausbildung ihrer Kinder", schrieb die „Donau-Zeitung" 1862[123] mit unüberhörbarem Unterton, ohne jedoch den Kern des Problems zu treffen. Denn nicht Gleichgültigkeit ihrer Eltern hinderte die Kinder in der Regel am Schulbesuch, sondern „die Armuth mancher Eltern, welche ihren Kindern die nöthige Winterkleidung anzuschaffen nicht vermögen", wie die Regierung des Regenkreises (Oberpfalz) richtig erkannte (Döllinger Bd.9, S.1024). Von der Armut der Eltern, die das Schulgeld nicht aufbringen, die Schulbücher nicht kaufen, die Winterkleidung nicht beschaffen, ordentliches Schuhwerk sich nicht leisten, Arzt und Medikamente bei Erkrankungen nicht bezahlen oder ganz einfach der Mithilfe der Kinder nicht entbehren konnten, ist in den Schulberichten der Erzdiözese München-Freising, wie sie H.Held zusammengetragen hat, so viel die Rede, daß man nicht umhin kann, die ganz alltägliche, nicht die außergewöhnliche, Not vieler Familien als eine der hauptsächlichsten Ursachen für die Schulversäumnisse anzunehmen (Bd.2 und 3, 1926 und 1928).

Mit der Armut der Eltern war die Arbeit der Kinder aufs engste verbunden. Daß die Sommerschule „weniger zahlreich besucht" wurde, heißt es im Visitationsbericht „über den Schulzustand im k.Landgericht Mühldorf" (Nachrichten, 11.Jg.1813),

„davon liegt der Grund in dem allgemeinen Mangel arbeitsamer Hände. Viele Ältern suchten, um der Feldarbeit nachgehen zu können, die größeren Kinder zur Aufsicht über die kleinern, zur Hütung des Viehs und zu mancherley andern Arbeiten und Geschäften bey sich zu Hause zu behalten. Selbst die Anordnung, daß die größeren Kinder in den Frühstunden die Schule besuchen sollten, hatte wenig geholfen, weil sie gerade am Morgen zur Viehhut und andern Arbeiten unentbehrlich waren. Wenn daher viele Kinder vom Sommer-Schul-Besuche dispen-

---

123 Donau-Zeitung, Nr.22 (22.Jänner) 1862; AB Passau, Best.: Bischöfliches Ordinariat, Nr.08072.

siert wurden, damit sie nicht ohne Dispens, folglich strafbar ausbleiben mußten, so wurde für die übrigen fast überall die Schule (...) im Winter (...) gehalten" (S.20 f.).

Die Verwendung und Verdingung der Werktagsschulpflichtigen zum Viehhüten wurde auch von den zum Militärdienst eingezogenen Rekruten des Jahres 1860 „hauptsächlich als Grund ihrer mangelhaften Schulbildung" angegeben. Eine vom Ministerium des Innern verordnete und alljährlich durchzuführende Anzeige der Soldaten, „welche sich im Lesen, Schreiben und Rechnen gar nicht oder nur mangelhaft unterrichtet zeigen", ergab,

„daß von den 17 389 im Jahre 1860 eingereihten Consribirten 2323, also 13,4 Prozent, eine mangelhafte Schulbildung erhalten haben, unter denen im Regierungsbezirke Niederbayern bei einer Zahl von 1947 Conscribirten 548 – sohin 29 Prozent des abgestellten Contigentes – als solche bezeichnet wurden, welche nur eine mangelhafte, einige sogar gar keine Schulbildung nachzuweisen vermochten"[124].

Der weit verbreitete Mißbrauch, werktagsschulpflichtige Kinder während der Schulzeit zum Viehhüten zu verdingen und dadurch an einem geregelten Schulbesuch zu hindern, war auch Anlaß einer Regierungsanfrage im Staatsministerium des Innern für Kirchen- und Schulangelegenheiten, um ein vollständiges Verbot dieser Unsitte zu erwirken. Das Ministerium beauftragte daraufhin im Oktober 1851 die Regierung von Oberbayern, sich nach Befragung der Landgerichte und Distriktsschulinspektionen gutachtlich zu äußern[125]. Die vollständig erhaltenen und teilweise ausführlichen Stellungnahmen stimmen durchgehend darin überein, daß ein Verbot auf jeden Fall notwendig sei[126]. Jedoch wird von einigen auch das Bedenken geäußert, daß wegen der „Dürftigkeit" der Eltern ein solches Verbot nicht unter allen Umständen „zweckmäßig" wäre[127]. Als Beispiel für das Ausmaß und die Folgen des Viehhütens schulpflichtiger Kinder sei der Bericht des Distriktsschulinspektors von Rain herausgegriffen:

---

124 Königlich Bayerisches Kreis-Amtsblatt von Niederbayern, Nr.69, 1860, Sp.971-976.
125 Schreiben des Innenministers an die kgl.Regierung, Kammer des Innern, vom 28.Oktober 1851 (StA München, Best.: RA, Nr.40939).
126 Begründet wird ein Verbot damit, daß solche Kinder in der Regel vom Schulbesuch vollständig ausgeschlossen sind bzw. geistig und moralisch „verlorengehen" (vgl. Schreiben der Distriktsschulinspektionen Starnberg (28.11.1851), Bruck I (16.12.1851), Ingolstadt (Frühjahr 1852); StA München, Best.: RA, Nr.40939).
127 Vgl. Schreiben des Landgerichts Schongau vom 7.Dezember 1851 (StA München, Best.: RA, Nr.40939).

„Werktagsschulpflichtige Kinder können auf dem Lande schon in Folge ihres zarten Alters zu keinem andern Zwecke als zum Hüten in Dienst genommen werden, und es ist auch Thatsache, daß von Hundert solchen Schülern 99 hüten, ja selbst dann, wenn sie unter einem andern Vorwande und mit der Versicherung, sie der Schule nicht entziehen zu wollen, in Dienst genommen worden sind. Wer aber weiß, daß Hüten und Schulbesuch striktissime collidiren; wer nicht unbeachtet lassen will, daß wenigstens auf dem Flachlande nur solche Kinder hüten, die in ihrer häuslichen Erziehung gänzlich verwahrlost sind und deßhalb der leichte Anflug eines stückweisen, nur mit Widerwillen empfangenen Winter-Unterrichtes beim Hüten spurlos wieder verschwindet, ja, wer nur beim flüchtigen Besuch einer Schule die Hirtenkinder an ihrer, schon im Gesichte ausgeprägten Stupidität und Verwilderung von allen übrigen Schülern leicht unterscheiden kann, der *muß* dem gestellten Antrage eines unbedingten Verbotes vom Verdingen schulpflichtiger Kinder umso mehr beistimmen, als dieses Verdingen lediglich nur auf Kosten der Schule geschieht"[128].

Nicht nur landwirtschaftliche Kinderarbeit, auch Erwerbstätigkeit in Heimindustrie und in Fabriken ist für die vielen Schulversäumnisse verantwortlich zu machen. Namentlich in den industriell früh entwickelten Gebieten Augsburg und Nürnberg und in den traditionellen Schwerpunkten der Heimindustrie Oberfrankens lag die Ursache der Schulversäumnisse in der Beschäftigung der Kinder in den dort ansässigen Erwerbszweigen. Man erachtete es als selbstverständlich, daß das Kind als Handlanger des Vaters ebenso lange am Webstuhl arbeitete wie dieser selbst[129], und man erachtete die Fabrikarbeit der Kinder als ebenso selbstverständlich wie die Feldarbeit, auch wenn der Schulbesuch dort nicht nur im Sommer, sondern auch im Winter ausfiel. „In dreifacher Beziehung", so urteilt W.Bierer, „zeigt sich die Kinderarbeit als Feind der Schule. Sie nimmt das Kind während mancher Schulstunden in Anspruch, sie hindert das Kind, die gehörige Zeit für die Zwecke der Schule zu Hause zu verwenden und sie macht das Kind untauglich, am Unterricht vollen Anteil zu nehmen; kurz: die Kinderarbeit führt zu schuldbaren Schulversäumnissen, zur Vernachlässigung der Hausaufgaben und zu Müdigkeit und Teilnahmslosigkeit im Unterricht" (1913, S.77).

---

128 Schreiben an das kgl. Landgericht Rain 1851 (StA München, Best.: RA, Nr. 40939).
129 „Die schulpflichtigen Kinder werden so lange zur Arbeit angehalten, als der Weber arbeitet (...) und es leidet nicht nur die geistige Entwicklung der Kinder, sondern auch der Schulbesuch wird sehr häufig unterbrochen" (Statistische Erhebungen über Hausindustrie im Regierungsbezirk Oberfranken 1882, Schreiben der Gemeinde Leupoldsgrün vom 30.März 1882; StA Bamberg, Best.: K 3 / F 6^a, Nr.114).

Daß auch weite Schulwege[130] und schlechte Witterung angesichts unzulänglicher Kleidung vieler Kinder als echter Grund für Schulversäumnisse (vgl. Döllinger Bd.9, S.24; H.Held Bd.2 1926, S.217) und nicht etwa nur als vorgeschobene Ausrede gleichgültiger Eltern anzusehen waren, belegt schon eine Mitteilung der Regierung von Oberfranken an die Landgerichtsvorstände von 1853: „Insbesondere wird die Kleidung der Landbevölkerung vielfach als zu dürftig und nicht hinreichend Schutz gegen die Kälte und Nässe gewährend (...) geschildert"[131].

Von Regierungsseite wurde auch der Mangel an erforderlichem Schulraum und Lehrpersonal zu den „Haupthindernisse(n)" gerechnet, „die dem befriedigenden Gedeihen der Volksschulen noch entgegenstehen" (Döllinger Bd.9, S.999). Damit war zum erstenmal eingeräumt worden, daß der Staat selbst für Schulversäumnisse und unregelmäßigen Unterricht mit verantwortlich sei, und es wurde bestätigt, daß die Gemeinden als Bauträger der Schulen mit dem steigenden Bedarf an Schulraum nicht Schritt halten konnten. Ein Blick auf die zahlenmäßige Entwicklung der Werktagsschüler im Königreich Bayern zeigt dies sehr deutlich:

Jahr	Schülerzahl
1835/36	562 934[132]
1862/63	600 451[133]
1884/85	842 628
1899/1900	846 030
1903/04	936 888.

Erst eine Neuregelung der Baulasten, wie sie das Staatsministerium des Innern bereits 1810 vorschlug (Döllinger Bd.9, S.1000), ließ eine allmähliche Besserung erwarten. Zunächst jedoch blieb es bei z.T. recht unerfreulichen Zuständen. Es kam vor, daß Kinder nicht unterrichtet werden

---

130 Nach H.Held mußten die Kinder der Pfarrschule Engelsberg im Jahre 1821 1 1/2 Stunden Weg zur Schule zurücklegen. „Die Eltern begleiten bei schlechtem Wetter die Kinder über 1/2 Stunde und tragen sie durch Gewässer." Versäumnisse in der Werktagsschule: 550 (Bd.2 1926, S.113).
131 Schreiben vom 13.März 1853 „an sämmtliche Landgerichtsvorstände. Den Gesundheitszustand auf dem platten Lande betreffend" (AB Bamberg, Best.: Bischöfliches Ordinariat, Nr.168.2).
132 Beiträge zur Statistik des Königreichs Bayern, Heft 14 (1866), S.43.
133 Diese und die folgenden Zahlen in: Beiträge zur Statistik des Königreichs Bayern, Heft 122 (1933), S.92.

konnten, weil das Schulhaus zu wenig Platz für alle Schulpflichtigen bot[134]. Manche Schulräume befanden sich in einem teils ungesunden, teils baufälligen (Döllinger Bd.9, S.999) Zustand[135]. Intensivere Maßnahmen zur Beschaffung von Schulraum erfolgten erst ab den 1820er Jahren. H.Buchinger berichtet, daß der Schulhausbau des Unterdonaukreises um diese Zeit einen ersten Höhepunkt fand. „Von 1825 bis 1829 entstanden nämlich an die 100 neue Schulhäuser (Passavia 1830). Das war ein Fünftel des damaligen Bestandes!" (1984, S.76). An die Stelle der alten und inzwischen unbrauchbar gewordenen Schulgebäude traten Häuser, die das pro Schüler vorgeschriebene Flächenmaß von 8 Quadratfuß (= 0,680 qm) erfüllten. Nach dem Statistischen Handbuch des bayerischen Volksschulwesens zählte der Unterdonaukreis im Jahre 1831 443 Schulhäuser, von denen sich 343 in einem guten, 40 in einem mittleren und 48 in einem schlechten Zustand befanden (1872, S.166; zit. nach H.Buchinger 1984, S.76)[136].

Über die tatsächliche Schulsituation läßt sich noch nähere Auskunft gewinnen, wenn man, soweit dies statistisch überhaupt möglich ist, auch etwas über das zahlenmäßige Verhältnis von Lehrern zu Schülern, sowie Schülern zu Schulen erfährt. Neben dem Mangel an Schulraum wurde in den Schulinspektionsberichten besonders auch der Mangel an Lehrern als dem „Gedeihen der Volksschule" (Döllinger Bd.9, S.999) hinderlicher Umstand beanstandet. Da aber eine Vermehrung des Lehrpersonals wegen „der beschränkten Mittel" nicht, und schon gar „nicht mit Einemmale", erfolgen konnte, schlug die Regierung die Anstellung von „Aushilfslehrern" mit einem „mäßigen Gehalt" bzw. die Teilung der Klassen vor. „An allen Orten, wo die Zahl der von einem Lehrer zu unterrichtenden Schulkinder sich gegen 100 (!) beläuft", soll der Unterricht

---

134 Zwischen 1815 und 1820 weiß der Schulvisitator der Pfarrei St.Georgen (Dekanat Baumburg) zu berichten, daß Benefiziat J.Niedermeier nur 40 Kinder unterrichtet, weil das Schulzimmer nur so viele Kinder aufnehmen konnte, obwohl in der Pfarrei 70 Schulpflichtige vorhanden waren (H.Held Bd.2 1926, S.116).
Ähnlich heißt es in einem Inspektionsbericht des Schuljahres 1808/09, „daß man froh seyn müsse, wenn schulpflichtige Kinder wegbleiben, weil sogar den sich einfindenden Schülern am Platz fehle" (Döllinger Bd.9, S.1002).

135 Noch 1853 monierte die Regierung von Oberfranken: „Die Wohnzimmer und häufig auch die *Schulstuben* sind zu klein, niedrig und übel beleuchtet, überfüllt, feucht, nicht genügend gelüftet und unreinlich" (Schreiben an die Landgerichtsvorstände, den Gesundheitszustand auf dem platten Lande betreffend, 13.März 1853; AB Bamberg, Best.: Bischöfliches Ordinariat, Nr.168.2).

136 Im Vergleich dazu gab es in den einzelnen Regierungsbezirken Bayerns im Jahre 1836 folgende Anzahl von Schulen: Isarkreis (Obb.) 690, Unterdonaukreis (Ndb.) 448, Regenkreis (Opf.) 604, Oberdonaukreis (Schwaben) 878, Rezatkreis (Mfr.) 813, Obermainkreis (Ofr.) 921, Untermainkreis (Ufr.) 1065, Rheinkreis (Rhpf.) 940 („Hauptzusammenstellung der Resultate der Special-Statistiken der teutschen Schulen im Koenigreiche Bayern nach dem recensirten Stande von 1836"; StA Würzburg, Best.: Statistische Sammlung, Sign. 669).

auf „drei Stunden Vormittags" bzw. „drei Stunden Nachmittags" verteilt werden (Döllinger Bd.9, S.1000-1002). Dieser ministeriellen Anweisung ist zu entnehmen, welche Schwierigkeiten der Staat selbst mit der exakten Durchführung seiner eigenen Verordnungen hatte. Nach der „Statistik der teutschen Schulen im Koenigreiche Bayern" von 1836 kam im Durchschnitt auf eine Schule folgende Anzahl von Schülern:

Durchschnittliche Anzahl der Werktagsschüler pro Schule

Schule im Regierungsbezirk	Werktags-Schüler
Isarkreis	88,1
Unterdonaukreis	107,5
Regenkreis	82,7
Oberdonaukreis	70,5
Rezatkreis	94,6
Obermainkreis	85,1
Untermainkreis	80,7
Rheinkreis	104,2

(StA Würzburg, Best.: Statistische Sammlung, Sign. 669).

Auf einen Lehrer kamen im selben Berichtsjahr folgende Schülerzahlen:

Durchschnittliche Zahl der Werktagsschüler pro Lehrer gegliedert nach Landgerichten und nach unmittelbaren Städten

Regierungsbezirk	Schüler pro Lehrer in Landdistrikten	Schüler pro Lehrer in unmittelbaren Städten
Isarkreis	68,6	56,2
Unterdonaukreis	73,4	70,1
Regenkreis	64,2	82,3
Oberdonaukreis	54,6	49,0
Rezatkreis	65,9	79,8
Obermainkreis	68,1	104,5
Untermainkreis	64,4	72,4
Rheinkreis	82,0	94,9

(StA Würzburg, Best.: Statistische Sammlung, Sign. 669).

Im Jahre 1851/52 sah die durchschnittliche Schülerzahl pro Lehrer wie folgt aus:

Durchschnittliche Anzahl der Werktagsschüler pro Lehrer

Regierungsbezirk	Werktagsschüler pro Lehrer
Oberbayern	65,3
Niederbayern	65,1
Pfalz	76,6
Oberpfalz	67,7
Oberfranken	68,5
Mittelfranken	65,1
Unterfranken	54,6
Schwaben	53,0

(Beiträge zur Statistik des Königreichs Bayern, Heft 5, 1955, S.54).

Zum Vergleich seien noch die Daten des Regierungsbezirks Schwaben vom Berichtsjahr 1871/72 herangezogen. Danach kamen durchschnittlich auf einen Lehrer 52,8 Werktagsschüler[137].

Diese Durchschnittswerte belegen, daß der Schüleranteil pro Lehrer bis Ende des Jahrhunderts in der Werktagsschule sehr hoch war, und daß erst um 1900 eine deutliche Verbesserung eintrat. Nach der Statistik von 1899/1900 zählte Bayern 864 030 Werktagsschüler und 25 571 Lehrer[138], so daß auf einen Lehrer rund 32,5 Schüler kamen. Die hohe Schülerzahl pro Lehrer, der Mangel an Schulraum und die dürftige Ausstattung der Klassenzimmer mußte sich nachteilig auf die Qualität des Unterrichts auswirken.

Als Negativposten der prekären Situation sind auch die berufsbedingten Behinderungen des Lehrers in Betracht zu ziehen. Zu seinen beruflichen Verpflichtungen zählten neben Schuldienst auch Kirchen- und Gemeindedienste. Wollte er allen Verpflichtungen gewissenhaft nachkommen, war sein Tag vom frühesten Morgen bis späten Abend so ausgefüllt, daß weder für Rekreation noch für erforderliche Unterrichtsvorbereitungen

---

137 Beiträge zur Statistik des Königreichs Bayern, Heft 17 (1873 und 1875), S.322 f.
138 Bayerns Entwicklung nach den Ergebnissen der amtlichen Statistik seit 1840. München 1915.

gebührende Zeit verblieb. Zwischen dem morgendlichen Frühläuten, das im Sommer oft schon um 3 Uhr, im Winter um 4 Uhr anberaumt war, und dem abendlichen Gebetläuten „mußte die Kirche gereinigt und geschmückt, der Geistliche mit Meßrock oder Talar bekleidet, Orgel geschlagen, der Kirchenchor geleitet, die Turmuhr aufgezogen werden, mußte der Lehrer Werktags- und Feiertagsschule halten, sich auf Fortbildungskonferenzen vorbereiten und oft genug bei Eltern und Pfarrern für seinen Unterricht werben" (W.K.Blessing 1974, S.510). Zwischendurch oder am Abend hatte er schließlich noch die Gemeindeschreiberei zu erledigen.

Die Unterordnung der Schule unter die Kirche brachte es mit sich, daß der Unterricht nicht selten den anfallenden Taufen, Trauungen, Seelengottesdiensten und Begräbnissen, bei denen der Lehrer Mesner-, Chor- und Organistendienste zu leisten, oder die Schüler durch Gesang die Zeremonie zu begleiten hatten, zum Opfer fiel bzw. nur verkürzt stattfand. Behördliches Eingreifen scheiterte häufig an der Hartnäckigkeit tradierter Gepflogenheiten oder einfach daran, daß solche kirchlichen Anlässe dem Lehrer Gelegenheit zur Aufbesserung seines kärglichen Einkommens boten.

Auch die Abhängigkeit des Lehrers vom Bürgermeister oder Gemeindevorsteher zählte zu den Imponderabilien seines Schulmeisterberufs. Einmal in die Mißgunst des Gemeindeoberhauptes geraten oder auch nur durch dessen Gleichgültigkeit gegen Schulbelange ins Abseits gestellt, suchte der Lehrer vergeblich um finanzielle Leistungen für seine Schule nach. Da nämlich die Gemeindeleitung nicht nur Mitglied der Lokalschulkommission, sondern auch mit der Regelung der äußeren Schulverhältnisse betraut war[139], hingen Art, Größe und Instandhaltung des Schulgebäudes, sowie die Bewilligung von Schulmitteln von den Gemeindevätern ab. Selbst die bestgemeinten Bemühungen des Lehrers, die Unterrichtsqualität durch Lehrmittel zu verbessern und die Schüler durch Anschauungsmaterial zur Teilnahme am Unterricht zu motivieren, konnten so an der Gemeindeleitung scheitern. Desgleichen lag die Beaufsichtigung des Schulbesuchs und deren strenge bzw. nachlässige Handhabung in den Händen der Gemeindevorsteher, so daß der Lehrer in der Durchsetzung eines regelmäßigen Schulbesuchs auf die Mitwirkung des Gemeindevorstands angewiesen blieb.

---

139 Verordnung vom 22.3.1821. Döllinger Bd.9, S.1085 ff.

Die Qualität des Unterrichts hing nicht zuletzt auch von den Möglichkeiten einer geeigneten Fort- und Weiterbildung des Lehrers ab. Doch um sich mit Büchern, Zeitschriften und Zeitungen auszustatten, die ihn hätten über neuere Entwicklungen informieren können, mangelte es ihm an finanziellen Mitteln. Oft fehlte ihm auch die Zeit oder das Interesse, um mit seinen Kollegen Meinungen und Informationen auszutauschen oder Fachprobleme zu erörtern.

So verging fast ein Jahrhundert, bis sich die Volksschullehrerschaft aus den Zwängen staatlicher, kirchlicher und kommunaler Bevormundung befreien und zu einem selbstbewußten, einheitlichen Stand emanzipieren konnte. Mit dem Prozeß der allmählichen Verselbständigung und Spezialisierung des Schullehrers ging auch der schrittweise Aufbau der allgemeinen öffentlichen Volksbildung samt der Beseitigung des Analphabetentums einher, ein Prozeß, der vom Staat eingeleitet und von ihm letztlich auch durchgesetzt wurde. Allerdings hinderte ihn sein unentschlossenes Abrücken vom Leitbild einer agrarisch-kleingewerblichen Gesellschaftsordnung, die Realisierung der allgemeinen Pflichtschule konsequent und bruchlos zu vollziehen. Dies zeigt sich u.a. in dem erst im Verlauf des Jahrhunderts voll aufbrechenden Konflikt zwischen Kinderarbeit und Schule. Weil der Staat dem Problem der Kinderarbeit lange Zeit gleichgültig gegenüberstand, ja sie sogar in seinen gesetzlichen Erlassen tolerierte, konnte er auch das wiederholte Fernbleiben eines nicht geringen Prozentsatzes der Schüler nicht verhindern. Die Verharmlosung des in der Erwerbstätigkeit der Kinder liegenden sozialen Problems führte dazu, daß die Lage dieser Kinder selbst dann noch nicht erkannt wurde, als die Kinderarbeit nach Ausmaß und Art Dimensionen angenommen hatte, die ein Eingreifen der Obrigkeit längst hätte erforderlich machen müssen.

3.5 Zusammenfassung

Es ist ein unbestrittenes Verdienst des 19.Jahrhunderts, ein Grundanliegen des Zeitalters der Aufklärung eingelöst zu haben. Mit der Einführung der allgemeinen staatlichen Pflichtvolksschule wurde die Forderung des Rechtes auf Bildung für alle erfüllt. Auch wenn die Verwirklichung eines auf „Veredelung" und „Brauchbarkeit" des Menschen zielenden Staatserziehungswesens bzw. einer auch den unteren Schichten des Volkes zugute kommenden Bildungsorganisation auf Grund zahlreicher (schul-)politischer und -organisatorischer Unzulänglichkeiten und Rückschläge nur zögernd vorankam, so schmälert dies nicht das Verdienst des

Staates, die Förderung der allgemeinen Volksbildung als Staatsaufgabe erkannt und gesetzlich verankert zu haben.

Zeigte die Schulpolitik in den ersten Jahrzehnten eine stürmische Entwicklung, so konzentrierten sich die eher restaurativen Kräfte nach 1849 mehr darauf, das staatliche Unterrichtswesen verwaltungstechnisch auszubauen und zu verbessern, ohne jedoch den Anspruch zu erheben, es als „normgebende Kraft für die Gestaltung des Gemeinwesens" (K.E.Jeismann 1987, S.119) zu begreifen.

Die Verwirklichung der Staatsschule und des Pflichtunterrichts in Werktags-, Sonn- und Feiertagsschulen machte nicht nur die Errichtung bzw. den zügigen Ausbau von Schulgebäuden dringend erforderlich, sondern man benötigte auch neue Lehrpläne und staatlich geprüfte und besoldete Lehrer. Aus den gegensätzlichen Auffassungen des mehr an der Brauchbarkeit des künftigen Staatsbürgers und den Realia ausgerichteten Lehrplans J.Wismayrs und der an der Idee der allgemeinen Menschenbildung orientierten Lehrplanrevision F.I.Niethammers ging schließlich ein Kompromißpapier hervor. Um die Lehrerbildung für das ganze Land möglichst einheitlich zu gestalten, wurden in allen Regierungsbezirken Lehrerseminare errichtet, in denen die Lehramtskandidaten nicht nur wissensmäßig ausgebildet, sondern auch mental auf die vom Staat gewünschten Tugenden der Vaterlandsliebe, Zufriedenheit und Anerkennung der politischen und geistlichen Autoritäten vorbereitet wurden. So hoffte man, eine Generation von Pädagogen heranzuziehen, die in Erfüllung ihrer Vorbildfunktion der Jugend als Leitbild eines zufriedenen, patriotischen und dem Staat nützlichen Bürgers dienen konnte.

Noch befangen in den Vorstellungen alteuropäischer Gesellschaftsordnung lag dem Staat bei aller Aufgeschlossenheit für gesamtgesellschaftliche Bildungsbestrebungen daran, die Volksschule auf jene elementaren Unterrichtsinhalte zu beschränken, die er für die niederen Gesellschaftsschichten als ausreichend erachtete: Lesen, Schreiben, Rechnen und insbesondere religiöse und sittliche Unterweisung. Was darüber hinaus war, gefährdete nach seiner Einschätzung die Zufriedenheit der Untertanen und gab Anlaß zu unbotmäßigem Verhalten.

Aus Sorge um den Erhalt des inneren Friedens und der Ordnung im Lande übertrug er, trotz Verstaatlichung des Schulwesens und der Lehrerbildung und trotz Verweltlichung der Lerninhalte, die Schulaufsicht den Geistlichen, deren Kontrollfunktionen sich auf alle das niedere Schulwesen betreffenden Vorschriften einschließlich der Unterrichtstätigkeit des Lehrers erstreckten.

Diese mit der Staatsschule nur schwer vereinbare, widersprüchliche Schulpolitik fand ihre Entsprechung im Verhältnis von Schule und Erwerbstätigkeit Schulpflichtiger. Auch hier konnte sich der Staat lange Zeit nicht für eine eindeutige Haltung entscheiden. Gesetzliche Maßnahmen, Kinderarbeit gänzlich zu verbieten, scheiterten nicht zuletzt an der Bereitwilligkeit des Staates, Fabrikherren und Gewerbetreibenden gegenüber wiederholt Zugeständnisse einzuräumen, oder daran, daß er die Lohnarbeit der Kinder als Mittel zur Linderung wirtschaftlicher Notlagen armer Eltern stillschweigend duldete. So geriet die staatliche Schulpflicht immer wieder in Gefahr, vom Staat selbst unterlaufen zu werden; ein Zustand, der die vom Staat intendierten Ausbildungschancen des Arbeiterkindes vereitelte.

4 Kinderarbeit im vorindustriellen und industriellen Großbetrieb

4.1 Von der Manufaktur zur Fabrik

Die Erwerbstätigkeit von Kindern in industriellen Produktionsstätten war eine Folge des technologischen Wandels, der, ausgelöst durch eine erhebliche Anzahl technischer und wirtschaftlicher Neuerungen, im 18. und 19.Jahrhundert stattfand und seinerseits einen Wandel gesellschaftlicher Art[1] zur Folge hatte. „Die Schauplätze, auf denen sich jener revolutionäre Prozeß konkret vollzog, waren 'Manufaktur' und 'Fabrik'" (R.Forberger 1981, S.175), jene beiden zentralisierten und arbeitsteiligen Betriebsarten, die hinsichtlich ihrer Beschäftigtenzahl, Massenproduktion und Kapitalausstattung alle bisherigen Produktionsformen übertrafen.

War die Manufaktur die produktivste Betriebsform des 18.Jahrhunderts, die darin die Werkstatt des Handwerkers um ein Vielfaches überrundete, und beruhte ihre Produktivitätssteigerung vornehmlich in der fortschrittlichen Arbeitsorganisation, insbesondere der innerbetrieblichen Arbeitsteilung, so fußte die massenhafte und weitaus billigere Warenherstellung der Fabrik in erster Linie „auf den Fortschritten bei den Arbeitsinstrumenten" (R.Forberger 1981, S.175), die schließlich zur sog. „industriellen Revolution" im 19.Jahrhundert führten. Ist die Manufaktur als der Grundtyp des vorindustriellen Großbetriebs zu betrachten, für dessen Herausbildung der technische Fortschritt eine weit geringere Rolle spielte als bei der Entstehung der Fabrik (G.Slawinger 1966, S.20), so ist diese als „die reinste, wenn auch nicht einzige Ausprägung" (W.Fischer 1972, S.359) der industriellen Produktionsform zu verstehen.

Ist schließlich die Manufaktur als „gesellschaftliche(r) Großbetrieb" zu definieren, in dem „eine größere Anzahl von Arbeitern von Unternehmern außerhalb ihrer Wohnung in eigener Betriebsstätte beschäftigt" werden, und stellt sie damit „eine Zwischenstufe, die von der Hausindustrie (...) zur Fabrik hinüberleitet", dar (J.Kulischer 1929, S.146), so ist

---

1 Für West- und Mitteleuropa steht fest, meint W.Fischer, „daß die gesellschaftliche Schichtung durch die Industrialisierung tiefgreifend verändert worden ist. Ganz offensichtlich sind neue Schichten entstanden, ältere geschrumpft, ihre gegenseitige Zuordnung hat sich verändert, ihr Selbstverständnis und das Prestige, das sie bei anderen genießen, hat sich gewandelt" (1972, S.24).

169

die Fabrik eine Produktionsstätte, in der unter Anwendung technischer Apparate oder chemischer Prozesse und durch Nutzung angesammelter Produktionsmittel (Kapital) Güter produziert werden (W.Fischer 1972, S.359).

Das 18. und teils auch das 19.Jahrhundert jedoch kannten diese klare begriffliche Unterscheidung nicht. Weder schied man säuberlich Manufaktur und Fabrik, noch trennte man klar die fabrikmäßige von der handwerklichen bzw. hausindustriellen Produktionsform. „Damals", so schreibt J.Kulischer, „verstand man sowohl unter Manufaktur wie unter Fabrik das Gewerbe überhaupt, ungeachtet dessen, welche Betriebsform es annehmen mochte, ob Handwerk, Verlag oder zentralisierter Betrieb" (1929, S.146). In französischen Quellen wird als „fabriquant" (Fabrikant) sowohl der selbständige Handwerker als auch der vom Verleger beschäftigte hausindustrielle Kleinmeister bezeichnet. Andererseits nennen sich sowohl Leiter von Werkstättenbetrieben als auch Verleger von Garn-, Tuch- und Seidenwaren Manufakturisten (J.Kulischer 1929, S.147). J.P.Marperger (1714) und Hübners Handlexikon (1722) wiederum bezeichnen die metallverarbeitenden Betriebe als Fabrik, die textilverarbeitenden als Manufaktur (J.Kulischer 1929, S.147 f.). Ludovici wußte 1753 von nicht weniger als sechs verschiedenen Bedeutungen der „Fabrik" zu berichten[2]. In einer 1791 ohne Namen des Autors erschienenen Broschüre heißt es:

„(...) Fabriken und Manufacturen müssen (...) Handwerksstätten in Städten, nicht in Dörfern, seyen, worinnen unter Aufsicht und Direction des Entrepreneurs, welcher zugleich Meister seyn (...) muß, (...) vermittelst einer möglichst starken Anzahl arbeitsamer Menschen (nicht etwa nur 1, 2, 3, das ist nichts!) (...) National-Waaren-Bedürfnisse allerley Art (...) in hinreichender Menge (...) hervorgebracht (...) werden."
(„Worinnen besteht der wesentliche Begriff einer Fabrike und Manufaktur ...?", S.6).

Man gebrauchte beide Begriffe neben- und miteinander. Die Behörden sprachen noch weit ins 19.Jahrhundert hinein vorwiegend im Plural von den „Fabriquen und Manufakturen" oder von dem „Fabriquen- und Manufakturwesen" (W.Fischer 1972, S.360).

Die moderne Wirtschaftshistorik versteht unter Manufaktur den zentralisierten, arbeitsteiligen gewerblichen Großbetrieb mit überwiegend ma-

---

2 Danach kann „Fabrik" bedeuten: Arbeit, Handwerk, Anstalten, die zur Fertigung von Kaufmannsware dienten, Fertigung von Ware durch Feuer und Hammer, diese verfertigten Waren selbst, Münzprägungsort (D.Hilger 1975, S.235 f.).

nueller Fertigungsweise (G.Slawinger 1966, S.XVI), wobei sich auch der Begriff „dezentralisierte Manufaktur"[3] eingebürgert hat, um das Verlagswesen[4] zu umschreiben. Im Gegensatz zu Handwerk und Heimarbeit war die zentralisierte Manufaktur

„die höchstentwickelte Produktionsform vor der Entstehung der Fabrik. Zur Arbeitsteilung gesellte sich hier auf allen Stufen des Produktionsprozesses die Kooperation. Die Teilung und Zerlegung der Arbeit konnte weitgehender erfolgen, als es in der dezentralisierten Manufaktur möglich war. Der zeitraubende Transport zwischen den verschiedenen Teilarbeiten entfiel. Auch war es möglich, kompliziertere technische Einrichtungen und Verfahren anzuwenden. Alle Arbeiten wurden unter der direkten Aufsicht und Kontrolle des Unternehmers oder seiner Werkmeister durchgeführt" (H.Krüger 1958, S.206).

Vom Handwerk unterscheidet sich die Manufaktur durch die innerbetriebliche Arbeitsteilung und die Betriebsgröße, vom Verlag durch die Zentralisierung der Produktionsvorgänge. Mit beiden hatte sie gemein, daß ihre Erzeugnisse ein Ergebnis manueller Arbeitsprozesse, nicht selten sogar handwerklicher Geschicklichkeit, waren. Ihre überwiegend handwerksmäßige Produktionsweise hatte zur Folge, „daß noch immer die physische Kraft und Geschicklichkeit des Arbeiters das Tempo seiner Arbeit bestimmte" (H.Krüger 1958, S.292). Deshalb bedeutete auch die Verwendung einer von Hand oder Fuß angetriebenen Maschine noch keine wesentliche Änderung der Arbeitsweise, da Tempo und Energieaufwand vom Arbeiter selbst bestimmt wurden und freiwillige Pausen zuließen.

„Der Sprung zur Qualität der Fabrik" vollzog sich erst in dem Augenblick, „in dem die Kombination von Arbeits- und Antriebsmaschine den Produktionsablauf wahrhaft diktierte und den Arbeiter in dem Umfang zum Objekt eines Automaten machte", wie dies Andrew Ure gekennzeichnet hat (R.Forberger 1981, S.183). A.Ure sah in seiner „Philosophy of Manufactures" (1835) als Hauptmerkmale der Fabrik den „Antrieb eines Systems von Produktionsmaschinen durch eine zentrale Kraftmaschine" (one prime mover) und die eigentlich erst durch den Einsatz der

---

3   Die marxistisch orientierte Geschichtsforschung verwendet diesen Begriff, um den Verleger auf derselben Seite anzusiedeln wie den kapitalistischen Unternehmer: Die Heimarbeiter, die vom Verleger Rohwaren bezogen und an ihn das fertige Produkt ablieferten, sind in den Augen dieser Geschichtsforschung „Lohnarbeiter, die vom gleichen kapitalistischen Unternehmer ausgebeutet wurden wie die in den zentralen Werkstätten tätigen Manufakturarbeiter" (H.Krüger 1958, S.194).
4   Der Verlag stellt einen „dezentralisierten Großbetrieb dar, bei dem die Produktion in zahlreichen getrennten Werkstätten, d.h. im kleingewerblichen Heim- und Hausgewerbe erfolgt" (J.Kermann 1972, S.80).

Dampfmaschine möglich gewordene „Kontinuität und das Gleichmaß der Leistungsabgabe". Hinter beiden aufeinander bezogenen Merkmalen steckt die „idea of a vast automation", die erst den Begriff einer „automatischen Fabrik" für die mechanisierte Produktionsweise aufkommen ließ (zit. nach D.Hilger 1975, S.241).

„Das konstitutive Element der Fabrik ist somit in der Verwendung motorisierter Arbeitsmaschinensysteme zu sehen, deren sozialökonomisches Kriterium darin liegt, daß durch sie nicht nur die manuelle Arbeitskraft, sondern auch die menschliche Antriebskraft ersetzt wird" (R.Forberger 1981, S.183).

Eindrucksvoll wird dieses Merkmal durch das von Wellen, Rädern und Treibriemen beherrschte Erscheinungsbild der Fabrikhalle dokumentiert, die dem Zweck der Transmission der Kraft einer zentralen Antriebsmaschine auf die Arbeitsmaschinen dienen. „Hier scheint sich die Rede vom Umschlagen der Quantität in die Qualität anzubieten", meint D.Hilger, weshalb es kein Zufall sein dürfte, „daß in den technologisch inspirierten Lehren des Marxismus die Transmission als Metapher eine beträchtliche Rolle spielt" (1975, S.241). In Übereinstimmung mit R.Forberger schreibt W.Fischer:

„Unter Fabrik sei eine Produktionsstätte verstanden, in der eine größere Anzahl von Menschen in arbeitsteiliger Organisation mit Hilfe von Antriebs- und Arbeitsmaschinen oder chemischen Prozessen in regelmäßigem Ablauf Güter produziert. Sie unterscheidet sich von der Manufaktur durch das Vorwiegen der technischen Apparatur, von der Handwerks- und Hauswerkstätte durch ihre Größe und meist ebenfalls durch die technische Ausstattung" (1972, S.359).

„Die Fabrik", so meint W.Sombart, „ist gleichsam das Werkzeug des kollektiven Gesamtarbeiters, mittels dessen er Kraft, Feinheit, Sicherheit, Schnelligkeit über die Schranke des Organischen hinaus zu entwickeln vermag" (1909, S.329). War die Manufaktur die unmittelbarste Vorform der Fabrik, die aber auf Grund ihrer handwerksmäßigen Arbeitsweise „die gesellschaftliche Produktion weder in ihrem ganzen Umfang ergreifen, noch in ihrer Tiefe umwälzen" konnte (K.Marx 1962, S.390), so darf die Entstehung der Fabrik als Auslöser der modernen Industrialisation bezeichnet werden, deren zeitlicher Beginn in England im späten 18., in Deutschland am Beginn des 19.Jahrhunderts, nämlich am Ende der großen Kriegsperiode 1815 (W.Zorn 1969, S.611) anzusetzen ist. Ihre erste Aufgipfelung, die sog. „industrielle Revolution", fand in Deutschland, im Gegensatz zu England (um 1800), Frankreich (um 1850) und den USA (um 1860), zwischen 1850 und 1873 statt (W.Fischer 1972, S.18). Der mit der Ablösung der Handarbeit durch Maschinenarbeit und der Muskelkraft durch physikalische Antriebskraft ausgelöste Industrialisierungsprozeß schließt auch alle Folgeerscheinungen mit ein,

„die sich vor der Mechanisierung der Produktion nicht oder nicht weithin sichtbar einstellten: die Veränderungen im Verkehrswesen, das Ansteigen der Dienstleistungen, die Umschichtungen im Handwerk und der Landwirtschaft, die sozialen Strukturwandlungen überhaupt und ihre Auswirkungen auf die geistige Verfassung der Menschen" (W.Fischer 1972, S.361).

Das Emporkommen der Industrie erfolgt nicht auf einen Schlag, sondern allmählich. Ihre Entwicklung nimmt einen regional und branchenmäßig unterschiedlichen Verlauf, der sich über Jahrzehnte ausdehnt. Während in den alten Eisen- und Glashütten und in den Papiermühlen schon sehr früh eine größere Anzahl von Menschen beschäftigt, Wasser, Wind und Tiere als Antriebskräfte benutzt, Arbeitsmaschinen in Form von Stampfen und Pressen verwendet und beim Schmelzvorgang auch chemische Prozesse angewandt wurden (W.Fischer 1972, S.359), befanden sich nach W.Sombart (1909, S.331) die meisten Webstühle bis um die Mitte des 19.Jahrhunderts in Deutschland in den Wohnungen der Arbeiter und wurden ohne Anwendung mechanischer Kraft betrieben. 1810 kam die erste Flachsspinnmaschine nach Deutschland. Aber 1837 gab es erst fünf mechanische Flachsspinnereien mit zusammen 10 300 Spindeln. Bis 1846 stieg ihre Zahl auf 14 mit insgesamt 45 000 Spindeln. Weiter fortgeschritten war die Wollgarnspinnerei, die 1846 in Preußen folgende Verteilung aufwies:

Wollweberei. Der preußische Staat besaß im Jahre 1846:

	Anstalten	Webstühle		Arbeiter
		mechanische	Handstühle	
Tuchfabriken (1849)	798	494	9570	—
Fabriken wollener und halbwollener Zeuge	294	716	4110	10117
Shawls-Fabriken	5	18	43	118
Teppich-Fabriken.	20	117	814	1164
Webstühle als Nebenbeschäftigung (teilweise Hausindustrie) . .	—	—	4519	—
Gewerbsweise gehende Stühle — Hausindustrie.	—	—	22967	31779
Strumpfweberei	—	—	2135	2281
Zusammen (ohne Tuchfabriken)	319	846	34188	45459

(W.Sombart 1909, S.558).

Dagegen scheint die Baumwollspinnerei in Deutschland von Anfang an fabrikmäßig betrieben worden zu sein. Die Statistik von 1846 weist folgende Zahlen auf:

Baumwollspinnerei. Es gab im Jahre 1846:

in	Spinnereien	mit Feinspindeln	Spinnerei enthaltene Spindeln auf eine
Königreich Preußen	153	170 438	1 114
„ Sachsen*)	132	474 998	3 599
„ Bayern	11	50 538	4 585
„ Württemberg	12	33 000	2 750
Großherzogtum Baden	2	18 000	9 000
„ Hessen	1	1 800	1 800
Kurfürstentum Hessen	2	1 500	750
Zollverein	313	750 274	2.397

(W.Sombart 1909, S.558).

Wie sehr sich die industriellen Entwicklungsphasen ineinander und übereinander schoben, zeigen die regionalen Einzeluntersuchungen von H.Krüger (1958), O.Reuter (1961), G.Slawinger (1966), J.Kermann (1972), W.Fischer (1972, S.358-391) und R.Forberger (1982) sehr deutlich. So konnte z.B. O.Reuter für den fränkischen Raum nachweisen, daß zwischen 1795 und 1805 sowie nach 1815 eine besonders rege Gründungstätigkeit von Manufakturen zu verzeichnen ist, während sich im gleichen Zeitraum die Zusammenbrüche solcher Betriebe häuften (1961, S.12 f.). Zu einem ähnlichen Ergebnis kommt G.Slawinger, wenn er für Kurbayern feststellt:

„Die Untersuchungen über Entstehungs- und Verfallszeiten der Manufakturen brachten das überraschende Ergebnis, daß die Kurven der Betriebsstillegungen und der Manufakturgründungen (...) fast bis 1833 annähernd gleichgerichtet verliefen" (1966, S.46),

daß sich aber mit zunehmender Annäherung an das Industriezeitalter, insbesondere nach 1830, der Verfallsprozeß beschleunigte (S.10). Als Ursache nennt er u.a. den technischen Fortschritt, der die Entstehung der erheblich leistungsfähigeren Fabrik ermöglichte. Einzelne Betriebe gingen dazu über, „sich in Fabriken umzuwandeln und die maschinellen Anlagen jeweils dem neuesten Entwicklungsstand anzupassen" (G.Slawinger 1966, S.57). Andere sind bei diesem Versuch gescheitert oder zeigten sich den seit 1815 völlig gewandelten Wirtschaftsverhältnissen nicht gewachsen und mußten aufgeben. Während man besonders im Textilbereich sowie in chemischen und mechanischen Werkstätten bereits vor 1833 zu einer Mechanisierung größeren Umfangs überging (G.Slawinger 1966, S.57) und zusätzlich von der günstigen Wirkung der Zollbereinigung von 1834 profitierte, kam dies für viele andere vorindustrielle Großbetriebe zu spät (O.Reuter 1961, S.21).

Der sich über Jahrzehnte erstreckende Prozeß der Umstellung auf vollmechanisierte Fertigungsweisen, der eine Reihe von Früh- und Mischformen der Industrialisierung hervorbrachte, macht es, wie A.Herzig zu Recht betont, „für die Forschung nach wie vor schwierig, eine scharfe Grenze zwischen Manufaktur und frühindustrieller Fabrik zu ziehen, zumal beide noch lange Zeit nebeneinander existierten" (1983, S.311). Um diese Schwierigkeit zu umgehen, gebrauchst H.Haan den Begriff „frühindustrieller Großbetrieb", worunter er den zentralisierten Großbetrieb mit mindestens zehn Arbeitern und einer Minimalausstattung an Maschinen oder technischen Apparaten versteht. Darunter fallen für ihn Fabriken, Hütten (z.B. Eisen- und Glashütten), Mühlen (z.B. Papiermühlen), Manufakturen und Mechanische Werkstätten (1969, S.634). Aber schon dieser sehr weit gefaßte Begriff vermag zwar eine Reihe von Betriebsformen zu umfassen, für eine differenziertere Betrachtung der spezifischen Arbeitsverhältnisse jedoch ist er nicht oder nur bedingt tauglich. Demgegenüber verwendet H.Freudenberger die Begriffe „Proto-Industrialisierung" (1981) und „Proto-Fabrik" (1968), um einerseits die frühindustrielle Entwicklung und andererseits die „Kontinuität zur modernen Fabrik" (1981, S.380) zum Ausdruck zu bringen: „Mit der Protofabrik soll die primitive Fabrik gemeint sein, die in ihren Grundzügen der modernen Fabrik gleicht" (1968, S.416). Diese begriffliche Unterscheidung, die auch von A.Herzig (1983) übernommen wird, hilft zwar, die industrielle Entwicklung zu differenzieren, löst aber, sofern man unter Protofabrik auch noch die Manufaktur begreift (vgl. H.Freudenberger 1968, S.415), das Problem der Zuordnung von Übergangsformen nicht, da nach übereinstimmender Auffassung zwischen Manufaktur und Fabrik ein qualitativer (im Sinne der Andersheit), zwischen Früh- und Hochindustrialisierung aber „nur" ein quantitativer (im Sinne der Verstärkung) Unterschied besteht. Wir werden daher, soweit es die Quellenlage überhaupt erlaubt, an der Unterscheidung von Manufaktur und (Proto-)Fabrik festhalten, gehen aber davon aus, daß mit der um die Jahrhundertwende einsetzenden Mechanisierung und Motorisierung der Arbeitsinstrumente die Übergänge von „Manufaktur" und „Fabrik" im definierten Sinn fließend werden.

4.2 Kinderarbeit in Manufakturen und (Proto-)Fabriken[5] vom ausgehenden 18.Jahrhundert bis zum ersten Kinderschutzgesetz

4.2.1 Die großgewerbliche Entwicklung in Bayern

Um sich ein ungefähres Bild über den Anteil von Kindern und deren Arbeitsverhältnisse in den Manufakturen und Protofabriken machen zu können, ist es angebracht, sich zuerst einen groben Überblick über die vor- und frühindustrielle Entwicklung Bayerns zu verschaffen. Dabei ist unser Augenmerk besonders auf die Textilindustrie gerichtet. Es ist nämlich zum einen festzustellen: „Nach Beschäftigtenzahl und allgemeiner wirtschaftlicher Bedeutung überwog in Bayern stets die 'Leitindustrie' der ersten Industrialisierungsperiode, die Textilindustrie" (W.Zorn 1962, S.49 f.). Zum andern gilt gerade für den textilen Produktionszweig, daß er relativ wenig ausgesprochene Facharbeiter erforderte. Die stark arbeitsteilige Produktionsweise und der frühe Einsatz von Arbeitsmaschinen in der Textilbranche reduzierten den Arbeitsvorgang auf wenige, schnell erlernbare Handgriffe und machten Arbeit geradezu „kinderleicht". Mit Recht betont A.Herzig:

„Überall, wo in den 1790er Jahren und im 1.Jahrzehnt des 19.Jahrhunderts Mechanische Spinnereien gegründet wurden, stoßen wir auf einen hohen Anteil von Kinderarbeitern" (1983, S.329).

Damit soll freilich nicht gesagt sein, daß Kinder nicht auch in Glas- und Eisenhütten, in Porzellan- und Keramikbetrieben, bei der Leder-, Tabak-, Holz- und Papierverarbeitung, in Drahtzieher-und anderen metallverarbeitenden Betrieben verwendet wurden. Am meisten jedoch finden wir sie im Textilgewerbe beschäftigt.

---

5 Unter Protofabrik sollen jene betrieblichen Übergangsformen verstanden werden, in denen nicht mehr reine Handarbeit vorherrschte, die aber auch noch nicht die vollmechanische Produktionsform aufwiesen.

Im kurbayerischen Raum[6] fanden nach G.Slawinger in der Zeit vor 1800 drei Phasen von Manufakturgründungen statt:

„Als erste 'Gründerperiode' in der merkantilistischen Epoche kann die Zeit zwischen 1680 und 1700 gelten, zumal in der ersten Hälfte des 18.Jahrhunderts nur wenige Manufakturen entstanden. Nach 1760 setzte die zweite und nach dem Regierungsantritt Karl Theodors (1777) die dritte Gründungswelle ein" (1966, S.9).

Die Zahl der Manfakturgründungen stieg nach 1800 trotz einer extrem liberalen Wirtschaftspolitik[7] nochmals kräftig an und konnte sich bis 1833 auf diesem hohen Niveau halten (G.Slawinger 1966, S.9). Zu einem ähnlichen Ergebnis gelangte O.Reuter für den fränkischen Raum[8]. Danach fand eine erste Gründungsperiode zwischen 1680 und 1780 statt, der eine zweite, besonders rege, zwischen 1795 und 1805 folgte. Nach einem starken Rückgang während der Kriegszeiten (1807-1815) stieg die Gründungshäufigkeit ab 1815 wieder kräftig an (1961, S.12), begünstigt durch eine gelockerte Gewerbekonzessionspolitik ab 1808[9] und die ab 1824/25 für einen Teil des Gewerbes eingeführte Gewerbefreiheit (K.Th.Eheberg 1897, S.7 ff.)[10].

---

6 Zum Territorium Kurbayerns gehörte nach Regierungsantritt Karl Theodors (1777) das alte bayerische Herzogtum mit den Rentämtern München, Landshut, Straubing und Burghausen, die Oberpfalz (seit 1628) und die Herzogtümer Neuburg und Sulzbach, also in etwa die Gebietsteile Altbayerns, nämlich Oberbayern, Niederbayern, Oberpfalz. Es umfaßte eine Fläche von rund 37 000 qkm und hatte 1770 eine Einwohnerzahl von ca 1,22 Millionen (G.Slawinger 1966, S.XVIII).
7 Die meisten privaten und staatlichen Manufakturgründungen des 18.Jahrhunderts erfuhren in wirtschaftlicher (Monopolrecht und Schutzzölle) und finanzieller (staatliche Zuschüsse und Kredite) Hinsicht große Unterstützung durch den Landesherrn (G.Slawinger 1966, S.17-20).
8 O.Reuters Untersuchung erstreckt sich auf das Gebiet der Fürstentümer Ansbach und Bayreuth, das 1791 an Preußen und 1806 (Ansbach) bzw. 1810 (Bayreuth) an Bayern überging. Es umfaßte in etwa das heutige Mittel- und östliche Oberfranken mit zusammen 6500 qkm und rund 410 000 Einwohnern (1961, S.5).
9 Ab 1808 erhielt jeder eine Gewerbekonzession, der die Rentabilität seines Gewerbes sowie das Niederlassungsrecht durch die Gemeinde nachweisen konnte (vgl. J.Kaizl 1879; A.Popp 1928; W.Zorn 1975).
10 Nach W.Zorn wurden „zu freien, nicht innungs- und konzessionspflichtigen Erwerbsarten (...) erklärt die Anfertigung von Gegenständen der Wissenschaft und Kunst, die Spinnerei mit und ohne Maschinen, die Herstellung von Frauenkleidern und Frauenputz durch Frauen, die Bereitung von Parfümerien, Galanterien, Putz- und Modeartikeln, hölzernen Handwerkszeugen und kleinen Holz-, Horn-, Bein- und Spielwaren" (1962, S.45).

In der Zeit zwischen 1740 und 1833[11] verfügte Kurbayern über 191 Großbetriebe[12], in denen insgesamt 4400 Arbeiter[13] beschäftigt waren. Nimmt man noch die sechs Leder- und 12 Tabakmanufakturen mit je fünf bis neun Beschäftigten hinzu, ergibt sich eine Gesamtzahl von 209 gewerblichen Großbetrieben mit rund 4550 Beschäftigten (vgl. Anm.11). Im fränkischen Raum (Fürstentümer Ansbach und Bayreuth) wurden bis 1830

---

[11] Speziell für diesen Zeitraum ist festzustellen, daß neben den herkömmlichen „primären Formen des Großbetriebes sekundäre Formen vorindustrieller großbetrieblicher Produktion in alten und neu entstehenden Produktionszweigen" entwickelt worden sind (G.Slawinger 1966, S.XVII). Während im Bergbau, in den Salinen, den Hütten- und Hammerwerken, den Münzstätten, Glashütten, keramischen Manufakturen, Papier- und Getreidemühlen seit jeher schon aus technischen Gründen eine ausgeprägte Arbeitsteilung vorherrschte, entstehen nun neue Großbetriebe vor allem in den Bereichen Textil, Ledererzeugung und -verarbeitung, Draht- und Metallwaren, Instrumente und Waffen, Holzverarbeitung, landwirtschaftliche Nebenprodukte, chemische Erzeugnisse, Nahrungs- und Genußmittel, die ebenfalls um der größeren Produktivität willen in arbeitsteiliger Weise Waren herstellen.

[12]

Manufakturen in Kurbayern 1740–1833

Lfd. Nr.	Produktionszweige*)	Betriebe mit 10–19	20–49	Beschäftigten 50–99	100 u. mehr b)	Betriebe insgesamt Zahl	v. H.	Beschäftigte insgesamt a) Zahl	v. H.	Beschäftigte je Betrieb
1	Textil	16	10	2	3	31	16,0	1020	23,1	33
2	Ledererzeugung u. -verarbeitung	5	2	–	1	8 c)	4,1	250	5,7	31
3	Keramik	15	6	1	2	24	12,5	780	17,7	33
4	Glaserzeugung u. -verarbeitung	26	35	5	–	66	34,6	1300	29,5	20
5	Draht u. Metallwaren	12	8	1	–	21	11,0	340	7,7	16
6	Instrumente u. Waffen d)	3	3	–	1	7 d)	3,7	250	5,7	36
7	Holzverarbeitung	11	1	–	–	11	6,3	140	3,2	12
8	Papierverarbeitung	3	–	–	–	3	1,6	40	1,4	13
9	Landwirtschaftl. Nebenprodukte	3	1	–	–	4	2,1	50	1,1	13
10	Chemische Erzeugnisse	1	3	–	–	4	2,1	60	1,4	15
11	Nahrungs- u. Genußmittel e)	8	3	–	–	11 e)	5,7	170	3,9	15
12	Summe	107	68	9	7	191	100	4400	100	23

*) in der Reihenfolge, in der sie im Manufaktur-Tabellarium aufgeführt sind.
a) Mindestzahlen der im Betrieb Tätigen.
b) Maximum: 225 Beschäftigte (Ledermanufaktur des Utzschneider in München).
c) Ohne die 6 Ledermanufakturen mit je 5–9 (und insgesamt etwa 40) Beschäftigten.
d) Einschließlich 1 Flintensteinmanufaktur.
e) Ohne die 12 Tabakmanufakturen mit je 5–9 (und insgesamt etwa 100) Beschäftigten.

(G.Slawinger 1966, S.5).

[13]

Betriebe mit ... Beschäftigten	Betriebe Zahl	Prozent	Arbeiter Zahl	Prozent
10 bis 19	107	56	1190	27
20 bis 49	68	35	1560	35
50 bis 99	9	5	505	12
100 und mehr	7	4	1145	26
Summe	191	100	4400	100

(G.Slawinger 1966, S.7).

98 vorindustrielle Großbetriebe gegründet[14], etwa die Hälfte von ihnen um 1800, in denen insgesamt rund 4000 Arbeiter beschäftigt waren[15], davon allein 480 bzw. 300 in den beiden Kattunmanufakturen Stirner und A.Hartner (O.Reuter 1961, S.15).

Auch der bayerisch-schwäbische Raum, in dem die Stadt Augsburg eine dominierende Rolle spielte, konnte in der zweiten Hälfte des 19.Jahrhunderts das Aufblühen namhafter Manufakturen verzeichnen. Neben dem Silberhandel entfaltete sich die Kattundruckerei zu einem florierenden Unternehmen. Weltweiten Ruf erlangten die Augsburger Kattunmanufakturen von Schüle und C.Schwarz & Comp. Allein die Zahl der Beschäftigten, die in Schüles Diensten tätig war, stieg in der Zeit um 1775 auf 3500. Der Absatz belief sich auf etwa 70 000 Kattune. Die Anzahl der in den Schüleschen Manufakturräumen selbst tätigen Personen wurde 1781 mit 350 angegeben (W.Zorn 1961, S.55).

In der Pfalz fanden die ersten Ansätze der Industrialisierung um die Mitte und in der zweiten Hälfte des 18.Jahrhunderts statt. Aber „da sie eng mit den Bedürfnissen und Zielrichtungen der Territorialherren des 18.Jahrhunderts verbunden waren, wurden sie während der französi-

14

Produktionszweig	Manufakturen		Arbeiter	
	Zahl	Prozent	Zahl	Prozent
Textil	44	45	2200	55
Keramik	8	8	370	9
Glas	13	13,5	380	9,5
Tabak	13	13,5	400	10
Papier*	3	3	60	1,5
Draht	10	10	350	9
Verschiedene	7	7	240	6
	98	100	4000	100

* Ohne Berücksichtigung der Papiermühlen

(O.Reuter 1961, S.10).

15 Für insgesamt 83 Betriebe konnte O.Reuter exakte Zahlen ermitteln:

Betriebsgrößen Arbeiter	Betriebe		Arbeiter	
	Zahl	Prozent	Zahl	Prozent
10–24	34	41	630	17
25–49	33	40	850	23
50–199	13	16	1210	32
über 200	3	3	1020	28
insgesamt	83	100	3710	100

(O.Reuter 1961, S. 14).

schen Revolution und der französischen Herrschaft wieder zurückgedrängt" (J.Kermann 1976, S.313). Nach Aufhebung der Kontinentalsperre verschwanden die meisten der um 1800 gegründeten Manufakturen wieder. Der Übergang vom Manufaktur- zum Fabrikbetrieb fand im dritten und vierten Jahrzehnt des 19.Jahrhunderts statt. Immerhin zählten die pfälzischen Territorien um 1820 insgesamt 69 industrielle Produktionsstätten, die zusammen 957 Arbeiter beschäftigten (H.Haan 1969, S.635)[16].

Als Vergleichszahlen für denselben Zeitraum seien genannt: Sachsen mit insgesamt 254 vor 1830 gegründeten Manufakturen (R.Forberger 1958, S.305-363)[17], die Rheinprovinz mit ca 920 bis 1020 um 1800 bestehenden Großbetrieben (J.Kermann 1972, S.610)[18], das Großherzogtum Baden, das nach der Gewerbezählung von 1809 163 größere nichtzünftige Gewerbebetriebe mit 6848 Arbeitern zählte (W.Fischer 1972, S.365), Berlin mit allein 65 zentralisierten und dezentralisierten Textilmanufakturen im Jahre 1782 (H.Krüger 1958, S.268)[19] und insgesamt 137 konzessionierten Unternehmen im Jahre 1784, die bis zum Jahre 1801 auf 172 anstiegen.[20]

---

16 H.Haan gibt dazu folgenden Überblick:
Die Anfänge der Industrialisierung in der Pfalz
Die fabrikartige Industrie der Pfalz um 1820 nach Produktionszweigen.

Produktions- zweig	Zahl der Betriebe	Zahl der Beschäftigten
Eisen	13	182
Glas und Keramik	5	80
Papier	17	250
Textil	6	130
Nahrung und Genuß	17	184
Chemie	7	84
Sonstige	4	47
Summe	69	957

(1969, S.637).

17 R.Forberger nimmt allerdings in sein „Tabellarium der Manufakturen" auch Betriebe mit auf, die eher als Handwerks- oder Verlagsunternehmen einzustufen sind.
   Die meisten Manufakturarbeiter beschäftigte die Meißener Porzellanmanufaktur (731 Personen im Jahre 1765; 515 im Jahre 1806; 741 Personen im Jahre 1890), ferner die „Cotton-Druckerey" in Chemnitz, die 1788 rund 1200 Personen beschäftigte, und die 1802 ebenfalls in Chemnitz gegründete Kattundruckerei, die 1812 insgesamt 831 Arbeiter, davon 70 Kinder, zählte (R.Forberger 1958, S.314 f.; S.334 f.; S.358 f.).

18 Unter den von J.Kermann ermittelten Beschäftigenzahlen fällt der relativ hohe Anteil von Betrieben mit 100 bis 300 Manufakturarbeitern auf. Selbst Betriebe mit 500 bis 1000 Arbeitern bilden keine Ausnahme. Die Samtmanufaktur des Christoph Andreae in Mühlheim beschäftigte um 1800 ca 2000 Personen (1972, S.727; S.620-742).

19 Die Zahlen sind sehr ungenau, weil sich H.Krüger zum einen auf zwei verschiedene Quellen stützt, zum andern auch die verlegte Hausindustrie zu den Manufakturen zählt.

20 Zu diesen Angaben fügt H.Krüger hinzu, daß die genannten Unternehmungen „nicht in allen Fällen kapitalistische Manufakturen waren" (1958, S.268).

Obwohl bis anfangs der 30er Jahre die technische Entwicklung in Deutschland so weit fortgeschritten war, daß der Bau und Einsatz von Maschinen in Manufakturen mit großem Vorteil möglich gewesen wäre, sahen sich die auf Handarbeit beruhenden Großbetriebe Kurbayerns meist nicht in der Lage, sich auf vollmechanische Betriebsweise umzustellen. Schätzungsweise nur einem Sechstel der 123 um 1830 in Kurbayern tätigen Manufakturen ist der Übergang zur Fabrik gelungen. Dabei handelte es sich in erster Linie nicht um merkantilistische, also vom Staat gegründete oder von ihm finanziell unterstützte Großbetriebe, sondern um private Unternehmen, denen die Umstellung auf neue Techniken offensichtlich leichter fiel (G.Slawinger 1966, S.68).

Die ersten großgewerblichen Wollspinnereien entstanden in Bayern erst zu Beginn des 19.Jahrhunderts[21], während bis dahin das von Webern und Tuchmachern benötigte Garn auf den häuslichen Spinnrädern der Armen und der Landbevölkerung hergestellt wurde (G.Slawinger 1966, S.76). Schon einige Jahrzehnte früher wurden die ersten Baumwollmaschinenspinnereien errichtet, welchen aber, bis auf wenige Ausnahmen, kein anhaltender Erfolg beschieden war[22]. Zu diesen Ausnahmen zählte die schon erwähnte Kattunfabrik Stirner zu Schwabach, die bereits 1792 30 Spinnmaschinen aufstellte, und der bereits 1803 weitere fünf Spinnereigründungen folgten (O.Reuter 1961, S.35). Von Bestand waren auch einige Augsburger Kattunfabriken, die 1812 728 Arbeiter beschäftigten, und deren Gesamtumsatz mit 782 000 fl. angegeben wird (W.Zorn 1961, S.124)[23]. Im Gegensatz dazu konnten sich die Tuchmacher im zweiten und dritten Jahrzehnt des 19.Jahrhunderts „nur mühsam und kümmerlich gegen die englischen, belgischen, niederländischen, französischen, preußischen und selbst (...) böhmischen Tuchfabriken erhalten"[24]. Nur zwei, Anfang des 19.Jahrhunderts in München gegründete Firmen, Utz-

---

21 Als erste hat vermutlich die Tuchmanufaktur in Tirschenreuth im Jahre 1810 Wollspinnmaschinen in Betrieb genommen (G.Slawinger 1966, S.82).
22 1780 brachte Joh.Friedr.Heinle die erste, einem englischen Modell nachgebaute Baumwollmaschine nach Augsburg. 1791 verfügte die „Baumwollen-Maschinenspinnerey" von Heinle erst über 10 bis 20 Spinnmaschinen und stellte nach einiger Zeit den Betrieb ein (W.Zorn 1961, S.67 und S.125). Landshut erhielt 1786 die erste kurbayerische Baumwollmaschinenspinnerei von Friedrich Pößl, München 1810 einen Zweigbetrieb der Brügelmannschen Baumwollspinnerei von Ratingen. Während die Pößlsche Spinnerei 1788 den Besitzer wechselte und um 1800 einging, stellte der Brügelmannsche Betrieb 1823 die Herstellung des Garns ein (G.Slawinger 1966, S.84-89; F.J.Gemmert 1961, S.481 ff.).
23 Bis 1818 ging jedoch auch hier die Zahl der Kattunfabriken bis auf vier mit zusammen 441 Beschäftigten zurück (W.Zorn 1961, S.127).
24 J.Rudhart: Die Industrie in dem Unterdonaukreis des Kgr.Bayern. Passau 1835, S.45 ff.; zit. nach G.Slawinger 1966, S.120.

schneider und Röckenschuß, behaupteten sich dank ihrer maschinellen Fertigungsweise gegen die starke Konkurrenz (G.Slawinger 1966, S.121).

Unter den baumwollverarbeitenden Großbetrieben verdienen die 1747 gegründete „Bombasin- und Cottonmanufaktur" in München und die seit 1760 bestehende Reichenhaller „Baumwoll-Strickwaren-Manufaktur" hervorgehoben zu werden. Die Münchner Kattundruckerei verkaufte in ihren besten Absatzjahren (1793-1799) bis zu mehr als 20 000 Stück Cottontücher und erwirtschaftete dabei einen Erlös von rund 220 000 fl. Durch die Manufaktur fanden 2000 Menschen einschließlich der verlegten Spinner und Weber ihr Brot. Auf Grund der ausländischen, vor allem englischen, Konkurrenz aber, die feinere und billigere Ware zu liefern vermochte, sank der Absatz erheblich, so daß 1806 die Kattundruckerei am Lehel ganz eingestellt wurde (G.Slawinger 1966, S.125-134)[25].

Die Reichenhaller Baumwollmanufaktur sollte eigens zu dem Zweck errichtet werden, „um den Frauen und Kindern der niedrig bezahlten Reichenhaller und Traunsteiner Salinenarbeiter eine zusätzliche Verdienstmöglichkeit zu schaffen" (G.Slawinger 1966, S.135). Dazu wurde sie mit besonderen Vergünstigungen (Zollschutz und ab 1767 jährliche Zuwendung von 500 fl.) bedacht. 1762 arbeiteten 73 Personen für die Manufaktur, die meisten im Verlag. 1799 waren es insgesamt 1083 Personen: 51 Streicher, 270 Spinner, 730 Stricker, 32 Näher. Nach dem Geschäftsbericht der Manufakturgesellschaft vom 5.7.1806 sollen früher in manchem Jahr 1200, selten aber weniger als 700 Personen „beiderlei Geschlechts und von jedem Alter" für die Manufaktur gearbeitet haben (G.Slawinger 1966, S.135-139; Zitat: S.138, Anm.273). 1807 hörte das Unternehmen auf, zu bestehen. Wie in anderen Produktionszweigen bestätigte sich auch im Textilgewerbe, daß mit zunehmender Annäherung an das Industriezeitalter immer mehr Manufakturen verfielen, und daß sich dieser Verfallsprozeß nach 1830 nochmals beschleunigte (G.Slawinger 1966, S.10).

Erst in den 30er Jahren, genau genommen seit Inkrafttreten des Deutschen Zollvereins 1834, bahnte sich in Bayerns Wirtschaft die industrielle Wende an. Das ist erstaunlich spät, wenn man bedenkt, daß in England bereits viele Jahrzehnte davor jene entscheidenden Erfindungen ge-

---

25 Der zunächst erfolgversprechende Versuch, „die Krisenzeit durch Weiterführung der Brügelmannschen Baumwollspinnerei zu überbrücken", mußte 1823 endgültig aufgegeben werden (G.Slawinger 1966, S.134).

macht wurden, die den Prozeß der industriellen Revolution einleiteten[26], und nach A.Herzig in Deutschland „der entscheidende Umbruch" in den 1780er und 1790er Jahren erfolgte, „als in der Garnindustrie die von Arkwright entwickelte Spinnmaschine übernommen und damit ein von menschlicher Arbeitskraft unabhängiges 'motorisiertes Arbeitsmaschinensystem' eingeführt wurde" (1983, S.328).

1834 gründete der Kaufmann Joh.Friedr.Merz eine „Kamm-Woll-Garn-Spinnerey-Fabrik" in Nürnberg, die er zwei Jahre später nach Augsburg verlegte. 1837 rief das Augsburger Bankhaus v.Schaezler die Aktiengesellschaft „Mechanische Baumwoll-Spinnerey und Weberey in Augsburg" ins Leben, die 753 Menschen, 260 Spinner und 493 Weber, beschäftigen sollte, und die 1839 ihren Betrieb aufnahm. Die beiden Kattunfabriken Schoeppler & Hartmann und v.Froelich & Comp. beschäftigten 1834 zusammen über 800 Personen. Im Allgäu machte Memmingen mit der Gründung einer Aktien-Tuchmanufaktur 1826 den Einstieg in die Großindustrie. 1839 folgte Kaufbeuren mit der Gründung einer ersten mechanischen Baumwollspinnerei (W.Zorn 1961, S.143-149; S.185 ff.).

Ähnlich wie die Eisenindustrie, unter der vor allem das 1837/38 von Jos.Anton v.Maffei bei München errichtete Hammerwerk mit Gießerei zu erwähnen ist, „wuchsen die Papierindustrie und die für Bayern kennzeichnende Porzellan- und Glasindustrie aus einem Netz kleinerer Betrie-

---

26 Bereits 1768 konstruierte R.Arkwright die erste mit Wasserkraft betriebene Spinnmaschine, die von J.Hargreaves soweit verbessert wurde, daß sie gleichzeitig acht äußerst feine Fäden spinnen konnte. Er nannte sie nach seiner Tochter „Jenny". Eine Verbindung beider Techniken ist S.Crompton 1779 mit seiner „Mule" (Maultier) oder „Mule-Jenny" genannten Konstruktion gelungen, deren feines und gleichmäßiges Garn die Grundlage für die feine Textilindustrie bildete. Darüber hinaus konnte sie soviel Garn produzieren wie 200 Spinner gemeinsam. 1825 erfand R.Roberts die automatische „Spinning-Mule" mit dem 1830 patentierten „Selfaktor", der „das bis dahin noch notwendige Einfahren des Wagens und Aufwinden der Fäden von Hand selbsttätig übernahm, so daß dem Arbeiter nur noch das Überwachen blieb" (K.-H.Ludwig 1965, S.72, Anm.26). Im webtechnischen Bereich wurde bereits seit den 1760er Jahren der von J.Kay erfundene sog. „Schnellschütz" (Webschütz) verwendet, der es dem Weber ermöglichte, seinen Garnbedarf zu verdoppeln. 1786 kam der von dem Pfarrer und Domherrn E.Cartwright entwickelte mechanische Webstuhl in Betrieb, der von einer Dampfmaschine angetrieben wurde. 1790 erfand J.M.Jacquard eine Latzenzugmaschine, die den „Ziehjungen" überflüssig machte, und 1805 die nach ihm benannte „Jaquardmaschine", eine Vorrichtung, die zum Abweben großgemusterter Gewebe diente. Bereits 1769 hatte I.Watt das denkwürdige Patent Nr.913 „auf eine neue Methode zur Senkung des Dampf- und Brennstoffverbrauchs bei Feuermaschinen" erhalten. 1781 gelang es ihm, die Schwingbewegung des Balanciers in eine Drehbewegung des Schwungrades umzuwandeln, wodurch die Dampfmaschine als Antriebsmaschine für Arbeitsmaschinen verwendbar wurde. 1798 führten Boulton und Watt in ihrer Fabrik in Soho die erste Gasbeleuchtung ein, womit es möglich wurde, die natürlichen Ruhezeiten des Abends und der Nacht beliebig zu umgehen (W.Sombart 1909; S.Strandh 1980; U.Troitzsch und W.Weber (Hrsg.) 1982).

be (...) in die Fabrikorganisation hinein" (W.Zorn 1962, S.51). Die schon 1814 gegründete Porzellanfabrik C.M.Hutschenreuther wurde zur „Stammutter der Porzellanindustrie des Gebietes von Selb" (W.Zorn 1962, S.51). 1838 ließ sich die erste „Aktien-Porzellanfabrik" in Tirschenreuth nieder. In Zweibrücken wurde 1827 die Dinglersche, in Augsburg 1840 die L.Sandersche, 1841 in Nürnberg die Maschinenfabrik des J.F.Klett gegründet. Mißt man das industrielle Wachstum Bayerns der 1830er und 1840er Jahre an der Zahl der im Einsatz befindlichen Dampfmaschinen, so vollzog sich der Übergang von der landwirtschaftlichen zur industriellen Produktion nur allmählich[27]. 1847 betrug die Zahl der Dampfmaschinen erst 132, um dann allerdings innerhalb von dreißig Jahren auf 2411 (1879) zu steigen (Kgl.Statist.Landesamt: Entwicklung Bayerns 1915, S.34; W.Zorn 1975, S.805).

Aber auch wenn die Industrialisierung in Bayern erst in den 1830er Jahren und selbst da nur zögernd erfolgte und man infolgedessen von fabrikmäßiger Kinderarbeit im strengen Sinn erst seit dieser Zeit sprechen kann, so ist doch die Zeit der Entstehung und Verbreitung vorindustrieller Großbetriebe gerade im Hinblick auf unsere Fragestellung von außerordentlicher Bedeutung. Denn was die Manufaktur vom landwirtschaftlich-bäuerlichen, handwerklichen und teilweise auch heimgewerblichen Betrieb[28] unterscheidet, ist in erster Linie der in zahlreiche Teilabschnitte gegliederte und „in arbeitsteiliger Kooperation bei räumlicher Konzentration der Arbeitskräfte zusammengefaßt(e)" Produktionsprozeß (G.Bayerl und U.Troitzsch 1985, S.89). Damit war die Durchführung auch schwieriger Arbeitsvorgänge nicht mehr ausschließlich an das Wissen und Können des Meisters und seiner Gesellen gebunden, sondern konnte in Teilen wenigstens auch von angelernten und unqualifizierten Arbeitskräften vorgenommen werden. So war z.B. in Papiermühlen das Leimen des geschöpften Papiers nach wie vor Sache des Meisters, aber „die ganze Lumpenarbeit wurde (...) im Regelfall von Frauen und Kindern besorgt (Sortieren der angelieferten Lumpen, Zerschneiden, Waschen)" (G.Bayerl und U.Troitzsch 1985, S.97). Somit fanden bereits in den Manufakturen des 17. und 18.Jahrhunderts, und teilweise sogar noch früher (vgl. G.Otruba 1960), jene entscheidenden vorindustriellen

---

27 Der Anteil der in der Landwirtschaft beschäftigten Personen lag nach der Zollvereinszählung von 1833 bei ca 75% der Gesamtbevölkerung (H.R.Giebel 1971, S.138).

28 Beim Landwirtschafts- und Handwerksbetrieb handelt es sich um kleine, rechtlich und ökonomisch selbständige Produktionsstätten, in denen der Arbeits- und Lebensraum noch ungetrennt sind und die Arbeit selbst einen ausgeprägt häuslich-familiären Charakter besitzt. Dies gilt z.T. auch für das Heimgewerbe, wenngleich dort in der Regel die Beschaffung des Rohmaterials und der Absatz der Ware durch den Verleger erfolgt.

Wandlungsprozesse statt, die den massenhaften Arbeitseinsatz von Frauen und Kindern erst ermöglicht und im weiteren Verlauf zu einem sozialen Problem ersten Ranges gemacht haben. Daß dabei die Ausbeutung selbst kleiner Kinder auch schon am Vorabend der Industrialisierung keine Ausnahme war, zeigt ein österreichisches Hofkanzleidekret vom 18.Februar 1787, in dem nicht nur verfügt wurde, daß Kinder „vor dem Antritt des 9.Lebensjahres nicht ohne Not zur Fabrikarbeit aufgenommen werden" sollen, sondern auch Zweifel an der Wirksamkeit von Fabrikschulen geltend gemacht wurden:

„Hier kommt es darauf an, daß man ein Mittel finde, wie die Kinder, die bereits bei Fabriken in der Areit stehen, dennoch nicht ganz ohne Unterricht bleiben (...)."
Auf keinen Fall ist es tunlich, „den Kindern zuzumuthen, daß sie, wenn sie im Sommer von 5 oder 6 Uhr früh bis abends um 7 Uhr gearbeitet haben, noch ein oder zwey Stunden auf den Schulunterricht verwenden sollen" (zit. bei G.Otruba 1960, S.175 u. S.177).

4.2.2 Der Anteil von Kindern in Manufakturen und Protofabriken

Der zahlenmäßige Anteil von Kindern in vorindustriellen Großbetrieben und Protofabriken ist bei der dürftigen Quellenlage nur schwer nachweisbar, doch darf er trotz fehlender Zahlen nicht unterschätzt werden (G.Otruba 1960, S.164). Nicht in allen Produktionszweigen konnten Kinder aus verständlichen Gründen im gleichen Umfang verwendet werden. Aber auch innerhalb eines Zweiges variiert ihre Zahl. Überwogen z.B. in Hütten- und Bergwerken meist angelernte kräftige Männer, so arbeiteten in der Textilindustrie zum großen Teil Frauen und Kinder[29]. In den mechanischen Spinnereien stellten sie die Mehrheit. In den Webereien überwogen erwachsene Männer.

„Im Schnitt, so kann man wohl sagen, stellen beide Kategorien hier je ein Drittel der Arbeitskräfte, die erwachsenen Männer aber immerhin ebenfalls ein Drittel" (W.Fischer 1972, S.262).

Statistische Angaben aus der josephinischen Epoche geben schon verhältnismäßig früh Auskunft über die Verbreitung von Kinderarbeitern (Lehrjungen, Lehrmädchen) in Manufakturen:

---

29 Viele Fabrikunternehmer, die früher in den Spinnereien Insassen von Arbeits-, Zucht- und Waisenhäusern beschäftigt haben, „kasernieren nun von sich aus die für die Fabrikation gebrauchten und angeworbenen Arbeitskräfte, besonders Mädchen vom Lande, mitunter aber, z.B. in (...) abgelegenen Orten, den ganzen Arbeiterstamm einschließlich der Familien" (W.Fischer 1972, S.262).

„Generaltabellen über den Personalbestand der im Erzherzogtum Österreich unter der Enns befindlichen Fabriken und Kommerzial-Professionen

	1782	1785	1790
Factoren und Beamte	121	273	447
Meister und Witwen	6.031	7.896	10.612
Gesellen, Modellstecher u.ä.	7.244	10.743	14.928
Lehrjungen u. Scholaren	2.409	3.283	5.727
Zurichter, Gehilfen, Knechte	2.117	3.288	4.211
Weibspersonen	3.130	7.365	19.158
Seidenwinderinnen, Lazzieherinnen	1.490	3.808	--
Lehrmädchen	433	1.470	1.723
Wollspinner-, Schweifer-Spulerinnen	26.388	81.756	119.906
Krampler, Sortierer(innen)	702	732	5.861
zusammen	50.065	120.614	182.473"

(abgedruckt in: G.Otruba 1960, S.171).

Das von R.Forberger zusammengestellte „Tabellarium der Manufakturen in Sachsen vom letzten Drittel des 16. bis zum ersten Drittel des 19.Jahrhunderts" (1958, S.305-363) enthält folgende Angaben über Kinderarbeiter:

Gründungs-jahr	Produktionsart	Standort	Arbeiterzahl im Jahr	(Seitenangabe)
erste Hälfte des 16.Jahrhunderts	„Gewehrs-Fabriquen"	Suhl (1718-1815)	1774: 265, darunter 22 Bohrjungen	(S.306 f.)
ab 1666	Werkstätten für Damastweberei	Großschönau	1834: 1360, darunter 98 Lehrlinge	(S.310 f.)
1679	Wollmanufaktur im Waisenhaus	Dresden	Höchstzahl 50 Waisenkinder	(S.310 f.)
1701	Manufaktur baumwollener Zeuge Cannefasse etc.	Plauen	anfangs 8, später 16 Wirkerinnen, darunter Spulmädchen	(S.312 f.)

in den Jahren vor dem Siebenjährigen Krieg	Seidenmanufaktur	Leipzig und Mahitschen bei Torgau	in Mahitschen 14 bis 15 Personen, meistens Kinder zum Bedienen des „Filatoriums"	(S.322 f.)
bestand bereits 1762	Gold- und Silbertressen-Fabrique	Leipzig	50 „Mädchen im Gebürge in Arbeit"	(S.322 f.)
1764	„Wollspinnerei im Waisenhaus"	Langendorf	1764: 37 Kinder	(S.326 f.)
1767	'Handschuh'-Fabrique	Dresden	1764- 100 Menschen 1779: 3 Lehrlinge	(S.330 f.)
1771	Handschuh-Fabrique	Zittau	1774- 9 Arbeiter und 1779: 40-50 „Mädgen"	(S.334 f.)
1774	„Cotton-Druckerey"	Pirna	1782: 30 Personen, darunter 6 Kinder, 9 „arme Jungen zum Streichen"	(S.336 f.)
anscheinend 1780	Kattundruckerei mit Verlag von Webern und Spinnern	Chemnitz	1804: 256, darunter 15 Lehrlinge, 60 Streichjungen, 80 Schildermädchen	(S.338 f.)
1781	„Uhr-Fabric"	Großenhain	1793: 1 Geselle 20 Knaben	(S.338 f.)
1781	„Handschuh-Fabrique"	Dresden	1789: 35 Personen, davon 2 Lehrburschen	(S.338 f.)
1781	Hutmanufaktur	Torgau	1784: 25 Personen, davon 6 Lehrlinge	(S.340 f.)
1782	Tuchmanufaktur mit Färberei und Walkmühle	Doberlug	1784: 117 Personen, davon 6 Lehrburschen	(S.342 f.)
1782	„Zitz- und Cattun-Fabrique" und „Druckerey"	Zittau	1788: 18 Personen, davon 2 Lehrlinge, 5 Streichjungen 1795: 40 Ausmaler, teils Kinder	(S.342 f.)

1784	Tuchmanufaktur mit „Leinwandfabrick"	Sorau und Christianstadt	1786: 76 Personen, darunter 5 Kinder des Werkmeisters 1 Lehrjunge 1 Spuljunge	(S.344 f.)
vor 1785	„Holländische Tuchmanufaktur" im „gemeinen Zucht- und Arbeitshause"	Bautzen	1785: 71 Personen, darunter 7 Lehrburschen und 24 Waisenkinder	(S.346 f.)
1785	Hutmanufaktur	Leipzig	1791: 26 Personen, davon 7 Lehrlinge	(S.346 f.)
1786	„Holländische Tuchmanufaktur"	Bautzen	1786: 28 Personen, davon 6 Lehrjungen	(S.348 f.)
1789	„Tuchmanufaktur" mit Verlag von Spinnern	Dresden	1791: 88 Personen, davon 2 Jungen	(S.352 f.)
1791	Zwirnmanufaktur (oder bereits Fabrik?)	Grimma	1797: 73 Personen, davon 12 Spulmädchen	(S.354 f.)
1802	Kattundruckerei (1811 mit Spinnerei verbunden) und Verlag von Webern	Chemnitz	1812: insgesamt 831 Personen, davon 20 „Andere Mädchen" und 70 Kinder	(S.358 f.)
1802	Kattundruckerei mit Verlag von Webern	Chemnitz	1812: insgesamt 123 Personen, davon 9 Andrehkinder.	(S.358 f.)

Weitere Angaben über den zahlenmäßigen Anteil von Kindern in den Manufakturen des Rheinlandes aus der Zeit zwischen 1750 und 1833 können wir der Arbeit von J.Kermann (1972) entnehmen[30].

---

30 In diese Tabelle sind auch Angaben über Kinderarbeiter aufgenommen, die im „Anhang" (S.620-742) nicht enthalten sind.

Erhebungs-jahr	Produktionsart	Standort	Arbeiterzahl im Jahr	(Seitenangabe)
1765/66	Tuchmanufakturen (zwei)	Orsoy (Krs. Krefeld)	54 Personen, davon 18 Jungen	(S.177)
1790	Baumwollspinnerei	Koblenz	in der Mehrzahl Kinder	(S.192)
1794	Spinnerei	Wesel	„mehr denn dreißig arme(n), theils Bürger, theils Soldaten Kinder"	(S.698 f.)
1800	Baumwollspinnerei	Freusburg	300 Arbeiter, davon 150 Kinder zwischen 8 und 14 Jahren	(S.212)
1804/5	Stecknadelmanufaktur	Aachen	250 Arbeiter, davon 225 Kinder zwischen 4 und 12 Jahren	(S.564)
um 1804/5	Wollspinnerei (Arbeitshaus)	Mayen (Krs. Koblenz)	50-70 Kinder später 25-30 Kinder	(S.96)
1805	Spinnerei	Steele	37, davon 3 Kinder zum Abfallauflesen	(S.692)
1806	Spitzengewerbe	Köln	30 „Spitzenfabrikanten", die 350 Kinder beschäftigen	(S.272)
1806	Baumwollspinnerei	Neuß	18 Kinder und 6 Männer und Frauen	(S.687)
1807	Baumwollspinnerei	Krefeld	20-25 Erwachsene und 20 Kinder	(S.675)
1807	Baumwollspinnerei	Krefeld	12-15 Erwachsene und ebensoviele Kinder	(S.675)
1807	Waisenhaus mit Leinen- und Baumwollspinnerei und Weberei	Köln	200 Kinder	(S.96)

1807-1813	Waisenhaus mit Fabrik	Eupen (Krs. Aachen)	18-20 Knaben und 20-23 Mädchen	(S.101)
1812-1818	Spinnerei	Köln	1814: 120 Personen, „Erwachsene und Kinder"	(S.710)
1812-1827	Spinnerei	Grevenbroich	1812: 600 Arbeiter; 1814: ca 100 Kinder; 1820: „... an 500 Menschen zum größtentheile Kinder ..."; 1823: 50 Erwachsene, 167 Kinder; 1825: 72 Erwachsene, 176 Kinder; 1826: 44 Erwachsene, 126 Kinder; 1827: 47 Erwachsene, 189 Kinder	S.672)
1812	Kratzenmanufaktur	Grevenbroich	1 Meister, 24 Kinder	(S.528)
1813	nicht näher bezeichnete „Fabrik-Anstalt"	Brauweiler (Krs. Köln)	660 „Züchtlinge", davon 44 Kinder von 5-10 Jahren, unter 5 Jahren 23[31]	(S.93)
1815	Tuchmanufaktur	Barmen	90 Personen, davon 20 Kinder	(S.101)
1815	„Knopf-Waaren-Fabrik"	Barmen	70 Personen, davon 25 Kinder	(S.587)
1816	Papiermühle	Krauthausen (Krs. Aachen)	20 Hauptarbeiter, daneben Knaben und Mädchen	(S.733)
1816	Papiermühle	Merken	12 ständige Arbeiter und 28 Kinder	(S.735)
1816	Papierfabrik	Merken	8 Knechte und Kinder	(S.736)
1817	Spitzengewerbe	Köln	50 „Spitzenfabrikanten" mit 1500 Kindern und 1500 Frauen	(S.272)

---

31 Nach einem Reisebericht von 1813/14 soll die Zahl der Kinder etwa 300 betragen haben (S.93).

1817	Tabakfabrik	Mühlheim/ Rhein	6 Arbeiter und 12 Kinder	(S.511)
1824	Baumwollspinnerei	Zoppenbroich	mehrere hundert Personen namentlich Kinder	(S.698)
um 1827	„Panzerfabriken"[32]	Aachen	ausschließliche Verwendung von Kindern als Arbeitskräfte	(S.547)
1827	„Panzerfabriken"	Erkelenz	3 Erwachsene, 3 Frauen, 30 Kinder unter 12 Jahren	(S.547)
1827	„Kratzenfabrik"	Aachen	96 Arbeiter, davon 80-90 Kinder im Alter zwischen 7 und 12 Jahren	(S.527)
1827	„Kratzenfabrik"	Aachen	40 Arbeiter, hauptsächlich Kinder	(S.527)
1827	"Kratzenfabrik"	Aachen	40 Arbeiter, davon 35 Kinder unter zwölf Jahren	(S.528)
1827	Tuchherstellung	Aachen	95, davon 15 Kinder unter 12 Jahren	(S.639)
1827	Tuchherstellung	Aachen	101, davon 12 Kinder unter 12 Jahren	(S.643)
1827	Tuchfabrik	Burtscheid	170, davon 20 Kinder unter 12 Jahren	(S.644)
1827	Tuchfabrik	Burtscheid	76, davon 14 Kinder unter 12 Jahren	(S.645)
1827	Nähnadelherstellung	Aachen	25 Männer; Frauen keine Zahlen; 20 Kinder unter 12 Jahren	(S.742)
1827	Nähnadelherstellung	Aachen	45 Männer; Frauen und Kinder unter 12 Jahren keine Zahlen	(S.742)

---

[32] Sog. Panzerfabriken stellten aus Messingdraht und -platten „Hackenaugen, Fischangeln, Pfeifendeckel und mehrere kurze Draht-Artikel" her (J.Kermann 1972, S.547).

1827	Nähnadel-herstellung	Burtscheid	450 Männer, 60 Frauen, einige Kinder	(S.742)
um 1830	Spitzenwirk-schulen (45)	Köln	800 Mädchen	(S.272)
1832	„Stecknadel- und Panzer-fabrik"	Erkelenz	70 Arbeiter, davon 60 Kinder	(S.566)
1833	Zwirnerei	Köln	„Durch die neue Fa-brikanlage... ist der Anstalt ein bedeuten-der jährlicher Arbeits-gewinn verschafft, in-dem in beiden Fabriken ca 36 Kinder Beschäfti-gung erhalten. Für den nöthigen Schul-Unter-richt ist denselben von dem Fabrikherrn täglich 2 Stunden ver-gönnt."	(S.715)
1835	Stecknadel-fabrik	Köln	187 Arbeiter, davon 145 Kinder	(S.568)
1835	„Tapetenfa-briken" (drei)	Köln	58 Beschäftigte, davon 34 Kinder	(S.381)
1836	Papiermühlen (vier)	Gladbach	410 Arbeiter, 30 Kin-der	(S.368)
1836	Spinnerei	Hilden	18, davon 10 Kinder	(S.622)
1836	Baumwollspin-nerei	Werden	16, „größtentheils Kinder"	(S.695)
1837	Papiermühle	Brachelen	58, darunter 10 Knaben.	(S.732)

Für Bayern ergibt sich den Ermittlungen von O.Reuter und G.Slawinger zufolge in etwa folgendes Bild.

Kinderarbeiter in Manufakturen der Fürstentümer
Ansbach-Bayreuth (O.Reuter 1961, S.169-197):

Lebensdauer von bis	Manufaktur	Standort	Arbeiter im Jahr	(Seitenangabe)
1686 – ca 1710	Gobelinmanufaktur	Schwabach	1696: 25-30 Familien	(S.160 f.)
1796 – 1804	„Kgl.preuss. privilegierte feine spanische Wolltuchmanufaktur"	Ansbach	1801: 31 Manufakturarbeiter und 30 Waisenkinder	(S.162 ff.)
1716 – 1825	Kattunmanufaktur	Schwabach	1792: 620 Beschäftigte, davon 20 Drukkerjungen und Mädel, 40 Farbstreicherjungen, 30 Frauen und Mädchen zum Malen	(S.170 ff.)
nach 1750 – ca. 1800	Kattundruckerei	Erlangen	1792: 30 Arbeiter: 6 Gesellen und 24 Jungen	(S.174 f.)
nach 1750 – ca. 1812	Kattundruckerei	Erlangen	1792: 36 Arbeiter: 6 Gesellen und 30 Jungen	(S.174 f.)
vor 1700 – heute	Hohlglashütte	Klein-Tettau (Landkrs. Kronach)	1797: 48 Arbeiter, darunter 12 Packmädchen	(S.180 f.)
erw. 1799 – vor 1850	Glasknopf- und Perlenhütte	Sophienthal bei Weidenberg	1799: 26 Arbeiter, davon 23 Knopfmacher, vor allem Kinder	(S.182 f.)
1680 – 1856	Inlandstabakmanufaktur	Erlangen	1794: 4 Spinner, 26 Handlanger, Frauen und Kinder	(S.188 f.)

1799 – ca 1820	Holländische Schnupf- und Rauchtabakmanufaktur	Ansbach	1800: 90 Arbeiter, unter ihnen zahlreiche Kinder über 12 Jahren 1811: 110	(S.190 ff.)
1773 – erw. 1858	Buntpapier- und Tapetenmanufaktur	Schwabach	1796: 38 Arbeiter, darunter 18 krüppelige Kinder, 6 Bürgerkinder zwischen 6 und 12 Jahren, 5 eigene Kinder, 5 Enkelkinder.	((S.192 f.)

Bei den von G.Slawinger zusammengestellten Manufaktur-Tabellen (1966, S.305-322) finden sich bei nur wenigen Betrieben Angaben über die Zahl der beschäftigten Kinder.

Kinder in den Manufakturen Kurbayerns

Lebensdauer von bis	Produktionszweig	Standort	Arbeiter im Jahr	(Seitenangabe)
1819(?)–1840	Leinendamastmanufaktur	München	1823: 23 Weber und 17 Mädchen; außerdem 90 Spinnerinnen	(S.309)
1785 – 1805	Seidenwarenmanufaktur	München	18-20 Arbeiter; außerdem 10-12 Kinder zum Spulen	(S.309)
vor 1790 – 1830/1835	Schwarzhafnerwerkstätten	Obernzell	1808: 11 Meister, 4 Gesellen, 50 Hafnerjungen	(S.314)
1760 – 1807	Baumwollstrumpfmanufaktur	Reichenhall	1762: 72 Arbeiter; zusätzlich deren Frauen und Kinder	(S.308)
1765 – 1846(?)	kurfürstl. Gold- und Silberbortenmanufaktur	München	1767: etwa 60 Personen; darunter auch Frauen und Kinder	(S.257 und S.314)
1679 – 1800(?)	Tabakmanufaktur	Rain	um 1680: nur Bürgerkinder beschäftigt	(S.277)

| um 1680 | Tabak-
manufaktur | Schroben-
hausen | 1684: 2 Tabakspinner,
16 Kinder. | (S.277) |

4.2.3 Arbeitsverhältnisse der Kinder

So wenig wie die vorhandenen Angaben über den Anteil der Kinder in Manufakturen und Protofabriken ausreichen, um ein vollständiges Bild über die tatsächliche Verteilung der Kinder auf gewerbliche Großbetriebe zu gewinnen, so wenig reichen die vorliegenden Mitteilungen über die Arbeitsverhältnisse in diesen Betrieben aus, um eine lückenlose Darstellung zu ermöglichen. Dennoch kann man mit gutem Grund davon ausgehen, daß die vorliegenden Berichte der Realität weitgehend entsprechen, da sie nur geringfügig voneinander abweichen.

Das Bild, das sie uns über die Arbeitsbedingungen der Kinder vermitteln, ist dem der Arbeitsverhältnisse in Fabrikbetrieben bereits sehr ähnlich. Es erscheint daher berechtigt, in der Manufakturarbeit der Kinder eine Antizipation der Fabrikkinderarbeit zu sehen. Die Arbeitszerlegung in einfache Produktionsverrichtungen war schon so weit vorangetrieben, daß Kinder als Handlanger bei den Spinn- und Kardätschmaschinen, als Vorspinner und Wollsortierer, als Farbstreicher in Kattundruckereien, als Strickerinnen und „Ziehjungen", als Gehilfen an Webstühlen und Kratzmaschinen und als Hilfspersonal in zahlreichen anderen Produktionszweigen verwendet wurden. Die geringen Lohnkosten der Kinder, ihre Geschicklichkeit und hohe Fingerfertigkeit, die kurzen Anlernzeiten und die Leichtigkeit, mit der sie in zentralen Werkstätten überwacht werden konnten, machten es den Protofabrikanten und Manufakturbetreibern leicht, die eigenen Investitionen niedrig zu halten und fremde Konkurrenz auszuschalten. Dagegen setzte sich jedoch das alte Handwerk vehement, wenngleich ohne Erfolg zur Wehr. Als 1784 einige Berliner Seidenfabrikanten Bänder gegen geringen Lohn durch Frauen und Kinder herstellen ließen, demolierten die aufgebrachten Posamentierer ihren Betrieb (K.Hinze 1963, S.139). 1783 beschweren sich einige namentlich genannte Stricker und Nadelmachermeister zu Deutz

„über die Entziehung der von ihnen angelernten Kinder durch einige neue Fabrikanten, welche durch Lohnerhöhung die Kinder an sich locken. Sie bitten, die Einrichtung dahin zu treffen, daß den Kindern, welche bei einem Meister gelernet haben, nicht erlaubt seyn solle, vor einer gewissen (...), Zeit, dessen Arbeit oder Fabrique zu verlassen und bei einem anderen sich zu verdingen..." (abgedr. in: W.Treue, H.Pönicke, K.-H.Manegold (Hrsg.) 1966, S.247).

Die Bedingungen, unter denen die Kinder zu arbeiten hatten, brachten mehr Nach- als Vorteile. Schuld daran war u.a. der Umstand, daß sie als

„unzünftige" Hilfsarbeiter von allen Schutzbestimmungen ausgeschlossen blieben, die die Zunft- und Handwerksordnungen ihren Mitgliedern zu gewähren pflegten. Da die physische Beanspruchung der Arbeitenden fast aller Berufe in der vorindustriellen Zeit sehr hoch war, traf es die Kinder besonders hart. Hinzu kamen die Licht- und Luftverhältnisse. Sie beeinträchtigten die Gesundheit vor allem derjenigen, die ihre Arbeit in geschlossenen Räumen (um Luftzug zu verhindern) verrichten mußten. Zusätzliche Beeinträchtigungen entstanden durch Geruchsbelästigungen, die im Gerbergewerbe besonders stark waren (F.-W.Henning 1978, S.74).

Auf den gesundheitlichen Zustand der Kinder wurde wenig Rücksicht genommen. Als Kaiser Josef II. 1786 eine Seidenflorfabrik bei Traiskirchen besuchte, entdeckte er

„daselbst unendliche Gebrechen in der Reinlichkeit der Kinder, welche voll Krätze waren, und welches auch auf ihren Gesundheitsstand die nachtheiligsten Folgen nach sich gezogen hat, dergestalt, daß ein epidemisches Faulfieber eingerissen hat, und mehrerer Menschen Tod erfolgt ist" (G.Otruba 1960, S.174).

Ähnliche Mißstände werden aus der seit 1780 bestehenden „Uhr-Fabrik" in Großenhain (Sachsen) gemeldet, der zwanzig Knaben zur Ausbildung zugewiesen waren. Amtmann Conradi, der 1783 die Fabrik besuchte, berichtet, er habe lediglich fünf Kinder bei der Arbeit gesehen, hingegen „die übrigen 15 Knaben ohne Beschäftigung und in sehr schlechter Kleidung, zum Theil barfuß und ohne Ober-Kleider angetroffen" (R.Forberger 1958, S.220).

Zu den „kräfteverzehrenden Dauerbeanspruchungen" (F.-W.Henning 1978, S.74) kam auch noch eine „maßlose Ausdehnung der Arbeitszeit", so daß ein 16-stündiger Arbeitstag, wenn auch nicht die Regel, so doch keine Seltenheit war[33] (H.Herkner 1923, S.893). Für Kinder gab es keine

---

33   H.Krüger berichtet von folgenden Arbeitszeiten:
    1763   Bandmanufaktur Gebr. Schwartz
             in Magdeburg   6–18 Uhr,
    1775   Seidenmanufaktur Köpenick   6–22 Uhr,
    1775   Seidenmanufaktur Frankfurt
             a.d.Oder   6–22 Uhr,
    1783   Spanische Tuchbereitergesellen im Lagerhaus   5–19 Uhr,
    1783   Kämmer und Schrobler
             im Lagerhaus   5–20 Uhr,
    1783   Färberknechte im Lagerhaus   5–18 Uhr,
    1784   Gesellen der Stahl- und Eisenmanufaktur Neustadt-Eberswalde   4–19 Uhr,
    1785   Spanische Tuchweber im Lagerhaus   5–21 Uhr
(1958, S.295 f.).

Ausnahme. Betriebe, die auf Wasserkraft angewiesen waren, nutzten die Zeiten günstigen Wasserstandes, wodurch sich oft zusätzlich ausgedehnte Arbeitstage ergaben. Eine andere Ursache für die hohe Zahl der Arbeitsstunden ist in dem Überangebot der Arbeitskräfte zu suchen. Dadurch wurden die Unternehmer in die Lage versetzt, „die Reallöhne je Leistungs- oder Zeiteinheit sehr niedrig zu drücken" (F.-W.Henning 1978, S.75).

Andererseits entfielen lange Anmarschwege, „da die Arbeiter in oder in unmittelbarer Nähe der Manufaktur wohnten" (H.Krüger 1958, S.297). Auch darf man die hohe Zahl der Feiertage, sie konnten bis zu 130 Tage betragen, nicht übersehen (H.Herkner 1923, S.893). Dadurch wurde ein gewisser Ausgleich für die überlangen Arbeitszeiten erzielt. Dies alles änderte sich mit dem Aufkommen der Fabriken.

Besonders schlecht stand es um die Entlohnung der Kinder. Unter dem Vorwand, „sie seien nicht vollwertige Arbeiter" (O.Reuter 1961, S.97), zahlte man ihnen einen weit geringeren Lohn als den Männern. Die Niedriglöhne betreffen jedoch nicht die Kinder allein. Ein Vergleich der Lohnhöhen innerhalb eines Betriebes und zwischen verschiedenen Produktionszweigen zeigt ein starkes Gefälle. Der Unterschied zwischen dem niedrigstbezahlten Hilfsarbeiter und dem bestverdienenden „Industriehandwerker" konnte 1:7, unter Umständen sogar 1:14 betragen.[35] So weist z.B. die Kattundruckerei des Benjamin Gottlieb Pflugbeil in Chemnitz für das Jahr 1784 folgende Lohnsätze auf: Der Aufseher in der Druckstube erhielt 208 Taler im Jahr (= 4 Taler pro Woche), drei Formschneider bekamen je 260 Taler (= 5 Taler/Woche), neun Kattunglätter je 156 Taler (= 3 Taler/Woche), ein Tischler 130 Taler (= 2 Taler, 12 Gr./Woche), vier Taglöhner je 69 Taler, 8 Gr. (= 1 1/3 Taler/Woche), 24 Streichjungen je 21 Taler und 16 Gr. (= 10 Gr./Woche). Die 38 „in der Mahlerey" Beschäftigten, „incl. 3 Aufseher", verdienten im Durchschnitt 54 Taler, 12 Gr. und die 12 „Färber und Bleichknechte" im Schnitte je 78 Taler (R.Forberger 1958, S.224). Das Verhältnis zwischen dem Verdienst des Streichjungen und des Formschneiders betrug hier 1:12. Eine solche Lohndifferenz beweist sehr deutlich,

---

35 Eine Liste der jährlichen Besoldungen in der staatlichen Wollmanufaktur im Lagerhaus zu Berlin aus dem Jahre 1787 zeigt folgendes Lohngefälle: Ein Hilfsarbeiter erhielt für das Karren der Spanischen Tücher zur Walke 78 Rtlr. im Jahr, ein Garnwäscher bekam 91 Rtlr., ein Appreteur 107-117 Rtlr., ein Presser 187-234 Rtlr., ein Walker 260 Rtlr., ein Färber 460-530 und der erste Werkmeister erhielt schließlich 630 Rtlr. (H.Krüger 1958, S.290 f.). Das ist ein Verhältnis von 1:8 zwischen dem Hilfsarbeiter und dem 1.Meister.

„wie verschieden die Arbeitsfunktionen im Zeitalter der Frühindustrialisierung wirtschaftlich bewertet wurden, wie hoch ein technisch wahrscheinlich gar nicht so schwieriges Spezialkönnen bezahlt werden mußte, wie groß andererseits das Angebot an ungelernter und lernunfähiger Arbeitskraft gewesen sein muß, um Hilfsarbeiterlöhne anbieten zu können, mit denen man (nach einer Berechnung Horst Krügers)" zwei Jahre später „(1786) täglich nicht mehr als 9,4 l Roggen oder 6,9 l Weizen oder 1,3 kg. Rindfleisch oder 0,40 kg. Butter oder 4 l Milch kaufen konnte" (W.Fischer 1972, S.368)[36].

Auch in den Fabriken der 1820er bis 1840er Jahre änderte sich an der Lohnpyramide nichts. Hilfsarbeiter, unter ihnen vor allem die Frauen und Kinder, verdienten weit unter dem Existenzminimum, Betriebsmeister und Fachkräfte gehörten zu den hochbezahlten Arbeitern, deren Einkommen um das Sieben- bis Vierzehnfache über der untersten Lohngruppe lag. Dies kann, so meint W.Fischer, den Historiker nicht überraschen, zumal Manufaktur und frühe Fabrik nicht nur viel gemeinsam haben und sich zeitlich überlappen, sondern auch für beide gilt, „daß einem Überangebot an unqualifizierten (...) Arbeitskräften ein permanentes Unterangebot an qualifizierter Arbeitskraft gegenübersteht" (1972, S.281). In einer württembergischen Mechanischen Spinnerei verdienten in den 20er Jahren des 19.Jahrhunderts Zehnjährige am Tag 8 Kreuzer, ältere Anknüpfkinder 15-16, jugendliche Spinnerinnen 18-20, Hasplerinnen 20-30 und Vorspinnerinnen 30-36 Kreuzer. Für die Bedienung einer Mule-Maschine hingegen wurden 50 Kreuzer bis 1 fl. bezahlt (W.Fischer 1972, S.270).

Die starken Lohnunterschiede in Manufakturen und Protofabriken bestätigen eine deutliche Hierarchisierung in den Betrieben, die die Behauptung von einem einheitlichen Los der Arbeiterschaft oder einer gemeinsamen wirtschaftlichen Klassenlage (W.Fischer 1972, S.267 u. 280) zumindest für die Zeit zwischen 1780 und 1850 in Frage stellt. Für bestimmte Berufsgruppen, vor allem für solche, die über geheim zu haltendes Herstellungswissen verfügten, oder die für das Funktionieren von Maschinen verantwortlich waren, oder die ganz einfach über ihnen zugeteilte Hilfsarbeiter, Frauen und Kinder zu befehlen hatten, wurden Spitzenlöhne bezahlt. Das Gros der Angelernten hingegen erhielt weitgehend Hungerlöhne, die zum Erhalt der Familie nicht ausreichten. Daraus resultierte

---

36 Die Preisangaben beziehen sich auf H.Krüger 1958, S.360. R.Forbergers Angaben zufolge hätten „die Drucker der Pflugbeilschen Kattunfabrik zu Chemnitz (...) für ihren Wochenlohn von 4 Talern 1782 in Dresden etwas über zwei Zentner, die Streichjungen 22 Pfund und die Tagearbeiter und Bleichknechte etwa 60 Pfund Getreide erhalten" (1958, S.225).

wieder auf der einen Seite die Notwendigkeit der Familien, Kinder als Mitverdiener in die Betriebe zu schicken, wogegen auf der anderen Seite die Unternehmer bestrebt waren, sich für die hochbezahlten Fachkräfte durch niedrigstbezahlte Hilfskräfte schadlos zu halten.

Dem zeitgenössischen Betrachter freilich erschienen die Verhältnisse in anderem Licht. In seiner „Beschreibung einer Reise durch Deutschland und die Schweiz im Jahre 1781" schildert F.Nicolai den Augsburger Kattunmanufakturisten Joachim Heinrich von Schüle als „ein rühmliches Beyspiel für viele", da er durch Fleiß und Geschick „ein Wohlthäter vieler tausend Menschen geworden (ist), welche durch ihn Arbeit und Verdienst fanden". In einem großen Manufakturgebäude „vor dem rothen Thore", so berichtet F.Nicolai weiter, das „beynahe das Ansehen eines fürstlichen Pallastes hat", arbeiteten damals

„ohngefähr 350 Personen, und unter denselben viel Weiber und Kinder. Die Arbeiter kommen im Sommer täglich früh um 6 Uhr und arbeiten bis abends 8 Uhr, doch werden sie nicht nach der Zeit, sondern nach den Stücken bezahlt. Man zeigte uns kleine Mädchen, die täglich nur 8 Kr. verdienen konnten; und dagegen einen Drucker in gedeckten Mustern, von welchem man sagte, daß er wöchentlich bis 5 Louisd'or verdienen könnte, welches letztere aber fast unglaublich scheint" (1787, Bd.8, S.23 ff.; abgedr. in: K.von Zwehl (Hrsg.) 1985, S.22 f.).

Die Behebung oder wenigstens Linderung der Armut lag ganz im Interesse der Regierenden und wurde von ihnen auch als besonderer Vorzug der gewerblichen Großbetriebe empfunden[37]. Im Befürwortungsschreiben des Kommerzkollegiums für die Wiedereröffnung einer leonischen Drahtmanufaktur in München durch Andreas Valentin Karl aus dem Jahre 1785 wird die „Etablierung" des Betriebs u.a. deshalb empfohlen,

„weil im Land und besonders in München der Bettel immer mehr einreiße und weil 'durch ein derley Werk klein und großen Personen eine solche Nahrung ver-

---

37 Als Motiv für die Errichtung gewerblicher Großbetriebe nennt G.Slawinger u.a. den wirtschaftlichen Notstand, der durch den Dreißigjährigen Krieg und die darauf folgenden Spanischen (1701-1714) und Österreichischen (1740-1748) Erbfolgekriege in Bayern entstanden war. Das große Heer der Arbeitslosen und Unterbeschäftigten zwang die absolutistisch regierenden Fürsten zu Eingriffen in die Wirtschaft. Durch Errichtung zentraler gewerblicher Großbetriebe sollten im Lande Verdienstmöglichkeiten eröffnet, Müßiggang und Bettel beseitigt und zugleich „die wettbewerbsfeindliche Produktions- und Nachwuchspolitik der Zünfte" aufgebrochen werden (1966, S.17 f.).

schafft werde, wodurch sich ein Kind mit 7 Jahren täglich 24 Kreuzer[38] verdienen kann'" (zit. nach G.Slawinger 1966, S.267, Anm.61)[39].

Ähnliche Motive waren für die Gründung der Reichenhaller Baumwoll-Strickwaren-Manufaktur (1760-1807) ausschlaggebend.

„Um den Frauen und Kindern der niedrig bezahlten Reichenhaller und Traunsteiner Salinenarbeiter eine zusätzliche Verdienstmöglichkeit zu schaffen", berichtet G.Slawinger, „scheint der Kurfürst ursprünglich selbst die Errichtung einer Manufaktur in Reichenhall geplant zu haben" (1966, S.135).

Dem Vorhaben entsprechend befanden sich im Jahre 1762 unter den 73 für die Manufaktur arbeitenden Personen überwiegend verheiratete Frauen mit Kindern. 1799 beschäftigte die Manufaktur insgesamt 1083 Personen[40]. Die dort arbeitenden Kinder wurden schon mit neun Jahren als arbeitstauglich bezeichnet. Kurfürst Max III. Josef selbst verfügte (1762), daß ihnen „in der Fabrique etwas zu essen gereicht werde", damit sie nicht die Ausrede gebrauchen konnten, „daß sie, um die nötige Kost zu erbetteln, nicht in dem Spinnlohn bleiben können" (zit. nach G.Slawinger 1966, S.136 und S.35).

Besonderen Aufschluß über die Einschätzung der Kinderarbeit und die Arbeitsverhältnisse in textilen Großbetrieben am Vorabend der Industrialisierung geben die Berichte, die mit der Gründung und dem Verkauf der Baumwollmaschinenspinnerei von G.Brügelmann in München (Au) (1801-1823) zusammenhängen[41]. Als G.Brügelmann sein geplantes Un-

---

38 Dieser Lohn ist sicher reichlich übertrieben, da ein Kind in der Regel nicht mehr als 6-10 Kreuzer verdiente!
39 Auch die 1761 im Fabrica-Haus auf dem Rindermarkt in München errichtete Spinnschule zielte, wie G.Slawinger berichtet, auf die „ständige Ausrottung des Müßiggangs und des Bettelns" ab. Die Spinner verdienten so wenig, nämlich 2-2 1/2 Kreuzer, „daß die in der Vorstadt Au wohnenden im Winter die Arbeit schon um 16 Uhr einstellen mußten, um den Sperr-Kreuzer am Stadttor nicht zahlen zu müssen" (1966, S.77).
40 An Hand der Manufakturbücher wurden 51 Streicher, 270 Spinner, 730 Stricker und 32 Näher festgestellt (G.Slawinger 1966, S.301 f.).
41 G.Brügelmann hatte bereits am 24.10.1783 ein Gesuch an den bayerischen Kurfürsten, den damaligen Landesherrn von Jülich-Berg, um Errichtung einer Mechanischen Spinnerei in „Cromford" bei Ratingen gerichtet. Es handelte sich um die erste Mechanische Baumwollspinnerei auf dem Kontinent, die „Urfabrik" Deutschlands (A.Herzig 1983, S.329 f.). Im Befürwortungsschreiben des Rates der Stadt wird ausdrücklich hervorgehoben, daß damit für „arme und kleine Kinder von 7, 10 und 12 Jahren" neue Verdienstmöglichkeiten entstünden (K.-H.Ludwig 1965, S.69). 1824 arbeiteten dort 150 Kinder von insgesamt rund 350 Arbeitern (A.Herzig 1983, S.330). – Die Angaben über das Brügelmannsche Unternehmen in München sind F.J.Gemmert 1961, S.481-492, entnommen.

ternehmen, wofür er vom Kurfürsten eine Reihe von Privilegien erbeten[42] und z.T. auch erhalten hatte, der Öffentlichkeit vorzustellen suchte, gab er in der Münchner Staatszeitung vom 27.März 1802 eine ausführliche „ächte Beschreibung". Dort heißt es u.a.:

„Die Vortheile einer solchen mechanischen Spinn- und Färberey sind sehr bedeutend: (...) Viele Kinder und Erwachsene werden bey dieser Anlage an ein besseres und hinreichendes Verdienst gebracht, und durch das bessere Material, welches die Maschinen hervorbringen, werden bald mehrere Baumwoll-Artikel mit Erfolg nachgemacht werden" (abgdr. bei F.J.Gemmert 1961, S.485).

Im März 1802 wurde ihm die Konzession erteilt und ein Teil des ehemaligen Militärarbeitshauses in der Au samt der darin befindlichen Armen-Spinnanstalt für zwölf Jahre unentgeltlich überlassen. Noch im selben Jahr waren 11 Kratzen, 36 Rovingräder, 3 große und 17 kleine Handspinnmaschinen, 1 Zwirnstuhl, 8 Garnhaspeln und 11 Doublierräder in Betrieb. Das Reinigen der Baumwolle geschah durch Klopfen mit Schlagstöcken. Das Kardieren erfolgte auf den Maschinenkratzen, zu deren Antrieb eine Roßmühle eingerichtet wurde, d.h. ein im Keller laufendes Pferd trieb einen Göpel. Gesponnen wurde mit Handmules. Das Vorspinnen erfolgte auf den sechsspindeligen Rovingrädern. Am 27.Dezember 1802 starb G.Brügelmann. Da eine Aufgabe des Werks durch seinen Sohn anstand, schlug der Referent für das Strafarbeitswesen bei der Generallandesdirektion die Übernahme des Betriebs durch den Staat vor. Sein Bericht an den Landesfürsten ist für unseren Zusammenhang besonders interessant. Dort heißt es:

„Die Vortheile dieser Spinnerei können nicht anders, als beträchtlich seyn, weil die Maschinen einerseits Zeit und Menschenhände sparen, und das Produkt eine außergewöhnliche Gleich- und Feinheit erhält; anderseits aber diese Qualitaet die Nachfrage vermehrt, welche hinwieder viele Menschenhände beschäftiget. Einschlüssig der Aufseher sollen gegen 200 Menschen in Arbeit stehen. Die schwächeste Klasse der Menschen, hat Kraft genug, diesen Mechanißmus dieser Anstalt in Gang zu erhalten; ich sah Weiber, und Kinder angestellt, und ohne sonderliche Anstrengung die Arbeit fördern.
Ein vierter Vorzug ist, daß diese Arbeit leicht erlernt wird; in 3 Tag sind Knaben hinlänglich unterrichtet, in 10 Tagen ist auch das schwerere erlernt.

---

42   U.a. richtete sein Sohn Jakob Wilhelm, dem die Geschäftsführung übertragen war, 1802 an den Kurfürsten ein Gesuch um Übertragung der Polizeigewalt mit der Begründung: „Es ist allgemein bekannt, wie träge, liederlich und zügellos die Arbeiter in der Au sind und wieviel Anstrengung es kostet, denselben nur in etwa Ordnungs-Geist, moralisches Betragen und Fleiß beyzubringen, welches doch die einzigen Stützen jeder industriösen Unternehmung sind". Dieses wurde jedoch abgelehnt (F.J.Gemmert 1961, S.488).

Das Arbeitsverdienst macht den fünften Vorzug aus. 6-8 kr. verdient sich das jugendliche Alter, da die gewöhnliche Hand-Spinnerey dieses nie erzwecken könnte.
Endlich macht die Maschine ohne weiteren Zwang, für sich schon fleißige Leute. Der kleinste Knabe wird an seine Kratzmaschine gefesselt: er muß den Faden ohne Aufenthalt hinwegnehmen, den sie im gleichen Zeitmaß unaufhörlich zum Vorschein bringt; und diese Lebhaftigkeit der Maschine gewährt Reitze der Unterhaltung, wobey alle Langweile verbannt ist.
Ich finde diese Maschinenspinnerey so zweckmäßig für das Strafarbeiterhaus, (...) daß ich mich verpflichtet fühle, (...) mit dem Vorschlage vorauszukommen, die Regierung möchte sie, (...) übernehmen (...)" (F.J.Gemmert 1961, S.489).

Der Kurfürst lehnte zwar ab, jedoch nicht, weil er an den Verdienstmöglichkeiten der Frauen und Kinder, sondern an der Rentabilität des Betriebs und dessen Eignung für ein Sträflingshaus zweifelte (G.Slawinger 1966, S.86).

Der hier zwar nicht ausgesprochene, aber doch deutlich erkennbare Wille des Landesherrn, die Arbeit von Frauen und Kindern nicht nur nicht zu verhindern, sondern sie „mit allen Mitteln zu fördern" (J.Kulischer 1929, S.187), war Ausdruck der Grundanschauungen jener Zeit, wonach der Wert eines Untertan an seinem Nutzen für den Staat, der Nutzen wieder an der Arbeitsleistung des einzelnen gemessen wurde. Dieser Maßstab sollte auch für Kinder gelten. Die berechtigte Hoffnung, daß Kinder durch Lohnerwerb zum eigenen Lebensunterhalt beizutragen vermögen und auf diese Weise zu nützlichen Mitgliedern der Gesellschaft werden, ließ Kinderarbeit im 18.Jahrhundert als Segen erscheinen. „Verwaltungsbeamte, Pfarrherren und Pädagogen sind sich darin einig, daß, je früher der Mensch zum Arbeiten angehalten wird, er desto weniger in Gefahr gerät, sich dem Müßiggang hinzugeben und seinen Mitmenschen zur Last zu fallen" (W.Fischer 1961, S.343). So hat es bereits 1760 der Kameralist J.H.G.Justi in seiner „Grundfeste zu der Macht und der Glückseligkeit der Staaten" proklamiert:

„Man sollte überhaupt alle Kinder von ihrer Kindheit an immer zur Arbeitsamkeit anhalten und ihnen die Arbeit gewohnt und beliebt machen. Gebe es doch hunderterley Arbeiten, wozu Kinder von ihrem 5. und 6.Jahr fähig sind; und wodurch man die Arbeit gleichsam zu ihrer Natur machen würde, indem sie den Müßiggang niemals kennen lernten"[43].

---

43 J.H.G.Justi: Die Grundfeste zu der Macht und der Glückseligkeit der Staaten oder ausführliche Vorstellung der gesamten Policey-Wissenschaft, Königsberg, Leipzig 1760, Bd.I, S.697; zit. nach G.Otruba 1960, S.168.

In gleicher Weise äußerte sich zehn Jahre später J.A.von Ickstatt, Rechtsprofessor in Ingolstadt und Erzieher des späteren bayerischen Kurfürsten Max III. Josef in einer „Akademischen Rede" 1770:

„Es ist aber nicht genug, daß die Kinder und Jünglinge in denen Grundsätzen der in ihrem künftigen Beruf zu verrichten habender Geschäften unterrichtet werden. Es müßen nebenbey auch die Eltern ihre Schuldigkeit beobachten, die Kinder bey Zeiten zur Arbeit zu gewöhnen, und von dem Müßiggang, Gaßenlaufen, Betteln, und dergleichen Unfug abhalten; Kinder von 10, 8 und minderen Jahren können schon zum wenigsten ihre Kost auf dem Land und in den Städten gewinnen. Ich würde allzuweitläufig werden, wenn ich alle Gattungen von nützlichen Kinderarbeiten hier anführen wollte: Fabricken und Manufacturen in Städten, Wolle, Hanf und Flachs spinnen, Stricken und dergleichen auf dem Land und in Städten geben schon zu erkennen, wie man Kinder, sich selbsten zu ernähren angewöhnen solle. (...)" (aus: „Akademische Rede von dem Einfluß des Nationalfleißes und die Glückseligkeiten der Staaten"; abgedr. in: K.von Zwehl (Hrsg.) 1985, S.34).

Bei dieser Einstellung des Staates und der Öffentlichkeit gegenüber Kinderarbeit ließ es sich kaum ein Unternehmer entgehen, für die Konzession seines Betriebs mit dem Hinweis zu werben, daß er gute Verdienstmöglichkeiten für Frauen und Kinder schaffe.

Da man mit Ernst davon überzeugt war, daß die „Lebhaftigkeit der Maschine" den Kindern „Reiz der Unterhaltung" gewähre, und daß die Maschine „ohne weitern Zwang für sich schon fleißige Leute" mache[44], betrachtete man die aufkommenden Fabriken sogar „als eine Art von Volkserziehungsanstalt und als moderne Schule der Untertanen" (W.Zorn 1986, S.202).

In einer 1791 ohne Namen des Verfassers mit folgendem Titel erschienenen Schrift „Worinnen besteht der wesentliche Begriff einer Fabrike und Manufaktur ...?", wird von den Fabriken und Manufakturen erwartet:

„Sie müssen (...) Erziehungs-Schulen (...) junger, künftig gut und brauchbar seyn sollender Menschen der niedrigsten Volks-Classe seyn. Denn nur unter anhaltenden, ihrem Alter und Kräften angemessenen, und hinreichenden Erwerb versprechenden nützlichen Geschäften allein, sind dergleichen Geschöpfe zu künftig etwas Tauglichem zu formen" (S.6).

---

44 Aus dem Bericht des Referenten über die Brügelmannsche Baumwollspinnerei (F.J.Gemmert 1961, S.489).

Die merkantilistische Wirtschaftstheorie forderte die Arbeitsnützlichkeit aller. Die kameralistische Staatstheorie tat das Ihre, um Nichtarbeit bewußt zu diskriminieren, Armut als selbstverschuldet, Bettler und Landstreicher als „Tagediebe", Muße als „Müßiggang" (W.Zorn 1986, S.191) und diesen als Sittenverfall erscheinen zu lassen.

„Vielleicht würde es der Pflicht der Lehrer in Kirchen und Schulen seyn", formuliert J.H.G.Justi, „(...) insonderheit denen Kindern den Grundsatz einzuschärfen, daß sie allein durch Fleiß und Application ihr künftiges Glück in dem bürgerlichen Leben erwarten können"[45].

Hier ist bereits als grundsätzliche Erkenntnis ausgesprochen, was 1799 in Schillers Lied von der Glocke seinen beredten Ausdruck findet:
„Arbeit ist des Bürgers Zierde,
Segen ist der Mühe Preis;
Ehrt den König seine Würde,
Ehret uns der Hände Fleiß."

Es entsprach der merkantilistischen Grundanschauung, daß sich der Staat des 18.Jahrhunderts als Freund und Förderer der Kinderarbeit verstand. Und es gehörte zu den Grundeinsichten frühliberaler Aufklärungsphilosophie, daß Arbeit eine Ehre, Fleiß eine Tugend und irdisches Glück die begehrte Frucht von beidem sei.

Dies traf auch noch in vollem Umfang für die ersten Jahrzehnte des 19.Jahrhunderts zu. So wird verständlich, warum sich der Staat so schwer tat mit der gesetzlichen Verankerung von Schutzbestimmungen, die die Einschränkung der Kinderarbeit vorsahen. Erst auf dem Hintergrund eines im Denken der Obrigkeit stark verwurzelten durch und durch positiv besetzten Arbeitsbegriffs läßt sich der schleppende und der Nachwelt so unverständlich schwerfällige Prozeß begreifen, von dem die Kinderschutzgesetzgebung begleitet war.

4.2.4 Die gewandelten Arbeitsbedingungen in den Fabriken

In den 1830er Jahren nach Aufhebung der innerdeutschen Zollschranken (1834) wurden in Bayern die ersten größeren Fabriken errichtet. Dieser Vorgang, der schon ein Menschenalter zuvor in England begonnen und sich rasch über Frankreich, Belgien und die Schweiz ausgebreitet

---

[45] J.H.G.Justi: Vollständige Abhandlung von denen Manufakturen und Fabriken, 2 Theile, Koppenhagen 1758-1761, I, S.181; zit. nach H.Krüger 1958, S.286f.

und auch in Preußen seit dem 1. und 2.Jahrzehnt Fuß gefaßt hatte, ist der eigentliche Beginn der Industrialisierung in Bayern.

Waren die Manufakturen „Arbeitsstätten, die gelegentlich einzelne Arbeitsmaschinen und zentralen Kraftantrieb durch Wasserläufe hatten, aber noch keine reihenweise Maschinenaufstellung" (W.Zorn 1986, S.191), so haben wir in den Fabriken vollmechanisierte Produktionsstätten zu sehen, in denen, um es verkürzt zu sagen, Handarbeit durch Maschinenarbeit und Muskelkraft durch physikalische bzw. chemische (Wasser, Dampf, Gas, Benzin, Elektrizität) Antriebskraft ersetzt wurde. Die zentrale Antriebsmaschine reduzierte den Krafteinsatz: Arbeit wurde „leicht". Die automatisierte Arbeitsmaschine erledigte die komplizierten Herstellungsvorgänge allein: Arbeit wurde „einfach". Die weit vorangetriebene selbsttätige Mechanik machte technisches Wissen und Können überflüssig: Arbeit wurde rasch erlernbar. Dies alles zusammen, verbunden mit der verbreiteten Tendenz der Unternehmer, „eher arbeitsintensiv als maschinenintensiv zu arbeiten" (K.-H.Ludwig 1965, S.168), begünstigte den Einsatz von Frauen und Kindern in Fabriken.

Der verstärkte Einsatz von Technik im Bereich der Arbeitswelt führte zu entscheidenden Veränderungen in der Gestaltung des Arbeitsplatzes und der Arbeitsbedingungen und in deren Gefolge zu einer Änderung der gesamten Lebenswelt des fabrikarbeitenden Menschen. Solange die Arbeit, wie im handwerklichen und agrarischen Betrieb, weder zeitlich noch räumlich vom übrigen Leben scharf getrennt war, die Zeiteinteilung von den Wachstumsperioden und den Witterungsbedingungen abhing, und die Produktion auf dem Grundsatz beruhte, den Bedarf zu decken oder ein „ehrbares Auskommen" zu ermöglichen, blieb die Ausrichtung der Arbeit an der Uhrzeit belanglos und ließ die Arbeitsorganisation genügend Raum für Entspannung und Müßiggang (Th.Engelhardt 1985, S.289). Auf dem Land wurde im Sommer mehr gearbeitet als im Winter, im Freien länger als in geschlossenen Räumen. Man arbeitete von früh bis spät, ohne die Stunden zu zählen. Das Tageslicht war das natürliche Maß (W.Fischer 1961, S.345).

Dies alles änderte sich in der Fabrik grundlegend. Der rastlose Lauf der Maschine zwang den Arbeiter, sich an das vorgegebene Arbeitstempo und an die Arbeitsleistung der Maschine anzupassen. Schnelle und regelmäßige Handgriffe waren von ihm gefordert. Darum ist die Flinkheit der Kinderhände von Unternehmern immer wieder begrüßt und von Zeitgenossen bewundert worden. Weniger beachtet blieb freilich der Umstand, daß zwar der Mensch, nicht aber die Maschine „ermüdet", und daß sie

Arbeitsſaal der Buntpapierfabrik von Franz Dessauer Jun. Aschaffenburg

folglich „pausenlos" tätig sein kann. Sollte sich der teure Anschaffungspreis ausbezahlen, mußte sie aus Unternehmersicht ohnehin intensiv genutzt und möglichst ohne Unterbrechung betrieben werden. Damit erhielt der Faktor Zeit eine neue, bis dahin unbekannte Bedeutung. Die Arbeitsstunde wurde zum neuen Meßwert, der Stundenlohn zur Berechnungsgrundlage für geleistete Arbeit. Zeit wurde so wichtig und wertvoll wie Geld. Um diese Zeit prägte der Amerikaner Benjamin Franklin das Wort: „Time is money". Die Verbreitung von Haus- und Taschenuhren stieg in diesem Zeitraum sprunghaft an (W.Zorn 1986, S.198).

Mit der Einführung der Gasbeleuchtung (erstmals 1798 durch Boulton & Watt) konnte der natürliche Feierabend mühelos überspielt, die tägliche Arbeitszeit beliebig ausgedehnt werden. Die Fabrikanten führten die Nachtarbeit ein. Die technische Chemie (Färbereien, Zucker-, Essigfabriken etc.) war ohnehin schon aus Herstellungsgründen auf eine Arbeit möglichst ohne Unterbrechung angewiesen. Die zwölfstündige Tag- und Nachtschicht in einem turnusmäßigen Wechsel von je einer Woche wurde hier die Regel (H.Herkner 1923, S.894). Andere Betriebe folgten. Auch Kinder wurden in den zwölfstündigen Schichtwechsel mit einbezogen[46] oder hatten wenigstens vorübergehend mit Nachtarbeit zu rechnen[47]. Im übrigen hielt man sich an die zwölf- bis vierzehnstündige Arbeitszeit mit einer Mittagspause von einer Stunde, während der aber in manchen Fabriken die Transmission weiterlief. Die Augsburger Textilfabriken kannten bis auf wenige Ausnahmen den dreizehnstündigen Arbeitstag. Man arbeitete von fünf Uhr morgens bis sieben Uhr abends. In den Maschinenfabriken war die Arbeitszeit um eine Stunde kürzer (I.Fischer 1977, S.132 f.).

Das eigentliche Problem der Fabrikindustrie gegenüber dem herkömmlichen Arbeitstag lag aber nicht so sehr in den überlangen Arbeitszeiten. Diese stellten damals nichts Außergewöhnliches dar[48]. Als besonders belastend hingegen wurde von den Fabrikarbeitern die Monotonie der Be-

---

46   Die Fabrikordnung der Mechanischen Baumwollspinnerei und Weberei in Augsburg von 1840 verpflichtete jeden Arbeiter, „die Nacht durch zu arbeiten", wenn es bestimmte Umstände erfordern (abgedr. in K.von Zwehl (Hrsg.) 1985, S.200).

47   In der Baumwollspinnerei Chur in Augsburg waren „131 Jungen und Mädchen abwechslungsweise jeweils eine Woche lang in zwölfstündigen Tag- und Nachtschichten beschäftigt" (I.Fischer 1977, S.144).

48   Dennoch bleibt es ein weltgeschichtliches Verdienst des englischen Sozialreformers R.Owen, meint H.Herkner, bereits seit 1817 als erster die Ausdehnung der Arbeitszeit bekämpft zu haben. Er forderte den Achtstundentag mit der Begründung, daß kein Mensch ohne Schaden eine längere Beanspruchung ertragen könne, die moderne Technik längere physische Anstrengungen unnötig mache, kein Mensch das Recht habe, seinen Mitmenschen länger arbeiten zu lassen, um selbst reich zu werden, während er viele andere arm mache (1923, S.894).

schäftigung, die hohe Arbeitsintensität und der weite Anmarschweg empfunden. Da viele Fabriken außerhalb des Burgfriedens der Stadt angesiedelt, sehr viele Arbeiter in den umliegenden Gemeinden seßhaft und öffentliche Verkehrsmittel noch nicht vorhanden waren, auch das Fahrrad gab es noch lange nicht, mußten weite Wege zum Arbeitsplatz zurückgelegt werden. Wohnhäuser für ihre Arbeiterschaft auf dem oder in unmittelbarer Nähe des Fabrikgeländes wurden von der Industrie erst ab den 1870er Jahren errichtet (L.Maurer 1924, S.62-73). Die bedrückende Arbeitssituation war denn auch der Anlaß, daß sich die Arbeiter der Augsburger Textilfabriken 1865 an den bayerischen König mit der Bitte wandten, „für die Verkürzung der Arbeitszeit um eine Stunde und die Verlegung des Geschäftsbeginns von fünf auf sechs Uhr morgens Sorge zu tragen"[49]. Als Grund führte der Bittsteller Max Fuchs an, daß zahlreiche Arbeiter in den umliegenden Dörfern wohnten:

„Um nun rechtzeitig an ihrer Arbeit einzutreffen, sind diese Arbeiter genötigt, morgens um drei Uhr aufzustehen. Um fünf Uhr morgens beginnt diese Arbeit und dauert bis abends sieben Uhr. Bis die Arbeiter nach Hause kommen, wird es neun Uhr und bis sie zur Nacht gegessen und die Ruhestätte aufsuchen können, wird es zehn Uhr. So bleibt diesen Arbeitern, wovon die Hälfte Kinder und Weibspersonen sind, nur fünf Stunden zur nöthigen Ruhe"[50].

Die billigere Wohnung auf dem Land und die dörflichen Lebensgewohnheiten bewogen viele Arbeiter, „das Verbleiben in der Heimatgemeinde dem ungewohnten und teuren Leben in der Stadt" vorzuziehen. In Augsburg z.B. kamen „auch die in den Fabriken arbeitenden Kinder (...) täglich aus Oberhausen und Lechhausen, aus Pfersee, Kriegshaber und Leitershofen zu Fuß in die Stadt" (I.Fischer 1977, S.119). Das bedeutete einen Hin- und Rückweg von mindestens je ein bis zwei Stunden. Schon 1838 machte der Pfarrer von Lechhausen das Bischöfliche Ordinariat darauf aufmerksam, daß die Fabrikarbeiter der Kattunfabrik Schoeppler & Hartmann, sie beschäftigte um 1825 ca 250-280 Arbeiter, teilweise schon um fünf Uhr früh dorthin gehen, und wenn es Nacht wird, „hungrig und müde" zurückkommen;

„denn Mittags haben sie nichts zu essen als ein Stück Brod oder eine Nudel, die sie Morgens von Hause mitnehmen, und müssen die Arbeiten stehend verrichten – Katholische, theils Ledige, theils Verheiratete, mögen circa 80 dahin gehen,

---

49 StadtA Augsburg GI 16/13; Nachlaß Haßler, K 3; zit. nach I.Fischer 1977, S.133.
50 StadtA Augsburg GI 16/13; Nachlaß Haßler, K 3; abgedr. bei I.Fischer 1977, S.133.

insbesondere aber 36 Christenlehr- und Sonntagsschulpflichtige, theils Knaben, theils Mädchen"[51].

Zum langen Arbeitstag kam die Situation des Arbeitsplatzes und die von der Fabriksleitung diktierten Arbeitsbedingungen, die ein Höchstmaß an äußerer und innerer Disziplin verlangten. Bereits die reihenweise Aufstellung der Maschinen, die oft wegen Raummangels in bedrängender Enge dicht nebeneinander standen, und das offene Räderwerk, über Transmissionsriemen mit der Antriebswelle verbunden, wie es das Augsburger Tagblatt von 1840 beschreibt[52], erforderten ein hohes Maß an Disziplin, schon allein um Unfallgefahren zu vermeiden[53].

Die Konzentration auf den mit hoher Geschwindigkeit sich vollziehenden Spinn-, Web-, Druck- usw. Vorgang verbot alles Herumlaufen und fesselte den Fabrikarbeiter buchstäblich an seinen Arbeitsplatz. Eingebunden in das Gesamtfunktionieren des Maschinensystems wurde er zum sprichwörtlichen Rädchen im Getriebe.

„Die Unterwerfung unter das strikte Reglement der industriellen Disziplin" (Th.Engelhardt 1985, S.289) fand ihren Ausdruck in den „Fabrik-

---

51 Schreiben des Pfarrers von Lechhausen vom 20.12.1838 (Archiv des Pfarramts Lechhausen, Akt: Pfarrer; abgedr. in K.von Zwehl (Hrsg.) 1985, S.203).
52 „Die das Ganze bewegende Kraft geht von zwei Turbinen (...) aus (...). Ober dem Wasser vereinigen sie mittelst kolossaler Räder ihre Kraft, die hier von der senkrechten zur horizontalen sich umändert, und einen eisernen Wellenbaum, so lang als das ganze Gebäude, in Bewegung setzt. Die Kraft der Turbinen beträgt über 100 Pferdekraft. – Von dem Wellenbaum geht außer lokaler Bewegungsmittheilung zugleich die Bewegung eines perpendikulären, in Mitte des Gebäudes sich befindlichen andern großen Wellenbaumes aus. (...). Dieser (...) setzt wieder andere horizontale Wellenbäume in den obern Sälen (...) in Bewegung, von denen sie mittelst vieler Trommeln und Riemen auf die einzelnen Maschinen übergeht." (Aus: Augsburger Tagblatt, Nr.237, 29.8.1840; abgedr. in: K.von Zwehl (Hrsg.) 1985, S.155).
53 Wie es in den einzelnen Arbeitssälen aussah, schildert das Augsburger Tagblatt, wenngleich in recht beschönigender Weise:
„Nun zu den einzelnen Maschinen. Im sogenannten Teufelssaale zu ebener Erde wird durch Maschinen die rohe Baumwolle zerrissen und für die Kardätschen vorbereitet. Der Arbeiter hat nichts zu thun, als die Wolle in die Maschine zu legen, und auf der andern Seite bearbeitet herauszunehmen. Bei dieser Arbeit erzeugt sich viel Staub, der aber in an den Maschinen angebrachten Röhren sich sammelt und durch einen Windfang (Ventilateur) aus dem Hause hinausgeblasen wird. Von da kommt die Wolle unter die Kardätschmaschinen (im 3ten Saal). Der Arbeiter hat hier nur die Maschinen vom Abfall, der zu Wattarbeiten benützt wird, zu reinigen, das Kardätschen selbst verrichten die Maschinen. Nach noch einigen Manipulationen gelangt die Wolle zu den Spinnmaschinen (4ter und 5ter Saal). Hier spinnt sich die Wolle zu schönem gleichem und gut gedrehtem Faden, während zu jeder Maschine mit 300 Spindeln nur ein Paar Personen benöthigt sind. Im 6ten Saale werden in der einen Abtheilung die Zettel wiederum maschinenmäßig gefertigt, und diese wieder in der andern Abtheilung geschlichtet. Dieses Lokal wird auf gegen 30° R. erwärmt, um die Schlicht wieder zu trocknen. Von hier aus kommen die Zettel auf die Webstühle (...)" (aus: Augsburger Tagblatt, Nr.237, 29.8.1840; abgedr. in: K.von Zwehl (Hrsg.) 1985, S.156).

ordnungen", oder „Fabrikgesetzen", wie sie manchmal genannt wurden, die unter Zwangs- und Strafandrohungen den reibungslosen und im Sinne der Unternehmensleitung rationellen Arbeitsablauf sicherstellen sollten[54]. Diese Vorschriften sollten „mit Hilfe drakonischer Strafen die Gewöhnung an einen exakt geregelten Arbeitsablauf und die Unterdrükkung aller spontanen und solidarischen Verhaltensweisen unter den Arbeitern" (I.Fischer 1977, S.122 f.) erzwingen. Wie das Beispiel der Fabrikordnung der Mechanischen Baumwollspinnerei und Weberei in Augsburg von 1840 zeigt, bezogen sich die „Gesetze" auf die Pünktlichkeit und das Betragen am Arbeitsplatz ebenso wie auf den Umgang mit Maschinen, Werkzeugen und Materialien, auf die Ermunterung zur Anzeige von Arbeitskollegen beim Aufsichtspersonal bei Diebstahl u.ä. bis hin zu Lohnabzügen bei Vergehen gegen die Betriebsordnung und peinlichen Leibesvisitationen durch Werkmeister und Pförtner im Falle des Verdachts auf Veruntreuung[55]. Die „Fabrikordnung der Augsburger Kattunfabrik Schoeppler & Hartmann" von 1865 verbot „mit Andern Besprechungen zu pflegen oder Possen (!) zu treiben, weil dadurch die Aufmerksamkeit auf die Arbeit gestört wird"[56]. Die „Fabrikgesetze der Baumwollfeinspinnerei" von 1856 ordneten „vollkommenes Schweigen" in den Arbeitssälen an[57]. In der Spinnerei und Weberei Krauss in Pfersee bei Augsburg wurden auf öffentlich angebrachten Tafeln die Fabrikstrafen eines jeden Arbeiters eingetragen[58].

Die rigorose Handhabung der Arbeitsregeln, des Sanktionssystems und des Kontrollapparats „wurde von den Fabrikarbeitern als tagtägliche Zumutung empfunden" (Th.Engelhardt 1985, S.292). Deutlich kommt dies in einer Äußerung eines Arbeiters der Augsburger Kammgarnspinnerei von 1852 zum Ausdruck, wenn er klagt, „daß die Fabrik ein Zuchthaus

---

54 Als eine der frühesten und vermutlich beispiellosen Disziplinierungsmaßnahmen dieser Art ist das in der „Schnellpressenfabrik König und Bauer" in Oberzell bei Würzburg 1835 eingeführte „Rothe Strafbuch" anzusehen. Dabei handelte es sich um einen rot eingebundenen Folianten, in den alle vom Fabrikherrn verhängten Geldstrafen eingetragen, und aus dem die Straftaten vor Beginn der wöchentlichen Lohnauszahlung öffentlich vorgelesen wurden. Th.Engelhardt schreibt dazu: „Jahrzehntelang wurde das 'Rothe Strafbuch' nach gleichbleibendem Schema geführt: links in liniierten Kolumnen der Betrag der Strafe und der Name des unbotmäßigen Arbeiters, rechts genauere Angaben über die Art der begangenen Verfehlung. Mit seinen täglichen Eintragungen wuchs das Strafregister schließlich auf tausende von Posten an und spiegelte so einen unternehmerischen Disziplinierungswillen, der den Rahmen eines vertraglich begrenzten Leistungs- und Gegenleistungsverhältnisses weit überschritt und auf die Reformierung des ganzen Menschen zielte" (1985, S.289).
55 Vgl. „Fabrik-Ordnung der Mechanischen Baumwoll-Spinnerei und Weberei Augsburg" (1840).
56 StadtA Augsburg G III 17/39; zit. nach I.Fischer 1977, S.123.
57 StadtA Augsburg G III 17/20; zit. nach I.Fischer 1977, S.123.
58 StadtA Augsburg E IV 3/134; zit. nach I.Fischer 1977, S.124.

sey"[59]. Unabhängig davon, daß die Umstellung der Arbeitsgewohnheiten der vom Handwerk und vom bäuerlichen Betrieb kommenden Fabrikarbeiter gewisser disziplinierender Maßnahmen bedurfte, muten diese teilweise wie Polizeiverordnungen an. Offenbar versprach man sich durch die industrielle Disziplin über den geordneten Arbeitsablauf hinaus ein allgemeines Wohlverhalten der Arbeiterschaft[60].

Wurden die Arbeitsbedingungen und die Arbeitsplatzsituation schon von den Erwachsenen als Zumutung empfunden, so bedeuteten sie für die Kinder ein Höchstmaß an Überforderung. Obwohl die Arbeit an sich leichter wurde, da die neuen Maschinen Muskelkraft entbehrlich machten, führten die gleichmäßigen und schnellen Handgriffe, die dumpfen und engen Fabrikationsräume, die schlechte und oft sehr staubige Luft, die geringen Sicherheitsvorkehrungen an Antriebsrädern zu einer außergewöhnlichen Belastung der noch unreifen Körper[61].

Aus den Industriezentren Preußens, wo die Entwicklung schon weit mehr fortgeschritten war als in Bayern, wurden schlimme Zustände gemeldet[62]. Aus dem Kreis Iserlohn, im Regierungsbezirk Arnsberg, wird über die Lage der Fabrikkinder folgendes berichtet:

„Fast den ganzen Tag, oft bis spät in die Nacht, waren sie in dumpfe, enge Stuben und Werkstätten eingesperrt, wo sie, meist sitzend beschäftigt, besonders im Herbst und Winter verpestete Luft einatmeten. Hier waren sie Augen- und Ohrenzeugen grober unsittlicher Reden und Handlungen der Erwachsenen, hatten oft mehrmals im Laufe des Tages die härtesten Mißhandlungen zu erdulden. Ihre magere Kost beschränkte sich hauptsächlich auf Kartoffeln mit Salz und Wasser,

---

59 StadtA Augsburg G III 17/22; zit. nach I.Fischer 1977, S.125.
60 Auch die Behörden hatten gegen den Disziplinierungsdruck nichts einzuwenden. Die Reichsgewerbeordnung von 1871 sicherte den Unternehmen das „Monopol auf die Setzung positiver Betriebsrechte, indem sie (...) die konkrete Ausgestaltung von industriellen Lohnarbeitsverhältnissen und damit auch die Erstellung von Fabrikordnungen zum 'Gegenstand freier Übereinkunft' erklärte" (Th.Engelhardt 1985, S.292).
61 „Abgesehen von der Überbeanspruchung des jungen Körpers durch die monotonen Hantierungen und die Überforderung durch die überlangen Arbeitszeiten, trug die Einrichtung der Produktionsstätten erheblich zur Frühinvalidität bzw. frühen Mortalität bei" (A.Herzig 1983, S.342).
62 Besonders aufschlußreich sind die Berichte der preußischen Kreisregierungen aus den Jahren 1824/25. Um ein möglichst genaues Bild über die Lage der Fabrikkinder zu erhalten, erließ Kultusminister v.Altenstein 1824 einen Zirkularerlaß an die einzelnen Regierungen mit der Aufforderung, Auskünfte über das Alter, den gesundheitlichen Zustand, die Sittlichkeit, den Schulunterricht, die Art und Dauer der Beschäftigung der in Fabriken arbeitenden Kinder zu erteilen. (Eine Zusammenfassung der Berichte findet sich bei G.K.Anton 1891, S.8-28.)

Kartoffelkuchen in Rüböl gebacken und Cichorienbrühe; im Sommer stahlen sie sich unreifes Obst und Hülsenfrüchte dazu" (G.K.Anton 1891, S.9).

Besonders gefährlich war die Arbeit in den Bronzefabriken, wo die Kinder neben dem Abfeilen der Gußwaren und anderen Verrichtungen auch das Auflegen der Blechstücke unter die Stampfen zu besorgen hatten. Diese Tätigkeit erforderte besonderes Geschick, da beim geringsten Versehen die Hand zerschmettert werden konnte. Der Feilstaub rief chronische Vergiftungen hervor. In den Nadelfabriken, wo man in geschlossenen Räumen arbeitete, um das Anlaufen der Nadeln zu verhindern, wurden Lungenleiden zur Berufskrankheit. Insgesamt litten die Kinder

„fast ohne Ausnahme an skropulösen Zufällen aller Art und unterschieden sich durch allgemeine Körperschwäche, Abmagerung, Blässe, Aufgedunsenheit des Gesichts, Drüsenanschwellungen, triefende Augen, Kopfausschläge von den nicht in Fabriken arbeitenden Kindern derselben Volksklasse" (G.K.Anton 1891, S.10).

Ähnliche Berichte liegen aus anderen Regierungsbezirken vor. Im Bezirk Düsseldorf, wo allein 3300 Kinder in Textilfabriken beschäftigt waren, betrug das Alter teilweise weniger als sechs Jahre. Erschreckend ist die hohe Sterblichkeitsziffer der Fabrikkinder. Im Regierungsbezirk Aachen war sie im Vergleich zu gleichaltrigen Landkindern fast doppelt so hoch[63]. In den Breslauer Textil- und Tabakfabriken wurde 10-14 Stunden, in den Liegnitzer Glashütten 32 Stunden (da der Schmelzvorgang 20 Stunden in Anspruch nahm) gearbeitet. Berlin beschäftigte 1823 1153 Kinder im Alter von 7-14 Jahren (G.K.Anton 1891, S.21 f.), Sachsen im Jahre 1830 allein in den Baumwollmaschinenspinnereien 2366 Kinder, das sind 31,3% der gesamten Arbeiterzahl (R.Forberger 1982, S.399 ff.). Von den fast 3000 Aachener Schulkindern im Alter von 6 bis 14 Jahren be-

---

63 In den 18 270 Einwohner zählenden Industriestädten Eupen, Düren und Monschau starben zwischen 1821 und 1823 141 Jugendliche, während im gleichen Zeitraum in den 3848 Einwohner zählenden Landgemeinden Erkelenz, Heinsberg und Geilenkirchen nur 16 Jugendliche gleichen Alters starben (G.K.Anton 1891, S.19).

suchten im Jahre 1814 lediglich 1350 eine Schule. Der Rest muß unter den Kinderarbeitern gesucht werden (A.Herzig 1983, S.337).[64]

F.A.W.Diesterweg, der die Fabrikarbeit der Kinder „aus pädagogischem Gesichtspunkt betrachtet(e)", so der Untertitel seiner Schrift, veröffentlichte 1826 eine Denkschrift „Ueber den Gebrauch der Kinder zur Fabrik-Arbeit"[65], in der er den Leser davon überzeugen wollte, „daß die Kinder in den Fabriken (...) auf eine himmelschreiende Weise mißhandelt werden". F.A.W.Diesterweg beklagt dabei vor allem folgende Mißstände:

- Die „Roheit" und brutale Behandlung, welche Aufseher, „Fabrikherren und sogenannte Meisterknechte sich gegen die armen Fabrikarbeiter und die Kinder erlauben" (R.Alt 1958, S.189).
- Die lange Arbeitszeit, „täglich ungefähr nicht weniger als 12 bis 14 Stunden, also den ganzen Tag, die ganze Woche, das ganze Jahr hindurch".
- Die kurze Mittagspause, während der das Kind nach Hause eilt, sein „mageres Mittagbrot" verzehrt, um nach einer Stunde wieder zu „seinem Kerker" zurückzukehren.
- Den „einförmigen Mechanismus" der Beschäftigung, so daß das Kind schon nach kurzer Zeit „maschinenmäßig" „spinnt und spult, klopft und hämmert".
- Den Abendunterricht; denn kaum ist die Arbeit beendet, eilt das Kind nach Hause. „In der Hast wird der Hunger mit Brot oder Kartof-

---

64 W.Feldenkirchen hat über die „Erfüllung der Schulpflicht in Preußen" für das Jahr 1816 folgende Tabelle erstellt:

Provinz	1816
Ostpreußen	61,4%
Westpreußen	42,6%
Posen	21,7%
Brandenburg	70,8%
Pommern	61,6%
Schlesien	66,5%
Sachsen	84,8%
Westfalen	69,3%
Rheinland	49,0%
Preußen insgesamt	60,3%

(1981, S.8).

65 Der Aufsatz F.A.W.Diesterwegs ist erstmals 1826 in der Rheinisch-Westphälischen Monatsschrift für Erziehung und Volksunterricht, S.161 ff., erschienen (vgl. R.Alt 1958, S.180-196).

feln gestillt (...), Gesicht und Hände gewaschen, und nun geht es, wie wenn es von einem bösen Geist gejagt würde, durch die kotigen Gassen nach der fern liegenden Abendschule, wo eine neue Qual die Kinder erwartet." „So verlebt das Kind nur noch im Dunste der Kerzen und sich plagend mit den schweren Elementen der Lese-, Schreib- und Rechenkunst und mit dem Behalten des Katechismus 1 1/2 oder 2 Stunden, bis die Zehn-Uhr-Glocke endlich zur Heimat geleitet."
- Die kurze Erholungszeit; denn schon am frühen Morgen schüttelt die Mutter ihr Kind aus dem Schlaf. Bei jedem Wetter eilt es hinaus, „nur des Stockes des Aufsehers gedenkend und bemüht, der Strafe der Verspätung zu entgehen" (R.Alt 1958, S.183 ff.).

Zu den gesundheitlichen Belastungen, die die frühe Fabrikarbeit mit sich brachte, kamen die schlechten Wohnverhältnisse und die unzureichende Ernährung. Die Wohnungen der Arbeiterfamilien waren klein, häufig überbelegt und wenig durchlüftet, um keine Wärme zu vergeuden. Sanitäre Anlagen fehlten (A.Herzig 1983, S.344). Die schlechte Ernährung machte sich vor allem bei der Rekrutierung zum Wehrdienst bemerkbar[66]. Auch die medizinische Versorgung, unabhängig vom relativ niedrigen Stand der Medizin, war insgesamt mangelhaft. „In einem Umkreise von 10 Stunden haben wir nur einen einzigen Arzt", klagt ein bayerischer Landmann 1801 (zit. in: K.von Zwehl (Hrsg.) 1985, S.127).

Unzureichende Kleidung machte den oft langen Anmarschweg zur Arbeitsstätte bei Regen und Kälte zu einer Strapaze. Die Kinder kommen durchgefroren oder mit durchnäßten Kleidern in der Fabrik an, und es vergeht der halbe Tag, „ehe sie dieselben wechseln können"[67]. Die schon von F.A.W.Diesterweg beklagte Roheit der Aufseher wird auch von den Fabrikarbeitern der Baumwollspinnerei Himmelmühle bestätigt: Schon beim geringsten Versehen werden die armen hungrigen Kinder vom Oberaufseher mit Ohrfeigen traktiert und mit der Faust in die Seite und in die Rippen geschlagen (zit. in: A.Herzig 1983, S.344 f.).

Neben den gesundheitlichen Schäden der Fabrikkinder standen die sittlichen Folgen der Fabrikarbeit immer wieder im Interesse der Behörden. Es konnte jedoch nicht ausbleiben, daß die Beurteilung des sittlichen Zu-

---

66 H.J.Teuteberg und A.Bernhard berichten, daß in Preußen zwischen 1831 und 1854 nur 28,4 v.H. der Untersuchten, in Sachsen zwischen 1845-1854 sogar nur 25,9 v.H. wehrdiensttauglich waren. „Bei der Untersuchung einzelner Orte stellte sich heraus, daß die Wehrdiensttauglichkeit im direkten Verhältnis zur Qualität der Nahrung stand" (1978, S.205).

67 Reisebericht des Geh.Regierungsrats Keller über die Kinderarbeit im Rheinland von 1834; abgedr. in: R.Alt 1958, S.197-212; Zitat S.207.

stands der Fabrikkinder einseitig und ganz aus der Sichtweise der bürgerlichen Moralvorstellungen erfolgte. So zeigte sich, daß in den von v. Altenstein angeforderten Gutachten von 1824 die Frage: „Wie ist ihr sittlicher Zustand?" vor allem mit Hinweisen auf die sexuelle Gefährdung der Kinder beantwortet wurde[68]. Die Vertreter der Behörden neigten dazu, „in der Abstumpfung der Geistesfähigkeit durch die fortwährenden mechanischen Beschäftigungen und damit verbunden, 'in der Verführung zu den geheimen Sünden der Unkeuschheit, wodurch die Kräfte des Leibes und der Seele zerstört (...) werden', eine 'Quelle der Verbrechen' zu sehen" (A. Herzig 1983, S.346).

Es besteht kein Zweifel, daß die Lebensumstände der Fabrikkinder ihrer gesundheitlichen, geistigen und sittlichen Entwicklung höchst abträglich waren. Aber solange man bei der Ursachenanalyse das soziale Umfeld unberücksichtigt ließ und eher subjektive Faktoren verantwortlich machte, konnte eine Verwahrlosung dieser Kinder nur schwer verhindert werden. Auch F. A. W. Diesterweg, der doch immerhin in den Fabriken selbst „die Schuld dieser Entartung" sah, konnte sich von solcher Denkweise nicht lösen:

„Nun denke man sich das Kind in solche Umgebung versetzt, von solchen Eltern erzogen, dem Einfluß solcher schmutzigen Reden und lasterhaften Handlungen ausgesetzt, wie Fabrikorte sie täglich zutage fördern! Was Wunder, daß die Fabrikkinder physisch und moralisch zugrunde gehen" (1826; abgedr. in: R. Alt 1958, S.190).

Statt nach einer Lösung zu suchen, bekennt er resignierend:

„Auch beim ernsten Nachdenken, wie dem beredten Übel abzuhelfen sein möchte", stellen sich „so schwere merkantilistische, staatswirtschaftliche und politische Probleme dar, daß ich gern mein Unvermögen gestehe, solche Aufgaben zu lösen."

---

68   „Die Haupttendenz ihrer Erholung", heißt es im Gutachten des Iserlohner Landrats, „richtete sich auf Spiel, Tabak, Branntwein, Unzucht und Rauferei." Ferner ziehe schon die Arbeit als solche, besonders in den Stecknadelfabriken, höchst unsittliche Folgen nach sich. „Durch die Lage des Körpers und der Geschlechtsteile, sowie durch die höchst einförmige Arbeit" werde „der Geschlechtstrieb der Kinder unnatürlich geweckt; ihre Phantasie folgte bei der geistlosen mechanischen Beschäftigung der von dem physischen Reize gegebenen Richtung, so daß diese unglücklichen Geschöpfe von Stufe zu Stufe sanken und zur höchsten moralischen Entwürdigung gelangten" (abgedr. in: G. K. Anton 1891, S.9 f.). Aber nicht nur die Fabrik, auch das Elternhaus trug nach Ansicht der Gutachter zum sittenlosen Zustand bei: „Die Kinder fanden in den Eltern und Pflegern nur Vorbilder der Roheit und des Mißmutes, oft auch der Arbeitsscheu und der Hinneigung zu noch gröberen Lastern", heißt es im Berliner Gutachten (abgedr. in: G. K. Anton 1891, S.22).

„Dem Pädagogen bleibt nichts übrig, als über diesen um sich greifenden Krebsschaden zu trauern und den Menschenfreund aufzufordern, auf Abstellung (...) dieser großen Übel zu denken" (1826; abgedr. in: R.Alt 1958, S.190 f.).

Der einzige, der in dieser Situation hätte Abhilfe schaffen oder zumindest die groben Mißstände beseitigen können, war der Staat. Dieser aber zeigte sich vorerst nicht geneigt, gesetzlich den „Krebsschaden" zu bekämpfen.

4.3 Die Entstehung des ersten Kinderschutzgesetzes

4.3.1 Die Entwicklung in Preußen

Bereits aus dem Jahre 1815 liegt ein „erste(s) amtliche(s) Dokument" (A.H.G.Meyer 1971, S.70) vor, das aus der Feder des Direktors des öffentlichen Unterrichts am Niederrhein, Grashof, stammt, und in dem das „leidige Fabrikwesen" als die „wahre Pest für den physischen, wie für den moralischen Menschen" bezeichnet wird[69].

Diesem nach Berlin weitergeleiteten Bericht folgte zwei Jahre später ein von J.G.Hoffmann, Leiter des statistischen Büros der Berliner Staatskanzlei, verfaßter und am 5.September 1817 von Staatskanzler Fürst von Hardenberg unterzeichneter Runderlaß, in dem die sechs Oberpräsidenten von Breslau, Berlin, Magdeburg, Münster, Köln und Koblenz um Bericht und Stellungnahme zur Lage der Fabrikarbeiter und der Kinderarbeit aufgefordert werden[70]. Dabei handelt es sich um ein Dokument, einschließlich der Antwortschreiben, das der historischen Forschung erst seit 1958 bekannt ist[71]. Unter dem Druck der Krise innerhalb der schlesischen Textilindustrie, die sich in den Jahren 1816/17 zu einem staatlichen

---

69 Grashof schrieb in seinem Bericht: „Kinder von 6 Jahren werden bereits hinter die Maschine gestellt, um dort selbst zur Maschine zu werden. Sechs Tage lang in jeder Woche (...) bewegt der Knabe in derselben Stellung dieselben Muskeln unaufhörlich zu demselben Geschäft.
(...)
Man durchlaufe nur die Werkstätte in Viviers, Eupen, Hodemont und hundert andern kleineren Orten, und blicke das sieche verkrüppelte Geschöpf an, welches sich Mensch nennt (...). Daß diese, wie die Zähne eines Rades, an ihre Stelle eingefügten Kinder keine Schule besuchen, liegt in der Natur der Sache.
(...)
Hier hat der Staat, dieser anerkannte Vormund aller Unmündigen (...), die Pflicht, in die angemaßten Rechte der Mündigen, welche sie mißbrauchen (...) mit Nachdruck einzugreifen" (abgedr. in: A.H.G.Meyer 1971, S.70).
70 Das Hoffmann-Hardenbergsche Rundschreiben sowie die Antwortschreiben der Oberpräsidenten sind abgedruckt in: R.Hoppe u.a. (Hrsg.) 1960, S.23-108.
71 Vgl. A.H.G.Meyer 1971, S.73; J.Kuczynski, in: R.Hoppe u.a. (Hrsg.) 1960, S.4.

Notstand ausgeweitet hatte (A.H.G.Meyer 1971, S.75), und wohl auch in Kenntnis des Grashofschen Berichts an das Ministerium des Innern, sah sich J.G.Hoffmann veranlaßt, das Problem der neuen Fabrikarbeiterschaft und ihrer Kinder grundsätzlich aufzugreifen. Nicht Vorschläge zur Lösung der sozialen Problematik der Kinderarbeit in Fabriken sollten durch die Umfrage ermittelt, sondern ganz allgemein die wirtschafts-, bevölkerungs-, staats- und bildungspolitischen Gesichtspunkte der um sich greifenden Industrialisierung zur Diskussion gestellt werden[72].

Daß in den Gutachten der Oberpräsidenten dennoch, wenn auch eher in allgemeinen Formulierungen als in konkreten Details, besonders auf die Lage der Kinder eingegangen wird, mag am Tenor des Hoffmann-Hardenbergschen Rundschreibens gelegen haben, aus dem deutlich das Bestreben herauszuhören ist, das Übel von den Wurzeln her anzugehen[73].

Die Antwortschreiben der Oberpräsidenten enthalten zwar, bis auf wenige Ausnahmen, keine genaueren Angaben über Zahl und Lage der Fabrikkinder. Doch lassen die Gutachten keinen Zweifel aufkommen, daß

---

72 Aus wirtschaftspolitischen Erwägungen heraus gab J.G.Hoffmann zu bedenken, daß „die Arbeit sich sehr bald über die Möglichkeit des Absatzes vermehrt und daß der Preis der Lebensmittel durch die wachsende (...) Bevölkerung steigt".
   Der bevölkerungspolitische Aspekt führte zu folgender Überlegung: „Die Fabrikbeiter heiraten in der Regel zu früh, weil ihre einförmige Lebensart sie zur Häuslichkeit führt und die Frau gemeinhin auch bei der Fabrik Arbeit findet, und sie vermehren sich schnell, weil die Kinder auch bald etwas erwerben können, folglich die Haushaltung wenig belästigen."
   Aus staatspolitischen Erwägungen heraus seien die Folgen zu bedenken, wenn Menschen „zu Fabrikarbeitern erzogen werden, ehe sie eine Wahl haben (...), eine andere Lebensart zu ergreifen". So komme es, daß nicht nur Tagelöhner für den Ackerbau und Gesinde für die häuslichen Verrichtungen, oder Handwerker für das Bauwesen fehlen, sondern daß auch durch die einseitige Tätigkeit das Geschick verlorengehe, „das Vaterland in der Stunde der Gefahr zu verteidigen, wo (...) Körperkraft, Geistesgegenwart, Abhärtung (...) über den Erfolg entscheiden".
   Der bildungspolitische Aspekt der Fabrikarbeit scheint J.G.Hoffmann am meisten zu bewegen. Jedenfalls schreibt er: „Wohl aber scheint es mir eine unerläßliche und bisher zu großem Nachteil versäumte Pflicht, zu verhindern, daß die frühe Gewöhnung zur Fabrikation in eine Verwöhnung ausarte, daß die Erziehung zum Fabrikarbeiter auf Kosten der Erziehung zum Menschen und Staatsbürger betrieben werde und daß der Mensch genötigt werde, die höchste mechanische Fertigkeit in einem einzelnen Handgriff mit dem Verlust seiner moralischen Freiheit zu erkaufen, selbst ehe er erkennen kann, wieviel dieser Kauf ihn kostet" (abgedr. in: R.Hoppe u.a. (Hrsg.) 1960, S.23-25).
73 „Im konkreten Fall der Kinderarbeit", schreibt A.H.G.Meyer, „ergibt sich für Hoffmann die Konsequenz, daß diese sich nicht einfach verbieten läßt, sondern unter bewußter Mitwirkung des Staates verhütet werden muß, indem die Voraussetzungen, unter denen sie entsteht, verschwinden müssen" (1971, S.98).

das Problem der Kinderarbeit, wenn auch nicht in seinem vollen Ausmaß, so doch in seinen möglichen Folgen gesehen worden ist[74].

Da ist von den Nachteilen die Rede, wenn „in dem Alter, wo die Kinder den Schulunterricht genießen sollten, um zu Menschen ausgebildet zu werden, (...) ihre ganze Tätigkeit schon für die Fabriken in Anspruch genommen (wird). Zwar werden sie früh an Arbeitsamkeit gewöhnt, allein ihre Beschäftigung ist so einförmig (...), daß die höchste Einseitigkeit daraus erfolgen muß" (Bericht aus Köln; abgedr. in: R.Hoppe u.a. (Hrsg.) 1960, S.32). Es wird gesehen, daß die einseitige Tätigkeit „sieche, verkrüppelte Menschen" erzeuge, die schon bei der geringsten Stockung des Absatzes „der Armenkasse zur Last" fallen (Bericht aus Münster; abgedr. in: R.Hoppe u.a. (Hrsg.) 1960, S.51).

Am ausführlichsten wird das Problem der Kinderarbeit von der Berliner Regierung erörtert. Im Bericht[75] der Potsdamer Regierung an den Oberpräsidenten v.Heydebreck vom 25.November 1818 wird mitgeteilt, daß in Berlin mindestens 715 Kinder im Alter zwischen 9 und 14 Jahren in den Wollspinnereien, Druckereien und Seidenwirkereien tätig sind und von morgens sechs bis abends sieben Uhr arbeiten. Kartoffeln und Wasser seien ihre vorwiegende Nahrung. Ihr Stundenlohn betrage vier Pfennige, das sind vier Groschen am Tag, oder ein Reichstaler die Woche. Ihr schulisches Wissen war „zum Erschrecken"[76], heißt es in dem Bericht weiter, ein Zeichen der „zerrütteten Organisation des Schulwesens" (R.Hoppe u.a. (Hrsg.) 1960, S.78 f.). Als Folgen des fehlenden Unterrichts und der frühen Beschäftigung in Fabriken werden „*ungeschickte, unwissende,* verkrüppelte, körperlich schwache und gemütlose Menschen" genannt, die „ihre moralische Freiheit fürs Alter in der Jugend und durch ihre Erziehung gänzlich verspielen" (R.Hoppe u.a. (Hrsg.) 1960, S.80). Es wird

---

74 Das schließt eine teilweise Verharmlosung von Kinderarbeit, wie sie in einzelnen Äußerungen festzustellen ist, nicht aus. Für die Einführung von Abendschulen wird z.B. im Bericht des Oberpräsidenten Graf Solms-Laubach in Köln mit folgenden Argumenten plädiert: „Und im Grunde ist es auch nicht so arg mit der Ermüdung, wie man oft meint. Die Arbeiten solcher Kinder sind nicht sehr erschöpfend, weder für Körper noch Geist; die Kinder kommen daher noch munter und kräftig genug in den Schulunterricht, der ihnen noch überdies eine angenehme Abwechslung gewährt" (abgedr. in: R.Hoppe u.a. (Hrsg.) 1960, S.40).
75 Abgedr. in: R.Hoppe u.a. (Hrsg.) 1960, S.70-89.
76 „1. Von den 715 durch die Polizei ausgemittelten, in Fabriken arbeitenden Kindern können nur 234 rechnen, dagegen sind 481 (...) im Rechnen völlig unwissend.
2. Von den 715 (...) Kindern können nur 351 Kinder etwas schreiben, dagegen sind 364 (...) dieser Fertigkeit unkundig.
3. Von denselben haben es zum Lesen gebracht 455, nicht lesen können 260 (...).
4. Religionskenntnisse besitzen nur 39, dagegen sind 676 (...) ganz unwissend in diesem Gegenstand"
(abgedr. in: R.Hoppe u.a. (Hrsg.) 1960, S.78 f.).

aber auch darauf hingewiesen, daß es neben den Fabrikkindern noch zahlreiche andere Kinder gibt, die auf ähnliche Weise vom Unterricht ferngehalten werden[77].

Da die Hoffmann-Hardenbergsche Umfrage auch Vorschläge zur Verbesserung der Lage der Fabrikkinder erbat, erhalten wir erstmals Auskunft über die Einschätzung und Beurteilung der Fabrikkinderarbeit seitens der Regierungen. Die Vielzahl der Stellungnahmen und vorgeschlagenen Maßnahmen läßt sich in folgende Punkte zusammenfassen (vgl. A.H.G.Meyer 1971, S.181-186):

1. Kinderarbeit ist notwendig aus Gründen der dürftigen Lebensverhältnisse armer Familien und aus Gründen der Erziehung zu Fleiß, Genügsamkeit und Ausdauer. Besonders für Fabrikarbeit gilt, daß sie leicht erlernbar und ohne hohen körperlichen Einsatz durchführbar ist.
2. Dem Staat obliegt die Pflicht, einzugreifen, wo Kinderarbeit mit außergewöhnlichen Schädigungen verbunden ist. Ansonsten kommt es ihm nicht zu,
   – Unternehmern zu verbieten, auf billige Arbeitskräfte zu verzichten,
   – bedürftigen Familien die Möglichkeit zu nehmen, durch die Arbeit ihrer Kinder den Lebensunterhalt zu sichern,
   – die Armenlasten der Kommunen durch ein Verbot der Kinderarbeit über Gebühr zu erhöhen.
3. Der Staat hat für die Erreichung eines Minimums an Elementarbildung Sorge zu tragen. Dies soll in der Weise geschehen, daß
   – ein regelmäßiger Schulbesuch bis zum neunten Lebensjahr gewährleistet ist, in dem die elementaren Kenntnisse im Lesen, Schreiben und Rechnen erlernt werden;
   – eine grundlegende religiöse Bildung stattfindet, die dem einzelnen innere Zufriedenheit und dem Staatswesen Stabilisierung der gesellschaftlichen Ordnung sichert;
   – eine Elementarbildung im Sinne einer allgemeinen Menschenerziehung erfolgt, unabhängig von den späteren Erfordernissen des Erwerbslebens und losgelöst von den arbeitspädagogischen Motiven, wie sie die Industrieschule forderte.

---

77 Wörtlich heißt es: „Die in den Fabriken arbeitenden Kinder sind daher in Berlin nur eine Spezies von Unglücklichen, die noch viele andere neben sich haben, welche ebenfalls der Sorge des Staates bedürfen" (abgedr. in: R.Hoppe u.a. (Hrsg.) 1960, S.81).

In den Vorschlägen kommt durchaus ein „erziehendes Streben im Großen" zum Ausdruck, das „umso wichtiger, gehaltvoller und viel versprechender (ist), je freier es von den Zwecken irgendeiner einseitigen (...) Abrichtung gehalten wird, je mehr es auf freie Entwicklung der Nationalkräfte, die ja nichts anderes als allgemein menschliche (...) sind, gerichtet ist", wie es der Staatsrat im preußischen Innenministerium J.W.Süvern im „Promemoria" zu seinem Unterrichtsgesetz-Entwurf von 1819 formuliert hat[78]. Zum andern wird aber auch deutlich, daß Kinderarbeit nicht als soziales, sondern primär als schulpolitisches Problem gesehen wurde. Als solches aber fiel es in den Kompetenzbereich des Ministeriums der geistlichen, Unterrichts- und Medicinal-Angelegenheiten (= Kultusministerium). Dort jedoch konnte man der Sache keine vorrangige Bedeutung abgewinnen. So blieb „das Vorgehen Hoffmanns und seiner Kollegen aus dem engeren Kreis der Königsberger Reformbeamten (...) ein Alleingang, für den sie zwar Hardenberg vorübergehend zu gewinnen vermochten, der aber nach 1820 infolge des Abrückens der preußischen Politik von den Grundsätzen der Reform einfach stecken blieb. Die späteren Bemühungen des Kultusministeriums lassen gerade jene Verbindung zwischen Bildung und Sozialpolitik vermissen, auf die es Hoffmann und seinen Kollegen gerade ankam" (A.H.G.Meyer 1971, S.91 f.).

Zwar hatte v.Altenstein, Chef dieses Ressorts, veranlaßt durch alarmierende Berichte aus dem Düsseldorfer Regierungsbezirk, am 26.Juni 1824 ein „Cirkularreskript"[79] an die Regierungen zu Aachen, Trier, Köln, Koblenz, Düsseldorf, Arnsberg, Münster, Minden, Breslau und Liegnitz gerichtet, um Auskunft über die Lage der Fabrikkinder und Vorschläge zur Änderung zu erbitten (G.K.Anton 1891, S.8). Aber obwohl die eingegangenen Berichte[80] ein z.T. verheerendes Bild über den Gesundheitszustand, die Arbeitshygiene, die Dauer und Art der Beschäftigung, den Verdienst, die Ernährung, den Schulunterricht und den sittlichen Zustand der Fabrikkinder vermittelten, vermochte er sich lediglich zu der vagen Zusicherung bereitzufinden, „bald in dieser Angelegenheit zu einem Resultate zu gelangen"[81]. Die Gründe für v.Altensteins Zögern gehen aus einem Rundschreiben des Ministers vom 27.April 1827 her-

---

78 Abgedr. in: G.Giese 1961, S.91.
79 Abgedr. in: G.K.Anton 1891, S.167 f.
80 Eine Zusammenfassung der eingesandten Antwortschreiben findet sich bei G.K.Anton 1891, S.8-28; ferner in: L.v.Beckedorff: „Gebrauch der Kinder zu Fabrik-Arbeiten", in: Jahrbücher des Preußischen Volks-Schul-Wesens Bd.8, Berlin 1827, S.161-177; vgl. dazu A.H.G.Meyer 1971, S.210-214.
81 Schreiben vom 26.Oktober 1826 an das Schulkollegium der Provinz Brandenburg; zit. nach G.K.Anton 1891, S.31.

vor. Darin betont er, es müsse „sowohl auf den Vorteil der Fabrikanten als auf den Verdienst der Eltern, als auch auf den Nutzen für die Kinder, indem sie sich frühe an ausdauernde Tätigkeit gewöhnen" Rücksicht genommen werden[82].

Auch entgegen anders lautenden Behauptungen (vgl. G.K.Anton 1891, S.30 f.)[83] kann kaum ein Zweifel darüber bestehen, daß im Kultusministerium Kinderarbeit nicht auf volle Ablehnung stieß. Nur deren Mißbrauch wollte man verhindern. Auf die öffentliche Anklage F.A.W.Diesterwegs[84] hin ließ L.v.Beckedorff, Königl.Preuß.Geheimer Ober-Regierungs-Rath im Kultusministerium und Referent für das Elementarschulwesen, 1827 einen von ihm selbst verfaßten Aufsatz in den „Jahrbüchern des Preußischen Volks-Schul-Wesens" erscheinen, dem er denselben Titel wie F.A.W.Diesterwegs Aufsatz gab: „Gebrauch der Kinder zu Fabrik-Arbeiten" (Bd.6, S.222-248). L.v.Beckedorff wollte damit eine Antwort auf F.A.W.Diesterweg[85] und eine Rechtfertigung der Haltung seines Ministers[86] liefern. Bezeichnend dafür ist folgende Passage:

„Denn daß Kinder überhaupt in Fabriken beschäftigt werden, ist an sich nicht zu mißbilligen und ein allgemeines unbedingtes Verbot dieser Arbeiten würde eine eben so nachteilige Maaßregel für die Fabrikherren, als für die Eltern und die Kinder selbst seyn, von denen die ersteren dieser wohlfeilern Arbeiter, die andern des Arbeitslohnes ihrer Kinder nicht entbehren können, die letzteren aber frühe an Thätigkeit und Ausdauer sich gewöhnen lernen.
Nur der Mißbrauch soll verhütet werden, also entweder die Benutzung der Kinder in allzu frühem Alter, oder das Uebermaaß der Arbeit, oder der Gebrauch zu

---

82 An gleicher Stelle unterstreicht der Minister: Da bei der Festlegung von Vorschriften „auch der bisherige Zustand und die wirklich gemachten Erfahrungen und Beobachtungen sorgsam und gründlich zu Rate gezogen werden müssen, so leuchtet ein, warum mit allgemeinen Bestimmungen bis jetzt nicht rascher vorgegangen worden ist und man vorgezogen hat, lieber etwas später desto durchgreifendere und anwendbarere Verordnungen zu erlassen, als sofort Einrichtungen zu treffen, die auf die vorhandenen Verhältnisse nicht allseitige Rücksicht genommen haben möchten" (abgedr. in: G.K.Anton 1891, S.168 ff.).
83 Dabei muß allerdings eingeräumt werden, daß G.K.Anton noch Einblick in Akten möglich war, die heute nicht mehr zugänglich sind (s. A.H.G.Meyer 1971, S.199).
84 „Ueber den Gebrauch der Kinder zur Fabrik-Arbeit. Aus pädagogischem Gesichtspunkt betrachtet." In: Rheinisch-Westphälische Monatsschrift für Erziehung und Volksunterricht. 1826, S.161 ff.
85 Er bezichtigt F.A.W.Diesterweg des Irrtums, wenn er glaube, daß „von Seiten der Staatsbehörden bisher nichts geschehen (sei), um den Mißbräuchen, die Statt finden, Einhalt zu thun, oder um das vorhandene Uebel genauer kennen zu lernen" (Bd.6, 1827, S.223).
86 Nachdrücklich weist er darauf hin, daß „dieser Gegenstand seit mehreren Jahren die Fürsorge des Königlichen Unterrichts-Ministerii in Anspruch genommen hat", und daß auch bereits die nötigen Schritte unternommen worden seien, um „allgemeine gesetzliche Bestimmungen herbeizuführen" (Bd.6, 1827, S.223).

ungesunden Beschäftigungen, oder die Gefahr für Sittlichkeit und Unschuld, oder endlich die Vernachlässigung geistiger und religiöser Bildung" (Bd.6, 1827, S.223 f.).

Damit war die Stellung des Kultusministeriums zur Beschäftigung von Kindern in Fabriken klar umrissen. An gesetzgeberische Maßnahmen dachte man nicht. Vielmehr glaubte man, durch erneutes Drängen auf Einhaltung der Schulpflicht, wie es in der Zirkularverfügung vom 27.April 1827 (abgedr. in: G.K.Anton 1891, S.168 ff.) geschehen ist, der Angelegenheit Genüge getan zu haben.

Erst das Jahr 1828 brachte einen erneuten Anstoß von höchster Ebene. Beunruhigt durch den Landwehrgeschäftsbericht des Generalleutnants H.W.von Horn, in dem von Wehruntauglichkeit Jugendlicher aus Industriegegenden die Rede ist, erließ König Friedrich Wilhelm III. am 12.Mai 1828 eine Kabinettsordre[87] an den Minister des Innern (v.Schuckmann) und des Unterrichts (v.Altenstein) mit der Aufforderung, „in Erwägung zu nehmen", welche „Maßregeln" zu ergreifen seien, um zu verhindern, daß „Kinder in Masse" sogar „des Nachts" zu Arbeiten benutzt werden (s.Anm.87).

Dem Wunsch des Königs folgend, es handelte sich übrigens um die erste und einzige Äußerung des Königs zum Problem Kinderarbeit, ließ v.Altenstein einen umfangreichen Vorschlag ausarbeiten, den er schon am 4.Juli 1828 an v. Schuckmann weiterleitete. Darin wird die Errichtung von Lokalkommissionen vorgeschlagen, von gesetzlichen Maßnahmen aber abgeraten[88]. V.Schuckmanns Gegenvorschlag vom 16.Januar 1829 lief jedoch darauf hinaus, dem König einen Gesetzesentwurf zu unterbrei-

---

[87] Darin heißt es: „Der Generallieutenant von Horn bemerkt in seinem Landwehrgeschäftsbericht, daß die Fabrikgegenden ihr Kontingent zum Ersatz der Armee nicht vollständig stellen können (...) und erwähnt dabei des Übelstandes, daß von den Fabrikunternehmern sogar Kinder in Masse des Nachts zu den Arbeiten benutzt werden. Ich kann ein solches Verfahren um so weniger billigen, als dadurch die physische Ausbildung der zarten Jugend unterdrückt wird und zu besorgen ist, daß in den Fabrikgegenden die künftige Generation noch schwächer und verkrüppelter werden wird, als es die jetzige schon sein soll. Daher trage ich ihnen auf, in nähere Erwägung zu nehmen, durch welche Maßregeln jenem Verfahren kräftig entgegengewirkt werden kann, und sodann an mich darüber zu berichten" (abgedr. in: G.K.Anton 1891, S.32f.).

[88] Einem Votum der Düsseldorfer Regierung aus der 1824er Umfrage folgend sollen in bedeutenden Fabrikstädten Lokalkommissionen errichtet werden, denen der Bürgermeister, ein Mitglied des Stadtrates, der Schulpfleger oder Ortsgeistliche, der Friedensrichter oder ein Mitglied des Landgerichts, zwei Deputierte des Handelsstandes und einige verständige Arbeiter angehören sollten, und die alles zu unternehmen hätten, was das physische, moralische und intellektuelle Gedeihen der Kinder förderte (G.K.Anton 1891, S.25 und S.33; vgl. auch A.Herzig 1983, S.363).

ten und im übrigen den Stab nicht nur über die Lage der Fabrikkinder zu brechen, „sondern vielmehr vorzüglich über alles, was Kinder an der Bewegung in freier Luft (...) hindert oder sie zur Nebensache macht"[89]. Der Minister spielt hier auf die reformierte gymnasiale Schulbildung an, womit er v.Altensteins Schulreformkurs in Frage stellte. V.Altenstein wollte sich damit nicht mehr auseinandersetzen und ließ die ganze Angelegenheit für vier Jahre auf sich beruhen. Erst 1832 ging der Bericht an den König. Aber trotz verschiedener Zusicherungen[90] und Vorbereitungen[91] schienen „weder der Kultusminister noch der Innenminister noch gar der König oder das Militär (...) auf eine gesetzliche Regelung" zu drängen (A.Herzig 1983, S.363). Überhaupt muß festgehalten werden, daß die Kabinettsordre und der Hinweis auf die Militäruntauglichkeit nicht die „alarmierende Wirkung" (A.H.G.Meyer 1971, S.209) auslösten, die ihnen im Zusammenhang mit der Genese des „Regulativs" von 1839 zugeschrieben wird[92].

Es waren einzelne engagierte Pädagogen und Beamte, die am Zustandekommen des ersten Kinderschutzgesetzes in Deutschland erheblichen Anteil hatten. F.A.W.Diesterweg hatte bereits 1828 einen weiteren Aufsatz mit dem Titel veröffentlicht: „Ein pädagogischer Blick auf Fabriken

---

89 „Die Klagen", so schreibt der Minister, „über die Zerstörung der Gesundheit durch die übertriebenen Anforderungen der Schule, namentlich durch die Ansprüche an den häuslichen Fleiß für die alten Sprachen, sind allgemein verbreitet und werden täglich häufiger, und die schwächere und verkrüppelte Generation, die so gebildet wird, verdient die Allerhöchste Aufmerksamkeit in ebenso hohem Maße wie die, welche eine Folge der Fabrikarbeit ist. Je mehr zunehmende Kultur überhaupt die Zahl derjenigen vermindert, welche des Glücks genießen, ihre Tage naturgemäß in freier Luft und angemessener Bewegung zu verleben, um so weniger wird das Heer überhaupt auf kräftige Männer rechnen können, und dann werden die Fabriken zum Teil wenigstens Beschäftigungen darbieten, welche kräftigere Menschen liefern als die sogenannten gebildeten Stände" (abgedr. in: G.K.Anton 1891, S.34).
90 V.Schuckmann erklärte sich in einem Schreiben vom 14.September 1832 mit seinem Kabinettskollegen v.Altenstein einverstanden, daß „es besser wäre, sofort zum Entwurfe einer Vorlegung des Gesetzes zu schreiten" (zit. nach G.K.Anton 1891, S.38).
91 V.Altenstein entsandte 1834 seinen vertrauten Schulrat Keller ins Rheinland, „um zur Ausarbeitung einer Gesetzesvorlage Informationen zu gewinnen, die aus der unmittelbaren Anschauung gewonnen sind" (R.Alt 1958, S.197; der Reisebericht ist ebendort abgedruckt S.197-212).
92 W.Feldenkirchen hat die Frage, ob militärische Erwägungen einen entscheidenden Einfluß auf die Kinderschutzgesetzgebung gehabt haben, in der Weise überprüft, daß er die Listen der als „tauglich" bzw. „untauglich" eingestuften Wehrpflichtigen miteinander verglich. Sein Fazit lautet: „Insgesamt machen (...) die Musterungsergebnisse (...) deutlich, daß eine sonstige Erklärung der Kinderschutzgesetzgebung durch militärische Erwägungen wohl nicht haltbar ist" (1981, S.17). Das schließt jedoch nicht aus, wie A.Herzig mit Recht bemerkt, daß das militärische Argument den Befürwortern einer Gesetzesinitiative höchst willkommen war, da sie es als einziges Argument ins Feld führen konnten, das den König überzeugte (1983, S.369). Zur Überbewertung bzw. Fehleinschätzung des militärischen Gesichtspunkts vgl. auch A.H.G.Meyer 1971, S.284-286.

und – eine menschliche Bitte" (Sämtl. Werke 1956, Bd. 1, S. 341 ff.). Darin wird erneut, in Form eines fingierten Reiseberichtes, auf die Not der Fabrikkinder hingewiesen und ein Gesetz gefordert:

„Der Staat gebe das Gesetz, daß vor einem bestimmten Lebensjahre kein Kind in irgendeine Fabrik als Arbeiter aufgenommen werden dürfe; er setze die Anzahl der Stunden fest, welche der nicht völlig Erwachsene sich zur Arbeit verpflichten darf, damit nicht der, der mit Menschenblut Wucher zu treiben Lust hat, ein Krebs werde an der Gesundheit der unerwachsenen Mitglieder des Staates" (S. 343)[93].

Die Initiative, die letztlich zum Regulativ führte, ging von den preußischen Westprovinzen aus, die ja auch am stärksten durch Kinderarbeit betroffen waren[94].

Am 31. März 1835 legte E. v. Bodelschwingh, Oberpräsident des Rheinlandes, den Regierungen in Köln, Aachen und Düsseldorf die Hauptpunkte des Entwurfs eines „Fabrik-Schutzgesetzes" zur Diskussion vor.

---

93 F. A. W. Diesterweg widersprach hier erneut der Auffassung L. v. Beckedorffs, die dieser in einem zweiten Artikel: „Gebrauch der Kinder zu Fabrik-Arbeiten" im 8. Band der „Jahrbücher des Preußischen Volks-Schul-Wesens" (1827, S. 161-177) veröffentlicht hatte. (Vgl. zum folgenden A. H. G. Meyer 1971, S. 210-219.) Unter Auswertung einiger gezielt einseitig ausgewählter Berichte der Regierungen Frankfurt/a. O. und Merseburg, wie sie auf Grund der Circular-Verfügung vom 26.6.1824 vorlagen, suchte er die Ansicht zu verteidigen, daß Kinderarbeit sittlich vertretbar und für die niederen Volksklassen auch notwendig sei. Obwohl wegen seines durch J. M. Sailer bewerkstelligten Übertritts zum Katholizismus aus seinem Amt entlassen, hielt er nach wie vor an v. Altensteins Standpunkt fest, daß ein allgemeines, für das ganze Königreich geltendes Verbot der Kinderarbeit in Fabriken nicht wünschenswert sei. Zwar seien gesetzliche Maßnahmen für Gegenden, in denen die Kinderarbeit überhand nähme, wie in den preußischen Westprovinzen, sehr wohl in Erwägung zu ziehen (Bd. 8, 1827, S. 176), nicht aber für die Ostgebiete. Hier wohne nämlich vor allem „in den kleinen akkerbauenden Städten" eine Anzahl unbemittelter, meist verschuldeter Bürger, deren Kinder „ganz besonders verwahrloset" seien (Bd. 8, 1827, S. 175). „Man muß diese Race von Kindern beobachtet haben, um sich einen Begriff von ihrer rohen Unsittlichkeit machen zu können. Zerlumpt in Kleidungen, unreinlich am Körper, unaufhörlich Neckereien, Balgereien, Schabernack und Bubenstücke aller Art treibend, in Flüchen und Zoten redend, geben sie das Bild der allerplattesten, schaamlosesten Gemeinheit.

Für diese wäre es eine wahre Wohlthat, wenn sie in irgend einer Fabrik an Zucht, Ordnung und Arbeitsamkeit gewöhnt und so dem verderblichen Müßiggange entrissen würden, in welchem sie verwildern und für die ganze künftige Zeit ihres Lebens verdorben werden" (Bd. 8, 1827, S. 176). Darüber hinaus könne der „großen Nahrungslosigkeit und Armuth in den kleinen Landstädten (...) auf keine sichere Art abgeholfen werden (...), als durch Belebung der Gewerbe-Industrie" (Bd. 8, 1827, S. 176).

Es waren erzieherische und ökonomische Motive, die L. v. Beckedorff und v. Altenstein an der Ablehnung eines allgemeinen Verbots der Kinderarbeit festhalten ließen.

94 Zu den folgenden Ausführungen über die Genese des preußischen Regulativs von 1839 siehe: G. K. Anton 1891, S. 39; A. H. G. Meyer 1971, S. 260-292; L. Adolphs 1972, S. 29-32; K. L. Hartmann, in: Ders. u. a. (Hrsg.) 1974, S. 216-253; A. Herzig 1983, S. 361-369.

Durch die eingegangenen Gutachten ermutigt, entwarf E.v.Bodelschwingh eigenhändig eine Gesetzesvorlage[95], die er am 20.November 1835 an das Kultusministerium und die Verwaltungsbehörde für Handel, Gewerbe und Bergwerke in der Erwartung weiterleitete, daß sie „auf dem Wege der Kgl. Präposition dem nächsten Rheinischen Landtage zur Begutachtung vorgelegt werde" (zit. nach A.H.G.Meyer 1971, S.267). Der Fabrikschulgesetzentwurf richtete sich nicht gegen die Fabrikarbeit von Kindern. E.v.Bodelschwingh forderte lediglich einen verbindlichen Maßstab für die Durchführung des Schulbesuchs gemäß der Kabinettsordre vom 14.Mai 1825[96]. „Um seinen Antrag auf eine breitere Basis zu stellen, versuchte er ferner, seinen Freund, den westfälischen Oberpräsidenten Ludwig von Vincke, für seinen Vorschlag zu gewinnen" (A.Herzig 1983, S.365). Dieser stellte sich auf die Seite seines Freundes, wie aus einem Schreiben vom 11.November 1836 hervorgeht. Um so verwunderlicher ist, daß Kultusminister v.Altenstein die Absichten beider Oberpräsidenten vereitelte. Trotz mehrfacher Mahnschreiben fand sich der Minister erst nach 22 Monaten zu einer ablehnenden Antwort mit der Begründung bereit, daß der König „die Vorlegung eines Gesetzes (...) zur Abstellung und Verhütung der Beschäftigung der Kinder in den Fabriken (...) zu befehlen geruht haben" (zit. nach A.H.G.Meyer 1971, S.267).

---

95 Sie enthielt folgende Forderungen:
„Artikel I.
Kein Kind darf zu einer regelmäßigen Beschäftigung in einer Fabrik aufgenommen werden, welches nicht durch ein Zeugnis nachweist, daß es mindestens drei Jahre hindurch regelmäßigen Schulunterricht genossen hat.
Artikel II.
Kinder, welche das zwölfte Jahr noch nicht vollendet haben, dürfen in Fabriken nur zu halben Tagen (...) und nicht über sieben Stunden täglich beschäftigt werden.
Artikel III.
Christliche Kinder (...) dürfen in denjenigen Stunden, welche der ordentliche Seelsorger für den Katechumenen- und Konfirmandenunterricht bestimmt hat, nicht in Fabriken beschäftigt werden.
Artikel IV.
Ausnahmen von den in Artikel I und II erteilten Verboten dürfen nur da eintreten, wo die Fabrikherren besondere, den Unterricht der Kinder sichernde Fabrikschulen errichten und unterhalten (...).
Artikel V.
Zuwiderhandlungen gegen diese Verordnung sollen gegen die Fabrikherren oder deren (...) Stellvertreter durch Strafen von 110 Thaler für jedes vorschriftswidrig beschäftigte Kind geahndet werden.
Artikel VI.
Durch vorstehende Verordnung werden die Bestimmungen (...) über die Verpflichtung zum regelmäßigen Schulbesuch nicht geändert (...)."
(abgedr. in: G.K.Anton 1891, S.41 f.).
96 Bei Einführung von Fabrikschulen durften Kinder, laut Gesetzesvorlage, sogar ohne Nachweis eines dreijährigen Schulbesuchs und ohne Einhaltung der festgesetzten Arbeitszeit beschäftigt werden!

Dieser Gesetzesvorlage seitens der Staatsregierung kam aber eine Initiative der Provinziallandstände zuvor[97]. Am 20.Juli 1837 beschloß die rheinische Ständeversammlung „mit großer Majorität", wie E.v.Bodelschwingh berichtet, auf Antrag des „Deputierten Schuchard aus Barmen – einem Manne, welcher das Uebel aus nächster Anschauung völlig kennt, und obgleich Fabrikant, dennoch von der Notwendigkeit eines Einschreitens der Gesetzgebung gegen den täglich zunehmenden Mißbrauch der Kinder in den Fabriken (...) durchdrungen" ist (zit. nach A.Herzig 1983, S.365), eine Petition an den König, die bis auf einige Ausnahmen[98] dem E.v.Bodelschwinghschen Gesetzesentwurf entsprach.

Es scheint eine Ironie der Geschichte, „daß die erste parlamentarische Gesetzesinitiative gegen die Kinderarbeit in einem Gremium initiiert wurde, in dem zum großen Teil selbst Fabrikanten saßen" (A.Herzig 1983, S.365). Dabei mögen durchaus humanitäre Motive vorrangig gewesen sein, zumindest soweit sie öffentlich vorgetragen wurden[99], die die Parlamentarier zum Einschreiten veranlaßten. Doch ist zu vermuten, daß auch eine ablehnende Einstellung gegen die Großindustrie eine nicht unwesentliche Rolle spielte[100].

Am 20.7.1837 unterbreitet E.v.Bodelschwingh dem König den Beschluß des Rheinischen Landtags. Aber erst in der Staatsministerialsitzung vom 10.11.1838 wurde darüber erstmals und in einer Sonderkommission, die am 21.12.1838 zusammentrat, ein weiteres Mal beraten. Die Kommission, der neben E.v.Bodelschwingh Mitglieder des Unterrichts-, Innen- und Finanzministeriums angehörten, erarbeitete unter Miteinbeziehung der Gesetzesvorlage ein „Regulativ über die Beschäftigung jugendlicher Arbeiter in Fabriken" und leitete dieses den einzelnen Ministerien zu. Noch einmal glaubte v.Altenstein seine Einwände geltend machen zu müssen:

---

97 Nach der Verfassung war die Einbringung eines Gesetzes im Landtag entweder mit Hilfe des königlichen Vorschlagsrechts möglich, oder durch die Landstände, die einen Gesetzesvorschlag aus ihrer Mitte als Petition an den König richteten.
98 Aus dem dreijährigen Schulbesuch wird eine „Soll"-Bestimmung. Die tägliche Höchstarbeitszeit wird auf zehn Stunden ausgedehnt.
99 Über die im Landtag vorgetragenen Argumente siehe A.H.G.Meyer 1971, S.269-272. Zur öffentlichen Diskussion siehe den im Rheinisch-westfälischen Anzeiger am 29.3.1837 aus der Feder J.Schuchards erschienenen Bericht über den Selbstmordversuch eines zwölfjährigen Fabrikmädchens und die Forderung J.Schuchards nach gesetzlichen Maßnahmen (abgdr. in: G.K.Anton 1891, S.44 f.).
100 A.H.G.Meyer bezeichnet J.Schuchard als einen „Mittelstandspolitiker christlich-konservativer Gesinnung, dem das neue Maschinenwesen insgesamt ein Greuel war" (1971, S.269).

„Bei aller Dringlichkeit, hierüber irgend eine vorsorgliche Maaßnahme zu treffen, leuchtet doch die Unmöglichkeit ein, das für alle besondere Fälle hierbei Geeignete und Zutreffende von hier aus im Wege eines Gesetzes oder des Regulativs zu bestimmen" (zit. nach A.H.G.Meyer 1971, S.289).

Aber er konnte sich nicht mehr durchsetzen. In einer auf den 5.2.1839 zur Beratung des Regulativentwurfs anberaumten Sitzung, an der in Anwesenheit des Kronprinzen der Innenminister v.Rochow (Nachfolger v.Schuckmanns), der Finanzminister v.Alvensleben, Staatsminister v.Mühler (Stellvertreter und baldiger Nachfolger v.Altensteins), Oberpräsident v.Bodelschwingh (Rheinland), Oberpräsident v.Flottwell (Posen), die Regierungsräte Hesse und Keller teilnahmen (G.K.Anton 1891, S.54 f.; A.Herzig 1983, S.367), wurde der Entwurf einstimmig beschlossen. Am 6.April 1839 verlieh der König dem Regulativ Gesetzeskraft für alle Landesteile der Monarchie, womit ein mehr als zehnjähriges Tauziehen seit der Kabinettsordre von 1828 um eine gesetzliche Regelung der Fabrikkinderarbeit zu Ende ging. Die Hauptgesichtspunkte des Regulativs waren:

– Verbot der Beschäftigung von Kindern in Fabriken vor dem 9.Lebensjahr;
– Nachweis eines dreijährigen Unterrichts;
– Arbeitsverbot von mehr als zehn Stunden am Tag;
– Verbot der Beschäftigung vor 5 Uhr morgens und nach 9 Uhr abends sowie an Sonn- und Feiertagen;
– Verpflichtung zur Führung von Beschäftigtenlisten;
– Geldstrafen bei vorschriftswidriger Beschäftigung von Kindern[101].

Allzu große Hoffnungen freilich durfte man an die Wirkung des Regulativs nicht knüpfen. W.Feldenkirchen berichtet, daß nach der preußischen Industriestatistik des Jahres 1846 31 064 Kinder in Fabriken arbeiteten, das sind 6,4% der in Fabriken beschäftigten Personen (1981, S.18). Erst die 50er Jahre brachten deutlich rückläufige Zahlen, was aber nur zum Teil auf die gesetzlichen Einschränkungen zurückzuführen sein dürfte. Daneben trug auch der technologische Fortschritt und, damit zusammenhängend, die Umstrukturierung der Beschäftigten zu einer Reduzierung der Fabrikkinderarbeit bei (K.-H.Ludwig 1965). 1852 betrug die

---

101 Zum vollständigen Gesetzestext vgl. das „Regulativ über die Beschäftigung jugendlicher Arbeiter in Fabriken" (1839).

Zahl der in preußischen Fabriken beschäftigten Kinder 21 945. 1856 waren es 16 147 und 1858 12 592 Kinder (W.Feldenkirchen 1981, S.18)[102].

4.3.2 Die Entwicklung in Bayern

Wesentlich undramatischer und erheblich zügiger kam die erste Kinderschutzverordnung in Bayern zustande. Sie erfolgte zu einem Zeitpunkt, da sich Bayerns Industrie noch am Beginn ihrer Entwicklung befand[103]. Auch gaben nicht alarmierende Berichte über den Mißbrauch von Kindern in Fabriken oder spektakuläre Ereignisse, wie Selbstmordversuche von Kindern[104], den Anstoß. Vielmehr wurde eine ganz schlichte Anfrage der großherzoglich badischen Gesandtschaft über gesetzliche Regelungen des Schulbesuchs von Fabrikkindern zum Auslöser staatlichen Eingreifens.

Erste amtliche Stellungnahmen verweisen allerdings schon viel früher auf den sich anbahnenden Konflikt zwischen Schule und Fabrik. Seit Einführung der allgemeinen Schulpflicht (1802) mußte es zur Kollision von Unterricht und Arbeit schulpflichtiger Kinder kommen, wie die Schulversäumnislisten, die zu führen jeder Lehrer verpflichtet war (Döllinger Bd.9, S.988), bestätigen. In einem Schreiben der Lokalschulkommission an das „königl. Commissariat der Stadt Augsburg" vom 29.April 1812 wird bereits die Gefahr der „Verwilderung" der Fabrikkinder angesprochen:

---

102   Für die preußische Textilindustrie errechnete W.Feldenkirchen folgenden prozentuellen Anteil der Kinder an der Gesamtarbeiterzahl:

	1846	1849	1852
Ges.Maschinenspinnerei	11,2	9,1	7,5
Maschinenspinnerei Baumwolle	27,3	20,7	16,0
Fabriken für Gewebe	7,1	12,4	10,3
Fabriken für Baumwollwaren	11,2	14,8	10,6
Fabriken für Leinenwaren	13,5	11,5	13,2
Fabriken für Seidenwaren	21,4	6,1	6,2

(1981, S.19).

103   W.Zorn schreibt: „Im Zeitraum 1815-40 bestanden im rechtsrheinischen Bayern vermutlich 62 gewerbliche 'Großbetriebe' mit mehr als 50 Beschäftigten, davon 10 in München, 6 in Augsburg, 4 in Nürnberg; nur drei kamen über 200 Beschäftigte. Auffallend war die weite Streuung in Nordbayern und die Ballung in wenigen Plätzen in Südbayern" (1975, S.802).

104   Vgl. Zeitungsbericht des Fabrikanten J.Schuchard (s. Anm.99) vom 20.3.1837: „Am 11. d.M. stürzte sich hier ein Mädchen von 12 Jahren in den ziemlich angeschwollenen Wupperstrom. (...) Die Verzweiflung trieb dies arme Kind, freiwillig den Tod zu suchen, Furcht vor der zu erwartenden Strafe im elterlichen Hause, weil ihr von der Fabrik für ihre Unachtsamkeit ein paar Groschen vom Lohn waren abgezogen worden" (abgedr. in: G.K.Anton 1891, S.44).

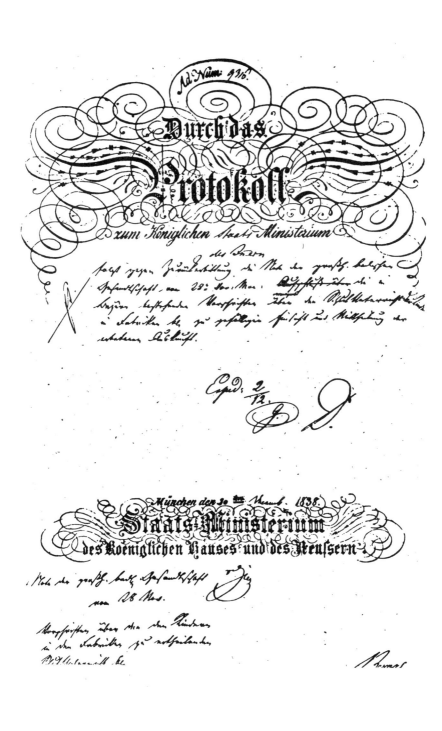

„Da die Umstände immer mehrere Kinder zur Aushülfe armer dürftiger Eltern in die Fabriken von der Schule wegrufen, so findet sich königl. Local-Schul-Commission veranlaßt unmaßgeblich anzufragen, ob es nicht räthlich, und thunlich wäre für diese arme Kinder um sie nicht ganz unterrichtslos verwildern zu lassen eine tägliche Lehrstunde etwa von 11 bis 12 Uhr, oder von 12 bis 1 Uhr auszumitteln, worin sie unentgeltlich Unterricht erhalten" (StA Neuburg: RA 10815).

Aus ähnlicher Sorge werden von der Lokalschulkommission der Stadt Nürnberg am 24. August 1834

„sämmtliche Fabrikbesitzer innerhalb der Stadt und des Burgfriedens, in deren Fabriken schulpflichtige Kinder arbeiten, aufgefordert, ein Verzeichnis derselben, dann eine Anzeige, ob und in welcher Weise sie den vorgeschriebenen Schulunterricht empfangen, binnen 14 Tagen einzureichen" (StA Nürnberg, Best.: Allgemeines Intelligenz-Blatt der Stadt Nürnberg 1834, S.102).

Das Ergebnis der Mitteilungen, worüber wir nicht Bescheid wissen, muß enttäuschend gewesen sein. Bereits am 3. Dezember 1834 verfügt der Magistrat der Stadt Nürnberg:

„(...) da die Erfahrung gezeigt hat, daß Kinder, welche Fabrikschulen besuchen, nicht vollständigen Schulunterricht erhalten können und in ihren Schulkenntnissen zurückbleiben, (ist) auf Antrag der Königl. Lokalschulkommission beschlossen worden, daß künftig in keiner Fabrik schulpflichtige Kinder als Arbeiter aufgenommen werden dürfen und daß, in welchen Fabriken solche noch befindlich seyn möchten, sie längstens bis Ende dieses Monats daraus entlassen werden müssen. Die Übertretung dieser Vorschrift würde mit einer Strafe von Zehn Thalern geahndet werden" (StA Nürnberg, Best.: Allgemeines Intelligenz-Blatt der Stadt Nürnberg 1834, S.2027).

Über die Einhaltung dieses Verbots oder über andernorts erlassene Anordnungen ähnlicher Art schweigen die Akten[105]. Lediglich in der Pfalz existierte noch aus der französischen Zeit ein Dekret vom 3.1.1813, „das u.a. verbot, Kinder unter 10 Jahren in Gruben herabsteigen oder im Tagebau arbeiten zu lassen" (J. Kermann 1976, S.316). Im übrigen schien behördlicherseits und auch auf Regierungsebene die Tendenz vorzuherrschen, Kinderarbeit in Fabriken eher als segensreiche denn als nachteilige Einrichtung zu betrachten. Im Empfehlungsschreiben des Innenminister Ludwig Fürst von Oettingen-Wallerstein an König Ludwig I. vom 13.3.1837 zum Antrag des Freiherrn F. von Schaezler auf Konzes-

---

[105] Daher glaubt W. Lehnert behaupten zu können: „Nürnberg war (...) die einzige bekannte Stadt Deutschlands, die obrigkeitlich in ihren Fabriken die Beschäftigung schulpflichtiger Kinder frühzeitig durch Magistratsbeschluß kurzerhand verbot" (1980, S.119).

sionserteilung für die Mechanische Baumwoll-Spinnerei und Weberei Augsburg wird die Bitte ausgesprochen:

„Eure koenigliche Majestaet möchte dem Freiherrn von Schaezler Allerhöchstdero besonderes Wohlgefallen über sein nützliches und rühmliches Bestreben mit dem Bemerken ausdrücken lassen, (...) daß bei der Auswahl des Arbeiter-Personals vorzüglich auf beschäftigungslose Weber und auf Kinder von Webern Rücksicht genommen werde, und die Erwartung allerhöchst auszudrücken wäre, daß auch die Arbeiter dieser Fabrik den gesetzlichen Bestimmungen über Schulpflicht u.s.w. volles Genüge leisten" (HStA München, MH 5677; abgedr. in: K.von Zwehl (Hrsg.) 1985, S.155).

Diesen Konzessionsauflagen kam das Unternehmen insofern entgegen, als für die volle Auslastung des Betriebs insgesamt 753 Arbeiter (260 für die Spinnerei, 493 für die Weberei), davon „32 Kinder an den Spulmaschinen" und „400 Mädchen und Kinder an Webstühlen" vorgesehen waren[106]. Um den Bestimmungen der Schulpflicht zu entsprechen, wurde eine Fabrikschule errichtet.

Befangen durch die merkantilistische Denkweise und darauf vertrauend, „daß nach den bestehenden Verordnungen, alle Kinder ohne Ausnahme (...) nach zurückgelegtem sechsten Lebensjahre zum Besuch der öffentlichen Schulen angehalten werden"[107], empfand man auf höchster Regierungsebene keinerlei Bedenken gegen eine Verwendung von Kindern in Fabriken. Als daher am 28.November 1838 beim Ministerium des kgl.Hauses und des Äußern eine Anfrage der großherzoglich badischen Gesandtschaft eintraf, um Erkundigungen über bestehende „Vorschriften über den den Kindern in den Fabriken zu ertheilenden Schulunterricht" einzuholen[108], konnte das Staatsministerium des Innern mit Genugtuung antworten,

---

106 HStA München, MH 5677, Ausschreibung zur Zeichnung des Kapitals vom 28.2.1837; zit. nach I.Fischer 1977, S.156.
107 HStA München, MA 26307; Schreiben des Innenministeriums an das Ministerium des kgl.Hauses und des Äußern vom 21.Dezember 1838.
108 Die staatlichen Bemühungen Badens um Durchsetzung der allgemeinen Schulpflicht wurden durch die Kinderarbeit in unerwünschter Weise unterlaufen. Durch Errichtung von Fabrikschulen glaubte man, beides, Schulunterricht und Kinderarbeit, verbinden zu können. Mindestens seit 1837 standen daher Fabrikschulen auf dem Programm der badischen Regierung. Da man die „Durchdringung des Elementarschulwesens mit dem Geist des Gewerbestandes" in Kreisen der Gewerbeindustrie sogar als „die richtige Entwicklung für die Zukunft" (H.Christmann 1972, S.50) ansah, zog das badische Innenministerium seit 1838 Erkundigungen über die gesetzlichen Verordnungen in den Nachbarstaaten ein (W.Fischer 1961, S.349).

„daß in Bayern zur Zeit keine besonderen Verordnungen und Einrichtungen über den Schulunterricht (...) in Fabriken (...) bestehen".

Solche Vorschriften seien wohl auch gar nicht erforderlich, denn

„die Entlassung aus der Werktagsschule findet bei den Katholiken nach zurückgelegtem 12. Lebensjahr statt (...). Bei den Protestanten aber tritt die Entlassung nach erfolgter Confirmation, d.i. nach zurückgelegtem 13.Lebensjahr ein (...). Die Feiertagsschule ist von Knaben und Mädchen bis zum vollendeten 18.Lebensjahr zu besuchen"[109].

Mit diesem Hinweis wäre die Angelegenheit erledigt gewesen, hätte nicht ein beteiligtes Referat unter Ministerialrat Voltz diesem Anlaß eine neue Seite abgewonnen. Es waren nämlich Zweifel aufgekommen, ob die allgemeine Schulordnung auf die in Fabriken beschäftigten Kinder tatsächlich volle Anwendung finde (K.Mühlbauer 1985a, S.367). „Man glaubte sich recht wohl zu erinnern, daß namentlich in Augsburg mehrere Fabriken bestanden, wo schulpflichtige Knaben und Mädchen während der ganzen regulären Arbeitszeit beschäftigt und demnach nicht imstande waren, den kollidierenden öffentlichen Unterricht zu besuchen"[110].

Auf Antrag des Ministerialrats Voltz richtete Staatsminister v.Abel am 21.Dezember 1838 ein Ministerialreskript an sämtliche Kreisregierungen, um sich über die Situation der schulpflichtigen Kinder in Fabriken

---

109 HStA München, MA 26307 (s. Anm.108).
110 H.Kündig 1913, S.6.
Für die folgenden Ausführungen sind wir weitgehend auf die Dissertation H.Kündigs angewiesen. Ihm war es noch möglich, einschlägige Akten des Staatsministeriums des Innern für Kirchen- und Schulangelegenheiten heranzuziehen, die im II.Weltkrieg verlorengegangen sind. H.Kündigs, an die Adresse des Lesers gerichtete Entschuldigung, „zuweilen auch feinere Details" wiederzugeben und „ausgiebig von der wörtlichen Zitierung" Gebrauch zu machen, „um die tatsächliche Situation (...) möglichst scharf und objektiv in Erscheinung treten zu lassen" (1913, S.5, Anm.1), ist angesichts der Aktenverluste als Glücksfall zu werten.

Bericht erstatten zu lassen[111]. Dies war die erste amtliche Erhebung zur Kinderarbeit im Königreich Bayern.

Die Gutachten der Regierungen – sie trafen in der Zeit zwischen 7. Februar und 4. April 1839 ein – übermitteln folgende Ergebnisse[112]:

- Oberbayern: Werktagsschulpflichtige Kinder, die aber ihrer Schulpflicht nachkamen, arbeiteten in 1 Flachsspinnerei, 1 Eisenhütte, 1 Goldgespinst-, 1 Papier-, 1 Glasfabrik.
- Niederbayern: Keine „regelmäßige" (!) Beschäftigung werktagsschulpflichtiger Kinder.
- Oberpfalz: Feiertagsschüler werden „häufig", Werktagsschüler nur „einige" in einer Kattunfabrik beschäftigt.
- Oberfranken: Keine Verwendung werktags- und sonntagsschulpflichtiger Kinder.
- Mittelfranken: Außer in Fürth und Nürnberg, wo die Fabrikkinderarbeit „mit der Wurzel ausgerottet worden" war (H. Kündig 1913, S. 12), arbeiteten Werktagsschüler zwischen 7 und 16 Stunden in den Bleistift-, Spiegelglas-, Papier-, Bleiweiß- und Tabakfabriken (vgl. W. Marquardt 1975, S. 663) von Erlangen, Schwabach, Bruck, Neumühle, Schweinau, Kornburg und Rednitzhembach. An einen Schulbesuch war hier nicht mehr zu denken. Schwabach und Bruck besaßen je eine Fabrikschule, in der 100 bzw. 70 Schüler mittags ein bis zwei Stunden Unterricht erhielten.
- Unterfranken: Sonntagsschulpflichtige Kinder arbeiten in folgenden Fabriken: 1 Glashütte, 4 Runkelrübenzuckerfabriken, 1 Buntpa-

---

111 Die Regierungsgutachten sollten auf folgende fünf Fragen Bezug nehmen:
   1. "Befinden sich im N.-Kreise Fabriken, in welchen schulpflichtige Kinder verwendet werden?
   2. Wie viele Stunden des Tages werden sie im Bejahungsfalle in den Fabriken beschäftigt?
   3. Wie leisten dieselben der vorschriftsmäßigen Schulpflicht Genüge?
   4. Wenn nicht, aus welchem Grunde wurden hier bisher bei denselben die hinsichtlich der Schulpflichtigkeit der Kinder bestehenden, allgemein verpflichtenden Verordnungen außer Anwendung gelassen?
   5. Wie könnte nach den vorliegenden Verhältnissen am zweckmäßigsten für den benötigten Schulunterricht der in Fabriken verwendeten schulpflichtigen Kinder Vorsorge getroffen werden?"
   (H. Kündig 1913, S. 6).
112 Eine kurze „Zusammenstellung der durch Ministerial-Rescript vom 21. Dezember 1838 (...) abverlangten Regierungs-Gutachten" findet sich in einem um Stellungnahme gebetenen Schreiben des Innenministeriums an den „Control-Verwaltungs-Ausschuß des polytechnischen Vereins" vom 7. Mai 1839 (ADt. Mus. München, Abt. Forschung: Inventar des Archivs des Polytechn. Vereins, Mappe Nr. VII, 246 (1-4), Schreiben des MInn, „Die Verwendung werktagsschulpflichtiger Kinder zu Arbeiten in den Fabriken betreffend"). Im übrigen s. zum folgenden H. Kündig 1913, S. 7-17.

- pier-, 1 Papier-, 1 Steingut-, 1 Bandfabrik und einigen sonstigen Fabriken.
- Schwaben: In zwei Memminger Textilfabriken wurden 49 bzw. 43 werktagsschulpflichtige Kinder beschäftigt, die auch Unterricht in der Fabrikschule, und zwar von 7-9 Uhr abends, erhielten. Aus Augsburg wurde gemeldet, daß etwa 40-50 werktagsschulpflichtige Kinder in 3 Fabriken täglich 11-12 Stunden beschäftigt werden. Wegen des weiten Anmarschweges, die Kinder kamen aus den umliegenden Ortschaften Haunstetten, Göggingen, Pfersee und Steppach, und wegen der Armut wurde auf Durchsetzung der Schulpflicht verzichtet. Auch in den Solnhofener Steinbrüchen arbeitete eine nicht genannte Anzahl von Kindern, die abends von 5-8 Uhr Unterricht erhielten.
- Pfalz: Hier weichen die Mitteilungen voneinander ab[113]. Nach H.Kündig arbeiteten in 2 Tabakfabriken und 2 Wollspinnereien zusammen 13, in einer Puppenfabrik 3, in einer Baumwollfabrik 13, einer Buntpapierfabrik 7 und in einer Glashütte 8, also insgesamt 44 werktagsschulpflichtige Kinder.

Betrachtet man die Erhebung im ganzen, so leidet sie an verschiedenen Mängeln. Allein die Zahlenangaben berechtigen zu erheblichen Zweifeln. Den Regierungsgutachten zufolge gab es in Bayern im Jahre 1839 rund 400 in Fabriken arbeitende Kinder. Das ist auch dann noch eine viel zu niedrige Zahl, wenn man davon ausgeht, daß Bayern zum damaligen Zeitpunkt ein industrielles „Entwicklungsland" (W.von der Ohe 1985, S.169) war. Aus einer Erhebung der Stadt Augsburg am 31.Mai 1840[114] ermittelte U.Laufer (1985, S.197) allein für Augsburg 158 Fabrikarbeiter

---

113 J.Kermann schreibt: „Die von der Regierung der Pfalz unter Einschaltung der Landkommissariate erfolgten Erhebungen erbrachten, daß 8 Betriebe zusammen 36 werktagsschulpflichtige Kinder beschäftigten, die mehr oder weniger nicht den Schulunterricht besuchten" (1976, S.322).
   In der bereits zitierten (s. Anm.112) „Zusammenstellung" heißt es, daß „in 5 Fabrikstädten 37 Kinder" beschäftigt sind. In 3 Fabriken arbeiten die Kinder „10-11 Stunden des Tages" und gehen folglich „beinahe gar nicht in die Schule. Das einzige gesetzliche Strafmittel 'Geld' läßt sich bei den armen Leuten nicht anwenden; in den übrigen Fabriken werden die Kinder nur selten auf halbe Tage der Schule entzogen".
114 StadtA Augsburg, Best.: 2/1126.

unter 14 Jahren[115]. Ein weiterer Mangel lag in dem „Umstand, daß die ganze Erhebung von vornherein auf die Konstatierung etwaiger Beeinträchtigung des Schulunterrichts durch die Fabrikarbeit zugeschnitten war" (H.Kündig 1913, S.13). Daher lasse sich, wie H.Kündig weiter berichtet, „ein anschauliches und vollkommenes Bild der Gesamtlage der Kinder (...) aus den gemachten Andeutungen (...) nicht herausschälen". Dennoch sei festzuhalten, daß „die betrübenden Verhältnisse der Fabrikkinder" von den Behörden erkannt, wenngleich „als ein notwendiges Übel dargestellt und mit der Notlage der Eltern entschuldigt" wurden. Nach übereinstimmenden Aussagen der Behörden könnten die Eltern ihre Kinder bei der Arbeit nicht entbehren, wenn sie nicht ihre Existenz aufs Spiel setzen oder der Armenpflege zur Last fallen wollten (1913, S.13).

Minister v.Abel erkannte, daß das Problem der Kinderarbeit in Fabriken weniger in der Anzahl der in Fabriken arbeitenden Kinder bestand als in der Gefahr, es könnten sich „sehr beklagenswerte Zustände, ähnlich jenen der Fabrikkinder in England" (zit. nach H.Kündig 1913, S.18) einschleichen. Bereits für den 12.April 1839 ordnete er eine Ministerialkonferenz unter Teilnahme sämtlicher Oberkirchen- und Oberschulräte an, um einen in seinem Hause erstellten Verordnungsentwurf zu diskutieren. Im Verlauf der Debatte rückten zwei, den weiteren Fortgang stark beeinträchtigende Bedenken in den Vordergrund:

Die Verwendung werktagsschulpflichtiger Kinder „sei zwar immer zu beklagen, müsse aber aus Rücksicht auf die Industrie sowie wegen Abwendung der Kinder

---

115

Benennung der Fabriken	Zahl derselben	Arbeiter (Lohnangaben in Kreuzern)							
		über 14 Jahre				unter 14 Jahre			
		männl.		weibl.		männl.		weibl.	
		Zahl/	Lohn f. Tag	Zahl/	Lohn f. Tag	Zahl/	Lohn f. Tag	Zahl/	Lohn f. Tag
1. Balsam- und Essenzfabriken	2	5	36	1	24				
2. Baumwoll- und Leinenfabrik	1	33	46	21	24				
3. Baumwoll- u. Schafwollgarnspinnfabrik	3	19	48	79	36			1	12
4. Fischbeinfabrikanten	1	9	40						
5. Gold- u. Silbertressenfabrik	2	8	36	46	24				
6. Baumwollgarnfabrik	1	72	48	70	30	2	15	3	10
7. Kottonfabriken	3	474	50	462	36	50	18	100	15
8. Meßingfabriken	2	107	54			2	24		
9. Papierfabriken	3	32	48						
10. d. in bunten Papieren	2	14	36	18	20				
11. Schwefelsäurefabrik	1	8	36						
12. Seidenzeugfabriken	1	26	40	12	22				
13. Stahl- und Sägblätterfabrik	1	20	45						
14. Tobakfabrik	2	47	48	50	30				
15. Zünderschwammfabrik	2	5	36	7	20				

(abgedr. in: K.von Zwehl (Hrsg.) 1985, S.197).

vom Müssiggange als zulässig erklärt werden" (zit. nach H.Kündig 1913, S.19).

Damit wurden jene längst bekannten, aber auf die gewandelten Wirtschafts- und Arbeitsverhältnisse keineswegs mehr zutreffenden Argumente ins Spiel gebracht, durch billige Arbeitskräfte lasse sich günstige Ware erzeugen und Arbeit mache schon von sich aus fleißige Leute.

Die Konferenz verständigte sich schließlich darauf, daß ein allgemeines Verbot der Kinderarbeit in Fabriken „weder rätlich noch ausführbar", verschärfte Kontrollen durch Polizei- und Schulbehörde zu fordern und ein Gutachten des Zentralverwaltungsausschusses des polytechnischen Vereins einzuholen sei (H.Kündig 1913, S.19 f.).

V.Abel zeigte sich einverstanden. In einem an die Adresse der Industrie gerichteten Schreiben vom 7.Mai 1839 ersuchte er den Zentralverwaltungsausschuß um Stellungnahme zu dieser Frage[116]. Um die Beantwortung zu erleichtern, fügte er eine Zusammenstellung der Regierungsgutachten bei und reichte am 15.Mai eine Abschrift des mittlerweile in Preußen in Kraft getretenen „Regulativs" zur geeigneten Berücksichtigung nach[117]. Die Anfrage der badischen Regierung und die Verabschiedung des preußischen Regulativs veranlaßten den Minister zur Eile. Schon am 9.Juli brachte er seinen Auftrag „in Erinnerung", „dessen Erfüllung (er) nunmehr in Bälde"[118] erwartete. Die Industrie reagierte, wie kaum anders zu erwarten war, mit äußersten Bedenken und kritischen Einwänden:

Werktagsschulpflichtige im Alter von 9-12 Jahren „ganz von aller Theilnahme an Fabrikarbeiten ausschließen zu wollen, ist ohne Verletzung des Nahrungsstandes

---

116 Der Stellungnahme waren folgende Fragen zugrunde gelegt:
„1. In wieweit ist es als nothwendig anzusehen, werktagsschulpflichtige Kinder, sohin in einem Alter von 6-12 Jahren zu Arbeiten in Fabriken verwenden zu lassen?
2. Wenn ja – von welchem Alter an?
3. Wie sind die Anforderungen der Industrie mit jenen zu vereinbaren, für deren Erfüllung bezüglich der Kinder
   a) zur Erhaltung ihrer Gesundheit und zur Bewahrung einer kräftigen, physischen Entwicklung
   b) zur Fortsetzung ihres Unterrichts in allen vorgeschriebenen Gegenständen
   c) im Interesse der Sittlichkeit Sorge zu tragen ist?"
(ADt.Mus. München, Abt. Forschung: Inventar des Archivs des Polytechn.Vereins, Mappe Nr.VII, 246 (1-4), Schreiben des MInn vom 7.Mai 1839; s. Anm.112).

117 ADt.Mus. München, Abt.Forschung: Inventar des Archivs des Polytechn.Vereins, Mappe Nr.VII, 246 (1-4), Schreiben des MInn an den Zentralverwaltungsausschuß des polytechnischen Vereins, „die Verwendung schulpflichtiger Kinder in den Fabriken betr.".

118 ADt.Mus. München, Abt.Forschung: Inventar des Archivs des Polytechn.Vereins, Mappe Nr.VII, 246 (1-4), Schreiben des MInn vom 9.Juli 1839 (Betr. s. Anm.117).

der arbeitenden Klasse in den Fabrikorten, und ohne große Benachtheiligung, wo nicht gänzliche Zerstörung mancher Fabrikationszweige in ihrem gegenwärtigen Bestande unausführbar. Arme Fabrikarbeiter von geregelter und moralischer Lebensweise sind oft mit einer großen Kinderzahl gesegnet. Um diese redlich zu ernähren, ist es denselben oft unerläßlich, ihre größeren Kinder frühzeitig zum Broderwerb anzuhalten. Sie schätzen sich glücklich, wenn ihre Kinder Gelegenheit haben durch Fleiß und Arbeitsamkeit einige Kreutzer im Tag zu verdienen, die sie ihnen einliefern, und der Staat darf sich glücklich schätzen, daß unter solchen Umständen die Kinder dem Betteln entzogen werden."

Schließlich werden ja auch auf dem Lande Kinder zu „kleinen Verrichtungen", zum „Hüten der Gänse" etwa, gegen Lohn oder Kost verwendet. Wollte man die Fabrikarbeit von Kindern verbieten, müßte man auch die landwirtschaftliche Kinderarbeit untersagen.

„Es wäre daher grausam, den Eltern, die zufällig in einer Fabrikstadt (...) wohnen, die Möglichkeit abzuschneiden, ihre Kinder zu sättigen, wie es die k.Regg. von Mittelfranken vorschlägt."
„In manchen Fabrikationszweigen giebt es Verrichtungen, welche so zart sind, daß sie nur von Kindern entsprechend vorgenommen werden können. Dahin gehört in den Spinnereyen das Anknüpfen der Fäden, das Reinigen der Maschinen; bei der Nadelfabrikation das Einfassen der Köpfe pp. Auch muß der Fabrikant oft dringend zur Ermäßigung des Preises seiner Waren und der Concurrenz wegen, Kinder zu Arbeiten anhalten, die wirklich Kinderarbeiten sind. Ein häufig den Ruin herbeiführender Stoß würde es seyn, wenn man die Verwendung der Kinder ganz verbieten wollte. Wir haben zwar erlebt, daß die Verwendung von Kindern bei der Anfertigung der Carden (...) durch die Erfindung neuer Maschinen ganz eliminiert wurde (...). Eine ähnliche Veränderung steht auch der Fabrikation von Stecknadeln und andern derley Artikeln bevor. Allein Erfindungen haben ihre eigene Zeit und lassen sich nicht herbeizaubern."

Zu einem kleinen Zugeständnis lassen sich die Unternehmer aber doch herbei:

„Nach unserer Ansicht sollten Kinder nicht vor dem zurückgelegten 9.Lebensjahr zu Fabrikarbeite(r)n zugelassen werden. Wir sehen in der Industrie kein Bedürfnis zur Verwendung von Kindern unter diesem Lebensalter."

Als Ausgleich wird dann allerdings eine umso längere Arbeitszeit gefordert:

„Nach unserer (...) Ansicht dürfte die Dauer der Arbeit für Fabrik-Kinder von 6 Uhr Morgens bis 8 Uhr Abends beschränkt (!) werden. Hierdurch und durch 1 Freistunde zu Mittag und eine Viertelstunde am Vor- und Nachmittag dürfte zur Erhaltung der Gesundheit und zur kräftigen körperlichen Entwicklung die nöthige Vorsorge getroffen seyn.

Fabrikschulen (...), wie sie in mehreren Städten Bayerns bestehen, erscheinen uns ganz geeignet, die Interessen der Fabrikherren und die Notwendigkeit der geistigen Entwicklung der Kinder zu vereinigen."

Für die sittliche Gefährdung junger Menschen wird das „vermischte Zusammenseyn beiderley Geschlechts und verschiedenen Alters" verantwortlich gemacht, eine Trennung aber für unausführbar gehalten. Diese Aufgabe müsse der Wachsamkeit der Fabrikanten anheimgestellt bleiben[119].

Die vom Zentralverband der Industrie vorgetragenen Argumente gegen eine Einschränkung der Kinderarbeit sind in ihrer Art typisch für die Einstellung einer breiten Öffentlichkeit zu dieser Frage. Dies ist auch der Grund, weshalb sie hier so ausführlich wiedergegeben wurden. Die Fabrik mit den in ihr erwerbstätigen Kindern wird zu einer Wohltätigkeitsinstitution hochstilisiert, so daß die eigentliche soziale Problematik der Fabrikkinderarbeit verharmlost, wenn nicht gar in ihr Gegenteil verkehrt wird: Sie wird als Glück für die arbeitende Klasse bezeichnet, weil sie Broterwerb durch Kinder möglich macht. Sie wird als Segen für den Staat betrachtet, weil die Kinder dem Bettel und die Familien der Armenkasse entzogen werden. Sie wird als unentbehrliche Hilfe für viele Fabrikationszweige angesehen, weil bestimmte Arbeiten nur von zarter Kinderhand verrichtet und die Preise der Waren nur auf diesem Wege niedrig gehalten werden können. Staatliche Maßnahmen, so lautet die unausgesprochene Schlußfolgerung, mögen sich daher auf den Schulunterricht beschränken. Es wird allerdings noch ein weiterer Gesichtspunkt vorgetragen, der schon deshalb hervorgehoben zu werden verdient, weil er eine Lösung von ganz anderer als der staatlichen Seite in Aussicht stellt: der technische Fortschritt. Durch die Erfindung und den Bau neuer Maschinen, so wird argumentiert, werde Menschenkraft „eliminiert", so daß die Löhne steigen, „und mancher Vater nicht mehr genöthigt ist, sein Kind in Arbeit zu schicken" (s. Anm.119). Ein durchaus ernst zu nehmendes Argument, das sich aber, wie die weitere Entwicklung zeigte, zumindest für die nächsten Jahrzehnte nicht bestätigt hat.

Bei den Beratungen im Ministerium für den Verordnungsentwurf spielten zwei Überlegungen eine ausschlaggebende Rolle: „die notwendige Fürsorge für das Fabrikwesen in Bayern", sowie „die intellektuelle und

---

119 ADt.Mus. München, Abt.Forschung: Inventar des Archivs des Polytechn.Vereins, Mappe Nr.VII, 246 (1-4), Bericht des Zentralverwaltungsausschusses des polytechnischen Vereins, „die Verwendung schulpflichtiger Kinder in Fabriken betreffend" vom 10.Juli 1839.

sittlich-religiöse Bildung" der Kinder[120]. In Rücksicht auf das Fabrikwesen war man bestrebt, „die Verwendung werktagsschulpflichtiger Kinder (...) zu gestatten". Unter Berücksichtigung der Bildung der Kinder war man bemüht, eine „nötige Beschränkung sowohl in Beziehung auf körperliche Befähigung als auf die Dauer der Arbeitszeit" durchzusetzen (siehe Anm.120).

Am 29.Dezember 1839 gab König Ludwig I. seine Zustimmung und setzte die „Königlich Allerhöchste Verordnung, die Verwendung der werktagsschulpflichtigen Jugend in Fabriken betreffend"[121] am 15.Januar 1840 in Kraft. Die wesentlichen Punkte dieser Verordnung sind:

- Kein Kind darf vor zurückgelegtem neunten Lebensjahr zu einer regelmäßigen Beschäftigung in Fabriken aufgenommen werden.
- Es muß ein gerichtsärztliches Zeugnis über seine gesundheitliche Tauglichkeit und ein Zeugnis der Lokalschulinspektion über seine vorgeschriebenen Kenntnisse vorweisen.
- Die Arbeitszeit der Neun- bis Zwölfjährigen darf nicht mehr als zehn Stunden am Tag betragen, und nicht vor 6 Uhr morgens beginnen bzw. nach 8 Uhr abends endigen.
- Die Erfüllung der Schulpflicht hat durch Teilnahme an mindestens zwei Unterrichtsstunden am Tag zu erfolgen.
- Privat- oder Fabrikschulen dürfen nicht mehr als 50 Kinder gleichzeitig und nie vor 6 Uhr morgens und nach 6 Uhr abends unterrichten.
- Bei Mißachtung dieser Vorschriften droht eine Geldstrafe von fünf bis fünfzig Gulden. Über die in Fabriken beschäftigten werktagsschulpflichtigen Kinder ist ein Verzeichnis zu führen. Im Benehmen mit dem Ortspfarrer sind zur Überwachung der Sittlichkeit geeignete Anordnungen zu treffen.
- Polizei- und Schulbehörden haben die Pflicht, die Fabriken in der angedeuteten Beziehung zu überwachen.

Die Verordnung, so sehr sie als erster Versuch staatlichen Eingreifens in den Mißbrauch der Kinderarbeit zu werten ist, war insgesamt enttäuschend. Sie blieb nicht nur hinter dem „Regulativ" Preußens zurück, sondern sie bot auch nur einen eingeschränkten Schutz gegen die „Nachtheile, welche eine allzufrühzeitige, mit übermäßiger Anstrengung (...) verbundene Beschäftigung der werktagsschulpflichtigen Jugend in Fabriken

---

120 Genehmigungsantrag zum Verordnungsentwurf des Ministers an den König (zit. nach H.Kündig 1913, S.22).
121 Regierungs-Blatt für das Königreich Bayern, Nr.5, 1840, Sp.97-103.

(...) herbeizuführen pflegt", wie es in der Präambel heißt. Ein 14-stündiger Fabrikaufenthalt der Neun- bis Zwölfjährigen von 6 Uhr früh bis 8 Uhr abends war nämlich nach der 1840er Verordnung jederzeit gestattet. Das Arbeitsverbot für Kinder vor zurückgelegtem neunten Lebensjahr bezog sich nur auf die „regelmäßige", nicht aber auf jede Art der Beschäftigung, wie es die preußische Regelung vorsah. Eine Beschränkung der Arbeitszeit auf zehn Stunden galt in Bayern nur für Kinder bis zum 12., in Preußen immerhin bis zum vollendeten 16.Lebensjahr. Hinsichtlich der vorbeugenden Kontroll- und Überwachungsmaßnahmen der staatlichen Aufsichtsorgane meint J.Kermann, daß sie vermutlich nie zur Anwendung kamen:

„In der gesamten Diskussion zwischen den beteiligten Behörden und den Fabrikherren bei vorhandenen Mißständen wurde auch nicht ein einziges Mal auf ein gerichtsärztliches Zeugnis (...) hingewiesen (...); nie ist bei der Einstellung von Kindern von einem Zeugnis der Lokalschulinspektion über den bisherigen Schulbesuch und die erworbenen Kenntnisse die Rede, keine Bemerkung findet sich darüber, daß je ein Fabrikherr im Benehmen mit dem Ortspfarrer die Sittlichkeit der Kinder gehörig überwacht (...) hätte. (...). Dagegen lassen sich viele Gegenbeispiele vorweisen, die bestätigen, daß die Vorschriften nicht befolgt wurden" (1976, S.328 f.)[122].

Bittgesuche von Eltern an das bischöfliche Ordinariat um vorzeitige Zulassung ihres Kindes zur Erstkommunion mit der Begründung, daß das Kind zum Broterwerb benötigt werde, weisen lediglich darauf hin, daß man auf den Abschluß der Werktagsschule achtete[123]. Alles in allem muß man sagen, daß die bayerische Kinderschutzverordnung von 1840 eine nur halbherzige Maßnahme zur Einschränkung der Erwerbstätigkeit von Kindern in Fabriken darstellte. Zum einen waren die Bestimmungen so gefaßt, daß Minderjährige unter neun Jahren sehr wohl zu einer ungere-

---

122 So berichtet z.B. das Bürgermeisteramt Erfenbach an das Bezirksamt Kaiserslautern: „Bei Aufnahme der Kinder in Fabriken werden die Vorschriften der Allerhöchsten Verordnung, namentlich was die Beibringung eines gerichtsärztlichen Zeugnisses betrifft, nicht befolgt. Die körperliche Entwicklung muß bei der hohen Temperatur der Spinn- und Websäle, bei der langen Arbeitszeit, dem zarten Alter und der Schwächlichkeit der meisten Kinder (...) unbedingt leiden" (StA Speyer, Best.: H 3 Nr.6967; abgedr. in: J.Kermann 1976, S.363, Anm.112).
123 Vgl. z.B.: „Verzeichniß derjenigen Kinder der Pfarrei Winnweiler welche dieses Jahr zur ersten hl.Kommunion gehen wollen, aber wegen unzureichenden Alters der bischöflichen Dispens bedürfen" vom 2.März 1846 (AB Speyer, Best.: Bischöfliches Ordinariat, Älteres Archiv, Nr. 205, Erstkommunion – Zeugnisse); oder: „Unterthänigste Bitte der Bürger Johannes Liebel II., Johann Jakob Dörrler's Wittib, Johann Jakob Lösch II., Georg Heinrich Keller, Johann Michael Bolz, Philipp Jakob Pfadt und Heinrich Heidt aus Leimersheim, die Zulassung ihrer Kinder zur ersten heiligen Kommunion betreffend" vom 11.Januar 1847 (AB Speyer, Best.: Bischöfliches Ordinariat, Älteres Archiv, Nr.205, Erstkommunion –Zeugnisse).

gelten Arbeit verwendet werden durften, Kinder über zwölf Jahre hingegen nicht mehr unter die Schutzbestimmungen fielen. Zum andern wurde die königliche Verordnung mangels staatlicher Kontrolle nicht oder nur mäßig befolgt. Namentlich in der Pfalz war sie „neben dem Desinteresse der eigenen Regierung noch zusätzlich dadurch in ihrer Wirkung blockiert, daß die noch gültige französische Gerichtsverfassung und das Strafmaß der bayerischen Verordnungen nicht in Einklang zu bringen waren" (J.Kermann 1976, S.373). Im folgenden Jahrzehnt sollte sich das zaghafte Vorgehen des Gesetzgebers besonders nachteilig auswirken. Von nun an gab es eine Dreiteilung der industriellen Kinderarbeit: eine illegale von Kindern unter neun Jahren, eine legale von Kindern über zwölf Jahren und dazwischen eine zwar eingeschränkte, aber trotzdem noch ein zu hohes Maß an Überforderung und Anstrengung billigende legale Beschäftigung von Kindern. Diese Unterscheidung verzerrte nicht zuletzt das Bild der in Fabriken arbeitenden Kinder bei der Auswertung der Volkszählung von 1847, in der man auch die Fabrikationstabellen des Königreichs Bayern nach Gewerben und einzelnen Altersgruppen ausschied.

4.4 Die Zeit bis zur zweiten Kinderschutzverordnung (1840-1854)

4.4.1 Die sozialen und wirtschaftlichen Verhältnisse in den 1840er Jahren

Die Zeit der 40er Jahre war durch soziale, wirtschaftliche und politische Veränderungen geprägt. Wenn auch der Wandel nicht durch spektakuläre Ereignisse oder tiefgreifende Erschütterungen vorbereitet oder begleitet wurde, sieht man einmal von den Märzunruhen des Jahres 1848 und dem Rücktritt König Ludwigs I. ab, so haben sich doch die Gewichte in den 1840er Jahren deutlich verschoben. Dabei verliefen die Entwicklungen z.T. sogar gegenläufig. Waren 1840 65,7% der bayerischen Bevölkerung[124] in der Land- und Forstwirtschaft tätig, 25,7% in der Industrie, im Handel, Gewerbe und Verkehr, und befanden sich 6,8% der Berufstätigen unter den freien Berufen, im öffentlichen Dienst und Militär, so weist die Statistik für das Jahr 1852 einen Anteil von 67,9% der in Land- und Forstwirtschaft Tätigen aus. Das ist ein Anstieg um mehr als 2%. Die

---

124 Bayern hatte 1840 4.370.977 Einwohner (1871 waren es 4.863.450) und besaß noch keine einzige Großstadt. München hatte zu diesem Zeitpunkt erst 95.500 Einwohner (H.Fehn 1975, S.680 und S.684).

in der Industrie, im Handel, Gewerbe und Verkehr Beschäftigten machten nur mehr einen Anteil von 22,7% der Gesamtbevölkerung aus, d.i. eine Abnahme um 3%. Und dies, obwohl die Vergabe von Gewerbeprivilegien in Bayern noch liberaler gehandhabt wurde als in anderen Bundesstaaten[125]. Während auf dem Lande die Tagelöhner zunahmen, ging die Zahl der Gewerbsmeister in Städten und Märkten zurück. Gab es 1840 noch insgesamt 213 715 Familien selbständiger Gewerbetreibender (davon 154 638 mit eigenem Haus- und/oder Grundbesitz), und betrug die Zahl der Gehilfen, Dienstboten und Gesellen 248 421, so schmolz bis zum Jahre 1852 die Zahl der Selbständigen auf 193 908 (davon 132 976 Haus- oder Grundbesitzer) und die der unselbständigen Gewerbetreibenden auf 207 061. Demgegenüber stieg die Zahl der Bettler und Armen kräftig an. 1836 betrug die Zahl der Bettler 60 293, 1850 75 327. 1840 zählte man 79 863 konskribierte Arme, 1851/52 waren es 108 515, davon 33 615 schulpflichtige Kinder (G.Müller 1964, S.9 f. und S.98), ganz zu schweigen von der Zahl der sog. verschämten Armen.

Besonders schmerzlich drückten die Notjahre 1846/47, in denen wegen Mißernten die Preise stark angestiegen waren[126]. Schon befürchtete die Kammer der Abgeordneten, wo die wirtschaftliche Lage zur Sprache gebracht wurde, die hohen Preise und niedrigen Löhne könnten die „Classe der Lohnarbeiter" in ein „unruhesüchtiges Proletariat" verwandeln, die „Mittelclasse der Gewerbetreibenden" aber, den „kleinbegüterte(n) Landmann", die „gering besoldeten Beamten" und diejenigen, die von „Witwen- und Waisenpensionen leben müssen", in den „Stand der Armuth herabsinken" lassen[127]. Die Industrie schien sich als einziger Er-

---

125 Bayern erteilte zwischen 1842 und 1852 jährlich durchschnittlich 107 Gewerbsprivilegien, Preußen 69, Württemberg 15, Sachsen 29, Baden 5, Hessen 9 (G.Müller 1964, S 10).
126 Über die Not im Spessart schreibt R.Virchow 1852: „Fleisch (...) hatte bei den Meisten aufgehört; Butter gab es fast gar nicht, Milch sehr selten. Brod konnten nur Wenige aus eigenen Vorräthen noch backen, da solches das Haidekorn erschöpft war (...). Einzelne hatten nur Mehl, aus dem sie unschmackhafte und kraftlose Suppen bereiteten. (...) Manche gebrauchten getrocknete und geröstete Gerste oder zerschnittene und gedörrte Rüben, und bereiteten daraus einen Aufguss, der als Kaffee getrunken und dessen Satz später als Mahlzeit verspeist wurde. (...) Die Kartoffeln, welche krank aus der Erde genommen waren, hatten glücklicherweise im Keller keine weitere Zerstörung erfahren; (...). Allein an manchen Orten waren sie unvollkommen ausgebildet, äusserst klein und wenig mehlhaltig, und Manche suchten jetzt mühsam die Knollen von den Aeckern, die im Herbst vergessen oder absichtlich zurückgelassen worden waren" (abgedr. in: K.von Zwehl (Hrsg.) 1985, S.76 f.).
127 Verhandlungen der Kammer der Abgeordneten 1847, Beilagenband 1, S.106 ff.; abgedr. in: K.von Zwehl (Hrsg.) 1985, S.217.
    Zur selben Zeit erbat der Augsburger Stadtmagistrat von J.G.Wirth, Leiter der Augsburger Kleinkinderbewahranstalten, Vorschläge zur Verbesserung der Situation der Armen, die dieser in der Schrift niederlegte: „Nachrichten über Verpflegung, Versorgung und Beschäftigung der Armen, gesammelt auf einer Reise im Auftrage des Magistrates der Kreishauptstadt Augsburg". Augsburg 1848.

werbszweig anzubieten, der die Verarmung der Bevölkerung aufzufangen vermochte. Teilweise war dies auch in der Tat der Fall, wie G.Müller bestätigt:

„Daß der Anteil der Gewerbe- und Industriebevölkerung nicht stärker zurückging, ist einzig und allein der Tatsache zu verdanken, daß zur gleichen Zeit die Zahl der Fabriken und der in ihnen beschäftigten Arbeiter erheblich zunahm. Zwischen 1839 und 1846 stieg die Zahl der Webereien und Spinnereien von 165 auf 464, der Papierfabriken von 120 auf 176 und der Maschinenfabriken von 5 auf 17. Die Industriearbeiterschaft verdoppelte sich von 49366 auf 100245" (1964, S.10 f.)

Nach der Gewerbestatistik des Königreichs Bayern gab es 1847 75 Wollspinnereien mit 1 337 Beschäftigten, 11 Baumwoll- und 3 Flachsspinnereien mit 1 300 Arbeitern[128]. In 81 Fabriken wurden von 1 444 Personen wollene und in 120 Fabriken von 20 411 Arbeitern baumwollene Zeuge hergestellt. Davon waren allein in Oberfranken 16 027 Arbeiter in 87 Fabriken beschäftigt. 21 225 Weber saßen zu Hause an ihren Webstühlen, davon der größte Anteil (13 099) wieder in Oberfranken, und verarbeiteten Baumwolle zu Tüchern und Zeugen aller Art. 32 154 verwoben Leinen zu Tüchern, 5 563 von ihnen in Niederbayern, 4 612 in Schwaben, d.h. daß ein Drittel aller Leinenweber in diesen beiden Regierungsbezirken beschäftigt war.

Neben den in Posamentierwaren-Fabriken, Strumpfwirkereien, Stückbleichereien und Färbereien Beschäftigten arbeitete noch eine stattliche Anzahl (25 483) in den verschiedensten Mühlenwerken. In 169 Eisenwerken waren 3 238, in 98 Drahtwerken 1 751, in 78 Nähnadelfabriken 694, in 90 Blechwarenfabriken 1 037 und in 17 Maschinenfabriken 1 020 Personen beschäftigt. 7 195 arbeiteten in Ziegeleien, 1884 in Papier-, fast ebenso viele (1881) in Tabakfabriken, 12 286 in Bierbrauereien und 5 405 in Spirituosenfabriken[129].

Nach der Zollvereinsstatistik zählte Bayern im Jahre 1847 insgesamt 153 010 Arbeiter, wovon allein 60 132 als Handweber beschäftigt waren. Da die Statistik auch Betriebe mit 3-4 Arbeitern unter die Fabriken zählt, dürfte die Zahl von 92 878 Fabrikarbeitern immer noch zu hoch sein (G.Müller 1964, S.11). Macht man die Angaben über Fabriken aus den

---

128 Wir greifen nur diejenigen Betriebe und Betriebsarten heraus, die die meisten Personen beschäftigten.
129 Beiträge zur Statistik des Königreichs Bayern. Aus amtlichen Quellen herausgegeben von F.B.W.v.Hermann, München 1850.

„Beiträgen zur Statistik des Königreichs Bayern" (1850) zur Grundlage, dann ergibt sich eine Gesamtzahl von nur 56 951 eigentlichen Fabrikarbeitern.

Die in der Zollvereinsstatistik ermittelten 153 101 Beschäftigten verteilen sich wie folgt auf die einzelnen Regierungsbezirke:

Regierungsbezirk	Zahl der Fabrikarbeiter und Handwerker
Oberbayern	17 148
Niederbayern	16 303
Pfalz	13 254
Oberpfalz	15 372
Oberfranken	26 991
Mittelfranken	22 757
Unterfranken	14 257
Schwaben	26 928

(G.Müller 1964, S.11).

Obwohl die Industrie einem großen Teil der Bevölkerung Arbeit und Brot zu verschaffen vermochte, war sie doch außerstande, die Armut des Landes zu beheben. Es gab zu viele Ursachen, als daß die Fabrik allein in der Lage gewesen wäre, die „unaufhaltsam" näherrückende „finstere Gestalt des Pauperismus", die schon „in den östlichen Marken des Vaterlandes, vereinigt mit einer fürchterlichen Seuche, der natürlichen Folge unnatürlicher Entbehrungen, die Reihen der Bevölkerung gelichtet" hatte[130], abzuwehren, wie eine Bamberger Adresse an den König es formulierte. Die Gründe der Armut der unteren Klassen und der verarmten Handwerker hat der oberfränkische Regierungspräsident v.Stenglein in einem am 24.Dezember 1847 an den damaligen Kronprinzen Maximilian gerichteten Schreiben zusammengefaßt. Als Ursachen nannte er „die industrielle Revolution, die Bevölkerungszunahme, die Folgen der Napoleonischen Kriege, die Teuerungsjahre, den Preisverfall der landwirtschaftlichen Produkte, den Wechsel in der Handelsgesetzgebung und den allgemeinen Sittenverfall" (G.Müller 1964, S.22).

---

130 Adresse an den König vom 4.März 1848, verfaßt vom „Ausschuß zur vollständigen Verwirklichung der Volksrechte" in Bamberg (abgedr. in: K.von Zwehl (Hrsg.) 1985, S.249 f.; vgl. auch G.Müller 1964, S.15).

Die Regierung fühlte sich ohnmächtig. Sie sah und fand keine Möglichkeit, in das wirtschaftliche Geschehen lenkend einzugreifen. Typisch für diese Haltung ist eine Randnotiz König Ludwigs I. von 1847 zu einem Schreiben des Innenministers, mit der Bitte, den Antrag der Mech. Baumwoll-Spinnerei und Weberei Augsburg auf Zulassung von Handwebstühlen in der Fabrik zu genehmigen:

„Diesen Antrag genehmigt. Traurig aber zu sehen, daß Gewerbe, die früher viele Familien nährten, jetzt auf viel weniger sich beschränken, somit die Anzahl Proletarier sich vergrößert, dem Comunismus in die Hände gearbeitet wird. Das kleine München hatte viel mehr Bierbrauereyen als das große. Es geht wie mit den Eisenbahnen, was sonst vielen Orten zu Gute geworden, häuft sich auf einige, es den meisten entziehend; aber es zu ändern, hängt von der Regierung nicht ab. Ludwig."[131]

Auch Max II., seit 20.März 1848 König von Bayern, vertrat die Auffassung, daß „das Wiederaufblühen von Handel und Gewerbe (...) nicht allein in der Macht der Regierung" läge. Dennoch verlangte er vom Innenminister, alles zu unternehmen, um den „Arbeitsuchenden" Erwerbsmöglichkeiten zu erschaffen:

„Ich beauftrage Sie sonach, alle Eisenbahn-, Wasser- und Straßenbauten, soweit es nur immer die Mittel der Staatskasse gestatten, in Angriff zu nehmen, dann in ungehinderter Thätigkeit zu erhalten und dafür Sorge zu tragen, daß auch außerdem die Arbeitsquellen auf jede mögliche Art erweitert werden" (abgedr. in: K.von Zwehl (Hrsg.) 1985, S.196).

Gleichzeitig war der König bemüht, mit allen Mitteln einem Anwachsen des Proletariats[132] entgegenzuwirken. Im November 1848 errichtete er ein Staatsministerium des Handels und der öffentlichen Arbeiten und veranlaßte ferner ein Preisausschreiben: „Durch welche Mittel kann der materiellen Not der untern Klassen der Bevölkerung Deutschlands und insonderheit Bayerns am zweckmäßigsten und nachhaltigsten abgeholfen

---

131 Bericht des Innenministers v.Zenetti an den König vom 9.4.1847 mit Randnotiz Ludwigs I.; HStA München MH 5677; abgedr. in: K.von Zwehl (Hrsg.) 1985, S.196.
132 1848 erbat der König vom Ministerialrat F.B.W.v.Hermann eine Skizze über das Proletariat. Sie beginnt mit der Definition des Proletariers: „Wer von seiner Arbeit lebt, ohne gegenwärtiger oder künftiger Sicherung seines Erwerbs ist ein Proletarier. Tagelöhner auf dem Lande und in den Städten, männliche Dienstboten ohne Hoffnung selbständig zu werden, gehören hierher. Soweit Proletarier notwendig sind für die Staatsgesellschaft sind sie unschädlich. Augenblickliche Erwerbslosigkeit ist auch dabei nicht ganz zu vermeiden. Mit dem Sinken der Subsistenzmittel unter das Maß, das die Volkssitte und das Auskommen in den untersten Schichten der Bevölkerung zugesteht, werden sie mit Recht als ein Krebsschaden der Gesellschaft bezeichnet" (abgedr. in: G.Müller 1964, S.31).

werden?". Die Tatsache, daß auf die Preisfrage allein 656 Zuschriften, davon 547 aus Bayern, eingingen, beweist die Dringlichkeit dieses Anliegens (vgl. G.Müller 1964, S.32 und S.44-47).

Es versteht sich, daß durch diese krisenhafte Zeiten Kinderarbeit eher begünstigt als zurückgedrängt wurde.

4.4.2 Der Anteil der Kinder in Fabriken nach der Gewerbestatistik von 1847

Die Kinderschutzverordnung vom 15.1.1840 bezog sich ausschließlich auf werktagsschulpflichtige Kinder. Sonntagsschulpflichtige, also alle, die das 12. (Katholiken) bzw. 13. (Protestanten) Lebensjahr vollendet hatten, fielen nicht mehr unter die gesetzlichen Bestimmungen. Gemäß dem geltenden Recht wurden aber auch sie noch bis zur Vollendung des 14.Lebensjahres zu den Kindern gezählt. Während sich die Regierung in ihren Maßnahmen zur Einschränkung der Kinderarbeit an den Bestimmungen zur Einhaltung der allgemeinen Schulpflicht, insbesondere des Elementarunterrichts, orientierte, folgten die statistischen Erhebungen der Einteilung in Werktagsschüler mit eingeschränkter Arbeitserlaubnis und Sonntagsschüler ohne Arbeitsbeschränkungen nicht. Für sie galt das 14.Lebensjahr als Einteilungsmerkmal. Wer darunter lag, war Kind. Wer älter war, zählte zu den Erwachsenen. Das Kriterium der Lebensalter gestattete damit eine eindeutige Zuordnung der erfaßten Personen, verwischte aber die Grenze zwischen den Kindern mit eingeschränkter und denen mit uneingeschränkter Arbeitserlaubnis. Somit entfällt auch für uns die Möglichkeit, festzustellen, wieviele von den erfaßten Kindern legal und wieviele „illegal" (gemessen an der Schutzverordnung) in Betrieben zum Zeitpunkt der Erhebung gearbeitet hatten.

Nach der statistischen Erhebung von 1847 betrug die Zahl der ausschließlich in Fabriken beschäftigten Personen über 14 Jahre 50 845, die Zahl der unter 14 Jahren 6 106. Die Handweber, Bierbrauer und die in Mühlenwerken und ähnlichen, nicht als Fabrik registrierten Gewerben Tätigen sind in diese Zahlen nicht mit aufgenommen. Bei einer Gesamtzahl von 56 951 Fabrikarbeitern entsprach der Anteil der Untervierzehnjährigen ca. 10,7%. Vergleicht man diese Angaben mit den Zahlen anderer Bundesstaaten während dieses Zeitraums[133], dann ergibt sich folgendes Bild: Nach der Industriestatistik Preußens waren im Jahr 1846 31 064 Kinder in Fabriken beschäftigt. Das sind 6,45% aller in Fabriken arbeitenden Personen. Im Königreich Sachsen betrug im gleichen Jahr der Anteil der Kinder unter 14 Jahren 7,27% aller Fabrikarbeiter (W.Feldenkirchen 1981, S.18 und S.21). Im Königreich Württemberg waren es 1,3% (H.Christmann 1972, S.42)[134]. Bedenkt man, daß die beiden Königreiche Preußen und Sachsen gegen Ende der 1840er Jahre in ihrer gesamtindustriellen Entwicklung einen erheblichen Vorsprung gegenüber Bayern hatten – Preußen zählte ca 500 000 Fabrikarbeiter[135] –, dann verwundert der hohe Anteil an Kinderarbeitern nicht[136].

Sieht man jedoch auf den prozentuellen Anteil der Kinder an der Gesamtzahl der Fabrikarbeiterschaft, dann lag Bayern sogar an der Spitze der vergleichbaren Staaten. Bayern hatte einen Kinderanteil von mehr als 10%, während Preußen, Sachsen, Württemberg weit darunter lagen. Nimmt man die 1839 erhobenen Daten ernst, dann fand in Bayern innerhalb eines knappen Jahrzehnts eine Verzwölffachung der Kinderarbeiter in Fabriken statt. Damit folgte Bayerns industrielle Entwicklung dem bekannten technikgeschichtlichen Prinzip, daß der maschinenintensiven Produktionsweise immer eine arbeitsintensive Produktionsform voraus-

---

133 Ein exakter Vergleich ist dabei jedoch nicht möglich. Denn erstens erweist sich das Fehlen eines klaren Begriffs von „Fabrik" (vgl. Erhebung zum Handwerk 1895: „Es gibt aber keine allgemein gültige Definition des Begriffes 'Fabrik'; in der Gesetzgebung ist keine gegeben, auch die Unfallversicherungsgesetzgebung unternimmt die Definition des Begriffes nicht" (S.21)) und „Fabrikarbeiter" als besonderer Nachteil bei der zahlenmäßigen Erfassung der Beschäftigten in den einzelnen Bundesstaaten. Zweitens verbietet auch die unterschiedliche Altersgrenze der statistisch erfaßten Kinder einen exakten Vergleich. Manchmal ist von Kindern unter 14 Jahren, manchmal von 12- bis 14-Jährigen, dann wieder von den 8-bis 14-Jährigen und dazwischen auch von Kindern und Jugendlichen im Alter von 12-16 Jahren ist die Rede (vgl. W.Feldenkirchen 1981, S.20, Anm.45; S.21; S.22, Anm.51 und 53). Erst seit den statistischen Erhebungen des Deutschen Reichs ab der 1870er Jahre finden einheitliche Regelungen Anwendung.
134 H.Christmann bezieht sich auf die Bevölkerungsstatistik von 1861. Ihr zufolge waren in Württemberg 1861 46 000 als Fabrikarbeiter tätig. Unter ihnen befanden sich 621 Schulkinder (1,3%). H.Christmann macht aber ausdrücklich darauf aufmerksam, daß die amtlichen Angaben äußerst kritisch zu betrachten seien, da weder die gedruckten noch die ungedruckten Quellen klar zwischen Fabrik und gewerblichem Betrieb unterschieden (1972, S.42).
135 Nach Angaben des statistischen Bureaus war 1849 die Hälfte der etwa 17 Millionen zählenden Bevölkerung in der Landwirtschaft, ca 4 Millionen im Gewerbe und 500 000 in Fabriken und ähnlichen Betrieben beschäftigt (G.K.Anton 1891, S.92).
136 G.K.Anton meint allerdings einschränkend, daß jene Anzahl von rund 32 000 Kindern, die in Fabriken arbeiteten, „verhältnismäßig unbedeutend" war, wenn man sie mit der Anzahl der 200 000 Kinder vergleicht, die damals in Preußen lebten. Doch da die Fabrikkinder „sich auf verhältnismäßig wenige Gegenden und Ortschaften des Staates verteilten", war es um so wichtiger, „daß die Kinder nicht durch un(an)gemessene Ausbeutung leiblich und geistig verkümmerten" (1891, S.92).

geht (K.-H.Ludwig 1965, S.83). Von der personenorientierten Warenherstellung wurde erst abgerückt, wenn billige Arbeitskräfte nicht mehr in genügender Anzahl vorhanden waren. Dies aber war bis zur Jahrhundertmitte nicht der Fall.

Betrachtet man die Ergebnisse der Erhebung von 1847 im einzelnen, fällt die hohe Zahl der in der Textilbranche beschäftigten Kinder auf. Dort arbeiteten 4629 Kinder, davon 3860 in Baumwollfabriken, unter ihnen 1435 Knaben und 2425 Mädchen. Der Rest verteilt sich auf Maschinenfabriken, Eisenwerke, Glas-, Porzellan-, Tabak-, Papier-, Zündholzfabriken und Fabriken anderer Art. Oberfranken bildete noch vor Schwaben das Zentrum der Kinderarbeit. 3338 Kinder, das sind knapp 55%, arbeiteten nach der Statistik von 1847 in oberfränkischen Baumwollfabriken, davon allein in Hof 1200. M.Suyter bestätigt diese Daten, wenn er schreibt:

„Die Baumwolle war der erste Rohstoff, welcher der industriellen Bearbeitung im großen unterlag. Sie schuf die ersten Industriebetriebe (...). Wenn das ganz allgemein gilt, dann besonders für Bayern. Zwei große Textilindustriegebiete, das eine in Schwaben mit dem Hauptort Augsburg und das andere in Oberfranken mit dem Hauptort Hof haben sich hier gebildet" (1939, S.151)[137].

Eine weitere Auflistung der Kinderarbeiter nach ihrem prozentuellen Anteil an der Gesamtarbeiterschaft einzelner Industriezweige ergibt folgende Vergleichszahlen:

---

[137] M.Suyter berichtet weiter, daß sich in Hof schon Ende des 15.Jahrhunderts eine blühende „Schleyer- oder Stauchenwirkerei" entwickelt hatte, die im 17. und 18.Jahrhundert von der Florweberei abgelöst wurde. 200 000 Flore wurden jährlich ins In- und Ausland verschickt (1939, S.151 f.).
In Anbetracht der statistischen Ergebnisse von 1847 und der Erkenntnisse M.Suyters ist die Aussage K.Schmids: „Kinderarbeit in großem Umfang war in Hof nie anzutreffen" (1923, S.61), unverständlich.

Industriezweig	Anteil der Kinder an der Gesamtarbeiterschaft nach %
Textilindustrie im ganzen	15,4%
Baumwollindustrie	18,9%
Fabriken für Leinenwaren	20,3%
Fabriken für Strohgeflechte	20,6%
Tabakfabriken	9,4%
Maschinenfabriken	7,6%
Glashütten	12,7%
Fabriken für Metall, Steine und Erden	4,2%
Torf- und Ziegelfabriken, Kohlereien	24,4%
Sonstige Fabriken	7,2%.

Alle diese Angaben stützen sich ausschließlich auf die Erhebung von 1847. Doch welchen Grad an Zuverlässigkeit besitzt diese? G.Müller bemerkt zwar, daß die statistischen Angaben „im allgemeinen zuverlässig sind, da F.B.W.v.Hermann sich sehr um den Ausbau der bayer. Statistik bemühte" (1964, S.11, Anm.2)[138]. Dennoch sind Zweifel an der exakten zahlenmäßigen Erfassung der Fabrikkinder angebracht. So werden z.B. für Augsburg weder unter den Maschinen-Spinnereien noch unter den Baumwoll-Webereien Kinder unter 14 Jahren aufgeführt. Wir wissen aber, daß in den Augsburger Baumwollgarn- und Kattunfabriken bereits im Jahre 1840 155 Kinder unter 14 Jahren gearbeitet haben (s.Anm.115). Ferner ist nachgewiesen, daß 1851 in Augsburger Fabriken 805 sonntagsschulpflichtige Jungen und Mädchen zwischen dem 12. und 18.Lebensjahr, davon knapp die Hälfte in der „großen Fabrik", wie die Mechanische Baumwollspinnerei und Weberei genannt wurde, beschäftigt waren. Darüber hinaus arbeiteten 108 Kinder in der Augsburger Kammgarnspinnerei und 131 Jungen und Mädchen in der Baumwollspinnerei Chur[139].

Schon diese Hinweise unterstreichen die Vorsicht, die bei Zahlenangaben zur Kinderarbeit geboten ist. Nicht immer dürften bei fehlenden

---

138 F.B.W.v.Hermann war Professor für Kameralwissenschaften an der Universität München und eigentlicher Vater der bayerischen Statistik. Von 1850 bis 1867 gab er die „Beiträge zur Statistik des Königreichs Bayern" heraus (G.Müller 1964, S.31).
139 StadtA Augsburg, G I 17/1, I.Fasz.; zit. nach I.Fischer 1977, S.144.

oder ungenauen Angaben Rechenfehler oder mangelnde Erfahrung der Beamten in der Datengewinnung die Ursache gewesen sein. Es besteht berechtigter Verdacht, daß neben Oberflächlichkeit, die sich bei der Erfassung der Kinderarbeiter um so leichter einschleichen konnte, als man das Problem nicht ernst genug nahm, möglicherweise auch bewußt mit falschen Zahlen operiert wurde, um das Problem zu verharmlosen. Dieser Verdacht gilt insbesondere gegenüber den Zahlenangaben, die bei den Ausschußverhandlungen der Kammer der Abgeordneten im Jahre 1855 eine erhebliche Rolle spielten. Auf Antrag des Abgeordneten Josef Völk sollte nämlich die Verwendung von Kindern und Jugendlichen in Fabriken durch ein allgemeines Gesetz geregelt werden. In seinem Erwiderungsvortrag im III. Ausschuß der Kammer verwies der Abgeordnete Fürst von Oettingen-Wallerstein auf die Erhebung von 1847, wonach, wie er betonte, „Bayern im Jahre 1847 in 3097 Fabriken nur 39,720 Arbeitende beiderlei Geschlechtes, und unter diesen nur 2728 das Alter von vierzehn Jahren noch nicht überschritten habende" beschäftigte. Da sich ferner „die bayerischen Fabrikbesitzer ihren Arbeitern gegenüber durchschnittlich sehr wohl gesinnt" erwiesen, diese Gesinnung in manchem Etablissement „wahrhaft väterlichen Charakter" trage und die bayerischen Anordnungen dem Standpunkt der Sittlichkeit „breite Rücksicht widmen", sei „zu materieller Neuregelung der Materie (...) ein dringendes Bedürfnis nicht gegeben". Auf der abschließenden Ausschußsitzung wurde schließlich der Vorschlag des Fürsten von Oettingen-Wallerstein, der lediglich eine Ausdehnung der bisherigen Verordnungen auf die feiertagsschulpflichtige Jugend vorsah, einstimmig befürwortet[140].

Der Vorgang ist um so bemerkenswerter, als möglicherweise durch einen gezielten (?) Irrtum bei den Zahlenangaben die Einbringung eines Gesetzentwurfs verhindert wurde. Wie kam von Oettingen-Wallerstein zu den Zahlen von 39,720 Fabrikarbeitern und 2 728 Kindern, da doch die Statistik von 1847 andere Daten, nämlich 50 845 Über- und 6 106 Untervierzehnjährige, aufweist? Bei der Anfertigung einer „Zusammenstellung der verschiedenen Fabrikationszweige Bayerns mit Angabe der Zahl der Etablissements und der darin beschäftigten Arbeiter nach dem Stande vom Jahre 1847"[141] unterlief dem Abgeordneten von Oettingen-Wallerstein, oder einem von ihm beauftragten Beamten, folgender Fehler. Er ignorierte die in der untersten Spalte auf Seite 130 der „Beiträge zur Statistik des Königreichs Bayern" angegebene Totalsumme aller „Fa-

---

140 Verhandlungen der Kammer der Abgeordneten des bayerischen Landtages im Jahre 1855, Beilagen-Band I, Beilage XXVII, S. 447 und S. 455.
141 Sie ist im Beilagenband (s. Anm. 140) auf S. 452 f. abgedruckt.

briken für baumwollene und halbbaumwollene Zeuge". Statt dessen übernahm er die Angaben der unmittelbar darüberliegenden Spalte. Diese aber enthält nur die Zahlen der Fabriken und Arbeiter für den Regierungsbezirk Schwaben und Neuburg. Während nun die Angaben für Gesamtbayern sich so lesen,

Zahl der Fabriken für baumwollene und halbbaumwollene Zeuge:	120;
Zahl der Arbeiter unter 14 Jahren:	3860;
Zahl der Arbeiter über 14 Jahre:	16 551;
Zahl der Arbeiter überhaupt:	20 411,

lauten die Angaben für den Regierungsbezirk Schwaben wie folgt:

Fabriken:	21;
Zahl der Arbeiter unter 14 Jahren:	482;
Zahl der Arbeiter über 14 Jahre:	2698;
Zahl der Arbeiter überhaupt:	3180.

Daraus ergibt sich zwischen den von von Oettingen-Wallerstein gemachten Angaben und den aus den „Beiträgen zur Statistik" errechneten Zahlenwerten eine Differenz von 17 231 bei der Totalsumme und von 3 378 bei den Untervierzehnjährigen. Addiert man nun die beiden Differenzbeträge jeweils zu den betreffenden Endsummen der von Oettingen-Wallersteinschen Zusammenstellung, dann ergeben sich genau die hier errechneten Werte: 56 951 Fabrikarbeiter, davon 6 106 Kinder unter 14 Jahren. Ein Flüchtigkeitsfehler des Herrn Abgeordneten? Es ist seltsam und verwunderlich, daß ihm der Fehler ausgerechnet an der Stelle unterlief, wo mehr als die Hälfte aller Fabrikkinder ausgewiesen ist. Auf derselben Seite der Statistik befinden sich ja auch die Angaben zu den „Fabriken für leinene Zeuge", die vom Fürsten wieder richtig übernommen wurden! Hinzu kommt, daß die Zusammenstellung als Beweisvorlage zur Beratung über einen Gesetzentwurf bezüglich der Verwendung von Kindern und Jugendlichen in Fabriken diente, dem von Oettingen-Wallerstein ablehnend gegenüberstand. Also lag der fehlerhaften Berechnung möglicherweise doch eine volle Absicht zugrunde.

Da auch H.Kündig (1913, S.31) die Angaben, wie sie im Beilagenband I der Kammerverhandlungen von 1855, S.452-453 abgedruckt sind, im guten Glauben an deren Richtigkeit übernommen hat, ist der Irrtum, durch den ein Gesetzesantrag vereitelt wurde, bis heute unaufgedeckt geblieben.

4.4.3 Zweite Erhebung und Verordnung über die Verwendung von Kindern in Fabriken

Angeregt durch die Ergebnisse der „Preisfrage"[142] und die Vorschläge einzelner Ministerien[143], aber auch in der festen Überzeugung, „daß es Pflicht und Aufgabe des Staates ist, in der Proletarierfrage tätig und fördernd einzugreifen"[144], drängte König Max II. seinen Minister des Innern, Th.v.Zwehl, praktische Maßnahmen zur Behebung sozialer Not- und Mißstände einzuleiten (vgl. G.Müller 1964, S.55). V.Zwehl, ohnehin der Auffassung, daß die Sorge für die Fabrikarbeiterschaft „unerläßliche Pflicht des Staates" sei, und daß sich dessen Vorsorge „auch auf diese wichtige Bevölkerungsklasse zu erstrecken" habe (zit. nach G.Müller 1964, S.54), nahm die Zirkularverfügung der preußischen Staatsregierung vom 22.Mai 1851[145] zum Anlaß, um seinerseits in dieser Angelegenheit tätig zu werden. Noch im Juni 1851 versicherte er sich der Unterstützung des Handelsministeriums, das auch bereitwillig auf die Vorstellungen des Innenministers einging und vom Minister des Innern für Kirchen- und Schulangelegenheiten, F.v.Ringelmann, Aufschluß über die sozialen Verhältnisse der „fabrikarbeitenden Jugend in Bayern" erbat (H.Kündig 1913, S.28). Am 26.Oktober 1851 richtete der Staatsminister einen „die sanitäts- und sittenpolizeiliche Fürsorge für jugendliche Arbeiter in Fabriken betreffend(en)" Runderlaß an sämtliche kgl.Regierungen, worin er diese beauftragte, folgende „Punkte einer gründlichen Erörterung zu unterstellen, und sodann hierüber ein wohlerwogenes Gutachten in thunlichster Bälde anher vorzulegen, wobey derselben kaum bemerkt zu werden braucht, daß der vorliegende Gegenstand bei dem eingetretenen Umschwunge der socialen Verhältnisse und insbesondere im Hinblick auf die unter dem Arbeiterstande seit den letzten Jahren hervorgetretenen Erscheinungen die Aufmerksamkeit der Staats-Regierung in hohem Grade in Anspruch nimmt"[146]. Die Fragen, die teilweise wörtlich mit der preußischen Vorlage übereinstimmten, lauten:

---

142 Die Ergebnisse wurden von einer „Spezialkommission" zusammengestellt und dem König überreicht. Sie sind abgedruckt in G.Müller 1964, S.44-47.
143 König Maximilian II. hatte auch vom Innen-, Finanz- und Justizministerium Vorschläge erbeten, wie der Not der Proletarier am wirkungsvollsten zu begegnen sei (vgl. G.Müller 1964, S.44 und S.48).
144 Schreiben König Max II. vom 21.Januar 1850; HStA München, MH 6105, zit. nach G.Müller 1964, S.48 f.
145 Zirkularverfügung des Ministers für Handel, Gewerbe und öffentliche Arbeiten von der Heydt, abgedr. in: G.K.Anton 1891, S.177 ff.
146 StA Speyer, Best.: H 3, Nr.6969.

„1. wie und durch welche Organe der Vollzug dieser Anordnungen[147] kontrolliert wurde und ob dieselben sich als zureichend erwiesen haben?
2. ob sich hierbei Übelstände herausgestellt, namentlich ob sich Fabrikbesitzer dem Vollzuge der fraglichen Bestimmungen entzogen oder widersetzt haben?
3. ob ein Bedürfnis vorliege, auch die nicht mehr werktagsschulpflichtigen Arbeiter unter die besondere Fürsorge des Staates zu nehmen?
4. ob gewisse Arbeiten und Fabriken so schädlich auf die Gesundheit und geistige Entwicklung jugendlicher Arbeiter einwirken, daß sich ein gänzliches Verbot ihrer Beschäftigung in denselben oder deren Beschränkung rechtfertigen würde?
5. ob ein Bedürfnis vorhanden sei, auch sonst noch in sanitäts- und sittenpolizeilicher Beziehung besondere Anordnungen zu erlassen und welche?
6. in welchen Orten besondere Fabrikschulen im Sinne des Art.V der Allerhöchsten Verordnung vom 15.Jänner 1840 bestehen, und mit welchem Erfolge?"
(s. Anm.146).

Nachdem die ministerielle Verfügung von den Kammern des Innern an die Distriktspolizeibehörden, Schulinspektionen und Stadtmagistrate zur Beantwortung weitergeleitet worden war[148], gingen die Resultate der Befragung zwischen Dezember 1851 und November 1852 im Ministerium ein. H.Kündig faßt diese dahingehend zusammen (1913, S.30-39): Aus Oberbayern, Schwaben und Unterfranken wurden keine werktagsschulpflichtigen Kinderarbeiter gemeldet. In der Oberpfalz betrug die Zahl der Fabrikkinder etwa um die 50. Sie arbeiteten in Glasfabriken, Glasschleifereien, Steingut- und Kattunfabriken. In Niederbayern waren in vier Fabriken Kinder von Fabrikarbeitern als deren Handlanger tätig. Pfalz[149], Mittel- und Oberfranken beschäftigten „nur sehr wenige" Kinder.

Auch die Frage, ob sich die Fabrikbesitzer dem Vollzug der Bestimmungen der Verordnung von 1840 widersetzten, wird fast durchwegs mit einem klaren „Nein" beantwortet.

---

147 Gemeint sind die Anordnungen der „Allerhöchsten Verordnung vom 15.Januar 1840".
148 Vgl. „Schreiben der kgl.Regierung von Oberbayern an sämtliche Distriktspolizeibehörden Oberbayerns und die Stadtmagistrate München und Ingolstadt vom 8.November 1851" (StadtA München, Best.: Gewerbeamt, Nr.539), bzw. „Schreiben des k.Landcommissariats Frankenthal an die k.Regierung der Pfalz, Kammer des Innern vom 3.Januar 1852", worin über den noch ausstehenden Bericht der katholischen Distrikts-Schul-Inspektion Grünstadt geklagt wird (StA Speyer, Best.: H 3, Nr.6967).
149 Im Bericht der Regierung an das Staatsministerium des Innern für Kirchen- und Schulangelegenheiten werden 14 Kinder genannt (StA Speyer, Best.: H 3, Nr.6967).

Nach der Bilanz der eingegangenen Berichte zu schließen, schien somit die Verordnung von 1840, die eine Verwendung werktagsschulpflichtiger Kinder in Fabriken erheblich einschränkte, ein voller Erfolg zu sein. Offenbar machten die erschwerten Bedingungen und die fortschreitende Technisierung den Einsatz dieser Altersstufe unrentabel. Die „große Fabrik" in Augsburg unterrichtete schon am 1.Dezember 1843 den Stadtmagistrat über ihren Entschluß, keine werktagsschulpflichtigen Kinder mehr aufzunehmen und den Fabrikschulbetrieb einzustellen[150]. Auch andernorts wurden Fabrikschulen mangels Bedarf aufgelöst (vgl. H.Kündig 1913, S.32). Rückläufige Zahlen von Kindern in Fabriken werden für die 1850er Jahre auch aus anderen Ländern gemeldet, wie eine Zusammenstellung aus dem Königreich Preußen zeigt[151].

Dennoch ist gegenüber der Vollständigkeit der Angaben Skepsis angebracht. Wir wissen, daß im Jahre 1851 in Augsburger Fabriken 16 Kinder beschäftigt wurden, die das 12.Lebensjahr noch nicht erreicht hatten (I.Fischer 1977, S.144). Ferner waren technisch rückständige Betriebe mit veraltetem Maschinenbestand und Fabriken mit stark manufakturellem Charakter (Glas-, Porzellan- und Tabakfabriken) immer noch verstärkt um billige Arbeitskräfte bemüht. Schließlich gibt auch der Feststellungsmodus der mit der Durchführung der Erhebung befaßten Beamten (Polizei- und Schulbehörden) zu Bedenken Anlaß, wie die Antworten auf Frage 1. erkennen lassen. Die schwäbische Regierung z.B. forderte mit Nachdruck strengere Kontrollen der Aufsichtsorgane in der Weise, daß diese „teils durch unvermutete Visitationen in verdächtigen Betrieben, teils durch Anordnung der Vorlage periodischer Ausweise bei den Kreisregierungen" (H.Kündig 1913, S.33) die Einhaltung der Vorschriften überwachen sollten. Häufig nämlich verhindere das Mitleid „mit den dürftigen Verhältnissen der Kinder und Eltern" eine Anzeige der Schulversäumnisse (H.Kündig 1913, S.33).

---

150 Archiv der Mechanischen Baumwollspinnerei und Weberei Augsburg, Verzeichnis der schulpflichtigen Kinder; zit. bei I.Fischer 1977, S.144, Anm.180.
151 Anteil der Kinder an der Gesamtzahl der Beschäftigten in ausgewählten Industriezweigen (Angaben in %):

Jahr \ Industriezweige	Textil-industrie	Eisen-werke	Nähnadel-fabriken	Stecknadel-fabriken	Glas-hütten	Tabak-industrie
1846			32,3	41,6	15,0	17,6
1849	11,4	1,2	31,0	41,5	15,2	14,2
1852	9,1	0,5	24,2	35,6	14,6	11,9

(W.Feldenkirchen 1981, S.21).

Darüber hinaus ist anzumerken, daß die Zirkularverfügung gar nicht nach der Anzahl der in Fabriken beschäftigten werktagsschulpflichtigen Kinder, sondern nach der Einhaltung der Bestimmungen von 1840 fragte. Diese aber gestatteten ja, unter gewissen Einschränkungen, die Kinderarbeit, so daß bei Wahrnehmung der Vorschriften weitere Angaben über Zahl und Art der Beschäftigten nicht zu erwarten waren.

Aber auch wenn man davon ausgeht, daß die Verwendung von Unterzwölfjährigen in Fabriken stark rückläufig war, so vermitteln die Ergebnisse der Umfrage doch nur ein einseitiges Bild, da die 12- bis 14-Jährigen in die Fragestellung nicht mit einbezogen wurden. Allein in Augsburg arbeiteten 805 sonntagsschulpflichtige Kinder und Jugendliche in Fabriken, davon die Mehrzahl in der Textilindustrie. Der Rest verteilte sich auf die Becksche Messingfabrik, die Maschinenfabrik Reichenbach, zwei Zündholzfabriken und die Buchdruckerei Cotta (I.Fischer 1977, S.144). Bei letzterer falzten 24 sonntagsschulpflichtige Knaben an Werktagen von 5 Uhr früh bis 6 Uhr abends, an Sonn- und Feiertagen von 9 Uhr bis 2 Uhr nachmittags die „Allgemeine Zeitung". In der Baumwollspinnerei Chur arbeiteten 131 Sonntagsschulpflichtige abwechslungsweise je eine Woche lang in zwölfstündiger Tag- und Nachtschicht. Seit 1852 war auch in der Augsburger Baumwollspinnerei und Weberei Rugendas & Cie. Nachtarbeit für Zwölfjährige üblich. 1853 wurde sie zwar auf Betreiben des Gerichtsarztes eingeschränkt, aber nicht verboten[152]. „Im Interesse der Menschheit" appellierte ein Pfarrer an den Magistrat der Stadt Augsburg, die Nachtarbeit für Kinder ganz zu verbieten, da die Kinder dem Konfirmandenunterricht vor Müdigkeit nicht mehr zu folgen vermochten[153]. Auch die Distriktsschulinspektion der Nachbargemeinde Göggingen wies auf die katastrophalen Folgen der Nachtarbeit hin, wie „das geisterhafte Aussehen dieser Kinder und öftere Krankheiten derselben – besonders Augenkrankheiten –" bewiesen[154]. Doch auch der Stadtmagistrat wußte „keine Verordnung, welche solche Nachtarbeiten verbietet"[155].

---

152 StadtA Augsburg G I 17/1, I.Fasz.; zit. bei I.Fischer 1977, S.144.
153 StadtA Augsburg G I 17/1, I.Fasz.; zit. bei I.Fischer 1977, S.144 f.
154 Schreiben vom 18.Dezember 1851 (StadtA Augsburg G I 17/1, I.Fasz.; zit. bei I.Fischer 1977, S.145).
155 Schreiben des Magistrats der Stadt Augsburg an die kgl.Regierung von Schwaben und Neuburg vom 20.Januar 1852 (StadtA Augsburg G I 17/1, I.Fasz.; zit. bei I.Fischer 1977, S.145).

Von den Ordinariaten Regensburg[156] und Speyer[157] liegen schon aus den 1840er Jahren Klagen über die Verwendung sonntagsschulpflichtiger Kinder zu Sonn- und Feiertagsarbeiten vor. Um so erstaunlicher ist, daß nur die Regierungen Unterfrankens, Schwabens und der Pfalz eine Ausdehnung der staatlichen Fürsorge auch auf die nicht mehr werktagsschulpflichtigen Arbeiter (Frage 3.) befürworteten[158], während alle übrigen Regierungen eine solche Erweiterung mit dem Hinweis auf die höhere Altersklasse, die „größere Selbständigkeit", die „Hemmung der industriellen Beweglichkeit", das Fehlen von „übermäßigen Arbeitsanforderungen" ablehnten (H.Kündig 1913, S.35).

Weitgehend einig waren sich die Regierungen über eine weitere, z.T. sogar gänzliche Einschränkung der Verwendung werktagsschulpflichtiger Kinder in Fabriken. Interessant ist dabei die Begründung der Regierung Schwabens, die unter Hinweis auf die „fabrikreiche" Stadt Augsburg glaubte nachweisen zu können, „daß zu den verschiedenartigen Fabrikgeschäften jüngere Kinder nicht notwendig und wahrscheinlich auch nicht einmal brauchbar seien" (zit. nach H.Kündig 1913, S.34).

Große Besorgnis bestand unter den Regierungen über die gesundheitlichen Gefahren in bestimmten Fabrikationszweigen. Zündholz-, Tabak-, Filzhut-, Schwefelsäure-, Bleiweiß-, Spiegelbeleg-, Hohlglas- und ähnliche Fabriken wurden als außerordentlich gesundheitsschädlich bezeichnet. Besonders in den Glasschleifereien entlang der böhmischen Grenze herrschten noch große Mißstände. Kinder ab dem 12.Lebensjahr wurden häufig zum sog. Dousieren der Gläser verwendet. Die Regierung der Oberpfalz schreibt:

„Es wird nämlich durch die immerwährende, mit Vorneigen des oberen Körpers gebückte Stellung die körperliche Entwicklung gehemmt, die jungen Leute bekommen ein blaßes Aussehen, durch das anhaltende Stehen schwellen die Füße an und es bilden sich Krampfadern an denselben, Brustkrankheiten, Bleichsuch-

---

156 Die Stadtpfarrer von Regensburg beklagten sich schon 1840 gegenüber ihrem Bischof, „daß viele Feiertagsschüler am Tage des Herrn kaum eine hl.Messe hören, viel weniger die Predigt oder der vormittägigen Kirchen-Christenlehre beiwohnen können, weil sie arbeiten müssen" (Schreiben vom 24.Oktober 1840 an den Bischof von Regensburg. AB Regensburg, Nr.461).
157 Schreiben des bischöflichen Ordinariats Speyer an die kgl.Regierung der Pfalz, Kammer des Innern, vom 24.Oktober 1842 (StA Speyer, Best.: H 3 Nr.6967).
158 Die Pfälzer Regierung hielt „in Anbetracht des schlechten Sonntags- und Kirchenbesuchs der Sonntagsschüler und des Fehlens entsprechender Strafmittel" (H.Kündig 1913, S.35) staatliche Maßnahmen für erforderlich. Die Regierung Schwabens sprach sich „für ein absolutes Verbot der sonn- und festtäglichen Fabrikbeschäftigung" aus und hielt auch ein „Verbot der regelmäßigen Nachtarbeit für Unterfünfzehnjährige als 'höchst wünschenswert'" (H.Kündig 1913, S.36).

ten und noch andere krankhafte Erscheinungen sind die natürlichen physischen Folgen einer solchen Beschäftigung. Da der Geist bei diesen Arbeiten fast gar keine Nahrung und Beschäftigung findet, so liegt die geistige Tätigkeit sehr darnieder; diese Individuen besitzen wenig intellektuelle Fähigkeiten, werden stumpfsinnig und viele sogar blödsinnig. Die übrige Lebensweise trägt natürlich zur Nahrung und Förderung des Krankheitsstoffes das Ihrige bei. Schlechte Lebensmittel, unmoralisches Zusammenleben von beiderlei Geschlechtern unter gemeinschaftlichem Dach und Fach, fortwährende Klausur in engen, ungesunden Räumen ruiniert auch die körperlich kräftigste Persönlichkeit" (abgedr. bei H.Kündig 1913, S.37).

Für diese und auch für die Zündholzfabriken, wo Kieferknochenerkrankungen gehäuft auftraten, wurde ein Beschäftigungsverbot für Unterachtzehnjährige gefordert.

Bezüglich der gesundheits- und sittenpolizeilichen Vorkehrungen fordern die Behörden Trennung der Geschlechter in den Fabrikräumen und vor allem mehr Raum zwischen den Arbeitsmaschinen (H.Kündig 1913, S.38).

Nachdem am 24.November 1852 der letzte Bericht eingegangen war, verstrich aus unerklärlichen Gründen zunächst noch ein volles Jahr, ehe das Ministerium des Innern für Kirchen- und Schulangelegenheiten ein Arbeitsschutzgesetz favorisierte, das ein vollständiges Arbeitsverbot werktagsschulpflichtiger Kinder vorsah. Sowohl im eigenen Ressort als auch in dem damit befaßten Handelsministerium aber erhob man gegen den Vorschlag des Ministers erhebliche Bedenken. Unter den „obwaltenden Verhältnissen", so hieß es, sei ein absolutes Verwendungsverbot der Werktagsschulpflichtigen weder „erreichbar" noch wünschenswert (H.Kündig 1913, S.41). Auf jeden Fall aber sollte vor einer Entscheidung die Industrie selbst zu Wort kommen. Am 9.Februar 1854 beauftragte daher das Handelsministerium die Zentralverwaltung des polytechnischen Vereins, ein Gutachten darüber zu erstellen, „ob eine gänzliche unbedingte Ausschließung der werktagsschulpflichtigen Kinder von der Fabrikbeschäftigung ausführbar sei"[159]. Die Antwort erfolgte am 23.April 1854 und beinhaltete im wesentlichen die Punkte, die im Protokoll der Ausschußsitzung vom 21.Februar festgehalten waren: Die Verordnung vom 15.Januar 1840 sei auch „den jetzt bestehenden Verhältnissen der vaterländischen Fabrik-Industrie angemessen"; eine „Verwendung von

---

159 Schreiben des Staats-Ministeriums des Handels und der öffentlichen Arbeiten an den Centralverwaltungsausschuß des polytechnischen Vereins vom 9.Februar 1854 (ADt.Mus. München, Abt.Forschung: Inventar des Archivs des Polytechn.Vereins, Mappe Nr.VII, 246 (1-4)).

Kindern zu einer Fabrikbeschäftigung, die ihrer Gesundheit nachtheilig ist", soll „gänzlich untersagt" werden; an Orten, wo sich weder Orts- noch Fabrikschulen befänden, solle werktagsschulpflichtigen Kindern der Besuch von Fabriken verboten werden[160].

Diese Antwort war ganz im Sinne des anfragenden Ministeriums, das schon in seinem Gesuch an den Zentralverband seine Vorbehalte deutlich kundtat[161]. Nachdem auch der Minister des Innern einer großen Lösung, nämlich einem totalen Verbot der Verwendung werktagsschulpflichtiger Kinder in Fabriken, ablehnend gegenüberstand und sich lediglich zu einigen kleineren Modifikationen der 1840er Verordnung bereit erklärte, zog der Minister des Innern für Kirchen- und Schulangelegenheiten, F.v.Ringelmann, seinen ursprünglichen Plan zurück und legte am 21.Juni 1854 eine abgeschwächte Verordnung dem König zur Genehmigung vor (vgl. H.Kündig 1913, S.43). Bereits am 16. Juli 1854 trat die „Königlich Allerhöchste Verordnung, die sanitäts- und sittenpolizeiliche Fürsorge für jugendliche Arbeiter in den Fabriken betreffend" in Kraft. Die Bestimmungen im einzelnen lauten:

„I. Die Zulassung von werktagsschulpflichtigen Kindern zu einer regelmäßigen Beschäftigung in Fabriken und größeren Werken ist durch das vollendete zehnte Lebensjahr und durch den Nachweis der diesem Lebensalter entsprechenden Elementarbildung sowie eines entsprechenden Religionsunterrichtes bedingt.

---

160 Protokoll der Kommissionssitzung vom 21.Februar 1854 (ADt.Mus. München, Abt.Forschung: Inventar des Archivs des Polytechn.Vereins, Mappe Nr.VII, 246 (1-4)).
161 Darin heißt es: „Abgesehen davon, daß die Fabrikthätigkeit in Bayern noch keine solche Ausdehnung erreicht hat, um die Verwendung erwähnter (= werktagsschulpflichtiger) Kinder zu Fabrikarbeiten – wenn auch nicht zu begünstigen – geradezu an und für sich schon als gemeinschädlich zu bezeichnen, und abgesehen davon, daß der weitaus größte Theil der bayerischen Fabrikbesitzer mit der allgemeinen Wahrnehmung von gutem Geiste genügend beseelt ist, um schon aus eigenem Antriebe das geistige und körperliche Wohl seines jugendlichen Gehilfenstandes nach Möglichkeit zu bewahren und zu befördern, so möchte ein derartiges unbedingtes Verbot überdieß nicht nur auf jenen Fabrikbetrieb, welcher mit den leichten, nicht anstrengenden Arbeiten bisher auf die Leistungen der Kinder angewiesen war, sehr ungünstig zurückwirken, sondern auch für den Nahrungsstand armer Familien, welche für ihre Kinder einen möglichst baldigen Erwerb und zugleich auch eine thunlichst frühe Angewöhnung zur geregelten Thätigkeit zu wünschen veranlaßt sind, nachtheilige Folgen äußern.
Diese Erwägungen schließen jedoch im Mindesten nicht aus, mit Rücksicht auf so manche gewinnsüchtige Fabrikbesitzer und gewissenlose Eltern und Vormünder jene Vorschriften strenge zu handhaben, welche in der allerhöchsten Verordnung vom 15.Januar 1840 (...) bereits niedergelegt sind."
(Schreiben des Staats-Ministeriums des Handels und der öffentlichen Arbeiten an den Centralverwaltungsausschuß des polytechnischen Vereins vom 9.Februar 1854 (ADt.Mus. München, Abt.Forschung: Inventar des Archivs des Polytechn.Vereins, Mappe Nr.VII, 246 (1-4))).

II. Das Maximum der Arbeitszeit für solche Kinder wird auf neun Stunden des Tages festgesetzt. Eine Verwendung derselben zu Nachtarbeiten darf niemals und unter keiner Bedingung stattfinden.

III. Für den Schulunterricht solcher Kinder sind während der bestimmten Arbeitszeit täglich drei Stunden zu verwenden.

Im übrigen und soweit nicht durch gegenwärtige Verordnung eine Änderung eintritt hat es bei den sämtlichen Bestimmungen der Verordnung vom 15. Januar 1840, die Verwendung der werktagsschulpflichtigen Jugend in den Fabriken betreffend, auf so lange Wir nicht anders verfügen sein Verbleiben und es ist dieselbe überall auf das Genaueste zu vollziehen und der Vollzug zu überwachen. Insbesondere sollen die Eigentümer von Fabriken und größeren Gewerken angehalten werden, werktagsschulpflichtige Kinder immer nur unter Aufsicht eines anerkannt rechtschaffenen Arbeiters oder Aufsehers in den Fabriken zu beschäftigen und, soweit immer möglich, die Trennung der Geschlechter zu bewerkstelligen"[162].

Die Verordnung brachte zwar eine Erweiterung des Kinderschutzes in Bayern: Anhebung des Alters auf das 10. Lebensjahr (vorher ab neun Jahren); Beschränkung der Arbeitszeit auf neun (bisher 10) Stunden; uneingeschränktes Verbot der Nachtarbeit; Hinaufsetzung der Unterrichtszeit auf mindestens drei (bisher zwei) Stunden; erhöhter Moralitätsschutz, verfehlte aber erneut die Möglichkeit einer durchgreifenden Reform der Beschäftigung von Kindern in Fabriken. Wie schon 1840 verabsäumte man, die sonntagsschulpflichtigen Kinder und Jugendlichen in die Schutzbestimmungen mit einzubeziehen. Wieder blockierten Zaghaftigkeit und Uneinsichtigkeit der beteiligten Ministerien die Durchsetzung strengerer Bestimmungen, etwa nach dem Vorbild Preußens[163]. Zwar wird man der Staatsregierung schwerlich sozialpolitische Rückständigkeit vorwerfen können. Das beweist schon das soziale Engagement König Max II. Ebensowenig aber scheint das Argument zuzutreffen, die Mißstände seien in Bayern zu gering gewesen, als daß ein schärferes Vorgehen vonnöten gewesen wäre, wie H. Kündig (1913, S.46) und J. Kermann (1976,

---

162 Regierungsblatt für das Königreich Bayern 1854, Nr. 30, Sp. 561-564.
163 Die preußische Regierung hatte bereits am 16. Mai 1853 ein „Gesetz betreffend einige Abänderungen des Regulativs vom 9. März 1839 über die Beschäftigung jugendlicher Arbeiter in Fabriken" erlassen, das u.a. nach einer Übergangszeit von zwei Jahren vom 1. Juli 1855 ab die Beschäftigung von Kindern erst nach zurückgelegtem 12. Lebensjahr gestattete, ab sofort die tägliche Arbeitszeit für Zwölf- bis Vierzehnjährige auf maximal sieben Stunden mit einer Mittagspause von einer halben und Vor- und Nachmittagspausen von je einer Viertelstunde reduzierte, die Beschäftigung von Leuten unter 16 Jahren von der Aushändigung eines durch die Ortspolizei ausgestellten Arbeitsbuches abhängig machte, den Arbeitgeber verpflichtete, halbjährlich der Ortspolizei die Zahl der unter 16jährigen Arbeiter zu melden, die Fabrikinspektion als staatliches Kontrollorgan fakultativ einführte (Gesetz-Sammlung für die Königl. Preuß. Staaten 1853, S. 225-227; vgl. G. K. Anton 1891, S. 88-90 und Anhang VIII, S. 181-187; R. Hoppe (Hrsg.) 1969, S. 111-115).

S.335) annehmen. Betrachtet man die maßgeblichen Motive, die den Verordnungsvorgang beeinflußten, so treten wieder die bekannten Argumentationsmuster in Erscheinung, die jede schärfere staatliche Maßnahme schon im Entstehen vereitelten:
- Befürchtung von Nachteilen für die Industrie bei Verbot der Kinderarbeit;
- Angewiesensein armer Familien auf den Verdienst der Kinder;
- frühe Gewöhnung der Kinder an geregelte Arbeit! (vgl. Anm.161).

Solange diese Beweggründe das Bewußtsein staatlicher und kirchlicher Führungskräfte beherrschten, vermochten selbst eklatante Mißstände, wie sie aus Oberpfälzer Glasfabriken gemeldet wurden, den Gesetzgeber nur unmaßgeblich zu beeinflussen[164].

4.5 Die Unzulänglichkeit der staatlichen Maßnahmen und ihre Folgen

Nicht alle verantwortlichen Kräfte wollten sich mit den getroffenen Verordnungen der Staatsregierung einverstanden erklären. Bereits ein Jahr nach Inkrafttreten der Bestimmungen über die sanitäts- und sittenpolizeiliche Fürsorge für jugendliche Arbeiter richtete der Abgeordnete F.J.Völk aus Friedberg (bei Augsburg) an die Kammer der Abgeordneten des bayerischen Landtags den Antrag, „die Verwendung von Kindern und jungen Leuten in den Fabriken und die Arbeitszeit derselben"[165] per Gesetz zu regeln. Dies sollte möglichst zum sofortigen Zeitpunkt geschehen, auch wenn „ein Verlangen und gleichsam ein Schrei nach einem solchen Antrage nicht vorhanden" sei; denn es sei ratsamer, die Verhältnisse „vorsorglich" zu regeln, als „schon feste Verhältnisse" durch Gesetz

---

164 Aufschlußreich hierfür ist eine Protokollnotiz aus der Sitzung des Zentralausschusses des polytechnischen Vereins vom 21.Februar 1854, dem auch freiresignierter Pfarrer und Benefiziat Fr.Omüller angehörte. Als bei dieser Sitzung auch die Verhältnisse der werktagsschulpflichtigen Kinder in den Oberpfälzer Glasfabriken zur Sprache kamen, notierte der Protokollant:
„Herr Pfarrer Omüller, welcher in einem Fabrikorte der Oberpfalz längere Zeit als Schulen-Inspektor fungierte, theilt seine Erfahrung dahin mit, daß die Verwendung schulpflichtiger Kinder keinen (!) nachtheiligen Einfluß auf das geistige und körperliche Wohl derselben im Allgemeinen verursacht, und daß insbesondere dadurch Kinder gewöhnt werden, ein geregeltes, arbeitsames Leben (!) zu führen, und redlichen Verdienst anzustreben, sowie auch für die Mehrung industrieller Kenntnisse und die Entwicklung eigener Geistesthätigkeit erheblich gesorgt sey" (ADt.Mus. München, Abt.Forschung: Inventar des Archivs des Polytechn.Vereins, Mappe Nr.VII, 246 (1-4), Protokollbericht vom 2.Februar 1854).
165 Verhandlungen der Kammer der Abgeordneten des bayerischen Landtages im Jahre 1855-56, Beilagenband I, S.448.

„abändern oder zerstören" zu müssen[166]. F.J.Völk begründete seinen Antrag sowohl im Kammerausschuß, dem der Antrag zur Vorberatung übergeben wurde[167], als auch in den öffentlichen Sitzungen am 22.Oktober (s. Anm.166) und 19.November 1855[168] mit dem bemerkenswerten Hinweis:

„Das Kind, meine Herren, hat ein Recht auf seine Kindheit, auch seinen Eltern gegenüber; und dieses Recht hat der Staat zu schützen"[169].
„Es fällt mir nicht entfernt ein, in jene Klagen einzustimmen, welche in der industriellen Entwicklung eines Volkes ein Unglück sehen. Allein eine Industrie, welche sich nur halten könnte, wenn dazu die Thätigkeit des zarten Alters bei Tag und am Ende auch bei Nacht angespannt werden müßte, welche nur blühen könnte über dem frühen Siechthum welches aus den Sälen der Volksspinner etc. hervorginge, eine solche Industrie würde ich dennoch für eine ungesunde, ich würde sie in volkswirtschaftlicher Beziehung für ein Unglück halten"[170].

Wie recht der Abgeordnete hatte, belegt ein Bericht des Landgerichts-Physikates Würzburg von 1856, in dem es heißt:

„Häufig kommen hier auch Bleichsucht oder Lungensucht vor und ich glaube die Ursache des häufigen Vorkommens dieser beiden Krankheiten darin suchen zu müssen, daß Kinder, 12 Jahre alt, kaum aus der Werktagsschule entlassen, sogleich in Cigarren- und Zündholzfabriken verwendet werden"[171].

Leider scheiterte F.J.Völks Antrag schon auf der Ausschußsitzung durch Betreiben des Abgeordneten Fürst von Oettingen-Wallerstein, auf dessen Vorschlag folgende Resolution verabschiedet wurde:

„Es sei von dem Begehren einer Gesetzesvorlage vorerst noch Umgang zu nehmen und zur Zeit vorbehaltlich späterer legislativer Regelung der Materie im Interesse der Humanität wie der Moralität lediglich auf verfassungsmäßigem Wege die Bitte an den Thron gelangen zu lassen: Se.Majestät der König wolle geruhen, den durch die allerhöchsten Verordnungen vom 15.Jänner 1840 und 16.Juli 1854 begründeten sanitätspolizeilichen und sittenfördernden Schutz unter den entspre-

---

166 Verhandlungen der Kammer der Abgeordneten des bayerischen Landtages im Jahre 1855-56, Bd.I (öffentliche Sitzung vom 22.Oktober 1855), S.123 f.
167 Verhandlungen der Kammer der Abgeordneten des bayerischen Landtages im Jahre 1855-56, Beilagenband I, Beilage XXVII, S.445-455.
168 Verhandlungen der Kammer der Abgeordneten des bayerischen Landtages im Jahre 1855-56, Bd.I (öffentliche Sitzung vom 19.November 1855), S.210-212.
169 Verhandlungen der Kammer der Abgeordneten des bayerischen Landtages im Jahre 1855-56, Bd.I (öffentliche Sitzung vom 19.November 1855), S.123.
170 Verhandlungen der Kammer der Abgeordneten des bayerischen Landtages im Jahre 1855-56, Beilagenband I, S.448.
171 StA Würzburg, Best.: Rg.v.Ufr., Nr.6590.

chenden Modifikationen auch auf die sonn- und feiertagsschulpflichtige Jugend auszudehnen"[172].

Doch auf der Plenarsitzung am 19.November 1855 erhielt F.J.Völk in unerwarteter Weise Unterstützung durch den Abgeordneten und späteren Generalsekretär des Landwirtschaftlichen Vereins in Bayern, A.Müller[173]. Zwar plädierte Müller für eine „genaue und vollständige Erhebung der werktagsschulpflichtigen sowie der sonn- und feiertagsschulpflichtigen Jugend nach Verschiedenheit der Beschäftigung (...)", ehe man zu gesetzgeberischen Maßnahmen greife[174], aber er begründete seinen Antrag mit einem bis dahin nicht gehörten Argument:

„Ich nehme nun an, meine Herren, daß die Fürsorge der Regierung für diese Kinder und jugendlichen Arbeiter in den Fabriken unsere volle Anerkennung verdient. Allein (...), wir wollen jetzt auch (...) zu den andern 1.230.000 Kindern wandern und uns fragen: womit beschäftigen sich denn diese Kinder? (...) Wenn Sie näher auf desfallsige Nachforschungen eingehen, werden Sie finden, daß unter den 1.230.000 Kindern vielleicht eine Million ist, die nicht in glücklichen Verhältnissen lebende, 500.000 mehr oder minder arme, 100.000 wirklich dürftige und dem Elende überantwortete sind.
(...)
Man sagt, die Kinder und jugendlichen Arbeiter in den Fabriken müssen harte und strenge Arbeit verrichten und höchst kümmerlich ihr Dasein fristen. (...) Aber, meine Herren, wollen Sie doch auch in Erwägung ziehen, daß 100.000 von Kindern noch viel schwereren Arbeiten sich zu unterziehen haben, die ihre Verkümmerung und Verkrüppelung nach sich ziehen.
(...)
Meine Herren! Wenn Sie sich für die Kinder in den Fabriken annehmen, thun Sie es auch für diese, thun Sie es in erhöhterem Maße"[175].

Zwar fanden weder Völks noch Müllers Vorschläge im Plenum eine Mehrheit, aber der Antrag Müllers verdient schon deshalb besondere Beachtung, weil er „die Fürsorge des Staates (...) auf die Gesamtheit der jugendlichen Arbeiter ohne Rücksicht auf den Beruf ausgedehnt" wissen wollte und damit „selbst den modernen reichsrechtlichen Kinderschutz (Kinderschutzgesetz von 1903) überflügelte" (H.Kündig 1913, S.49).

---

172 Verhandlungen der Kammer der Abgeordneten des bayerischen Landtages im Jahre 1855-56, Beilagenband I, S.455.
173 Vgl. seine Selbstbiographie „Erinnerungen aus meinem Leben".
174 Verhandlungen der Kammer der Abgeordneten des bayerischen Landtages im Jahre 1855-56, Bd.I (öffentliche Sitzung vom 19.November 1855), S.244.
175 Verhandlungen der Kammer der Abgeordneten des bayerischen Landtages im Jahre 1855-56, Bd.I (öffentliche Sitzung vom 19.November 1855), S.214.

Darüber hinaus wurden in den Kammerverhandlungen der Abgeordneten in den Jahren 1855/56 auch einige, die Verwendung von Kindern in Fabriken indirekt berührende Anträge behandelt[176], die dann als Grundlage einer Ministerialentschließung vom 9.Juli 1856, „die Werktags- und Feiertagsschulpflicht der Jugend betreffend", dienten. Hierin war eine Verlängerung der Werktagsschulpflicht auf das vollendete 13. und eine Verkürzung der Feiertagsschulpflicht auf das vollendete 16.Lebensjahr verfügt worden[177]. Damit erfolgte zugleich auf indirekte Weise eine Ausweitung des Kinderschutzes, da die Verordnungen von 1840 und 1854 ausdrücklich die Verwendung *werktagsschulpflichtiger* Kinder in Fabriken regelten.

In derselben Zeit, als man im Landtag über neue und erweiterte Möglichkeiten des Kinderschutzes debattierte, mehrten sich seitens der Pfarrer und bischöflichen Ordinariate die Klagen über fehlende Teilnahme von Kindern, Jugendlichen und Erwachsenen an sonntäglichen Gottesdiensten, der Christenlehre und am Sonn- und Feiertagsunterricht. Als Ursache der „Entheiligung" des Sonntags wurde die Sonntagsarbeit in Fabriken genannt. So heißt es in einem Schreiben des bischöflichen Ordinariats Speyer an die kgl. bayerische Regierung der Pfalz:

„Aus einem unlängst eingelaufenen Berichte des Pfarrers Rink in Graevenhausen haben wir höchst mißfällig ersehen, daß fort und fort in Fabriken des Neustadter-Thales[178] an Sonn- und Feiertagen (...) gearbeitet wird, und die in jener Fabrik ihr Brod verdienenden Arbeiter gleichsam zu dieser Arbeit und der dadurch bedingten Entheiligung der Sonn- und Festtage genöthigt würden, indem daselbst der Grundsatz gelte: 'Wer Sonntags nicht arbeiten will, den kann man auch an Werktagen nicht brauchen' (...).
Am allernachtheiligsten muß fragliche Sonntagsentheiligung auf die sonntagsschulpflichtige Jugend einwirken, welche weder zum Besuche der Kirche noch zu jenem der Sonntagsschule zugelassen wird (...), was die Folge hatte, daß nun für Manches jener Kinder Schulstrafen von 2 fl. oder noch darüber von den Eltern zu entrichten sind, ohne daß jedoch der durch jene Strafen beabsichtigte Zweck erreicht zu werden vermag. (...)
Da der Gegenstand schon in sich selbst, weit mehr aber noch in seinen Folgen von Wichtigkeit ist, indem eine gänzliche Verwilderung und Entsittlichung ganzer Gemeinden (...) unausbleiblich erfolgen müsse, so hegen wir die zuversichtliche Erwartung, die jenseitige sehr verehrliche Stelle werde (...) geeignete Mittel in An-

---

176 Verhandlungen der Kammer der Abgeordneten des bayerischen Landtages im Jahre 1855-56, Beilagenband II, Beilage LXXII, S.539-544.
177 K.Weber Bd.4, S.764-765.
178 Hier befanden sich verschiedene Papier- und Tuchfabriken (J.Kermann 1976, S.323).

wendung zu bringen besorgt sein, wodurch besagtem (...) Uebelstande ein Ziel gesetzt zu werden vermag"[179].

Andernorts mußten Landgerichte wegen Schulversäumnissen sonntagsschulpflichtiger Jugendlicher tätig werden. Pfarrer hatten in ihrer Eigenschaft als Lokalschulinspektoren Fabrikbesitzer verklagt, weil sie Sonn- und Feiertagsschüler an Sonntagen arbeiten ließen und diese dadurch die Sonntagsschule und den Sonntags-Gottesdienst versäumten. Die Eisenwerksgesellschaft Maxhütte drohte mit der Entlassung der Jugendlichen, falls die Regierung „eine gänzliche Entlastung von der sonntäglichen Arbeit" fordern sollte, weil dies „nur bey gänzlichem Stillstand des Werkes" zu ermöglichen wäre:

„Sollte nun den schulpflichtigen Arbeitern die sonntägliche Arbeit ganz untersagt werden, so wären wir leider gezwungen, dieselben zu entlassen und Fremde hiefür herbeyzuziehen; doch dürfte hiebey wohl zu erwägen seyn, daß diesen Kindern alsdann, meist unehelich oder von armen Eltern, ihr Erwerb gänzlich benommen, und dieselben, anstatt frühzeitig an Arbeit gewöhnt, der Arbeit entwöhnt würden"[180].

Der Hinweis auf die drohende Entlassung der jugendlichen Arbeiter wog schwer, denn wie die soziale Herkunft dieser Arbeiter zeigte, waren die Eltern in höchstem Maße auf den Lohnerwerb ihrer Kinder angewiesen[181]. An der Unausweichlichkeit solcher Gegebenheiten mußten auch die Kontroll- und Aufsichtsorgane Grenze und Ohnmacht ihres Eingreifens erkennen. Mag auch die Mehrheit der Abgeordneten im Landtag die bestehenden Schutzbestimmungen für jugendliche Arbeiter als ausreichend empfunden haben, wenn sie nur streng genug gehandhabt und von den Polizei- und Schulbehörden gewissenhaft überwacht würden, – die Realität bewies das Gegenteil.

Eine gewisse Verschärfung der Kontrolle über die Einhaltung der geltenden Verordnungen brachte die Einführung des Polizeistrafgesetzbuches

---

179 Schreiben vom 24. August 1855 (StA Speyer, Best.: H 3, Nr. 6967).
180 Schreiben der Eisenwerk-Gesellschaft Maximilianshütte an das kgl. Landgericht Burglengenfeld (Regierungsbezirk Oberpfalz und Regensburg) vom 14. September 1858 (StA Amberg, Best.: Reg.Abg.49, Nr. 11050).
181 Aus einer Liste über die im Eisenwerk Maximilianshütte beschäftigten sonntagsschulpflichtigen Kinder und Jugendlichen geht hervor, daß deren Eltern fast ausnahmslos der untersten Einkommensschicht angehörten.

für das Königreich Bayern vom 10.November 1861[182]. Für das linksrheinische Bayern bedeutete dies sogar eine grundlegende Änderung der Situation. Denn „das hier bis dahin geltende französische Strafgesetzbuch (Code pénal) und alle auf dasselbe bezüglichen Gesetze und Verordnungen traten außer Kraft und wurden durch dieses Polizeistrafgesetzbuch ersetzt" (J.Kermann 1976, S.335). Die beiden entscheidenden Artikel 107[183] und 213[184], die bei Verletzung der allgemeinen Schulpflicht bzw. der Bestimmungen über die Verwendung von jugendlichen Personen in Fabriken Geld- oder Haftstrafen anordneten, machten eine härtere Vorgehensweise gegen Gesetzesbrecher möglich. Allein, wer wagte es schon, Inhaber von Fabriken oder größeren Gewerken mit 50 oder 100 Gulden oder gar mit Arrest von acht Tagen zu bestrafen, wenn sie den Verordnungen über die Beschäftigung jugendlicher Personen unter 16 Jahren zuwiderhandelten, wie es Art.213 des Polizeistrafgesetzbuches vorsah?

Fabrikbesitzer gehörten in der Regel zu den angesehenen und einflußreichen Bürgern einer Gemeinde und besaßen vielfach Sitz und Stimme im Magistrat oder Gemeinderat, so daß schon die soziale Schranke eine Verfolgung des Mißbrauchs der Schutzbestimmungen vereitelte. Und was

---

182 K.Weber Bd.5, S.287-335. Das bayerische Polizeistrafgesetzbuch ist durch Art.2 Ziff.3 des Vollzugsgesetzes vom 26.Dezember 1871 (Einführung des Strafgesetzbuches für das Deutsche Reich) vollständig außer Kraft gesetzt worden (K.Weber Bd.5, S.287).

183 Art.107 des Polizeistrafgesetzes lautete:
„Mit Arrest bis zu drei Tagen oder an Geld bis zu zehn Gulden werden Eltern, Pflegeeltern, Vormünder, Dienst- und Lehrherren gestraft, welche ohne genügende Entschuldigung beharrlich unterlassen, ihre schulpflichtigen Kinder, Pflegekinder, Mündel, Dienstboten oder Lehrlinge zum Schulbesuche anzuhalten, ohngeachtet sie von der Schulbehörde wegen schuldbarer Schulversäumnisse auf Grund der bestehenden Schulordnung wiederholt mit Geldstrafe belegt und von der Polizeibehörde vor weiteren Schulversäumnissen gewarnt worden sind.
Arrest bis zu drei Tagen kann auf Antrag der betreffenden Schulbehörde gegen diejenigen erkannt werden, welche aus eigenem Verschulden den Besuch der Sonntagsschule oder während ihrer allgemeinen Sonntagsschulpflicht den Besuch des öffentlichen Religionsunterrichts fortgesetzt versäumen und hiewegen von der Polizeibehörde verwarnt worden sind."

184 Im Art.213 heißt es:
„An Geld bis zu fünfzig Gulden werden Inhaber von Fabriken, Berg-, Hütten- oder Schlagwerken oder sonstigen größeren Gewerken und deren Stellvertreter gestraft, wenn sie den Verordnungen über Beschäftigung jugendlicher Personen unter sechzehn Jahren zuwiderhandeln.
Im Rückfalle kann die Strafe bis zu hundert Gulden erhöht werden und ist außerdem der Polizeirichter ermächtigt, dem Bestraften die Beschäftigung von Personen unter sechzehn Jahren auf bestimmte Zeit, jedoch nicht länger als auf zwei Jahre, zu untersagen.
Zuwiderhandlungen gegen solche Verbote sind mit Geldstrafe bis zu hundert Gulden, womit Arreststrafe bis zu acht Tagen verbunden werden kann, zu strafen.
Die auf Grund dieses Artikels erkannten Geldstrafen fallen zu zwei Drittheilen in die Armenkasse des Ortes der Uebertretung."

half die Verhängung von Geldbußen bis zu zehn Gulden oder Haftstrafen bis zu drei Tagen gegen Eltern, Dienst- und Lehrherren bei schuldhaften Schulversäumnissen der Kinder und Lehrlinge, wie sie Art. 107 des Polizeistrafgesetzes androhte, wenn die Betroffenen außerstande waren, das Bußgeld herbeizuschaffen oder, bei Arreststrafen, noch kleinere Kinder zu betreuen hatten? Zwar hatte man die Einführung von Haftstrafen gerade aus dem Grunde in das Polizeistrafgesetz aufgenommen, weil den „überhandnehmenden schuldbaren Schulversäumnisse(n)" durch Geldstrafen nicht beizukommen war:

„Die Schuldigen sind nämlich entweder arm, in welchem Falle vielfach auch diese kleinen Geldstrafen nicht von ihnen beigetrieben werden können, oder sie befinden sich in besseren Vermögensverhältnissen, so daß dann aus diesem Grunde derartige Strafen wirkungslos bleiben"[185].

Aber auch die von der Regierung erhoffte abschreckende Wirkung des angedrohten Arrests bei fortgesetzter schuldhafter Verletzung der Sonntagsschulpflicht und des Besuchs der Christenlehre (Art. 107 des Polizeistrafgesetzes) blieb unter den gegebenen Verhältnissen aus. „Der Versuch, die Schulversäumnisse infolge von Fabrikarbeit auf diese Weise einzudämmen, erwies sich als ein Fehlschlag" (J. Kermann 1976, S. 325). Die Klagen über Schulversäumnisse wollten nicht abreißen[186]. Eine im Jahre 1867 in der Pfalz durchgeführte Erhebung zur Kinderarbeit zeigte folgendes Bild:

Fabrikations- zweig bzw. -ort	Werktags- schüler	Sonntags- schüler	Bemerkungen zu Arbeit und Schulbesuch
Baumwollspin- nerei Lamperts- mühle AG	11	45	Die Kinder werden an den Webstühlen zum Weben, an den Spinnstühlen zum Aufstecken der Spulen u.z. Ansetzen der Fäden verwendet. Die Kinder arbeiten eine Woche nachts in der Fabrik, die andere Woche bei Tag. Die werktagsschulpflichtigen Kinder kamen bei Tagarbeit überhaupt nicht zur Schule, bei Nachtarbeit kamen sie – wenn überhaupt – schlaftrunken i.d. Schule. Die Sonntagsschüler waren auf vorhergegangener Nachtarbeit ebenfalls so ermüdet, daß sie die Sonntagsschule gar nicht oder ohne Nutzen besuchten.

185 Verhandlungen der Kammer der Abgeordneten des bayerischen Landtages im Jahre 1855-56, Beilagenband II, S. 241.
186 1867 beschwert sich der Distriktsschulinspektor des Kantons Blieskastel bei der Regierung der Pfalz, daß Kinder häufig „zum Essentragen in die Fabriken verwendet" würden und dadurch die Schule versäumten. „Die unterfertigte Inspektion hat zu ihrem Bedauern schon oft die Wahrnehmung gemacht, daß die Versuche zur Beseitigung derartiger Mißstände jedesmal auf unübersteigliche Hindernisse stoßen" (StA Speyer, Best.: H 3, Nr. 6967).

Fabrikations- zweig bzw. -ort	Werktags- schüler	Sonntags- schüler	Bemerkungen zu Arbeit und Schulbesuch
Glashütten St. Ingbert	?	–	
Drahtstiften- fabrik Ixheim	15	–	10% der Gesamtschülerzahl waren in der Fabrik beschäftigt. Mindestalter 10 Jahre. Die Kinder nehmen von 6-8 Uhr regelmäßig am öffentlichen Unterricht teil. Arbeitszeit in der Fabrik 8.30-12 Uhr, 13-19 Uhr (Pause 16-16.30 Uhr). Arbeitstätigkeit: Ordnen und Verpacken der Drahtstifte. Während der Wintermonate arbeiteten die Kinder nicht in der Fabrik und besuchten vorschriftsmäßig den 6 stündigen Unterricht.
Ziegeleien Winzingen	?	–	Es werden oftmals Kinder verwendet.
Zündholzfabrik Winnweiler	6	–	Die Kinder wohnen dem Schulunterricht regelmäßig bei, sie arbeiten nur an schulfreien Nachmittagen oder nach beendeter Schulzeit.
Papierfabrik Frankeneck	?	–	Beschäftigten mehrere Kinder, namentlich im Sommersemester, in welchem nur in den Morgenstunden von 6-9 Uhr Schule gehalten wird, nach Beendigung der Schulzeit.
Holzwarenfabrik Kirchheimbolanden	?	–	Kinder werden nur zeitweise und nur in geringer Anzahl beschäftigt. Die Gemeinschaftsschulen besuchen die arbeitenden Kinder regelmäßig.
Bauunternehmen, Maurer Ludwigshafen und Mannheim	16	–	Die Kinder kommen aus der Bürgermeisterei Friesenheim (Bezirksamt Speyer), arbeiten als Handlanger mindestens 11 Stunden und besuchen überhaupt nicht die Schule.
Frankenthal	?	–	Werktagsschüler über 10 Jahren arbeiten öfters, Sonntagsschüler sehr häufig in Fabriken.
In Fabriken und Gewerken zu Mannheim und Ludwigshafen	12	–	11 Knaben, 1 Mädchen; ca. 11-12 Stunden Arbeitszeit, alle aus Friesenheim nur während des Sommerhalbjahres.
Otterberg und Otterbach	?	–	Nur während der gesetzlichen Schulferien gehen (...) eine Anzahl Schulkinder in die Fabriken von morgens bis abends.
Winnweiler	6	–	
Worms	–	?	Schüler aus dem katholischen Distriktsschulinspektionsbezirk Frankenthal.
Otterberg	1	–	Ein werktagsschulpflichtiger Knabe i.d. Fabrik zu Otterberg.[187]

---

187 StA Speyer, Best.: H 3, Nr.6967; zusammengestellt von J.Kermann 1976, S.341-343; hier auszugsweise zitiert.

Die Unzulänglichkeit der Verordnungen und die unzureichenden Möglichkeiten ihrer Kontrolle ließen eine Situation entstehen, die, wie der folgende Fall zeigt, von der ursprünglichen Intention des Gesetzgebers nur mehr wenig erkennen ließ. Ein Schullehrer aus Siegelbach (Pfalz) berichtete an seine übergeordnete Behörde am 1.Juli 1867: die zehn schulpflichtigen Kinder, die in die Fabrik Lampertsmühle arbeiten gehen, sind zwischen zehn und 13 Jahre alt, „arbeiten eine Woche des Nachts in der Fabrik und kommen schlaftrunken in die Schule; die andere Woche gehen sie bei Tag in die Fabrik und kommen dann nicht in die Schule"[188].

Dies sollte sich erst mit der Übernahme der Gewerbeordnung des Norddeutschen Bundes und der Neuregelung des Arbeitsschutzes in den 70er Jahren ändern.

Bis dahin kamen den in Fabriken beschäftigten Kindern und Jugendlichen nur mehr einige, den Betriebsschutz betreffende Bestimmungen auf indirekte Weise zugute. Das Polizeistrafgesetzbuch sah nämlich in Art.128 eine Strafe bis zu fünfzig Gulden für den vor, der „den oberpolizeilichen Vorschriften zur Verhütung von Gefahren für die Gesundheit bei den Arbeitsbetrieben in Fabriken und bei Gewerben zuwiderhandelt" (K.Weber Bd.5, S.313). Da diese Vorschriften aber, von einigen älteren Schutzverordnungen abgesehen, noch gar nicht formuliert waren, sah sich das Innenministerium veranlaßt, umgehend die Grundlage dafür zu schaffen[189]. In einer Aufforderung an den Obermedizinalausschuß Ende März 1862 erbat es eine gutachtliche Stellungnahme, die als Verordnungsentwurf dienen sollte. Das Ergebnis lautete: In allen Fabriken, in denen die Arbeiter mit Säuren, Gasen, Salmiak, Blei, Zink und ähnlichen Chemikalien in Berührung kommen, oder wo mit hoher Staubkonzentration zu rechnen ist, oder in denen giftige Gase und Dämpfe entstehen, ist für ausreichende Durchlüftung und für große Reinlichkeit Sorge zu tragen. Dies gilt in besonderer Weise für die Spiegel- und Zündholzfabriken. In Spiegelfabriken entstanden die gefürchteten Quecksilberdämpfe, deren Einatmung zum sog. „Merkurialismus" führte, einer Krankheit mit starken Vergiftungserscheinungen (H.Kündig 1913, S.54). In Zündholzfabriken galt vor allem die Tätigkeit des Eintauchens der Stäbchen in den Phosphorbrei, sowie das Trocknen, Zählen und Verpacken der Zündhölzer als äußerst gesundheitsgefährdend. Denn hier vermutete man die Ursache der Phosphornekrose, einer Kieferknochenerkrankung, die nicht selten zur völligen Zerstörung der Kieferknochen

---

188 StA Speyer, Best.: H 3, Nr.6967.
189 Vgl. zum folgenden H.Kündig 1913, S.69-85.

führte (H.Kündig 1913, S.61 f.). Die genannten Arbeiten in den Spiegel- und Zündholzfabriken wurden, da sie leicht und einfach waren, besonders von Frauen und Kindern ausgeführt.

Da nicht nur dem Ministerium des Innern, sondern auch dem des Handels und der öffentlichen Arbeiten die bloß auf hygienische Maßnahmen abzielenden Vorschläge des Obermedizinalausschusses zu dürftig erschienen, ließ der Handelsminister am 18.Juni 1862 eine Stellungnahme der Kreisregierungen und der Fabrikräte einholen. Während die Regierungen durchwegs die Notwendigkeit strenger gesundheitlicher Schutzmaßnahmen bejahten, Mittelfranken sogar auf die Zunahme der Kindersterblichkeit in Industriegebieten hinwies, lehnten die Fabrikräte, vor allem die Schwabens und der Pfalz, eine Ausdehnung der Schutz- und Kontrollmaßnahmen für Kleinbetriebe ab. Auf Ministerrats-Ebene einigte man sich schließlich darauf, in den Katalog der zu besonderen Schutzvorkehrungen verpflichteten und mit verstärkten Kontrollen zu belegenden Fabriken und Werkstätten nur diejenigen aufzunehmen, die Quecksilber, Phosphor, Arsenik, gifthaltige Farben oder andere chemische Produkte herstellten oder verarbeiteten. Das Schleifen oder Spitzen der Nadeln, wodurch gefährlicher Metallstaub entstand, durfte nur mehr maschinell oder bei Verwendung kräftiger Ventilatoren erfolgen.

Diese als „ministerielle Bekanntmachung" vom 8.April 1863 erlassenen Vorschriften[190] blieben nicht zuletzt wegen ihrer relativen Unverbindlichkeit („Bekanntmachung") hinter den gesetzlichen Regelungen anderer Länder zurück (vgl. H.Kündig 1913, S.84 f.). Nicht einmal das von der mittelfränkischen Regierung geforderte „Verbot der Verwendung untersechzehnjähriger sowie schwangerer Personen zu Quecksilberarbeiten" (H.Kündig 1913, S.78) wurde in die „die Verhütung von Gefahren für die Gesundheit bei dem Arbeitsbetriebe in Fabriken und bei Gewerben betreffend(e)" Bekanntmachung mit aufgenommen. Eine Vermeidung oder wenigstens Verminderung der gesundheitlichen Gefahren war folglich nur dort zu erwarten, wo die vorgeschlagenen Maßnahmen mehr oder weniger freiwillig befolgt wurden. Gerichtlich erzwingen ließen sie sich nicht.

---

190 K.Weber Bd.6, S.163-164.

4.6 Tendenzen im letzten Drittel des 19.Jahrhunderts

4.6.1 Die Entfaltung der Wirtschaft

Mit dem formellen Akt der Reichsgründung am 18.Januar 1871 ging für Bayern die Zeit der selbständigen Gesetzgebung auf dem Gebiet von Gewerbe, Handel und Verkehr zu Ende. Dennoch ließen die Vereinheitlichungsmaßnahmen des Kaiserreichs dem bayerischen Eigenleben noch genügend Raum. Insgesamt, so schreibt W.Zorn, waren die äußeren Voraussetzungen für Bayerns wirtschaftliche Entwicklung innerhalb des Bismarckreichs günstig (1975, S.808)[191].

Der entscheidende wirtschaftliche Aufstieg erfolgte zwar erst in den 90er Jahren. Aber schon Ende der 70er Jahre, nach Überwindung des konjunkturellen Einbruchs (Gründerkrach) und der Zurückgewinnung von Preisstabilität durch erneute Einführung von Einfuhrzöllen für Getreide, Baumwollwaren und verschiedene Industrieerzeugnisse, bahnte sich eine aufstrebende Wirtschaftsentwicklung an. Sie wurde begünstigt durch den endgültigen Anschluß Bayerns an den industriellen Fortschritt Deutschlands.

Ein Indiz für die Sicherung des industriellen Aufstiegs dürfte die steigende Zahl des Einsatzes von Dampfmaschinen sein. Waren 1870 rund 1000 Dampfmaschinen in Betrieb, so stieg deren Anzahl im Jahre 1889 auf über 3800 an, um sich bis zum Jahre 1912 nochmals zu verdoppeln. Bis 1875 hatten sich in Bayern rund 450 Großbetriebe angesiedelt. Darunter befanden sich fünf mit über 1000 Beschäftigten. Im Jahre 1895 stieg die Zahl der Großbetriebe auf 1440. Bis 1907 hatte sich ihre Zahl verfünffacht.

Um die Jahrhundertwende erreichte Deutschlands Industriewirtschaft Weltniveau, das es ihr ermöglichte, eine Vielzahl von Produkten nach Weltmarktanforderungen herzustellen. Bayern war Schwerpunkt der Verbrauchsgüterindustrie. Schwaben baute seinen Vorsprung in der Baumwollerzeugung noch weiter aus. Allein die Mechanische Baumwoll-Spinnerei und Weberei Augsburgs beschäftigte vor dem Ersten Weltkrieg 3340 Arbeiter. Die Pfalz steigerte seit den 70er Jahren die industrielle Tuchproduktion um ein Mehrfaches. 1892 fertigten die Pirmasenser Schuhfabriken 14 Millionen Paar Schuhe an. Die mittelfränkischen Spiegelfabriken übernahmen in den 70er Jahren eigene Glashütten, um in der

---

191 Zum folgenden siehe W.Zorn 1975, S.808-823.

Spiegelerzeugung weitgehend autark zu sein. Die Oberpfälzer Fabrikanten suchten seit 1890 durch Gründung eines grenzüberschreitenden Rohglas-Syndikats „Vereinigte Bayerische und Böhmische Spiegelglasfabrikanten" die Konkurrenz auszuschalten. In der Nahrungsmittelindustrie standen die bayerischen Aktienbrauereien gegen Ende des Jahrhunderts an der Spitze der Weltproduktion[192]. Im Motoren- (Dieselmotor) und Maschinenbau entwickelte sich die MAN durch den Zusammenschluß der Maschinenfabrik Augsburg und der Maschinenbau-AG in Nürnberg und Gustavsburg zur Aktiengesellschaft Maschinenfabrik Augsburg-Nürnberg zum menschenreichsten Industrieunternehmen Bayerns mit über 12 000 Beschäftigten im Jahre 1913[193]. Die Schuckertwerke, mit Hauptsitz in Nürnberg, nahmen auf elektrotechnischem Gebiet seit 1900 eine Spitzenstellung ein. Mit 1082 Angestellten, 7413 Arbeitern, 25 Auslandsvertretungen und 42 Millionen Mark Aktienkapital gehörten sie zu den größten und kapitalstärksten Industrieunternehmen Bayerns. Neben MAN und der Siemens-Schuckert-Union gehörte die BASF in Ludwigshafen zu den bedeutendsten ganz einheimischen Industrieunternehmen Bayerns. 1910 betrug die Zahl der Beschäftigten 7610. Seit 1886 ging von Nürnberg aus das deutsche Fahrrad in alle Welt. Das rasche Wachstum der Städte vermehrte trotz stärkeren Einsatzes von Maschinen (bei Betonbauweise) den Bedarf an ungelernten Bauarbeitern. 1900 wurden allein in München 6349 Wohnungen gebaut. Die Granitindustrie am Fichtelgebirge und die Pflasterindustrie des Bayerischen Waldes erlangten um 1900 Weltbedeutung. Das Holzbearbeitungsunternehmen O.Steinbeis in Brannenburg/Inn übernahm ab 1892 die Nutzbarmachung der riesigen Wälder in Bosnien-Herzegowina.

Zwischen Reichsgründung und Erstem Weltkrieg fanden rund 706 000 Erwerbstätige in der Industrie und rund 330 000 in Handel und Verkehr ihr Brot.

Trotz des Vordringens der Fabrik und des scharfen inneren Wettbewerbs seit den 70er Jahren – das Handwerkerschutzgesetz schränkte erst 1897 die Gewerbefreiheit wieder ein – nahm die Zahl der Handwerksbetriebe im ganzen aber eher zu. 1882 zählte Bayern 253 137 selbständige Handwerker und 376 282 Gehilfen. Vor allem im Bausektor (Maurer), aber auch im Versorgungswesen (Bäcker, Metzger etc.) blieb das Handwerk von der Konkurrenz durch die Fabrik verschont. In anderen Bereichen

---

192 „Jedes zehnte auf der Welt getrunkene Glas Bier stammte damals aus Bayern" (W.Zorn 1975, S.813).
193 1907 belief sich die Zahl der in der bayerischen Maschinenindustrie Beschäftigten auf 35 449.

fand eine Umschichtung statt. Im Schuhhandwerk z.B. verlagerte sich das Schwergewicht von der Warenherstellung auf Reparatur. Viele damals selbständige Schneidermeister begannen nun, als verlagsmäßig organisierte Schneider in der Massenkonfektionsherstellung ihr Brot zu verdienen. Die Wäschenäherei entfaltete sich als hausindustrielles Gewerbe.

Im Gefolge der Industrialisierung und durch Spezialisierung auf die Herstellung eines einzelnen Produkts entstanden neue Kleinbetriebe als Zulieferer der Großbetriebe:

„Mancher Tischler und Böttcher liefert ausschließlich Kisten und Fässer zur Verpackung in eine große Fabrik. (...) Mancher Buchbinder ist ausschließlich für diese oder jene große Verlagsfirma beschäftigt. (...) Mancher Schlosser, Schmied, Stellmacher hat (...) heute so viel mit Reparaturen zu thun, als früher mit Neuanfertigungen. Wo jeder Junge von 10 Jahren eine Taschenuhr trägt, wird ein Uhrmacher mit Reparaturen mehr verdienen, als mancher mit Uhrenanfertigung in einer Zeit, in welcher auf Tausende von Menschen erst ein Uhrenbesitzer kam" (G.Schmoller 1870, S.197).

Es gab Schreiner, die nur Fourniere, Drechsler, die nur Türdrücker, Bauschreiner, die nur Tür- und Fensterrahmen, Schlosser, die nur Radfelgen, Zimmerer, die nur Eisenbahnschwellen herstellten. Die Maschine erleichterte die Herstellung handwerklicher Waren und ließ eine Erhöhung der Stückzahlen zu.

Nicht jedem Handwerker oder Landwirt gelang der Anschluß an die Veränderungen. 1880 wurden in Bayern 3739, 1881 2739, 1882 2071 landwirtschaftliche Anwesen zwangsversteigert. Landkrämer, Zapfwirte, Müller und Kleinbrauereien gehörten zu den Gewerben, die am häufigsten Konkurs anmelden mußten. Mancher Großbauer verarmte zu einem Kleinbauern, wenn in die Stadt ziehende Erben ausbezahlt werden mußten (P.Fried 1975, S.766).

Das rasche Bevölkerungswachstum und die Wanderungsbewegung (Landflucht, Zuzug in die Städte) schufen neue Probleme. Während Bayerns Bevölkerung im Zeitraum zwischen 1855 (4,5 Mill. Einwohner) und 1880 (5,2 Mill. Einwohner) um rund 700 000 Einwohner anstieg, betrug der Bevölkerungszuwachs zwischen 1880 und 1905 (6,5 Mill. Einwohner) rund 1,3 Millionen (U.Kubach-Reutter und G.Pullmann-

Freund 1985, S.8)[194]. Das Städtewachstum war vor allem durch die Fabrikarbeiterschaft bedingt, die nun die „wichtigste neue Sozialgroßgruppe des neunzehnten Jahrhunderts darstellte" (W.Zorn 1975, S.863).

4.6.2 Zur sozialen Lage der Fabrikarbeiterschaft[195]

Noch um die Mitte des 19.Jahrhunderts war der 12- bis 14-stündige Arbeitstag in Industriebetrieben die Regel. Da der Staat jede Art dirigistischen Eingreifens bei Auseinandersetzungen zwischen Arbeitgebern und Arbeitnehmern in Fragen der Arbeitszeitverkürzung kategorisch ablehnte[196], trat erst durch die Reichsgewerbeordnung von 1872 bzw. ihre Novellierung von 1891 eine Reduzierung[197] der Arbeitszeit ein. 1910 wurde der 10-stündige Arbeitstag gesetzlich verankert.

Der Kündigungsschutz für Arbeitnehmer, der bis in die 60er Jahre so gut wie nicht existierte[198], ab den 70er Jahren sich dann auf eine 14-tägige Kündigungsfrist einpendelte[199], wurde ab 1891 auf mindestens 14 Tage bzw. auf eine gleichlange Zeit für Arbeitgeber und -nehmer gesetzlich festgelegt (K.Weber Bd.20, S.639). Seit Einführung der Fabrikeninspek-

---

194 In den einzelnen Regierungsbezirken sah das Bevölkerungswachstum zwischen 1875 und 1900 wie folgt aus:

Reg.-Bez.	1875	1900
Oberbayern	894 160	1.323 888
Niederbayern	622 357	678 192
Oberpfalz	503 761	553 841
Oberfranken	554 935	608 116
Mittelfranken	607 084	815 895
Unterfranken	596 929	650 766
Schwaben	601 910	713 681
Pfalz	641 254	831 678

(U.Kubach-Reutter und G.Pullmann-Freund 1985, S.9).
Die Übersicht zeigt deutlich, daß das Bevölkerungswachstum in den Bezirken Oberbayern, Mittelfranken, Pfalz und Schwaben mit ihren Industrie- und Handelszentren München, Nürnberg-Fürth, Ludwigshafen und Augsburg am stärksten war.
195 Zum folgenden siehe K.Köck 1982, S.40-118.
196 Auf eine Petition Münchner Gewerbsgehilfen vom April 1848 um Verminderung der täglichen 14-stündigen Arbeitszeit antwortete das Ministerium des Innern:
„Für die Staatsbehörden muß (...) bei entstehenden hier einschlägigen Differenzen die Regel gelten, so viel als möglich auf ein freies Übereinkommen der Arbeitgeber hinzuwirken, und nur dann entscheidend einzuschreiten, wenn die Umstände dieß gebieterisch verlangen" (StA München, RA Nr.21023).
197 Die Beschränkung der wöchentlichen Arbeitszeit auf 65 Std. für Frauen wirkte sich auch generell auf die übrigen Betriebsmitglieder aus (vgl. Jahresberichte der Fabriken- und Gewerbeinspektoren der Jahre 1885-1897).
198 Der Arbeitgeber konnte jederzeit fristlos kündigen (H.Klebe 1930, S.43).
199 Vgl. Arbeitsordnungen aus der Zeit um 1870 (HStA München, MInn 52743).

tion (1878) war auch eine wirksamere Kontrolle der Arbeiterschutzbestimmungen und der Schutzvorrichtungen an Arbeitsmaschinen möglich. Wenn letztere von Arbeitnehmern häufig mißachtet wurden, so nur deshalb, weil die Vorrichtungen häufig die Akkordarbeit behinderten. Andererseits war die Zahl der Betriebsunfälle hoch[200] und das Elend der Familie bei Verdienstausfall des Ernährers schlimm, so daß gerade die Fabrikeninspektoren verstärkt auf Einhaltung der Schutzmaßnahmen drängten[201].

Bis ins 20.Jahrhundert waren Zeit-[202], Stück-[203] und Prämienlohn[204] die am meisten verbreiteten Lohnformen. Am unbeliebtesten und wohl auch ungerechtesten war das Prämiensystem, da es nicht nur niedrige Grundlöhne vorsah, sondern da auch jede Störung im Betriebsablauf, z.B. schlecht zu verarbeitendes Material, Arbeitsausfall bei Erkrankungen, zu Einbußen in der Lohnauszahlung führte. Nach einem ähnlichen System wurden auch teilweise die Meister in Fabrikbetrieben entlohnt. „Sie bekamen ein niedriges Grundgehalt, das sich durch prozentuale Zuwendungen entsprechend der Höhe der in ihrer Gruppe verdienten Arbeitslöhne aufbesserte" (I.Fischer 1977, S.158). Das führte allerdings nicht selten dazu, daß die Meister sich als wahre Antreiber gebärdeten, um ihre untergeordneten Arbeitskollegen zu Höchstleistungen anzustacheln, und die schwächeren Arbeiter, meist Frauen und Kinder, mit den undankbarsten Aufgaben betrauten. So manche junge Arbeiterin stürzte sich aus Verzweiflung in den Stadtbach, um den Diskriminierungen ihres

---

200 Vgl. Unfallhäufigkeit in Augsburger Betrieben:

Jahr		Jahr		Jahr	
1891	1174	1898	1798	1905	1754
1892	987	1899	2014	1906	2090
1893	1441	1900	1752	1907	2009
1894	1181	1901	1531	1908	1855
1895	1169	1902	1302	1909	1850
1896	1675	1903	1382	1910	1839
1897	1498	1904	1684	1911	2473
				1912	2559

(zusammengestellt nach Verwaltungsberichten des Stadtmagistrats 1891-1910; zit. nach I. Fischer 1977, S.152).

201 Jahresberichte der Fabriken- und Gewerbeinspektoren 1880, S.53.
202 Berechnungsgrundlage für den Zeitlohn, der als Tages-, Wochen- oder Jahreslohn ausgezahlt wurde, war die für eine Arbeitsleistung aufgewandte Zeit.
203 Der Stück- oder Akkordlohn wurde nach der Anzahl der gefertigten Produkte (Stücke) berechnet.
204 Das sog. Prämiensystem sah so aus, daß die Arbeiter einen, meist niedrig gehaltenen, Grund- oder Stücklohn erhielten und bei Überschreitung einer bestimmten (Stück-)Leistung eine zusätzliche Prämie bekamen.

Meisters zu entkommen[205]. Gegen Ende des Jahrhunderts schien sich der Gruppenakkordlohn durchzusetzen, eine Lohnform, bei der der gemeinsam erarbeitete Lohn prozentual auf die einzelnen Arbeitsgruppen verteilt wurde[206].

Die Lohnauszahlung erfolgte bis zum Ersten Weltkrieg meist alle acht bis vierzehn Tage. Monatliche Entlöhnung war selten. Manche Betriebe zahlten nur einen Teil des Lohnes aus und behielten den Rest als eine Art „Bürgschaft" bis zum Ausscheiden des Arbeiters zurück[207].

Das durchschnittliche Jahreseinkommen eines bayerischen Fabrikarbeiters in der Zeit zwischen 1890 und 1910 betrug 1097 M[208], wobei allerdings der Lohn eines Textilarbeiters erheblich unter dem eines Arbeiters in der Maschinenfabrik lag. Während z.B. ein Spitzenverdiener in der Textilbranche durchschnittlich 1260 M in 300 Arbeitstagen verdiente, brachte es ein Arbeiter einer Münchner Lokomotivfabrik in 265 Arbeitstagen auf 1505 M. Das Durchschnittseinkommen eines gewöhnlichen Textilarbeiters betrug 952 M, das einer Textilarbeiterin nur 491 M. Ein Dienstbote dagegen erhielt im Jahre 1895 bei freier Kost und Logis 85-250 M, während ein Eisendreher um dieselbe Zeit 2200-2300 M verdiente. Im Vergleich dazu mußte ein Lehrer mit einem Anfangsgehalt von 1500, ein unterer Beamter (Polizist, Straßenmeister etc.) mit dem von 1000 M auskommen.

Legt man Lohn oder Gehalt eines einzelnen Verdieners auf den Bedarf einer ganzen Familie um, dann ergibt sich nach einer „Erhebung von Wirtschaftsrechnungen minderbemittelter Familien im Deutschen Reiche" für die Jahre 1907/08, daß von 68 bayerischen Haushaltungen nur drei mit dem ausschließlichen Verdienst des Familienoberhauptes auskommen konnten. In den übrigen 65 Familien wurden nur rund 77,5% des erforderlichen Haushaltsbudgets vom Lohneinkommen des Mannes abge-

---

205 Mündliche Mitteilung einer Augsburger Textilarbeiterin, die im Jahre 1908 als Dreizehnjährige die Mechanische Baumwoll-Spinnerei und Weberei besuchte.
206 Seit 1900 z.B. erhielten in der Augsburger Wertachspinnerei die Spinner 52%, die Ansetzer 28%, die Aufstecker 20% des gemeinsamen Verdienstes (I.Fischer 1977, S.158).
207 Ergebnisse der über die Verhältnisse der Lehrlinge, Gesellen und Fabrikarbeiter (...) angestellten Erhebungen 1877, S.237.
208 Zu den Lohnangaben vgl. Th.Neff 1912, S.27 f.; P.R.Preißler 1973, S.256; A.Braun 1901; E.Günther 1908, S.44 ff. und 98-107; K.Martini o.J.; Erhebungen (...) über die wirtschaftliche Lage der Textilindustrie und deren Arbeiter, 1905, S.17, S.52-55, S.83-87, S.154-159.

deckt[209]. Der Rest mußte aus Einnahmen der Frau und der Kinder oder in anderer Weise (Untervermietung von Wohnräumen; Zuwendung von Naturalien durch die (Groß-)Eltern; Darlehen; „milde Gaben" Dritter etc.) beschafft werden.

Die Lebenshaltungskosten der bayerischen Industriearbeiterschaft für die Zeit um 1880 (P.Dehn 1880) sahen, dargestellt an einem 4-Personen-Haushalt eines Facharbeiters in etwa so aus:
Wohnungsmiete 144 M, jährlicher Fleischverzehr 136,9 kg, Verbrauch von Roggenmehl 111 kg, Brotverzehr 417 kg, Butter und Schmalz ca 40 kg, Milch 547,5 Liter, Kartoffeln rund 400 kg.

Das bedeutet, daß auf die Ernährung dieser Familie 67,8% der Gesamtausgaben entfielen. 8% der Ausgaben machten Steuern, Gesundheits- und Krankenpflege aus. 186 M wurden für Kleidung und Wäsche ausgegeben. 10 M blieben als Ersparnis übrig.

Nach dem Statistischen Jahrbuch deutscher Städte kosteten im Jahre 1880 in Augsburg

1 kg Roggenbrot 0,38 M   1 kg Rindfleisch 1,12 M
1 kg Weizenmehl 0,50 M   1 kg Kalbfleisch 1,03 M
100 kg Kartoffeln 7,00 M   1 kg Schweinefleisch 1,32 M
1 kg Butter 1,73 M
(zit. nach I.Fischer 1977, S.186 f.).

Im Jahre 1884 mußten in Augsburg für eine Wohnung mit einem heizbaren Raum, Küche, Kammer, Keller 96-120 M, für zwei heizbare Räume, Küche, Kammer, Keller 120-180 M bezahlt werden. Um 1900 betrug die Miete für eine „Arbeiterwohnung" in der inneren Stadt 180 M, für eine „Arbeiterwohnung" in der Umgebung Augsburgs 140-150 M, für eine Wohnung mit 3 Zimmern und Küche in der inneren Stadt 260-280 M und für dieselbe Wohnung in der Wertachvorstadt 220-240 M (I.Fischer 1977, S.188).

Das Haushaltsbudget eines verheirateten Augsburger Brauereiarbeiters mit zwei Kindern aus dem Jahre 1907 sah so aus:

---

209 In 31 dieser Haushaltungen verdiente der Mann durch Nebenbeschäftigungen noch zusätzlich rund 5% hinzu.

Jahreseinnahmen:	21 M Wochenlohn + 4 l Bier pro Tag zu 16 Pf. (= 192 M in 300 Arbeitstagen)	1284,00 M
Ausgaben:		im Jahr

1. Lebensmittel
für Frühstück und Brotzeiten	(4,76 M pro Woche)	247,52 M
für Mittagessen	(7,00 M pro Woche)	364,00 M
für Abendessen	(4,20 M pro Woche)	218,40 M
Lebensmittelausgaben insgesamt		829,92 M

2. Kleidung
   Oberbekleidung
   (Mann 90 M, Frau 40 M, Kinder 30 M)   160,00 M
   Schuhwerk
   (Mann 36–40 M, Frau 15,60 M, Kinder 20 M)   72,00 M
   Wäsche   62,00 M

   Ausgaben für Kleidung insgesamt   294,00 M

3. Gesundheit und Hygiene
   Waschmittel, Seife usw.   18,20 M
   Arztrechnung, Medikamente   10,40 M

   insgesamt   28,60 M

4. Miete
   (3 Zimmer + Küche 18 M pro Monat)   216,00 M

5. Heizung
   (8 M pro Monat)   96,00 M

6. Genußmittel, Vergnügung, Bildung
   Tabak für den Mann   31,20 M
   Vergnügungsausgaben   20,80 M
   Zeitungslektüre   15,60 M

   insgesamt   67,60 M

7. Versicherungs- und Gewerkschaftsbeiträge   31,20 M

8. Steuern und Abgaben   15,60 M

Jahresausgaben: 1578,92 M

Verbleibende Schulden: 294,92 M

(StA Augsburg, G I 16/46, Flugblatt der Brauereiarbeiter; abgedr. in: I.Fischer 1977, S.185).

Die Wohnverhältnisse der Arbeiterschaft in bayerischen Städten[210] waren ebenso bedrückend wie lebensfeindlich. Der rasche Anstieg der Stadtbevölkerung ließ die Nachfrage nach Wohnraum sprunghaft ansteigen, so daß das Wohnungsangebot mit dem Wohnraumbedarf nicht mehr Schritt halten konnte. 1904/07 hatte München 139 194 Wohnungen, davon 95% Mietwohnungen. 25% gehörten zur Gruppe der Teilwohnungen, d.h. zwei Mieter teilten sich eine Wohnung. Die meisten aller Münchner Wohnungen (84%) verfügten lediglich über eine Wohnfläche von 10-25 m^2. Ein Großteil der Drei- und Mehrzimmerwohnungen wurde von sog. „Aftermietern" (Zimmermieter, Schlafgänger, Untermieter) mit selbständiger Kochgelegenheit bewohnt, so daß in 29 000 dieser Wohnungen rund 141 000 Personen (= 27% der Münchner Bevölkerung) lebten. Die billigen Klein- und Kleinstwohnungen, 11% bestanden nur aus einem einzigen Zimmer, das oft nicht mehr als 9 m^2 hatte, befanden sich in einem desolaten Zustand. Da sie häufig nur über den Flur oder einen anderen Raum belüftet werden konnten, waren viele von ihnen feucht. Nur die Hälfte aller Wohnungen Münchens verfügte über ein eigenes WC. Oft gab es für drei, fünf, ja zehn Wohnungen nur eine einzige Toilette, die sich im Treppenhaus oder außerhalb des Hauses befand.

Als Folge der Untervermietung von Räumen (Zimmermieter) und Betten (Schlafgänger) mußten die Familienangehörigen häufig auf ein eigenes Bett verzichten. Erhebungen über Münchner Arbeiterwohnungen aus den Jahren 1907/08 weisen wiederholt auf diesen mißlichen Umstand hin:

„Die Zimmereinrichtung ist sehr dürftig, nur vier Betten stehen der achtköpfigen Familie zur Verfügung, dazu kommt noch eine Holzbank in der Wohnküche, die, mit Bettzeug belegt, ein Nachtlager abgeben kann. Auch sonst scheint es nach verschiedenen Richtungen am Notwendigsten zu fehlen, alle Möbel und Geräte sind äußerst abgenutzt und schmutzig" (E.Conrad 1909, S.30).

Eine Untersuchung über die Nürnberger Wohnverhältnisse von 1901/02 zeigt ein ähnliches Bild. Von den rund 56 000 untersuchten Wohnungen hatten zwar ca 64% drei und mehr Räume, doch um die Unkosten zu decken, bzw. das Einkommen der Vermieter aufzubessern, wurde etwa ein

---

210 Vgl.: Die Entwicklung der Wohnfürsorge im Kgr.Bayern in der Zeit vom 1.September 1903 – 31.Dezember 1904; in: Zeitschr.f.Wohnungswesen in Bayern 1905/06, S.17-38;
Die Entwicklung der Wohnungsfürsorge im Kgr. Bayern in den Jahren 1905 und 1906; in: Zeitschr.f.Wohnungswesen in Bayern 1907, S.33-63;
Die Entstehung der Wohnverhältnisse i.d.Stadt München 1904-1907, München 1910; E.Cahn 1902, S.440-447; M.Meyer 1911; H.Rost 1906; R.Schmidt 1910, S.460-498; E.Denning 1907; K.Buechel 1906; E.Conrad 1909.

Viertel dieser Wohnungen an 22 000 Untermieter und Schlafgänger weitervermietet, so daß in den rund 57 000 Wohnungen Nürnbergs um 1900 mehr als 267 000 Personen wohnten (K.Buechel 1906; M.Meyer 1911).

Das Schlafgängertum – meist handelte es sich um junge Fabrikarbeiter oder Dienstmädchen – bildete ein soziales Problem ersten Ranges in den Städten um die Jahrhundertwende. Abgesehen von den gesundheitlichen und moralischen Gefährdungen der Schlafgänger und noch mehr der Kinder in den Familien, bedeutete diese Form der Unterkunft eine Zerstörung des familiären Binnenraums und der, wenn auch noch so minimalen, Entfaltung eines Eigenlebens der einzelnen Familienmitglieder.

Um das drängende Wohnungsproblem zu mildern, wurden in Augsburg seit den 70er Jahren speziell für Arbeiter sog. „Arbeiterwohnungen" mit zwei bis drei Zimmern und einer Gesamtfläche von weniger als 50 m² errichtet (I.Fischer 1977, S.189). Die im Auftrag des Augsburger Stadtmagistrats 1904 durchgeführte Wohnungsuntersuchung ließ H.Rost zu dem Schluß kommen:

„Der Typus der küchenlosen, meist ein- und zweizimmerigen Wohnung ist insbesondere in den Bezirken der Wertachvorstädte und in einzelnen älteren Stadtteilen verbreitet und erstreckt sich über alle Stadtbezirke. (...) Eine Wohnung ohne Küche sucht entweder eine einzelstehende Person, oder eine Haushaltung mit mehreren Köpfen, die sich aufs äußerste einschränken müssen und den Mangel einer Küche gar nicht besonders entbehren, da ohnedies oft genug Schmalhans Küchenmeister ist" (1906, S.54).

Einer Untersuchung der Augsburger Wohnverhältnisse von 1909 zufolge mußten von 1625 besichtigten Wohnungen 1162 sei es wegen Überbelegung oder wegen baulicher, hygienischer und sanitärer Mängel beanstandet werden[211]. 1904 zählte man 6565 Personen, die ihr Bett mit anderen teilten. Besonders in den Wertachvorstädten, aber auch in der Jakobervorstadt und in dem dichtbesiedelten Bezirk Lit.A teilten sich sieben bis acht Bewohner in ein Zimmer (I.Fischer 1977, S.189 f.). Meist waren die Kinder die Leidtragenden, da sie mit Ersatzbetten wie „Sofas, Körbe(n), Kinderwägen, Stühle(n), Holzkisten, Holzkoffer(n), welche notdürftig mit Lumpen und Decken ausgestattet werden" (H.Rost 1906, S.66) vorliebnehmen mußten. Das Angebot an Wohnungen der unteren Preisklasse war gering. 1904 berichtete die Augsburger Wohnungskommission, „daß die einfacheren und ärmeren Schichten der Bevölkerung relativ am

---

211 Statistisches Jahrbuch deutscher Städte 18 (1912) S.108 f.; zit. nach I.Fischer 1977, S.189.

teuersten wohnen" (H.Rost 1906, S.274). Das führte dazu, daß man einzelne Räume der ohnehin schon kleinen Mietwohnungen an Untermieter abtrat, was zwar finanzielle Entlastung brachte, die Wohnverhältnisse aber noch beengender werden ließ. Viele Arbeiter zogen deshalb in die umliegenden Gemeinden der Stadt, wo Mieten und Lebensmittel billiger, von wo die Anmarschwege zur Arbeitsstätte jedoch um so beschwerlicher waren (I.Fischer 1977, S.191).

Um der Wohnungsnot der Arbeiterschaft entgegenzutreten, regte König Max II. schon 1854 die Errichtung von Genossenschaftshäusern und die Gründung von gemeinnützigen Baugesellschaften an (J.Graßmann 1894, S.190). Ab den 60er Jahren entstanden vereinzelt Bauvereine und -genossenschaften, die aber erst nach 1900 stärker zunahmen[212]. Der Staat selbst beschränkte seine Hilfsmaßnahmen auf die Beschaffung von Wohnraum, Gewährung von Wohngeldzuschüssen und Förderung genossenschaftlicher Unternehmungen der Arbeiter, Angestellten und Beamten des Staates[213]. Darüber hinaus waren es die Unternehmer selbst, die, um Abwanderung zu verhindern, für ihre Arbeiter Wohnraum beschafften. Teils stellten sie Mietwohnungen zu einem günstigen Mietzins zur Verfügung[214], teils boten sie Häuser, die meist mit einem Garten versehen waren, zum Kauf an. So lag z.B. der Kaufpreis der von der Zwirnerei und Nähfadenfabrik Göggingen bei Augsburg errichteten Häuser zwischen 6500 M (für 365 m^2) und 12 200 M (für 610 m^2) (J.Graßmann 1894, S.208 f.). Nach einer Erhebung des Wirtschaftsverbands Augsburger Arbeitervereine hatten im Jahre 1900 20 Augsburger Firmen insgesamt 893 Wohnungen an Werksangehörige vermietet (I.Fischer 1977, S.213)[215]. Der Mietzins für Fabrikwohnungen, der meist gleich vom Lohn abgezogen wurde, lag in der Regel um rund 25-30% niedriger als bei freien Wohnungen. Manche Fabriken verzichteten ganz oder teilweise darauf (I.Fi-

---

212 Nach dem Statistischen Jahrbuch für das Königreich Bayern (1913, S.282) gab es bis 1900 26 Baugenossenschaften, Bauvereine und Baugesellschaften. Zwischen 1901 und 1912 kamen noch weitere 139 hinzu.
213 Wohnungsfürsorge in Bayern. In: Zeitschrift für Wohnungswesen in Bayern 1904/05, S.15-32; S.30.
214 Jahresbericht der Fabriken- und Gewerbeinspektoren für die Jahre 1885, S.29; 1887, S.19 und S.44; 1888, S.23 ff.; 1891, S.19; 1900, S.117.
215 Aus dem Jahresbericht der Fabriken- und Gewerbeinspektoren von 1904 (S.164) geht hervor, daß von den 2560 Arbeitern der Mechanischen Baumwoll-Spinnerei und Weberei Augsburg 346 Personen in werkseigenen Wohnungen wohnten. In der Stadtbachspinnerei lebten von 990 Arbeitern 328 in solchen Wohnungen. In der Augsburger Kammgarnspinnerei war das Verhältnis 1178 zu 294, in der Spinnerei und Weberei Haunstetten 790 zu 112, in der Baumwollfeinspinnerei 428 zu 27 und in der Spinnerei und Weberei Pfersee 720 zu 46.

scher 1977, S.214). Für ledige Arbeiter und Arbeiterinnen hatten um 1905 64 bayerische Betriebe Wohn- und Schlafhäuser eingerichtet.[216]

4.6.3 Sozialpolitische Maßnahmen und soziales Bewußtsein

Ein großes Problem für Arbeiterfamilien bildete der Verdienstausfall des Hauptverdieners bei Krankheit oder Unfall am Arbeitsplatz. Da in den allermeisten Fällen finanzielle Rücklagen nicht vorhanden, sowie das Unterstützungs- und Versicherungswesen noch äußerst unterentwickelt waren, blieben solche Familien auf die öffentliche Armenpflege oder Privatwohltätigkeit bzw. kirchliche Stiftungen angewiesen. Daher bedeutete es einen großen Fortschritt für die soziale Sicherheit des Arbeiters, als im Jahre 1883 die gesetzliche Krankenversicherung erstmals eingeführt und in den folgenden Jahren weiter ausgebaut wurde. Einbezogen waren alle ständigen und unständigen Arbeiter, Betriebsbeamte und ihnen gleichgestellte Personen, die nicht mehr als 2000 M jährlich verdienten[217]. Die Beiträge mußten zu 2/3 vom Arbeitnehmer, zu 1/3 vom Arbeitgeber aufgebracht werden. Die Leistungen der Kassen bezogen sich nur auf den unmittelbar betroffenen Beitragszahler, nicht aber auf dessen Familienangehörige. Da im Falle der Erkrankung eines Arbeiters in aller Regel für den Betroffenen und, falls er Familie hatte, auch für Frau und Kinder eine meist existenzgefährdende Situation entstand, waren größere Betriebe in Städten schon sehr bald zu einem betrieblichen Versicherungswesen übergegangen. Bereits 1826 bzw. 1833 gründeten die Messingfabrik J.A.Beck und die Kattunfabrik Schöppler & Hartmann die ersten Fabrikkrankenkassen Augsburgs (J.Graßmann 1894, S.19). Am 9.Mai richtete König Max II. an die Ministerien des Innern und des Handels ein Schreiben folgenden Inhalts:

„Ich hörte jüngsthin von verlässiger Seite von der bereits erprobten Zweckmäßigkeit und Nützlichkeit der zum Frommen der Fabrikarbeiter zu Augsburg dortselbst in das Leben gerufenen Institute von Spar- und Leih-Kassen, von Anstalten für Krankenpflege, Unterstützung und Versorgung dienstunfähiger Arbeiter etc. und erachte es, bei dem also Vernommenen, als sehr wünschenswert, daß diesem bei den Fabriken Augsburg's gegebenen Beispiele, auch Seitens unserer andern Fabrikorten nachgestrebt, und absichtlich der Erwirkung solcher nützlichen

---

216 Die Arbeiterwohlfahrtseinrichtungen in bayerischen Fabriken und größeren Gewerbebetrieben. Denkschrift, bearb. und hrsg. im Auftrage des K.Staatsministeriums des Königlichen Hauses und des Äußern vom K.Bayerischen Statistischen Bureau. München 1906.
217 Die deutsche Arbeiterversicherung als soziale Einrichtung, H.1-5, Berlin 1904; hier Heft 1.

Einrichtungen, den hier betreffenden Betheiligten, unter etwaiger Mittheilung der Satzungen jener Institute zu Augsburg geeignete Aufmahnung und Belehrung zugehe" (abgedr. bei: J.Graßmann 1894, S.188).

Die bayerische Staatsregierung hielt zwar „die Errichtung von Wittwen- und Krankenkassen für die Fabrikarbeiter" durch „keine besondere Verordnung (für) geboten", knüpfte aber die „Konzessionsverleihung bei größeren Etablissements" an die Bedingung, daß solche Kassen geschaffen und die Satzungen derselben von der Regierung genehmigt wurden[218].

Durch das Gesetz über die öffentliche Armen- und Krankenpflege vom 29.April 1869 (K.Weber Bd.8, S.34 ff.) war es den Gemeinden, aber auch den Unternehmern, möglich, wöchentliche Beiträge einzuziehen. Dafür hatte der Arbeiter Anspruch auf unentgeltliche ärztliche Behandlung, kostenlose Aufnahme in ein Krankenhaus und Versorgung mit Medikamenten für maximal 90 Tage. Nach einer Erhebung von 1873/74 gab es in Bayern 327 (= 47,2%) Fabrikkrankenkassen, 38 Krankenunterstützungskassen und 53 Betriebe, die im Krankheitsfalle eine betriebsinterne finanzielle Unterstützung vorsahen. Das für die betroffenen Arbeiter gewährte Krankengeld betrug von einem Drittel bis zur Hälfte des Arbeitslohnes[219]. Die wöchentliche Beitragsleistung des Arbeitnehmers lag zwischen 9 und 34 Pfennigen[220].

In den folgenden Jahren wurde die Sozialgesetzgebung noch erheblich erweitert. 1884 trat das Unfallversicherungs-, 1889 das Invaliditäts- und Altersversicherungsgesetz in Kraft[221]. Während die Unfallversicherungsprämie vom Arbeitgeber allein zu bezahlen war, hatten bei der Invaliditäts- und Altersversicherung Arbeitgeber und -nehmer gleichhohe Anteile zu erbringen. Bei völliger Erwerbsunfähigkeit wurden zwei Drittel, bei tödlichen Unfällen 60% des Jahreslohnes ausbezahlt. Die Altersrente konnte erst ab dem 71. Lebensjahr und nach 30-jähriger Beitragszahlung beantragt werden. Sie schwankte zwischen 110 und 230 M[222]. Da kein Rentner mit dieser Summe auskommen konnte, blieb er weiterhin auf Lohnarbeit angewiesen.

---

218 Schreiben des Innenministers an den König von 1857 (HStA München, MInn 52754).
219 Ergebnisse einer Erhebung über die in Bayerischen Fabriken und größeren Gewerbebetrieben zum Besten der Arbeiter getroffenen Einrichtungen. Veröffentlicht durch das Königliche Staatsministerium des Innern. München 1874, S.24 f.
220 Ergebnisse einer Erhebung über die in Bayerischen Fabriken und größeren Gewerbebetrieben zum Besten der Arbeiter getroffenen Einrichtungen. Veröffentlicht durch das Königliche Staatsministerium des Innern. München 1874, S.32.
221 Die deutsche Arbeiterversicherung als soziale Einrichtung, H.1, Berlin 1904, S.18.
222 Die deutsche Arbeiterversicherung als soziale Einrichtung, H.1, Berlin 1904, S.22 f.

Mit der steigenden Zahl der Arbeitslosen in den Städten schuf man neben privaten Arbeitsvermittlungsinstituten kommunale Arbeitsämter, die Arbeitsuchenden gebührenfrei offene Stellen vermittelten. Um 1900 gab es 29 solcher Ämter (K.Hartmann 1900, S.6 f.; G.Schanz 1901, S.549-638).

Aus Protest gegen Not und soziale Bedrohung, aber auch in dem Verlangen nach einem angemessenen Platz in der Gesellschaft und einem gerechten Anteil am Fortschritt, schlossen sich Handwerksgesellen und kleine Handwerksmeister schon in den 1840er Jahren zu (Arbeiter-)Vereinen zusammen und erklärten neben der gegenseitigen Unterstützung und Selbsthilfe Bildung und politisches Engagement zum Ziel ihrer „Assoziationen". Man hat diesen, zunächst auf lokaler Ebene sich vollziehenden Vorgang von Vereinsbildungen der Arbeiterschaft als Beginn der frühen Arbeiterbewegung bezeichnet[223]. In Bayern, wo die sozialen Gegensätze weniger ausgeprägt waren als in Preußen, gehörten vor allem Augsburg und Nürnberg zu den Vorreitern der bayerischen Arbeiterbewegung. Seit der Revolution 1848/49 standen sich zwei Gruppen dieser Bewegung gegenüber, die „Deutsche Arbeiterverbrüderung", die gewerkschaftliche und politische Forderungen nach einer sozialen Demokratie erhob, und der marxistische „Bund der Kommunisten". Auch noch in den 60er Jahren, als der „Allgemeine Deutsche Arbeiterverein" (1863 von Lassalle gegründet) und die „Sozialdemokratische Arbeiterpartei" (1869 in Eisenach ins Leben gerufen) gegründet worden waren, rivalisierten zwei Parteiungen der Arbeiterschaft miteinander. Erst auf dem Gothaer Parteitag von 1875 vereinigten sich beide unter einem gemeinsamen Programm, „das marxistische mit lassalleanischen Vorstellungen, revolutionäre Ideen mit reformistischen, demokratischen und sozialpolitischen Nahzielen verband" (H.-U.Thamer 1985, S.374).

Es ist hier nicht der Ort, die Entwicklung der „Sozialistischen Arbeiterpartei" und der Gewerkschaften weiter zu verfolgen. Sofern wir es aber bei diesen Gruppierungen mit erklärten Interessenvertretungen bei der Arbeiterschaft zu tun haben, mag es aufschlußreich erscheinen, wie weit unter ihnen kritisches Bewußtsein gegenüber Kinderarbeit entwickelt worden ist. Mit der Rekonstituierung der Arbeiterbewegung in den 60er Jahren, so schreibt A.Herzig, wurde das Problem der Kinderarbeit „unter folgenden Aspekten zur Diskussion gestellt: einmal unter dem Aspekt der Bedeutung der Kinderarbeit für die Sozialisation des Proleta-

---

223 Für diese hier nur in Andeutungen vorgelegte Skizze der Arbeiterbewegung siehe H.-U.Thamer 1985, S.373-377.

rierkindes, zum andern unter dem Aspekt der lohndrückenden Konkurrenz bzw. als soziales Problem" (1983, S.372). Aufschlußreich ist ein Dokument des radikalen Flügels der Arbeiterbewegung aus dieser Zeit. Auf dem ersten Kongreß der Internationalen Arbeiterassoziation in Genf im Jahre 1866 wurde folgende, von K.Marx ausgearbeitete Resolution verabschiedet:

„Wir betrachten die Tendenz der modernen Industrie, Kinder und junge Personen, von beiden Geschlechtern, zur Mitwirkung an dem Werk der sozialen Produktion herbeizuziehen, als eine progressive, heilsame und rechtmäßige Tendenz, obgleich die Art und Weise, auf welche diese Tendenz unter der Kapitalherrschaft verwirklicht wird, eine abscheuliche ist."

Die Resolution formulierte weiterhin den Grundsatz, daß „jedes Kind ohne Unterschied vom 9.Jahre an" ein „produktiver Arbeiter" werden und daß kein Kind und kein Erwachsener „von dem allgemeinen Gesetz der Natur ausgenommen sein" solle, „zu arbeiten, nicht bloß mit dem Gehirn, sondern auch mit den Händen". Zwar wisse der „aufgeklärteste Teil der Arbeiter (...), daß vor allem andern die Kinder und jugendlichen Arbeiter von den erdrückenden Wirkungen des gegenwärtigen Systems gerettet werden müssen" und daß es „absolut notwendig" sei, „der Tendenz eines Systems der sozialen Produktion, welche den Arbeiter herabwürdigt zu einem bloßen Instrument für die Anhäufung von Kapital" entgegenzuwirken. Dennoch hält es die Internationale Arbeiterassoziation für notwendig, die Arbeitszeit für Neun- bis 12-Jährige auf zwei, die der 13- bis 15-Jährigen auf vier und die der 16- bis 17-Jährigen auf sechs Stunden am Tag zu „beschränken" (abgedr. in: K.-H.Günther 1975, S.287).

Die Resolution zeigt sehr deutlich die Schwierigkeiten, die selbst die Interessenvertreter der Arbeiterschaft mit der rechten Einschätzung der Kinderarbeit hatten. Ganz offensichtlich war ihnen weder die Schädlichkeit der Beschäftigung von Kindern in Fabriken bewußt, noch waren sie in der Lage, die tradierten Denk- und Sozialisationsmuster aufzugeben. Vor allem die Vorstellung, daß Arbeit für jedermann, gleich welchen Alters und Geschlechts, einem „allgemeinen Gesetz der Natur" entspreche, mußte den Blick für realistische Lösungsmöglichkeiten des sozialen Problems der Kinderarbeit verstellen. So ist auch erklärbar, daß zahlreiche Delegierte auf der Berliner Generalversammlung des Allgemeinen Deutschen Arbeitervereins vom 23./24.November 1867 „sich eine Lösung des Problems nur als gewaltsame Lösung vorstellen" konnten, indem sie eine Abschaffung der damaligen Produktionsweise und eine Auflösung des ganzen kapitalistischen Systems forderten (A.Herzig 1983,

S.373). Ein Ausweg inerhalb des bestehenden Systems war aus ihrer Sicht nur schwer denkbar.

Es bedurfte zuerst eines Bewußtseinswandels auch auf Seiten der Arbeiterschaft, der die Lohnarbeit von Kindern schlechthin, gleichgültig ob sie im Heimgewerbe, in der Industrie oder sonstwo stattfand, als das erkannte, was sie in Wirklichkeit war: Verweigerung des Rechtes des Kindes auf seine körperliche, geistige und moralische Entwicklung und Vorenthaltung seines Anspruchs auf eine, seinen Zukunftschancen angemessene schulische Ausbildung. Dieser Wandel aber vollzog sich nur allmählich und etappenweise: zuerst im Bereich der fabrikmäßigen Kinderarbeit, dann im Haus- und Dienstleistungsgewerbe, ganz zuletzt erst in der Landwirtschaft.

4.6.4 Die Reichsgewerbeordnung (1873)

Durch Reichsgesetz vom 12.Juni 1872, betreffend die Einführung der Gewerbeordnung des Norddeutschen Bundes vom 21.Juni 1869[224], trat die norddeutsche Gewerbeordnung als Reichsgewerbegesetz auch für Bayern teils mit Wirkung vom 1.Juli 1872, teils ab 1.Januar 1873 in Kraft. Da das Gewerbegesetz u.a. die „Verhältnisse der Fabrikarbeiter" (§§ 127-139), Kinder und Jugendliche eingeschlossen, regelte, verloren die bisherigen Kinderschutzverordnungen Bayerns ihre Geltung bzw. mußten dem neuen Gesetz angepaßt werden[225]. Als besondere Neuerung enthalten die einschlägigen §§128 und 129 folgendes:

„§128

Kinder unter zwölf Jahren dürfen in Fabriken zu einer regelmäßigen Beschäftigung nicht angenommen werden.
Vor vollendetem vierzehnten Lebensjahre dürfen Kinder in Fabriken nur dann beschäftigt werden, wenn sie täglich einen mindestens dreistündigen Schulunterricht in einer von der höheren Verwaltungsbehörde genehmigten Schule erhalten. Ihre Beschäftigung darf sechs Stunden täglich nicht übersteigen.
(...)

---

224 Reichsgesetzblatt Jg.1872, S.170 ff.; K.Weber Bd.8, S.179-209.
225 Da §133 der Gewerbeordnung den Zentralbehörden die Möglichkeit einräumte, „Ausnahmevorschriften zu erlassen" (K.Weber Bd.8, S.204), beschloß das bayerische Staatsministerium des Innern, die §§128 und 129 bis zum 31.12.1873 zu suspendieren (J.Kermann 1976, S.336).

Die Ortspolizei-Behörde ist befugt, eine Verlängerung dieser Arbeitszeiten um höchstens eine Stunde (...) zu gestatten (...)".

§129

Zwischen den Arbeitsstunden muß den jugendlichen Arbeitern (§128) Vor- und Nachmittags eine Pause von einer halben Stunde und Mittags eine ganze Freistunde, und zwar jedesmal auch Bewegung in der freien Luft gewährt werden.
Die Arbeitsstunden dürfen nicht vor 5 1/2 Uhr Morgens beginnen und nicht über 8 1/2 Uhr Abends dauern.
An Sonn- und Feiertagen, sowie während der von dem ordentlichen Seelsorger für den Katechumenen- und Konfirmanden-Unterricht bestimmten Stunden dürfen jugendliche Arbeiter nicht beschäftigt werden" (K.Weber Bd.8, S.203).

In den §§130 und 131 wird den Unternehmern zur Auflage gemacht, jugendliche Arbeiter mit Beschäftigungsbeginn bei der Ortspolizeibehörde anzumelden und eine Liste über Namen, Alter, Wohnort und Eltern dieser Kinder und Jugendlichen zu führen. Ferner darf kein Kind ohne Einwilligung seines Vaters oder Vormunds in die Fabrik aufgenommen werden. Dem Arbeitgeber ist ein Arbeitsbuch auszuhändigen.

Gegenüber der 1854er Verordnung brachte das Gewerbegesetz eine spürbare Verbesserung. Die untere Altersgrenze für die Zulassung von Kindern zur Fabrikarbeit wurde von 10 auf 12 Jahre angehoben. Erstmals bezog der Gesetzgeber auch die 12- bis 14-Jährigen in die Verordnung mit ein, indem er die tägliche Arbeitszeit auf sechs Stunden beschränkte und diese von der Voraussetzung abhängig machte, daß die Kinder einen mindestens dreistündigen Unterricht am Tag in einer behördlich anerkannten Schule erhielten.

Die einheitliche Gesetzgebung ließ erstmals auch einen allgemeinen Überblick über den tatsächlichen Anteil von Kindern in Fabriken des Deutschen Reichs zu. Durch die klare Trennung von Kind (bis 14.Lebensjahr) und Jugendlichem (ab 15.Lebensjahr), im Gegensatz zur Unterscheidung von Werktags- und Sonntagsschulpflichtigen, war auch die Voraussetzung für eine eindeutige Erfassung der Fabrikarbeiter nach Altersgruppen geschaffen.

4.6.5 Erhebung über Kinderarbeit in Fabriken von 1874/75

Nach Beschluß des Bundesrats vom 31.Januar 1874, dem Ersuchen des Reichstags nach einer Erhebung über Angemessenheit und Erweiterung des „gesetzlichen Schutzes der in Fabriken beschäftigten Frauen und Minderjährigen"[226] stattzugeben, konnte erstmals eine Enquête auf Reichsebene zu diesem Problem stattfinden. Die Erhebungen erstreckten sich auf die Länder Preußen, Bayern, Königreich Sachsen, Württemberg, Baden, Hessen, Elsaß-Lothringen und umfaßten „außer der eigentlichen Fabrikarbeit und der Arbeit in Berg- und Hüttenwerken auch die Arbeit in solchen Werkstätten, welche während der eigentlichen Betriebszeit (...) mindestens zehn Personen (...) beschäftigten; dagegen nicht die Arbeit in der Hausindustrie und im eigentlichen Handwerk" (Erhebung 1874, S.4). Das Programm sah u.a. eine Ermittlung über die Arbeitszeit, Arbeitspausen, Verschärfung und Kontrolle des Gesetzes vor (Erhebung 1874, S.6 f.). In Bayern wurden Erhebungen durch Distriktsverwaltungsbehörden vorgenommen und in Sitzungen, denen außer den Bezirksbeamten Bürgermeister, Arbeitgeber, Ärzte, Geistliche und Lehrer beiwohnten, zum Abschluß gebracht (Erhebung 1874, S.1 f.).

Der zahlenmäßige Anteil der 12- bis 14-jährigen Kinder sah gemäß den Ergebnissen der Erhebung in Bayern so aus:

Zahl der Kinder von 12 - 14 Jahren

Reg.-Bezirk	männl.	weibl.	zusammen
Oberbayern	60	35	95
Niederbayern	38	31	69
Pfalz	85	110	195
Oberpfalz	47	19	66
Oberfranken	114	58	172
Mittelfranken	61	55	116
Unterfranken	15	21	36
Schwaben	159	149	308
	579	478	1 057

(Erhebung 1874, S.106).

Nach den einzelnen Gewerbszweigen aufgeschlüsselt ergibt sich folgende Verteilung: Textilindustrie 298 Kinder, Industrie Steine und Erden

---

[226] Ergebnisse der über die Frauen- und Kinderarbeit in den Fabriken auf Beschluß des Bundesraths angestellten Erhebungen, zusammengestellt im Reichskanzler-Amt, Berlin 1876 (StA München, RA Fasz.2169, Nr.35128), S.1. – Im folgenden zitiert: „Erhebung 1874".

198, Tabakfabriken 89, Papierfabriken 86. Der Rest verteilt sich auf verschiedene Industriebereiche (Erhebung 1874, S.106-111).

Zum Vergleich sei die Anzahl der Kinder anderer Länder herangezogen:

Zahl der Kinder von 12 – 14 Jahren

Staat	männl.	weibl.	zusammen
Kgr. Preußen	4 496	2 580	7 076
Kgr. Sachsen	4 959	3 325	8 284
Kgr. Württemberg	275	294	569
Gr.Herzogt.Baden	1 105	1 075	2 180
Sonstige Herzog- und Fürstentümer			1 992
	10 835	7 274	20 101

(Erhebung 1874, S.106).

Insgesamt waren im Deutschen Reich zu diesem Zeitpunkt 21 158 Kinder in Fabriken beschäftigt. Das sind weniger als allein in Preußen im Jahre 1852 (21 945) (W.Feldenkirchen 1981, S.22)[227].

Als Ursache für die sinkende Zahl der Kinderarbeiter muß neben dem technischen Fortschritt und der gesetzlich eingeschränkten Verwendungsmöglichkeit der Kinder besonders auch der Umstand angesehen werden, daß auf Grund des konjunkturellen Einbruchs nach 1873 eine hohe Zahl erwachsener Arbeiter zur Verfügung stand, die kaum besser bezahlt wurde als Kinder (W.Feldenkirchen 1981, S.22).

---

227 Die Erhebung enthält auch eine Übersicht und eine prozentuale Verteilung aller in Fabriken arbeitenden Jugendlichen im Alter von 12-16 Jahren. Ihre Zahl beträgt nahezu 88 000. Davon kommen auf Preußen 47 500, das sind rund 1,8% der 2,5 Millionen Jugendlichen im Alter von 12-16 Jahren, auf Bayern 5600 oder 1,3% der Gesamtzahl von 437 000, auf Sachsen 17 000 oder 6,5% von insgesamt 257 000, auf Württemberg 3000 oder 1,8% von 164 000 Personen.
Von den jugendlichen Arbeitern sind 24% 12 bis 14 Jahre alt, 76% 14-16 Jahre. 60% sind Knaben, 40% Mädchen. In der Textilindustrie arbeiten 34 000 (fast 40%), davon 14 500 in Preußen, 3100 in Bayern, 10 500 in Sachsen, 1850 in Württemberg, 2300 in Baden und 1750 in den übrigen Staaten. In den Berg- und Hüttenwerken sind 14 800 beschäftigt (80% in Preußen). Eine ähnlich hohe Anzahl arbeitet in Tabakfabriken. Die Gesamtzahl der Fabrikarbeiter beträgt 880 500, davon sind 566 500 Männer, 226 000 Frauen, 88 000 Jugendliche. Letztere bilden damit den zehnten Teil (Erhebung 1874, S.81).

Darüber hinaus wird man jedoch nicht übersehen dürfen, daß die genannten Ursachen allein nicht hinreichen, den relativ niedrigen Anteil der Kinderarbeiter zu begründen. Der Erhebungsmodus selbst läßt Bedenken gegenüber einer vollständigen Erfassung der Beschäftigten aufkommen. In einem Erläuterungsschreiben des bayerischen Staatsministeriums des Innern an die kgl.Regierungen wird zur „Erzielung einer möglichst gleichmäßigen Behandlung des Gegenstandes" u.a. folgende Vorgehensweise angeordnet:

„Die Erhebungen (...) sind dadurch zu pflegen, daß Formulare dieser Tabellen (...) den Fabrikanten zur Ausfüllung hinausgegeben werden, wobei die Richtigkeit der Einträge von der Ortspolizeibehörde bestätigen zu lassen ist"[228].

Die Richtigkeit konnte nur durch Überprüfung der bei der Polizei eingereichten Listen über die jugendlichen Arbeiter erfolgen, wie es §130 des Gewerbegesetzes vorsah. Enthielten aber bereits die Listen unvollständige Angaben, mußte auch die Bestätigung der Richtigkeit der erhobenen Zahlen auf der Strecke bleiben. Hier liegt also ein entscheidender Unsicherheitsfaktor der Ergebnisse, der noch dadurch verstärkt wird, daß aus fast allen Regierungsbezirken Übertretungen einzelner Bestimmungen der Gewerbeordnung, insbesondere der §§128 bis 131 gemeldet wurden (Erhebung 1874, S.102).

Gewissermaßen eine amtliche Korrektur der Erhebungsdaten der Bundesratsenquête liefert uns die bayerische Gewerbestatistik vom 1.Dezember 1875[229]. Danach arbeiteten in „Kleinbetrieben mit Motoren", wie die amtliche Bezeichnung lautete, insgesamt 253 Kinder im Alter von 12 bis 14 Jahren und 16 Kinder unter 12 Jahren (S.184). In „Großbetrieben mit und ohne Motoren" (insgesamt 6065) waren 1735 Kinder beschäftigt, davon 1551 im Alter von 12 bis 14 (1115 Knaben, 436 Mädchen) und 184 im Alter von weniger als 12 Jahren (109 Knaben, 75 Mädchen). 387 von ihnen arbeiteten in der Textilindustrie, mit Schwerpunkt Schwaben, 336 in der Industrie Steine und Erden, mit Schwerpunkt Oberpfalz, 172 in der metallverarbeitenden Industrie, mit Schwerpunkt Mittelfranken und 141 in der Holzindustrie, mit Schwerpunkt Oberbayern (S.426-434). Diese wesentlich genaueren Daten zeigen eine fast doppelt so hohe Beschäfti-

---

228 Schreiben des kgl.bayerischen Staatsministeriums des Innern, Abtheilung für Landwirtschaft, Gewerbe und Handel vom 11.August 1874 an die kgl.Regierung, Kammer d.Innern, von Oberbayern (StA München, RA Fasz.2169, Nr.35128).
229 Bayerische Gewerbe-Statistik (Aufnahme vom 1.Dezember 1875) I.Theil. Die persönlichen Verhältnisse der Gewerbebetriebe. XXIX.Heft der Beiträge zur Statistik des Königreichs Bayern. Hrsg. v. kgl.Statistischen Bureau. München 1879.

gungsquote von Kindern als die Reichsenquête, womit unsere Einwände noch einmal bestätigt werden.

Neben der Anzahl der beschäftigten Kinder ermittelte die Bundesratsenquête auch Daten zum Wochenlohn (S.113-116) und zur Arbeitszeit (S.81-90). Demnach verdiente ein 12- bis 14-Jähriger:

Königreich Bayern	im niedrigsten Satz Mark.	im Mittelsatz Mark.	im höchsten Satz Mark.
Oberbayern	3,20 VII.	5,60	7,10 IV.
Niederbayern	3,40 II.	4,20	5,20 III.
Pfalz	2,85 II.	4,40	8,25 IV.
Oberpfalz	1,70 XII.	3.20	6,50 II.
Oberfranken	3,00 II.	4,60	6,15 I.
Mittelfranken	3,00 III, IV, XIV	4,30	7,00 V.
Unterfranken	3,00 X.	4,30	5,00 XIV.
Schwaben	4,10 III, IV.	5,20	7.35 XII.[230]

(Erhebung 1874, S.115)[231].

---

230 Die römischen Ziffern beziehen sich auf folgende Industriezweige:

I =	Erzbergwerke und Kohlengruben	VI =	Kurz- und Spielwaren, Nadeln
II =	Eisen u.a. Metalle	VII/VIII =	Textil
III =	Ziegeleien	X =	Watte
IV =	Ton, Porzellan, Glas	XII =	Papier
		XIV =	Tabak.
V =	Zündwaren		

231 Aus einer handschriftlichen Aufzeichnung über die Lohnverhältnisse jugendlicher Arbeiter in Oberfranken vom 30.Dezember 1874 geht hervor, daß die Kinder im Industriezweig Ton, Porzellan, Glas wöchentlich 5,29 M verdienten, während die 139 im Textilbereich arbeitenden Mädchen nur 4,99 M, die Knaben hingegen 5,49 M erhielten (StA Bamberg, Best.: K 3 / F 6ª, Nr.107).

REVIDIRTE
Fabrik-Ordnung
der
Mech. Bwoll-Spinn- & Weberei
Kaufbeuren.

Die Aufnahme von Arbeitern, die mit guten Zeugnissen und den polizeilich vorgeschriebenen Legitimationen versehen sein müssen, geschieht nur unter der Bedingung, daß sie sich der nachstehenden von ihnen zu unterzeichnenden Fabrikordnung unterwerfen:

§ 1.
Jeder Arbeiter verpflichtet sich, den ihm vom betreffenden Obermeister angewiesenen Posten anzunehmen und nach Kräften auszufüllen, seinen vorgesetzten Aufsehern Folge zu leisten, an den Maschinen nichts zu verändern oder zu beschädigen, in der festgesetzten Arbeitszeit pünktlich zu erscheinen und ohne besondere Erlaubniß des Obermeisters vor gegebenem Zeichen weder die Fabrik noch die Maschinen zu verlassen, noch letztere abzustellen.

Die Genehmigung zu einem kurzen Ausbleiben aus der Fabrik ist vom Obermeister einzuholen, eine mehr als zweitägige Beurlaubung kann nur von der Direktion ertheilt werden.

§ 2.
Arbeiter, welche austreten wollen, haben, und zwar die Spinnereiarbeiter vier die Webereiarbeiter aber acht Wochen zuvor aufzukünden. Personen die noch nie in mechanischen Spinnereien oder Webereien beschäftigt waren, sofalls die betreffenden Arbeiten erst erlernen müssen, werden in Anbetracht, der auf ihre Abrichtung zu verwendenden Mühe und der anfänglich entstehenden Nachtheile nur unter der Bedingung eingestellt, daß Spinnereiarbeiter mindestens ein volles Jahr; Webereiarbeiter zwei volle Jahre in der Fabrik bleiben, was sie beim Eintritt besonders unter ihrer eigenhändigen Unterschrift zu bestätigen haben. Erst nach Ablauf dieser Frist sind sie zur Aufkündigung berechtigt und haben dann noch die obenerwähnte vier- beziehungsweise achtwöchentliche Aufkündigungsfrist auch andern Arbeitern einzuhalten.

Die Aufkündigungen von nun gültig, wenn sie am Zahltag auf dem Comptoir angemeldet werden und die Entlassungen finden nur an Zahltagen statt.

In wie ferne, die Direktion bei nachgewiesenen besonderen Verhältnissen eine Ausnahme von dieser Bestimmung machen und Arbeitern den Austritt unter der Zeit gestatten will, bleibt ihrem Ermessen überlassen.

§ 3.
Aerztliche Zeugnisse behufs sofortiger Entlassung eines Arbeiters können nur dann Berücksichtigung finden, wenn sie von der auf Kosten der Fabrikkrankenkasse behandelnden Aerzten ausgestellt sind und nachweisen daß das Uebel vom Arzte entweder schon öfter erfolglos behandelt wurde, oder daß eine auf Kosten der Fabrikkrankenkasse vorzunehmende Behandlung das vorgebliche Uebel nicht dauernd zu beseitigen vermöchte.

Kaufbeuren, am 1. Juli 1862.

§ 4.
Jedem Arbeiter wird für die Dauer des ersten Halbjahrs (Lehrlingen nach Umständen ausnahmsweise länger) an jedem Zahltage an dem Lohne ein diesem entsprechender Abzug gemacht, welcher Deconto genannt wird und zur Sicherstellung für die genaue Einhaltung der Fabrikordnung dient.

Dieser Deconto, auf welchen keinerlei Anweisungen angenommen werden, bleibt bis zum vorschriftsmäßigen Austritte bei der Direktion liegen und wird erst bei diesem zugleich mit dem laufenden Lohne baar bezahlt.

§ 5.
Zu Gunsten der Fabrikkrankenkasse wird vom Lohne eines jeden Arbeiters ein halber Kreuzer vom Gulden in Abzug gebracht, dagegen tritt derselbe vom ersten Beitrage an bei vorkommenden Krankheitsfällen, bis er wieder entlassen ist, in alle Rechte ein, welche in den Statuten der Fabrikkrankenkasse bezeichnet sind.

§ 6.
Um den Arbeitern Gelegenheit zur Ersparniß zu geben, besteht eine Fabriksparkasse, in welcher laut der betreffenden Statuten, die ersparten Beiträge zu 4procentige Zinsen nutzbringend angelegt werden können.

§ 7.
Allenfallsige Streitigkeiten zwischen den Arbeitern werden von den betreffenden Aufsehern in Verbindung mit dem Obermeister geschlichtet; schwierigeres übernimmt die Direktion zur Vermittlung.

§ 8.
Für Verschlafungen, schlechte und schadenbringende Arbeit, Ungehorsam, Unachtsamkeit, Ruhestörung, Trägheit u. dgl. finden angemessene (Geldstrafen) statt, die von der Direktion verhängt werden und der Fabrikkrankenkasse zu gut kommen. Bei Beschädigungen kann die Direktion nach Umständen zum Schadenersatz angehalten werden.

§ 9.
Nach § 211 des neuen bayerischen Polizeistrafgesetzbuches werden Fabrikarbeiter, welche den sogenannten blauen Montag feiern u. s. w. (Geldstrafe bis zu zehn Gulden oder einer Arreststrafe bis zu 3 Tagen vernutheilt.

Gleicher Strafe unterliegen auf Antrag der Fabrikdirektion Arbeiter, welche ohne genügenden Rechtsfertigungsgrund zur bedungenen Zeit nicht in Arbeit oder vor Verlauf der bedungenen Zeit aus der Arbeit treten, oder sich der Arbeit zu den bestimmten Tagen oder Stunden entziehen.

Ausserdem kann die Fabrikdirektion verlangen, daß die Polizeibehörde für solche Arbeiter zur Arbeit vorführen lasse.

Die Direction.

Demgemäß haben jene Arbeiter, welche an irgend einem Arbeitstage unerlaubt oder unentschuldigt von der Fabrik bleiben, dieselbe unerlaubt vor dem gegebenen Zeichen verlassen, sich ohne genügenden Entschuldigungsgrund innerhalb 3 Tagen nach geschehener Aufnahme nicht bei der Arbeit einfinden oder den im § 2 vorgeschriebenen Aufkündungs- und Austrittsbedingungen nicht nachkommen, zu gewärtigen, daß der Antrag auf ihre Vorführung bei der Polizeibehörde und auf ihre Bestrafung beim Polizeigerichte unnachsichtlich gestellt werden wird.

§ 10.
1) Bei Widersetzlichkeiten oder Beleidigungen, gegen die Direktoren, Obermeister oder Aufseher;

2) bei muthwilligen Beschädigungen an den Maschinen, Fabrikaten und sonstigem Fabrikeigenthum, beziehungsweise absichtlicher Vernachlässigung der Arbeit zum Schaden des Geschäfts, um dadurch etwa die Entlassung zu bezwecken,

3) bei Aufwiegelung eines der Direktion, Obermeister, Aufseher oder Arbeiter, sei es nun was immer für einen Grunde,

4) bei Veruntreuungen,

5) bei fahrlässiger Behandlung von Feuer und Licht innerhalb der Fabrikarbeits- und Wohngebäulichkeiten, Ställen und Stallungen, sowie in deren unmittelbaren Nähe, wird nicht nur polizeiliche Anzeige gemacht, sondern es erfolgt auch die sofortige Entlassung ohne Ausbezahlung der laufenden Löhne und Deconti, welche in solchen Fällen der Fabrikkrankenkasse anheim fallen.

§ 11.
Wer Arbeiter, die sich Beschädigungen, Aufwiegelungen, Veruntreuungen oder Beleidigungen zu Schulden kommen lassen, bei der Direktion zur Anzeige bringt, erhält eine angemessene Belohnung und soll sein Name verschwiegen bleiben.

§ 12.
Obwohl die Direktion überzeugt ist eine Aufkündigungsfrist nicht gebunden ist und daher insbesondere untauglich, träge, ungestüme oder unreinliche Arbeiter sofort entlassen kann, so wird sie doch den ordentlichen Arbeitern gegenüber ihren Intrigue möglichste Berücksichtigung zu wenden und auch in schwierigen Geschäftslagen Handelsverhältnissen trachten, eine möglichst lange Arbeit zu gewähren als es die Umstände nur immer erlauben.

Diese Fabrikordnung wird in allen Arbeitslokalitäten der Fabrik angeschlagen und ist für alle Arbeiter und Aufseher ohne Ausnahme in allen einschlägigen Fällen maßgebend.

Angesichts der Niedriglöhne der Kinder mutet eine Äußerung der mit der Erhebung befaßten Augsburger Untersuchungskommission fast zynisch an:

„Die Hauptursache dieser Ausbeutung der Arbeitskraft der Kinder liegt bei ihren Eltern selbst, welche (...) des Verdienstes wegen das meiste Interesse haben, daß ihre Kinder eine Schule nicht besuchen"[232].

Hinsichtlich der Arbeitszeit kam die Enquête für das Königreich Bayern zu folgendem Schluß:

„Im allgemeinen ist konstatirt worden, daß die gesetzlichen Bestimmungen vielfach nicht zur Ausführung gelangt oder doch nicht gehörig beachtet werden. In Oberbayern werden hauptsächlich in Zündholz-, Papierfabriken und Ziegeleien Kinder bereits vom 10.Lebensjahr ab beschäftigt, auch in Glas- und Papierfabriken pflegt die Dauer der Beschäftigung der über 12 Jahre alten jugendlichen Arbeiter nicht selten über das gesetzlich gestattete Maß hinauszugehen" (Erhebung 1874, S.84).

Insbesondere in kleineren Betrieben sei von einer Einhaltung der einschlägigen Bestimmungen keine Rede. Wo in Akkord gearbeitet werde, würden die Eltern ihre Kinder „zum Fortarbeiten während der Pausen drängen" (Erhebung 1874, S.85).

Da Kinder in der Regel als Handlanger der erwachsenen Arbeiter dienten, wurde die gesetzlich vorgeschriebene Pausenregelung und die 6-stündige Arbeitszeit für Kinder zu einem allgemeinen Problem des Produktionsablaufs. In Augsburger Fabriken, so berichtet die Erhebung, wurde deshalb mehr und mehr von der Verwendung jugendlicher Arbeiter abgesehen (1874, S.85). Aber es kam in den dortigen Spinnereien und Webereien auch vor, daß sich Spinner

„von jugendlichen Arbeitern, die an der Spinnmaschine als Bobinenaufstecker thätig sind, für die 1/2stündige Vor- und Nachmittagspause, während welcher der Spinner auch die Thätigkeit des Aufsteckers übernehmen muß, durch Geld entschädigen ließen" (K.Martini o.J. (ca 1902), S.19).

Die Erhebung sollte auch die Frage beantworten, ob eine Verschärfung der Bestimmungen zu empfehlen und „ohne Beeinträchtigung des Nahrungsstandes der Arbeiterfamilien und ohne Erschütterung der Betriebsverhältnisse einzelner Industriezweige" durchführbar sei (1874, S.91).

---

[232] StadtA Augsburg, A 153 (zit. bei I.Fischer 1977, S.147).

Die Notwendigkeit einer noch umfassenderen Einschränkung der Kinderarbeit wurde von den meisten bayerischen Regierungsbezirken in Abrede gestellt. Als Begründung heißt es u.a.:

„Die besten Arbeiter seien immer die, welche schon während der Jugendzeit in den Fabriken beschäftigt und gewissermaßen dort aufgezogen seien: diese seien ungleich mehr an gleichmäßige Arbeit und Thätigkeit gewöhnt, der Ordnungssinn und die Arbeitslust sei bei ihnen mehr entwickelt, als bei den erst in späteren Lebensjahren in Arbeit Getretenen. Sollten alle jugendlichen Arbeiter durch Erwachsene ersetzt werden müssen, so würde eine (...) fühlbare Steigerung der Löhne (...) und (...) der Preise der Fabrikate eintreten" (1874, S.95).

Nach wie vor drängten die Argumente von der billigen Arbeitskraft des Kindes und vom Erziehungswert der Arbeit alle Gegenargumente in den Hintergrund.

Die letzte Frage der Erhebung schließlich bezog sich auf §132 der Gewerbeordnung, der besondere Kontrollorgane vorsah:

„Wo die Aufsicht über die Ausführung der vorstehenden Bestimmungen (§§128 bis 133) eigenen Beamten übertragen ist, stehen denselben bei Ausübung dieser Aufsicht alle amtlichen Befugnisse der Ortspolizei-Behörden (...) zu" (K.Weber Bd.8, S.203).

Da dieser Paragraph lediglich die Möglichkeit eigener Kontrollorgane einräumte, diese aber nicht gesetzlich vorschrieb, wollte der Bundesrat wissen, ob ein Bedürfnis für die „Anstellung besonderer Kontrollbeamten" (1874, S.100) vorhanden sei. Aus einigen Regierungsbezirken Bayerns kam eine bejahende Rückmeldung mit der Begründung,

„daß es in den meisten kleineren Orten den Ortsbehörden an der nöthigen Einsicht und Energie fehlt, hier und da wohl auch an der erforderlichen Unabhängigkeit gegenüber den Fabrikbesitzern (Oberbayern), welche geistig zumeist über den ländlichen Bürgermeistern stehen und dieselben zu beherrschen wissen (Schwaben)" (1874, S.102).

Die Ergebnisse der Bundesratsenquête 1874/75 signalisierten zwar sinkende Zahlen der Kinder in Fabriken, brachten aber auch eine z.T. erhebliche Mißachtung der gesetzlichen Bestimmungen ans Licht. Die Unzulänglichkeit des vorhandenen Kontrollapparats ließ den Ruf nach eigenen Aufsichtspersonen stärker werden. Besonders nachteilig erwies sich das Fehlen geeigneter Kontrollen in bezug auf §107 der Reichsgewerbeordnung, welche vorschrieb:

„Jeder Gewerbe-Unternehmer ist verbunden, auf seine Kosten alle diejenigen Einrichtungen herzustellen und zu unterhalten, welche mit Rücksicht auf die besondere Beschaffenheit des Gewerbebetriebes zu thunlichster Sicherung der Arbeiter gegen Gefahr für Leben und Gesundheit nothwendig sind" (K.Weber Bd.8, S.200).

Als Folge mangelnder Überwachung dieser Vorschrift stieg die Zahl der Unfälle in Betrieben (J.Kuczynski 1968, S.134; s. auch M.Suyter 1939, S.156 f.).

Die Nichteinhaltung der gesetzlichen Verordnungen, die Unzulänglichkeit der Gesetzesüberwachung, beunruhigende Berichte über Mißstände in rheinischen Industriegebieten (vgl. L.Adolphs 1972) „und allem voran das ganz andere Problem der steigenden Unfälle" (J.Kuczynski 1968, S.134) veranlaßten schließlich den Reichstag, am 18.Mai 1878 eine Gesetzesnovelle zur Reichsgewerbeordnung zu verabschieden[233], die am 17.Juli in Kraft trat.

Diese brachte an wesentlichen Neuerungen das gänzliche Verbot der Beschäftigung von Kindern unter 12 Jahren in Fabriken – zuvor war nur eine „regelmäßige" Beschäftigung dieser Altersstufe verboten – und die gesetzliche Einführung des Fabrikinspektors: „Durch §139b der Novelle zur Reichsgewerbeordnung vom 17.Juli 1878 wurde dann das Institut der Fabrik-Inspektoren obligatorisch und definitiv für die Staaten des Deutschen Reiches eingeführt" (P.Dehn 1881, S.155).

4.7 Die Fabrikinspektion[234]

4.7.1 Der gesetzliche Rahmen

Die Einsicht in die Notwendigkeit einer staatlichen Kontrolle über die „Verhältnisse der Fabrikarbeiter"[235] war nicht erst Ende der 1870er Jahre entstanden. England führte die „Visitors" schon 1833 ein (J.J.Peters 1935, S.19, Anm.7). Preußen folgte 12 Jahre später, zunächst in Form einer gemeinsamen Circularverfügung der Minister des Innern, der Finanzen und der geistlichen, Unterrichts- und Medizinal-Angelegenheiten

---

233 Verhandlungen des deutschen Reichstages im Jahre 1878; Bd.IV: Anlage Nr.265, S.1583-1588; zit. bei J.J.Peters 1935, S.34.
234 Zu den folgenden Ausführungen siehe K.Mühlbauer 1985b, S.216-266.
235 Titel VII, Abs.IV der Gewerbeordnung.

vom 28.Mai 1845[236] und später durch das „Gesetz, betreffend einige Abänderungen des Regulativs vom 9.März 1839 über die Beschäftigung jugendlicher Arbeiter in den Fabriken" vom 16.Mai 1853[237]. Sachsen führte 1849 die hauptamtliche Fabrikinspektion ein, wenngleich sich diese nur auf die Dampfkesselüberwachung bezog. Als aber die Regierung 1872 den Dampfkesselinspektoren auch die Durchführung des Kinderschutzes in den Fabriken übertrug, konnte sie immerhin auf technisch bestens geschultes Personal zurückgreifen (J.J.Peters 1935, S.79).

Alle übrigen Länder sahen für die Errichtung einer ausschließlich für die Fabriken zuständigen Kontrollinstanz keinen Bedarf. In Bayern war ohnehin am 1.Juli 1862 das Polizeistrafgesetzbuch[238] in Kraft getreten, das in den Artikeln 128 und 213 Geldbußen bis zu 50 Gulden bei Übertretung „gesundheitspolizeilicher Vorschriften" bzw. „der Bestimmungen über die Verwendung von jugendlichen Personen in Fabriken und Gewerken" vorsah. Im übrigen hatte die kirchliche Schulaufsicht darüber zu wachen, daß die allgemeine Schulpflicht pünktlich eingehalten und der Unterricht regelmäßig besucht wurde. Polizei- und Schulbehörden bewirkten in Bayern jedoch ebensowenig wie die in Preußen fakultativ eingeführte Fa-

---

236 Diese Verfügung sah die Schaffung „besondere(r) Organe" zur „Inspektion der Fabriken" vor. Gedacht war an lokale „Inspektionskommissionen", die aus „unabhängigen Männern" bestehen sollten, welche die Fabriken zu visitieren, die Arbeitslisten einzusehen, die Kinder sich vorführen zu lassen „und vorkommende Übelstände entweder durch Verständigung zu beseitigen oder bei den Behörden zur Sprache zu bringen" hätten. Als Mitglieder dieser Kommission, die ihre Aufgabe „als Ehrenamt unentgeltlich zu besorgen" hätten, sollten insbesondere Männer berücksichtigt werden, „welche die Wichtigkeit des Fabrikwesens hinreichend zu würdigen und die Erfordernisse des Fabrikbetriebes genügend zu ermessen vermögen". Ferner sollten hinsichtlich der medizinal-polizeilichen Vorschriften ein Arzt und bezüglich der sittenpolizeilichen Aufsicht der Lokal- oder Kreis-Schulinspektor hinzugezogen werden (Gemeinsame Circularverfügung der drei Minister; abgedr. bei G.K.Anton 1891, S.170-174).
237 Der entscheidende §11 dieses Gesetzes lautet:
„Die Ausführung dieser Bestimmungen soll, wo sich dazu ein Bedürfnis ergibt, durch Fabrikinspektoren als Organe der Staatsbehörden beaufsichtigt werden. – Diesen Inspektoren kommen, soweit es sich um Ausführung der Vorschriften dieses Gesetzes und des Regulativs vom 9.März 1839 handelt, alle amtlichen Befugnisse der Ortspolizeibehörde zu."
Im Vollzug dieser ministeriellen Verordnung erließ die Düsseldorfer Bezirksregierung nähere Anweisungen, worunter als „Hauptaufgabe" des Fabrikeninspektors genannt wird, „die genaue und allseitige Beobachtung der über die Beschäftigung jugendlicher Arbeiter ergangenen gesetzlichen und reglementären Bestimmungen zu kontrollieren" (abgedr. bei G.K.Anton 1891, S.188).
Damit wird deutlich, daß die, wenn auch vorläufig auf freiwilliger Basis eingeführte Fabrikinspektion, in erster Linie für die Überwachung der Kinder- und Jugendschutzgesetze bestimmt war.
238 Gesetz vom 10.November 1861, „die Einführung des Strafgesetzbuches und des Polizeistrafgesetzbuches für das Königreich Bayern betreffend" (K.Weber Bd.5, S.287-335).

brikinspektion[239]. Die Schulinspektoren konnten nur an den guten Willen der Eltern appellieren, bei denen aber solche Appelle wenig fruchteten. Die Polizei mußte sich bei Gesetzesübertretungen mit den Fabrikherrn anlegen, was aber meist unterblieb. So geschah bis zur Novelle der Reichsgewerbeordnung vom 17. Juli 1878 hinsichtlich einer strengeren Überwachung der Kinderschutzbestimmungen so gut wie nichts; denn auch die Gewerbeordnung des Norddeutschen Bundes vom 21. Juni 1869 und deren Übernahme als Reichsgesetz vom 12. Juni 1872 hatten auf eine obligatorische Einführung eines speziellen Aufsichtsorgans verzichtet.

Unmittelbarer Auslöser für die gesetzliche Verankerung und künftige Entwicklung des Fabrikinspektorats war §107 der Gewerbeordnung, der die „Sicherung der Arbeiter gegen Gefahr für Leben und Gesundheit" regelte[240]. Als nämlich Preußens Handelsminister am 27. April 1872 in einem Runderlaß sämtliche Bezirksregierungen aufforderte, die gewerblichen Unternehmen, deren Betrieb mit Gefahren für die Gesundheit der Arbeiter verbunden war, sowie die vorhandenen Sicherheitsvorkehrungen zu ermitteln, stellte sich heraus, daß für eine befriedigende Überwachung des Gefahrenschutzes die Polizeibehörden überfordert waren. Da es hierzu eines technisch und teilweise auch medizinisch geschulten Personals bedurfte, übertrug der Minister 1874 auf Verwaltungsweg die Ausübung des Gefahrenschutzes den Fabrikeninspektoren und erhöhte deren Anzahl. Damit war eine wichtige Vorentscheidung für die Einfügung des §139b der Gesetzesnovelle von 1878 getroffen. Darin wird festgelegt:

„Die Aufsicht über die Ausführung der Bestimmungen der §§135 bis 139a, sowie des §120 Absatz 3[241] in seiner Anwendung auf Fabriken ist ausschließlich oder neben den ordentlichen Polizeibehörden besonderen von den Landesregierungen zu ernennenden Beamten zu übertragen. Denselben stehen bei Ausübung dieser Aufsicht alle amtlichen Befugnisse der Ortspolizeibehörden, insbesondere das Recht zur jederzeitigen Revision der Fabriken zu. (...)
Die Ordnung der Zuständigkeitsverhältnisse zwischen diesen Beamten und den ordentlichen Polizeibehörden bleibt der verfassungsmäßigen Regelung in den einzelnen Bundesstaaten vorbehalten.
Die erwähnten Beamten haben Jahresberichte über ihre amtliche Thätigkeit zu erstatten. (...)
Die (...) auf Fabriken auszuführenden amtlichen Revisionen müssen die Arbeitgeber zu jeder Zeit, namentlich auch in der Nacht, während die Fabriken im Betriebe sind, gestatten" (K. Weber Bd. 16, S. 307 f.).

---

239 Von den Königlichen Regierungen Preußens hatten seit 1854 nur die Regierungsbezirke Aachen, Arnsberg und Düsseldorf je einen Fabrikeninspektor für den gesamten Regierungsbezirk ernannt (L. Adolphs 1972, S. 39).
240 Vgl. zum folgenden S. Poerschke 1913, S. 45 ff. (zit. nach J. Kuczynski 1968, S. 127 ff.).
241 Er enthält die Bestimmungen des alten §107 der Gewerbeordnung von 1869.

Gleichzeitig beschloß der Bundesrat, daß für die Durchführung der Fabrikaufsicht einheitliche Normen festgelegt wurden und

„daß die besonderen Beamten nicht als Organe der Exekutivpolizei zu wirken (...), vielmehr (...) ihre Aufgabe vornehmlich darin zu suchen hätten, durch eine wohlwollend kontrollierende, beratende und vermittelnde Tätigkeit nicht nur den Arbeitern die Wohltaten des Gesetzes zu sichern, sondern auch die Arbeitgeber in der Erfüllungh der Anforderungen (...) taktvoll zu unterstützen"[242].

Nachdem durch Reichsgesetz die obligatorische Einführung von Fabrikeninspektoren verfügt worden war, erließ König Ludwig II. am 17.Februar 1879 eine allerhöchste Verordnung des Inhalts:
Neben den Polizeibehörden wird die Aufsicht über die Ausführung der §§135 bis 139a, sowie des §120 Abs.3 der Gewerbeordnung besonderen Beamten übertragen, die den Titel „Fabriken-Inspectoren" führen (§1). Vorläufig werden drei Inspektoren ernannt, mit Sitz in München, Nürnberg und Speyer. Ihr Geschäftskreis erstreckt sich für den Beamten in München auf die Regierungsbezirke Oberbayern, Niederbayern, Schwaben und Neuburg; für den in Nürnberg auf die Bezirke Oberpfalz, Regensburg, Ober-, Mittel-, Unterfranken und Aschaffenburg; für den Inspektor in Speyer auf den Regierungsbezirk der Pfalz (§3). Sie werden vom König ernannt (§4) und sind nach Rang und Gehalt den Regierungsassessoren gleichgestellt (§5). Unmittelbar anordnende Behörde ist die Regierung, Kammer des Innern, in deren Bezirk der Amtssitz des Beamten liegt. Ihr hat er auch jährlichen Bericht zu erstatten (§6). Polizeiliche Verfügungsgewalt besitzt er nicht (§7) (K.Weber Bd.12, S.575 f.).

Am 8.Juli 1886 wurde die Zahl der Fabrikeninspektoren um eine zusätzliche Stelle erweitert und eine Änderung der Geschäftsbereiche vorgenommen. Vom Inspektionsbereich Oberbayern, Niederbayern, Schwaben wurde Niederbayern ausgegliedert, während das Aufgabengebiet des Speyerer Inspektors um Unterfranken und Aschaffenburg erweitert wurde. Der Nürnberger Aufsichtsbeamte hatte nur mehr Ober- und Mittel-

---

242 Protokolle über die Verhandlungen des Bundesrats des Deutschen Reichs, Jg.1878, S.272; abgedr. bei J.J.Peters 1935, S.35.
  Fast gleichlautend heißt es in der vom Bayerischen Staatsministerium des Innern am 6.Juni 1879 an die Distriktsregierungen ergangenen vorläufigen Dienstinstruktion: Die Fabrikeninspektoren mögen „ihre Aufgabe vornehmlich darin suchen (...), zwischen den Interessen der Gewerbeunternehmer einerseits, der Arbeiter und des Publikums andererseits auf Grund ihrer technischen Kenntnisse und amtlichen Erfahrungen in billiger Weise zu vermitteln und sowohl den Arbeitgebern als den Arbeitern gegenüber eine Vertrauensstellung zu gewinnen, welche sie in den Stand setzt, zur Erhaltung und Anbahnung guter Beziehungen zwischen beiden mitzuwirken" (StA Landshut, Best.: K.d.I. Fasz.814, Nr.3106).

franken zu inspizieren. Der neu geschaffenen Stelle in Regensburg fiel die Aufsicht über die Fabriken der Regierungsbezirke Niederbayern, Oberpfalz und Regensburg zu (K.Weber Bd. 12, S.576, Anm.3).

Nach Änderung der Reichsgewerbeordnung durch die sog. Arbeiter-Schutz-Novelle vom 1.Juni 1891[243] erfolgte in Bayern durch Verordnung vom 31.März 1892 eine den reichsgesetzlichen Bestimmungen angepaßte Neuregelung des Aufgabenbereichs der Fabrikeninspektoren (K.Weber Bd.21, S.194-231). Danach waren ihrer Aufsicht nicht mehr nur Fabriken und denselben gleichgestellte Anlagen, sondern alle Betriebe, „welche nicht blos vorübergehend oder in geringem Umfang betrieben werden" (§48) unterstellt. Ihre Bezeichnung sollte daher von nun an „Fabriken- und Gewerbeinspektoren" lauten (§1). Ferner wurde für jeden einzelnen Regierungsbezirk ein Aufsichtsbeamter bestellt (§3). Am 10.Juni 1892 erhielten zunächst die Inspektoren von München und Nürnberg einen Assistenten, in der Folgezeit (ab 1896) auch die übrigen, so daß Bayern 1908 20 Hilfskräfte, darunter (ab 1898) auch Frauen (zunächst „Funktionärin", später „Assistentin" genannt), besaß. 1902 faßte man die Fabriken- und Gewerbeinspektion unter einer zentralen Instanz, dem „Zentralinspektor", zusammen (R.von Weizenbeck 1909, S.28 ff.), was die Verwaltung zwar erleichterte, der Geschäftsführung der einzelnen Beamten aber keinen Vorteil brachte.

Was die sachliche Zuständigkeit des Fabrikeninspektors betraf, so war diese durch §120 und §§135 bis 139a der Reichsgewerbeordnung vom 17.Juli 1878, bzw. die Allerhöchste Verordnung vom 17.Februar 1879 festgelegt. Danach hatte der Fabrikeninspektor die Einhaltung folgender Vorschriften zu überwachen.[244]
- Kinder unter 12 Jahren dürfen in Fabriken überhaupt nicht, Kinder unter 14 nicht länger als sechs Stunden, Jugendliche zwischen 14 und 16 Jahren nicht mehr als 10 Stunden täglich beschäftigt werden (§135).
- Die Arbeit der Kinder und Jugendlichen darf nicht vor 5 1/2 Uhr morgens beginnen und nach 8 1/2 Uhr abends enden und muß an Sonn- und Feiertagen ruhen. Zwischen den Arbeitsstunden sind regelmäßige Pausen zu gewähren (§136).

---

243 „Gesetz, betreffend die Abänderung der Gewerbordnung", Reichsgesetzblatt Jg.1891, S.261-290.
244 Vgl. „Gewerbordnung für das Deutsche Reich". Hier werden nur die Hauptpunkte wiedergegeben.

- Die Beschäftigung von Kindern ist nur gestattet, wenn eine ordnungsgemäß[245] ausgefüllte Arbeitskarte[246] vorliegt (§137), das Kind oder der Jugendliche, einschließlich der Beschäftigungsart, der Ortspolizei gemeldet und ein Verzeichnis der beschäftigten Jugendlichen an einer „in die Augen fallenden Stelle" der Betriebsräume angebracht ist (§318).
- Der Unternehmer ist verpflichtet, alle Vorkehrungen zu treffen, die „zu thunlichster Sicherheit gegen Gefahr für Leben und Gesundheit nothwendig sind" (§120, Abs.3).

Die Aufgabenumschreibung zeigt, daß der Gesetzgeber mit der Institutionalisierung der Fabrikeninspektion zuerst und vor allem die Überwachung der Kinder- und Jugendschutzverordnungen im Auge hatte (vgl. R.von Weizenbeck 1909, S.77).

Mit Änderung der Reichsgewerbeordnung vom 1.Juni 1891, bzw. durch die Allerhöchste Verordnung vom 31.März 1892 (K.Weber Bd.20, S.628-657 und Bd.21, S.194-231) wurden der Fabriken- und Gewerbeaufsicht über die bisherigen Kontrollfunktionen hinaus weitere Aufgaben zugewiesen: Überwachung des Verbots von Sonn- und Feiertagsarbeit für alle Arbeiter in gewerblichen Betrieben (§105), Überprüfung der „Aufrechterhaltung der guten Sitten und des Anstandes", sowie der hygienischen und gesundheitlichen Verhältnisse im Betrieb (§120a-d), Kontrolle der Arbeits- und Fabrikordnungen (§134) sowie der Einhaltung des Verbots der Nachtarbeit für Frauen (§137). Hinzu kamen Auskunfts-, Beratungs-, Vermittlungs- und Gutachtertätigkeiten, die Erstellung statistischer Erhebungen über die Zahl der Beschäftigten in Betrieben, die Mitwirkung bei der Anlegung von Dampfkesseln, Prüfung der Konzessions- und gewerblichen Baugesuche, Aufsicht über die Ausführung der Arbeitsbücher und -zeugnisse, wie über die Vorschriften, die die Lohnzahlung und „Überarbeit" betrafen.[247] Aber wie schon 1879 wurden den Fabriken- und Gewerbeinspektoren in ihrem „äußeren Wirkungskreise" zwar die „amtlichen Befugnisse der Orstpolizeibehörden" zugestanden, polizeiliche Verfügungsgewalt jedoch nicht. Nach wie vor hatten sie sich „wegen der zur Abstellung wahrgenommener Gesetzwidrigkeiten und

---

245 Mit Namen, Tag und Jahr der Geburt des Kindes und Namen, Stand und letztem Wohnsitz des Vaters versehen.
246 Jugendliche Arbeiter, die das 14.Lebensjahr vollendet und nicht mehr zum Besuch der Volksschule verpflichtet sind, haben bis zur Erreichung ihres 21.Lebensjahres ein Arbeitsbuch zu führen (§107 und §137).
247 „Anweisung zur Ausführung des Reichs-Gesetzes, betreffend Abänderung der Gewerbe-Ordnung vom 1.Juni 1891" (K.Weber Bd.21, S.197-220).

Übelstände zu ergreifenden Maßnahmen (...) an die ordentlichen Polizeibehörden mit dem Ersuchen um Herbeiführung des weiteren gesetzlichen Verfahrens zu wenden"[248]. In den Jahresberichten der Königlich Bayerischen Fabriken- und Gewerbe-Inspektoren, die uns seit 1879 vorliegen, erhalten wir einen umfassenden Einblick in den Komplex der jährlich anfallenden Kontroll- und Amtsgeschäfte.

Mit dem Umfang der Aufgaben, deren Bewältigung persönliches Geschick und umfassendes Wissen erforderte, stieg zwar das öffentliche Ansehen der Aufsichtsbeamten, wie Presseberichte bestätigten[249] und Politiker mit Genugtuung feststellten: „Auch die öffentliche Kritik in der Presse hat anerkannt, daß die bayerischen Fabrikinspektorenberichte jetzt zu den besten in Deutschland zählen" (Verhandlungen der Kammer der Abgeordneten des bayerischen Landtages im Jahre 1897-98, S.128). Aber es wurde auch mit der Anhäufung der Aufgabenbereiche das ursprüngliche und zentrale Anliegen, die Überwachung des Kinder- und Jugendschutzes, an den Rand gedrängt.

4.7.2 Hindernisse in der Durchführung

Die Wahrnehmung der vielseitigen Aufsichts- und Amtsfunktionen der Fabrikeninspektoren war von Anfang an mit Problemen und Behinderungen belastet. Diese führten nicht selten zu Beschwerden der Beamten gegenüber ihren übergeordneten Behörden, aber auch zu kritischen Stellungnahmen seitens der an der Einhaltung der gesetzlichen Bestimmungen interessierten Öffentlichkeit[250]. Als problematisch erwies sich bereits die Unsicherheit darüber, welche Anlagen als „Fabriken" bzw. den Fabriken gleichgestellte Betriebe einzustufen seien. Engert, zuständiger Fabrikinspektor der Regierungsbezirke Ober-, Niederbayern und Schwaben, entschied sich dahingehend, daß er seine Zuständigkeit auf folgende Betriebe festlegte:

„1. Alle Fabriken und gewerblichen Anlagen, welche mit Motoren betrieben werden und mindestens 5 Personen beschäftigen.

---

248 Allerhöchste Verordnung vom 31.März 1892, §6 (K.Weber Bd. 21, S.195).
249 Vgl. Bayerische Handelszeitung, IX.Jg., 18.Dez.1880; Korrespondent von und für Deutschland, Nr.658, 22.Dez.1880; Regensburger Tagblatt, Nr.135, 17.Mai 1885; Frankfurter Zeitung, 33.Jg., 12.Juli 1889.
250 Vgl. Augsburger Postzeitung, 203.Jg., 5.Jan.1889; Die Neue Zeit. Revue des geistigen und öffentlichen Lebens, 7.Jg.1889, S.498-507; „Vorwärts". Berliner Volksblatt, 23.Jg., 7.April 1906.

2. Diejenigen Fabriken und gewerbliche Anlagen, welche ohne Maschinenbetrieb eine größere Anzahl, namentlich jugendlicher Arbeiter, in fabrikmässiger Weise beschäftigen.
3. Die wichtigeren Fabriken und gewerblichen Anlagen, welche nach §§16 und 24 der G.O. einer besonderen Genehmigung bedürfen" (Jahresbericht 1879, S.1 f.).[251]

Anders verhielt sich der für die Regierungsbezirke Mittel-, Ober-, Unterfranken und die Oberpfalz zuständige Fabrikeninspektor A.Kopf. Er hielt es

„für räthlich, vorläufig von den eigentlichen Fabriken nur diejenigen mit mehr als 10 Arbeitern und von den gewerblichen Anlagen (...) nur diejenigen zu berücksichtigen, deren Betrieb nicht geradezu Kleingewerbe ist, sondern sich mehr dem Fabrikbetriebe nähert" (Jahresbericht 1879, S.41).

Heuser wiederum, zuständiger Fabrikeninspektor für die Pfalz, bezog seine Aufsichtstätigkeit auf Betriebe, die entweder nach §§16 und 24 der Reichsgewerbeordnung einer besonderen Genehmigung bedurften, oder die mehr als zehn Arbeiter in geschlossenen, dem Gewerbeinhaber gehörenden Räumen beschäftigten; oder die mit „elementaren Motoren" angetrieben werden, auch wenn weniger als zehn Arbeiter in ihnen beschäftigt waren (Jahresbericht 1879, S.77).

Die unterschiedliche Auslegung „revisionspflichtiger" Betriebe konnte auch in den folgenden Jahren nicht bereinigt werden, so daß sich über die tatsächliche Einhaltung der Arbeiterschutzbestimmungen in den 1880er und 90er Jahren auf Grund der Inspektionsberichte nur ein ungefähres Bild gewinnen läßt.

Eine Schwierigkeit anderer Art bildete das Mißverhältnis zwischen der Anzahl der Fabrikeninspektoren und der Zahl der zu überprüfenden Betriebe. So waren dem Inspektor Engert im Jahre 1879 ca 1250 gewerbli-

---

251 Engert bemerkt zu 1), daß die Zahl von fünf Arbeitern von ihm „willkürlich" festgesetzt worden sei und nur „für die erste Zeit" gelten, später aber „ganz wegfallen" solle (S.2). Zu Punkt 2) merkt er an: Wollte man Betriebe ohne Motoren unberücksichtigt lassen, „so würde gerade hier, beispielsweise in Buchdruckereien, Blumenfabriken, Zündholzfabriken, Ziegeleien etc. etc., wo häufig jugendliche Arbeitskräfte ausgenützt werden, Vieles veräumt" (S.2). Zu Punkt 3) fügt er ergänzend hinzu: „Nothgedrungen würden hier vorläufig die nachfolgend verzeichneten einfachen Gewerbebetriebe, bei welchen weder Leben noch Gesundheit der Arbeiter besonders bedroht, sondern meist nur die Geruchsnerven der Nachbarschaft irritiert werden, nicht berücksichtigt, nämlich: Schlächtereien, Gerbereien, Abdeckereien, gewöhnliche Talgschmelzen, Seifensiedereien und ausserdem sämmtliche Stau-Anlagen für Wassertriebwerke" (S.2).

che Anlagen zur Aufsicht unterstellt, von denen er in der zweiten Jahreshälfte – er wurde erst am 29.Mai ernannt – 318 inspizierte (Jahresbericht 1879, S.2-6). Der Pfälzer Inspektor Heuser, zuständig für 700 Betriebe mit rund 21 000 Arbeitern, visitierte im Jahr 1879 223 gewerbliche Anlagen (Jahresbericht 1879, S.78; R.von Weizenbeck 1909, S.66). Der Nürnberger Inspektor A.Kopf überprüfte im nämlichen Jahr von 928 revisionspflichtigen Anlagen 328 (Jahresbericht 1879, S.42). Noch 1886 schreibt Engert in seinem Jahresbericht:

„Da ich nun nicht in der Lage bin, jährlich mehr als etwa den dritten Theil derjenigen Fabriken, welche jugendliche Arbeiter beschäftigen, zu besuchen, so bleiben etwa zwei Drittel von meiner Seite in der Regel ein paar Jahre uncontroliert" (S.6).

Auch in den folgenden Jahren, als bereits die Zahl der Fabriken- und Gewerbeinspektoren zunächst auf vier (1886), dann auf acht (1892) erweitert worden war, blieb die Anzahl der einem Aufsichtsbeamten unterstellten revisionspflichtigen Anlagen sehr hoch:

Zahl der einem Aufsichtsbeamten unterstellten revisionspflichtigen Betriebe im Jahre 1886:

Aufsichtsbezirk	Zahl der gewerblichen Anlagen
Oberbayern und Schwaben	1403
Niederbayern und Oberpfalz	520
Ober- und Mittelfranken	638
Pfalz und Unterfranken	759

(R.von Weizenbeck 1909, S.66).

Im Jahre 1894 sieht das Verhältnis so aus:

Aufsichtsbezirk	Zahl der Anlagen		Sämmtliche Betriebe		
			durchschnittliche Gesammtarbeiterzahl		
	insgesammt	mit über 5 Gehilfen	männlich	weiblich	zusammen
Oberbayern . . .	7782	2159	59852	9138	68990
Niederbayern . . .	3382	617	17955	1467	19422
Pfalz	7243	1199	52204	11810	64014
Oberpfalz	2407	769	19031	2958	21989
Oberfranken . .	5054	605	29127	9544	38671
Mittelfranken . .	5180	1488	37575	14929	52504
Unterfranken . .	2697	651	17266	2022	19288
Schwaben	5425	1175	33674	15576	49250
Königreich	39170	8753	266684	67444	334128

Anzahl der vorgenommenen Revisionen:

Aufsichtsbezirk	Gesammt-zahl der Revisionen	darunter Revisionen		Zahl der		
		in der Nacht	an Sonn- u. Festtagen	einmal	zweimal	drei- oder mehrmal
				revidirten Anlagen		
1	2	3	4	5	6	7
Oberbayern . .	1209	4	2	1181	11	2
Niederbayern . .	607	3	—	597	8	2
Pfalz . . . : .	603	3	—	587	8	—
Oberpfalz . . .	696	2	2	692	4	—
Oberfranken . .	600	3	—	586	14	—
Mittelfranken .	1407	3	—	1348	28	1
Unterfranken . .	622	4	—	592	15	—
Schwaben . . .	812	4	1	792	14	3
Königreich	6556	26	5	6375	102	8

(Jahresbericht 1894, S.XXXIV f., Tab. 1 und 2).

Selbst wenn man den Beamten das Prädikat sehr großen Fleißes zusprechen muß, wie die Übersichtstabelle über die Revisionstätigkeit in den Jahren 1879-1907 (H.Klebe 1930, S.180) zeigt, war unter diesen Umständen eine wirksame Kontrolle nur in beschränktem Umfang zu erwarten. Der zu große zeitliche Abstand zwischen den einzelnen Revisionen wurde auch von Abgeordneten des Bayerischen Landtags kritisiert. Zwar fehlte es nicht an Anerkennung für den Eifer der Aufsichtsbeamten, aber ein Revisionsanteil von nur 40,7% im Jahre 1896 erschien den Abgeordneten zu gering.[252] Dem hielt jedoch Staatsminister von Feilitzsch entgegen, daß im Jahre 1897 bereits 45,8% „also schon fast die Hälfte" aller der Aufsicht unterstellten Fabriken und 36,1% der Betriebe mit mehr als fünf Arbeitern inspiziert worden seien. Zu einer jährlichen Inspektion aller Betriebe aber sei „kein genügender Anlaß gegeben"[253].

---

252 Der Abgeordnete Scherm äußerte sich dazu:
„(...) Nach den Zahlen der 1896er Revision (würden) ein Fabrikbetrieb alle 2 1/2 Jahre, ein Handwerksbetrieb alle 8 bis 9 Jahre und Betriebe mit über 5 Gehilfen alle 3 Jahre zur Revision gelangen. Wir sind der Meinung, daß das nicht ausreichend ist" (Verhandlungen der Kammer der Abgeordneten des bayerischen Landtages im Jahre 1897-98, S.128).
253 Verhandlungen der Kammer der Abgeordneten des bayerischen Landtages im Jahre 1897-98, S.131.

Besonders schwierig gestaltete sich das Verhältnis zwischen Fabrikeninspektion und Polizeibehörde. Nach §§1 und 7 der Kgl.Verordnung vom 17.Februar 1879 (K.Weber Bd.12, S.575 ff.) trat die Fabrikeninspektion in der „Wahrnehmung der Aufsicht über die gewerblichen Anlagen" neben die Polizeibehörde, jedoch ohne daß ihr die „amtlichen Befugnisse" dieser Behörde übertragen wurden. In §7 heißt es:

„(...) sie haben jedoch polizeiliche, eventuell im Wege administrativen Zwanges durchzuführende Verfügungen nicht zu erlassen. Wegen der zur Abstellung wahrgenommener Gesetzwidrigkeiten und Übelstände zu ergreifenden Maßregeln, sowie wegen etwa zu stellender Strafanträge haben sie sich an die ordentlichen Polizeibehörden mit dem Ersuchen um Herbeiführung des weiteren gesetzlichen Verfahrens zu wenden."

Wo also gesetzliche Übertretungen wiederholt zu beanstanden waren, blieb der Inspektoratsbeamte voll auf die Mithilfe der Polizei angewiesen. Diese aber wurde ihm nicht selten versagt. Auch die Überwachung gewerblicher Anlagen wurde von der Lokalpolizei nur nachlässig gehandhabt:

„Die Revisionsthätigkeit der Orts-Polizeibehörden erwies sich mit geringen Ausnahmen als eine zu wenig wirksame und liess das erforderliche selbständige Vorgehen zur Ermittlung und Abstellung von Gesetzwidrigkeiten zum grossen Theil vermissen" (Jahresbericht 1893, S.1).

So oder ähnlich lautete die in fast allen Jahresberichten wiederkehrende Kritik der Fabrikeninspektoren.[254] Noch deutlicher wird das Versagen der Polizeibehörden in einem Schreiben des Kgl.Bezirksamts Tirschenreuth an die Kgl.Regierung der Oberpfalz vom 25.Januar 1880 zum Ausdruck gebracht:

„Auf dem Lande aber, wo es an tüchtig geschulten Polizeibediensteten fehlt, wird jene Maßnahme" (gemeint ist die polizeiliche Überwachung der Vorschriften über die Beschäftigung jugendlicher Arbeiter in Fabriken) „kaum mehr als eine papierne Controle sein"[255].

---

254 In einer Tagebuchaufzeichnung des Fabrikeninspektors A.Kopf aus dem Jahre 1879 findet sich fünfmal der Vermerk:
„Eine ortspolizeiliche Kontrole findet nicht Statt" (StA Amberg, Best.: Reg.K.d.Innern, Nr.14423).
255 StA Amberg, Best.: Reg.K.d.Innern, Nr.14423.

Das Schreiben des Bezirksamtes von Tirschenreuth gibt uns auch Aufschluß über die Motive des zurückhaltenden Vorgehens der Polizeibehörden. Dort heißt es nämlich:

„Die Besitzer der fraglichen Fabriken und Gewerbe-Etablissements gehören meist zu den besser situierten Gemeindeangehörigen und haben schon in Folge des Umstandes, daß sie einen Theil der Ortsbewohner beschäftigen, auch Einfluß auf das Gemeinwesen.
Die Bürgermeister werden sich daher nur sehr ungerne zu der ihnen angesonnenen Controle verstehen und wenn sie hiezu auch auf Grund des §en 139b der Gewerbe Novelle vom 17.Juli 1878 (...) zweifelsohne gezwungen werden können, so wird man so ziemlich als sicher annehmen dürfen, daß sie nie Etwas Ordnungswidriges wahrnehmen werden"[256].

Um dem Buchstaben des Gesetzes zu genügen, so heißt es in der Mitteilung weiter, habe man die Ortspolizeibehörde beauftragt, regelmäßige Revisionen in den Fabriken des Gemeindebezirks durchzuführen und die „Abstellung" vorgefundener „Übelstände" zu veranlassen. Jedoch sei sich das Bezirksamt darüber im Klaren, daß Zahl und Zeit der Revisionen dem Ermessen der Polizeibehörde anheimgestellt bleiben müßten. Wenn daher der Fabrikeninspektor seine Tätigkeit „vorzugsweise" auf solche Betriebe konzentriere, in denen erfahrungsgemäß Leben und Gesundheit der Arbeiter besonders gefährdet seien, dann werde er auch „Zweckentsprechendes zu leisten im Stande sein".

Bezüglich der Einhaltung der Kinder- und Jugendschutzbestimmungen aber sei man ohnehin „auf die Rechtlichkeit und den guten Willen des Unternehmers angewiesen". Denn

„durch polizeiliche Controlen wird sich in dieser Beziehung wenig oder Nichts erzielen lassen; denn, wenn ein Unternehmer die Absicht hat, das Gesetz zu umgehen, so hat er gewiß innerhalb seiner Fabrikräume solche Anordnungen getroffen, daß ein Fremder bei seinem Eintritte Alles in Ordnung findet.
In diesem Bestreben, zu täuschen, wird er zuverlässig auch von seinen Arbeitern unterstützt."

Die abschließende Passage des amtlichen Schreibens ist für uns deshalb besonders aufschlußreich, weil sie die finanzielle Situation der Familien als treibenden Motor der Kinderarbeit bezeichnet, Kinderarbeit als das geringere Übel gegenüber der Untätigkeit der Heranwachsenden ansieht, und die Folgen der ausschließlich auf Fabrikarbeit und nicht auf

---

256 StA Amberg, Best.: Reg.K.d.Innern, Nr.14423.

Kinderarbeit im ganzen gerichteten gesetzlichen Maßnahmen verdeutlicht:

„Daß es übrigens nicht angezeigt ist, hier zu rigoros vorzugehen, dürfte folgendes Beispiel zeigen. Die Porzellanfabrik Kluther und Bauscher dahier hat bisher Knaben nach vollendeter Werktagsschulpflicht, also nach beendigtem 13.Lebensjahre als Malerlehrlinge in ihre Fabrik aufgenommen. Für manche arme Familie war das eine Wohlthat, weil der Knabe mit seinem Eintritte oder wenigstens bald nach demselben eine, wenn nicht grosse Löhnung erhielt. In Folge des vom k.Fabriken-Inspektor bei der Visitation im Monate September 1879 der Fabrikleitung gemachten Vorwurfes, daß die 6-stündigen Arbeitszeiten etc. nicht eingehalten werden (...), erklärte die Fabrikunternehmung, keine Knaben unter 14 Jahren mehr in die Malerwerkstätte aufzunehmen; gleichzeitig wurden auch die bereits aufgenommenen entlassen. Die Knaben müssen nun ein volles Jahr herumlungern, bis sie Aufnahme in die Malerwerkstätte finden können, was offenbar weder im Interesse ihrer Eltern noch in dem ihrer Ausbildung gelegen ist. Auch ist es schwer den Eltern begreiflich zu machen, daß ein Unterschied ist, ob sie ihre Kinder in eine Schuster- oder in eine Malerwerkstätte[257] aufnehmen lassen, daß in ersterer die Arbeitszeit unbeschränkt, in letzterer aber dieselbe für Knaben unter 14 Jahren nicht mehr als 6 Stunden betragen dürfe."

Das Bezirksamt zieht aus alledem den Schluß, polizeiliche Kontrollen in Fabriken so selten wie möglich durchzuführen – folglich auch gesetzliche Übertretungen zu tolerieren – und die Revisionen lieber dem „hochgebildeten" Fabrikeninspektor, „der noch dazu nicht in nächster Nähe wohnt", zu überlassen. Seinen Anordnungen werde sich der Fabrikherr eher unterziehen als den Anweisungen „eines bäuerlichen Bürgermeisters oder eines städtischen Polizeimannes"[258].

Die „saumselige Haltung" der Ortspolizeibehörden war auch mehrmals Gegenstand der Verhandlungen der Kammer der Abgeordneten und Anlaß für einen sozialdemokratischen Antrag, den Fabrikeninspektoren polizeiliche Verfügungsgewalt zu übertragen:

„(...) denken Sie sich eine Ortspolizeibehörde auf dem Lande. Es ist häufig der Fall, daß jetzt auf dem Lande an einem xbeliebigen Platze (...) eine große Fabrik gebaut wird. Nun werden an die Gemeindeverwaltung Anforderungen gestellt, für welche sie gar kein Verständnis haben kann. Ich mache derartigen Gemeinde-

---

257 Der Unterschied liegt darin, daß nach der Gewerbeordnung in dem vorliegenden Fall die Malerwerkstatt Teil einer Fabrik, die Schusterwerkstatt ein Handwerksbetrieb mit weniger als fünf Arbeitern ist.
258 StA Amberg, Best.: Reg.K.d.Innern, Nr.14423.

verwaltungen gar keinen Vorwurf (...). Allein weil das so ist, so würde es sich gehören, daß den Fabrikinspektoren die Exekutive beigelegt wird"[259].

Dieser Forderung jedoch wurde seitens der Staatsregierung nicht entsprochen.

Es ist schwer, den eigentlichen Grund der Zurückhaltung der Polizeibehörden bei ihrer Aufsichtspflicht auszumachen. Vermutlich waren es mehrere Motive zusammen, die die Polizei zu einer äußerst milden Überwachung der Kinder- und Jugendschutzbestimmungen in Betrieben veranlaßten: subalterne Haltung gegenüber dem Fabrikherrn, das Wissen um dessen Einfluß in der Gemeinde, Unzulänglichkeit und Inkompetenz, vor allem der Landpolizei, Verständnis für die finanzielle Lage der ärmeren Bevölkerung, Abscheu vor untätigen, „herumlungernden" Jugendlichen. Auch der Umstand, daß den Polizeiorganen mehr Widerstand seitens der Unternehmer entgegengesetzt wurde[260], dürfte eine Rolle gespielt haben. Gleichwohl konnten und wollten sich die Fabrikeninspektoren mit solchen Entschuldigungen nicht abfinden, waren sie doch in Erfüllung ihrer Aufsichtsfunktionen auf die entschlossene Mitwirkung der Polizeibehörden angewiesen, zumal diese „wegen ihrer Localkenntniß" es um so leichter hatten, „den wirklichen Verhältnissen, wie sie bezüglich der jugendlichen Arbeiter in einer Fabrik bestehen, auf den Grund zu kommen"[261]. Auf Antrag des Fabrikeninspektors A.Kopf ordnete die Regierung von Oberfranken 1880 „eine jährliche 3malige Revision (...) durch die Distriktsbehörden"[262] an. Mittelfranken folgte 1882 mit der Entschließung, daß alle Fabriken eines Gemeindebezirks „jährlich mindestens zweimal unverhofft" von den Polizeibehörden zu inspizieren seien[263]. Erst ein Jahrzehnt später wurde mit Ministerialentschließung vom 31.März 1892 (§39, Abs.II) verordnet, daß in allen gewerblichen Anlagen, in denen Arbeiterinnen oder jugendliche Arbeiter beschäftigt werden, „vom Jahre 1893 ab halbjährlich mindestens eine or-

---

259 Verhandlungen der Kammer der Abgeordneten des bayerischen Landtages im Jahre 1893-94, S.170; s. auch S.164 und 166; ferner Verhandlungen der Kammer der Abgeordneten des bayerischen Landtages im Jahre 1897-98, S.128 f.
260 So bezeichnet der Fabrikeninspektor von Schwaben sein Verhältnis zu den Unternehmern als „ungetrübt", spricht aber von „Anfeindung(en) seitens einiger Fabrikdirektoren" den Polizeiorganen gegenüber (Jahresbericht 1896, S.144).
261 Schreiben des kgl.Fabrikeninspektors in Nürnberg an die kgl.Regierung von Mittelfranken, Kammer des Innern, vom 3.August 1885 (StA Nürnberg, Best.: K.d.I. 1932, Titel 11, Nr.671/Bd.1).
262 StA Nürnberg, Best.: K.d.I. 1932, Titel 11, Nr.671, Bd.1.
263 StA Nürnberg, Best.: K.d.I. 1953, Titel 9, Nr.1793.

dentliche Revision von der Ortspolizeibehörde" vorzunehmen sei[264]. Eine gewissenhafte Befolgung jedoch ließ auf sich warten. Noch 1897 beklagt sich Fabrikeninspektor Priem von Oberfranken auf der „im k.Staatsministerium des Innern abgehaltenen Berathung der k.Fabriken- und Gewerbe-Inspektoren" darüber,

„daß einzelne Distriktsverwaltungsbehörden gegen Verfehlungen in Bezug auf die Gewerbeordnung nur selten mit Strafantrag vorgingen"[265].

Die schleppende Aufsichtstätigkeit der Polizeibehörden hatte zur Folge, daß die Fabrikeninspektoren sich weniger durch polizeiliche Strafmaßnahmen als durch persönliche Autorität und das Ansehen ihres Amtes bei den Unternehmern Gehör zu verschaffen suchten. So schreibt Fabrikeninspektor A.Kopf:

„Bezüglich der Art und Weise der Vornahme meiner Inspektionen blieb ich im Großen und Ganzen dabei, wie im Vorjahre auf güthlichem Wege die Abstellung vorhandener Gebrechen zu erstreben; ich bin bis jetzt auf diesem Wege am weitesten gekommen" (Jahresbericht 1881, S.37).

Den Jahresberichten nach zu schließen, hatten die Inspektoren mit dieser Vorgehensweise bis zu einem gewissen Grad und Umfang wohl auch Erfolg:

„Was die Stellung zu Arbeitgebern (...) betrifft, so kann ich (...) mittheilen, daß das anfängliche Misstrauen wohl allgemein jetzt einer richtigern Anschauung Platz gemacht hat, und daß man den Fabrikeninspektor stets, wenn auch nicht mit Freude, doch mit Vertrauen empfängt",

berichtet der für den Regierungsbezirk Pfalz zuständige Inspektor Heuser (Jahresbericht 1881, S.71). Ähnliches vernehmen wir vom Fabrikeninspektor Engert in München:

---

264 K.Weber Bd.21, S.215 f. Der genannte §39 sieht vor, daß der Aufsichtsbeamte u.a. folgende Punkte zu überprüfen habe:
- Zahl der Arbeiter a) unter 14 Jahren, b) zwischen 14 und 16 Jahren, c) zwischen 16 und 21 Jahren;
- vorschriftsmäßig ausgefüllte Arbeitsbücher, bzw. -karten;
- Aushang der gesetzlichen Bestimmungen und der Verzeichnisse der jugendlichen Arbeiter;
- Übereinstimmung der tatsächlichen Arbeitszeiten, Pausen, Arbeiterzahlen mit den der Polizeibehörde gemeldeten Angaben (K.Weber Bd.21, S.215).

265 „Registratur über die am 8. und 9.November 1897 im k.Staatsministerium des Innern abgehaltene Berathung der kgl.Fabriken- und Gewerbe-Inspektoren" (StA Nürnberg, Best.: K.d.I. 1952, Titel 9, Nr.1794).

„Auch wo anfänglich eine gewisse Gereiztheit zu verspüren war, genügte gewöhnlich der erste Rundgang durch die Fabrik und die ruhige Erörterung der nöthigsten Punkte, um eine für mein amtliches Wirken günstigere Stimmung zu erwecken" (Jahresbericht 1880, S.3)[266].

Das weitgehend als „zufriedenstellend" geschilderte Verhältnis zwischen Unternehmern und Gewerbeinspektoren bezieht sich jedoch eher auf die Groß-, als auf Kleinbetriebe (vgl. Jahresbericht 1880, S.91), betrifft mehr die Seite des Schutzes der Arbeiter vor Gefahren (vgl. Jahresbericht 1894, S.XII f.), als die Einhaltung der Kinder- und Jugendschutzgesetze[267] und gibt eher einen allgemeinen Eindruck eines Teils, nicht aber der Gesamtheit der Unternehmerschaft wieder. Vergleicht man nämlich die gedruckten Jahresberichte mit einigen unveröffentlichten Aussagen einzelner Fabriken- und Gewerbeinspektoren, entsteht ein anderes Bild. Ein Beispiel:
Gegen August Ludwig Mühlhöfer, Fabrikbesitzer in Marktredwitz, läuft ein Ermittlungsverfahren wegen illegaler Beschäftigung von Kindern. Der Fabrikeninspektor A.Kopf, in dessen Zuständigkeitsbereich der Betrieb gehört und dessen Jahresberichte auch bei der Presse wegen ihrer „Gründlichkeit und Objektivität"[268] Beachtung fanden, wird um eine Stellungnahme gebeten, da er in seinen Revisionsberichten – er hatte die Mühlhöfersche Firma in sechs Jahren viermal visitiert – keine einzige Unregelmäßigkeit vermerkt hatte. Seine Erklärung, datiert vom 3.August 1885, lautet:

„Dieß ist nun sehr leicht möglich und dort, wo man seitens des Arbeitgebers und der Arbeiter darauf ausgeht, die bezüglich der Beschäftigung jugendlicher Arbeiter geltenden gesetzlichen Bestimmungen zu umgehen, eigentlich gar nicht zu vermeiden. Das Interesse des Arbeiters geht in diesem Punkte mit dem des Arbeitgebers eng zusammen, so daß mir (...) während meiner 6jährigen Thätigkeit als Fabrikeninspector noch nicht eine einzige Denunciation bezüglich gesetzwidriger Beschäftigung jugendlicher Arbeiter zugegangen ist. Ich vermeide daher auch bei meiner Berufthätigkeit, soweit sie sich auf jugendliche Arbeiter bezieht, je-

---

266 Äußerungen über ein im großen und ganzen befriedigendes Verhältnis zu den Arbeitgebern finden sich auch in: Jahresberichte 1881, S.6; 1884, S.41, 69; 1886, S.83; 1887, S.53; 1888, S.3; 1889, S.38, 91; 1893, S.2, 175, 211, 268.
267 Fabrikeninspektor A.Kopf z.B. schreibt in seinem Jahresbericht von 1879: „Alle Bestimmungen der Gewerbeordnungsnovelle vom 17.Juli 1878 bezüglich der Beschäftigung jugendlicher Arbeiter werden Seitens der Arbeitgeber im Allgemeinen nur mit Widerstreben befolgt (...). Schon die Verpflichtung zur Anmeldung der jugendlichen Arbeiter bei der Ortspolizeibehörde (...) wird als lästige Beschränkung empfunden, um wieviel mehr noch die in das Interesse des Arbeitgebers weit mehr einschneidenden gesetzlichen Bestimmungen bezüglich der Arbeitszeit und Arbeitspausen" (Jahresbericht 1879, S.45).
268 Frankfurter Tagespost, Nr.131, 6.Juni 1889.

des inquirierende Abfragen der Arbeiter selbst, wie dieß meinerseits nur im Beisein des während der Inspection mir nicht von der Seite weichenden Fabrikbesitzers oder Betriebsleiters stattfinden kann und daher (...) entweder zur Entlassung der jugendlichen Arbeiter oder zur Corruption d.h. da zu führt, daß die Arbeiter angeleitet werden, mir die Unwahrheit zu sagen.
Dadurch nun, daß ich mich vorzugsweise an die Aussage des Fabrikleiters halte (...) ist (...) eine Entdeckung durch den alle 1 1/2 – 2 Jahre wiederkehrenden Fabrikeninspector sehr schwer, namentlich in den Betrieben der Textilindustrie, in deren mit Maschinen und Arbeitern eng gefüllten Arbeitssälen ein Verschwinden der jugendlichen Arbeiter ohne jede Schwierigkeit möglich und ein Aufsuchen derselben nur mittelst einer förmlich unwürdigen (...) Jagd zu bewerkstelligen ist"[269].

Von beobachteten Fälschungen der Legitimationspapiere jugendlicher italienischer Ziegelarbeiter berichtet der Fabriken- und Gewerbeinspektor K.Poellath[270]. Über die Umgehung der Kinder- und Jugendschutzbestimmungen in Münchner Ziegeleibetrieben weiß auch die Kgl.Polizeidirektion zu berichten: Da ein erwachsener Ziegelformer soviel Steine schlägt, daß zwei Knaben – es handelte sich in diesem Fall um Kinder aus Italien – voll damit beschäftigt sind, die geformten Steine zum Trocknen wegzutragen, wird auf die vorgeschriebenen Pausen der Jugendlichen keine Rücksicht genommen. Kontrolle ist nicht zu befürchten,

„denn sobald der Controlierende signalisiert wird, oder in Sicht kommt, braucht sich der Jugendliche nur neben der Bank auf den Boden zu werfen, um Jedermann ad oculos zu demonstrieren, daß er seine Ruhepause in echt italienischer Weise feiert.
(...)
Mitwirkung bei der Controle ist seitens der Arbeitgeber selbstverständlich nicht zu erwarten. Denselben fehlt es (...) in vielen Fällen (...) am guten Willen,
(...)
Diese Erfahrung mußte besonders bei den vielfach wahrgenommenen Paßfälschungen – darin bestehend, daß die Altersziffer im Passe erhöht wurde – gemacht werden"[271].

Waren also Teile der Unternehmerschaft den kontrollierenden Aufsichtsorganen gegenüber durchaus nicht so entgegenkommend wie der Leser

---

269 Schreiben des Fabrikeninspektors in Nürnberg an die kgl.Regierung von Mittelfranken, Kammer des Innern, vom 3.August 1885 (StA Nürnberg, Best.: K.d.I. 1932, Titel 11, Nr.671, Bd.1).
270 Schreiben des Fabriken- und Gewerbeinspektors an die Kgl.Regierung von Oberbayern, Kammer des Innern, vom 25.Mai 1895 (StA München, RA Fasz.4099, Nr.61753).
271 Schreiben der „Königl.Polizei-Direktion München an die kgl.Regierung von Oberbayern, Kammer des Innern", vom 25.November 1895 (StA München, RA Fasz.4099, Nr.61753).

der Jahresberichte dies vermuten könnte, so stieß der Aufsichtsbeamte auch auf Seiten der Arbeitnehmerschaft lange Zeit auf eine Front des Schweigens oder Mißtrauens. Die Gründe dafür liegen auf der Hand: Der jugendliche Arbeiter mußte entweder um seinen Arbeitsplatz fürchten, wenn bekannt wurde, daß er dem Aufsichtsbeamten Unregelmäßigkeiten im Betrieb angezeigt hatte[272], oder er hatte mit Verringerung seines Verdienstes zu rechnen, wenn der Inspektor auf der sorgfältigen Einhaltung der gesetzlich geregelten Arbeitszeiten einschließlich der geforderten Pausen bestand[273]. Erst gegen Ende der 1880er Jahre wissen die Fabriken- und Gewerbeinspektoren von einem besseren Verhältnis zur Arbeiterschaft zu berichten. Der Fabrikeninspektor S.Dyck von Regensburg schreibt:

„Meine Stellung gegenüber den Arbeitern gestaltet sich in erfreulicher Weise immer besser; wo ich durch mehrfachen Besuch bereits bekannter gworden bin, werden mir in vertrauensvoller Weise Wünsche und Anträge entgegen gebracht" (Jahresbericht 1888, S.45)[274].

Abschließend läßt sich sagen:
Die Errichtung der Fabriken- und Gewerbeinspektion hätte gewiß eine raschere und wirkungsvollere Bekämpfung der überaus zahlreichen Übertretungen auf dem Gebiet der Kinder- und Jugendschutzbestimmungen erreicht, wären ihr nicht so viele Hindernisse im Wege gestanden. Wenn beispielsweise noch 1905 von 2396 ermittelten Übertretungen der Kinder- und Jugendschutzverordnungen nur 117 geahndet wurden, dann geht das, wie das Zentralorgan der sozialdemokratischen Partei Deutschlands bemerkt, nicht zu Lasten der Aufsichtsbeamten, sondern der „höhere(n) tatsächlich verantwortungsvolle(n) Stellen"[275]. Hier aber, so schien es, war man an einer schärferen Gangart nicht interessiert. Vor allem die Unternehmerverbände wehrten sich vehement gegen eine „kleinliche" Auslegung und Durchführung gesetzlicher Bestimmun-

---

272 Im Jahresbericht 1892/93 der Handels- und Gewerbekammer von Unterfranken steht die abschätzige Bemerkung: „Betreffs der Fabrik-Inspektion möge hier erwähnt werden, daß man es nicht nur als einen Eingriff in die Hausrechte peinlich empfindet, sondern auch für ein demagogisch wirkendes Verfahren betrachtet, daß der Fabrikinspektor die Arbeitnehmer im eigenen Arbeitslokal des Arbeitgebers auffordert, Denunziationen gegen den Arbeitgeber bei ihm vorzubringen" (zit. in: Jahresbericht 1894 (Unterfranken), S.269).
273 Vgl. Jahresbericht 1880, S.48.
274 Vgl. auch Jahresbericht 1886, S.83 f.; Jahresbericht 1887, S.54; Jahresbericht 1888, S.91; Jahresbericht 1893, S.175.
275 „Vorwärts". Berliner Volksblatt, 23.Jg., 7.April 1906.

gen[276]. Zwar betrachtete man die Einrichtung der Fabriken- und Gewerbeinspektion als berechtigtes Instrument zur Überwachung der betrieblichen Sicherheitsvorkehrungen, wie sie bereits im Bereich der Dampfkesselüberwachung und der berufsgenossenschaftlichen Aufsicht zur Unfallverhütung in Form freiwilliger Selbstkontrolle[277] praktiziert wurde. Von der Überwachung der Lohn-, Arbeits-, Alters- und ähnlichen Bestimmungen aber wollte man nicht viel wissen.

4.7.3 Quantitative und qualitative Auswertung der Jahresberichte[278]

Nach Bundesratsbeschluß vom 19.Dezember 1878 – er wurde später mehrmals ergänzt (vgl. R.von Weizenbeck 1909, S.58 ff.) – hatten die Aufsichtsbeamten über folgende Punkte jährlich schriftliche Mitteilungen[279] zu machen:
- allgemeine Übersicht über die Diensttätigkeit;
- Beschäftigung der jugendlichen Arbeiter, der Arbeiterinnen und Arbeiter; Ausmaß der Übertretungen der diese Gruppen betreffenden gesetzlichen Bestimmungen;
- Schutz der Arbeiter vor Gefahren (Unfälle, gesundheitsschädliche Einflüsse);
- wirtschaftliche und sittliche Zustände der Arbeiterbevölkerung (Einkommens-, Wohnungs-, Gesundheitsverhältnisse, Wohlfahrtseinrichtungen).[280]

---

276 So wehrte sich beispielsweise die Handels- und Gewerbekammer von Unterfranken und Aschaffenburg energisch gegen das Ansinnen des Staatsministeriums des Innern, eine Verkleinerung der Aufsichtsbezirke für die Fabrikeninspektoren vorzunehmen. Der Widerstand wurde damit begründet, daß dies nur eine „ungenügende(r) Beschäftigung der Aufsichtsbeamten" zur Folge haben würde. Wenn hingegen die Betriebe alle 1 1/2 – 2 Jahre überprüft würden, „so scheint damit dem Bedürfniß, sowie der Absicht des Gesetzgebers vollkommen entsprochen zu sein" (Schreiben der Handels- und Gewerbekammer für Unterfranken und Aschaffenburg an die Kgl.Regierung von Unterfranken und Aschaffenburg vom 18.März 1884; StA Würzburg, Best.: Reg.v.Ufr., Sign.: 5918).
277 J.J.Peters 1935, S.159-178.
278 Zur Auswertung werden die Berichte der Jahre 1879 bis 1903 herangezogen. Von 1879-1885 liegen pro Kalenderjahr drei, von 1886 bis 1891 je vier und ab 1892 je acht Jahresberichte vor. Ausgewertet werden die zum Thema Kinder- und Jugendarbeit gemachten Mitteilungen. Dabei ist zu berücksichtigen, daß nach §135 der Reichsgewerbeordnung 12- bis 14-Jährige als Kinder, 14-bis 16-Jährige als Jugendliche angesprochen werden (K.Weber Bd.16, S.306).
279 Der vollständige Titel dieser schriftlichen Mitteilungen lautet: „Die Jahresberichte der königlich bayerischen Fabriken-Inspectoren für das Jahr ..."; ab 1892: „Die Jahresberichte der königlich bayerischen Fabriken- und Gewerbe-Inspektoren für das Jahr ...". Hier werden sie nur als „Jahresbericht" mit Angabe der Jahreszahl zitiert.
280 Vgl. Inhaltsverzeichnisse der Jahresberichte.

Der besseren Übersicht wegen waren tabellarische Auflistungen und statistische Auswertungen beizufügen, die aber erst im Laufe der Jahre ein gewisses Niveau statistischer Verwertbarkeit erreichten.

Einer modernen Ansprüchen genügenden quantitativen Auswertung der Jahresberichte steht vor allem der Umstand im Wege, daß sich das mitgeteilte Datenmaterial fast ausschließlich auf die im jeweiligen Berichtsjahr inspizierten Betriebe bezieht. Diese aber machen, wie gezeigt, nur einen Teil der Gesamtheit der revisionspflichtigen gewerblichen Anlagen aus. So erhalten die statistischen Angaben der Inspektoren allenfalls die Qualität einer Trendaussage, nicht aber die einer durch verläßliche Daten gesicherten Feststellung. Wir beziehen uns deshalb in unserer quantitativen Auswertung der Jahresberichte nicht auf die zahlenmäßigen Mitteilungen und Überblicke der inspizierten Betriebe, sondern auf die den Berichten beigefügten „Nachweisung(en) der Zahl der im Jahre (x) im Bezirke (y) in Fabriken und diesen gleichstehenden Anlagen beschäftigten Arbeiterinnen und jugendlichen Arbeiter". Hier handelt es sich nämlich um Mitteilungen, die anhand von Unterlagen über die bei den Distrikts- und Polizeibehörden gemeldeten Arbeiter eines ganzen Regierungsbezirks zusammengestellt worden sind. Zwar fehlen uns solche Nachweisungen für die Jahre 1879-81, 1885, 1887, 1889 und 1891 entweder ganz oder teilweise. Und auch gegenüber den vorhandenen ist hinsichtlich ihrer Vollständigkeit Vorsicht angebracht, da, wie Inspektor Engert bemerkt, „Anhaltspunkte vorhanden" sind, die deren Richtigkeit anzweifeln lassen (Jahresbericht 1882, S.5)[281]. Aber sie erlauben doch eine erheblich allgemeinere Aussage als dies allein aus den Angaben über die inspizierten Betriebe möglich wäre.

Hinsichtlich einer qualitativen Auswertung der Jahresberichte befinden wir uns insofern in einer etwas günstigeren Lage, als diese in Form von Protokollberichten, Beschreibungen von Arbeitsverhältnissen in Fabriken und gewerblichen Anlagen vorliegen. Zwar merkt man den Mitteilungen durchaus die auferlegte Zurückhaltung an, die die Inspektoren zu

---

281 Ein Vergleich aus dem Jahre 1880 von Angaben, die aus revidierten Betrieben gewonnen wurden, mit Angaben, die aus Mitteilungen der Ortspolizei stammen, ergibt folgenden Unterschied. Während nach polizeilichen Angaben in der Pfalz 1880 4,9% Kinder unter 14 Jahren beschäftigt waren, gelangt der Fabrikeninspektor zu einem Anteil von 6,9%. „Es dürfte dies", so beurteilt Inspektor Heuser diese Differenz, „auf den Umstand zurückzuführen sein, daß bei der Aufnahme durch die Ortspolizeibehörden von den Gewerbebetrieben viele Kinder unter 14 Jahren als schon 14-jährig angegeben wurden, theils wegen der unbequemen Arbeitszeit der Kinder von 6 Stunden, theils weil man sich mit der Angabe der Kinder, sie seien 14 Jahre alt, begnügte, ohne weiter nachzuforschen" (Jahresbericht 1880, S.98 f.).

Die Jahresberichte

der

kgl. bayer. Fabriken - Inspectoren

für das Jahr

⁂ 1879. ⁂

Im Auftrage
des Königlichen Staatsministeriums des Innern, Abtheilung für
Landwirthschaft, Gewerbe und Handel,
veröffentlicht.

München 1880.
Kgl. Hof- und Universitäts-Buchdruckerei von Dr. C. Wolf & Sohn.

einer möglichst neutralen Berichterstattung verpflichtete, wie es Staatsminister v. Feilitzsch formulierte:

„Es soll der Bericht vollständig objektiv sein und er soll auch Alles enthalten (...), was für die Arbeiter von den Arbeitgebern geschehen ist"[282].

Aber es wurde seitens der Staatsregierung auch Wert darauf gelegt, daß die Berichte unverändert der Öffentlichkeit vorliegen sollten. Als in den Verhandlungen der Kammer der Abgeordneten der Abgeordnete Scherm Zweifel äußerte,

„ob die Berichte auch ebenso veröffentlicht werden, wie sie von den Fabrikeninspektoren abgefaßt sind, oder ob im Ministerium des Innern noch eine Redaktion stattfindet",

gab der Staatsminister zur Antwort, er könne ihm „zu seiner Beruhigung" sagen,

„daß in materieller Beziehung gar nichts geändert wird, sondern nur in formeller Beziehung, soweit es zur Druckreifstellung notwendig ist. Es werden also die Berichte gerade so publiziert, wie sie von den Fabrikeninspektoren einkommen"[283].

Damit können die Inspektoratsberichte als wichtige Quelle betrachtet werden, die uns Einblick geben in das mit Konflikten behaftete Wechselspiel von staatlichen Maßnahmen zum Schutz der Arbeiter auf der einen und den Folgen eines auf Produktivitätssteigerung gerichteten unternehmerischen Ehrgeizes auf der anderen Seite, von der Bereitstellung und Sicherung der Arbeitsplätze auf der einen und dem Kampf gegen den Versuch der Ausbeutung Lohnabhängiger auf der anderen Seite.

---

282 Verhandlungen der Kammer der Abgeordneten des bayerischen Landtages im Jahre 1893-94, S.167.
283 Verhandlungen der Kammer der Abgeordneten de bayerischen Landtages im Jahre 1893-94, S.170 f.
Ähnlich äußert sich der Minister auch in der 383. öffentlichen Sitzung des Landtags: „Ich bemerke auch, wenn etwa der Vorwurf gemacht werden sollte, daß die Regierung in diesen Berichten das Eine und das Andere geändert hätte, daß die Regierung diese Berichterstattung vollständig unangetastet läßt in materieller Beziehung und nur in formeller Beziehung Weiterungen u.dgl. abkürzt, damit die Sache nicht zu umfangreich wird. In materieller Beziehung wird nicht ein Satz und nicht ein Wort geändert, so daß die reine Auffassung der Gewerbeinspektoren zu Tage tritt" (Verhandlungen der Kammer der Abgeordneten des bayerischen Landtages im Jahre 1897-98, S.133).

Quantitative Auswertung

Folgt man den tabellarischen Auflistungen, wie sie in den Fabrikeninspektorenberichten, namentlich in den sog. „Nachweisungen", seit 1882[284] vorliegen, dann ergibt sich für die Jahre 1882 bis 1903 folgendes Bild:

Jahr	Zahl der Kinder unter 14 Jahren in Fabriken und gewerblichen Betrieben	davon: Knaben	Mädchen
1882	783	503	280
1884	1160	773	387
1888	1597	1229	368
1890	2140	1590	550
1892	1642	1239	403
1894	1410	1075	335
1896	1944	1435	509
1898	2546	1822	724
1900	3451	2689	762
1902	2408	1698	710
1903	2753	1928	825.

Mögen die hier angegebenen Zahlen auch nur annäherungsweise der tatsächlichen Anzahl der in Fabriken beschäftigten Kinder entsprechen, so bestätigen sie doch den auch durch andere Quellen belegten Trend der Abwanderung der Kinder aus Großbetrieben im letzten Viertel des 19. Jahrhunderts:

„Die sukzessive Verkürzung der Arbeitszeit für Kinder und Jugendliche hatte im Verein mit den übrigen Schutzbestimmungen und den ständigen Behördenkontrollen in den Betrieben den Effekt, daß die Unternehmer mit der Zeit weitgehend auf die Beschäftigung von Kindern vor dem 14. Lebensjahr verzichteten. 1888 wurden in neun Augsburger Betrieben noch insgesamt 101 Zwölf- bis Vierzehnjährige (...) beschäftigt, 1894 dagegen nur mehr 35 Kinder unter vierzehn",

---

284 Ab 1882 wurden in Bayern die Zahlen der in Fabriken beschäftigten Kinder, soweit sie den Distrikts- und Polizeibehörden gemeldet waren, an die Fabrikeninspektoren weitergereicht.

so berichtet I. Fischer (1977, S.146) unter Berufung auf Archivmaterial.[285]

Der auffallend hohe Anstieg in den Jahren 1888/90 hängt nach Ansicht des Fabrikeninspektors A.Kopf „damit zusammen, daß der Preisaufschlag sämtlicher Lebensbedürfnisse auch dort zur Heranziehung der Kinder in der Ernährungsaufgabe zwang, wo es außerdem nicht geschehen wäre" (Jahresbericht 1890, S.63). Es lasse sich daraus schließen, so meint er weiter, daß „die Zunahme nicht blos einzelne Industriezweige, sondern fast sämmtliche Gruppen" betreffe, und daß „das Anwachsen der Zahl der jugendlichen Arbeiter (...) für das Alter unter 14 Jahren verhältnismäßig größer" sei als das der 14- bis 16-Jährigen (Jahresbericht 1890, S.63).

Die deutliche Abnahme der Kinder in Betrieben im Jahre 1892 dürfte eine Auswirkung der neuen gesetzlichen Verordnungen von 1891 sein. In dieser Richtung äußern sich auch die Aufsichtsbeamten (vgl. Jahresbericht 1892, S.5, S.35).

Die Zahlen vom Jahre 1898 sind insofern bemerkenswert, als bei gleichzeitigem Rückgang der 14- bis 16-Jährigen (vgl. Jahresbericht für Schwaben und Neuburg 1898, S.386) eine Zunahme der 12- bis 14-jährigen Kinder in Fabriken stattgefunden hat. Diese wird teils durch den „notorischen Arbeitermangel", teils durch das Bedürfnis der Unternehmer erklärt, „aus jugendlichen Arbeitern einen für die jeweiligen Betriebsarten gut geschulten Arbeiterstand heranzubilden" (Jahresbericht für die Oberpfalz 1898, S.171).

Der für Oberfranken zuständige Beamte E.Priem dagegen meint,

„daß die Industrie wieder mehr als in den Vorjahren zu den billigeren und billigsten Arbeitskräften greift, ungeachtet der durch die gesetzliche Beschränkung der Arbeitszeit geschaffenen Schwierigkeiten" (Jahresbericht 1898, S.214).

Das Jahr 1900 zeigt, statistisch gesehen, einen gegenüber den Vorjahren hohen Anteil von Fabrikkindern, was jedoch vorwiegend erhebungstechnische Ursachen haben dürfte. Ab 1900 nämlich galt die Reichsgewerbeordnung (RGO) für alle mit Motor betriebenen Werkstätten[286], so daß

---

285 StadtA Augsburg, A 153; GJ 17/2; A 161.
286 „Bekanntmachung des Reichskanzlers betreffend die Ausführungsbestimmungen des Bundesrats über die Beschäftigung von jugendlichen Arbeitern und Arbeiterinnen in Werkstätten mit Motorbetrieb" vom 13.Juli 1900 (Reichsgesetzblatt, Jg.1900, S.566-571).

von dem Zeitpunkt an viele Handwerksbetriebe der RGO unterstellt wurden.

Vergleicht man die Beschäftigungszahlen der Kinder[287] nach den einzelnen Industriezweigen[288], dann ist festzustellen, daß Kinder zwar in fast allen Produktionsbereichen anzutreffen sind, am häufigsten aber in den Industriezweigen „Textil" und „Steine, Erden". Die folgende Tabelle zeigt dies deutlich.

Beschäftigung von Kindern in einzelnen
Industriezweigen in den Jahren 1882-1903

Jahr	Textil- industrie	Industrie Steine u. Erden	übrige Industriezweige
1882	226	219	338
1884	305	400	455
1888	323	661	613
1890	419	795	926
1892	227	619	796
1894	173	546	691
1896	207	752	985
1898	308	961	1277
1900	368	1075	2008
1902	401	771	1236
1903	522	820	1411.

287 Vgl. dazu die Beilage „Nachweisung der Zahl der in Fabriken und diesen gleichstehenden Anlagen beschäftigten jugendlichen Arbeiter" der nachfolgend zitierten Jahresberichte.
288 Nach der Klassifikation der deutschen Gewerbestatistik, wie sie auch in den Jahresberichten verwendet wurde, werden folgende Betriebsarten unterschieden:
  – Bergbau, Hütten- und Salinenwesen;
  – Industrie der Steine und Erden (z.B. Glashütten, Porzellan- und Glaswarenfabriken, Tonwerke, Ziegeleien);
  – Metallverarbeitung (wozu auch Blech- und Emailwaren, Glühlampen, Messerschmieden etc. gehörten);
  – Maschinen, Werkzeuge, Instrumente und Apparate;
  – Chemische Industrie (z.B. Zündholzfabriken);
  – Industrie der Heiz- und Leuchtstoffe;
  – Textilindustrie;
  – Papier und Leder;
  – Holz- und Schnitzstoffe (z.B. auch Schreinereien und Spielwaren);
  – Nahrungs- und Genußmittel;
  – Bekleidung und Reinigung (u.a. auch Schuhfabriken);
  – Polygraphische Gewerbe (z.B. Buchdruckereien).

Die Auflistung läßt sehr deutlich erkennen, daß, von regionalen Ausnahmen abgesehen, schon ab Mitte der 80er Jahre die Industrie Steine und Erden der Textilindustrie den „Rang" abzulaufen begann. Die Gründe dafür mögen vor allem in der noch stark unterentwickelten Fertigungsweise in Ziegeleibetrieben zu suchen sein. Dort bedeutete die Beschäftigung von Kindern eine willkommene Gelegenheit, durch billige Arbeitskräfte die Rentabilität des Betriebs zu steigern. So nimmt es auch nicht wunder, wenn Beanstandungen der Gewerbeaufsichtsbeamten besonders häufig diese Betriebe betreffen.

Qualitative Auswertung

Die Zustände in Ziegeleien waren teilweise schlimm. Durch den Jahresbericht des Inspektors Engert von 1884[289] erfuhr auch die Regierung von Oberbayern von den Mißständen. Alarmiert durch die dort mitgeteilten Beobachtungen, sah sie sich veranlaßt, „an die sämmtlichen Distriktspolizeibehörden des Regierungsbezirkes" die Anfrage zu richten, „welche Ziegeleibetriebe mit mehr als 10 Arbeitern (...) wie viele jugendliche Arbeiter und zwar Kinder von 12-14 Jahren und junge Leute von 14-16 Jahren" beschäftigen[290]. Das alarmierende Resultat dieser Umfrage faßte die Kammer des Innern in einem Bericht an die Distriktspolizeibehörden zusammen und forderte gleichzeitig dazu auf, in allen Ziegeleien, „(...) welche nach Art und Umfang ihres Betriebes als Fabrik zu erachten sind – und dieß wird in der Regel auf Ziegeleien, welche für den Handel arbeiten, zutreffen – die Einhaltung (... der) Vorschriften über das Alter der Arbeiter, Arbeitszeit, -dauer und -pausen (...) einer fortgesetzten nachdrucksamen Controle" zu unterziehen und „jede Zuwiderhandlung mit Strenge" zu bestrafen. Dem Bericht zufolge befanden sich im Regierungsbezirk 89 solcher Betriebe mit 2715 Beschäftigten, von denen 489 Jugendliche und 184 Kinder unter 14 Jahren waren. Weiter heißt es in diesem Schreiben:

„Keine andere Industrie Oberbayerns beschäftigt auch nur annähernd so viele jugendliche Arbeiter, als die Ziegelfabrikation und gerade hier werden die jugendlichen Arbeitskräfte auch jetzt noch immer in höherem Maße mißbraucht, als es jemals bei einer anderen Industrie der Fall war.

---

289 Engert schreibt: „In den meisten, ja wahrscheinlich in allen größeren (...) Ziegeleien, werden noch immer jugendliche Arbeiter (mit italienischer Nationalität) in großer Zahl, ohne jede Rücksicht auf die §§135-138 d. GO beschäftigt" (Jahresbericht 1884, S.7).
290 Schreiben vom 21.Januar 1886 (StA München, Best.: RA Fasz.4099, Nr.61753).

(...)
Denn die jugendlichen Arbeiter einer Ziegelei arbeiten, jeder an seinem Posten, den ganzen Tag über stets gleichmäßig den Ziegelschlägern in die Hand, müssen daher die Arbeit ebenso früh beginnen und ebensolange fortsetzen, als diese. Da nun die tägliche Arbeitszeit in allen (...) Ziegeleien durchschnittlich 14-15 Stunden beträgt, so ist ohne weiteres daraus zu folgern, daß dort überall die für die jugendlichen Arbeiter hinsichtlich der Arbeitszeit und Pausen bestehenden gesetzlichen Schutzvorschriften, als gerade die wesentlichsten und wichtigsten derselben bisher übertreten worden sind."[291]

Das Problem der Kinderarbeit in Ziegeleien hat sich angesichts der in den Randzonen der Städte sich in zunehmender Zahl ansiedelnden Betriebe in den folgenden Jahren eher noch verschärft. Nicht nur stieg die Zahl der in diesen „Etablissements" beschäftigten Kinder[292]. Auch die Übertretung der gesetzlichen Bestimmungen nahm zu[293]. Nicht einmal die Gesetzesnovelle von 1891 bewirkte eine spürbare Änderung[294]. In einer geheimen Sitzung im Reichsamt des Innern, zu der die Fabrikaufsichtsbeamten am 8.August 1891 geladen waren, wurde die Situation in Ziegeleien erörtert[295]. Als sich aber noch immer keine Besserung einstellen wollte, beauftragte die Regierung die Fabriken- und Gewerbinspektoren, den Beschäftigungsverhältnissen in Ziegeleien „besonderes Augenmerk zuzuwenden und das Ergebniß ihrer Beobachtungen (...) im Jahresberichte niederzulegen"[296]. Der Erfolg blieb jedoch aus. Der saisonal bedingte Arbeitsanfall[297], die Fluktuation der zahlreichen Italiener, die zusammen mit ihren Kindern in die Ziegeleien drängten (vgl. Jahresbericht

---

291 Schreiben der Regierung von Oberbayern, Kammer des Innern, an die Distriktspolizeibehörden vom 31.März 1887 (StA München, Best.: RA Fasz.4099, Nr.61753).
292 Allein im Raum München wurden in der zweiten Septemberhälfte 1891, als die Saison schon wieder zu Ende ging, 5923 Ziegelarbeiter, davon 882 Jugendliche unter 16 Jahren gezählt. (Nach einer „nur für die Regierungsakten" bestimmten Zählung.) (StA München, Best.: RA Fasz.4099, Nr.61753).
293 Auf diese Betriebe, so heißt es im Jahresbericht von Oberbayern von 1888 (S.5), „beziehen sich auch die beobachteten Fälle von Sonntagsarbeit und fabrikmäßiger Beschäftigung von Kindern unter 12 Jahren".
294 Hatte z.B. Inspektor S.Dyck von Niederbayern 1892 noch damit gerechnet, daß „die erschwerten Auflagen in Beschäftigung der Knaben und angeordnete polizeiliche Nachrevisionen" in Ziegeleien eine Besserung erwarten ließen (Jahresbericht 1892, S.35), so mußte er in seinem 1893er Bericht feststellen: „Ein nicht unerheblicher Theil der bei den Revisionen (...) festgestellten Gesetzwidrigkeiten betraf die Beschäftigung von Knaben (...) im Alter von 10-13 Jahren (...) und die Einhaltung der Pausen in Ziegeleien. Der Berichterstatter sah sich deßhalb veranlaßt, eine Entschließung der k.Regierung, Kammer des Innern, von Niederbayern an die Polizeibehörden in Anregung zu bringen, um diesen Verhältnissen entgegenzuwirken" (S.31).
295 StA München, Best.: RA Fasz.4099, Nr.61753.
296 Ministerial-Entschließung vom 8.Mai 1895, Nr.8597; zit. nach Jahresbericht 1895, S.58.
297 In der Regel wurde von Mitte März bis Mitte November gearbeitet (Jahresbericht 1895, S.225).

1898, S.66), um dort vorübergehend Beschäftigung zu finden, die wetterabhängigen Arbeitszeiten, erschwerten einen geregelten Arbeitsablauf und verhinderten eine wirksame Kontrolle. Noch 1899 lesen wir im Jahresbericht des Aufsichtsbeamten von Niederbayern:

„Die meisten Zuwiderhandlungen wurden wieder in den Ziegeleien ermittelt, in welchen Italiener beschäftigt sind. – Aus 22 solchen Betrieben mußten 44 Knaben und 1 Mädchen unter 13 Jahren polizeilich fortgewiesen werden, auch aus Ziegeleien mit einheimischer Besetzung waren 9 Knaben und 4 Mädchen zu entfernen" (S.64).

Der Inspektor für Oberfranken berichtet im Jahre 1900:

„(...) in den Ziegeleien mit italienischen Arbeitern, (dauert) die Heranziehung der Jugendlichen bis zu 13-14 Stunden täglich vielfach noch ungeschmälert an" (S.83).

Um die gesetzlichen Verordnungen zu umgehen, griff man auch zu Fälschungen der Altersangaben in den Pässen (vgl. Jahresberichte 1895, S.7 und S.60; 1896, S.51; 1897, S.50). So „wurden" aus Kindern rasch Jugendliche. Ein Ende der Mißstände kam so rasch nicht in Sicht. Das beweisen die bis ins 20.Jahrhundert hinein anhaltenden Klagen der Aufsichtsbehörden (vgl. Jahresbericht 1903, S.5 f., S.34 f., S.132).

Die Art der Beschäftigung in Ziegeleibetrieben war unkompliziert, aber anstrengend. Die Kinder mußten unter anderem

„mit 2 Steinen à 8 Pfd. auf der Schulter den Weg zwischen Ziegelmaschine und Trockengestelle bei wachsender Entfernung der letzteren im raschesten Laufschritt vielleicht 20-30mal in der Stunde zurücklegen" (Jahresbericht 1886, S.54).

Da sowohl in Maschinen- wie in Handziegeleien „das Akkordsystem das ganze Verfahren beherrscht(e)", wurde streng „Hand in Hand gearbeitet".

„Zwei Jungen sind vollauf beschäftigt, die vom Schläger gefertigten Steine wegzutragen" (Jahresbericht 1895, S.8).

Zu den Tätigkeiten der Kinder gehörte auch das Herbeifahren von Sand und Lehm, das Umlegen der geformten Steine, das Zutragen beim Aufsetzen der Steine auf Haufen (Jahresbericht 1895, S.107).

Der ganze Arbeitsablauf konnte zur Schwerstarbeit ausufern, „wenn nicht genügend Arbeitspersonal vorhanden" war, „die Karren zu schwer beladen" wurden, „überhastend gelaufen" werden mußte, oder auch, wenn „die Transportwege zu uneben, durchweicht etc." waren (Jahresbericht 1895, S.111).

Die Arbeit strengte oft derart an, daß die Kinder „erhitzt und keuchend kaum im Stande" waren, „in gleichem Tempo länger fortzuarbeiten". Nicht selten kam es vor, so berichteten italienische „Accordanten" dem Fabrikeninspektor, „daß die Knaben (...) schon nach der ersten Campagne der Schwindsucht" verfielen. „Die Zahl der Opfer", so fügt der Schreiber des Jahresberichtes hinzu, „entzieht sich leider unserer Kenntniss, weil die kränkelnden Knaben (...) allmählig und unbemerkt vom Schauplatz verschwinden, um in ihrer Heimath nach kürzerem oder längerem Siechthum zu Grunde zu gehen" (Jahresbericht 1882, S.9).

Natürlich bildeten solche Vorkommnisse nicht den Regelfall. Zum Glück lesen wir auch von Tätigkeiten, die „unter Lachen und Plaudern" stattfanden (Jahresbericht 1886, S.54). Dennoch lassen die Visitationsberichte keinen Zweifel aufkommen, daß in den Augen der Aufsichtsbeamten die Arbeit für Kinder unzumutbar war.

Auch aus anderen Industriezweigen wurden Jahr für Jahr Übertretungen der ohnehin nur mäßigen Schutz bietenden Kinder- und Jugendschutzverordnungen gemeldet[298]. Die Inspektoren beanstanden, daß die Arbeitsbücher nicht ordentlich geführt, die vorgeschriebenen Arbeitszeiten nicht eingehalten, Kinder und Jugendliche bei Sonntags- und Nachtarbeit angetroffen, die Beschäftigungsnachweise bei den Bezirksbehörden unvollständig eingereicht und die gesonderten Anschläge in den Fabrikräumen nicht angebracht werden. Inspektor Engert schreibt:

„Besonders hervorzuheben ist der Uebelstand, daß für Kinder anstatt der Karten in großer Zahl Arbeitsbücher ausgefertigt werden, auf Grund deren sie dann wie alle anderen Inhaber von Arbeitsbüchern zu 10- oder 11stündiger Arbeit angenommen werden. So erhielt ich u.A. in einer Spinnerei auf die einleitende Frage nach den jugendlichen Arbeitern die Auskunft, daß Kinder, und überhaupt Alle, die kein Arbeitsbuch beibrächten, jetzt gar nicht mehr angestellt würden. Trotzdem (...) fand (ich) bei näherer Prüfung der Arbeitsbücher, daß 6 Knaben und 10 Mädchen unter 14 Jahren in Arbeit standen und daß sie ebensolange, wie die übrigen Arbeiter beschäftigt wurden" (Jahresbericht 1882, S.6).

---

298 Ab 1893 sind den Jahresberichten regelmäßig Übersichten über „von den Aufsichtsbeamten ermittelte Zuwiderhandlungen gegen Schutzgesetze und Verordnungen, betreffend die Beschäftigung jugendlicher Arbeiter" beigefügt.

Der nämliche Inspektor äußert sich über die Überschreitung der Arbeitszeiten:

„Namhafte Überschreitungen der 6stündigen Arbeitszeit für Kinder habe ich in Glashütten, Ziegeleien und Thonwarenfabriken, Zündholzfabriken, Maschinenfabriken, besonders aber auch in einigen Spinnereien und Webereien sowie in Blumenfabriken festgestellt, wo die Kinder, wie alle übrigen Arbeiter, den ganzen Arbeitstag, und zwar theilweise schon von Morgens 5 Uhr an, bis Abends 7 Uhr und darüber auszuhalten hatten.
In Spiegelglasschleifen fanden sich mehrere Knaben ebenfalls vom Morgen bis zum Abend beschäftigt. Ihre Arbeit bestand darin, feinen Schleifsand am Bach zu sieben, auszuwaschen und nach Erforderniss in die Werkstätten zu tragen" (Jahresbericht 1883, S.7)[299].

Laut Gewerbeordnung mußten Angaben über Arbeitszeiten und Pausen der Jugendlichen an gut sichtbarer Stelle in den Fabrikräumen angeschlagen sein, was jedoch häufig nicht oder in einer Weise geschah, „daß über die Nichteinhaltung der angeschlagenen Zeiten gar kein Zweifel bestehen" konnte (Jahresbericht 1894, S.274).

Beschäftigung von Kindern an Sonn- und Feiertagen kam zwar, Ziegeleien ausgenommen, nicht sehr häufig vor, bildete aber keine Ausnahme (vgl. Jahresberichte 1882, S.85; 1895, S.5; 1896, S.51).

Zum Schmieren von Papiermaschinen (Jahresbericht 1888, S.5) oder in Walz- und Hammerwerken, die nur bei genügend hohem Wasserstand in Betrieb gesetzt werden konnten (Jahresbericht 1886, S.54), wurden Kinder und Jugendliche auch des Nachts beschäftigt.

Da Kinder meist als Hilfskräfte und Handlanger der Erwachsenen arbeiteten, verblieben sie nicht selten „freiwillig" „des Mehrverdienstes halber oder um mit den Erwachsenen den Heimweg gemeinschaftlich antreten zu können" solange in der Fabrik, „bis auch für die Erwachsenen die Feierabendstunde geschlagen hatte" (Jahresbericht 1889, S.64).

Es kam vor, daß schulpflichtige Kinder nach Beendigung des Vormittagsunterrichts zu ihrer in der Fabrik beschäftigten Mutter gingen, um ihr bei der Arbeit zu helfen (Jahresbericht 1881, S.10). Fabrikkinder als Hilfsar-

---

299 Ähnlich schreibt Fabrikeninspektor G.Höfer im Jahresbericht 1894: „Nichteinhaltung oder Verkürzung der Zwischenpausen (...) und Ueberschreitung der 10stündigen Arbeitszeit für Knaben und Mädchen über 14 Jahren und der 6stündigen für Kinder unter 14 Jahren bilden die Regel" (S.273).

beiter ihrer Eltern waren keine Seltenheit[300]. Oft arbeiteten Kinder und Eltern so eng zusammen, daß eine Entlassung der Kinder oder eine Reduzierung ihrer Arbeitszeit auch eine Entlassung der Eltern zur Folge gehabt hätte (Jahresbericht 1894, S.94 f.). Hinweise der Aufsichtsbeamten auf die Widerrechtlichkeit solcher Handlungen wurden nur widerstrebend befolgt. Die Eltern wollten nicht, daß ihnen „der Tagesverdienst ihrer Kinder, der sich doch durchschnittlich auf 80 Pf bis 1 M beläuft, entgehet" (Jahresbericht 1894, S.325). Dabei war die Arbeit oft äußerst gefährlich! Es ist zu bedauern, meint Inspektor M.Gaenssler von Augsburg,

„daß solche junge Leute (…) mit dem denkbar niedrigsten Lohnsatze an den gefährlichsten Maschinen in der Holzverarbeitungs-Industrie beschäftigt werden" (Jahresbericht 1894, S.324).

So fand man auch keine Bedenken, Knaben im Hechelraum einer Kunstwollfabrik zu beschäftigen. Erst als einem von ihnen der Arm abgerissen wurde, rief man die Polizei (Jahresbericht 1894, S.274). Obwohl „derartige Unfälle viel näher liegen, als man gewöhnlich anzunehmen geneigt ist" (Jahresbericht 1886, S.10), konstatiert K.Heuser, Fabrikeninspektor von der Pfalz:

„Leider (…) stehen die Arbeiter selbst zu gleichgiltig, ja vielfach sogar ablehnend den doch hauptsächlich zu ihrem und ihrer Familien Nutz und Frommen gegebenen Vorschriften des Gesetzes gegenüber. Sie glauben in der Beschränkung und Regelung der Arbeitszeit ihrer Kinder unter 16 Jahren eine Beeinträchtigung ihrer eigenen materiellen Interessen zu sehen. Sie berücksichtigen nicht, daß die Kinder durch zu frühes Eintreten in Fabriken, wo dieselben vielfach durch schlechte Dünste, durch beständiges Einathmen von Staub aller Art, durch Arbeiten in meist sitzender, vielfach gebückter Stellung und dergleichen mehr, häufig den Keim zu späteren Krankheiten in sich aufnehmen, während ihres raschen Wachsthums körperliche Missbildungen (Rückgratskrümmungen etc.) erhalten oder sonstigen körperlichen Schaden erleiden.
Dieser Mangel an Einsicht bei so manchen Arbeitern, dürfte wohl die Hauptschuld tragen, daß auch sie sich gegen die zum Schutze der Kinder gegebenen gesetzlichen Bestimmungen zu häufig ablehnend verhalten. Eine spezielle Beeinträchtigung sehen dieselben schon darin, daß ihre eigenen Kinder, die mit ihnen vielfach zusammen verwendet werden und deren sie oft als Hilfskraft sich bedienen, nicht so lange arbeiten dürfen, als ihre Eltern, besonders wenn die letzteren im Accordlohn beschäftigt sind" (Jahresbericht 1882, S.87).

---

300 Vgl. Jahresberichte 1881, S.10; 1882, S.87; 1888, S.46; 1889, S.64; 1890, S.41; 1893, S.177; 1894, S.94 und S.147; 1895, S.108.

Ein Problem besonderer Art stellte die nur siebenjährige Volksschulpflicht in Bayern dar. So fand „alljährlich ein allgemeiner Andrang der aus der Werktagsschule entlassenen Kinder nach den Fabriken statt" (Jahresbericht 1884, S.5), obwohl die meisten von ihnen erst 13 oder weniger Jahre alt waren. Für diese Altersstufe aber galt die Vorschrift einer nur sechsstündigen täglichen Beschäftigung, was wieder den Interessen der Unternehmer zuwiderlief und häufig zur Abweisung der um Arbeit nachsuchenden Kinder führte. Ein Ausschluß von der Arbeit aber vergrößerte die Bedrängnis der Eltern, die sich im Verdienst der Kinder eine Entlastung des Haushalts erhofften. So entstand eine prekäre Situation aller Betroffenen, die auch den Fabrikeninspektoren zu schaffen machte. Allein die Tatsache, daß dieses Problem in den Berichtsjahren zwischen 1880-1899 rund dreißigmal angesprochen wurde, verdeutlicht die Brisanz dieser Frage.

Aus der Sicht der Eltern stellte sich das Problem so dar, daß diese sich besorgt fragen mußten, was aus den Kindern werden sollte, wenn Vater und Mutter „den ganzen Tag an die Werkstatt gebunden sind und in Folge dessen in keiner Weise eine Aufsicht über ihre Kinder führen können", ihnen der, „wenn auch noch so kleine Verdienst der Kinder, die nun der Straße preisgegeben sind", entgeht und „namentlich der Winter für solche verdrängte Kinder, die zu Hause meist am kalten Ofen sitzen müssen", äußerst hart wird (Jahresbericht 1892, S.209), „während sie, wenn dieselben eine regelmäßige Beschäftigung hätten, vieler Sorge los wären" (Jahresbericht 1885, S.66)[301].

Von Unternehmerseite wurde die ablehnende Haltung vor allem damit begründet, daß die nur sechsstündige Arbeitszeit der Kinder „große Unzuträglichkeiten für den Betrieb" zur Folge hätte, da „die jungen Leute (...) in der Regel mit den ältern Arbeitern Hand in Hand" arbeiteten (Jahresbericht 1880, S.104). Die Unternehmer hielten sich deshalb, wenn sie es nicht vorzogen, die Bestimmungen ganz zu ignorieren, „durch reichlichere Beiziehung der erwachsenen weiblichen Arbeiter schadlos, die für's erste mehr leisten können und außerdem in der Bethätigung ihrer Arbeitsfähigkeit durch das Gesetz nicht allzu empfindlich eingeschränkt sind" (Jahresbericht 1895, S.XXV).

---

301 In solchen Fällen kommt es dann vor, schreibt Inspektor S.Dyck, daß Arbeitgeber nicht umhin können, „den Bitten ihrer älteren Arbeiter Gehör zu schenken und Knaben oder Mädchen, die das 14.Jahr noch nicht erreicht haben, ausnahmsweise und aus Gefälligkeit gegen ihre Arbeiter aufzunehmen" (Jahresbericht 1898, S.171).

Von Seiten der Fabrikeninspektoren wurde die Regelung einer erst ab dem 14. Lebensjahr erlaubten zehnstündigen Arbeitszeit als höchst unpraktisch, „für die Industrie störend, für die Eltern eine Härte enthaltend, und für die Kinder selbst moralisch Schaden bringend" empfunden (Jahresbericht 1880, S.103). Sie verwiesen auch auf die „natürliche Folge der Beschränkung", daß nämlich die Jugendlichen „dort, wo es nach der Art der Arbeit möglich ist, ganz zu Hause arbeiten, wodurch sich deren Arbeitszeit jeder Controle entzieht, oder daß sie nach der Heimkehr aus der Fabrik die Arbeit zu Hause fortsetzen", obwohl sie „in der Fabrik besser aufgehoben" wären (Jahresbericht 1880, S.48 f.), oder „daß diese Kinder unter allerlei sonstigen Beschäftigungen, z.B. als Laufburschen im Handelsgewerbe, eine förmliche Wartezeit bis zur Erreichung des 14. Jahres durchmachen" (Jahresbericht 1898, S.4 f.).

Den Gewerbeinspektoren lag an einer raschen und vor allem praktikablen Lösung. Sie schlugen daher vor: Entweder Bewilligung einer zehnstündigen Arbeitszeit aller Schulentlassenen oder Verlängerung der Schulzeit von bisher sieben auf acht Jahre. Am deutlichsten gibt Inspektor S.Dyck dem Verlangen nach 10stündiger Arbeitszeit für Dreizehnjährige Ausdruck:

„Die Vorschrift, daß Kinder unter 14 Jahren in Fabriken täglich nur 6 Stunden beschäftigt werden dürfen, erfreut sich weder bei Eltern, welche ihre aus der Schule entlassenen Kinder in Fabriken unterbringen wollen, noch bei Arbeitgebern, welche bei Aufnahme solcher Kinder ein besonderes Augenmerk auf die Art und Dauer der Beschäftigung derselben richten müssen, einer besonderen Beliebtheit, und wird als eine in das Familienleben der Arbeiter tief einschneidende Maasregel angesehen. Die meisten Arbeitgeber weigern sich nunmehr entschieden, Kinder mit 13 Jahren in ihre Fabriken aufzunehmen. Die Eltern aber wissen ihre aus der Schule entlassenen Kinder namentlich auf dem Lande nirgends unterzubringen und wollen doch auch nicht, daß dieselben ein Jahr oder noch länger unbeschäftigt und unbeaufsichtigt sind, Hirtendienste versehen oder sich an Landwirthe zu meist beschwerlicher Arbeit verdingen. Der Wunsch der Eltern sowie der Arbeitgeber geht daher dahin, zu gestatten, daß Kinder mit dem vollendeten 13. Lebensjahre in Fabriken mit leichter Arbeit 10 Stunden im Tag beschäftigt werden dürfen" (Jahresbericht 1893, S.92 f.)[302].

Für die Einführung des 8. Schuljahres machten sich besonders die Inspektoren G.Höfer in Würzburg (Jahresbericht 1894, S.276), L.Kröller in Speyer (Jahresbericht 1895, S.115) und M.Gaenssler in Augsburg (Jahresbericht 1896, S.420) stark. Einzelne Städte mit bekanntermaßen ho-

---

302 Vgl. auch Jahresberichte 1881, S.74; 1885, S.66; 1892, S.61 f.

hem Anteil von Kinderarbeit wie München, Ludwigshafen und Nürnberg führten bereits anfangs der 90er Jahre das achte Schuljahr ein (vgl. Jahresbericht 1894, S.XXI; und 1896, S.420). Kaiserslautern unternahm 1895 den ersten Versuch, das achte Volksschuljahr fakultativ einzuführen, mußte aber wegen zu geringer Nachfrage[303] den Beginn auf das Jahr 1896 verlegen (vgl. Jahresbericht 1895, S.115). In Augsburg hatte die Lokalschulkommission 1896 beschlossen, „den Eltern den Rath zu ertheilen, ihre Kinder, welche in einer Fabrik nicht Aufnahme finden oder keine Lehre oder keinen Dienst erhalten können, noch ein weiteres halbes oder ganzes Jahr in die Schule zu schicken" (Jahresbericht 1896, S.420).

Um den Anreiz des freiwilligen Schulbesuchs zu erhöhen, sollte der Lehrplan den künftigen beruflichen Bedürfnissen der Schüler angepaßt und die Schulzeit auf die Fortbildungsschule ausgedehnt werden[304]. 1903 meldete der Inspektor von Schwaben die Errichtung einer achten Mädchenklasse in Augsburg mit freiwilligem Schulbesuch, „die sich eines starken Zuspruchs erfreute" (Jahresbericht 1903, S.192). Aber erst 1907 wurde die achte Klasse obligatorisch eingeführt (Jahresbericht 1906, S.202).

Von gesetzgeberischer Seite sah man keinen Anlaß einer Änderung der vorhandenen Bestimmungen. Bis 1903 blieben die einschlägigen Paragraphen der Reichsgewerbeordnung, die die Möglichkeit einer sechsstündigen Arbeitszeit für Dreizehnjährige vorsahen, uneingeschränkt erhalten. Damit blieb es auch bei den nachteiligen Folgen, deren Beseitigung erst im 20.Jahrhundert erfolgte.

In den Visitationsberichten kommt wiederholt ein Punkt zur Sprache, der die „sittliche Erziehung der jugendlichen Arbeiter" (Jahresbericht 1881, S.12) betraf. Die neue Arbeitsweise beeinflußte auch die Lebensweise der Arbeitnehmer. Sie eröffnete, wenn auch in Grenzen, Freiräume menschlicher Beziehungen und bot neue Möglichkeiten der Begegnung und Kontaktaufnahme, die vormals nur unter Kontrolle möglich waren. Die sorgfältige Trennung der Geschlechter, auf die man in den Bereichen der öffentlichen Erziehung und Unterweisung, in Schule und Kirche, so peinlich bedacht war, fand im Berufsleben nicht mehr die entsprechende Beachtung. Mit Mißtrauen wurde von den Beamten registriert,

---

[303] Es hatten sich nur 26 Schüler, „Kinder aus dem Mittleren Bürgerstande" (Jahresbericht 1895, S.115), gemeldet.

[304] So jedenfalls will es die „Schulordnung für die achte Klasse der Knaben an der konf. gemischten Volksschule in Kaiserslautern". Dort heißt es, daß Schüler, „welche die am Ende des achten Schuljahres stattfindende Prüfung bestehen, (...) nur noch ein Jahr die Fortbildungsschule zu besuchen" haben (zit. im Jahresbericht 1895, S.182).

„daß an einigen Orten ziemlich schlimme Zustände eingerissen zu sein scheinen", daß so manches junge Fabrikmädchen schon „ihren Liebsten hat" und „solche Beziehungen (...) mit größter Unbefangenheit erörtert zu werden" pflegen. Daß ferner auf Grund eigener Verdienstmöglichkeiten die „Putzsucht" überhandnimmt, „welcher zuweilen sogar auf Kosten einer guten Ernährung gefröhnt wird" (Jahresbericht 1886, S.8 f.). Geklagt wurde über das „unpassend(e) (...) Zusammenarbeiten der jungen Mädchen und Burschen in (...) isolierten Arbeitsräumen", wo sie infolge der „herrschenden hohen Temperatur" in Dampfziegeleien „nur nothdürftig bekleidet" und ohne Aufsicht arbeiteten (Jahresbericht 1892, S.209). „In früheren Zeiten", so meint Fabrikeninspektor Engert, „d.h. vor der Beschränkung der Arbeitszeit für die jugendlichen Arbeiter", kamen und gingen die Knaben und Mädchen gleichzeitig mit den Erwachsenen zur und von der Arbeit, „blieben auf diese Weise stets unter Aufsicht, und waren in den Fabriken in mehr als einer Beziehung gut aufgehoben, obgleich sie durchschnittlich ein paar Stunden länger arbeiten mußten als jetzt." Nunmehr aber verlassen die jungen Leute die Fabrik früher als die Erwachsenen und sind „auf dem oft langen und einsamen Heimweg, ganz zwanglos unter sich", und dies oft „noch im Schutze der Dunkelheit". Engert schlägt daher vor,

„dem Uebelstand dadurch zu begegnen, daß man die jungen Leute des Morgens und Abends zusammen mit den andern Arbeitern kommen und gehen läßt und ihnen dafür längere Mittagspausen einräumt, und zwar derart, daß die Verlängerung derselben für die Mädchen v o r der Mittagsstunde, und für die Jungen n a c h derselben angeordnet würde". Auf diese Weise wäre „die besondere böse Gelegenheit (...) beseitigt" (Jahresbericht 1881, S.12 f.).

Wie sehr als Begleiterscheinung der neuen Formen der Arbeitswelt die Sitten unter der jugendlichen Arbeiterschaft verkamen, glaubte Inspektor M. Gaenssler darin bestätigt zu finden, „daß 17- ja 16-jährige Arbeiterinnen Mütter werden. (...) Anstatt aber sich ihres Zustandes zu schämen, werfen sie meist mit frechen Reden um sich" (Jahresbericht 1894, S.327).

Mit der Notwendigkeit, sich selbst so früh wie möglich um das eigene Fortkommen kümmern zu müssen, um nicht länger dem elterlichen Geldbeutel zur Last zu fallen, wuchs unter den jugendlichen Arbeitnehmern ein Gefühl der Eigenverantwortlichkeit und des Selbstbewußtseins heran, das ihrem Verhalten Züge frühen Erwachsenseins gab. Was die Erwachsenenwelt als Sittenverfall oder Aufmüpfigkeit gegen elterliche Autorität interpretierte, war in Wirklichkeit Ausdruck einer neu erwachten Selbständigkeit und eine Folge wirtschaftlicher Unabhängigkeit. Der Fabrikeninspektor von Schwaben wertete jedoch seine Erfahrungen noch aus zeitgenössischer Sicht:

„Die Eltern sollen fast keinen Einfluß mehr auf ihre kaum den Kinderschuhen entwachsenen Kinder ausüben können. Diese Unabhängigkeit mag wohl auch daher kommen, daß die Kinder ihren Eltern Kostgeld zahlen. Kommen nun Letztere den Launen ihrer Kinder (...) nicht nach, so verlassen die Kinder die elterliche Wohnung und miethen sich auswärts ein" (Jahresbericht 1892, S.212).

Aus zeitlicher Distanz aber ergibt sich eine andere Sicht: Das selbständige Einkommen der Jugendlichen ermöglichte auch ein Stück mehr Freiheit. Dabei bleibt unbestritten, daß mit den neuen Formen der Lohnarbeit auch ein Verfall bisher gelebter Formen der Lebenswelt einherging. Aber der frühe Einstieg des Kindes und des Jugendlichen in die Welt des Erwerbslebens trug wohl auch zu einer Erhöhung des Selbstwertgefühls bei und ließ schon bald im Heranwachsenden die Erfahrung entstehen, nicht mehr ein von Autoritäten abhängiges Kind zu sein.

Die Jahresberichte der Fabriken- und Gewerbeinspektoren vermitteln uns, ohne daß dies in deren Absicht lag, einen aufschlußreichen Einblick in die Auseinandersetzung um das Für und Wider der Kinderarbeit in gewerblichen Betrieben. Sie dokumentieren die verschiedenen Interessen von Behörden, Unternehmern und Arbeiterschaft, die zum einen unvereinbar neben- oder auch gegeneinander standen, zum anderen sich auch wieder zu seltsamen Koalitionen verbanden, sodaß es vorkam, daß Unternehmer und Arbeiterschaft, wenn auch aus unterschiedlichen Motiven, gemeinsam gegen die Inspektoren operierten. Es zeigte sich auch, daß sich unter den „Fabrikherren" durchaus fortschrittliche Kräfte befanden, die nicht nur zur Kooperation mit den staatlichen Kontrollorganen bereit, sondern auch weitblickend genug eingestellt waren, um von sich aus Härten und Gefährdungen zu beseitigen.

Die Inspektorenberichte sind ein Beleg dafür, daß jede klischeehafte Betrachtungsweise, die den Staat und seine gesetzgeberischen Maßnahmen auf die Seite der Unternehmer und diese in die Ecke der Kinderausbeuter drängt, einer objektiven Problemdarstellung nicht standzuhalten vermag. Zwar konnte die Institution der Fabriken- und Gewerbeaufsicht nicht unmittelbar und schon gar nicht innerhalb kurzer Zeit die Lage der Kinderarbeiter verändern. Aber indem die Inspektoren sich Jahr für Jahr mit ihrer Berichterstattung an die Öffentlichkeit wandten, indem sie Partei ergriffen für die Kinder und gegebenenfalls gegen die Unternehmer- und Elterninteressen, indem sie unermüdlich auf Einhaltung der gesetzlichen Schutzbestimmungen drängten und Übertretungen ahndeten bzw. anprangerten, vermochten sie dazu beizutragen, das Bewußtsein der Verantwortlichen zu schärfen und die konkrete Situation der Kinder zu verändern.

4.7.4 Auswirkungen bisheriger Verordnungen und der Erlaß des allgemeinen Kinderschutzgesetzes von 1903

Bis zum Erlaß des Reichsgesetzes „betreffend Kinderarbeit in gewerblichen Betrieben" vom 30.März 1903 (K.Weber Bd.32, S.410) wurde Kinderarbeit in den Fabriken des Deutschen Reichs durch die „Gewerbeordnung für das Deutsche Reich" (ab 1871 in den einzelnen Staaten eingeführt) und durch die beiden Gesetze „betreffend die Abänderung der Gewerbeordnung" vom 17.Juli 1878 bzw. 1.Juni 1891 geregelt. Die darin enthaltenen Bestimmungen richteten sich ausschließlich auf die Verwendung von Kindern in *Fabriken*. Das Gesetz von 1871 verbot eine *„regelmäßige"* Beschäftigung von Kindern unter zwölf Jahren und die Verwendung von Kindern vor vollendetem 14.Lebensjahr zu einer Arbeit von mehr als sechs Stunden am Tage. Das Gesetz von 1878 verbot dann jede Art der Beschäftigung von Kindern unter zwölf Jahren in Fabriken und machte gleichzeitig die Aufstellung der Fabrikeninspektoren zur Pflicht.

Nach dem Gesetz von 1891 durften Kinder unter *dreizehn* Jahren nicht mehr in Fabriken beschäftigt werden und Dreizehnjährige nur dann, wenn sie die Volksschule abgeschlossen hatten. Kinder bis zum vierzehnten Lebensjahr durften täglich nicht länger als sechs, Jugendliche zwischen vierzehn und sechzehn Jahren nicht länger als zehn Stunden arbeiten.

Da in den meisten Bundesstaaten, ausgenommen Bayern, die achtjährige Volksschulpflicht bestand, verringerte sich der Anteil der unter 14-Jährigen erheblich.

Wie sich die zwischen 1871 und 1891 erlassenen gesetzlichen Verordnungen auf den Anteil der Kinder in Fabriken auswirkten, mögen einige Zahlen verdeutlichen.

Aus amtlichen Mitteilungen der Fabrikeninspektoren und den statistischen Jahrbüchern des Deutschen Reiches errechnete W.Feldenkirchen (1981, S.24) folgenden Anteil der Kinder und Jugendlichen in Fabriken für den Zeitraum zwischen 1875 und 1913:

	DEUTSCHES REICH		PREUSSEN		BAYERN		SACHSEN		BADEN		WÜRTTEMBERG	
	Kinder	Jugendliche	Kinder	Jugendliche	Kinder	Jugendliche	Kinder	Jugendliche	Kinder	Jugendliche	Kinder	Jugendliche
1875	21 158	66 827	7 076	40 418	1 057	4 562	8 284	8 627	2 176	4 458	569	2 433
1880			4 795	49 920					1 332	5 511	363	4 616
1882	14 600	108 943			1 247	4 747	4 193	8 990	1 512	6 574	222	5 458
1884	18 895	134 472	5 667	80 146	1 160	8 658	8 666	20 543	1 519	7 342	281	6 701
1886	21 053	134 529	5 992	78 065	999	8 566	10 170	20 570	1 603	7 619	598	7 524
1888	22 913	169 252	6 225	98 014	1 597	11 573	11 479	27 900	1 589	9 010	356	8 252
1890	27 485	214 252	6 636	119 785	2 140	14 760	12 448	43 060	2 360	11 569	378	9 847
1892	11 339	208 835	2 347	115 260	1 642	15 419	5 428	33 331	593	10 887	227	10 445
1894	4 259	209 715	889	115 274	1 410	15 567						
1896	5 312	239 548	1 050	132 592								
1898	7 072	276 386	1 471	155 360								
1902	8 077	316 303	1 834	177 619	2 408	25 816	1 665	43 780	388	15 585	759	16 175
1906	10 847	413 654	2 385	237 246	3 603	35 600	1 852	52 357	420	18 720	1 168	20 237
1910	12 870	476 326	2 765	268 969	3 884	43 324	2 474	59 790	532	22 798	1 469	24 793
1913	14 166	556 840										

Die Übersicht zeigt, daß nach 1878 die Zahl der Kinder in Fabriken deutlich abnahm, bis 1890 aber wieder eine Höchstmarke von 27 485 erreichte, um im Jahre 1892 um fast 60%, nämlich auf 11 339 zu fallen. Nach 1895 jedoch, nachdem ein Tiefstand von rund 4000 erreicht worden war, stieg die Zahl der beschäftigten Kinder erneut an, bis im Jahre 1913 die absolute Zahl fast wieder gleich hoch war wie anfangs der 80er Jahre, 14 166.

E.A.Dodd nennt zwei Ursachen für die Schwankungen: die Geschäftslage und die gesetzlichen Schutzbestimmungen (1897, S.6 ff.). Nachdem die Schwierigkeiten, die die Gesetzesnovelle von 1878 unter den Arbeitgebern hervorgerufen hatten, überwunden waren, brachte die verbesserte Geschäftslage ab 1885 auch eine vermehrte Verwendung der jugendlichen Arbeiter. „Sogar Schulkinder wurden, um die Deckung des Bedarfs zu erzielen, während ihrer Freizeit in einigen Betrieben zur Fabrikarbeit herangezogen"[305]. Die verhältnismäßig starke Zunahme von Kindern und Jugendlichen in Fabriken in der Zeit zwischen 1888 und 1890 – die Zahl der Kinder stieg von 22 913 auf 27 485, die der Jugendlichen von 169 252 auf 214 252 – ist besonders auf die Ausdehnung der Textilindustrie und Zigarrenfabrikation zurückzuführen, teilweise auch auf den Bedarf in der Metallverarbeitung und Eisenindustrie. Darüber hinaus fand in dieser Zeit eine Umwandlung verschiedener gewerblicher Anlagen in Aktienunternehmen statt, wodurch die Produktion nochmals gesteigert werden konnte (E.A.Dodd 1897, S.10).

---

305 Amtliche Mitteilungen aus den Jahresberichten der mit Beaufsichtigung der Fabriken betrauten Beamten. Berlin 1888, S.48; zit. nach E.A.Dodd 1897, S.9.

Einen deutlichen Rückgang der Beschäftigung von Kindern in Fabriken erzwang die Gesetzesnovelle von 1891[306]. Zwar stieg die absolute Zahl der Kinder in Fabriken im Verlauf der nächsten 15 Jahre nochmals auf über 14 000 an, prozentual gesehen aber ging ihre Anzahl auf einen nur mehr geringfügigen Anteil an der jugendlichen Fabrikarbeiterschaft zurück:

Jahr \ Staat	Preußen	Bayern	Kgr. Sachsen	Baden	Württemberg	Deutsches Reich
1875	14,9	18,8	49,0	32,8	19,0	24,0
1880	8,8			19,5	7,3	
1882		4,9	31,8	18,7	5,0	11,8
1884	6,6	11,8	29,7	17,1	4,0	12,2
1886	7,1	10,4	33,1	17,4	7,4	13,5
1888	6,0	12,1	29,1	15,0	4,1	11,9
1890	5,2	12,5	29,1	16,9	3,7	11,4
1892	2,0	9,5	15,8	5,2	2,1	5,2
1894	0,8	8,2	3,1	1,4	1,4	2,0
1896	0,8	9,8	3,6	0	1,4	2,2
1898	0,9	10,9	4,1	2,2	1,6	2,5
1902	1,0	8,5	3,7	2,4	4,5	2,5
1906	1,0	9,2	3,4	2,0	5,0	2,6
1910	1,0	8,2	4,0	2,3	5,6	2,6

(zusammengestellt von W.Feldenkirchen 1981, S.28).

Im Gegensatz dazu nahm der Anteil der jugendlichen Arbeiter an der Gesamtzahl der Fabrikarbeiterschaft, trotz zahlreicher gesetzlicher Einschränkungen, wieder zu. Betrug ihr Anteil im Jahre 1895 ganze 3,7%, so lag er im Jahre 1913 bei 7,73% (W.Feldenkirchen 1981, S.27).

Bemerkenswert ist, daß bis zum Ersten Weltkrieg die meisten in Fabriken arbeitenden Kinder in der Textilindustrie beschäftigt waren, eben dort, wo die Fabrikkinderarbeit auch ihren Anfang genommen hatte (W.Feldenkirchen 1981, S.23).

---

306 Dies gilt jedoch, wie aus der prozentualen Verteilung zu ersehen ist, in gleicher Weise nicht für Bayern. Während nämlich von 1000 Kindern im ganzen Reich im Jahre 1884 auf Bayern 61 kommen, sind es im Jahre 1895 354. „Also findet in Bayern die größte Heranziehung von Kindern im ganzen Reiche zu Fabrikarbeiten statt" (E.A.Dodd 1897, S.45).

Der geringe Anteil der Kinder an der Gesamtzahl der Fabrikarbeiterschaft gegen Ende des 19.Jahrhunderts[307] bestätigt, daß es in der Tat gelang, die Kinder von den Fabriken Deutschlands fernzuhalten. Dies war sicher ein, wenngleich nicht ein ausschließlicher, Erfolg der gesetzgeberischen Maßnahmen. Es war aber auch eine Folge des technischen Fortschritts, der eine Verwendung von Kindern in Fabriken allmählich überflüssig machte. Ob sich damit schon die Behauptung aufstellen läßt, Kinderarbeit in Fabrikbetrieben sei nur eine Übergangserscheinung von einer noch unvollkommenen zu einer vervollkommneten Technik gewesen, womit ein Teil der sozialen Frage sich beinahe von selbst erledigte (K.-H.Ludwig 1965, S.83), sei dahingestellt. Tatsache ist, daß gegen Ende des 19.Jahrhunderts Kinderarbeit vorzugsweise in technisch rückständigen Betrieben anzutreffen war: in kleinen Handwerksbetrieben, in Betrieben mit beschränkten Produktions- und Absatzmöglichkeiten und vor allem in der Hausindustrie[308]. Mit dieser Feststellung, die sich besonders eindrucksvoll in den zahlenmäßigen Angaben der Berufszählung vom 14.Juni 1895 dokumentiert, wird eine neue Seite in der Geschichte der Kinderarbeit aufgeschlagen.

Glaubte der Gesetzgeber, mit dem Gesetz zur Änderung der Gewerbeordnung von 1891 „einen Schlußstrich unter das Kapitel 'Kinderarbeit' gesetzt zu haben" (H.Christmann 1972, S.53), so mußte er sich durch die Ergebnisse der Berufszählung von 1895 eines anderen belehren lassen. Hier wurden nämlich insgesamt 214 954 erwerbstätige Kinder unter 14 Jahren registriert, die sich auf folgende Erwerbszweige verteilten:

---

307   Im Jahre 1913 betrug der Anteil der Kinder 0,2% (W.Feldenkirchen 1981, S.23).
308   "Auffallend ist, daß in jenen technisch rückständigen Betrieben neben der Arbeit von Kindern auch diejenige von sonstigen Erwerbsbeschränkten, also gebrechlichen, alten, schwächlichen Personen, weitgehend Verwendung findet" (O.Wehn 1925, S.38). Dies sei kein Zufall, meint O.Wehn weiter, sondern eine Notwendigkeit für jene Betriebe, denn nur durch Niedriglöhne konnten sie den Nachteil der geringeren Produktivität ausgleichen.

Kinder unter 14 Jahren

Berufs-abteilungen	männlich	weiblich	zusammen
Landwirtschaft	94 121	41 004	135 125
Industrie	30 618	7 649	38 267
Handel	3 506	1 790	5 296
Lohnarbeit wechselnder Art	325	1 487	1 812
Häusliche Dienstboten	848	32 653	33 501
Sonst. öffentl. Dienst u. freie Berufsarten	867	86	953
zusammen	130 285	84 669	214 954

(Vierteljahreshefte zur Statistik des Deutschen Reichs, 7.Jg.1897, Ergänzung zum zweiten Heft, S.14; K.Agahd 1902, S.26 ff.).

Damit war nicht nur offenkundig, was Fabriken- und Gewerbeinspektoren seit geraumer Zeit in ihren Jahresberichten mitteilten: das Abwandern der Kinder aus Fabriken in die Hausindustrie und andere Erwerbszweige, wo sie unter wesentlich schlechteren Bedingungen (geringerer Lohn und längere Arbeitszeit) zu arbeiten hatten, sondern es wurde den Behörden auch unmißverständlich vor Augen geführt, daß das eigentliche Problem der Kinderarbeit nicht, oder zumindest nicht mehr, die Fabrikkinderarbeit war, sondern die Erwerbstätigkeit der Kinder schlechthin. Um sie aber nahm sich der Gesetzgeber das ganze 19.Jahrhundert hindurch nicht an. Dabei ließen die bei der Berufszählung bekannt gewordenen Zahlen noch nicht einmal das ganze Ausmaß der Kinderarbeit erkennen. Denn die Erhebung von 1895 fragte nur nach den im Hauptberuf tätigen Kindern, so daß das Reichsamt des Innern von sich aus den Verdacht äußerte, die ermittelten Zahlen würden weit hinter der Wirklichkeit zurückbleiben[309].

---

309 Rundschreiben des Reichskanzlers (Reichsamt des Innern) an die Bundesregierungen vom 9.Dezember 1897; abgedr. in: Vierteljahreshefte zur Statistik des Deutschen Reichs, 9.Jg. 1900, S.97.

Trotzdem wollte sich die Staatsregierung nicht bereit finden, mittels gesetzlicher Maßnahmen jede Art von Kinderarbeit einzuschränken oder zu untersagen. Zum einen glaubte sie, die erhobenen Daten seien noch nicht ausreichend, um ein vollständiges Bild über das Alter der beschäftigten Kinder, die Art und Dauer der Beschäftigung, Beschaffenheit der Arbeitsräume, Höhe der Löhne und rechtliche Natur der Arbeitsverhältnisse zu gewinnen. Zum andern war sie der Meinung, eine „mäßige Beschäftigung von Kindern mit gewerblicher Arbeit" habe insoweit Berechtigung, als sie geeignet sei, „die Kinder an körperliche Thätigkeit zu gewöhnen, den Sinn für Fleiß und Sparsamkeit zu wecken und sie besonders in Fällen, wo die Eltern nicht die erforderliche Aufsicht üben können, vor Müßiggang und anderen Abwegen zu bewahren". Ferner sei schon „aus Gesundheitsrücksichten eine Verwendung der Kinder zu leichten Arbeiten in der Landwirtschaft und Gärtnerei, wo sie in freier Luft in einer dem jugendlichen Körper angemessenen Weise Bewegung und Bethätigung ihrer Kräfte finden, nicht nur zulässig, sondern sogar nützlich und empfehlenswert". Zwar gebe eine Beschäftigung, die ihrer Art nach für Kinder nicht geeignet sei, zu lange währe, zu unpassenden Zeiten und in ungeeigneten Räumen stattfände, zu erheblichen Bedenken Anlaß, zumal diese Gesundheit und Sittlichkeit der Kinder gefährde und den gesetzlichen Schulzwang illusorisch mache, z.B. „die Beschäftigung als Kegeljungen am späten Abend, als Zeitungsausträger am frühen Morgen, sowie (...) die Heranziehung der Kinder in vielen Zweigen der Hausindustrie". Doch ließen sich die meisten Mißstände durch Anwendung der bestehenden Verordnungen beseitigen[310].

Aus diesen Erwägungen ordnete der Reichskanzler 1897 eine Erhebung über die gewerbliche Tätigkeit von Kindern unter 14 Jahren, soweit sie außerhalb der Fabriken stattfindet, und unter Ausschluß der landwirtschaftlichen Tätigkeiten und des Gesindedienstes, an.

Die zwischen Januar und April 1898 durchgeführte Enquête führte zu folgendem Ergebnis:

---

310 Rundschreiben des Reichskanzlers (Reichsamt des Innern) an die Bundesregierungen vom 9.Dezember 1897; abgedr. in: Vierteljahreshefte zur Statistik des Deutschen Reichs, 9.Jg. 1900, S.97 f.

Staaten und Landestheile	Zahl der gewerblich beschäftigten Kinder	Zahl der volksschulpflichtigen Kinder	Von je 100 volksschulpflichtigen Kindern sind gewerblich beschäftigt
Bayern	12 997	822 165	1,58
Sachsen	137 831	604 600	22,80
Württemberg(*	19 546	299 632	6,52
Baden	28 788	295 624	9,74
Hessen	8 868	156 391	5,67
Mecklenburg-Schwerin	2 235	96 918	2,31
Sachsen-Weimar	5 660	55 943	10,12
Mecklenburg-Strelitz	213	16 684	1,28
Oldenburg	1 927	65 035	2,96
Braunschweig	2 932	74 104	3,96
Sachsen-Meiningen	6 684	40 754	16,40
Sachsen-Altenburg	5 686	29 548	19,24
Sachsen-Coburg-Gotha	5 455	35 974	15,16
Anhalt	1 382	48 236	2,87
Schwarzburg-Sonderhausen	1 456	13 676	10,65
Schwarzburg-Rudolfstadt	2 487	15 148	16,42
Waldeck	62	10 777	0,58
Reuß ält. Linie	1 488	10 988	13,54
Reuß jüng. Linie	1 502	21 232	7,07
Schaumburg-Lippe	417	6 867	6,07
Lippe	1 687	25 322	6,66
Lübeck	1 218	12 706	9,59
Bremen	867	25 627	3,38
Hamburg	5 419	95 574	5,67
Elsaß-Lothringen	17 878	245 876	7,27
Deutsches Reich	(*544 283	8 334 911	6,53

* „Einschließlich der in 40 Oberämtern Württembergs zwar nicht ermittelten, aber auf 12 000 geschätzten gewerblich beschäftigten Schulkinder."

(Vierteljahreshefte zur Statistik des Deutschen Reichs, 9.Jg.1900, S.III.101).

Die tatsächlich ermittelte Zahl der außerhalb der Fabriken beschäftigten Kinder unter 14 Jahren betrug 532 283[311].

Auf die verschiedenen Gewerbearten waren die Kinder wie folgt verteilt:

	absolut				in Prozent			
In der Abtheilung	Knaben	Mädchen	Kinder ohne Angabe d. Geschl.	Im Ganzen	Knaben	Mädchen	Kinder ohne Ang. d. Geschl.	Im Ganzen
A. Industrie	72 428	59 318	175 077	306 823	37,82	55,09	75,11	57,64
B. Handel	7 507	4 540	5 576	17 623	3,92	4,22	2,39	3,31
C. Verkehr	2 014	163	514	2 691	1,05	0,15	0,22	0,51
D. Gast- und Schankwirtschaft	12 757	2 168	6 695	21 620	6,66	2,01	2,87	4,06
E. Austragedienste	67 188	36 966	31 676	135 830	35,09	34,33	13,59	25,52
F. Gewöhnliche Laufdienste	23 321	2 134	10 454	35 909	12,18	1,98	4,48	6,75
G. Sonstige gewerbliche Thätigkeit	6 281	2 387	3 119	11 787	3,28	2,22	1,34	2,21
Summe	191 496	107 676	233 111	532 283	100	100	100	100

(Vierteljahreshefte zur Statistik des Deutschen Reichs, 9.Jg.1900, S.III.101).

Diese Zahlen, von denen der Erhebungsbericht bemerkt, daß sie „hinter der Wirklichkeit noch zurückbleiben"[312] und in denen die in der Landwirtschaft[313] und im Gesindedienst beschäftigten Kinder noch nicht mit enthalten sind, waren doch Anlaß genug, einen umfassenderen gesetzlichen Kinderschutz zu initiieren. Wesentlichen Anteil daran hatte die deutsche Lehrerschaft unter Federführung von K.Agahd. Durch private Erhebungen (1894-1898) (vgl. K.Agahd 1902, S.30-34 und 1906, S.824 ff.), Presseberichte, Resolutionen und Eingaben (vgl. K.Agahd 1906, S.841 f.) wurden die Regierungen vom Deutschen Lehrerverein immer wieder auf die Mißstände aufmerksam gemacht, die in der Hausindustrie und anderen

---

311 Vierteljahreshefte zur Statistik des Deutschen Reichs, 9.Jg.1900, S.III.100.
312 Vierteljahreshefte zur Statistik des Deutschen Reichs, 9.Jg.1900, S.100; vgl. auch K.Agahd 1902, S.47 f.
313 Nach einer Erhebung von 1882 (J.Deutsch 1907, S.87, zit. bei W.Feldenkirchen 1981, S.4, Anm.7 und S.34) waren 291 289 Kinder unter 14 Jahren in der Landwirtschaft beschäftigt. Nach der Berufszählung von 1895 waren es 135 125 (s.Tabelle S.330). Beide Zahlen entsprechen nur annähernd der Wirklichkeit! Die amtliche Erhebung von 1904 nennt 1 769 803 in der Landwirtschaft beschäftigte Volksschüler, von denen 1 052 341 Kinder unter 12 Jahren waren (H.Simon 1925, S.14 f.).

Erwerbszweigen herrschten[314]. Schließlich gab die Reichsregierung dem Drängen der besorgten Lehrerschaft und anderer, um eine Lösung des Problems der Kinderarbeit bestrebter Kreise nach. Am 10.April 1902 legte sie dem Reichstag einen umfassenden Gesetzesentwurf zur Behandlung vor, der mit einigen Änderungen auch angenommen und am 30.März 1903 als „Gesetz, betreffend Kinderarbeit in gewerblichen Betrieben" verkündet worden ist (vgl. E.Beermann 1934, S.29).

Unbeschadet der geltenden Bestimmungen von 1891 über die Heranziehung von Kindern zur Fabrikarbeit wurden mit dem neuen Gesetz erstmals in der Geschichte einschneidende Maßnahmen gegen eine bis dahin uneingeschränkt mögliche Verwendung von Kindern in gewerblichen Betrieben getroffen. Zwar vertrat der Gesetzgeber nach wie vor die Auffassung,

„daß eine mäßige Beschäftigung von Kindern insofern ihre Berechtigung hat, als sie geeignet ist, die Kinder an körperliche und geistige Tätigkeit zu gewöhnen, den Sinn für Fleiß und Sparsamkeit zu erwecken und sie vor Müßiggang und anderen Abwegen zu bewahren (...), daß in der Arbeit, sofern sie nicht wegen ihrer Art oder Dauer bedenklich ist, ein wesentliches, nicht zu unterschätzendes erziehliches Moment liege" (Die Drucksachen des Reichstages (Motive) 1902, S.13; zit. bei K.Agahd 1906, S.843).

Aber angesichts der hervorgetretenen Mißstände sah sich der Gesetzgeber genötigt, entsprechende Maßnahmen gegen den Einsatz von Kindern in gewerblichen Betrieben zu ergreifen. Dabei bezog er seine Vorkehrungen nicht nur auf die fremden, sondern auch auf die eigenen Kinder eines Gewerbetreibenden.

Die Erhebung von 1898 hatte gezeigt, daß ein Großteil der außerhalb von Fabriken arbeitenden Kinder in der Hausindustrie beschäftigt war (vgl. Tabelle S.333). Erfahrungsgemäß arbeiteten in solchen Betrieben überwiegend Familienangehörige. Diese aber waren von den gesetzlichen Bestimmungen der Gewerbeordnung gemäß §154 Abs.4 (K.Weber Bd.16, S.317) ausgenommen. Das neue Kinderschutzgesetz (K.Weber Bd.32, S.410-417) ließ deshalb diese Regelung fallen und verbot auch die Beschäftigung der eigenen Kinder.

„Als Kinder im Sinne dieses Gesetzes gelten Knaben und Mädchen, unter dreizehn Jahren, sowie solche (...), welche noch zum Besuche der Volksschule verpflichtet sind" (§2).

---

[314] Auch die Schrift von K.Agahd: „Kinderarbeit und Gesetz gegen die Ausnutzung kindlicher Arbeitskraft in Deutschland" (1902) verfolgte diesen Zweck.

„Eigene Kinder" sind alle, die bis zum dritten Grad mit dem Betriebsinhaber oder dessen Ehegatten verwandt oder von ihm adoptiert sind (§3). Kinderarbeit wurde verboten in der Hausindustrie, im Handels- und Verkehrsgewerbe, in Gast- und Schankwirtschaften, bei öffentlichen theatralischen Vorstellungen, beim Austragen von Waren und bei Botengängen. Dabei blieb es gleichgültig, ob das Beschäftigungsverhältnis mit oder ohne einen Arbeitsvertrag zustande gekommen war. Erweitert wurde auch der Kreis der gesundheitsgefährdenden Betriebe, in denen nach der Gewerbeordnung Kinderarbeit verboten war: im Baugewerbe, in Ziegeleien, in über Tag betriebenen Gruben und Brüchen, im Schornsteinfegergewerbe, in Fuhrwerksbetrieben, in Kellereien, beim Steinklopfen, sowie beim Mischen und Mahlen von Farben. Insgesamt zählte das Gesetz über 60 verschiedene Werkstätten auf, in denen Kinderarbeit verboten war. Bei allen übrigen, vom Gesetz nicht erfaßten Erwerbsarten, konnten fremde Kinder über 12 Jahre an Werktagen drei, in der Ferienzeit vier Stunden am Tag, jedoch nicht bei Nacht, beschäftigt werden. Die Verwendung eigener Kinder in den erlaubten Betrieben war, wenn diese für die Eltern arbeiteten, schon ab dem 10. Lebensjahr, wenn sie jedoch in der Wohnung oder Werkstätte ihrer Eltern, aber für Dritte arbeiteten, erst ab dem 12. Lebensjahr möglich. Der Kreis der erlaubten Beschäftigungen wurde für eigene Kinder erheblich erweitert. Beschränkungen in bezug auf Alter, Tageszeit, Arbeitsdauer und Sonntagsbeschäftigung fielen fort.

Die Crux dieses Gesetzes lag in den vielen Ausnahmen, aber auch in den differenzierten Regelungen, die seine Handhabung und Kontrolle erschwerten. Auch wenn gleich drei Aufsichtsbehörden –Polizei, Gewerbeamt, Schule – mit der Überwachung betraut waren, mußte der Erfolg fraglich bleiben (A. Lauer 1908, S.36-58). Für Verwirrung sorgte insbesondere die Beschränkung des Kinderschutzes auf gewerbliche Betriebe. Während der Gärtner, dessen Betrieb als „gewerblich" galt, den gesetzlichen Bestimmungen unterworfen war, konnte der Landwirt seine eigenen und auch fremde Kinder bis zu zehn und noch mehr Stunden am Tag mit Feldarbeit beschäftigen (E. Beermann 1934, S.44 f.).

Die Ausklammerung der landwirtschaftlichen Beschäftigung aus dem gewerblichen Kinderschutz ist ein Hinweis darauf, daß Kinderarbeit als etwas durchaus „Natürliches" angesehen wurde. Dies konnte kaum augenfälliger unter Beweis gestellt werden als im Umgang in und mit der „Natur", wie er im landwirtschaftlichen Betrieb gefordert war. So kam es, daß sich der Gesetzgeber zuerst mit einschränkenden Maßnahmen gegen die Fabrikarbeit von Kindern wandte, denn hier hatte die Arbeit deutlich unnatürliche Züge angenommen. Ein halbes Jahrhundert später folgte die Einschränkung der gewerblichen Kinderarbeit, nachdem dort erhebliche Mißstände „entdeckt" worden waren. Die landwirtschaftliche Kinderarbeit hingegen blieb vom Gesetz weitgehend unberührt. Ein Verbot erfolgte letztlich erst durch das Jugendarbeitsschutzgesetz von 1976. Der Gesetzgeber ging damit zugleich den Weg des geringsten Widerstands: er beschränkte oder verbot die Erwerbstätigkeit der Kinder dort, wo ihr zahlenmäßiger Anteil am niedrigsten und der zu erwartende Widerstand der Arbeitgeber am geringsten war.

Unter technikgeschichtlichem Aspekt bestätigte sich der Zusammenhang von Kinderarbeit und Maschinenbau: Der Einsatz von Kindern war in den Erwerbszweigen am verbreitetsten und hielt sich dort am längsten, wo ein geringer Grad an Technisierung vorhanden war. Je intensiver moderne Maschinentechnik in einem Betriebszweig zum Einsatz kam, um so deutlicher ging der Anteil der Kinder in solchen Betrieben zurück.

Mit dem praktischen Verschwinden der Kinder aus den Fabriken war damit das soziale Problem der Kinderarbeit keineswegs gelöst.

4.8 Zusammenfassung

Fabrikkinderarbeit war, zumindest aus deutscher Sicht, vorwiegend ein Problem des 19.Jahrhunderts. Zuvor gab es sie nicht, weil die maschinentechnische, von zentraler Antriebskraft gesteuerte Produktionsweise noch nicht eingeführt bzw. entwickelt war. Im 20.Jahrhundert gab es sie bis auf einen unbedeutenden Anteil nicht mehr, weil sie durch Gesetz (1903) verboten und auf Grund neuer Fertigungstechniken unrentabel wurde. Für das 19.Jahrhundert aber stellte sie ein soziales Problem besonderer Art dar, das als solches lange nicht erkannt und noch längere Zeit nur halbherzig bekämpft wurde, und das im Hinblick auf die besonders sensible Phase der Kindheit eine äußerste Gefährdung der körperlichen, seelischen, geistigen und sittlichen Entwicklung des Kindes bedeutete.

Die Verwendung von Kindern in Fabriken vollzog sich gleichsam unter der Hand. Sie war kein Ereignis, über dessen Einführung man in Regierungen und Kammern oder in der Öffentlichkeit debattiert hätte. Nach allgemeiner Einschätzung betrachtete man Kinderarbeit als die selbstverständlichste und natürlichste Sache der Welt. Besonders von Kindern aus bedürftigen Familien erwartete man, daß sie bei der Arbeit ihrer Eltern mithalfen und so früh wie möglich zum Broterwerb beitrugen. Schon längst vor Beginn der Industrialisierung war es uneingeschränkte Gepflogenheit, daß Kinder zu den verschiedensten Arbeiten in der Landwirtschaft, im Kleingewerbe, in der Hausindustrie, im Dienstleistungsgewerbe und in den manufakturell arbeitenden Großbetrieben als Arbeiter und Gehilfen eingesetzt wurden. Als dann in den 30er Jahren des 19.Jahrhunderts verschiedene Manufakturen ihren Betrieb auf maschinelle Fertigungsweise umstellten und Fabriken mit dampfbetriebenen Web- und Spinnmaschinen entstanden, wechselten die Kinder, zum Teil mit ihren Eltern, übergangslos zur Fabrikarbeit über. Erleichtert wurde dieser Vorgang durch den technischen Fortschritt, der die Muskelkraft durch Dampfkraft ersetzte und komplizierte manuelle Arbeitsgänge auf einfache und gleichbleibende Handgriffe reduzierte.

So nimmt es nicht wunder, daß um die Mitte des 19.Jahrhunderts der Anteil der unter 14-Jährigen gemessen an der Gesamtzahl aller Fabrikarbeiter im Königreich Bayern knapp 11% betrug, wobei auf Grund der mangelnden statistischen Genauigkeit der Anteil der Kinder weit höher einzuschätzen ist.

Mit der rapiden Zunahme industrieller Großbetriebe ab den 70er Jahren schlug die zahlenmäßige Entwicklung der Kinder in Fabriken in eine gegenläufige Richtung um. Nach einer Reichsenquête im Jahre 1874/75 waren im Deutschen Reich insgesamt rund 21 000 Kinder im Alter von 12-14 Jahren in Fabrikbetrieben als Lohnarbeiter tätig. Das sind weniger als um die Jahrhundertmitte allein in Preußen, aber zuviel, als daß man von einer Überwindung des Fabrikkinderproblems hätte sprechen können. Erstaunlicherweise sank diese Zahl bis zu Beginn des I. Welkriegs nur um ein Drittel ab, trotz strengster Verbote. Man glaubte zwar, seit Änderung der Gewerbeordnung (1891) und erst recht seit Inkrafttreten des Allgemeinen Kinderschutzgesetzes (1903) Kinderarbeit im allgemeinen in den Griff bekommen und Fabrikkinderarbeit gänzlich beseitigt zu haben, doch sprechen die Statistiken eine andere Sprache. Dies gilt insbesondere für die hohe Anzahl lohnarbeitender Kinder in anderen Erwerbszweigen. Der Reichsenquête von 1898 zufolge betrug die Zahl der außerhalb von Fabriken gewerblich beschäftigten volksschulpflichtigen Kinder rund 530 000, das sind 6,5% aller Schulkinder. Je mehr also die Fabrikkinderarbeit auf Grund des technischen Fortschritts und der gesetzlichen Einschränkungen zurückging, umso stärker drängten die Minderjährigen in vom Gesetz noch nicht erfaßte Erwerbszweige, wo sie erneut unter schlechten Bedingungen dem Broterwerb nachgingen.

Es ergibt daher ein einseitiges Bild, das Problem der Kinderarbeit ausschließlich am Beispiel der Fabrikkinderarbeit aufzuzeigen. Wenn es in dieser Arbeit trotzdem geschehen ist, so nur im Hinblick auf eine weitere, zu einem späteren Zeitpunkt erscheinende Arbeit, in der die Kinderarbeit in den übrigen Erwerbszweigen dargelegt werden soll. Hier wurde die Fabrikarbeit herausgegriffen, um erstens einen besonders gravierenden Fall von Kinderarbeit aufzuzeigen, und zweitens darzulegen, wie schwer sich Staat und Öffentlichkeit taten, von tradierten Bewußtseinsvorstellungen über Kind und Arbeit abzurücken.

Weshalb die „soziale Frage" der Fabrikkinderarbeit so ausufernde Formen annahm, lag nicht in erster Linie in der zahlenmäßigen Ausweitung der Beschäftigungsraten, sondern vor allem darin, daß die tatsächliche Lage der Fabrikkinder lange Zeit von der Öffentlichkeit zu wenig ernst genommen und Kinderarbeit im allgemeinen widersprüchlich beurteilt und inkonsequent bekämpft wurde.

Das 19.Jahrhundert betrachtete die Arbeit, unabhängig davon, wer sie ausführte und von welcher Qualität sie war, nicht als Last oder Fluch, sondern als allgemeines Gesetz der Natur und als Segen für den Einzelnen, war sie doch Garant für den Wohlstand und diente dem Nutzen des Staates. Die Art der Arbeit war standesmäßig gegliedert: Die „unteren Classen" sollten die körperlichen, die oberen die geistigen Tätigkeiten verrichten. Daher wurden Liebe zur Arbeit, Fleiß, Zufriedenheit mit der jeweiligen Beschäftigungsart als vornehmliche Erziehungsziele erachtet. Die Arbeit selbst gewann ihren Sinn als Erziehungs- und Disziplinierungsmittel der Jugend. Darum konnten Kinder und Jugendliche nicht früh genug zur Arbeit herangezogen werden, und konnten diejenigen, die „leichte" Arbeit für „zarte und flinke Hände" anboten, mit wohlwollenden Konzessionen rechnen. Hinzu kamen von verschiedenen Seiten und aus unterschiedlichen Interessen begrüßte Nebeneffekte. Aus der Sicht der Unternehmer bedeuteten die Fabrikkinder billige Arbeitskräfte, um Konkurrenz auszuschalten und die Lohnkosten drücken zu können. Den Gemeinden brachte die Kinderarbeit Entlastung der Armenkasse, nachdem durch den sprunghaften Zuzug von Landarbeitern in die Städte und durch das rasche Bevölkerungswachstum Bettel und Verwahrlosung zu einem ernsthaften Problem wurden. Den Eltern bescherte die Lohnarbeit ihrer Kinder einen willkommenen Zuerwerb, nachdem mit jedem Nachkömmling das ohnehin gefährdete Existenzminimum weiter abzusinken drohte.

Auch die Intelligenz wollte diese „Vorzüge" nicht bestreiten, so daß trotz wahrgenommener Gefahren für die Kinder selbst Persönlichkeiten, die jeden Verdachts von Kinderfeindlichkeit enthoben sind, wie F.A.W.Diesterweg und K.Marx, die Beschäftigung von Kindern in Fabriken als ein durchaus zu billigendes Vorhaben bzw. als progressive und rechtmäßige Tendenz erachteten.

Dieselben Argumente hatte sich auch der Gesetzgeber zueigen gemacht. Weder sollte durch Einschränkung der Fabrikarbeit von Kindern der „Nahrungsstand der Arbeiterfamilien" beeinträchtigt, noch die „Betriebsverhältnisse einzelner Industriezweige" erschüttert werden. Ferner gab er zu bedenken, daß diejenigen die besten Arbeiter würden, die gewissermaßen in Fabriken „aufgezogen" seien. Im übrigen glaubte er, daß mit Einführung und strenger Überwachung der allgemeinen Schulpflicht das Problem der Kinderarbeit nur eine Frage der Zeit sei. Seine halbherzigen und mit vielen Ausnahmeregelungen versehenen Kinderschutzverordnungen bewirkten aber weder eine Beseitigung der Kinderarbeit noch einen geregelten täglichen Unterricht für alle. Es verging vielmehr ein ganzes Jahrhundert, bis er beides zuwege brachte.

Die Benachteiligten aber blieben die Arbeiterkinder, die nicht nur die subjektiven Beschwernisse eines überlangen, tristen und mühseligen Arbeitstages auf sich zu nehmen hatten, sondern auch an der Partizipation an objektiven Ausbildungschancen gehindert wurden, indem sie dem Unterricht ganz oder teilweise fernblieben bzw. übermüdet und desinteressiert daran teilnahmen.

Es fehlte nicht an einzelnen Stellungahmen seitens weitsichtiger Beamter, Politiker oder kirchlicher Stellen, die auf die sittlichen, seelischen, gesundheitlichen und geistigen Gefahren der Fabrikkinder aufmerksam gemacht und nach Abschaffung von Mißständen gerufen und gesucht hätten. Aber ihr Bemühen blieb nicht zuletzt deshalb weitgehend erfolglos, weil sie weder die Mehrheit hinter sich wußten, noch ihre Motive Anklang fanden. So mußte das Kind auf seine Rechte, die es besitzt und die der Staat zu schützen hat, wie es ein Abgeordneter des Bayerischen Landtags 1855 formulierte, noch über ein halbes Jahrhundert warten.

Abschließende Bemerkungen

Das 19.Jahrhundert ist, sieht man vom wirtschaftlich-technischen Bereich einmal ab, eher durch Übergänge und Umformungsprozesse gekennzeichnet als durch grundlegende Neuerungen. Dies gilt in besonderer Weise auch vom sozialen und bildungspolitischen Sektor. Die hier untersuchten „klassischen" Sozialisationsbereiche, Früherziehung, Volksschule, (Fabrik-) Kinderarbeit, machen dies deutlich. Was sich dabei als „neu" abzeichnet, hat seine Vorform bereits im 18.Jahrhundert gefunden. Die öffentliche Früherziehung und ihre theoretischen Entwürfe, sowie das staatliche Unterrichtswesen und seine rechtlichen und organisatorischen Rahmenbedingungen wurden bereits im 18.Jahrhundert grundgelegt. Der Lohnerwerb von Kindern in manufakturell organisierten Großbetrieben und Protofabriken war ebenfalls schon in diesem Jahrhundert eingeschliffener Brauch.

Daß die Veränderungsprozesse im 19.Jahrhundert dennoch eine so radikal andere Qualität gewannen als im Jahrhundert zuvor, ist aus dem beschleunigten Tempo zu erklären, mit dem sich vor allem die wirtschaftlichen, technischen, demographischen und arbeitsorganisatorischen Änderungen vollzogen. Explosives Bevölkerungswachstum, zunehmende Landflucht und Verstädterung, Ausweitung des Handels (Abschaffung der Zölle) und Verkehrs (Eisenbahnbau), enormer Fortschritt in Technik (Maschinenbau) und Industrie (Fabriken), Proletarisierung und Verelendung großer Teile der Bevölkerung, das alles blieb nicht ohne Folgen für die Kindheit und frühe Jugend besonders der sozial schwachen Schichten.

Der Wandel vollzog sich binnen weniger Jahrzehnte, so daß die sozialen Anpassungsprozesse den geänderten Verhältnissen weit hinterherliefen. Zwar darf sich das 19.Jahrhundert rühmen, ein hohes Maß an Privatwohltätigkeit entfaltet zu haben. Vor allem aus der auf Bildung und Leistung bedachten Schicht des mittleren und höheren Bürgertums gingen zahlreiche Wohltätigkeitsvereine hervor, die die schlimmste Not der Kinder und Familien zu lindern suchten. Aber sie taten es weniger aus altruistischen Motiven, als in der Absicht, soziale Unruhe zu vermeiden und die gewohnten Rangunterschiede zwischen gebildeten und ungebildeten, begüterten und finanziell schwachen Schichten aufrecht zu erhalten.

Soweit der Staat durch gesetzgeberische Maßnahmen auf diese Entwicklungen Einfluß zu nehmen suchte, tat er es eher reagierend und korrigierend. Statt durch weitsichtige Reformen im sozialen Bereich den Kindern von Dienstleuten und Tagelöhnern, Industriearbeitern und Kleinstgewerblern echte Zukunftschancen zu eröffnen, suchte er lediglich gröbste Mißstände zu beseitigen und schlimmste Auswüchse zu bekämpfen.

Während sich im gehobenen und mittleren Bürgertum das Modell der modernen Kleinfamilie mit seinen typischen Merkmalen der Privatisierung, Intimisierung und Emotionalisierung der Beziehungen auszubreiten begann, war die Familie der Unterschichten durch große Geburtenraten, hohe Kindersterblichkeit und verstärkten Einsatz von Kindern zum Lohnerwerb gekennzeichnet. Während ferner die Söhne und, in geringerem Umfang, auch die Töchter der Bürger die vorhandenen Bildungsmöglichkeiten verstärkt wahrnahmen und auf Grund erworbener Bildungsabschlüsse ihre Aufstiegschancen nutzten, war das Kinderleben der ländlichen und städtischen Unterschichten durch Mangel, Elend und Bildungsabstinenz geprägt. Von dem sich vollziehenden Wandel von der Herkunftsgesellschaft zur Leistungsgesellschaft blieben die Arbeiterkinder lange Zeit ausgeschlossen.

Letztlich jedoch, und nach einem Jahrzehnte dauernden, durch Benachteiligung, Entbehrung und Unterdrückung gekennzeichneten Leidensweg der Drei- bis Dreizehnjährigen, hatten staatliche Maßnahmen, öffentliche Proteste und das soziale Gewissen einsichtiger Gruppen wenigstens dies bewirkt, daß für die nichtschulpflichtigen Kinder echte erzieherische und kindgemäße Einrichtungen geschaffen wurden, die die Bewahranstalten alten Stils überflüssig machten. Die Pflichtschule hatte erreicht, daß das Analphabetentum beseitigt und der Zugang zu Bildungs- und Aufstiegschancen auch den sozial Schwachen erleichtert wurde. Der Gesetzgeber und der allgemeine Bewußtseinswandel trugen schließlich dazu bei, daß Kinderarbeit diskriminiert und das Recht des Kindes auf eine ihm gemäße Entwicklung anerkannt wurden. Insgesamt darf von einer allmählichen Zurücknahme der Chancenungleichheit der sozial Benachteiligten gesprochen werden.

Quellen
– ungedruckte bzw. unveröffentlichte –[1]

Bayerisches Hauptstaatsarchiv (HStA)
(HStA München)
MInn 19542/I
MInn 19542/II
MInn 19542/III
MInn 19542/V
MInn 52743
MInn 52754
MInn 52828
MA 26307

Staatsarchiv Amberg (StA Amberg)
Best.: Reg.Abg.49, Nr.11050
Best.: Reg.K.d.I., Nr.14423

Staatsarchiv Bamberg (StA Bamberg)
Best.: K 3 / D II$^{\underline{a}}$, Nr.346
Best.: K 3 / F 6$^{\underline{a}}$, Nr.107
Best.: K 3 / F 6$^{\underline{a}}$, Nr.114

Staatsarchiv Landshut (StA Landshut)
Best.: K.d.I., Fasz.814, Nr.3106

Staatsarchiv München (StA München)
RA Fasz.2169, Nr.35128
RA Fasz.4099, Nr.61753
RA Nr.21023
RA Nr.40939

Staatsarchiv Neuburg (StA Neuburg)
RA 10815
RA 18127

Staatsarchiv Nürnberg (StA Nürnberg)
Best.: K.d.I., 1932, Titel 11, Nr.671/Bd.1
Best.: K.d.I., 1952, Titel 9, Nr.1794
Best.: K.d.I., 1953, Titel 9, Nr.1793

---

[1] Ungedruckte Quellen aus der Sekundärliteratur wurden hier nicht aufgenommen.

Staatsarchiv Speyer (StA Speyer)
Best.: H 1, Nr.671
Best.: H 1, Nr.680
Best.: H 1, Nr.689
Best.: H 1, Nr.695
Best.: H 3, Nr.6967
Best.: H 3, Nr.6969

Staatsarchiv Würzburg (StA Würzburg)
Best.: Reg.v.Ufr., Nr.5918
Best.: Reg.v.Ufr., Nr.6590
Best.: Statist.Sammlung, Nr.669

Stadtarchiv Augsburg (StadtA Augsburg)
Best.: 2/1126

Stadtarchiv München (StadtA München)
Best.: Gewerbeamt, Nr.539
Best.: Schulamt, Nr.175
Best.: Schulamt, Nr.2239
Best.: Schulamt, Nr.2831

Archiv des Bistums Bamberg (AB Bamberg)
Best.: Bischöfliches Ordinariat, Nr.168,2

Archiv des Bistums Passau (AB Passau)
Best.: Bischöfliches Ordinariat, Nr.9738
Best.: Bischöfliches Ordinariat, Nr.08072

Archiv des Bistums Regensburg (AB Regensburg)
Best.: Bischöfliches Ordinariat, Nr.461

Archiv des Bistums Speyer (AB Speyer)
Best.: Bischöfliches Ordinariat, Älteres Archiv, Kindergärten
Best.: Bischöfliches Ordinariat, Älteres Archiv, Nr.205, Erstkommunion – Zeugnisse

Landeskirchliches Archiv Nürnberg (Lk.A. Nürnberg)
Best.: OK 11 2093

Archiv des Deutschen Museums München (ADt.Mus. München)
Abt. Forschung: Inventar des Archivs des Polytechn.Vereins, Mappe Nr.VII, 246 (1–4); Schreiben des MInn

Quellen
– gedruckte –

A Gesetzes- und Verordnungssammlungen
B Amtliche Mitteilungen und Kammerverhandlungen
C Statistiken und Erhebungen
D Periodica
E Varia

A Gesetzes- und Verordnungssammlungen

Allgemeines Landrecht für die Preußischen Staaten von 1794 (ALR)

Codex Maximilianeus Bavaricus Civilis oder: Baierisches Landrecht 1759. Mit Anmerkungen versehen von W.X.Kreittmayr

Döllinger, G.: Sammlung der im Gebiete der inneren Staatsverwaltung des Königreichs Bayern bestehenden Verordnungen. 20 Bde. München 1835/39

Gesetzesblatt für das Königreich Bayern 1818-1873; ab 1874: Gesetz- und Verordnungsblatt für das Königreich Bayern (1874-1911)

Gesetz-Sammlung für die Kgl.Preußischen Staaten. Berlin 1839

Reichs-Gesetz-Blatt. Frankfurt a.M. 1848-1849 (Stück 1-17)

Sammlung der das deutsche Schulwesen betreffenden allerhöchsten und höchsten Gesetze, Verordnungen und Vollzugs-Vorschriften im Regierungsbezirke der Oberpfalz und von Regensburg, die Jahre 1800 bis 1843 umfassend. Sulzbach 1844

Sammlung der Gesetze, Verordnungen, der Vollzugs-Vorschriften und Normativ-Entschließungen über das teutsche Schulwesen. Würzburg 1845

Sammlung der Kurpfalz-Baierischen allgemeinen und besonderen Landes-Verordnungen, hrsg. von G.K. Mayr. 5 Bde. München 1784 ff. – Neue Folge: Bd.1. München 1800

Strafgesetzbuch für das Königreich Baiern mit Anmerkungen, nach den Protokollen des kgl. geheimen Raths. 3 Bde. München 1813

Weber, K.: Neue Gesetz- und Verordnungen-Sammlungen für das Königreich Bayern mit Einschluß der Reichsgesetzgebung. 42 Bde. 1880 ff.

B Amtliche Mitteilungen und Kammerverhandlungen

Königlich bayerisches Kreis-Amtsblatt von Niederbayern, Nr.69. 1860

Königl.Baierisches Regierungsblatt. 1799 ff.

Ministerialblatt für Kirchen- und Schul-Angelegenheiten im Königreich Bayern. Amtl. hrsg. vom Königl. Staatsministerium des Innern für Kirchen- und Schulangelegenheiten, Nr.40. München 1910

Verhandlungen der Kammer der Abgeordneten des bayerischen Landtages
im Jahre 1855/56 – Band I, Beilagenband I und II
im Jahre 1893/94 – Band II
im Jahre 1897/98 – Band XI
im Jahre 1901/02 – Band XII

C Statistiken und Erhebungen

Bayerns Entwicklung nach den Ergebnissen der amtlichen Statistik seit 1840, hrsg. vom Kgl.Bayer.Statistischen Landesamt. 1915

Beiträge zur Statistik des Königreichs Bayern. Heft 1 ff. 1850 ff.; ab 1919: Beiträge zur Statistik Bayerns

Ergebnisse einer Erhebung über die in Bayerischen Fabriken und größeren Gewerbebetrieben zum Besten der Arbeiter getroffenen Einrichtungen. Veröffentlicht durch das kgl. Staatsministerium des Innern. München 1874

Ergebnisse der über die Frauen- und Kinderarbeit in den Fabriken auf Beschluß des Bundesraths angestellten Erhebungen, zusammengestellt im Reichskanzler-Amt. Berlin 1876

Erhebungen der Königlich Bayerischen Fabriken- und Gewerbeinspektoren über die wirtschaftliche Lage der Textilindustrie und deren Arbeiter. Beilagenheft zu den Jahresberichten für 1904. München 1905

Statistische Erhebung von 1847 = Beiträge zur Statistik des Königreichs Bayern. Heft 1. München 1850

D Periodica

Allgemeines Intelligenz-Blatt der Stadt Nürnberg. 1.September 1834

Augsburger Postzeitung. Jg.203 vom 5.Januar 1889

Bayerische Annalen. Nro.84. 1834

Bayerische Handelszeitung. Jg.IX vom 18.Dezember 1880

Die deutsche Arbeiterversicherung als soziale Einrichtung. Heft 1-5. Berlin 1904, S.498-507

Donau-Zeitung. Nr.22 vom 22.Jänner 1862

Frankfurter Tagespost. Nr.131 vom 6.Juni 1889

Frankfurter Zeitung. Jg.33 vom 12.Juli 1889

Intelligenz-Blatt und wöchentlicher Anzeiger von Augsburg. Jg.1834

Korrespondent von und für Deutschland. Nr.658 vom 22.Dezember 1880

Nachrichten von dem deutschen Schulwesen in Baiern. Eine Monatsschrift. 1.Jg.1803 – 11.Jg.1813

Regensburger Tagblatt. Nr.135 vom 17.Mai 1885

Unterhaltungs-Blatt der Neuesten Nachrichten vom 5.September 1872

Vierteljahreshefte zur Statistik des Deutschen Reichs. 9.Jg.1900

„Vorwärts". Berliner Volksblatt. Jg.23 vom 7.April 1906

Zeitschrift für Wohnungswesen in Bayern. 1903 – 1915

Zeitschrift „Kindergarten". 44, 1903

Jahresbericht der Handels- und Gewerbekammer für Oberbayern 1881. München 1882

Jahresberichte der Königlich Bayerischen Fabriken-Inspectoren (ab 1892: Fabriken- und Gewerbe-Inspektoren). 1879 ff.

Statistisches Jahrbuch für das Königreich Bayern. 1.Jg.1894 ff.

E   Varia

Bekanntmachung, Zustand und die Jahres-Rechnung der Kleinkinder-Bewahr-Anstalt in München während des Zeitraumes vom 1.Januar bis 31.Dezember 1835 betreffend. München 1836

Bekanntmachung, den Stand und die Rechnung für die Kleinkinder-Bewahr-Anstalt zu München im Jahre 1840 betreffend. München 1841

Chronik des Vereines für die Kleinkinderbewahranstalten in München links der Isar (E.V.) anläßlich des 100jährigen Jubiläums (von J.Stadler). München 1933

Die Arbeiterwohlfahrtseinrichtungen in bayerischen Fabriken und größeren Gewerbebetrieben. Denkschrift bearb. und hrsg. im Auftrage des Kgl.Staatsministeriums des Kgl.Hauses und des Äußern vom Kgl.Bayerischen Statistischen Bureau. München 1906

Öffentliche Anzeige des Ausschusses für die Kinderbewahr-Anstalt zu München. 1833

Vorschriften für Eltern, deren Kinder die Bewahranstalten in Augsburg besuchen. Augsburg 1838

Literatur

Abelsdorff, W.: Kinderarbeit (gewerbliche). In: Handwörterbuch der sozialen Hygiene. Bd.I, Leipzig 1912, S.591-610

Adolphs, L.: Industrielle Kinderarbeit im 19.Jahrhundert unter Berücksichtigung des Duisburger Raumes. Duisburg 1972

Agahd, K.: Die Erwerbsthätigkeit schulpflichtiger Kinder. Bonn 1897

Agahd, K.: Die Erwerbstätigkeit schulpflichtiger Kinder im Deutschen Reich. In: Archiv für soziale Gesetzgebung und Statistik 12, 1898, S.373-428

Agahd, K.: Kinderarbeit und Gesetz gegen die Ausnutzung kindlicher Arbeitskraft in Deutschland. Jena 1902

Agahd, K.: Gewerbliche Kinderarbeit in Erziehungsanstalten. Leipzig 1905

Agahd, K.: Kinderarbeit und Gesetz, betr. Regelung der Kinderarbeit in gewerblichen Betrieben. – Kinderarbeit in der Landwirtschaft. In: Encyklopädisches Handbuch der Pädagogik. Bd.4., Langensalza 1906, S.821-866 (2.Auflage)

Agahd, K.: Jugendwohl und Jugendrecht. Halle a.S. 1907

Albrecht, G.: Haushaltungsstatistik. Eine literarhistorische und methodologische Untersuchung. Berlin 1912

Alt, R.: Kinderausbeutung und Fabrikschulen in der Frühzeit des industriellen Kapitalismus. Berlin (Ost) 1958

Ammon (Vorname unbekannt): Die Kinderarbeit in den Wirtschaften. In: Württembergische Zeitschrift für Rechtspflege und Verwaltung 2, 1909, S.362-368

Andreä, Fr.W.: Die Kleinkinder-Bewahranstalt nach ihrer Notwendigkeit und Einrichtung, ihrem Aufwand und Segen, insbesondere auf dem Lande. Erfurt 1852

Anton, G.K.: Geschichte der preußischen Fabrikgesetzgebung bis zu ihrer Aufnahme durch die Reichsgewerbeordnung. Leipzig 1891

Ariès, Ph.: Geschichte der Kindheit. München 1980

Baacke, D. und Schulze, Th. (Hrsg.): Aus Geschichten lernen. München 1984

Baacke, D. und Schulze, Th. (Hrsg.): Pädagogische Biographieforschung. Weinheim 1985

Bährlehner, F.X.: Die Entwicklung der karitativen Wohlfahrtspflege in Bayern unter besonderer Berücksichtigung des Kreises Niederbayern und der Städte München, Augsburg, Bamberg, Würzburg, Nürnberg, Regensburg, Passau, Landshut und Straubing. Nürnberg 1927

Bayerl, G. und Troitzsch, U.: Die Antizipation der Industrie –der vorindustrielle Großbetrieb, seine Technik und seine Arbeitsverhältnisse. In: Aufbruch ins Industriezeitalter. Bd.1: Linien der Entwicklungsgeschichte, hrsg. von C.Grimm. München 1985, S.87-106

Beckedorff, L.v.: Gebrauch der Kinder zu Fabrik-Arbeiten. In: Jahrbücher des Preußischen Volks-Schul-Wesens. Bd.6, Berlin 1827, S.222-248

Beckedorff, L.v.: Gebrauch der Kinder zu Fabrik-Arbeiten. In: Jahrbücher des Preußischen Volks-Schul-Wesens. Bd.8, Berlin 1827, S.161-177

Beermann, E.: Kinderarbeit und Kinderschutz. Diss. Münster 1934

Benes, P.: Gräfin Therese Brunszvik und die Kleinkindererziehung ihrer Zeit. Szeged 1932

Bierer, W.: Die hausindustrielle Kinderarbeit im Kreise Sonneberg. Tübingen 1913 (= 11.Ergänzungsheft zum „Archiv für Sozialwissenschaft und Sozialpolitik")

Blankertz, H.: Die utilitaristische Berufsbildungstheorie der Aufklärungspädagogik. In: Herrmann, U. (Hrsg.): „Das pädagogische Jahrhundert". Volksaufklärung und Erziehung zur Armut im 18.Jahrhundert in Deutschland. Weinheim 1981, S.247-270

Blessing, W.K.: Allgemeine Volksbildung und politische Indoktrination im bayerischen Vormärz. In: Zeitschrift für bayerische Landesgeschichte. Bd.37, Heft 2, 1974, S.479-568

Bock, A.: Überblick und Quellenbuch zur Allgemeinen Geschichte der Pädagogik. In: Heigenmooser, J. und Bock, A. (Hrsg.): Geschichte der Pädagogik. Quellenbuch und Überblick der Geschichte der Pädagogik mit besonderer Berücksichtigung der bayerischen Erziehungs- und Schulgeschichte. München 1912 (3.Auflage), II.Teil

Bock, A. (Hrsg.): Heinrich Braun. Plan einer neuen Schuleinrichtung in Baiern 1770. München 1916a (=Pädagogische Quellenschriften, Heft 1)

Bock, A. (Hrsg.): Des Freiherrn von Ickstatt Akademische Schulrede vom Jahre 1774. München 1916b (=Pädagogische Quellenschriften, Heft 2)

Bock, A. (Hrsg.): Die Bayerischen Schulordnungen vom Jahre 1774 und 1778. München 1916c (=Pädagogische Quellenschriften, Heft 3)

Bock, A. (Hrsg.): Lehrplan für die Volksschulen in Baiern 1804-1811. München 1917

Bögl, G.: Der Wandel der Volksbildungsidee in den Volksschullehrplänen Bayerns. Von der Braun'schen Reform bis zur Mitte des 19.Jahrhunderts. München 1929

Bofinger, J.F.: Die Kleinkinderschulen und Kinderpflegen Württembergs. Stuttgart 1865

Bolte, K.M., Brater, M., Kudera, S.: Arbeitnehmer in der Industriegesellschaft. Stuttgart 1974

Braun, A.: Haushalts-Rechnungen Nürnberger Arbeiter. Ein Beitrag zur Aufhellung der Lebensverhältnisse des Nürnberger Proletariats. Nürnberg 1901

Buchinger, H.: Zur Geschichte der niederbayerischen Volksschule im 19.Jahrhundert. In: Kriss-Rettenbeck, L. und Liedtke, M. (Hrsg.): Regionale Schulentwicklung im 19. und 20.Jahrhundert. Vergleichende Studien zur Schulgeschichte, Jugendbewegung und Reformpädagogik im süddeutschen Sprachraum. Bad Heilbrunn 1984, S.74-87

Buechel, K.: Ergebnisse der allgemeinen Wohnungsuntersuchung in Nürnberg 1901/02. Nürnberg 1906

Cahn, E.: Ein Arbeiterwohnungsviertel in einer süddeutschen Provinzstadt (Bayreuth). In: Archiv für soziale Gesetzgebung und Statistik. Bd.17, 1902, S.440-477

Campe, J.H.: Ueber die früheste Bildung junger Kinderseelen im ersten und zweiten Jahre der Kindheit. In: Allgemeine Revision des gesammten Schul- und Erziehungswesens von einer Gesellschaft praktischer Erzieher, hrsg. von J.H.Campe, II.Theil. Hamburg 1785, S.3-296

Cassimir, J.: Statistische Beiträge zur Verwendung jugendlicher Arbeiter im sächsischen Bergbau (1890-1898). Münster 1900

Christmann, H.: Bemerkungen zur Frage der Kinderarbeit in der württembergischen Gewerbsindustrie in der zweiten Hälfte des 19.Jahrhunderts. In: Maschke, E. und Sydow, J. (Hrsg.): Zur Geschichte der Industrialisierung in den südwestdeutschen Städten. Sigmaringen 1977, S.40-56 (= Stadt in der Geschichte, Bd.1)

Comenius, J.A.: Pampaedia. Lateinischer Text und deutsche Übersetzung, hrsg. von D.Tschizewskij. Heidelberg 1960

Conrad, E.: Lebensführung von 22 Arbeiterfamilien in München. München 1909

Conze, W.: Arbeiter. In: Geschichtliche Grundbegriffe. Historisches Lexikon zur politisch-sozialen Sprache in Deutschland, hrsg. von O.Brunner, W.Conze, R.Koselleck. Bd.1, Stuttgart 1972, S.216-242

Conze, W. und Engelhardt, U. (Hrsg.): Arbeiter im Industrialisierungsprozeß. Stuttgart 1979

Dammann, E. und Prüser, H. (Hrsg.): Quellen zur Kleinkinderziehung. München 1981

Dehn, P.: Deutsche Haushaltsbudgets. III. Bayerische Budgets. In: Annalen des Deutschen Reichs für Gesetzgebung, Verwaltung und Statistik. Leipzig 1880, S.843-855

Dehn, P.: Die deutschen Fabrikinspektoren. In: Annalen des Deutschen Reichs für Gesetzgebung, Verwaltung und Statistik. Leipzig 1881, S.153-177

Demmel, W.G.: Von der Feiertagsschule zur Fortbildungsschule. Schulgeschichte und Schulreformen im 19.Jahrhundert, dargestellt am Beispiel Münchens. Diss. München 1978

Denning, E.: Die Ergebnisse der Wohnungserhebung in der Stadt Fürth i.B. Fürth i.B. 1907

Deutsch, J.: Die Kinderarbeit und ihre Bekämpfung. Zürich 1907

Diesterweg, F.A.W.: Ueber den Gebrauch der Kinder zur Fabrik-Arbeit. Aus pädagogischem Gesichtspunkt betrachtet. In: Alt, R.: Kinderausbeutung und Fabrikschulen in der Frühzeit des industriellen Kapitalismus. Berlin (Ost) 1958, S.180-196

Diesterweg, F.A.W.: Ein pädagogischer Blick auf Fabriken und –eine menschliche Bitte. In: Sämtliche Werke. Bd.1, Berlin (Ost) 1956, S.341-343

Dittrich, E. und Dittrich-Jacobi, J.: Die Autobiographie als Quelle zur Sozialgeschichte der Erziehung. In: Baacke, D. und Schulze, Th. (Hrsg.): Aus Geschichten lernen. München 1984, S.99-119

Dobmann, F.: Georg Friedrich Freiherr von Zentner als bayerischer Staatsmann in den Jahren 1799-1821. Kallmünz 1962

Dodd, E.A.: Die Wirkung des gesetzlichen Schutzes auf die Lage der jugendlichen Fabrikarbeiter Deutschlands. Diss. Halle a.S. 1897

Doeberl, M.: Zur Geschichte der bayerischen Schulpolitik im 19.Jahrhundert. In: Sitzungsberichte der Königlich Bayerischen Akademie der Wissenschaften. Philosophisch-philologische und historische Klasse. Abhandlung 8. München 1912

Dowe, D.: Bibliographie zur Geschichte der deutschen Arbeiterbewegung, sozialistischen und kommunistischen Bewegung von den Anfängen bis 1863 unter Berücksichtigung der politischen, wirtschaftlichen und sozialen Rahmenbedingungen. Bonn 1981 (= Beiheft 5 zum „Archiv für Sozialgeschichte")

Dowe, D. (Hrsg.): Erhebung von Wirtschaftsrechnungen minderbemittelter Familien im Deutschen Reiche. 320 Haushaltsrechnungen von Metallarbeitern. Bonn 1981

Dressel, G.: Das arbeitende Kind im Bayern des 19.Jahrhunderts. Ein Beitrag zur Analyse der sozialen Ungleichheit im Zuge der Industrialisierung. Diplom-Arbeit (ungedr. Mskr.) München 1982

Duncker, K.: Die Kinderarbeit und ihre Bekämpfung. Stuttgart 1906 (2.Auflage 1910)

Ehalt, H.Ch. (Hrsg.): Geschichte von unten. Fragestellungen, Methoden und Projekte einer Geschichte des Alltags. Wien 1984

Eheberg, K.Th.: Die industrielle Entwicklung Bayerns seit 1800. Erlangen 1897

Eichholz, J.: Schutz der gewerblichen Kinderarbeit im In- und Ausland. In: Soziale Revue 1902, S.280-285

Emmerich, W. (Hrsg.): Proletarische Lebensläufe. Autobiographische Dokumente zur Entstehung der zweiten Kultur in Deutschland. 2 Bde. Reinbek 1974/75

Endres, R.: Die Bedeutung des lateinischen und deutschen Schulwesens für die Entwicklung der fränkischen Reichsstädte des Spätmittelalters und der frühen Neuzeit. In: Kriss-Rettenbeck, L. und Liedtke, M. (Hrsg.): Schulgeschichte im Zusammenhang der Kulturentwicklung. Bad Heilbrunn 1983, S.144-165

Engelhardt, Th.: Menschen nach Maß. Fabrikdisziplin und industrielle Zeitökonomie während der Industrialisierung Bayerns. In: Leben und Arbeiten im Industrie-Zeitalter. Eine Ausstellung zur Wirtschafts- und Sozialgeschichte Bayerns seit 1850. Veranstalter: Germanisches Nationalmuseum. Stuttgart 1985, S.289-294

Erning, G. (Hrsg.): Quellen zur Geschichte der öffentlichen Kleinkindererziehung. Von den ersten Bewahranstalten bis zur vorschulischen Erziehung der Gegenwart. Kastellaun 1976

Erning, G.: Johann Georg Wirth und die Augsburger Bewahranstalten. In: Zeitschrift des historischen Vereins für Schwaben, Bd.74, 1980, S.169-214

Erning, G., Neumann, K., Reyer, J. (Hrsg.): Geschichte des Kindergartens. 2 Bde. Freiburg 1987.
Bd.I: Entstehung und Entwicklung der öffentlichen Kleinkindererziehung in Deutschland von den Anfängen bis zur Gegenwart;
Bd.II: Institutionelle Aspekte, systematische Perspektiven, Entwicklungsverläufe

Fehn, H.: Das Land Bayern und seine Bevölkerung seit 1800. In: Handbuch der Bayerischen Geschichte, hrsg. von M.Spindler. Bd.4: Das neue Bayern, 2.Teilband, München 1975, S.647-707

Feld, W.: Die Kinder der in Fabriken arbeitenden Frauen und ihre Verpflegung mit besonderer Berücksichtigung der Crimmitschauer Arbeiterinnen. Dresden 1906

Feldenkirchen, W.: Kinderarbeit im 19.Jahrhundert. Ihre wirtschaftlichen und sozialen Auswirkungen. In: Zeitschrift für Unternehmensgeschichte 26, 1981, S.1-41

Fickel, A.: Von der Mesnerschule zur Volksschule, illustriert an den Schulverhältnissen zu Reichersdorf in Niederbayern. In: Kriss-Rettenbeck, L. und Liedtke, M. (Hrsg.): Regionale Schulentwicklung im 19. und 20.Jahrhundert. Vergleichende Studien zur Schulgeschichte, Jugendbewegung und Reformpädagogik im süddeutschen Sprachraum. Bad Heilbrunn 1984, S.88-103

Fischer, I.: Industrialisierung, sozialer Konflikt und politische Willensbildung in der Stadtgemeinde. Ein Beitrag zur Sozialgeschichte Augsburgs 1840-1914. Augsburg 1977

Fischer, W.: Der Staat und die Anfänge der Industrialisierung in Baden 1800-1850. Bd.1: Die staatliche Gewerbepolitik. Berlin 1961

Fischer, W. (Hrsg.): Wirtschafts- und sozialgeschichtliche Probleme der frühen Industrialisierung. Berlin 1968

Fischer, W.: Wirtschaft und Gesellschaft im Zeitalter der Industrialisierung. Göttingen 1972

Flecken, M.: Arbeiterkinder im 19.Jahrhundert. Weinheim 1981

Fleming, J. und Witt, P.Ch.: Einkommen und Auskommen „minderbemittelter Familien" vor dem 1.Weltkrieg. Probleme der Sozialstatistik im Deutschen Kaiserreich. In: Dowe, D. (Hrsg.): Erhebung von Wirtschaftsrechnungen minderbemittelter Familien im Deutschen Reiche. 320 Haushaltsrechnungen von Metallarbeitern. Bonn 1981, S.V-XLVII

Fölsing, J.: Blüthen und Früchte der Kleinkinderschulen nach hundertjährigem Bestehen. Forst i.L. 1880

Forberger, R.: Die Manufaktur in Sachsen vom Ende des 16. bis zum Anfang des 19.Jahrhunderts. Berlin (Ost) 1958

Forberger, R.: Zu den Begriffen „Manufaktur" und „Fabrik" in technischer und technologischer Sicht. In: Troitzsch, U. (Hrsg.): Technologischer Wandel im 18.Jahrhundert. Wolfenbüttel 1981, S.175-187 (= Wolfenbütteler Forschungen, hrsg. von der Herzog August Bibliothek)

Forberger, R.: Die industrielle Revolution in Sachsen 1800-1861. Bd.1, Erster Halbband: Die Revolution der Produktivkräfte in Sachsen 1800-1830. Berlin (Ost) 1982

Freudenberger, H.: Die Struktur der frühindustriellen Fabrik im Umriß (mit besonderer Berücksichtigung Böhmens). In: Fischer, W. (Hrsg.): Wirtschafts- und sozialgeschichtliche Probleme der frühen Industrialisierung. Berlin 1968, S.413-433

Freudenberger, H.: Die proto-industrielle Entwicklungsphase in Österreich. Proto-Industrialisierung als sozialer Lernprozeß. In: Matis, H. (Hrsg.): Von der Glückseligkeit des Staates. Berlin 1981, S.355-381

Friderici, R.: Kinderarbeit in kurhessischen Fabriken und Bergbaubetrieben (1841-1866). In: Hessisches Jahrbuch für Landesgeschichte 12, 1962, S.211-229

Fried, P.: Die Sozialentwicklung im Bauerntum und Landvolk. In: Handbuch der Bayerischen Geschichte, hrsg. von M.Spindler. Bd.4: Das neue Bayern, 2.Teilband. München 1975, S.751-780

Friederich, G.: Das niedere Schulwesen. In: Handbuch der deutschen Bildungsgeschichte. Bd.III: 1800-1870. Von der Neuordnung Deutschlands bis zur Gründung des Deutschen Reiches, hrsg. von K.-E.Jeismann und P.Lundgreen. München 1987, S.123-152

Fuchs, W.: Möglichkeiten der biographischen Methode. In: Niethammer, L. (Hrsg.): Lebenserfahrung und kollektives Gedächtnis. Frankfurt a.M. 1980, S.323-348

Gebele, J.: Das Schulwesen der königlich bayerischen Haupt- und Residenzstadt München in seiner geschichtlichen Entwicklung und unter Berücksichtigung der älteren bayerischen Schulzustände aus archivalischen Quellen dargestellt. München 1896

Gebele, J.: 100 Jahre der Münchener Volksschule. München 1903

Gehring, J.: Die Geschichte der evangelischen Kinderpflege = 1.Teil von J.Gehring (Hrsg.): Die evangelische Kinderpflege. Denkschrift zu ihrem 150jährigen Jubiläum. Langensalza 1929

Gemmert, F.J.: Die Anfänge der Maschinenspinnerei in Bayern. In: Zeitschrift für bayerische Landesgeschichte. Bd.24, 1961, S.481-492

Giebel, H.R.: Strukturanalyse der Gesellschaft des Königreichs Bayern im Vormärz 1818-1848. Diss. München 1971

Giese, G.: Quellen zur deutschen Schulgeschichte seit 1800. Göttingen 1961

Graßmann, J.: Die Entwicklung der Augsburger Industrie im 19.Jahrhundert. Eine gewerbegeschichtliche Studie. Augsburg 1894

Grimm, C. (Hrsg.): Aufbruch ins Industriezeitalter. Bde. 1-3. München 1985.
Bd.1: Linien der Entwicklungsgeschichte, hrsg. von C.Grimm;
Bd.2: Aufsätze zur Wirtschafts- und Sozialgeschichte Bayerns 1750-1850, hrsg. von R.A.Müller;
Bd.3: Quellen zur Wirtschafts- und Sozialgeschichte Bayerns vom ausgehenden 18.Jahrhundert bis zur Mitte des 19.Jahrhunderts, hrsg. von K.von Zwehl

Grossmann, W.: Vorschulerziehung. Köln 1974

Günther, E.: Die Entlöhnungsmethoden in der bayerischen Eisen- und Maschinenbauindustrie. Berlin 1908

Günther, K.-H. u.a.: Quellen zur Geschichte der Erziehung. Berlin (Ost) 1975 (7.Auflage)

Gutbrod, F.X.: Die Kinderbewahranstalt in ihrem Zwecke und in den Mitteln zur Erreichung dieses Zweckes dargestellt. Augsburg 1884

Haan, H.: Die Anfänge der Industrialisierung in der Pfalz. In: Albrecht, D., Kraus, A., Reindel, K. (Hrsg.): Festschrift für Max Schindler zum 75. Geburtstag. München 1969, S.633-655

Handbuch der deutschen Bildungsgeschichte. Bd.III: 1800-1870. Von der Neuordnung Deutschlands bis zur Gründung des Deutschen Reiches, hrsg. von K.-E.Jeismann und P.Lundgreen. München 1987

Hardach-Pinke, I.: Kinderalltag. Hamburg 1981

Hardach-Pinke, I. und Hardach, G. (Hrsg.): Deutsche Kindheiten. Autobiographische Zeugnisse 1700-1900. Kronberg/Ts. 1978

Hartfiel, G.: Soziale Schichtung. Bearb. und hrsg. von U.Schwarz. München 1978

Hartmann, K.: Die gemeindliche Arbeitsvermittlung in Bayern. Mit besonderer Berücksichtigung der Verhältnisse bei dem städtischen Arbeitsamte München. München 1900

Hartmann, K.L.: Schule und „Fabrikgeschäft". Zum historischen Zusammenhang von Kinderarbeit, Kinderschutzgesetz und allgemeiner Elementarbildung. In: Hartmann, K.L., Nyssen, F., Waldeyer, H. (Hrsg.): Schule und Staat im 18. und 19.Jahrhundert. Zur Sozialgeschichte der Schule in Deutschland. Frankfurt a.M. 1974, S.171-253

Hartmann, K.L., Nyssen, F., Waldeyer, H. (Hrsg.): Schule und Staat im 18. und 19.Jahrhundert. Zur Sozialgeschichte der Schule in Deutschland. Frankfurt a.M. 1974

Heigenmooser, J.: Quellenbuch zur Schulgeschichte Bayerns. In: Heigenmooser, J. und Bock, A. (Hrsg.): Geschichte der Pädagogik. Quellenbuch und Überblick der Geschichte der Pädagogik mit besonderer Berücksichtigung der bayerischen Erziehungs- und Schulgeschichte. München 1912 (3.Auflage), I.Teil

Heigenmooser, J. und Bock, A. (Hrsg.): Geschichte der Pädagogik. Quellenbuch und Überblick der Geschichte der Pädagogik mit besonderer Berücksichtigung der bayerischen Erziehungs- und Schulgeschichte. München 1912 (3.Auflage)

Heimbücher, M.: Die Orden und Kongregationen der katholischen Kirche. 3 Bde. Paderborn 1907/08

Held, H.: Altbayerische Volkserziehung und Volksschule.
Bd.1: Geschichte der Volkserziehung und des Volksunterrichts in der Erzdiözese München und Freising bis zum Jahre 1867. München 1926
Bd.2: Regesten zur Ortsschulgeschichte der Erzdiözese München und Freising. München 1926
Bd.3: Regesten zur Ortsschulgeschichte der Erzdiözese München und Freising. München 1928

Hemmer, F.D.: Tagesstätten für Kinder. München 1967

Henning, F.-W.: Humanisierung und Technisierung der Arbeitswelt. Über den Einfluß der Industrialisierung auf die Arbeitsbedingungen im 19.Jahrhundert. In: Reulecke, J. und Weber, W. (Hrsg.): Fabrik – Familie – Feierabend. Beiträge zur Sozialgeschichte des Alltags im Industriezeitalter. Wuppertal 1978 (2. Auflage), S.57-88

Henning, F.-W.: Die Industrialisierung in Deutschland 1800 bis 1914. Paderborn 1979 (5.Auflage)

Henningsen, J.: Autobiographie und Erziehungswissenschaft. Essen 1983

Herbart, J.F.: Allgemeine Pädagogik. Sämtliche Werke, 2.Bd., hrsg. von K.Kehrbach. Langensalza 1887

Herkner, H.: „Arbeitszeit". In: Handwörterbuch der Staatswissenschaften, hrsg. von L.Elster, A.Weber, F.Wieser. Bd.1, Jena 1923, S.889-916

Herrmann, U. (Hrsg.): „Das pädagogische Jahrhundert". Volksaufklärung und Erziehung zur Armut im 18.Jahrhundert in Deutschland. Weinheim 1981

Herrmann, U.: Geschichte und Theorie. Ansätze zu neuen Wegen in der erziehungsgeschichtlichen Erforschung von Familie, Kindheit und Jugendalter. In: Soziologische Revue 4, 1984, S.11-28

Herrmann, U., Renftle, S., Roth, L.: Bibliographie zur Geschichte der Kindheit, Jugend und Familie. München 1980

Herzig, A.: Kinderarbeit in Deutschland in Manufaktur und Protofabrik (1750-1850). In: Archiv für Sozialgeschichte 23, 1983, S.311-375

Hilbert, M.: Kinderarbeit im Industriebezirk Glauchau. In: Sächsische Heimatblätter 9, 1963, S.15-24

Hilger, D.: „Fabrik, Fabrikant". In: Geschichtliche Grundbegriffe. Historisches Lexikon der politisch-sozialen Sprache in Deutschland, hrsg. von O.Brunner, W.Conze, R.Koselleck. Bd.2, Stuttgart 1975, S.229-252

Hillebrecht, W.: Einleitung zu F.I.Niethammer: Philanthropinismus – Humanismus. Texte zur Schulreform. Bearb. von W.Hillebrecht. Weinheim 1968, S.7-45

Hinze, K.: Die Arbeitsfrage zu Beginn des modernen Kapitalismus in Brandenburg-Preußen. Berlin 1963

Hoffmann, E.: Vorschulerziehung in Deutschland. Witten 1971

Hojer, E.: Die Bildungslehre F.I.Niethammers. Ein Beitrag zur Geschichte des Neuhumanismus. Frankfurt a.M. 1965

Hoppe, R. (Hrsg.): Dokumente zur Geschichte der Lage des arbeitenden Kindes in Deutschland von 1700 bis zur Gegenwart. Berlin (Ost) 1969 (= Bd.20, Kuczynski, J.: Die Geschichte der Lage der Arbeiter unter dem Kapitalismus)

Hoppe, R., Kuczynski, J., Waldmann, H. (Hrsg.): Hardenbergs Umfrage über die Lage der Kinder in den Fabriken und andere Dokumente aus der Frühgeschichte der Lage der Arbeiter. Eingeleitet von J.Kuczynski (S.3-21). Berlin (Ost) 1960 (= Bd.8, Kuczynski, J.: Die Geschichte der Lage der Arbeiter unter dem Kapitalismus)

Hubbard, W.H.: Familiengeschichte. Materialien zur deutschen Familie seit dem Ende des 18.Jahrhunderts. München 1983

Hübener, J.: Die christliche Kleinkinderschule. Gotha 1888

Illing, L.: Bericht über die Kindergartenanstalten Münchens 1871/72. München 1872

Jaeger, S. und Staeuble, J.: Die gesellschaftliche Genese der Psychologie. Frankfurt a.M. 1978

Janke, O.: Die Schäden der gewerblichen und landwirtschaftlichen Kinderarbeit für die Jugenderziehung. Langensalza 1897

Jantke, C. und Hilger, D. (Hrsg.): Die Eigentumslosen. Der deutsche Pauperismus und die Emanzipationskrise in Darstellungen und Deutungen der zeitgenössischen Literatur. Freiburg 1965

Jeismann, K.-E.: Schulpolitik, Schulverwaltung, Schulgesetzgebung. In: Handbuch der deutschen Bildungsgeschichte. Bd.III: 1800-1870. Von der Neuordnung Deutschlands bis zur Gründung des Deutschen Reiches, hrsg. von K.-E.Jeismann und P.Lundgreen. München 1987, S.105-122

Kaizl, J.: Der Kampf um Gewerbereform und Gewerbefreiheit in Bayern von 1799-1869. Leipzig 1879

Kammergruber, A.: Die schulpolitischen Maßnahmen in Bayern unter Karl Theodor. Diss. München 1923

Kempowski, W.: Immer so durchgemogelt. Erinnerungen an unsere Schulzeit. Hamburg 1979

Kermann, J.: Die Manufakturen im Rheinland 1750-1833. Bonn 1972

Kermann, J.: Vorschriften zur Einschränkung der industriellen Kinderarbeit in Bayern und ihre Handhabung in der Pfalz. Ein Beitrag zur Entwicklung der bayerischen Arbeitsschutzgesetzgebung im 19.Jahrhundert. In: Jahrbuch für westdeutsche Landesgeschichte 2, 1976, S.311-374

Klebe, H.: Die Gewerbeaufsicht in Bayern. München 1930

Klöcker-Münster, A.: Kinderarbeit und ihr Rechtsschutz in Deutschland. In: Soziale Revue 1904, S.549-563

Knauer, F.: Die sociale Frage auf dem platten Lande. Ein Mittel gegen den Arbeitermangel und gegen die Entsittlichung der ländlichen Arbeiter. Berlin 1873

Köck, K.: Die sozioökonomische Situation der industriellen Arbeiterschaft im Königreich Bayern (1806-1914). Diplom-Arbeit (ungedr. Mskr.) München 1982

Krecker, M.: Die Anfänge einer gesellschaftlichen Vorschulerziehung für die Kinder der arbeitenden Klassen in Deutschland. In: Jahrbuch für Erziehungs- und Schulgeschichte, Jg.5/6, 1965/66. Berlin (Ost) 1966, S.5-134

Krecker, M.: Quellen zur Geschichte der Vorschulerziehung; zusammengest. und eingel. von M.Krecker. Berlin (Ost) 1971

Kriss-Rettenbeck, L. und Liedtke, M. (Hrsg.): Schulgeschichte im Zusammenhang der Kulturentwicklung. Bad Heilbrunn 1983

Kriss-Rettenbeck, L. und Liedtke, M. (Hrsg.): Regionale Schulentwicklung im 19. und 20.Jahrhundert. Vergleichende Studien zur Schulgeschichte, Jugendbewegung und Reformpädagogik im süddeutschen Sprachraum. Bad Heilbrunn 1984

Krücke, A.: Die Pflegeanstalt in Detmold oder historischer Bericht über die Versorgung der Armen in dieser Residenz. Lemgo 1813

Krüger, H.: Zur Geschichte der Manufakturen und der Manufakturarbeiter in Preußen. Berlin (Ost) 1958

Kubach-Reutter, U. und Pullmann-Freund, F.: Wege ins Industriezeitalter. Vorinformationen. In: Leben und Arbeiten im Industrie-Zeitalter. Eine Ausstellung zur Wirtschafts-und Sozialgeschichte Bayerns seit 1850. Veranstalter: Germanisches Nationalmuseum. Stuttgart 1985, S.1-37

Kuczynski, J.: Studien zur Geschichte der Lage des arbeitenden Kindes in Deutschland von 1700 bis zur Gegenwart. Berlin (Ost) 1968 (= Bd.19, Ders.: Die Geschichte der Lage der Arbeiter unter dem Kapitalismus)

Kündig, H.: Geschichte der bayerischen Arbeiterschutzgesetzgebung. München 1913

Kulischer, J.: Allgemeine Wirtschaftsgeschichte des Mittelalters und der Neuzeit. Bd.II: Die Neuzeit. München/Berlin 1929

Kunze, L.: Die physische Erziehung der Kinder. Populäre Schriften zur Gesundheitserziehung in der Medizin der Aufklärung. Diss. Marburg 1971

Lauer, A.: Gewerblicher Kinderschutz. Mönchengladbach 1908

Laves, Th.: Die bayerische Armenpflege von 1847 bis 1880. In: Schmoller, G. (Hrsg.): Jahrbuch für Gesetzregelung, Verwaltung und Volkswirtschaft im Deutschen Reich, 8.Jg., Leipzig 1884, S.541-594

Lehnert, W.: Kinderarbeit. In: Glaser, H., Ruppert, W., Neudecker, N. (Hrsg.): Industriekultur in Nürnberg. München 1980, S.119-120

Liese, W.: Wohlfahrtspflege und Caritas im Deutschen Reich, Deutsch-Österreich, der Schweiz und Luxemburg. Mönchen-Gladbach 1914

Löbe, W.: Die landwirtschaftliche Arbeiterfrage. Leipzig 1873

Loewe, H.: Die Entwicklung des Schulkampfs in Bayern bis zum vollständigen Sieg des Neuhumanismus. Berlin 1917

Ludwig, K.-H.: Die Fabrikarbeit von Kindern im 19.Jahrhundert. Ein Problem der Technikgeschichte. In: Vierteljahresschrift für Sozial- und Wirtschaftsgeschichte 25, 1965, S.63-85

Lüdtke, A. und Lüdtke, H.: „Geschichte von unten", in: betrifft erziehung 18, 1985, S.23-30 und 37-44

Lurz, G. (Hrsg.): Mittelschulgeschichtliche Dokumente Altbayerns, einschließlich Regenburgs, gesammelt und mit einem geschichtlichen Überblick versehen von G.Lurz. 2.Bd.: Seit der Neuorganisation des Schulwesens in der zweiten Hälfte des 16.Jahrhunderts bis zur Säkularisation. Berlin 1908 (= Bd.XLII der „Monumenta Germaniae Paedagogica", begr. von K.Kehrbach)

Luther, M.: Pädagogische Schriften, besorgt von H.Lorenzen. Paderborn 1957

Maier, H.: Rede anläßlich der 10jährigen Geltung des Bayerischen Kindergartengesetzes vom 1.1.1973, gehalten am 18.5.1983 (ungedr. Mskr.)

Maier, K.E.: Das Werden der allgemeinbildenden Pflichtschule in Bayern und Österreich. Eine vergleichende Untersuchung von den Anfängen bis zur Gegenwart. Ansbach 1967

Mannzmann, A. (Hrsg.): Geschichte der Familie oder Familiengeschichten? Königstein/Ts. 1981

Marquardt, W.: Geschichte und Strukturanalyse der Industrieschule. Arbeitserziehung, Industrieunterricht, Kinderarbeit in niederen Schulen (ca. 1770-1850/70). Diss. Hannover 1975

Martini, K.: Zur Lage der Augsburger Fabrikarbeiter. Diss. Freiburg o.J. (1902)

Marx, K.: Das Kapital. 1.Bd. In: Marx/Engels Werke. Bd.23. Berlin (Ost) 1972 (= MEW)

Maurer, L.: Die Wohnungsverhältnisse der Stadt Augsburg. Diss. Erlangen 1924 (maschinenschriftl.)

Medick, H.: Zur strukturellen Funktion von Haushalt und Familie im Übergang von der traditionellen Agrargesellschaft zum industriellen Kapitalismus: die proto-industrielle Familienwirtschaft. In: Herrmann, U. (Hrsg.): „Das pädagogische Jahrhundert". Volksaufklärung und Erziehung zur Armut im 18.Jahrhundert in Deutschland. Weinheim 1981, S.75-96

Meinert, R.: Die Entwicklung der Arbeitszeit in der deutschen Industrie 1820-1956. Diss. Münster 1958

Meyer, A.H.G.: Schule und Kinderarbeit. Das Verhältnis von Schul-und Sozialpolitik in der Entwicklung der preußischen Volksschule zu Beginn des 19.Jahrhunderts. Hamburg 1971

Meyer, C.: Die Fürstin Pauline zu Lippe und ihre Liebestätigkeit. Detmold 1901

Meyer, M.: Die Ergebnisse der Wohnungszählung in Nürnberg am 1.Dezember 1910. München 1911

Milden, J.W.: The Family in Past Time. A Guide to the Literature. New York 1977

Mitterauer, M. und Sieder, R.: Vom Patriarchat zur Partnerschaft. München 1977

Mitterauer, M. und Sieder, R. (Hrsg.): Historische Familienforschung. Frankfurt a.M. 1982

Mühlbauer, K.R.: Die Entstehung von Kleinkinderbewahranstalten und die Beschäftigung von Kindern in Fabriken als Folge des Aufbruchs in das Zeitalter der Industrie. In: Aufbruch ins Industriezeitalter. Bd.2: Aufsätze zur Wirtschafts- und Sozialgeschichte Bayerns 1750-1850, hrsg. von R.A.Müller. München 1985a, S.256-373

Mühlbauer, K.R.: Forschungsbericht zum Projekt „Lohnarbeit von Kindern in Industrie, Gewerbe und Landwirtschaft in Bayern im 19.Jahrhundert". München 1985b (ungedr. Mskr.)

Müller, A.: Erinnerungen aus meinem Leben (1877); hrsg. vom Bayerischen Landwirtschaftsrat. München 1914

Müller, G.: König Max II. und die soziale Frage. München 1964

Müller, R.A. (Hrsg.): Aufsätze zur Wirtschafts- und Sozialgeschichte Bayerns 1750-1850. München 1985 (= Bd.2: Aufbruch ins Industriezeitalter, hrsg. von C.Grimm)

Münchow, U.: Frühe deutsche Arbeiterautobiographie. Berlin (Ost) 1973

Münchow, U.: Das Bild des Arbeiters in der proletarischen Selbstdarstellung. In: Weimarer Beiträge 19, 1973, S.110-135

Münchow, U.: Arbeiter über ihr Leben. Berlin (Ost) 1976

NN: Worinnen besteht der wesentliche Begriff einer Fabrike und Manufactur; welches sind ihre wesentlichen Eigenschaften und Gerechtsame; insonderheit, welches sind ihre Verhältnisse gegen die Innungen und den Kaufmann? Leipzig 1791

Neff, Th.: Die Textilindustrie Oberfrankens mit besonderer Berücksichtigung der Heimarbeiterfrage. Diss. o.O. 1927

Neukum, J.: Schule und Politik. Politische Geschichte der bayerischen Volksschule 1818-1848. München 1969

Niczky, W.: Die Entwicklung des gesetzlichen Schutzes der gewerblich tätigen Kinder und jugendlichen Arbeiter in Deutschland, Borna-Leipzig 1905

Niethammer, F.I.: Der Streit des Philanthropinismus und Humanismus in der Theorie des Erziehungs-Unterrichts unsrer Zeit. Jena 1808. Neu herausgegeben von W.Hillebrecht. Weinheim 1968

Niethammer, L. (Hrsg.): Lebenserfahrung und kollektives Gedächtnis. Frankfurt a.M. 1980

Nipperdey, Th.: Gesellschaft, Kultur, Theorie. Göttingen 1976 (= Kritische Studien zur Geschichtswissenschaft, Bd.18)

Nipperdey, Th.: Verein als soziale Struktur in Deutschland im späten 18. und frühen 19.Jahrhundert. Eine Fallstudie zur Modernisierung, I. In: Ders.: Gesellschaft, Kultur, Theorie. Göttingen 1976, S.174-205 (= Kritische Studien zur Geschichtswissenschaft, Bd.18)

Ohe, W.von der: Bayern im 19.Jahrhundert – ein Entwicklungsland? In: C.Grimm (Hrsg.): Aufbruch ins Industriezeitalter, Bd.1: Linien der Entwicklungsgeschichte, hrsg. von C.Grimm. München 1985, S.169-202

Otruba, G.: Zur Geschichte der Frauen- und Kinderarbeit im Gewerbe und in den Manufakturen Niederösterreichs. In: Jahrbuch für Landeskunde von Niederösterreich. Neue Folge XXXIV 1958-1960. Wien 1960, S.143-179

Panzer, A.: Die ersten Kleinkinderbewahranstalten in München. Zugleich Geschichte des „Vereins für die Kleinkinderbewahranstalten in München links der Isar". München 1918

Pappenheim, E., Vogelgesang, E., Janke, O.: Bericht des Sonderkomitees IX der „Deutschen Frauen-Abteilung bei der Weltausstellung in Chicago 1893" über Krippen, Kinderschutzvereine, Oberlinschulen, Bewahranstalten, Fröbelsche Kindergärten, Kinderhorte und Anstalten zur Ausbildung von Kleinkinder-Erzieherinnen. Berlin 1893

Pestalozzi, J.H.: Wie Gertrud ihre Kinder lehrt, ein Versuch den Müttern Anleitung zu geben, ihre Kinder selbst zu unterrichten, in Briefen. Bern und Zürich 1801 (= Sämtliche Werke, 13.Bd., bearb. von H.Schönebaum und K.Schreinert). Berlin/Leipzig 1932, S.252-304

Peters, J.J.: Abriß der Geschichte der Gewerbe-Aufsicht in Deutschland, ihre sozialpolitische Bedeutung und ihre Rechtsgrundlagen. Diss. Berlin 1935

Piderit, J.: Die Kinderbewahranstalt in Detmold nebst Vorschlägen zu deren Verbesserung. Detmold 1871

Plössl, E.: Weibliche Arbeit in Familie und Betrieb. Bayerische Arbeiterfrauen 1870-1914. München 1983

Poerschke, S.: Die Entwicklung der Gewerbeaufsicht in Deutschland. Jena 1913

Popp, A.: Die Entstehung der Gewerbefreiheit in Bayern. Leipzig 1928

Preißler, P.R.: Wirtschaft und Gesellschaft Landshuts in der Zeit von 1834-1914. Diss. Nürnberg 1973

Prüfer, J.: Quellen zur Geschichte der Kleinkindererziehung. Frankfurt a.M. 1913

Prüfer, J.: Geschichte der Kleinkinderpädagogik. Leipzig 1923

Quandt, S. (Hrsg.): Kinderarbeit und Kinderschutz in Deutschland 1783-1976. Paderborn 1978

Reble, A.: Das Schulwesen. In: Handbuch der Bayerischen Geschichte, hrsg. von M.Spindler. Bd.4: Das neue Bayern, 2.Teilband. München 1975, S.959-990

Rehlingen und Haltenberg, H.v.: Beruflich soziale Gliederung der Bevölkerung des Königreichs Bayern von 1840-1907. Weiden 1911

Reif, H. (Hrsg.): Die Familie in der Geschichte. Göttingen 1982

Reulecke, J. und Weber, W. (Hrsg.): Fabrik – Familie –Feierabend. Beiträge zur Sozialgeschichte des Alltags im Industriezeitalter. Wuppertal 1978 (2.Auflage)

Reuter, O.: Die Manufaktur im Fränkischen Raum. Eine Untersuchung großbetrieblicher Anfänge in den Fürstentümern Ansbach und Bayreuth als Beitrag zur Gewerbegeschichte des 18. und 19.Jahrhunderts. Stuttgart 1961

Reyer, J.: Wenn Mütter arbeiten gingen ... Eine sozialhistorische Studie zur Entstehung der öffentlichen Kleinkindererziehung im 19.Jahrhundert in Deutschland. Köln 1983

Rieder, M.: Geschichte der politischen Bildung in den Volksschulen Bayerns von der Zeit der Braun'schen Reform bis zur Restauration. Diss. München 1968

Rosenbaum, H. (Hrsg.): Seminar: Familie und Gesellschaftsstruktur. Frankfurt a.M. 1978

Rosenbaum, H.: Formen der Familie. Zusammenhang von Familienverhältnissen, Sozialstruktur und sozialem Wandel in der deutschen Gesellschaft des 19.Jahrhunderts. Frankfurt a.M. 1982

Rost, H.: Die Wohnungsuntersuchung der Stadt Augsburg vom 4.Januar bis 24.März 1904. Augsburg 1906

Rost, H.: Das moderne Wohnungsproblem. München 1909

Sacher, W.: Die zweite Phase in der Lehrerbildung. Ihre Entwicklung seit 1800 aufgezeigt am Beispiel Bayerns. Bad Heilbrunn 1984

Sachße, Ch. und Tennstedt, F.: Geschichte der Armenfürsorge in Deutschland. Vom Spätmittelalter bis zum ersten Weltkrieg. Stuttgart 1980

Sander (Vorname unbekannt): Geschichte der Volksschule, besonders in Deutschland. In: Geschichte der Erziehung vom Anfang an bis auf unsere Zeit, bearb. von K.A.Schmid, fortgef. von G.Schmid. 5.Bd. 3.Abt. Stuttgart/Berlin 1902, S.1-291

Schanz, G.: Die Bekämpfung der Arbeitslosigkeit. In: Archiv für soziale Gesetzgebung und Statistik. Bd.16, 1901, S.549-638

Schenda, R.: Volk ohne Buch. Studien zur Sozialgeschichte der populären Lesestoffe 1770-1910. Frankfurt a.M. 1970

Schlee, H.: Erhard Weigel und sein süddeutscher Schülerkreis. Heidelberg 1968

Schmid, K.: Die Entwicklung der Hofer Baumwollindustrie. Erlangen 1923

Schmidlin, J.G.: Über Klein-Kinder-Schulen, insbesondere deren Zweck, Bestimmung, äußere und innere Einrichtung, und die mit ihrer Gründung und Unterhaltung verbundenen Kosten. Stuttgart 1835

Schmidt, E.: Armenpflege – Fürsorge – Sozialhilfe in Bayern. Eine historisch-statistische Betrachtung einer mehr als hundert Jahre dauernden öffentlichen Hilfstätigkeit. In: Beiträge zur Statistik Bayerns, hrsg. vom Bayerischen Statistischen Landesamt, Heft 238, München 1963, S.5-56

Schmidt, R.: Wohnungserhebung in Lechhausen 1908. In: Zeitschrift des Kgl.Bayerischen Statistischen Landesamtes, 1910, S.460-498

Schmoller, G.: Zur Geschichte der deutschen Kleingewerbe im 19.Jahrhundert. Halle 1870

Schonig, B. (Hrsg.): Arbeiterkindheit. Kindheit und Schulzeit in Arbeiterlebenserinnerungen. Bensheim 1979

Schramm, P.: Hundert Jahre bayerische Volksschule. Ein schulpolitischer Versuch. Diessen 1911

Schuffenhauer, H.: Johann Friedrich Oberlin. In: Beiträge zur Geschichte der Vorschulerziehung. 1969

Schulze, W.: Kinderarbeit und Erziehungsfragen in Preußen zu Beginn des 19.Jahrhunderts. In: Soziale Welt 9, 1958, S.299-309

Schwab, D.: Kind. In: Handwörterbuch zur deutschen Rechtsgeschichte, hrsg. von A.Erler und E.Kaufmann. Bd.II, Berlin 1978, Sp.717-725

Schwarzmaier, M.: F.I.Niethammer, ein bayerischer Schulreformator. Diss. München 1937

Schwarzschild, S.: Die Dienste der Kinder im Hauswesen und Geschäfte der Eltern. Frankfurt a.M. 1904

Simon, H.: Landwirtschaftliche Kinderarbeit. Berlin 1922

Slawinger, G.: Die Manufaktur in Kurbayern. Die Anfänge der großgewerblichen Entwicklung in der Übergangsepoche vom Merkantilismus zum Liberalismus 1740-1833. Diss. München 1966

Soliday, G.L. (Hrsg.): History of the Family and Kinship: A Select International Bibliography. Millwood, N.Y., 1980

Sombart, W.: Die deutsche Volkswirtschaft im neunzehnten Jahrhundert. Berlin 1909 (2.Auflage)

Sonnenberger, F.: Stagnation oder Konsolidierung? Zur Entwicklung der Bayerischen Volksschule unter Ludwig I. In: Kriss-Rettenbeck, L. und Liedtke, M. (Hrsg.): Schulgeschichte im Zusammenhang der Kulturentwicklung. Bad Heilbrunn 1983, S.168-182

Sonnenberger, F.: Studien zur Verwirklichung der allgemeinen Schulpflicht in Oberbayern, 1802-1850. In: Kriss-Rettenbeck, L. und Liedtke, M. (Hrsg.): Regionale Schulentwicklung im 19. und 20.Jahrhundert. Vergleichende Studien zur Schulgeschichte, Jugendbewegung und Reformpädagogik im süddeutschen Sprachraum. Bad Heilbrunn 1984, S.45-63

Spörl, A.: Die Entwicklung der deutschen Schule im Königreich Bayern unter besonderer Berücksichtigung der Lehrerbildung. Diss. München 1977

Spranger, E.: Der Zusammenhang von Politik und Pädagogik in der Neuzeit. In: Die Deutsche Schule, 19, 1915, S.364

Spranger, E.: Zur Geschichte der deutschen Volksschule. Heidelberg 1949

Stark-von der Haar, E. und von der Haar, H.: Kinderarbeit in der Bundesrepublik und im Deutschen Reich. Berlin 1980

Starr, L.M.: Oral History in den USA. Probleme und Perspektiven. In: Niethammer, L. (Hrsg.): Lebenserfahrung und kollektives Gedächtnis. Frankfurt a.M. 1980, S.27-54

Stingl, E.: Dr.Joh.Anton Engelmann's Handbuch des Bayerischen Volksschulrechtes. 5. verb. und verm. Auflage München 1905

Strandh, S.: Die Maschine. Geschichte. Elemente, Funktion. Freiburg 1980

Strunz, K.: Die erwerbsmäßige Kinderarbeit und die Schule. In: Die neue Zeit 17, 1899, S.146-187

Suchan, M.: Die Entwicklung der Volksschuloberstufe in Bayern. Vom Braunschen Lehrplan bis zur Lexschen Lehrordnung. Regensburg 1972

Suyter, M.: Entwicklung des Sicherheits- und Gesundheitsschutzes in der Bayerischen Textilindustrie während der letzten 60 Jahre. In: 60 Jahre Bayerische Gewerbeaufsicht 1879-1939, hrsg. vom Bayerischen Staatsministerium für Wirtschaft. München 1939, S.151-160

Tenfelde, K. und Ritter, G.A.: Einleitung. In: Tenfelde, K. und Ritter, G.A. (Hrsg.): Bibliographie zur Geschichte der deutschen Arbeiterschaft und Arbeiterbewegung 1863-1914. Bonn 1981, S.37-141

Tenfelde, K. und Ritter, G.A. (Hrsg.): Bibliographie zur Geschichte der deutschen Arbeiterschaft und Arbeiterbewegung 1863-1914. Bonn 1981 (= Beiheft 8 zum Archiv für Sozialgeschichte)

Teuteberg, H.J. und Bernhard, A.: Wandel der Kindernahrung in der Zeit der Industrialisierung. In: Reulecke, J. und Weber, W. (Hrsg.): Fabrik – Familie – Feierabend. Beiträge zur Sozialgeschichte des Alltags im Industriezeitalter. Wuppertal 1978 (2.Auflage), S.177-213

Thamer, H.-U.: Die Arbeiterbewegung zwischen Reform und Revolution. In: Leben und Arbeiten im Industrie-Zeitalter. Eine Ausstellung zur Wirtschafts- und Sozialgeschichte Bayerns seit 1850. Veranstalter: Germanisches Nationalmuseum. Stuttgart 1985, S.373-377

Treue, W., Pönicke, H., Manegold, K.-H. (Hrsg.): Quellen zur Geschichte der industriellen Revolution. Göttingen 1966

Troitzsch, U. und Weber, W. (Hrsg.): Die Technik. Von den Anfängen bis zur Gegenwart. Braunschweig 1982

Trotha, T.v.: Kindheit im Wandel – Sammelbesprechung. In: Soziologische Revue 6, 1983, S.243-252

Tugendreich, G. (Hrsg.): Die Kleinkinderfürsorge. Stuttgart 1919

Weber, M.: Wirtschaft und Gesellschaft. Studienausgabe, hrsg. von J.Winckelmann, Zweiter Halbband. Köln 1964

Weber-Kellermann, I.: Die deutsche Familie, Frankfurt a.M. 1974

Weber-Kellermann, I.: Die Kindheit. Frankfurt a.M. 1979

Weber-Kellermann, I.: Frauenleben im 19.Jahrhundert. München 1983

Wehn, O.: Die Bekämpfung schädlicher Erwerbstätigkeit von Kindern als Problem der Fürsorge. Langensalza 1925

Weipert, K.: Die Münchner Kinderbewahranstalten und Kindergärten. München 1915

Weizenbeck, R.von: Geschichte der Bayerischen Fabriken- und Gewerbe-Inspektion. Diss. Erlangen 1909

Wilderspin, S.: Ueber die frühzeitige Erziehung der Kinder und die englischen Klein-Kinder-Schulen, oder Bemerkungen über die Wichtigkeit, die kleinen Kinder der Armen im Alter von anderthalb bis sieben Jahren zu erziehen, nebst einer Darstellung der Spitalfielder Klein-Kinder-Schule und des daselbst eingeführten Erziehungssystems, von S.Wilderspin, Vorsteher der Londner Central-Klein-Kinder-Schule und reisendem Lehrer für die Gesellschaft der Klein-Kinder-Schulen ... Aus dem Englischen nach der dritten Auflage, mit Benützung der neuesten Schriften von W.Wilson, Brown, Mayo u.a., und mit Anmerkungen und Zusätzen versehen von Joseph Wertheimer. Wien 1828 (2. sehr verbesserte und vermehrte Auflage)

Windscheid, B.: Lehrbuch des Pandektenrechts. 1.Bd., 8.Auflage, bearb. von Th.Kipp, Frankfurt a.M. 1900

Winkel, H.: Die deutsche Nationalökonomie im 19.Jahrhundert. Darmstadt 1977

Wirth, J.G.: Kleinkinderbewahr-Anstalten. Eine Anleitung zur Errichtung solcher Anstalten so wie zur Behandlung der in denselben vorkommenden Lehrgegenstände, Handarbeiten, Spiele und sonstigen Vorgänge. Augsburg 1838

Wirth, J.G.: Mittheilungen über Kleinkinderbewahranstalten und aus denselben, so wie über Kleinkinderschulen und Rettungsanstalten für verwahrloste Kinder. Augsburg 1840

Wirth, J.G.: Nachrichten über Verpflegung, Versorgung und Beschäftigung der Armen, gesammelt auf einer Reise im Auftrage des Magistrates der Kreishauptstadt Augsburg. Augsburg 1848

Zentralinstitut für Erziehung und Unterricht Berlin (Hrsg.): Kleinkinderfürsorge. Einführung in ihr Wesen und ihre Aufgaben. Leipzig 1917

Zorn, W.: Handels- und Industriegeschichte Bayerisch-Schwabens 1648-1870. Augsburg 1961

Zorn, W.: Kleine Wirtschafts- und Sozialgeschichte Bayerns 1806-1933. München 1962

Zorn, W.: Die wirtschaftliche Struktur Bayerns um 1820. In: Albrecht, D., Kraus, A., Reindel, K. (Hrsg.): Festschrift für Max Schindler zum 75. Geburtstag. München 1969, S.611-631

Zorn, W.: Augsburg. Geschichte einer deutschen Stadt. Augsburg 1972 (2.Auflage)

Zorn, W.: Bayerns Gewerbe, Handel und Verkehr (1806-1970). In: Handbuch der Bayerischen Geschichte, hrsg. von M.Spindler. Bd.4: Das neue Bayern, 2.Teilband. München 1975, S.781-845

Zorn, W.: Die Sozialentwicklung der nichtagrarischen Welt (1806-1970). In: Handbuch der Bayerischen Geschichte, hrsg. von M.Spindler. Bd.4: Das neue Bayern, 2.Teilband. München 1975, S.846-882

Zorn, W.: Arbeit in Europa vom Mittelalter bis ins Industriezeitalter. In: Schubert, V. (Hrsg.): Der Mensch und seine Arbeit. St.Ottilien 1986, S.181-212

Zwehl, K.von (Hrsg.): Quellen zur Wirtschafts- und Sozialgeschichte Bayerns vom ausgehenden 18.Jahrhundert bis zur Mitte des 19.Jahrhunderts. München 1985. (= Bd.3: Aufbruch ins Industriealter, hrsg. von C.Grimm)

Zwerger, B.: Bewahranstalt – Kleinkinderschule – Kindergarten. Aspekte nichtfamilialer Kleinkindererziehung in Deutschland im 19.Jahrhundert. Weinheim 1980

Namensregister

Abel, v. 229, 232
Abelsdorff, W. 11, 24f., 348
Adolphs, L. 13, 222, 291, 293, 348
Agahd, A. 10f., 330, 333f., 348
Albrecht V., Herzog 96
Albrecht, G. 348
Alt, R. 11f., 211-214, 221, 348
Altenstein, v. 209, 218f., 220-225
Alvensleben, v. 225
Ammon 11, 348
Andreä, Fr.W. 44, 348
Anton, G.K. 10-12, 209f., 213, 218-226, 244, 249, 256, 292, 348
Ariès, Ph. 9, 348
Arkwright, R. 182
Aumüller 88

Baacke, D. 9, 349
Baader 106
Bährlehner, F.X. 64, 349
Basedow, J.B. 29, 96,
Bayerl, G. 183, 349
Beckedorff, L.v. 218-220, 222, 349
Beermann, E. 11, 24, 334f., 349
Benes, P. 51, 58, 61, 349
Berks 57
Bernhard, A. 23, 212, 368
Bierer, W. 13, 349
Bissing-Beerberg, A. Frhr.v. 51
Blankertz, H. 115, 349
Blessing, W.K. 94, 96, 104, 113, 118f., 121, 123, 125, 164, 349
Blum 60
Bock, A. 97-102, 126-129, 138, 140, 349, 350, 356
Bodelschwingh, E.v. 222-225
Bögl, G. 98, 101-105, 109f., 115, 126, 128-130, 134f., 138f., 141-143, 350
Bofinger, T.F. 44, 48, 350
Bolte, K.M. 22, 350
Bolz, J.M. 237
Brand 57
Brater, M. 22, 350

Braun, A. 272, 350
Braun, H. 96-99, 101f., 104
Brown 40
Brügelmann, G. 199f.
Brügelmann, J.W. 200
Brunnhölzl 88
Brunszvik, Th. Gräfin von 51, 58, 61
Buchinger, H. 151, 161, 350
Buechel, K. 275f., 350
Buonaparte, Josephine 34

Cahn, E. 275, 350
Campe, J.H. 29, 96, 350
Caroline von Baiern, Königin 135
Cartwright, E. 182
Cassimir, J. 350
Chimani, L. 30
Christmann, H. 13, 228, 244, 329, 351
Cöllen, L.F.A. v. 34
Comenius, J.A. 26f., 351
Conrad, E. 275, 351
Conradi 195
Conze, W. 2, 19f., 351
Crompton, S. 182

Dammann, E. 30, 33, 40, 43, 55f., 69, 351
Dausch, Th. 62, 88
Dehn, P. 273, 291, 351
Demmel, W.G. 117, 351
Denning, E. 275, 351
Deutsch, J. 10, 351
Diesterweg, F.A.W. 31f., 37f., 143, 211-213, 219, 221f., 338, 351
Dittrich, E. 9, 352
Dittrich-Jacobi, J. 9, 352
Dobmann, F. 121, 352
Dodd, E.A. 10, 327f., 352
Doeberl, M. 109f., 133f., 352
Döllinger, G. 63, 69, 72-74, 112, 114, 123f., 130, 134, 138, 140, 142, 147, 154-157, 160-162, 164, 226, 344

Dörrler, J.J. 237
Dowe, D. 9, 352
Dressel, G. 352
Duncker, K. 10, 352
Dyck, S. 308, 316, 321f.

Eberl 106
Ehalt, H.Ch. 9, 352
Eheberg, K.Th. 176, 352
Eichheim, Fr. 57
Eichholz, J. 11, 352
Emmerich, W. 13, 352
Endres, R. 94-96, 353
Engelhardt, Th. 204, 207-209, 353
Engelhardt, U. 351
Engels, F. 2, 361
Engert 298f., 305f., 315, 318f., 324
Erler, A. 366
Ernesti, J.A. 134
Erning, G. 14, 30-33, 36-38, 48-50, 59-62, 86, 353
Ernst der Fromme, Herzog 96
Eykstetter, H. 95

Faber 57
Fehn, H. 238, 353
Feilitzsch, von 300, 311
Felbiger, J.I. von 96, 98
Feld, W. 13, 353
Feldenkirchen, W. 13, 211, 221, 225f., 244, 251, 285, 326, 328f., 333, 353
Ferdinand Maria, Kurfürst 96
Fickel, A. 108, 353
Fischer, I. 205f., 208f., 228, 246, 251f., 271-274, 276-278, 289, 313, 353
Fischer, M. 135
Fischer, W. 168f., 171-173, 179, 184, 197, 201, 204, 354
Flecken, M. 14, 354
Fleming, J. 354
Fliedner, Th. 32f., 50
Flottwell, v. 225
Fölsing, J. 30, 33, 48f., 51, 71, 78f., 354
Foliot 75

Forberger, R. 168, 170f., 173, 179, 185, 195-197, 210, 354
Forster 61
Franklin, B. 205
Fränzl 106
Frauenberg, J.Frhr.von 110, 115, 120f., 130
Freiburg, Baronin 58
Freudenberger, H. 174, 354
Friderici, R. 13, 354
Fried, P. 269, 355
Friederich, G. 14, 355
Friedrich II.(der Große), König 98, 136
Friedrich Wilhelm III., König 220
Fröbel, F. 41, 51f., 87
Fronhofer, L. 102
Fuchs, M. 206
Fuchs, W. 9, 355
Fuß, S. 95

Gaenssler, M. 320, 322, 324
Gebele, J. 96, 98, 104-109, 118, 125, 355
Gedicke, F. 36
Gehring, J. 34, 36f., 41-44, 48, 50, 55, 75, 355
Gelb 61
Gemmert, F.J. 180, 199-202, 355
Gesner, J.M. 134
Geuder 60f.
Giebel, H.R. 183, 355
Giech, Gräfin 58
Giese, G. 17, 218, 356
Glaser, H. 360
Goethe, J.W.v. 31, 34
Grabner, J. 31
Grashof 214
Graßmann, J. 61, 277-279, 355
Grimm, C. 355
Grossmann, W. 52, 355
Günther, E. 115, 272, 355
Günther, K.E. 126, 128
Günther, K.-H. 281, 356
Gutbrod, F.X. 37, 56, 58, 62f., 74f., 84f., 88, 356
GuthsMuths, J.Ch.F. 29

Haan, H. 174, 179, 356
Haar, H. von der 367
Hardach, G. 13, 356
Hardach-Pinke, I. 13f., 356
Hardenberg, Fürst von 10f., 214, 218
Hargreaves, J. 182
Harl, J.P. 103
Hartfiel, G. 21 f., 356
Hartmann, K. 280, 356
Hartmann, K.L. 12, 222, 356
Hederer 61
Heidt, H. 237
Heigenmooser, J. 96f., 99, 101f., 106-108, 113, 121, 356
Heimbücher, M. 54, 357
Heinle, J.Fr. 180
Held, H. 95-97, 99, 103, 144, 146-150, 157, 160f., 357
Hemmer, F.D. 34, 357
Henning, F.-W. 38, 195f., 357
Henningsen, J. 9, 357
Herbart, J.F. 129f., 357
Herkner, H. 195f., 205, 357
Hermann, F.B.W.v. 242, 246
Herrmann, U. 9, 14, 23, 357
Herzig, A. 13, 174f., 182, 199, 209, 211-213, 220-225, 280-282, 357
Hesse 225
Heuser, K. 305, 320
Heusinger, J.H.G. 29
Heydebreck v. 216
Heydt, von der 249
Heyne, Ch.G. 134
Hilbert, M. 13, 357
Hilger, D. 8, 169, 171, 358,
Hillebrecht, W. 135, 137f., 358
Hinze, K. 194, 358
Hobmann, C.Sch.R. 133
Höfer, G. 319, 322
Hoffmann, E. 26, 31, 34, 50-52, 358
Hoffmann, J.G. 214f., 218
Hojer, E. 135f., 138-141, 358
Holzmann 110
Hoppe, R. 12, 214-217, 256, 358
Horn, H.W.von 220
Hubbard, W.H. 14, 358
Hübener, J. 45f., 49f., 58, 62f., 63, 358

Ickstatt, J.A. von 96, 99-111, 202
Illing, L. 52, 66, 83, 358

Jacquard, J.M. 182
Jaeger, S. 28, 358
Janke, O. 10, 49, 64-67, 83f., 87f., 358, 363
Jantke, C. 8, 358
Jeismann, K.E. 166, 359
John, C. 33
Jonas, F. 96
Josef II., Kaiser 195
Jung, J.H. 19
Justi, J.H.G. 201, 203

Kaizl, J. 176, 359
Kammergruber, A. 102, 359
Karl, Prinz 57
Karl Theodor, Kurfürst 101, 103, 176
Karl, A.V. 198
Kaufmann, E. 366
Kay, J. 182
Keller, G.H. 237
Keller 212, 221, 225
Kempowski, W. 359
Kermann, J. 6, 15, 170, 173, 179, 187, 190, 227, 231, 237f., 256, 260, 262f., 282, 359
Klebe, H. 270, 300, 359
Klöcker-Münster, A. 11, 359
Knauer, F. 74, 359
Köck, K. 270, 359
Kopf, A. 301, 304-307, 313
Krecker, M. 29, 33, 37, 39, 43f., 50, 62, 79, 359
Kremer, L. 61
Kreutzer, J.H.v. 56
Kriss-Rettenbeck, L. 359f.
Kröller, L. 322
Krücke, A. 34, 360
Krüger, H. 170, 173, 179, 195f., 203, 360
Kubach-Reutter, U. 269f., 360
Kuczynski, J. 2, 12, 214, 291, 293, 358, 360
Kudera, S. 22, 350

Kündig, H. 15, 229-233, 236, 248-251, 253-256, 259, 265f., 360
Kulischer, J. 168f., 201, 360
Kunze, L. 28, 360

Lachenmaier, v. 88
Lauckhard, C.F. 30, 33, 48f., 51
Lauer, A. 11, 335, 360
Laufer, U. 231
Laves, Th. 63, 360
Lehnert, W. 227, 360
Liebel, J. 237
Liedtke, M. 359f.
Liese, W. 54, 360
Locke, J. 28
Löbe, W. 74, 360
Lösch, J.J. 237
Loewe, H. 134f., 360
Lorenzen, H. 95
Ludovici 169
Ludwig I., König 56, 62, 142, 227, 236, 238, 242
Ludwig, K.-H. 13, 182, 199, 204, 225, 245, 329, 361
Lüdtke, A. 9, 361
Lüdtke, H. 9, 361
Lurz, G. 135, 137f., 361
Luther, M. 95, 361

Maier, H. 69, 361
Maier, K.E. 96-99, 101-103, 109, 141-143, 361
Manegold, K.-H. 194, 368
Mannzmann, A. 361
Marenholtz-Bülow, B.v. 52
Maria Leopoldine, Kurfürstin 57
Maria Theresia, Kaiserin 96, 98
Marperger, J.P. 169
Marquardt, W. 230, 361
Martini, K. 272, 289, 361
Marx, K. 171, 281, 338, 361
Maurer, L. 206, 361
Max II., König 73, 242, 249, 256, 277f.
Max Emmanuel, Kurfürst 96
Maximilian I., Kurfürst 96
Maximilian III. Josef, Kurfürst 96f., 108, 199, 202

Max IV. Josef, Kurfürst 109-111, 119
Mayer 107
Mayo 40
Mayr, G.K. 97, 102f., 111, 113
Medick, H. 35, 361
Meinert, R. 361
Menz, Ritter von 57
Merz, J.Fr. 182
Meyer, A.H.G. 10, 12, 214-219, 221-225, 362
Meyer, C. 34, 362
Meyer, M. 275f., 362
Michl, B. 103
Milden, J.W. 9, 362
Mitterauer, M. 362
Montgelas, Graf von 109f.
Montgelas, Gräfin 58
Mühlbauer, J. 110
Mühlbauer, K.R. 14, 117, 229, 291, 362
Mühler, v. 225
Mühlhöfer, A.L. 306
Müller, A. 259, 362
Müller, F.J. 103
Müller, G. 62, 239-243, 246, 249, 362
Müller, R.A. 362
Münchow, U. 13, 362
Münsterer, von 107
Muggenthaler, L. 102

Neff, Th. 272, 363
Neudecker, N. 360
Neukum, J. 111, 141f., 363
Neumann, K. 14, 354
Nicolai, F. 198
Niczky, W. 10, 363
Niedermeier, J. 161
Niethammer, F.I. 130, 133-137, 139-141, 166, 363
Niethammer, L. 9, 363
Nipperdey, Th. 39, 363
Nyssen, F. 356

Oberlin, J.F. 50
Oettingen-Wallerstein, L., Fürst von 142, 227, 247f., 258

Ohe, W. von der 231, 363
Omüller 257
Otruba, G. 183-185, 195, 201, 363
Owen, R. 41, 205

Panzer, A. 56f., 65, 71, 88, 363
Pappenheim, E. 49, 64-67, 83f., 87f., 363
Pauline zu Lippe-Detmold, Fürstin 34f., 50
Perglas, Freifrau von 61
Pestalozzi, J.H. 126, 128f., 364
Peters, J.J. 291f., 294, 309, 364
Pfadt, P.J. 237
Piderit, J. 34f., 364
Plössl, E. 67-69, 364
Poellath, K. 307
Pönicke, H. 194, 368
Poerschke, S. 364
Popp, A. 176, 364
Preißler, P.R. 272, 364
Priem, E. 313
Prüfer, J. 29, 51, 364
Prüser, H. 30, 33, 40, 43, 55f., 69, 351
Pullmann-Freund, G. 269f., 360
Puzzer, M. 57

Quandt, S. 12, 17, 24, 364

Reble, A. 96f., 99, 102, 110, 118, 121, 130, 140-143, 364
Rehlingen und Haltenberg, H.v. 68, 364
Reif, H. 364
Renftle, S. 9, 357
Reulecke, J. 364
Reuter, O. 173f., 176, 178, 180, 192, 196, 364
Reyer, J. 14, 27f., 31, 43f., 49, 69, 78, 354, 365
Rieder, M. 105, 365
Riegg, I.A.v., Bischof 61
Ringelmann, F.v. 249, 255
Rink 260
Ritter, G.A. 3, 7f., 20, 367f.,
Roberts, R. 182

Rochow, F.E.von 29, 96, 225
Rosenbaum, H. 14, 365
Rost, H. 275-277, 365
Roth, L. 9, 357
Rousseau, J.-J. 28, 129
Rudhart, J. 180
Ruppert, W. 360

Sacher, W. 365
Sachße, Ch. 33, 38f., 365
Sailer, J.M. 142, 222
Salzmann, Chr. G. 29, 96
Sander 61, 365
Sax 57
Schaezler, F.Frhr.von 227
Schäzler, Titl. Freifrau von 61
Schäzler, Freifrau von 61
Schanz, G. 280, 365
Schega 108
Schenda, R. 104, 365
Scheppler, L. 50
Scherm 300, 311
Schiller, Fr. 203
Schlee, H. 27, 365
Schmid, K. 245, 365
Schmidlin, J.G. 27, 365
Schmidt, E. 63, 366
Schmidt, R. 275, 366
Schmoller, G. 269, 366
Schonig, B. 13, 366
Schramm, P. 132, 366
Schuchard, J. 224, 226
Schuckmann, v. 220f., 225
Schüle, J.H. von 198
Schuffenhauer, H. 50, 366
Schuhbauer, J. 110
Schulze, Th. 9, 349
Schulze, W. 366
Schwab, D. 16, 18, 366
Schwarzmaier, M. 135, 366
Schwarzschild, S. 366
Sieder, R. 362
Simon, H. 333, 366
Slawinger, G. 168, 170, 173f., 176f., 180f., 192f., 198f., 201, 366
Soliday, G.L. 9, 366
Solms-Laubach, Graf 216

Sombart, W. 171-173, 182, 366
Sonnenberger, F. 105, 141f., 147f., 150-153, 156, 367
Spörl, A. 96f., 126, 141f., 367
Spranger, E. 96, 156, 367
Staeuble, J. 28, 358
Stark-von der Haar, E. 367
Starr, L.M. 9, 367
Steiner, J.M. 107, 110
Stenglein, v. 241
Stingl, E. 155, 367
Strandh, S. 182, 367
Strunz, K. 11, 367
Struve, Chr.A. 28
Suchan, M. 367
Süvern, J.W. 218
Suyter, M. 245, 291, 367

Tenfelde, K. 3, 7f., 20, 367f.
Tennstedt, F. 33, 38f., 365
Teuteberg, H.J. 23, 212, 368
Thamer, H.-U. 280, 368
Thanner, F.I. 103
Therese von Bayern, Königin 62
Tiedemann, D. 28
Trapp, E.Chr. 29
Treue, W. 194, 368
Troitzsch, U. 182f., 349, 368
Trotha, T.v. 9, 368
Tugendreich, G. 46-48, 368

Ure, A. 170

Villaume, P. 29
Vincke, L.von 223
Virchow, R. 239
Völk, F.J. 257-259
Vogelgesang, E. 49, 64-67, 83f., 87f., 363
Voltz 229

Wadzeck, F. 37, 50
Waldeyer H. 356
Waldmann, H. 12, 358
Watt, I. 182

Weber, K. 18, 112f., 116f., 131f., 143-146, 153f., 260, 262, 265f., 270, 279, 282f., 290-297, 301, 305, 309, 326, 334, 345
Weber, M. 21, 368
Weber, W. 182, 364, 368
Weber-Kellermann, I. 9, 368
Wehn, O. 11, 329, 368
Weichselbaumer, M. 118, 124
Weigel, E. 27
Weipert, K. 67, 368
Weishaupt, A. 103
Weizenbeck, R.von 295f., 299, 309, 368
Wertheimer, H. 61
Wertheimer, J. 40, 42, 50, 55, 58
Westenrieder, L.v. 104
Wienecke, F. 96
Wilderspin, S. 40ff., 50, 369
Wilhelm II. von Hessen-Kassel, Kurfürst 36
Wilhelm IV., Herzog 96
Wilson, J. 41
Wilson, W. 40
Winscheid, B. 17, 369
Winkel, H. 8, 370
Wirth, J.G. 33, 36, 49-51, 56, 60-62, 71f., 79-91, 239, 369
Wismayr, J. 103, 110, 115, 126-128, 130, 133-135, 138, 140, 166
Witt, P.Ch. 354
Wolke, Ch.H. 30, 96
Wurst 88

Ysenburg, L., Gräfin von 62

Zenetti, v. 242
Zentner, G.F., Frhr.von 121f., 135
Zerrenner, C.C.G. 31f.
Zorn, W. 59, 89, 124, 171, 175f., 178, 180, 182f., 202-205, 226, 267f., 270, 369f.
Zwehl, K.von 198, 202, 205, 207, 212, 228, 232, 239, 241f., 370
Zwerger, B. 44-54, 66, 370

Schlagwortverzeichnis

Almosen 33, 60 78
Analphabetentum 165, 341
Arbeit(s)
-ablauf 208f.
-bedingungen 204, 207, 209
-bereich 119
-erziehung 131
-geber 270, 278f., 283f., 305, 322
-kräfte 38, 183, 196f., 217, 233, 245, 251, 313, 315, 338
-kraft 171, 182, 290
-leistung 201, 204
-maschinen 175, 182
-nehmer 270f., 278f., 308, 323f.
-nehmerschaft 308
-platz 5, 204, 206-208, 278, 308, 311
-schulen 115, 130, 137f.
-stunde(n) 205, 295
-tag 3, 195, 205, 207, 270, 319
-teilung 168, 170
-tempo 204
-verhältnisse 117, 174f., 194, 199, 206, 233, 310, 331
-vorgang/vorgänge 175, 183
-weise 170, 323
-welt 204, 324
-zeit 2, 36, 84, 116, 195f., 205f., 211, 229, 234, 236f., 256f., 270, 283f., 287, 289, 303, 308, 312f., 315-324, 330
Arbeiter 4, 14, 18-23, 33, 61, 77, 170, 172, 177, 179
(jugendliche) 281, 299, 301, 304, 306, 308f., 310, 313, 315f., 323, 328
-bevölkerung 309
-bewegung 280f.
-familien 5, 31, 48, 212, 278, 289
-kind(er) 2, 4, 9, 13-15, 18-23, 92f., 122, 167, 339, 341
-klasse 9, 61
-schutzbestimmungen 271, 298
-stand 83

-verein 281
Arbeiterinnen 47, 67, 69, 271, 304, 309f., 324
Arbeiterschaft 69, 197, 206. 209, 275, 280-282, 308, 324, 325
Arbeitsamkeit 115f., 201, 216, 234
Arme(n) 40, 42f., 52, 82, 180, 239
-anstalt 36
-bevölkerung 31
-erziehung 41-43, 59
-pflege 33
Armut 35, 42f., 48, 61, 78, 115, 144, 156f., 198, 203, 241
Aufklärung 134, 141, 165
Aufsicht(s) 36
-bedürftigkeit 48
-behörden 78
-organe 251
-personal 208
-schulen 35f.
Aufstiegschancen 2, 4, 341
Ausbildung 3, 70, 99, 130, 139, 142, 157, 195, 303
Ausbildungschancen 167
Aushilfslehrer 161

Bauvereine 277
Behörde(n) 62, 212f., 232, 237, 265, 294, 297, 301, 318, 325, 330
Beruf(s)
-bildung 140
-tätige 238
Beschäftigte 38, 116, 177f., 238, 252, 267, 315
Beschäftigtenzahl 168
Beschäftigung(s)(en) 24, 36, 52, 86, 159, 195, 205f., 213, 216, 218, 220, 223, 225, 236-238, 250, 254, 256, 259, 262, 282, 289, 291f., 296, 306, 312, 314f., 317, 319, 321 f., 326, 328, 331, 334f., 338
-verhältnisse 316
-weise 37, 50, 83, 86f., 117

Betreuung(s) 37, 54, 64, 69, 84, 90
-personal 54, 70, 88, 92f.,
Betrieb(e) 47, 174f., 182f., 194, 196f., 200, 202, 228, 243, 251, 272, 289, 291, 293, 296-298, 310, 317, 325, 327, 329, 334, 335
Betriebsweise 168, 174, 180
Bettel 59, 92, 157, 198, 234f., 239, 338
Bevölkerung(s) 4, 38, 44, 47, 57, 62, 65, 81, 83f., 91, 94f., 104, 112, 122, 125, 133, 146, 239, 242, 269, 304
-schichten 38, 42, 112
-wachstum 338, 340
Bewahranstalt(en) 35f., 50, 54, 62, 72, 90
Bildung(s) 12, 97, 111f., 115, 119, 124f., 128f., 133, 135f., 139-142, 165f., 217f., 236, 340
-anstalten 138
-bestrebungen 166
-chance 109, 113
-wesen 97, 101, 139
Brauchbarkeit 114f., 130, 165f.,
Broterwerb 32f., 92, 145, 234, 237, 336
Bürger 1, 32, 39, 56, 91, 97, 115, 117, 119, 122, 166, 262
Bürgertum 78, 91, 340f.,

Christenlehre 95, 103, 117, 260, 263

Dampfmaschine(n) 171, 183, 267
Dankbarkeit 70, 87
Diakonie 75
Diözese 74-76, 95, 147f., 157
Disziplin 207, 209
Dorfschule(n) 100, 107f., 119
Einkommen 1, 35, 38, 69, 71, 164, 197, 272, 275
Elementarschule(n) 35, 96, 102, 126, 138, 149
Elementarschulwesen 141, 219
Eltern 1, 3, 29, 32f., 39, 55f., 60f., 71, 79-84, 86, 92, 106, 108f., 113,

115, 119, 144-146, 157f., 160, 167, 202, 219, 232, 234, 237, 251, 258, 261, 263, 283, 293, 303, 320-322, 325, 331, 335f., 338
Entwicklung(en) 1, 3, 4, 18, 27-29, 33, 52, 58, 62, 72, 92, 104, 116, 144, 165f., 172, 174f., 180, 209, 213, 218, 226, 235, 238, 244, 250, 267, 280, 293, 336f., 341
Ernährung 212, 218
Erwerbstätigkeit 3, 4, 24, 31, 35, 55, 67, 91, 112, 115, 146, 159, 165, 167f., 237, 336
Erziehung(s) 28f., 32, 40, 42, 51, 60, 62, 68, 70f., 76, 79, 86, 91, 97, 101, 115, 119, 124f., 128f., 216f., 323
-wesen 131, 143
Existenzminimum 35, 38, 125, 197, 338
Fabrik(en) 19, 25, 31, 54, 67, 77, 159, 168-171, 174, 179f., 194-197, 202-206, 210-212, 215f., 222-229, 231f., 236-238, 240, 243f., 247-253, 255-257, 259f., 262, 265-268, 277, 281-283, 289f., 292f., 295, 297f., 300, 302-304, 310, 312f., 315, 319f., 322-324, 326-331, 333, 336-339
-arbeit(en) 32, 159, 184, 211f., 217, 219, 223, 232, 234, 263, 284, 302, 327, 334f., 337, 339
-arbeiter 1, 18-21, 47, 79, 205-209, 211, 214, 231, 234, 241, 243f., 247f., 250, 272, 276, 279, 282
-arbeiterschaft 215, 244, 249, 270, 328, 329
-besitzer 227, 247, 250, 261f., 290, 306f.
-inspektion 270f., 291-326
-(und Gewerbe-) inspektoren 271, 291, 293-295, 297-299, 301-308, 311, 313, 316, 318, 320, 322, 324-326, 330
-herr(en) 167, 211, 219, 235, 237, 293, 303f., 325

-kinder 209f., 212f., 215, 217f., 221,f., 226, 232, 234, 246, 248, 250, 313, 319, 338
-kinderarbeit 194, 225, 227, 230, 235, 328, 330, 336-338
-ordnung(en) 207f., 296
-räume 254, 319
-schule(n) 184, 227f., 230f., 235f., 250f., 255
Fabrikant(en) 205, 219, 224, 235
Facharbeiter 175
Familie(n) 2, 4, 25-28, 31, 35, 39, 52, 68f., 77, 80-83, 91, 94, 125, 133, 197f., 217, 235, 242, 257, 271-273, 276, 278, 302f., 322, 336, 340f.
Feldarbeit(en) 34, 145, 147, 157, 159
Fleiß 115, 132, 203, 217, 234, 331, 334, 338
Frauen
-orden 54
-verein(e) 39, 54, 58, 61, 62, 80
Frömmigkeit 26, 57

Gebet(e) 38, 84f., 95
Gehorsam 57, 70, 87, 143
Geistliche 74f., 77, 284
Gemeinde(n) 74f., 77, 119, 125, 132, 134, 160, 206, 262, 277, 279, 302-304, 338
Gesellschaftsschicht(en) (niedere) 124, 166
Gesetzgeber 70f., 78, 86, 238, 257, 265, 283, 296, 330, 334-336, 339
Gesundheit 76, 195, 331
Gewerbe 38, 77, 79, 116f., 169, 179, 222, 239, 242, 265-267, 269, 302, 335
-freiheit 176
-ordnung 265, 270, 282, 286, 290f., 293-296, 305, 313, 319, 323, 326, 334f., 337
Großbetriebe 69, 168f., 174, 177-181, 183f., 194, 198f., 267, 269, 286, 306, 312, 337, 340
Gymnasium 100f., 141

Handarbeit 171, 180, 204
Handwerk 169f,. 172, 194, 284, 314
Handwerker 36, 79, 168f., 268
Hausindustrie 77, 116, 284, 329-331, 333-335, 337
Hilfsarbeiter 195-197
Humanismus 135
Humanität 135 f.

Industrialisierung 31, 38, 117, 171, 174, 178, 183f., 199, 204, 215, 269, 336
Industrie 20, 67f., 117, 206, 233, 235, 238f., 241, 254, 257, 268, 313, 340
-arbeiterschaft 240, 273
-schule(n) 115, 217
Innere Mission 53

Jugend/Jugendliche 5, 75, 108, 112, 114, 117, 119, 124f., 166, 216, 220, 236, 247, 256, 261, 283, 290, 295f., 304, 307, 317, 318f., 322, 325-327, 338, 340

Kind(er) 16-18
-arbeit 4f., 9-13, 23-25, 102, 115, 146f., 154, 157, 159, 165, 167, 183, 202f., 214-220, 222, 224, 230, 232-236, 238, 243, 245f., 252, 280-282, 290, 302f., 316, 323, 325f., 329-331, 334336, 338-341
-arbeiter 184-194, 211, 244f., 247, 250, 285f., 325
Kindergarten 4, 49-55, 64-67, 69, 83, 93
-bewegung 51, 64-66
-verein 52
Kinder- und Jugendschutz 24, 260, 292, 297, 333, 335
–verordnungen 221, 226, 237, 243, 256, 282, 293, 296, 302, 304, 306-308, 318, 339
Kindersterblichkeit 266, 341
Kindheit 1, 5, 13f., 23, 27-33, 90f., 258, 336, 340

Kirche(n) 52, 64, 69, 72-77, 92, 95, 104, 107, 111, 113, 117, 119, 125, 164, 203, 323
Klasse
Arbeiter- 2, 19, 235
niedere – 1, 18, 20f., 33, 43f., 91, 117, 242, 338
soziale – 1, 21, 41, 139
Kleinbetriebe 38, 266, 269, 286
Kleinbürgertum 61
Kleingewerbe 298, 337
Kleinkinder 46f.
-bewahranstalt(en) 26, 30, 33f, 37-39, 41, 44, 49f., 55, 57-59, 61, 63-65, 67, 69-71, 73f., 76-81, 83, 87-90, 93
-erziehung 28, 30f., 37, 39, 41, 43, 48, 50f., 55, 59, 62, 64, 70f., 75, 78, 80, 86, 91f.
-schule(n) 26, 32-34, 40, 42f., 45, 48-53, 55-60, 62f., 70, 72, 75, 79, 81, 83, 93
Klerus 56, 76, 103
Kommune(n) 36, 39, 65, 217
Konfession(en) 73, 87, 100, 110, 117, 132, 134
Krankenversicherung 278
Krankheit 155, 265

Lage 4f., 11, 41, 209, 303
(soziale) 2-5, 9, 12
Land 11, 73f., 76, 101, 103, 107, 130-132, 147, 202, 206, 241, 301, 322
-arbeiter 18, 38
-bevölkerung 38, 76, 108, 160, 180
-kinder 210
-schule(n) 101, 104, 108, 126, 129, 137
-schullehrer 118
-wirtschaft 1, 25, 38, 68, 77, 116, 172, 282, 331, 333, 336f.
Leben(s)
-bedingungen 2, 48
-bedürfnisse 28, 313
-haltungskosten 273
-unterhalt 201, 217

-verhältnisse 71, 117, 129, 152, 213, 217
-welt 1, 2, 4, 94, 204, 325
Lehramt 121
Lehrbücher 114
Lehrer 59-62, 70, 86, 92, 96, 98, 102, 104, 106, 107f., 112, 114, 118f., 122-126, 129, 131f., 142, 153, 163f., 166, 226, 272, 284
-besoldung 99, 124
-bildung 109, 119, 121f., 125, 142, 166
-seminar(e) 118f., 121, 123, 166
Lehrerschaft 140, 143, 165, 333f.
Lehrgegenstände 122, 126, 132, 136-138, 140, 164
Lehrmethode 99, 138
Lehrpersonal 160f.
Lehrplan/pläne 98, 100f., 109, 122, 125f., 128-130, 134f., 137-140, 142f., 166, 323
Lehrstoff 114, 129
Lerninhalt(e) 70, 98, 100f., 117, 166
Lieder 38, 84, 95
Lohn/Löhne 2, 5, 27, 108, 194, 196f., 199, 201, 205, 208, 216, 234f., 239, 271f., 277, 279, 287, 289f., 320, 330f.
-arbeit 11, 279, 282, 325
-arbeiter 21f., 337
-erwerb 83, 261

Mäßigung 70
Manufaktur(en) 19, 25, 168-171, 173-181, 183-185, 194, 196-199, 202, 204, 337
-arbeit 194
Manufakturist(en) 169, 198
Marktschule(n) 100, 107, 119
Maschinenarbeit 171, 204
Massenproduktion 168
Mechanisierung 38, 172, 174
Ministerium
– des Äußeren 228
– der Finanzen 224, 291
– der geistlichen Unterrichts- und Medicinal-Angelegenheiten 40, 218

- des Handels 242, 249, 254, 266, 278
- des Inneren 57, 72f., 78, 87, 110, 131, 135, 145, 147, 158, 160, 215, 218, 220, 224, 228, 249, 255, 265f., 278, 286, 291, 305, 311
- des Inneren für Kirchen- und Schulangelegenheiten 143, 158, 249, 254f.
- für Unterricht und Kultus 143, 218-220, 223, 291

Müßiggang 42, 70, 201-204, 233, 331, 334
Musterschule(n) 98f., 102, 118
Mutter/Mütter 28, 31f., 34, 47, 68, 79

Nachtarbeit 116, 205, 252, 256, 296, 318
Nützlichkeit 136

Obrigkeit 41, 48, 71, 96, 131, 146, 165, 203
Orden (klösterlicher) 57, 64
Ordensfrauen 54, 92
Ordinariat(e) 74-76, 206, 237, 253, 260
Ordnung 41, 43, 70, 87, 166

Pfarrer 74, 80, 103, 124f., 133, 201, 206, 236f., 252, 260f.
Pfarr- und Trivialschulen 27, 95, 98, 101, 149f.
Philanthropismus 96, 128, 134f.
Philanthropisten 29f., 99, 129
Polizei
-behörde(n) 70, 101, 112, 236, 250, 261, 283, 286, 290, 292-294, 301, 303-305, 310, 315
-verordnungen 209
Preisverleihungen 144
Privatwohltätigkeit 39, 78, 278, 340
Produktionsweise 168-171, 175, 244, 336
Produktionszweige 181, 184, 194, 196
Proletariat 19, 39, 242
Proletarier 242

Proletarisierung 38, 340
Protofabrik(en) 174f., 194, 197, 340
Prüfung(en) 108, 112, 117, 120, 144
Pünktlichkeit 70, 87, 208

Realschule(n) 100f., 135
Reform(en) 104f., 109, 111, 118, 130, 139, 141f., 143, 218, 256, 341
Regierung(en) 42, 52, 72f., 75f., 80, 111, 113, 117f., 122, 129f., 132, 134, 143f., 146, 151, 154, 157f., 160, 163, 210, 216, 222, 224, 227f., 230f., 233, 238, 240-243, 248f., 251, 253, 256f., 259, 261, 263, 266, 286, 290, 295, 301, 304, 311, 315f., 331, 333, 336
Reinlichkeit 57, 87f.
Religion 114, 116f., 136

Schicht (soziale) 66
Schlafgänger 275f.
Schul(e)(n) 3f., 11, 26, 30, 57, 70, 72, 86f., 90, 94-96, 100, 103-106, 111, 113-115, 131f., 136f., 141, 146, 149-151, 154, 156f., 159-161, 164f., 202f., 226f., 289, 322f., 335
-aufsicht 109, 113, 124, 131, 133f., 144, 166
-behörde(n) 70, 97, 105, 109, 132, 145, 236, 261, 292
-besuch(e) 32, 108, 112, 132f., 144-149, 151-154, 156-159, 164, 217, 223, 226, 228, 237, 323
-bildung 117, 158, 221
-bücher 157
-entlaßzeugnis 112f.
-gebäude 106, 132, 161, 164, 166
-gehilfe 107
-geld 105f., 157
-gesetze 144
-inspektion(en) 131, 133, 158, 236f., 250, 252
-inspektionsberichte 161
-inspektor(en) 60, 106, 114, 131f., 138, 144f., 151, 153, 158, 261, 293
-jahr 108, 151, 155

-kind(er) 132, 147, 153, 210
-klasse 98, 127, 161
-kommission 59, 164, 226f., 323
-lehrer-Seminar 118f.
-ordnung(en) 35f., 96, 98, 101, 229
-pflicht 17, 42, 92, 96f., 102, 104, 113, 115-117, 124, 134, 143, 147, 153, 167, 220, 226, 228, 230, 236, 243, 260, 262, 292, 321, 326, 339
-pflichtige 151-153, 156f., 161, 254, 283
-politik 101, 111, 130f., 141, 166, 167
-raum/räume 160f., 163
-reform 96, 99, 102, 106, 141, 221
-situation 161, 163
-unterricht 103, 144, 184, 216
-verhältnisse 153, 164
-verordnung 102
-versäumnislisten 112, 226
-versäumnisse 117, 144f., 153-157, 159f., 251, 261, 263
-wesen 95, 98f., 100, 104, 108, 110f., 131, 143, 166, 216
-wirklichkeit 104
-zeit 114, 137, 158
Schutzbestimmungen 261, 265, 325, 327

Seminarist(en) 120, 124, 142
Sittlichkeit 114, 236, 247, 331
Sommerschulen 145-147, 150f., 153, 157
Sonn- und Feiertagsarbeit 260, 296, 318
– und Feiertagsschüler 117, 156, 261, 243, 283
– und Feiertagsschule 102, 109, 116f., 137f., 144, 166, 229, 261
Sparsamkeit 331, 334
Spiel(e) 27, 29, 34, 60, 70, 85f., 89f.
-platz 29, 37, 89
-zeug 27, 30
Spinnerei(en) 172f., 175, 180, 182, 184, 197, 199, 200f., 208, 210, 212, 216, 228, 240, 246, 289, 319

Staat 39, 65, 69f., 72f., 76f., 92f., 111f., 115, 117, 124f., 131f., 141, 144, 146, 154, 162, 166f., 200f., 203, 217, 234, 249, 250, 258, 277, 279, 325, 338f., 341
Stadt 1, 69, 80, 88, 95, 101, 103, 116, 132, 202, 206, 231, 239, 273, 275-278, 280, 322, 338
-schulen 101, 107, 126, 129, 137
Stand 51, 115, 129, 165

Tagelöhner 1, 33, 36, 38, 60f., 78f., 119, 239, 341
Technisierung 117, 251, 336
Textilindustrie 175, 184, 214, 252, 286, 307, 315, 327f.
Tugend(en) 70, 87, 114f., 119, 166, 203

Unfrieden 70f., 78
Unternehmen 179, 181, 208, 228, 268, 293
Unternehmer 70, 168, 170, 196, 198, 202, 204f., 217, 234, 277, 279, 283, 296, 304-308, 312, 321, 338
Unterricht(s) 3, 43, 57, 70-72, 86f., 95, 105-107, 112, 114, 116, 118, 120, 122, 125f., 136, 138, 145f., 151, 160f., 163, 165, 216-218, 225, 227-232, 235, 243, 256, 283, 292, 319, 339
-stoff 116, 127, 166
-theorie 136
-wesen 109, 111, 134-136, 166
Unterschicht 18f., 35, 78, 341
Unzufriedenheit 70f.

Verein(e) 36, 39, 51, 54, 56, 58f., 62, 75, 80f., 86, 92, 280
Verlag 170, 181
Verleger 169
Versittlichung 40
Verwahrlosung 32f., 55, 76, 91, 213, 338

Verwilderung 43
Visitationen 251
Visitationsbericht(e) 95, 157
Volk(s)
-bildung 96, 101, 103, 112, 119, 128, 133, 140, 146, 166
-kindergärten 52
-klassen (niedrige) 43f., 71
-schule(n) 12, 94, 109, 111, 122, 125, 134f., 137-144, 151f., 160, 166, 326
-schullehrer 121, 123-125, 128, 138, 143
-schullehrerverein 143
-schulwesen 113, 131, 141f., 161

Webereien 184, 208, 228, 240, 246, 289, 319,
Webstühle 172, 194
Werkstätten 174, 194
Werktag(s)

-schüler 116f., 155f., 158, 160, 162f., 230, 243
-tagschulen 117, 137f., 143f., 156, 163, 229, 237, 321
Winterschule(n) 150f., 153
Witwen 47, 79
Wohlstand 116
Wohltätigkeit(s) 56, 65,
-vereine 33, 44, 91f., 340
Wohlverhalten 43
Wohnhäuser 206,
Wohnraum/räume 273, 275, 277
Wohnverhältnisse 1, 3, 71, 212, 275-277
Wohnung(en) 168, 172, 206, 212, 273, 275f., 325
Wohnungsnot 277
Zeugnis 86, 94, 103, 120, 236f.
Zucht 41, 43
Zufriedenheit 92, 120, 166, 217, 338